개정판

한국어의 발음

한국어의 발음

배주채 지음

삼경문화사

날마다 수많은 말이 오고간다. 말에서 뜻을 얻으면 그뿐이기에 그 말이 입에서 나와 귀로 들어올 때까지 소리에 온전하게 실려 있음을 의식하지 않는다. 더구나 말소리는 한순간에 공중으로 흩어져 자취를 남기지 않는다. 발음에 대해 이렇다 저렇다 이야기하기가 거북한 것은 그 때문이다. 그렇지만 우리는 발음의 미세한 차이에서도 말의 뜻에 일어나는 파동을 느낀다. 발음을 조금 다르게 하면 말뜻은 저 멀리 엉뚱한 곳으로 달아난다. 발음의 성질과 원리를 잘 알고 다스려야 말이 맑아지고 세상이 밝아진다.

한국어의 발음을 한쪽 끝에서 다른 쪽 끝까지, 얕은 데서부터 깊은 데까지 두루 살펴서 가지런히 엮기 위해 이 책을 냈었다. 그러나 복잡한 디자인에다 서두른 마무리 탓에 미흡한 곳이 적지 않았다. 또한 10년의 세월이 지나는 사이에 여기저기 흉하게 낡고 바랬다. 이번 기회에 전체를 고쳐 썼다. 크게는 6장이었던 '용언의 활용'을 7장 '체언과 조사'와 맞바꾸고 11장 '결론'을 추가했으며 분량을 많이 차지하던 '어형 찾아보기'를 삭제했다. 작게는 덩어리지고 딱딱한 것들을 쪼개고 연하게 다듬었다. 그렇지만 이야기의 핵심은 초판과 별로 다르지 않다. 여전히 한국어의 발음을 광범위한 생생한 예들로써 가장 체계적이고 혁신적인 시각으로 풀어내고 있다고 믿는다.

이번에도 초판과 마찬가지로 지은이가 뜻한 것보다 한 차원 높은 작품을 빚어 주신 삼경문화사의 박종성 사장님께 감사를 드리며, 까다로운 교정에 수고를 다한 편집부 여러분께도 고마운 마음을 전한다.

2013년 2월 15일

지은이 씀

사람들은 평소에 자신의 발음에 무감각하게 지내다가 어느 순간에 이상한 현상을 발견할 때가 있다. 예를 들면 '불고기'는 [불고기]라고 글자 그대로 발음하면서 '물고기'는 왜 [물꼬기]라고 경음화시켜서 발음을 할까 궁금해질 때가 있다. 이런 의문에 대한 해답은 주변 사람들도 잘 모른다. 궁금증을 풀기 위해 국어사전을 뒤적여 봐도 속시원한 해답은 눈에 띄지 않는다. 그렇다고 전문서적을 이것저것 뒤적이면서 연구할 만큼 현대인의 삶이 한가하지 않다. 이 책은 그런 의문을 품고 사는 사람들을 위한 책이다.

이 책은 우리말의 발음에 관심을 가진 모든 사람을 위한 것이다. 우리말을 연구하는 국어학자, 학교에서 우리말을 가르치는 국어 교사, 외국인에게 우리말을 가르치는 한국어 교사, 신문이나 방송, 인터넷과 같은 대중매체를 통해 많은 사람들을 상대로 우리말을 사용하는 사람들, 여러 사람 앞에서 말할 기회가 많은 다양한 분야의 사람들, 그리고 단순히 우리말의 발음에 대해 궁금한 것이 많은 일반인들에게까지 이 책은 유익한 길잡이가 될 수 있을 것이다.

다양한 독자들에게 조금이라도 더 많은 도움을 주기 위해 발음의 문제가 관련되는 맞춤법, 표준어, 외래어표기법, 학교문법 등 어문규범(語文規範)의 문제도 다루었고, 옛말(고어)과 어원, 방언, 외국어의 발음, 그리고 전문적으로는 음성학 · 음운론과 형태론 등의 내용도 부분적으로 다루었다. 발음이라는 것을 되도록 폭넓은 시각에서 바라보려고 애를 쓴 셈이다. 그렇지만 이 책의 주된 내용은 어디까지나 우리말의 발음이다. 학문상으로는 국어음운론(國語音韻論)에 해당한다고 할 수 있다. 따라서 이 책을 대학의 국어국문학과나 국어교육과에 개설되어 있는 국어음운론 관련 강의의 교재로 활용할 수도 있을 것이다.

우리말의 발음에 대해 체계를 갖추어서 설명하려다 보니까 국어학(國語學)의 전문용어를 사용하지 않을 수 없었다. 전문용어는 복잡한 현상들을 간결하게 설명하기 위해서도 필요하고 학구적인 독자들의 호기심을 채워 주기 위해서도 필요하다. 특히 1장과 6장과 8장은 내용 자체가 꽤 전문적이다. 나머지 장들의 내용을 국어학의 관점에서 접근하고자 하는 전공자가 아니라면 1장, 6장, 8장은 맨 나중에 읽으라고 권하고 싶다.

저자는 몇 년 전에 국어음운론에 관한 책을 낸 적이 있다(『국어음운론 개설』, 1996). 그 책은 제목 그대로 개설(槪說)로서 주요 사항들을 간결하게 정리하는 데 목적을 두었다. 그래서 국어학에 익숙하지 않은 사람이 그 책의 내용을 읽고 국어의 발음에 대해 제대로 이해하기란 쉽지 않은 일이었다. 그 점이 저자에겐 늘 부담이었다. 이제 이 책은 풍부한 용례를 통해 누구든지 국어 발음의 오묘한 이치를 터득할 수 있도록 이끌어 줄 것이다.

이 책이 세상에 나올 수 있도록 참 많은 분들이 도와주셨다. 책의 구상에서부터 집필과 출판에 이르기까지 국어에 대한 주변 사람들의 각별한 관심과 국어를 연구하고 교육하는 사람들의 세심한 관찰과 다양한 견해로부터 저자의 생각을 구체화하고 정밀화하는 실마리를 얻은 바가 많다. 특히 국어학자들의 논문과 저서를 통해 깨달은 점들에 대해서는 학계의 관례에 따라 적절한 인용과 출처의 언급이 필요하지만 번거로움을 피하고자 모두 생략하였다. 이 점에 대해 독자 여러분의 너그러운 이해를 바란다.

2003년 1월
저자 씀

차례

제2편

5 단어 ······ 117

6 체언과 조사 ······ 133

7 용언의 활용 ······ 163

이 책에 쓰인 주요 음성기호

이 책에서 한국어의 발음을 적기 위해 사용한 음성기호들을 보인다. 이 음성기호들은 국제음성기호에 바탕으로 두고 있다. 국제음성기호는 1.6 참조.

모음

음영 부분은 이중모음이다. 이중모음 'ㅟ/wi/'는 변이음 [ɥi]로 발음된다. 나머지 모든 모음은 음소와 변이음의 음성기호가 같다. 현실발음과 표준발음에 대해서는 0.1과 2.1.1 참조.

현실발음

한글	음성기호
ㅣ	i
ㅔ	e
ㅡ	ɯ
ㅓ	ʌ
ㅏ	a
ㅜ	u
ㅗ	o
ㅖ	je
ㅕ	jʌ
ㅑ	ja
ㅠ	ju
ㅛ	jo
ㅢ	ɯj
ㅟ	wi
ㅞ	we
ㅝ	wʌ
ㅘ	wa
ㆊ	ɥʌ

표준발음

한글	음성기호
ㅣ	i
ㅔ	e
ㅐ	ɛ
ㅟ	y
ㅚ	ø
ㅡ	ɯ
ㅓ	ʌ
ㅏ	a
ㅜ	u
ㅗ	o
ㅖ	je
ㅒ	jɛ
ㅕ	jʌ
ㅑ	ja
ㅠ	ju
ㅛ	jo
ㅢ	ɯj
ㅞ	we
ㅙ	wɛ
ㅝ	wʌ
ㅘ	wa

자음

자음 ‘ㅇ/ŋ/’은 종성으로만 쓰이므로 받침 ‘ㅇ’만 /ŋ/을 나타낸다. 초성 글자 ‘ㅇ’은 아무 음가가 없음을 주의해야 한다.

음소

한글	음성기호
ㅂ	p
ㅃ	p’
ㅍ	p^h
ㄷ	t
ㄸ	t’
ㅌ	t^h
ㄱ	k
ㄲ	k’
ㅋ	k^h
ㅈ	ʧ
ㅉ	ʧ’
ㅊ	$ʧ^h$
ㅅ	s
ㅆ	s’
ㅎ	h
ㅁ	m
ㄴ	n
ㅇ	ŋ
ㄹ	r

변이음

예(한글)	음성기호
바	p
아바	b
압	$p^{>}$
빠	p’
파	p^h
다	t
아다	d
앋	$t^{>}$
따	t’
타	t^h
가	k
아가	g
악	$k^{>}$
까	k’
카	k^h
자	ʧ
아자	ʤ
짜	ʧ’
차	$ʧ^h$
사	s
샤	ʃ
싸	s’
쌰	ʃ’
하	h
마	m
나	n
냐	ɲ
앙	ŋ
아라	r
알	l

서론

0. 서론

0. 서론

0.1 규범과 현실

한국어의 다양성 한국인이면 모두 한국어를 사용한다. 그렇지만 그 한국어가 완전히 단일한 언어라고 할 수는 없다. 각 지역의 전통적인 **방언**(方言) 사이의 차이는 상당히 심하다. '고구마'를 중부지방에서는 '고구마'라고 하지만 경상도와 함경도에서는 '고구매'라고 하고 전라도와 제주도에서는 '감재'라고 하며 평안도에서는 '호감재'라고 한다. 또 '외눈배기, 외눈탱이, 외눈싸재, 외눈깔, 외통보, 외짝눈, 외대배기, 눈쪽대기, 눈째보, 눈째거리, 눈찌그레, 짜방눈, 사월이, 멀겡이, 반봉새, 싸퉁이, 통보, 통사, 애꾸배기, 앵꼬, 애꾸' 등은 모두 '애꾸'를 가리키는 여러 방언형이다.

중앙어로 통일되어 가는 경향 대중매체의 발달과 교육의 확대로 이러한 방언차는 급격히 줄고 있다. 21세기에 들어서서 전통적인 각 지역 방언의 특징은 이미 많이 사라졌다. 특히 젊은 세대의 말은 **중앙어**(中央語)로 거의 통일되어 있다. 중앙어는 현재 서울, 인천, 경기도를 포함한 수도권에서 널리 쓰이는 말이다. 서울 토박이의 전통적인 말을 뜻하는 **서울말**과는 다른 개념이다.

여전히 존재하는 다양성 그렇지만 언어적 다양성은 여전히 존재한다. 같은 서울에서도 '텔레비전'을 글자 그대로 '텔레비전'이라고 하는 사람도 있고 '테레비'라고 하는 사람도 있으며 '테레비전'이라고 하는 사람도 있다. 또 '티비'나 '티브이'라고 하는 사람도 있다. 더구나 발음에서는 더 많은 차이가 나타난다. 예를 들어 '잡아[자바]'라고 하는 사람도 있고 '잡어[자버]'라고 하는 사람도 있다. '순이익'을 [순니익]이라고 발음하는 사람도 있고 [수니익]이라고 발음하는 사람도 있다. '일반적으로'를 [일반저그로]라고 발음하는 사람도 있고 [일반쩌그로]라고 발음하는 사람도 있다.

표준어와 표준발음 이와 같은 **언어변이**(言語變異 language variation)는 소통에 장애가 될 수 있기 때문에 정부는 **표준어**(標準語)를 정해 공적인 언어생활에서 그러한 장애가 일어나지 않도록 하고 있다. 특히 표준어의 발음, 즉 **표준발음**(標準發音)에 대해서도 따로 규정을 만들어 놓았다.

0-1 표준발음을 확인하는 방법

한국어의 표준발음을 규정한 것이 「표준 발음법」(1988)이다. 「표준 발음법」은 30개의 조항에서 간단한 규칙과 약간의 예를 통해 표준발음을 기술하고 있다. 따라서 「표준 발음법」이 한국어의 모든 단어에 대해 표준발음을 알려 주지는 못한다. 단어별 표준발음은 『표준국어대사전』(1999, 두산동아)에서 찾을 수 있다. 『표준국어대사전』은 국립국어원 홈페이지(http://www.korean.go.kr)에서 웹사전 형태로 2008년 개정판을 제공하고 있다. 또 음성기호로 표시된 정밀한 발음은 『표준 한국어 발음 사전』(2008, 지구문화사) 같은 **발음사전**에서 확인할 수 있다.

그러나 사전은 표제어로 올라 있는 말에 대해서만 발음정보를 제공한다는 한계가 있다. 표제어로 올라 있지 않은 '없을 듯했습니다' 같은 말의 발음을 사전에서 확인할 수는 없는 것이다. 이 말의 표준발음은 [업:쓸뜨탣씀니다]이며 '없다, 듯하다, -습니다' 등에 대한 사전의 발음정보와 함께 「표준 발음법」의 규칙을 잘 적용해야 알아낼 수 있다.

북한의 표준어는 **문화어**라 부른다. 북한의 표준발음에 관한 규정은 「문화어 발음법」(1988)에 나와 있다. 남북한의 표준발음은 큰 차이가 없다. 남북의 언어적 차이는 발음보다는 어휘에 집중되어 있다.

표준발음을 따르느냐 현실발음을 따르느냐 표준발음은 공적인 언어생활에서 사용하도록 정해 놓은 발음이지만 실제로 표준발음을 사용하는 사람은 극소수에 불과하다. 방송국의 아나운서들이 표준발음에 가장 가깝게 발음하는 사람들일 것이다. 규범으로 정해진 표준어와 표준발음은 실제로 많은 사람이 사용하고 있는 **현실어**(現實語)와 **현실발음**(現實發音)보다 더 보수적인 경향을 띠고 있다. 그래서 일상적인 언어생활에서 규범만 고집하는 것은 무리가 있을 수 있다. 한국인 대부분이 '싸인(sign)', '힘이 딸린다'라고 하는 것을 표준어 형태인 '사인', '힘이 달린다'라고 하면 소통이 어려워질 수 있다. 현실어 "합격하길 바래." 대신 "합격하길 바라."라고 규범에 맞게 말하는 것도 듣는 이에게 어색함을 느끼게 한다.

0-2 언어체계로서의 표준어와 현실어

일반 사람들은 표준어라는 말을 **표준어휘**에만 국한하여 사용하는 경향이 있다. 즉 표준어의 '어(語)'가 단어를 가리키는 것으로 보는 것이다. 그러나 표준어의 '어'를 언어의 뜻으로 넓게 보는 것이 합리적이다. 어휘 외에 문법이나 발음, 표기의 면에서 규범에 어긋난 말을 지적할 때도 그것이 표준어가 아니라고 말하는 것이 자연스럽기 때문이다. 예를 들어 간접인용의 표현 '한다라고'는 **표준문법**에 어긋나기 때문에 표준어가 아니다. 표준문법에 맞는 형태는 '한다고'이다. 또 고구마를 뜻하는 '감재'는 표준어휘에 속하지 않으므로 표준어가 아니다. 그리고 '신문'의 발음 [심문]은 표준발음이 아니므로 표준어가 아니다. 또 "모두들 손을 흔듦."과 같은 문장에서 명사형 '흔듦'을 '흔듬'으로 적거나 '카페'를 '까페'로 적는 것은 **표준표기**가 아니므로 표준어가 아니다. 따라서 표준어는 문법, 어휘, 발음, 표기 같은 모든 언어요소로 구성된 언어체계라고 보아야 한다. 현실어와 비표준어 역시 이 네 가지 언어요소로 구성되어 있다. **비표준어**는 현실어 가운데 표준어가 아닌 것을 가리킨다.

언어요소	표준어	현실어	비표준어
문법	표준문법	현실문법	비표준문법
어휘	표준어휘	현실어휘	비표준어휘
발음	표준발음	현실발음	비표준발음
표기	표준표기	현실표기	비표준표기

표준발음과 현실발음의 조화 어느 사회에서나 규범과 현실은 어느 정도 차이가 날 수 있다. 그 사회에서 정상적인 생활을 하기 위해서는 규범도 알아야 하고 현실이 어떤지도 알아야 한다. 한국어의 발음도 마찬가지이다. 표준발음이 어떻게 정해져 있는지 알고 있는 바탕 위에서 현실발음을 이해하고 상황에 맞게 발음하는 것이 한국어를 정확하게 발음하는 것이라고 말할 수 있다.

현실발음의 뜻 그러나 현실발음이란 것은 상당히 막연한 대상이다. 한국어 화자가 단 한 명이어서 늘 일정하게 발음한다면 모르지만 수천만 명이 발음하는 것이 완전히 똑같을 수 없기 때문에 어떤 사람의 발음을 현실발음이라고 해야 할지 문제가 된다. 더 구체적으로 한국인의 몇 퍼센트가 사용하는 발음을 현실발음이라고 기술할 것인가 하는 문제에 대해 모든 사람의 의견이 일치하리라고는 기대할 수 없다. 따라서 현실발음을 엄격하게 규정하지 않고 다소 느슨하게 규정하는 것이 현실적이라고 할 수 있다. 현실발음을 '중앙어에서 실제로 사용되는 비율이 꽤 높은 발음'으로 정의해 두기로 한다. 예를 들어 '달린다(힘이)'의 표준발음은 [달린다]이지만 중앙어 사용자들 대부분이 [딸린다]라고 발음한다면 현실발음은 [딸린다]가 된다.

이 책의 기술 대상 이 책에서는 현실발음을 기준으로 기술하되 표준발음이 현실발음과 다른 경우에는 표준발음도 언급할 것이다. 자음보다는 모음에서 현실발음과 표준발음의 차이가 크므로 특히 2장(모음)에서는 둘을 대비해 가며 기술할 것이다. 나머지 장들에서는 특별한 표시가 없는 한 현실발음을 기준으로 한 것이라고 이해하면 된다.

0-3 규범언어학과 기술언어학

언어자료에 나타나는 규범과 현실의 차이는 언어를 연구하는 방법의 차이와 관련된다. 규범문법(規範文法)과 기술문법(記述文法), 또는 규범언어학과 기술언어학의 차이가 그것이다. **규범언어학**(prescriptive linguistics)은 대중이 언어생활을 어떻게 해야 하는가를 밝히는 것이 목적이다. 어떤 표현이 맞는가 그른가를 따져서 대중들이 올바른 언어생활을 할 수 있도록 돕고자 한다. **기술언어학**(descriptive linguistics)은 대중이 언어생활을 어떻게 하고 있는가를 밝히는 것이 목적이다. 대중이 어떤 표현을 사용하고 있는지, 왜 그런 표현을 사용하는지만 연구하고 대중에게 어떤 표현이 옳다 그르다, 또는 좋다 나쁘다 하는 식의 안내를 하지 않는다. 규범언어학은 가치 지향적이고 기술언어학은 사실 지향적이다. 철학적인 용어를 빌리면 규범언어학은 당위(독Sollen)의 문제를 다루고 기술언어학은 존재(독Sein)의 문제를 다룬다. 'Sollen(졸렌)'과 'Sein(자인)'은 독일어로서 각각 영어의 'should(해야 한다)'와 'be(있다)'에 해당한다.

20세기의 언어학은 19세기까지의 이른바 전통문법을 규범언어학으로 규정하고 언어학이 과학이 되려면 기술언어학이 되어야 한다고 했다. 20세기 전반의 **구조언어학**(structural linguistics)이나 20세기 후반의 **변형생성문법**(transformational generative grammar)은 기술언어학으로서 등장한 이론이다. 그러나 상당수의 언어학자들이 기술언어학에 종사하면서도 대중의 언어생활에 대해서는 규범언어학적 태도를 보이는 일이 많다. 어떤 경우에는 언어정책의 관점에서 그러기도 하고 또 다른 경우에는 언어변화에 대한 거부감 때문에 그러기도 한다. 후자는 기성세대의 언어학자가 젊은 세대의 새로운 언어사용을 자기 세대의 언어를 기준으로 비판하는 일인데 언어사(言語史)에 어두운 기술언어학자가 흔히 저지르는 잘못이다.

0.2 표기와 발음

0.2.1 표기와 발음이 달라지는 원인

표음문자의 이상과 한글맞춤법의 현실 한글은 **표음문자**(表音文字)이기 때문에 표기와 발음이 일치해야 이상적일 것이다. 그러나 한국어를 정말로 소리 나는 대로 적으면 읽고 이해하기가 불편해지는 경우들이 생긴다. **한글맞춤법**은 표기가 부분적으로 발음과 달라지는 것을 감수하면서 독해의 편리함을 추구하고 있다.

발음과 다르게 적는 표기법의 발달 한글을 갓 만든 15세기에는 글자를 처음 배우는 사람의 편의를 고려해 소리 나는 대로 적는 표기법을 채택했었다. 예를 들어『용비어천가』(1447년 간행) 2장의 '식미 기픈 므른'은 소리 나는 대로 적은 것이다. 한글이 널리 보급된 근대에는 체언과 조사를 구분하여 '십이 기픈 믈은'과 같이 적는 경향이 강해졌다. 이것을 지금은 "어법에 맞도록" 적는다는 원칙에 따라 '십이 깊은 믈은'과 같은 식으로 적고 있다. 근대에 일반화된 '십이, 믈은' 같은 표기는 표기의 규범이 바뀌어서가 아니라 그렇게 적는 것이 독해에 효율적임을 대중이 저절로 깨달았기 때문에 나타났다.[1]

1. 한편 용언의 활용형인 '기픈'은 근대에 '기픈, 깁픈, 깁흔' 등 여러 방식으로 표기되었다. 이것을 '깊은'으로 적게 된 것은 개화기에 한국어학자 주시경(周時經) 등의 연구에 힘입은 것이다.

같은 뜻의 말을 같은 모양으로 적는 표기법 표기법은 표기의 편리함보다 독해의 편리함을 추구해야 한다. 글을 쓸 기회보다 읽을 기회가 훨씬 많기 때문이다. 그래서 같은 발음을 같은 모양으로 적는 표기법보다 같은 뜻의 말을 같은 모양으로 적는 표기법이 독해에 더 유리하다. 예를 들어 발음과 일치한 표기 '업꼬, 업써서, 업쓰면, 엄는'보다는 같은 뜻을 가진 '없-'이라는 말의 표기를 고정한 '없고, 없어서, 없으면, 없는'이 이해하기 훨씬 쉽다.

글자에서 곧바로 의미 이해하기 글자를 처음 배우는 사람은 글자를 읽고 그 발음을 통해 의미를 이해하는 방식을 따를 것이다. 즉 '글자 ⇒ 발음 ⇒ 의미'의 과정을 거쳐 읽는다. 그러나 글자에 익숙해진 대다수의 사람들은 글을 읽고 이해하는 과정에서 발음을 거의 의식하지 않는다. '글자 ⇒ 의미'와 같은 과정을 거치는 것이다. 그렇기 때문에 한자의 의미만 알면 발음을 몰라도 이해에는 문제가 없으며, 한글로 적은 글의 경우에도 소리 내어 읽는 것의 몇십 배 속도로 눈으로만 읽는 속독(速讀)이 가능한 것이다.

표음적 표기와 표의적 표기 소리 나는 대로 적는 것을 **표음적 표기**라 하고 같은 뜻의 말을 같은 모양으로 적는 것을 **표의적 표기**라 한다. 더 전문적으로는 전자를 **음소적 표기**, 후자를 **형태음소적 표기**라 하기도 한다. '팔꿈치, 황산수소나트륨, 아름다운 강산'처럼 두 가지 방식의 표기가 똑같을 때는 아무 문제가 없지만 만약 그 둘이 다른 경우에는 후자를 우선하는 것이 독해의 능률을 높이는 길이다.

한자어에서의 표음적 표기와 표의적 표기 특히 한자어를 적을 때 각 한자를 '흡, 입, 력, 수, 착' 등으로 일정하게 적은 표의적 표기가 독해에 도움을 준다.

한자어에서의 표음적 표기와 표의적 표기

표기의 종류	표음적 표기 (소리 나는 대로 적음)	표의적 표기 (같은 뜻의 말을 같은 모양으로 적음)
예	흐빔녁 흡쑤력 흡창녁	흡입력 흡수력 흡착력
특징	독해에 불리	독해에 유리[2]

2. 글자를 막 배운 사람에게는 표의적 표기가 표기의 면에서 불리할 것이다. 그러나 글자에 어느 정도 익숙해지고 나서부터는 표의적 표기가 표기의 면에서도 유리해진다.

0-4 표기가 먼저인가 발음이 먼저인가?

일반인들은 발음의 기준을 표기에 두는 경향이 있다. 그러나 표기보다 발음이 먼저 존재한다. 표기수단인 문자가 없던 시대에도 발음이 있었으며, 문자, 특히 한글과 같은 표음문자는 발음을 시각적인 기호로 나타내기 위해 만들어낸 것이다. '빛이'라는 표기는 [비치]라는 발음이 있는 상태에서 그것을 문자로 나타낸 한 방식이다. '빛이'라는 표기가 먼저 존재하고 그것을 읽은 것이 [비치]라는 발음으로 나타난 것이 아니다. 한글맞춤법도 그 대상인 한국어의 발음이 이미 존재한 상태에서 그것을 문자로 나타내는 방법으로 만들어진 것이다. 이와 같이 발음이 표기에 우선한다.

그러나 한번 표기가 정해지면 그 표기가 발음을 지배하는 경우가 생긴다. 눈에 보이지 않는 발음보다 눈에 보이는 표기가 변화에 저항하는 힘이 크기 때문에 대중의 의식 속에서 권위를 가지게 된다. '깃발, 핏기'와 같이 사이시옷이 들어 있는 단어를 [긷빨], [핃끼]로 발음하는 것이 옳다고 생각하는 것은 받침 'ㅅ'의 존재에 이끌린 것이다. 실제로는 [기빨], [피끼]로 발음이 굳어진 지 오래다. 그러나 받침에 'ㅅ'이 있는 이상 대중은 계속 [긷빨], [핃끼]와 같은 발음도 혼용할 것이므로 이들도 표준발음으로 인정하고 있다. 또 북한에서는 해방 후에 어두(語頭)에 'ㄹ'을 허용하여 '來日, 勞動' 등을 '래일, 로동' 등으로 적어 왔다. 북한에서도 이들을 원래 남한처럼 [내일], [노동]으로 발음하다가 점점 표기대로 [래일], [로동]으로 발음하는 비율이 늘게 되었다. 이와 같이 표기에 이끌려 발음을 달리하는 현상을 **철자식 발음**(spelling pronunciation)이라고 부른다. 18세기 영어에서는 'habit, hotel, hospital'의 어두 'h'가 묵음이었는데 철자에 이끌려 [h] 발음이 살아났다. 또 'anthem, author, theater'의 'th'는 원래 [t]로 발음되었는데 역시 철자에 이끌려 [θ]로 발음이 바뀌었다.

0.2.2 한글맞춤법의 난이도

영어와 프랑스어의 동음이철어 한글맞춤법이 배우기 어렵다고 생각하는 사람들이 있다. 그러나 영어나 프랑스어에 비하면 한국어가 표기와 발음의 대응이 규칙적으로 잘 이루어지는 편이다. 영어나 프랑스어에는 발음이 같고 표기가 다른 단어, 즉 **동음이철어**(同音異綴語)가 한국어보다 훨씬 많아서 발음만 듣고는 어떻게 표기해야 할지 알기 어려운 경우가 많다. 다음과 같이 표기는 상당히 달라도 똑같이 발음되는 동음이철어를 자주 볼 수 있다.

영어의 동음이철어

발음	표기
[eɪt] [aɪl]	eight, ate, ait I'll, isle, aisle

프랑스어의 동음이철어

발음	표기
[o] [mɛ]	ô, os, haut mai, maie, mais, met, mets[3]

3. ô : 오(감탄사).
os : 'os(뼈)'의 복수형.
haut : 높은.
mai : 5월.
maie : 반죽통.
mais : 그러나.
met : 'mettre(놓다)'의 3인칭 단수형.
mets : 'mettre(놓다)'의 1, 2인칭 단수형. / 요리.

영어의 동철이음의 예 영어에는 동음이철어의 경우와 반대로 같은 표기를 단어에 따라 다르게 발음해야 하는 **동철이음**(同綴異音)의 예들이 꽤 많다. 예를 들어 'ow'라는 표기는 [aʊ]로 발음해야 할 때도 있고 [oʊ]로 발음해야 할 때도 있다. 여기에는 아무런 규칙도 없기 때문에 단어마다 정해진 철자를 외우는 수밖에 없다. 'secretary[sékrətèri]'와 'secretory[sɪkrítəri]'처럼 철자가 아주 비슷한 쌍에 대해서는 발음과 표기에 더욱 조심해야 한다.

영어의 동철이음의 예

표기	발음	예
ow	[aʊ] [oʊ]	cow, now, brow, brown, crown, bow[1], row[1] tow, know, crow, snow, bow[2], row[2]
one	[wʌn] [ʌn] [ɔn] [oʊn]	one done, none gone bone, cone, lone, tone, zone, stone

0-5 동음어, 동철어, 동형어

서로 다른 두 단어가 발음이 같으면 **동음어**(同音語 homophone), 표기가 같으면 **동철어**(同綴語 homograph)라 한다. 동음어와 동철어를 합쳐 **동형어**(同形語 homonym)라 한다. 형태가 같은 단어라는 뜻이다. 발음과 표기가 같고 다른 데 따라 다음 네 가지 유형이 있을 수 있다.

발음과 표기의 같고 다름에 따른 단어의 유형

유형		뜻	예
동형어	동음동철어	발음도 같고 표기도 같은 단어	풀(식물) 풀(접착제)
	동음이철어	발음은 같고 표기는 다른 단어	입(인체)[입] 잎(나뭇잎)[입]
	이음동철어	표기는 같고 발음은 다른 단어	물감(감의 일종)[물감] 물감(그림물감)[물깜]
이형어	이음이철어	발음과 표기가 모두 다른 단어	마음 토끼

수많은 단어들 가운데 임의로 두 단어를 뽑으면 대부분이 의미도 다르고 발음 및 표기도 다른 이음이철어이다. 이음이철어는 언어학적으로 큰 의의가 없다. 만약 발음과 표기가 모두 다른데 의미가 같다면 그것은 **동의어**(同義語 synonym)로서 의미론적으로 논의할 가치가 있다. 동의어는 이형동의어(異形同義語)의 준말로 이해할 수 있다.

한국어의 표기와 발음의 규칙적 대응 영어나 프랑스어에 비하면 한국어는 동음이철어나 동철이음어가 적으며 있다고 해도 표기와 발음의 대응이 상당히 규칙적이다. 그래서 모르는 단어라도 표기를 보고 쉽게 발음을 예측할 수 있다. 예를 들어 표기 '끝없이'와 발음 [끄덥씨]는 상당히 달라 보이지만 '끝없이'의 발음이 [끄덥씨]라는 것은 100% 예측 가능한 일이다. 또 [끄덥씨]라는 발음을 들으면 어떤 표기가 가능할지 쉽게 예상이 된다. 조금만 노력을 하면 한국어를 정확히 발음하고 정확히 적는 일이 그다지 어려운 일이 아니라는 것이다.

표의적 표기에 따른 동음이철어 한국어의 동음이철어는 표의적 표기 때문에 생긴 것과 모음 발음의 변화 때문에 생긴 것으로 나눌 수 있다.

표의적 표기에 따른 동음이철어

표기	발음[4]
너머, 넘어	[너머]
저기, 적이	[저기]
기피(忌避), 깊이	[기피]
바름, 발음(發音)	[바름]
구경, 국영(國營)	[구경]
지반(地盤), 집안	[지반]
지피다, 짚이다, 집히다	[지피다]
낫, 낮, 낯	[낟]
빗, 빚, 빛	[빋]
입, 잎	[입]
밑싣개, 밑씻개	[미씯께]
묵고, 묶고	[묵꼬]
삼는다, 삶는다	[삼는다]
익는다, 읽는다	[잉는다]
다치다, 닫치다, 닫히다	[다치다]
마치다, 맞히다	[마치다]
부치다, 붙이다	[부치다]
개구멍바지, 개구멍받이	[게구멍바지]

4. 0.1의 논의에 따라 표준발음이 아닌 현실발음을 제시한다. 예를 들어 '밑싣개, 밑씻개'의 표준발음은 [믿싣깨], '개구멍바지, 개구멍받이'의 표준발음은 [개:구멍바지]로서 본문에 제시한 현실발음과 다르다.

'ㅐ, ㅔ'의 합류에 따른 동음이철어 동음이철어를 생성하는 모음 발음의 변화로는 'ㅐ'와 'ㅔ'의 **합류**(合流 merger)가 대표적이다. 'ㅐ, ㅔ'는 원래 발음이 달랐으나 현실발음에서 [ㅔ] 한 가지로 합류한 상태이다. 일부 단어에서는 'ㅒ, ㅖ'의 발음까지도 [ㅔ]로 실현된다. 물론 표준발음에서는 아래의 단어들이 모두 발음으로써 구별된다.

'ㅐ, ㅔ'의 합류에 따른 동음이철어

표기	발음
개, 게, 걔, 계(計)	[게]
개집, 게집, 계집	[게집]
매다, 메다	[메다]
배, 베	[베]
재적생(在籍生), 제적생(除籍生)	[제적쌩]
패기(覇氣), 폐기(廢棄)	[페기]
중개(仲介), 중계(中繼)	[중게]
사레, 사례(謝禮)	[사레]
결재(決裁), 결제(決濟)	[결쩨]
방재(防災), 방제(防除)	[방제]
재고(再考), 제고(提高)	[제고]
펜(pen), 팬(fan)	[펜]

'ㅙ, ㅞ, ㅚ'의 합류에 따른 동음이철어 'ㅙ, ㅞ, ㅚ'를 현실발음에서 모두 이중모음 [ㅞ]로 발음하는 변화가 완성됨에 따라 [ㅞ]라는 한 가지 발음이 세 가지 표기 'ㅙ, ㅞ, ㅚ'에 대응하게 되었다. 이 때문에 '되고'의 '되'와 '돼서'의 '돼', '웬일'의 '웬'과 '왠지'의 '왠' 등 'ㅙ, ㅞ, ㅚ'의 표기를 혼동하는 사람이 점점 많아지고 있다('되다'의 '되'와 '돼'에 대해서는 7.4.12 참조). 물론 표준발음에서는 아래의 단어들이 모두 발음으로써 구별된다.

'ㅙ, ㅞ, ㅚ'의 합류에 따른 동음이철어

표기	발음
꽤, 꾀	[꿰]
금궤(金櫃), 금괴(金塊)	[금궤]
괘도(掛圖), 궤도(軌道), 괴도(怪盜)	[궤도]
왜국(倭國), 외국(外國)	[웨국]

생각보다 어렵지 않은 한글맞춤법 동음이철어의 대부분은 표의적 표기법 때문에 생긴 것이다. 그래서 **원형**(原形)을 고정하여 적는 표의적 표기법의 원리를 이해하면 주어진 단어의 표기가 왜 발음과 어긋나고 그 단어를 왜 그렇게 적게 되었는지 이해하기 어렵지 않다. 요컨대 한국어의 표기법, 즉 한글맞춤법은 영어나 프랑스어의 표기법보다 어렵지 않다는 것이다.

0-6 영어와 프랑스어의 표기법의 특징

영어나 프랑스어의 표기법과 한글맞춤법이 똑같이 배우기 어렵다고 생각할 수도 있다. 그러나 이들 사이에는 질적인 차이가 있다. 한글맞춤법은 배우는 초기에 받침 쓰기와 같은 문제 때문에 겪는 어려움이 크다. 그런데 몇 가지 원리에 익숙해지고 나면 새로운 단어의 발음만 듣고도 그 단어를 비교적 쉽게 적을 수 있다. 예를 들어 '짓궂다'는 '짓이[지시], 짓을[지슬]'과 같이 'ㅅ'을 가진 명사 '짓'과 '궂은[구즌], 궂어[구저]'와 같이 'ㅈ'을 가진 형용사 '궂다'의 결합으로 이루어져 있기 때문에 [짇꾿따]라는 발음에 나타나지 않는 'ㅅ'과 'ㅈ'을 받침 표기에 반영한다는 합리적인 이유를 대중이 이해할 수 있다.

한편 영어나 프랑스어에서는 외국인은 물론이고 원어민조차도 낯선 단어를 발음만 듣고 정확히 적을 수 없는 경우가 매우 많다. 영어 원어민도 [dàɪəríə], [síləkæ̀nθ], [tǽkəlàɪt]라는 발음만 듣고는 각각 'diarrhea(설사), coelacanth(실러캔스라는 물고기), tachylyte(현무암질 유리)'와 같은 철자를 바르게 예측하기 힘들다. 예를 들어 'diarrhea'에 'r'이 왜 둘이고 'h'가 왜 있어야 하는지 알 수 없기 때문이다. 또 'talk, folk, palm'의 'l'은 묵음이고 'talc, milk, film'의 'l'은 발음이 되는 이유도 알 수 없다. 사실 그러한 이유는 대개 역사적인 데 있어서 현대의 대중이 알기 어렵다.

영어권에서 단어의 발음을 듣고 철자를 말하는 철자법대회(Spelling Bee)가 인기를 끈다. 이것은 발음만 듣고 표기를 예측하기 어려운 단어가 많다는 영어 표기법의 특징에서 비롯된 일이다. 영어에서는 원어민이든 외국인이든 처음 접하는 단어를 익힐 때 표기를 애써서 외워야 한다. 이를 뒤집어 말하면 어떤 단어의 발음을 듣고 그 단어의 표기를 안다는 것은 그 단어의 뜻도 알고 있다는 것을 의미한다. 결국 말이 철자법대회이지 실은 어휘력대회인 셈이다. 그래서 많은 사람들이 그 대회를 지루하지 않게 관전할 수 있는 것이다. 한국에서 맞춤법대회를 연다면 그것은 그야말로 표기능력을 평가하는 데만 머물러 매우 지루한 대회가 되고 말 것이다.

0.2.3 표기와 발음을 구별해 인식하는 일

발음을 글자로 나타내는 방법 발음에 대해 이야기할 때 특정한 발음을 글자로 적어 나타내야 할 때가 많다. 그러다 보면 표기와 발음을 혼동하는 일이 자주 생긴다. 그래서 한글로 적은 것이 표기가 아닌 발음을 가리킨다는 표시로 꺾쇠괄호 [ ]를 쓴다. 예를 들어 '맑고'를 [말꼬]로 발음하는 사람도 있고 [막꼬]로 발음하는 사람도 있다는 식으로 표현할 수 있다. 또 한글로 적기 어려운 음성을 적기 위해서는 **음성기호**(phonetic alphabet, phonetic symbol)를 이용해야 할 때도 있다. 예를 들어 'ㅟ'는 단순모음 [y]로 발음하는 사람보다 이중모음 [ɥi]로 발음하는 사람이 훨씬 더 많다는 내용을 한글로만 발음을 적는 방식으로는 표현하기 어렵다('ㅟ'의 두 가지 발음에 대해서는 2.1.1 참조).

한글로 소리 나는 대로 적기 한글로 발음을 정확히 적는 일이 생각만큼 쉽지는 않다. 예를 들어 '가져간다'라는 말을 소리 나는 대로 적으라고 하면 표기 그대로 [가져간다]로 적는 사람이 많다. 그러나 '가져간다'는 표기와 달리 [가저간다]로 발음된다. "개를 키우는 게 이렇게 힘들 줄 몰랐다."라는 문장을 소리 나는 대로 적어 보라. 이에 대해 여러 사람이 모두 똑같이 답하는 일은 거의 일어나지 않는다. 사람들은 여러가지 답안을 제시하는데 그중 꽤 많은 사람이 제시하는 답안은 다음과 같다.

[개를 키우는 게 이러케 힘들 쭐 몰랏따]

문제가 되는 표기 여기서 몇 가지 문제를 검토해 보자.[5]

(1) [몰랏따]는 한국어에서 전혀 발음되지 않는 형태이다. [랏]은 [랃]의 잘못이다. [ㅅ]을 종성에서 발음할 수 없기 때문이다. [몰랃따]가 정확한 표기이다.

(2) 모음 'ㅔ'와 'ㅐ'를 구별하는 사람은 소수에 불과하고 대부분의 사람들은 두 가지를 똑같은 모음으로 발음한다. 'ㅔ'와 'ㅐ'를 똑같이 발음했을 경우에는 [개], [게], [케]와 같이 [ㅔ]와 [ㅐ]를 혼용하여 적으면 안 된다. 두 모음을 서로 다른 모음으로 구별해서 발음하는 경우에만 이런 구별 표기가 가능하다. 'ㅔ'와 'ㅐ'를 똑같이 발음한 경우에는 둘 중 한 글자로 통일해서 적어야 한다. 즉 [개], [게],

5. (1)은 8.3.1 (1) 참조.
(2)는 2.1.2 참조.
(3)은 8.3.1 (4) 참조.
(4)와 (5)는 4.2.2 참조.

[케]로 적은 것을 각각 [게], [게], [케]로 적거나 아니면 [개], [개], [캐]로 적어야 한다. 'ㅔ'와 'ㅐ'가 구별되지 않는 발음은 흔히 'ㅔ'로 통일해 적는다. 그렇다면 [개를]은 [게를]로 적어야 한다.

(3) [키우는]의 [는]은 [능]으로 발음되기 쉽다. [는]과 [능] 두 발음이 모두 가능하기 때문에 실제로 어느 쪽으로 발음되었는지를 잘 들은 후 적어야 한다.

(4) [이러케] 또한 유일한 답안은 아니다. [이럭케]로 적는 것이 더 정확한 경우도 있다. 두 발음의 차이는 아주 미세하기 때문에 둘 중 한쪽을 분명히 선택하기란 쉽지 않다.

(5) 위의 [몰랃따]도 마찬가지로 [몰라따]와의 차이가 아주 미세하므로 어느 쪽으로 적은 것이 정확한 것인지 판단하기 매우 어렵다.

소리 나는 대로 잘 적은 예 이와 같은 사항들을 고려하면 위의 문장에 대한 가장 일반적인 발음은 다음의 두 가지라고 할 수 있다.

[게를 키우능 게 이러케 힘들 쭐 몰라따]
[게를 키우능 게 이럭케 힘들 쭐 몰랃따]

음성기호로서의 한글의 낯섦 이상의 검토를 통해 알 수 있듯이 표음문자인 한글로 한국어를 소리 나는 대로 적는 것도 그리 쉽지만은 않은 것이다. 이것은 일반 사람들이 맞춤법에 워낙 익숙해져 있어서 한글을 음성기호처럼 대하는 것이 어려움을 뜻한다.

0.2.4 이 책의 발음 기술 방식과 발음 표시 방식

표기를 기준으로 발음을 기술하는 방식 이 책이 다루는 대상은 표기가 아닌 발음이다. 그런데 실제로 발음을 귀로 들으면서 발음에 대해 이야기하는 것이 아니고 오로지 책에 써진 글자에만 의지하기 때문에 발음을 글자로 옮긴 표기를 고려하지 않을 수 없다. 더구나 대부분의 사람들은 눈에 보이지 않는 발음을 눈에 보이는 표기로 바꾸어 놓고서야 발음을 분명히 인식하는 경향이 있다. 또 표기와 발음이 일치할 때는 표기만을 언급함으로써 표기와 발음의 양상을 한꺼번에 간결하게 기술할 수 있는 이점도 있다. 그러므로 이 책에서는 설명이 어려워지고 기술이 복잡해지는 것을 피하기 위해 발음이 아닌 맞춤법에 따른 표기를 가지고 발음을 기술하는 방식도 이용하기로 한다.[6]

이 책에서 발음을 한글로 적는 방법 0.1의 마지막에서 언급한 바와 같이 이 책에서는 표준발음과 현실발음을 모두 다룬다. 그래서 앞으로 어떤 단어의 표준발음과 현실발음이 다를 때는 두 가지를 다 보여 줄 것이다. 특히 현실발음의 모음을 적을 때

6. 전적으로 맞춤법에 따른 표기를 기준으로 발음을 기술하는 방식은 「표준 발음법」에서 채택하고 있다. 일반인들이 발음을 생각할 때 표기를 먼저 떠올리고 표기로부터 발음을 추적해 가는 경향이 있음을 고려한 것이다.

다음 글자들만 사용하게 됨을 미리 언급해 둔다. 관련 설명은 2장을 참고하기 바란다.

현실발음을 적을 때 사용하는 모음 글자

단순모음(7개) : ㅣ, ㅔ, ㅡ, ㅓ, ㅏ, ㅜ, ㅗ
이중모음(11개) : ㅖ, ㅕ, ㅑ, ㅠ, ㅛ, ㅘ, ㅝ, ㅞ, ㅟ, ㅢ, ㆇ

'대한민국'의 발음 적기 예를 들어 '대한민국'의 발음은 다음과 같이 적게 될 것이다.

'대한민국'의 발음 적기

표준발음 : [대:한민국]
현실발음 : [데한민국], [데함민국], [데한밍국], [데함밍국]
[데안민국], [데암민국], [데안밍국], [데암밍국]
[데얀민국], [데얌민국], [데얀밍국], [데얌밍국]

'대한민국'의 현실발음은 발음하는 방법에 따라 위와 같이 다양하게 나타날 수 있다. 더 미세하게 관찰하면 축구경기 응원 등에서 구호를 외칠 때 [데:얌밍국]과 같이 첫음절 모음이 장음(長音)으로 나타나는 발음도 현실발음의 하나라고 할 수 있을지 모른다. 이 책에서는 이 모든 다양한 현실발음의 가능성을 인정하되 그중에서도 많이 사용되는 대표적인 발음을 중심으로 기술하도록 하겠다.

0-7 맞춤법에 맞게 받아쓰기가 소리 나는 대로 받아쓰기보다 쉽다

받아쓰기는 일반적으로 발음을 듣고 맞춤법에 따라 적는 것을 말한다. 받아쓰기는 학교에서 주로 맞춤법 지식을 평가하기 위해 하는 활동이다. 맞춤법에 맞게 말을 글로 옮길 수 있는지를 알아보기 위한 것이다.

한국어의 받아쓰기는 아직 맞춤법에 익숙하지 않은 학생들에게 꽤 어렵다. 받아쓰기를 맞춤법에 맞게 적는 식으로 하지 않고 소리 나는 대로 적는 식으로 하면 더 쉬울 것 같지만 사실은 그렇지 않다. 맞춤법은 각 단어의 정해진 표기만을 기억하고 있으면 무척 쉽다. 그러나 소리 나는 대로 적는 받아쓰기는 같은 단어라도 그것이 실제로 어떻게 발음되는지를 잘 듣고 적어야 하기 때문에 전문가가 아니면 굉장히 어려운 작업이 될 수 있다.

예를 들어 위에서 본 '대한민국'의 경우 맞춤법에 맞게 받아쓰기에서는 '대한민국'이라고 쓰면 그만이다. 그러나 소리 나는 대로 받아쓰기에서는 발음하는 사람이 그 순간에 실제로 어떻게 발음했는지를 잘 듣고 적지 않으면 틀리게 된다. 위의 여러 현실발음 가운데 어느 것으로 발음했는지를 정확히 듣고 판단해야 하기 때문에 결코 쉽지 않다.

제1편

1. 분절음
2. 모음
3. 자음
4. 음절

1. 분절음

1.1 음성기관

발음할 때 공기가 지나가는 길 일반적으로 음성은 허파에서 출발한 공기가 기관(氣管), 후두, 인두, 목젖, 그리고 구강이나 비강을 통과하면서 만들어진다. 좋은 발음은 이러한 여러 음성기관의 정확한 움직임으로부터 나온다.

발음할 때 공기가 지나가는 길

허파 ⇒ 기관 ⇒ 후두 ⇒ 인두 ⇒ 목젖 ⇒ 구강 / ⇒ 비강

주요 음성기관 우리가 목구멍이라고 부르는 부분은 후두와 인두에 해당한다. 이비인후과가 귀(이 耳), 코(비 鼻), 목구멍(인후 咽喉)의 건강을 담당하는 진료과목임을 생각하면 될 것이다. 후두에는 발음할 때 매우 중요한 역할을 하는 성대가 있다. 구강에서는 혀를 비롯한 여러 부위가 음성기관으로 작용한다.

음성기관의 세 부분

발동부 : 허파
발성부 : 성대
발음부 : 성대 위쪽의 모든 음성기관. 목젖, 혀, 입천장, 입술 등.

1.1.1 허파

공기의 흐름을 만들어 내는 펌프 허파 또는 폐(肺)는 수축하거나 팽창함으로써 공기를 빨아들이고 내보내는 펌프이다. 일반적으로 음성은 빨아들이는 공기(흡기 吸氣, 들숨)가 아닌 내보내는 공기(호기 呼氣, 날숨)를 이용하여 만들어 낸다. 예외적으로 흡기를 이용하여 내는 음성을 사용하는 언어도 있다. 한국어에는 그러한 예외적인

음성이 없다. 발음하는 동안 우리는 계속 공기를 입이나 코 밖으로 내보내게 된다. 그리고 내보낼 공기가 부족할 때는 필요한 공기를 들이마시기 위해 잠깐씩 발음을 중단한다. 노래를 부르기 위한 악보 중간중간에 숨표나 쉼표가 있는 것도 같은 이치이다.

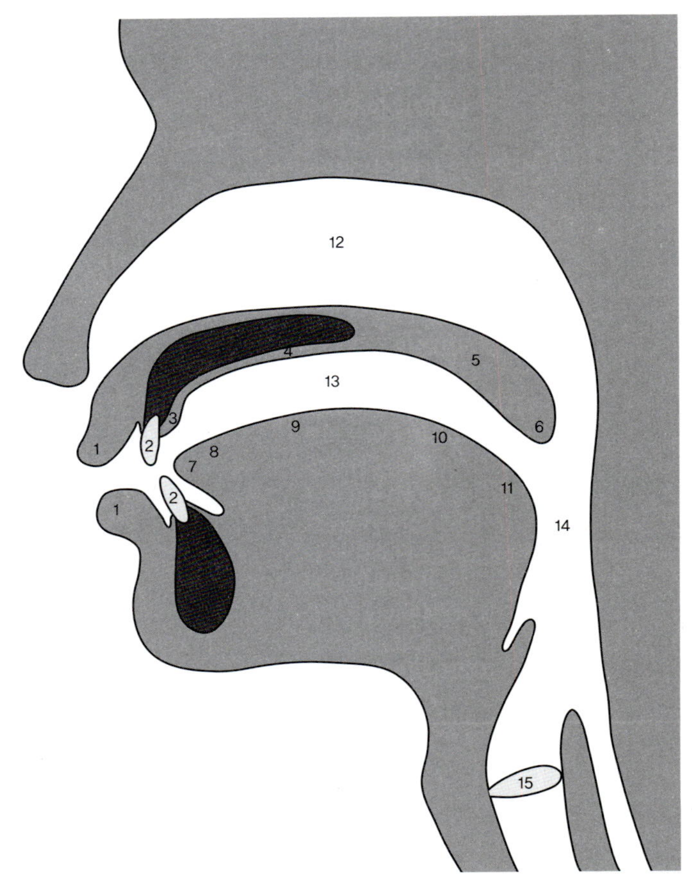

음성기관

1. 입술
2. 이
3. 치조
4. 경구개
5. 연구개
6. 목젖
7. 설첨
8. 설단
9. 전설
10. 후설
11. 설근
12. 비강
13. 구강
14. 인두
15. 성대

1.1.2 성대

성대의 위치와 생김새 허파에서 나온 공기가 기관을 지나 후두에서 반드시 거쳐야 하는 곳이 성대(聲帶, 목청)이다. 성인 남자의 목 앞부분에 약간 튀어나온 곳이 성대가 있는 곳이다. 여자는 튀어나와 있지 않다. 남자의 성대가 더 길므로 튀어나와 있는 것이다. 성대는 마주 보고 있는 한 쌍의 근육으로서 공기가 지나가는 통로를 열고 닫을 수 있다.

성문과 공기의 흐름 성대의 틈새는 문처럼 생겼다고 해서 **성문**(聲門)이라고 부른다. 성대가 완전히 붙으면 성문이 막혀 공기가 안팎으로 전혀 통할 수 없게 된다. 숨을 쉬지 않고 있으려면 성문을 닫으면 된다. 예를 들어 무거운 물건을 들기 위해 힘을 쓸 때 숨을 멈추게 되는데 이때는 성문을 닫는다. 반대로 심호흡을 할 때는 성문을 넓게 열어 한꺼번에 많은 양의 공기가 지나갈 수 있도록 한다.

성대의 진동과 유성음 성대가 가볍게 붙은 상태에서 기관으로부터 공기가 나오면 공기의 압력 때문에 성대가 잠깐 동안 떨어져 소량의 공기가 지나가고 다시 성대가 붙고 다시 떨어졌다 붙고 하는 동작이 빠른 속도로 반복된다. 이것이 성대의 진동이다. 성대의 진동은 모든 **유성음**(有聲音 voiced sound)의 근원이다. **무성음**(無聲音 voiceless sound)은 성대의 진동이 없이 만들어진다.

성대의 주요 상태

① **성문이 닫힘(성대가 서로 붙음)** : 공기가 통하지 않아 음성이 만들어지기 어렵다.
② **성문이 열림(성대가 서로 떨어짐)** : 공기가 자유롭게 통해서 무성음이 만들어진다.
③ **성대가 떨림(성대가 서로 붙었다 떨어지는 과정을 빠른 속도로 반복함)** : 공기가 조금씩 새어나오면서 유성음이 만들어진다.

성대와 발성 성대가 진동할 때 성대의 길이가 길면 초당 진동수가 작아져서 저음이 나고 짧으면 진동수가 커져서 고음이 난다. 그러므로 성대의 길이를 조절함으로써 다양한 높이의 음성을 만들어낼 수 있다.[1] 성대의 기본적인 길이가 긴 성인 남자의 음성은 상대적으로 저음이고 성대의 기본적인 길이가 짧은 여자나 아이의 음성은 상대적으로 고음이다.[2] 또 성대가 진동하는 폭이 크면 큰 소리가 나고 작으면 작은 소리가 난다. 따라서 소리를 크게 내려면 힘을 주어 성대가 큰 폭으로 진동하게 해야 한다. 이와 같이 음성을 만들어내기 위해 성대를 다양하게 조절하는 일을 **발성**(發聲)이라 한다. 노래를 잘 부르는 기본은 발성을 자유자재로 섬세하게 수행하는 것이다.

1-1 성대의 진동을 확인하는 실험

'아 —' 하는 발음과 유리창에 입김이 묻도록 '하 —' 하는 발음을 하면서 다음과 같은 방법으로 성대의 진동 여부를 확인해 보자.

(1) 발음을 하면서 목의 앞부분에 손을 대고 진동이 느껴지는지 살펴본다.
(2) 얇은 종이를 한 손으로 입 앞에 들고 발음을 하면서 다른 한 손으로 종이의 진동을 느껴 본다.

1. 유성음을 발음할 때 성대의 초당 진동수의 평균은 성인 남자 120번, 성인 여자 220번, 10세 아이 330번 정도이다.

2. 성대의 길이 외에도 사람마다 목소리가 다른 요인이 많은데 성대의 생김새와 움직이는 방식도 목소리에 큰 영향을 준다. 예를 들어 감기에 걸렸을 때나 큰 소리를 오래 지르고 났을 때 목소리가 바뀌는 일이 있다. 그것은 성대가 붓거나 상처가 나서 성대의 생김새나 움직이는 방식이 일시적으로 달라지기 때문이다.

(3) 발음을 하면서 음정(音程)을 바꾸어 본다. 다양한 음높이로 발음할 수 있고 노래도 부를 수 있으면 그 소리는 유성음이고 그것이 불가능하면 무성음이다.

1.1.3 목젖

목젖의 위치 목젖은 입천장의 안쪽 끝에 목구멍 쪽으로 늘어진 좁다란 살이다. 거울 앞에서 '아' 하고 입을 크게 벌리면 보인다. 마음대로 잘 움직여지지 않는다. 그러나 발음을 할 때 우리도 모르는 사이에 조금씩 움직이게 된다. '읍'이라고 발음한 상태에서 입술을 열지 말고 발음을 '음'으로 바꾸면 목구멍 쪽의 어느 부위를 움직이게 되는데 그것이 바로 목젖이다.

목젖과 구강음 '압'을 발음할 때는 목젖이 뒤로 움직여 목구멍의 뒷벽에 붙게 된다. 그러면 목구멍에서 코로 통하는 길을 목젖이 막게 되어 공기가 비강으로 나가지 못하게 된다. 구강 쪽은 입술을 다물고 있기 때문에 역시 공기가 빠져나가지 못한다. 그러므로 '압'의 'ㅂ'을 발음하면 공기가 빠져나갈 곳이 없어 발음을 계속할 수 없게 된다. 'ㅂ'처럼 비강으로 공기가 지나가지 않고 발음되는 음성을 **구강음**(口腔音oral sound)이라 한다.

목젖과 비음 반면에 '암' 같은 발음을 할 때는 목젖이 앞으로 움직여 허공에 매달리게 된다. 그러면 목구멍에서 코로 통하는 길이 열려 비강으로 공기가 나갈 수 있다. '암'의 'ㅁ'을 발음할 때 코로 공기가 계속 빠져나가므로 허파에서 숨이 공급되는 한 'ㅁ' 발음을 계속할 수 있다. 만약 '암'을 발음하면서 콧구멍을 막는다면 'ㅁ' 발음은 더 이상 계속할 수 없게 될 것이다. 'ㅁ'처럼 비강으로 공기가 지나가면서 발음되는 음성, 즉 콧소리를 **비강음**(鼻腔音 또는 **비음** 鼻音 nasal sound)이라 한다.

구강음을 발음할 때의 목젖의 위치

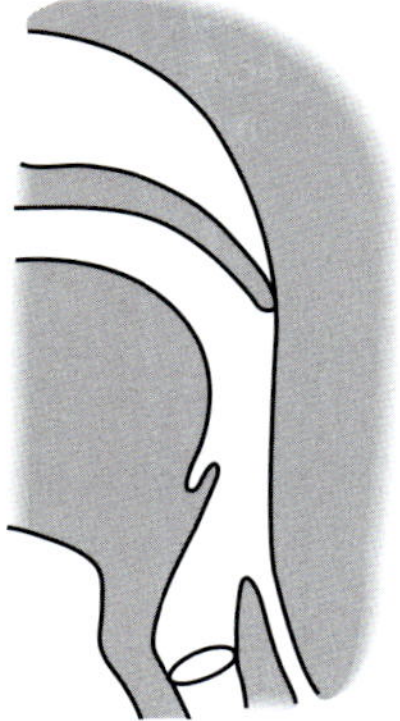

비음을 발음할 때의 목젖의 위치

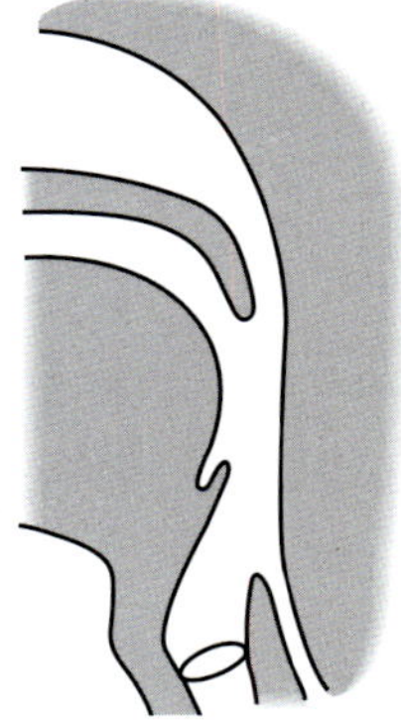

음성기관으로서의 목젖 이와 같이 목젖은 비강 쪽 통로를 열고 닫는 문의 역할을 함으로써 구강음과 비음을 구별하는 역할을 한다. 모든 음성은 구강음 아니면 비음이고 둘 다 모든 언어에 존재하므로 우리가 발음하는 동안에 목젖을 움직일 일이 많다. 언어에 따라서는 구강음과 비음을 구별하는 것 외에 특정한 자음을 발음하기 위해 목젖을 사용하는 일도 있다. 철자 'r'의 일반적인 발음으로 프랑스어에서는 목젖마찰음 [ʁ, χ]이, 독일어에서는 목젖전동음 [ʀ]이 사용된다. 목젖마찰음은 목젖과 설근을 마찰시켜, 목젖전동음은 목젖을 설근에 댔다 떼는 식으로 떨어서 발음한다.

목젖과 호흡 한편 코고는 소리는 공기가 목구멍을 지나갈 때 목젖이 목구멍의 뒷벽과 마찰을 일으켜 나는 소리이다. 목젖은 소리를 낼 때뿐만 아니라 호흡을 조절하는 데에도 기여한다. 예를 들어 풍선을 불거나 수중호흡기로 호흡을 할 때 호기와 흡기를 코와 입 중 어느 쪽으로 통과시키느냐가 중요한데 이때 목젖이 공기가 지나가는 통로를 열고 닫는 일을 한다.

1.1.4 혀

혀의 중요성 발음을 할 때 음성기관 중에 가장 바쁜 부위가 혀이다. 음성기관 중 혀만큼 자유롭게 놀릴 수 있는 것이 없다. 그만큼 발음을 다양하게 만들어 내는 데 기여하는 바가 크다.[3]

혀의 움직임과 모음 우선 모음을 다양하게 구별하기 위해 혀의 위치 조절이 필수적이다. 혀의 위치가 다를 때 모음의 음가가 달라지는 것은 목구멍과 구강과 혀가 만들어내는 공간의 모양이 달라져 **공명**(共鳴 resonance)이 각기 달리 일어나기 때문이다.[4] 예를 들어 모음 'ㅣ'를 발음할 때는 구강의 공간이 최소화되고 목구멍의 공간(구체적으로는 인두강 咽頭腔)이 최대화된 상태에서 공명이 일어난다. 반면에 'ㅏ'를 발음할 때는 구강의 공간이 최대화되고 인두강이 최소화된 상태에서 공명이 일어난다. 공명이 일어나는 공간의 모양이 달라져서 모음의 음가가 달라지는 것이다(2.1.1의 그림 참조).

혀의 움직임과 자음 혀는 어느 부위를 입천장의 어느 부분에 대거나 접근시키느냐에 따라 자음을 다양하게 만들어내는 역할도 한다. 혀는 크게 **설단**(舌端, 혀끝), 혓바닥, **설근**(舌根, 혀뿌리)으로 나누어진다. 설단의 맨 끝을 **설첨**(舌尖)이라고 부르기도 한다. 설단은 다른 부위들보다 움직임이 자유로워서 비교적 많은 자음을 구별하는 데 쓰인다. 혓바닥을 두 부분으로 나누면 **전설**(前舌)과 **후설**(後舌)로 나눌 수 있고 세 부분으로 나누면 전설, **중설**(中舌), 후설로 나눌 수 있다. 움직임의 제한이 가장 큰 설근은 자음의 발음에 적극적인 기능을 별로 하지 못한다.[5]

3. 발음에서 혀가 가지는 중요성을 오래전부터 인식해 왔음을 보여주는 예들이 있다. 한자에서 '혀'를 뜻하는 '설(舌)'이 들어간 글자 '화(話)'는 '말'을 뜻한다. 또 말로 인해 화(禍)를 당하는 것을 '설화(舌禍)'라 한다. 영어에서 '혀'를 뜻하는 단어 'tongue'은 '말, 언어'라는 뜻도 가진다. 프랑스어의 'langue'도 마찬가지이다.

4. 공명은 어떤 공간에서 소리가 울리는 것을 말한다. 공명이 일어나면 소리가 커진다. 기타의 공명통이나 피아노의 몸체는 공명이 잘 일어나도록 돕는 공간의 역할을 한다.

5. 앞에서 언급한 프랑스어의 목젖마찰음과 독일어의 목젖전동음은 설근과 목젖을 이용하는 특수한 자음이다.

혀의 여러 부위

설첨(혀끝) : 설단의 맨 끝.
설단(혀끝) : 설첨을 포함하여 설단이라고 하기도 하고, 설첨보다 조금 더 뒤쪽만을 설단이라고 하기도 한다. 즉 넓은 의미의 설단은 설첨을 포함하고 좁은 의미의 설단은 설첨과 구별된다. 고유어 '혀끝'은 넓은 의미의 설단을 대신해서 쓸 수 있다.
전설 : 혓바닥의 앞부분.
중설 : 혓바닥의 중간 부분.
후설 : 혓바닥의 뒷부분.
설근(혀뿌리)

1.1.5 입천장

입천장의 기능 입천장(구개 口蓋)은 스스로 움직이지 못하지만 혀와의 공간적 관계를 통해 음성의 분화에 크게 기여한다. 즉 모음을 발음할 때는 입천장과 혀 사이에 만들어지는 공간의 모양이 모음의 음가를 결정하며, 자음을 발음할 때는 혀가 입천장의 어느 부위에 닿거나 접근하느냐에 따라 자음의 음가가 결정된다.

입천장의 여러 부위 입천장의 부위 구분은 혀의 부위 구분과 밀접하게 관련된다. 입을 다물고 가만히 있을 때 설단과 만나는 부위는 **치조**(齒槽, **치경** 齒莖)이다. 치조는 윗니 뒤쪽의 잇몸인데 도드라져 있다. 치조는 설단과의 협력을 통해 다양한 자음을 만들어낸다. 치조를 제외한 입천장은 혓바닥과 마주보고 있는데 전설과 마주보는 부위가 **경구개**(硬口蓋), 후설과 마주보는 부위가 **연구개**(軟口蓋)이다. 경구개는 살 속에 뼈가 있으므로 딱딱하고(硬) 연구개는 살만으로 이루어져 있으므로 물렁물렁하다(軟). 경구개는 전설과 만나서, 연구개는 후설과 만나서 자음을 만들어내는 것이 일반적이다.

혀와 입천장의 자연스러운 짝

설단 — 윗니, 치조
전설 — 경구개
후설 — 연구개

1.1.6 입술

입술의 기능 입술은 혀 다음으로 자유롭게 움직일 수 있는 음성기관이다.[6] 입술이 취하는 모양은 모음을 발음할 때 구강에서 공명이 일어나는 방식을 변화시킨다. 즉 'ㅜ, ㅗ'를 발음하는 것처럼 입술을 내밀면서 둥글게 오므릴 때와, 'ㅣ, ㅔ, ㅡ, ㅓ, ㅏ'를 발음하는 것처럼 입술을 내밀지 않고 입술의 양쪽 가장자리가 멀어지도록 펼 때 모음의 음가가 서로 다르다. 자음을 발음할 때는 두 입술을 마주 붙이거나 접근

6. 어린아이가 처음 발음을 시작할 무렵에는 혀를 섬세하게 놀릴 만큼 운동신경이 발달해 있지 않다. 그래서 상대적으로 더 자유롭게 움직일 수 있는 입술을 마주 붙였다 떼는 자음부터 발음하기 시작한다. '엄마, 아빠, 맘마' 등 어린아이가 초기에 발음하는 단어들의 자음 'ㅁ, ㅃ'이 그런 자음이다.

시키는 동작을 이용한다.

1.2 언어의 분절과 언어단위

문장의 분절과 단어 우리가 사용하는 말은 아무리 긴 말이라도 기본적으로 **문장**(文章)의 연속으로 이루어져 있다. 문장은 더 작은 언어단위로 분석된다. 문장을 구성하는 기본적인 언어단위는 **단어**(單語)이다. 예를 들어 "모레 서울 간다."라는 문장은 '모레+서울+간다'와 같은 세 단어의 연결로 이루어져 있다.

문장의 분석

문장=단어(+단어+…)

단어의 원초성 단어는 의미를 지니면서 독립적으로 발화될 수 있는 최소의 언어단위이기 때문에 가장 기본적이며 원초적인 언어단위이다. 일반인에게 가장 친숙한 언어단위이다. 단어는 주요 언어요소인 의미, 문법, 음성이 하나로 뭉쳐진 기호이다.

단어의 분절과 형태소 문장이 단어로 구성되듯이 단어는 **형태소**(形態素 morpheme)로 구성된다. 형태소 역시 의미, 문법, 음성이 하나로 뭉쳐진 기호이지만 항상 독립적으로 발화되지는 않기 때문에 일반인에게는 단어보다 낯설고 분석하기 쉽지 않은 경우가 있다.

형태소의 최소성 형태소는 의미를 가진 최소의 언어단위로 정의된다. '모레'라는 단어는 의미를 가진 더 작은 단위로 쪼갤 수 없으므로 그 자체로 형태소가 된다. '모레'라는 한 형태소가 '모레'라는 한 단어를 구성하고 있는 것이다. 반면에 '간다'라는 단어는 이동의 의미를 가지는 '가-'라는 형태소와 현재의 사건을 진술하면서 문장을 끝맺는 의미를 가지는 '-ㄴ다'라는 형태소의 연결로 이루어져 있다. 또 단어 '이슬비'를 구성하는 '이슬, 비', 단어 '줄넘기'를 구성하는 '줄, 넘-, -기'가 모두 형태소이다.

단어의 분절과 음절 단어를 더 작은 단위로 분석할 때 의미나 문법과 같은 요소는 무시하고 음성이라는 요소만 고려하여 분석하면 일차적으로 **음절**(音節 syllable)이 추출된다. 음절은 독립적으로 발화될 수 있는 최소의 음성단위이다. 일반인에게 가장 친숙한 음성단위이다. 특히 한국인은 단어를 음절로 분석하는 일에 능숙하다. '이슬비'와 같은 단어는 '이, 슬, 비'의 세 글자로 구성되어 있다고 흔히 말하는데 표기상의 글자가 발음상의 음절과 일치하므로 그것은 결국 '이슬비'가 세 음절로 구성되어 있다고 말하는 셈이다.

단어의 분석

단어 = 형태소(+형태소+…) → 문법적 분석
단어 = 음절(+음절+…) → 음운론적 분석

음절의 분절과 분절음 음절을 더 분석하면 **분절음**(分節音 segment)이 추출된다. 분절음은 분절해서(즉 마디마디로 쪼개서) 얻어진 음성이라는 뜻이다. 분절음의 큰 두 부류가 자음(子音 consonant)과 모음(母音 vowel)이다. 즉 음절은 자음이나 모음과 같은 분절음으로 이루어져 있다. 예를 들어 '이'라는 음절은 모음 'ㅣ' 하나로 이루어져 있고, '슬'이라는 음절은 자음 'ㅅ'과 모음 'ㅡ'와 자음 'ㄹ'로 이루어져 있으며, '비'라는 음절은 자음 'ㅂ'과 모음 'ㅣ'로 이루어져 있다.

음절의 분석

음절 = 분절음(+분절음+…)

언어단위의 단선적 결합 분절음으로부터 음절, 단어를 거쳐 문장을 구성하는 방식은 단선적(單線的)이다. 이것은 분절음을 한 줄로 연결하면 음절이 될 수 있고, 음절을 한 줄로 연결하면 단어가 될 수 있으며, 단어를 한 줄로 연결하면 문장이 될 수 있다는 뜻이다. 이와 같이 단선적인 연결 과정의 말단에 있는 최소의 언어단위가 분절음이다.

언어기호의 단선성 언어단위 결합의 **단선성**(單線性 linearity)은 기호로서의 언어가 지닌 중요한 특징이다. 한 편의 소설을 감상하려면 반드시 맨 앞에서부터 순서대로 읽어 나가야 한다. 반면에 그림을 감상할 때는 반드시 어느 부분부터 살펴 나가야 한다는 규칙이 없다. 그림이라는 기호는 단선성과 관계없이 이루어져 있기 때문이다.

언어단위의 종류 이상에서 본 단위들은 두 가지로 분류할 수 있다.

언어단위의 종류

문법단위 : 문장, 단어, 형태소
음성단위 : 음절, 분절음

작은 단위가 큰 단위를 구성해 나가는 과정을 도식화하면 다음과 같다.

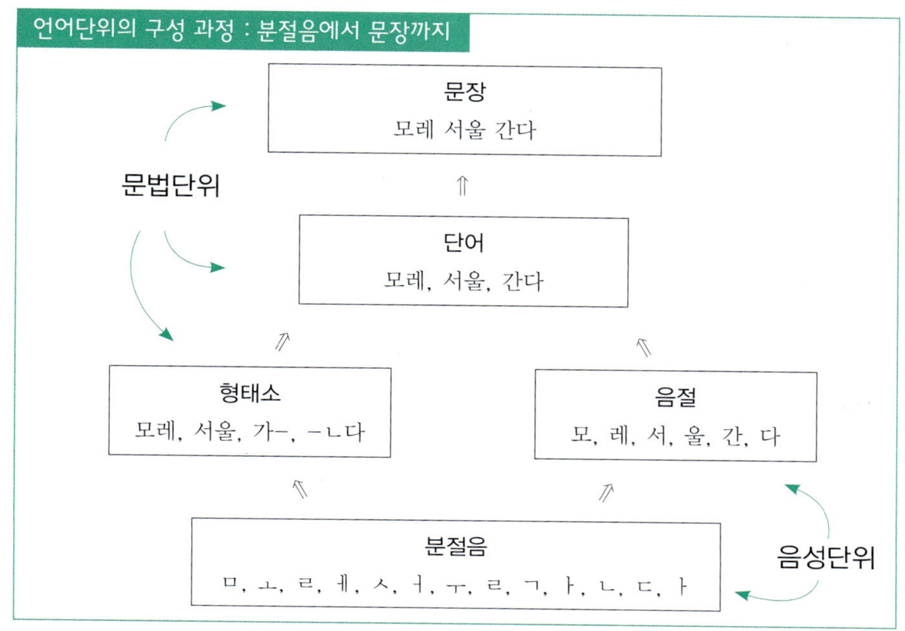

언어단위의 구성 과정에 대한 다른 견해 언어단위의 구성 과정을 '분절음 → 음절 → 형태소 → 단어 → 문장'과 같이 기술하는 견해도 있다. 그러나 형태소를 구성하는 단위를 음절이라고 보는 것은 잘못이다. 모든 형태소가 완전한 음절로 이루어져 있는 것은 아니기 때문이다. 예를 들어 현대한국어의 종결어미 '-ㄴ다'나 15세기의 관형격조사 'ㅅ'은 형태소인데 완전한 음절로 구성되어 있지 않다.

1-2 자질 : 분절음보다 작은 음성단위

분절음은 단선적으로 결합하는 언어단위, 즉 계기적(繼起的)인 언어단위로서는 최소의 단위이다. 그렇지만 분절음을 더 쪼개는 것이 가능하다. **자질**(資質 feature)이라는 음성단위들이 동시에 결합해 분절음이 구성된다고 보는 것이다. 예를 들어 자음 'ㅁ'은 [+자음성(子音性)], [−성절성(成節性)], [+비음성(鼻音性)], [+순음성(脣音性)]과 같은 자질들의 결합체이고 모음 'ㅣ'는 [−자음성], [+성절성], [+전설성(前舌性)], [+고설성(高舌性)], [−순음성] 등의 결합체이다. '성절성(syllabic)'이라는 자질은 음절을 구성할 수 있는 특성을 뜻하며 한국어에서는 중성이 될 수 있는 단순모음만 가진 자질이다. 이와 같이 분절음을 자질로 분해하면 분절음끼리의 관계를 체계적으로 기술하는 데도 도움이 되고 음운현상을 간결하게 규칙화하는 데도 도움이 된다. 그러나 음성학에 대한 깊은 지식이 없이는 자질을 제대로 이해하기 힘들므로 이 책에서는 더 자세히 다루지 않을 것이다.

1.3 초분절음

음절과 초분절음 음절을 구성하는 요소가 분절음만 있는 것은 아니다. 분절음보다 잘 인식되지 않지만 음절 속에 항상 존재하는 음성단위로 **초분절음**(超分節音 suprasegmental)이 있다. 초분절음을 **운율적 요소** 또는 **운소**(韻素 prosody)라고도 한다.[7] 초분절음은 소리의 길이(음장 音長, 장단 長短), 소리의 높이(음고 音高, 고저 高低), 소리의 세기(음강 音强, 강약 强弱)를 통틀어 가리키는 말이다.

7. 문학에서는 'prosody'를 '운율'이라고 번역한다. 운소와 운율은 비슷하기는 하나 아주 같지는 않다.

초분절음의 세 종류

음장 : 장단, 소리의 길이
음고 : 고저, 소리의 높이
음강 : 강약, 소리의 세기

초분절음의 비단선성 초분절음은 자음이나 모음과 같은 분절음처럼 단선적으로 결합하여 음절을 구성하는 것이 아니다. 음절을 구성하는 분절음들과 동시에 실현된다. 더 구체적으로는 분절음 중에서 모음과 동시에 실현될 때가 많다.

한국어의 성조 한국어에서 초분절음이 쓰이는 양상은 지역방언마다 차이가 있다. 경상방언, 함경방언, 그리고 강원도 동해안 지역의 방언(영동방언 嶺東方言)은 개별 단어의 특정한 음절에 고조(高調), 저조(低調), 상승조(上昇調) 등과 같은 음고를 얹어서 단어와 단어를 구별한다. 이와 같이 음고가 형태소나 단어 차원에서 변별력(辨別力)을 가지면 **성조**(聲調 tone)라 한다. 15세기 한국어에도 성조가 있었다. 옛 문헌에 쓰인 방점(傍點)이 성조를 나타내는 기호였다. 방점이 하나면 거성(고조)이고 둘이면 상성(상승조)이며 없으면 평성(저조)이었다.

한국어의 억양 한편 음고를 문장에 얹은 것이 **억양**(抑揚 intonation)이다. 특히 문장의 끝을 높이거나 낮추는 문말억양이 많이 사용된다. 예를 들어 "지금 가?"라는 의문문과 "지금 가."라는 평서문은 문장 끝의 음고가 다르다. '가'를 높아지는 음조(상승조)로 발음하면 의문문이 되고, 낮아지는 음조(하강조)로 발음하면 평서문이 된다. 이와 같이 음고가 문장 차원에서 변별력을 가지면 억양이라 한다. 억양은 한국어의 모든 방언에 나타난다. 억양은 사실 모든 언어에 나타나는 언어보편적인 요소라고 할 수 있다.

한국어의 강세 단어나 문장을 구별하는 데 사용하는 강약을 **강세**(强勢 stress)라 한다. 영어의 'billow'와 'below'는 똑같은 분절음들로 구성되어 있지만 전자는 첫음절에 강세가 있고 후자는 둘째 음절에 강세가 있어서 발음이 서로 다르다. 이와 같이 단어와 단어를 구별해 주는 강세를 단어강세라 한다. 한국어에는 단어강세가 없고 문장강세만 있다. 한국어의 문장강세는 문장 안에서 강조할 말을 강하게 발음하는 강조강세이다. 강조강세도 억양처럼 모든 언어에 나타나는 언어보편적인 요소라고 할 수 있다.

1-3 중국어와 일본어의 초분절음

중국어는 전형적인 성조언어이다. 표준중국어(북경어)에는 1성(고조, ¯), 2성(상승조, ´), 3성(하강상승조, ˇ), 4성(하강조, `)의 네 가지 성조가 있다. 모든 한자, 즉 형태소에 성조가 정해져 있다. 성조가 형태소 차원의 변별력을 가진다. 각 음절을 넷 중 한 성조로 발음하게 되므로 한 문장을 발음할 때도 음고의 변화가 화려하다.

他不肯来。[Tā bù kěn lái] (그는 오려고 하지 않는다.)

일본어는 악센트(accent)를 가지고 있다고 말한다. 일본어의 악센트도 두 가지 음고, 즉 고조(´)와 저조로써 단어와 단어를 구별하는 현상이므로 일종의 성조라 할 수 있다. 그러나 고조와 저조의 변화는 음절마다 일어나지 않고 한 단어 안에서 한두 번 일어난다. 그래서 중국어 문장보다 음고의 변화가 단조롭다. 이것은 한국어 방언의 성조와 유사한 특징이다.

日が出た。[higá déta] (해가 떴다.)
火が出た。[híga deta] (불이 났다.)

1.4 음장

표준어의 음장 음장과 장음은 다르다. **장음**(長音 긴소리)은 **단음**(短音 짧은소리)과 대립하는 개념이며 장음과 단음을 합쳐 음장 또는 장단이라 부른다. 표준어에는 단어와 단어를 구별하는 음장이 있다. 음장은 특히 모음의 길이에 두드러지게 나타나므로 장음인 모음, 즉 **장모음**(長母音)과 단음인 모음, 즉 **단모음**(短母音)이 다음과 같은 단어들을 구별하는 데 사용된다.

음장에 따른 단어의 구별

눈(인체) / 눈:(날씨)
말(동물), 말(부피의 단위) / 말:(언어)
밤(야간) / 밤:(과일)
별(別) 볼일 / 별:(星) 볼 일
병(瓶) / 병:(病)
단모음(單母音) / 단:모음(短母音)
도로(부사), 도로(徒勞) / 도:로(道路)
방화(防火) / 방:화(放火)
소식(消息) / 소:식(小食)
전력(全力), 전력(前歷), 전력(專力) / 전:력(電力), 전:력(戰力)
제재(題材) / 제:재(制裁)
광주(光州) / 광:주(廣州)
정(丁) / 정:(鄭)
cf. 정약용(丁若鏞) / 정:몽주(鄭夢周)
조(曺) / 조:(趙) cf. 조식(曺植) / 조:광조(趙光祖)
적다(이름을) / 적:다(수량이)
걷다(소매를) / 걷:다(걸음을)

수직선(垂直線) / 수:직선(數直線)	묻다(때가), 묻다(땅에) /묻:다(길을)
연기(煙氣), 연기(延期) / 연:기(演技)	업다(아이를) / 없:다(아무도)
재수(財數) / 재:수(再修)	키 / 키:(key)
전용(專用) / 전:용(轉用)	메일(mail) / 매:일(每日)

비어두 단음화 원래 장모음이던 것이 비어두(非語頭), 즉 단어의 첫음절이 아닌 곳에 놓이면 단모음이 된다. 이것을 **비어두 단음화**(短音化)라 한다.

장모음이 비어두에서 단모음이 된 예

첫+눈: → 첫눈, 정:+말: → 정:말
구운+밤: → 군:밤, 고:속+도:로 → 고:속도로

1음절 용언어간의 세 유형 국어사전은 어두에 장모음을 가진 모든 단어에 장음부호를 붙여 발음을 표시한다. 그런데 1음절 용언어간은 음장이 일정치 않은 경우가 있다. 모든 1음절 용언은 음장의 면에서 다음 세 가지 유형으로 나눌 수 있다. 각 용언이 이 가운데 어느 유형에 속하는지는 국어사전의 발음표시를 보면 알 수 있다.

음장에 따른 1음절 용언의 세 유형

① **단모음 용언 : 항상 단모음인 용언**
걷다, 걷으면, 걷어 (소매를)
② **음장교체 용언 : 어미의 종류에 따라 장모음과 단모음이 교체하는 용언**
걷:다, 걸으면, 걸어 (걸음을)
③ **장모음 용언 : 항상 장모음인 용언**
얻:다, 얻:으면, 얻:어

반모음화에 따른 장음화 1음절 용언어간에 모음어미('-어, -어도, -어서, -어야, -어요, -었-' 등)가 붙을 때 반모음화(**8.4.1** ⒁ 참조)가 일어나면 모음이 **장음화**(長音化)된다.[8]

8. 음절 수가 줄어드는 것을 보상하는 것이라고 하여 **보상적 장음화**(補償的 長音化)라고 부르기도 한다.

1음절 용언의 활용에 나타나는 장음화

ㅣ**용언의 활용** : 기-어 → 겨:
ㅗ, ㅜ**용언의 활용** : 보-아 → 봐:, 두-어 → 둬:

음장의 소멸 표준어에 나타나는 음장은 일부 노년층에만 남아 있다. 장년층 이하는 대체로 음장을 구별하지 못한다. 국어사전은 장음을 가진 모든 단어에 장음부호를 표시해 놓았지만 현실발음에서는 장음과 단음의 구별이 이미 사라졌다고 해도 과언이 아니다.

표현적 장음 모든 세대가 잘 인식하고 있는 장음이 있다. 이것은 **표현적**(表現的) **장음**이라고 부르는 것으로 특정한 단어의 어감(語感)을 변화시키기 위해 원래 단모음인 것을 장모음으로 바꾸어 발음하는 것이다. 표현적 장음과 구별하기 위해, 위에서 본 표준발음의 장음은 **어휘적 장음**이라 부른다. 어휘적 장음이란 단어가 원래 가지고 있는 장음이라는 뜻이다.

어두음절의 표현적 장음 단어가 뜻하는 정도를 강조하고자 할 때 화자가 어두음절의 모음을 장모음으로 발음하는 경우가 있다. 형용사나 부사의 발음에 많이 나타난다. 예를 들어 다음 단어들은 어두음절 모음이 원래 단모음이지만 화자의 의도에 따라 장모음으로 발음하는 경우가 있다.

어두음절의 표현적 장음

형용사
높다[놉:따], 넓은[널:븐], 더럽다[더:럽따], 깨끗하다[께:끄타다], 길쭉하다[길:쭈카다]
부사
금방[금:방], 높이[노:피], 아주[아:주], 저기[저:기], 훨씬[훨:씬], 힘껏[힘:껀]
물방울이 똑똑[똑:똑] 떨어진다. / 새가 빙빙[빙:빙] 돈다.
몸이 빼빼[뻬:뻬] 말랐다. / 배를 살살[살:살] 문지른다.
옷이 척척[척:척] 감긴다.

표현적 장음과 어감의 변화 형용사 '높다'의 어간 모음 'ㅗ'가 원래 단모음이므로 '높은 산'은 [노픈 산]으로 발음하게 된다. 이것을 [노:픈 산]으로 발음하면 [노픈 산]으로 발음할 때와 비교하여 어감이 달라진다. 그렇지만 단음을 장음으로 바꿔 발음한다고 해서 '높다'가 다른 단어가 되는 것은 아니다. 그러므로 이러한 장음은 어휘적 장음이 아니다.

표현적 장음의 길이 어두음절의 표현적 장음은 화자의 말투에 따라 아주 길게 발음하는 경우도 있다. "빙 돌아서 왔다."에서 '빙'의 의미를 강조하기 위해 '비이이잉'과 같이 한참 길게 빼기도 하는 것이다.

비어두음절의 표현적 장음 표현적 장음은 비어두음절에도 나타날 수 있다. 비어두음절의 표현적 장음은 '~하다' 형용사나 의성의태어(擬聲擬態語)에 많이 나타난다. '~하다' 형용사에서는 '~' 부분에 나타나는 명사, 부사, 어근 등의 끝음절에 장음이 나타난다. 이 경우의 장음 역시 단어의 의미를 바꾸지 않는다. 공간적인 크기, 시간적인 길이, 정도 등을 강조하여 어감을 변화시킨다.

비어두음절의 표현적 장음

'하다' 형용사
조용하다[조용:하다], 조용히[조용:히], 조용조용[조용:조용],
길쭉하다[길쭈:카다], 뜨뜻하다[뜨뜨:타다],
답답하다[답따:파다], 둥그스름하다[둥그스름:하다]

의성의태어

문이 스르르[스르르:] 열렸다.
문을 똑똑[똑똑:] 두드린다.
꾸벅꾸벅[꾸벅:꾸벅] 존다.
비틀비틀[비틀:비틀] 걷는다.
아기가 아장아장[아장:아장] 걷는다.
페인트가 군데군데[군데:군데] 벗겨졌다.

표현적 장음과 과장 표현적 장음은 이야기를 재미있게 하는 사람들이 활발하게 사용하는 것을 볼 수 있다. 똑같은 이야기라 하더라도 적절한 부분에서 표현적 장음으로 과장하여 발음하면 듣는 이가 이야기를 더 실감나게 느낄 수 있다.

어휘적 장음과 표현적 장음의 차이

어휘적 장음	표현적 장음
어두에만 나타난다.	어두와 비어두에 모두 나타난다.
단어의 어휘적 의미와 관계있고 어감과 관계없다.	단어의 어휘적 의미와 관계없고 어감과 관계있다.
단음으로 발음하는 단어와 장음으로 발음하는 단어는 서로 다른 단어이다. 예를 들어 '적다(이름을)'와 '적:다(수량이)'는 서로 다른 단어이다.	단음으로 발음하는 단어와 장음으로 발음하는 단어는 서로 같은 단어이다. 예를 들어 '높다'와 '높:다'는 서로 같은 단어이다.
원래부터 장음으로 정해져 있으므로 화자의 마음대로 장음을 선택할 수는 없다. 예를 들어 '적:다(수량이)'의 첫음절은 화자의 의지와 관계없이 장음으로 발음해야 한다.	원래 단음인 것을 화자가 단음으로 발음할지 장음으로 발음할지 선택할 수 있다. 예를 들어 '높다'의 첫음절은 화자의 의지에 따라 단음으로 발음할 수도 있고 장음으로 발음할 수도 있다.
사전에 표시되어 있다.	사전에 표시되어 있지 않다.

1.5 음소와 변이음

음성과 음소의 차이 분절음은 얼마만큼 정밀하게 분석하느냐에 따라 **음성**(音聲 phone)과 **음소**(音素 또는 **음운** 音韻 phoneme)로 나누어진다.[9] 원어민이 인식하고 있는 음성적 차이만을 바탕으로 분석한 분절음은 음소이고 그 이상의 정밀한 수준에서 분석한 분절음은 음성이다.

9. 이때의 '음성'은 좁은 뜻으로 쓴 것이다. 넓은 뜻의 '**음성**(speech sound)'은 말소리를 뜻하며 음소도 포함한다.

분절음의 두 종류

음성	원어민이 인식하지 못하는 음성적 차이까지도 정밀하게 분석한 분절음.
음소	원어민이 인식하고 있는 음성적 차이만을 바탕으로 분석한 분절음.

무성음 [k]와 유성음 [g]에 대한 인식의 차이 예를 들어 '소고기'의 발음은 '소'의 발음과 '고기'의 발음의 합이라는 것이 한국어 화자의 인식이다. 그러나 외국인에게 '고기'와 '소고기'의 발음을 들려주면 두 '고'의 첫소리가 서로 다르다고 인식한다. '고기'의 첫소리는 무성음 [k]이고 '소고기'의 '고'의 첫소리는 유성음 [g]이므로 둘을 서로 다른 소리로 받아들이는 것이다. 둘의 발음이 다르므로 외국인은 그냥 '고기[kogi]'와 '소고기[sogogi]'의 '고기[gogi]'를 다른 단어로 생각할 수도 있다. 또 한국인은 '고기[kogi]'의 두 음절을 바꿔 발음하면 '[kigo](기고)'가 되어야 한다고 생각하지만 외국인은 [giko]가 되어야 한다고 생각한다.

한국인과 일본인의 음성 구별의 차이 한국인은 [k]와 [g]를 잘 구별하지 못하지만 일본인은 잘 구별한다. 반면에 일본인은 [sampo](산보), [ɯndoː](운동), [teŋki](날씨)의 [m], [n], [ŋ]을 잘 구별하지 못하지만 한국인은 잘 구별한다. 자신의 모어에 따라 익숙하게 잘 구별하는 음성이 있고 그렇지 않은 음성이 있는 것이다.

음소와 변이음의 뜻 한국어 화자는 한국어를 사용할 때 [k]와 [g]의 성대진동의 차이를 무시하는 것이 습관화되어 있어서 그 차이를 인식하기 힘들고 둘을 같은 소리로 느낀다. 이와 같이 원어민이 같은 소리로 느끼는 소리들을 하나로 묶어 음소라 한다. [k]와 [g] 두 음성은 한국어에서 같은 음소로 묶인다. 이때 같은 음소로 묶인 두 음성 [k]와 [g]를 음소 'ㄱ'의 **변이음**(變異音 또는 **이음** 異音 allophone)이라고 부른다.

음소와 음성(변이음)의 관계

```
[k]   [g]     음성(변이음)의 차원
  \   /
   /ㄱ/       음소의 차원
```

음소와 음성(변이음)의 표기 구별 한국어의 음소를 적을 때는 한글이 편리하다. [k]와 [g]가 묶인 음소를 'ㄱ'으로 적으면 된다.[10] 그렇지만 음소와 음성을 더 분명하게 구별하려 할 때는 음성은 꺾쇠괄호([ ])로, 음소는 빗금(/ /)으로 묶는다. 예를 들어 /ㄱ/은 음소 'ㄱ'을 적은 것이고 [k]는 변이음 'k'를 적은 것이다.

음성기호를 이용한 음소 표기 경우에 따라서는 음성기호를 이용해 음소를 적기도 한다. /ㄱ/의 경우 무성음 글자 'k'를 대표로 삼아 /k/로 적는다. /ㄱ/과 /k/는 한국어에서 똑같은 음소를 달리 표기한 것에 불과하다. /k/가 무성음을 뜻하지 않음을 주의해야 한다. /k/는 무성음 [k]와 유성음 [g]를 모두 포함한 단위이므로 그 자체로는 무성음도 아니고 유성음도 아니다. 마찬가지로 /ㄱ/도 무성음과 유성음의 구별을 초월해 있다.

10. 한글 자모(字母), 즉 낱글자는 대개 음소에 대응한다. 세종이 한글을 만들 때 한국어의 음소목록을 먼저 작성하고 한 음소를 한 자모로 나타내는 식으로 글자를 만들었기 때문이다. 한국어 화자가 한 소리로 인식하는 것을 한 글자로 적는 것이 가장 좋은 표기법이라는 것을 알고 있었던 것이다. 이런 의미에서 한글을 **음소문자**(phonemic writing)라고 부르기도 한다. 로마자도 음소문자이다.

음성(변이음) 표기와 음소 표기

[k] : 음성(변이음) 'k'로서 무성음만 가리킴.
[g] : 음성(변이음) 'g'로서 유성음만 가리킴.
/ㄱ/ = /k/ : 음소 'ㄱ' 또는 음소 'k'로서 무성음과 유성음을 모두 포함함.

'고기'의 발음 표기 '고기'의 발음을 음소의 차원에서는 /고기/ 또는 /koki/로 적을 수 있고 음성 또는 변이음의 차원에서는 [kogi]로 적을 수 있다.

'고기'의 발음 표기

음소의 차원 : /고기/ 또는 /koki/
음성(변이음)의 차원 : [kogi]

꺾쇠괄호의 일반적 용법의 문제 한국어의 발음을 기술할 때 '밥만'은 [밤만]으로 소리 난다는 식으로 흔히 기술한다. 엄격히 말하자면 꺾쇠괄호 [ ]를 이렇게 사용하는 것은 잘못이다. [ ] 안의 'ㅂ, ㅏ, ㅁ, ㄴ'이 음성이 아닌 음소이기 때문이다. /밤만/이 정확한 표기이다. 그러나 음소의 수준보다 더 정밀하게 음성을 인식하지 못하는 일반인에게는 표기가 아닌 발음이라는 의미로 [ ]를 사용하여 음소를 적는 것이 편리한 점이 많다. 실제로 「표준 발음법」, 「로마자 표기법」 등 어문규범이나 국어사전, 문법 교과서에서 모두 음소를 적는 데에 [ ]를 사용하고 있다.

이 책에서의 표기 방식 이 책에서도 그러한 관례를 존중하여 소리 나는 대로 한글로 적을 때 /밤만/, /물꼬기/ 대신 [밤만], [물꼬기]와 같이 적기로 한다. 한글로 적은 것 자체가 이미 음소를 적은 것을 의미하므로 [ ]를 사용했다고 해서 이들이 음소 표기임을 이해하지 못할 우려는 없다. 그리고 음성의 수준에서 정밀하게 표기할 때는 음성기호를 이용해 [mulk'ogi]와 같이 적을 것이다. 경우에 따라서는 음소를 적을 때 / / 안에 음성기호로 적기도 할 것이다.

이 책에서의 음성 표기와 음소 표기

'고기'의 음성 표기 : [kogi]
'고기'의 음소 표기 : [고기] 또는 /koki/

음소의 수준에서 발음 기술하기 한국어의 발음을 음성의 수준에서 기술하는 것은 음성학에 대한 전문지식을 요구하므로 일반인이 이해하기 어렵다. 일반인은 발음을 음소의 수준에서 쉽게 인식하고 이해한다. 그러므로 이 책에서는 음성 수준의 내용을 최소한으로 다루고 음소 수준의 내용을 폭넓게 다룰 것이다.

1-4 최소대립어

어떤 두 음성이 서로 다른 음소인지 확인하려면 **최소대립어**(또는 **최소대립쌍** minimal pair)를 찾아야 한다. 최소대립어란 '물[mul], 불[pul], 뿔[p'ul], 풀[pʰul]'처럼 한 음성의 차이만으로 구별되는 단어들을 말한다. 이 네 단어를 통해 각각의 첫소리 [m], [p], [p'], [pʰ]가 서로 다른 음소에 속함을 확인할 수 있다. 이에 따라 /ㅁ/, /ㅂ/, /ㅃ/, /ㅍ/의 네 음소의 존재가 확인된다. 또 '소동[sodoŋ], 소똥[sot'oŋ], 소통[sotʰoŋ]'은 [d], [t'], [tʰ]가 서로 다른 음소에 속함을 보여줌으로써 /ㄷ/, /ㄸ/, /ㅌ/의 세 음소를 확인해 준다.

최소대립어는 표기가 아닌 발음이 달라야 하므로 '집, 짚'이나 '낫, 낮, 낯' 등은 최소대립어가 되지 못한다. [ʧip˺]이라는 발음, [nat˺]이라는 발음을 듣고 그것이 어느 단어의 발음인지 알 수 없기 때문이다. 한편 '집, 짐'은 최소대립어가 된다. 발음이 [ʧip˺]과 [ʧim]으로 한 음성에서만 차이가 나기 때문이다.

나아가 '풍력, 폭력'도 최소대립어가 된다. 이들의 발음 [pʰuŋɲʌk˺]과 [pʰoŋɲʌk˺]은 [u]와 [o]가 서로 다른 음소임을 증명한다. 또 '읽은[이른], 이룬'을 통해서 /ㅡ/와 /ㅜ/가, '아프니까, 엎으니까[어프니까]'를 통해서 /ㅏ/와 /ㅓ/가 음소임을 확인할 수 있다.

'개[kɛ], 게[ke]'는 표준발음에서 최소대립어가 될 수 있지만 두 단어를 모두 [ke]로 발음하는 현실발음에서는 최소대립어가 될 수 없다. 발음으로는 구별할 수 없는 단어들이기 때문이다.

1.6 국제음성기호

국제음성기호 음성기호라고 하면 대개 **국제음성기호**(IPA, International Phonetic Alphabet)를 말한다. 국제음성기호는 국제음성학회에서 1888년에 제정한 것으로 그 후 여러 차례 개정되었다. 최근의 개정은 2005년에 있었다. 국제음성기호는 로마자를 기본으로 하되 필요에 따라 로마자를 조금 변형하거나 보조기호를 덧붙여 전 세계 모든 언어의 음성을 적을 수 있도록 한 것이다. 언어에 따라 국제음성기호를 조금 수정해서 사용하는 경우가 있어서 같은 음성기호라도 언어마다 음가가 조금 다를 수 있다.

영한사전의 발음기호 기호에 바탕을 둔 것으로서 영어의 발음을 음소의 수준에서 표기한다. 예를 들어 'peel'이라는 단어의 발음은 영한사전에 [pi:l]로 표기되어 있는데 음성의 수준에서 국제음성기호로 적으면 [pʰiɫ]이 된다. 첫소리 [pʰ]는 한국어의 [ㅍ]에 해당하는 소리로서 음소의 수준에서 /p/이기 때문에 영한사전에서 [p]로 적고 있다. 끝소리 [ɫ](연구개화된 'l' velarized l)은 [l]처럼 발음하되 후설을 연구개 쪽으로 높인 상태에서 발음하는 음성이다.

도표 설명 다음에 보이는 국제음성기호 도표는 2005년 개정판을 번역한 것이다. 자음과 모음의 기본 도표는 그대로 옮겼으나 나머지 자잘한 음성기호들은 일부만 보였다. (국제음성기호에 대한 자세한 내용은 다음 인터넷사이트를 참조. http://www.internationalphoneticassociation.org/)

(1) 자음(폐의 기류를 이용하는 것)

	양순음	순치음	치음	치조음	뒤치조음	권설음	경구개음	연구개음	목젖음	인두음	성문음
폐쇄음	p b			t d		ʈ ɖ	c ɟ	k g	q ɢ		ʔ
비음	m	ɱ		n		ɳ	ɲ	ŋ	ɴ		
전동음	ʙ			r					ʀ		
탄설음		ⱱ		ɾ		ɽ					
마찰음	ɸ β	f v	θ ð	s z	ʃ ʒ	ʂ ʐ	ç ʝ	x ɣ	χ ʁ	ħ ʕ	h ɦ
설측마찰음				ɬ ɮ							
접근음		ʋ		ɹ		ɻ	j	ɰ			
설측접근음				l		ɭ	ʎ	ʟ			

※한 칸에 둘이 있을 때 왼쪽이 무성음이고 오른쪽이 유성음이다.
※음영을 넣은 칸은 조음이 불가능함을 나타낸다.

(2) 자음(폐의 기류를 이용하지 않는 것)

흡착음	유성 내파음	방출음
ʘ 양순음 ǀ 치음 ! (뒤)치조음 ǂ 경구개치조음 ǁ 치조설측음	ɓ 양순음 ɗ 치음/치조음 ʄ 경구개음 ɠ 연구개음 ʛ 목젖음	ʼ 예 pʼ 양순음 tʼ 치음/치조음 kʼ 연구개음 sʼ 치조마찰음

(3) 모음

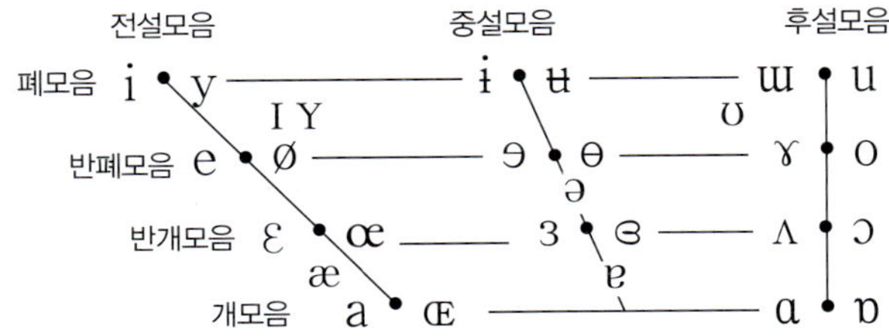

(4) 보조기호

˳ 무성음 예 n̥ d̥
ʰ 유기음 예 tʰ dʰ
̪ 치음 예 t̪ d̪
˜ 비음 예 ẽ
˖ 설근 전진 예 e̟
˗ 설근 후퇴 예 e̠
˔ 상승(개구도가 작아짐)
예 e̝ ɹ̝(=유성 치조마찰음)

˺ 불파음 예 d̚
ʲ 구개화음 예 tʲ dʲ
ˌ 성절음 예 ɹ̩
̯ 비성절음 예 e̯
˕ 하강(개구도가 커짐)
예 e̞ β̞(=유성 양순접근음)
ː 장음 예 eː

(5) 기타

ʍ 무성 양순연구개 마찰음
w 유성 양순연구개 접근음
ɥ 유성 양순경구개 접근음
ɕ ʑ 치조경구개 마찰음

※ 파찰음과 동시조음은 필요하다면 음성기호 두 개를 줄로 이어 표시할 수 있다.
예 k͡p t͜s

1-5 로마자표기법

한국어와 한글을 모르는 외국인에게 한국인의 이름이나 한국의 지명 등 고유명사를 그들에게 익숙한 글자로 적어 주어야 할 때가 있다. 그때 필요한 것이 로마자표기법이다. 로마자표기법은 해방 전에 여러 학자들의 제안이 있었고 정부도 1948년에 처음 제정한 후 여러 차례 개정한 바 있는데 지금은 2000년에 개정한 것을 쓰고 있다. 현행 로마자표기법에 따르면 '서울'은 'Seoul'로, '백두산'은 'Baekdusan'으로, '거북선'은 'Geobukseon'으로, '한복남'은 'Han Boknam'으로 적는다. 「로마자 표기법」의 자세한 내용은 다음 인터넷사이트를 참조(http://www.korean.go.kr/09_new/dic/rule/rule_roman.jsp). 로마자표기법에 사용되는 로마자는 국제음성기호와 다르다. 로마자표기법은 한국어 발음을 정밀하게 적는 데 목적이 있는 것이 아니고 한국어 발음도 암시하면서 한국어 단어들을 로마자로 구별하여 적는 데 목적이 있다. 로마자표기법을 일반인들은 흔히 영문 표기법이라고 부르고 한국어를 영문자로 옮겨 적는 것으로 생각한다. 한국에서 영어가 가지는 힘이 지나치게 크기 때문에 생긴 오해이다. 세계에는 영어를 모르면서 로마자를 아는 사람도 많고 로마자로 자기 나라 말을 적되 영어와 다른 표기법을 사용하는 나라도 많다. 그러므로 영어식 발음과 관계없이 로마자의 보편적인 음가와 한국어의 음소체계를 고려하여 로마자표기법을 정하는 것이 옳다. 한국어의 로마자표기를 제대로 읽으려는 외국인은 한국어의 로마자표기법을 먼저 익혀야 한다. 중국어 로마자표기인 'ce, qiao, xu'를 각각 '처, 차오, 쉬'라고 읽기 위해서 중국어 로마자표기법(중국어로 汉语拼音(Hanyu Pinyin 한어병음)이라고 한다)을 먼저 배워야 하며, 프랑스어 'les États-Unis(미국)'를 '레제타쥐니'로, 스페인어 'julio(7월)'를 '훌리오'로, 독일어 'China(중국)'를 '히나'로 읽어야 원어의 발음에 더 가깝다는 것을 누구나 배워야 한다. 외국인이 한국어나 로마자표기법을 전혀 모르는 상태에서 한국인의 발음과 비슷하게 읽을 수 있는 로마자표기가 좋은 표기인 것처럼 생각하는 사람이 많은 것은 안타까운 일이다.

2. 모음

모음

모음의 분류 모음이라고 하면 흔히 **단순모음**(單純母音, **단모음** 單母音 monophthong, simple vowel)만을 가리킨다. 단순모음은 **복합모음**(複合母音, **중모음** 重母音 complex vowel)과 대립하는 개념이다. 복합모음에는 **이중모음**(diphthong), **삼중모음**(triphthong) 등이 있다. 넓은 의미의 모음에는 단순모음과 복합모음이 모두 포함된다.

모음의 분류(언어 일반)

모음=넓은 의미의 모음	단순모음=좁은 의미의 모음
	복합모음 : 이중모음, 삼중모음 등

단순모음과 복합모음의 차이 단순모음은 처음부터 끝까지 입술과 혀가 움직이지 않고 같은 상태를 유지하면서 발음하는 모음을 말한다. 복합모음은 발음하는 도중에 입술이나 혀가 움직인다. 예를 들어 'ㅟ'와 'ㅚ'는 대부분의 사람들이 이중모음으로 발음한다. 처음에 입술을 오므렸다가 나중에 입술을 펴면서 발음한다. 그런데 중부지방이나 전라도의 노인들 대부분은 'ㅟ, ㅚ'를 발음할 때 처음에 오므렸던 입술을 발음이 끝날 때까지 펴지 않는다. 이것은 'ㅟ, ㅚ'를 단순모음으로 발음한다는 뜻이다. 거울을 보면서 처음에 오므린 입술을 펴지 않은 채 'ㅟ'나 'ㅚ'를 길게 발음해 보라.

한국어 모음의 분류 한국어에는 삼중모음이 없기 때문에 복합모음은 바로 이중모음을 가리킨다. 그래서 편의상 다음과 같이 모음을 단순모음과 이중모음으로 구분하는 것이 일반적이다.[1]

모음의 분류(한국어)

모음=넓은 의미의 모음	단순모음=좁은 의미의 모음
	이중모음

1. 삼중모음의 예로 영어의 'fire, power'에서의 [aɪə], [aʊə], 중국어의 '料(liao), 快(kuai)'에서의 [iau], [uai]를 들 수 있다.

2-1 단모음과 단순모음

단모음(單母音)은 단모음(短母音)과 혼동되기 쉬우므로 단순모음으로 부르는 것이 낫다. 또 중모음(重母音) 역시 중모음(中母音)과의 혼동을 피하기 위해 복합모음으로 부르는 것이 좋다. '단순(simple)'과 '복합(complex)'이라는 용어는 언어학에서 단순구조와 복합구조를 구별할 때 일관성 있게 사용하는 것이 합리적이다. 예를 들어 단어를 조어구조에 따라 단순어(흔히 '단일어'라 부른다)와 복합어로, 문장을 통사구조에 따라 단순문(흔히 '단문'이라 부른다)과 복합문(흔히 '복문'이라 부른다)으로 구분할 수 있다.

2.1 단순모음

2.1.1 단순모음의 음성학

'ㅣ, ㅏ, ㅜ'를 발음할 때의 입 모양 단순모음 'ㅣ, ㅏ, ㅜ'를 발음하면서 입 모양이 각각 어떤지 관찰해 보자. 여기서 입 모양이란 입술이 둥글게 오므라져 있는가 양옆으로 펴져 있는가, 혀가 어느 위치에 가 있는가, 입을 어느 만큼 벌리고 있는가 등을 뜻한다.

'ㅣ, ㅏ, ㅜ'를 발음할 때의 음성기관의 모양

ㅣ
① 입술이 양옆으로 펴져 있다.
② 전설이 경구개에 닿을락말락하게 가까워져 있다.
③ 입은 거의 다물어져 있다.

ㅏ
① 입술이 양옆으로 펴져 있다.
② 혓바닥이 입의 바닥에 납작하게 엎드려 있다.
③ 입은 크게 벌어져 있다.

ㅜ
① 입술이 둥글게 오므라져 있다.
② 전설은 입의 바닥에 엎드려 있으나 후설은 입천장의 뒷부분에 닿을락말락하게 가까워져 있다.
③ 입은 거의 다물어져 있다.

'ㅣ'를 발음할 때의 혀의 모양

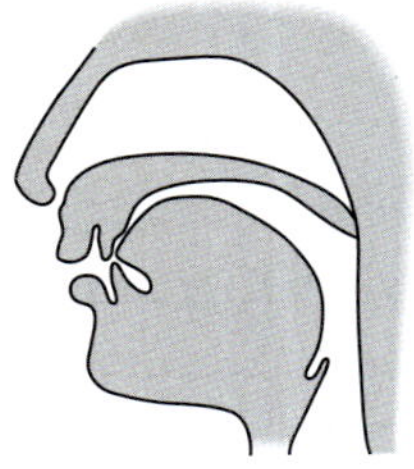

'ㅏ'를 발음할 때의 혀의 모양

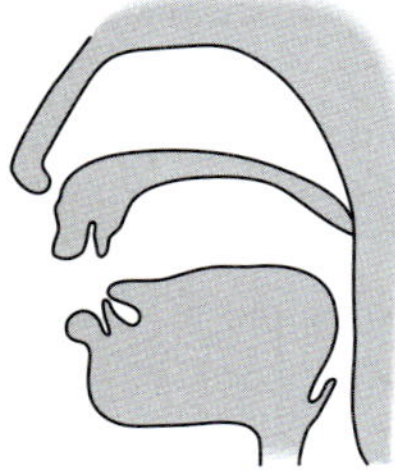

'ㅜ'를 발음할 때의 혀의 모양

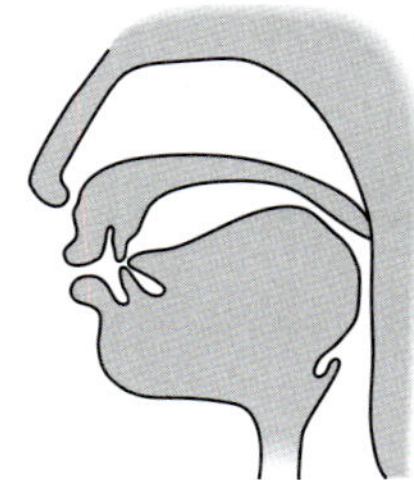

'ㅣ, ㅏ, ㅜ'의 특징 혀의 위치를 보면 이 세 모음은 입안에서 혀를 최대한 가장자리로 밀어 놓은 상태에서 발음된다고 할 수 있다. 'ㅣ'는 혀가 입천장의 앞부분에 더 이상 가까워질 수 없을 만큼 다가간 상태에서 발음된다. 'ㅏ'는 혀와 입천장 사이의 거리가 더 이상 멀어질 수 없을 만큼 멀어진 상태에서 발음된다. 'ㅜ'는 혀가 목구멍 쪽으로 더 이상 물러날 수 없을 만큼 움츠린 상태에서 발음된다. 따라서 'ㅣ, ㅏ, ㅜ'는 이 세상의 모든 모음 중에서 가장 극단적인 위치에서 발음된다. 그리고 이들은 모든 언어에 보편적으로 존재하는 모음이다.[2]

모음삼각도 'ㅣ, ㅏ, ㅜ'를 발음할 때의 혓바닥의 가장 높은 지점, 즉 혓바닥의 최고점(最高點)을 꼭짓점으로 삼아 이들을 선으로 이으면 옆에서 보았을 때 삼각형이 된다. 이것을 **모음삼각도**(母音三角圖 vowel triangle)라 한다.[3]

삼각형과 모음의 음가 모든 모음은 혓바닥의 최고점이 이 삼각형의 변(邊)이나 내부의 어떤 지점에 놓일 때 발음된다. 이 삼각형 밖으로 혓바닥의 최고점을 움직여 모음을 발음하는 것은 혀와 구강의 구조상 불가능하다. 이 삼각형을 되도록 크게 만들고 그 공간 내에서 모음 간의 간격도 널찍하게 하여 발음하는 것이 발음을 명료하게 하는 지름길이다. 웅얼거리는 발음을 해서 알아듣기 어렵게 말하는 사람은 이 삼각형을 작게 만들어 발음하는 사람이다.

단순모음을 분류하는 기준과 단순모음의 종류 'ㅣ, ㅏ, ㅜ'를 발음할 때 나타나는 음성기관의 위치와 모양을 참고하면 단순모음을 음성학적으로 구별하는 기준은 다음 세 가지로 요약된다. 그 기준에 따라 모음의 종류를 나누고 이름을 붙일 수 있다.

단순모음을 분류하는 음성학적 기준

입술 모양
① 원순모음(圓脣母音 rounded vowel) : 입술이 둥글게 오므라져 발음되는 모음
② 평순모음(平脣母音 unrounded vowel) : 입술이 양옆으로 펴져 발음되는 모음

혀의 높이
① 고모음(高母音 high vowel) : 혓바닥이 입천장 가까이 높아져 발음되는 모음
② 중모음(中母音 mid vowel) : 혓바닥이 높지도 낮지도 않은 상태에서 발음되는 모음
③ 저모음(低母音 low vowel) : 혓바닥이 입의 바닥으로 낮아져 발음되는 모음

혀의 앞뒤 위치
① 전설모음(前舌母音 front vowel) : 상대적으로 전설이 높을 때 발음되는 모음

2. 수많은 색깔 중에서 노랑, 시안(cyan), 마젠타(magenta)를 삼원색(三原色)이라고 부르는 것처럼 이 세 모음을 삼원모음(三原母音)이라 부를 만하다.

3. 요즘은 'ㅏ'를 전설모음 [a]와 후설모음 [ɑ]로 구분하여 **모음사각도**(vowel quadrilateral, vowel trapezium)를 그리는 일이 많다(1.6 참조).

② 중설모음(中舌母音 central vowel) : 상대적으로 중설이 높을 때 발음되는 모음
③ 후설모음(後舌母音 back vowel) : 상대적으로 후설이 높을 때 발음되는 모음

비원순모음, 폐모음, 개모음 이 중에서 평순모음을 **비원순모음**(非圓脣母音)으로 부르기도 한다. 또 혀의 높이는 입을 벌리는 정도인 개구도(開口度)와 상관이 있다. 혀를 높이려면 입을 다물듯이 해야 하고 혀를 낮추려면 입을 크게 벌려야 하기 때문이다. 그래서 고모음, 저모음을 개구도의 관점에서 **폐모음**(閉母音 close vowel), **개모음**(開母音 open vowel)으로 바꿔 부르기도 한다.

현실발음의 단순모음 한국어의 단순모음의 수는 역사적으로 변해 왔고 현대에도 지역과 세대에 따라 차이를 보인다. 'ㅣ, ㅏ, ㅜ'는 어느 경우에나 포함되어 있고 나머지 모음의 수가 조금씩 달라진다. 중앙어의 현실발음에서는 단순모음이 다음과 같이 7개이다.

현실발음의 단순모음 7개 (중설모음 인정)

혀의 앞뒤 위치 / 입술 모양 / 혀의 높이	전설모음	중설모음	후설모음
	평순모음	평순모음	원순모음
고모음	ㅣ[i]	ㅡ[ɨ]	ㅜ[u]
중모음	ㅔ[e]	ㅓ[ə]	ㅗ[o]
저모음		ㅏ[a]	

중설모음의 인정 여부 혀의 앞뒤 위치를 정밀하게 관찰하면 중설모음은 전설모음보다 후설모음에 더 가깝다. 그래서 중설모음과 후설모음이 혀의 앞뒤 위치에서 거의 차이가 없다고 보고 이들을 모두 후설모음으로 묶는 견해도 있다. 그렇게 하면 한국어에는 중설모음이 없다고 보게 된다. 'ㅡ, ㅓ, ㅏ'를 후설모음으로 보면 각각 음성기호 [ɯ], [ʌ], [ɑ]로 적는다. 다만 'ㅏ'를 적을 때 표기의 편의상 전설모음 기호인 [a]와 후설모음 기호인 [ɑ]를 구별하지 않고 혼용하는 일이 많다. 이 책에서도 편의상 'ㅡ, ㅓ, ㅏ'를 후설모음으로 간주하고 각각 [ɯ], [ʌ], [a]로 적기로 한다. 따라서 현실발음의 단순모음 7개는 다음과 같이 분류할 수 있다.

현실발음의 단순모음 7개 (중설모음 불인정)

혀의 앞뒤 위치 / 입술 모양 / 혀의 높이	전설모음	후설모음	
	평순모음	평순모음	원순모음
고모음	ㅣ[i]	ㅡ[ɯ]	ㅜ[u]
중모음	ㅔ[e]	ㅓ[ʌ]	ㅗ[o]
저모음		ㅏ[a]	

표준발음의 단순모음 표준발음의 단순모음으로는 다음의 10개가 있다.

표준발음의 단순모음 10개

허의 앞뒤 위치 / 허의 높이 / 입술 모양	전설모음		후설모음	
	평순모음	원순모음	평순모음	원순모음
고모음	ㅣ[i]	ㅟ[y]	ㅡ[ɯ]	ㅜ[u]
중모음	ㅔ[e]	ㅚ[ø]	ㅓ[ʌ]	ㅗ[o]
저모음	ㅐ[ɛ]		ㅏ[a]	

'ㅔ'와 'ㅐ'의 발음 표기에서 'ㅔ'와 'ㅐ'를 구별하듯이 표준발음에서도 둘을 구별하고 있다. 그러나 중앙어의 현실발음에서 이 둘을 발음으로 구별하는 것은 노년층뿐이다. 노년층은 'ㅔ'를 [e]로, 'ㅐ'를 [ɛ]로 발음한다. 그 밖의 사람들은 'ㅔ'와 'ㅐ'를 똑같이 발음한다. 그래서 '성제'라는 이름을 말해 주면 상대방은 '제' 자가 '자이(=재)'인지 '저이(=제)'인지 묻는다. '제'와 '재'의 발음이 똑같기 때문이다. 발음이 같은 모음은 같은 글자로 적어야 한다. 'ㅔ'와 'ㅐ'를 똑같이 발음한 모음은 대개 'ㅔ'로 적는다. 예를 들어 '게'와 '개'가 모두 [게]로 발음된다는 식으로 표현할 수 있다. 음성기호로 적을 때는 이 모음이 [e]와 [ɛ]의 중간 높이에서 발음된다고 하여 [E]를 쓰기도 하는데 표기의 편의를 고려하면 [e]를 쓰는 것이 좋다.

'ㅔ'와 'ㅐ'의 합류 역사적인 관점에서 보면 'ㅔ'와 'ㅐ'는 서로 다른 음소였다가 시간의 흐름에 따라 발음이 점점 비슷해져 한 음소로 합쳐진 것이다. 이러한 현상을 음소의 합류라고 한다. 중앙어에서 'ㅔ'와 'ㅐ'의 합류는 이제 거의 완성되었다.

합류에 따른 표기의 혼동 이와 같은 음운변화의 결과 [ㅔ]라는 한 발음을 두 가지 글자로 적는 동음이철어가 많이 생겨나게 되었으므로(0.2.2 참조) 표기의 학습이 부족한 사람들은 'ㅔ'와 'ㅐ'의 표기를 자주 혼동한다. '금세'는 '금시(今時)에'의 준말인데 어원을 잘 모르는 사람은 '금새'로 잘못 적기도 한다. '금새'의 '새'를 '밤새(<밤사이)'의 '새'와 같은 것으로 생각하는 것이다. 또 '찌개'를 '찌게'로 잘못 적는 경우도 많다. 동사어간에 붙어 명사를 만드는 접미사 '-개/-게'는 '지게, 집게, 족집게, 푸게'에서만 '게'로 적고 나머지 '깔개, 긁개, 뜨개, 베개, 지우개, 찌개' 등은 모두 '개'로 적는다.

'ㅟ'와 'ㅚ'의 발음 표준발음에서는 'ㅟ, ㅚ'를 이중모음이 아닌 단순모음 [y], [ø]로 발음한다.[4] [y], [ø]를 발음할 때는 작게 오므린 입술을 도중에 펴지 않는다. 현실발음에서는 이 둘을 각각 이중모음 [ui], [we]로 발음한다. 발음 도중에 입술을 편다. 단순모음 [y], [ø]는 프랑스어 'tu(너)[ty], deux(둘)[dø]', 독일어 'müde(지친)

4. 미국 학계에서 [y], [ø] 대신 [ü], [ö]를 사용하는 경향에 따라 한국어학계에서도 'ㅟ, ㅚ'를 [ü], [ö]로 적기도 한다.

[my:də], Öl(기름)[ø:l]', 중국어 '雨(yǔ)[y], 旅(lǚ)[ly], 去(qù)[ʧʰy], 許(xǔ)[ʃy]' 등에 사용된다.

2-2 모음의 구별이 존재하는지 알아내는 방법

자신이나 다른 사람이 'ㅔ'와 'ㅐ'를 구별해서 발음하는지 관찰해 보자. 'ㅔ'와 'ㅐ'를 표기에서 잘 구별한다고 해서 발음도 구별하고 있다고 섣불리 생각해서는 안 된다. 문제는 표기의 구별이 아니라 발음의 구별이기 때문이다. 'ㅔ'와 'ㅐ'를 정말로 구별해서 발음하는지에 대해서는 다음과 같은 간단한 실험을 통해 그 진실을 확인할 수 있다.

① 모음이 'ㅔ'와 'ㅐ'로 서로 다른 단어 한 쌍을 고른다. 예를 들어 '베'와 '배'를 고른다. 단어가 아닌 '에'와 '애'를 한 쌍으로 선택해도 된다.

② '베'와 '배'를 일정하지 않은 순서로 번갈아 적는다. '베'와 '배'를 합쳐 20번 이상이 되도록 한다. 예를 들어 '베-베-배-베-배-배-배-베-배-배-베-베-배-베-베-배-베-베-배-배-배'와 같이 적는다.

③ 적어 놓은 단어 목록을 차례로 읽어 녹음한다. '베'와 '배'를 읽을 때 소리의 길이, 소리의 높이, 소리의 세기 등을 일정하게 하도록 주의한다.

④ 녹음된 부분을 처음이 아닌 임의의 위치로 되돌려 재생한다.

⑤ 단어의 발음을 들으면서 차례로 받아쓴다.

⑥ 다 적은 후에 원래 적어 놓은 단어 목록과 뒤에서부터 일치하는지 확인한다.

'ㅔ'와 'ㅐ'의 발음을 정확히 구별하는 사람은 잘못 받아쓴 예가 하나도 없을 것이다. 반면에 그 둘을 구별하지 못하는 사람은 옳게 받아쓴 비율이 50% 정도가 될 것이다. 따라서 정답률이 100%에 가깝다면 두 모음을 구별하는 것이고 50%에 가깝다면 구별하지 못한다고 결론을 내릴 수 있다.

이와 같은 실험은 경상도 사람이 'ㅡ'와 'ㅓ'를 발음으로 구별하는지를 확인할 때도 시도해 볼 수 있다.

2.1.2 단순모음체계

'ㅡ'와 'ㅜ'의 본질적인 차이와 음운론적 관점 앞에서 본 바와 같이 음성학적으로 'ㅡ'를 중설모음으로 볼 수도 있고 후설모음으로 볼 수도 있다. 그런데 'ㅡ'를 중설모음으로 보든 후설모음으로 보든 'ㅡ'와 'ㅜ'의 본질적인 차이는 혀의 위치가 아닌 입술모양에 있다. 혀의 위치가 중설이든 후설이든 평순모음이면 'ㅡ', 원순모음이면 'ㅜ'로 인식되기 때문이다. 음운론적 관점에서는 'ㅡ'를 평순모음, 'ㅜ'를 원순모음으로 파악하고 혀의 위치의 차이를 무시한다.[5]

현실발음의 단순모음체계 현실발음의 단순모음 7개는 모두 음소로 인정할 수 있으며 그것들이 이루는 체계는 다음과 같다. 이와 같은 표를 단순모음체계, 또는 줄여

5. 이와 같이 음소와 음소의 본질적인 차이를 **변별적 자질**(辨別的 資質 distinctive feature)이라고 부른다. 'ㅡ'와 'ㅜ'를 구별하는 변별적 자질은 둥글게 오므라진 입술 모양(전문적으로는 [원순성])이라는 음성 특징이다.

서 **모음체계**(vowel system)라 부른다. 아래의 7모음체계는 표준발음의 10모음체계에서 'ㅔ'와 'ㅐ'의 구별이 없어지고 'ㅟ, ㅚ'가 이중모음으로 바뀌는 변화를 겪어 나타난 것이다.

7모음체계 : 현실발음, 중부 · 전라도 · 제주도의 중년층 이하

혀의 앞뒤 위치 / 혀의 높이 / 입술 모양	전설모음	후설모음	
	평순모음	평순모음	원순모음
고모음	ㅣ/i/	ㅡ/ɯ/	ㅜ/u/
중모음	ㅔ/e/	ㅓ/ʌ/	ㅗ/o/
저모음		ㅏ/a/	

지역과 세대에 따른 단순모음체계들 단순모음 7개로 이루어진 중앙어의 단순모음체계 외에 지역과 세대에 따른 다양한 단순모음체계를 살펴보면 최대 10모음체계로부터 최소 6모음체계까지 나타난다.

10모음체계 : 표준발음, 중부 · 전라도의 노년층

혀의 앞뒤 위치 / 혀의 높이 / 입술 모양	전설모음		후설모음	
	평순모음	원순모음	평순모음	원순모음
고모음	ㅣ/i/	ㅟ/y/	ㅡ/ɯ/	ㅜ/u/
중모음	ㅔ/e/	ㅚ/ø/	ㅓ/ʌ/	ㅗ/o/
저모음	ㅐ/ɛ/		ㅏ/a/	

9모음체계 : 제주도의 노년층

혀의 앞뒤 위치 / 혀의 높이 / 입술 모양	전설모음	후설모음	
	평순모음	평순모음	원순모음
고모음	ㅣ/i/	ㅡ/ɯ/	ㅜ/u/
중모음	ㅔ/e/	ㅓ/ʌ/	ㅗ/o/
저모음	ㅐ/ɛ/	ㅏ/a/	·/ɔ/[6]

8모음체계 : 북한의 중년층 이상

혀의 앞뒤 위치 / 혀의 높이 / 입술 모양	전설모음	후설모음	
	평순모음	평순모음	원순모음
고모음	ㅣ/i/	ㅡ/ɯ/	ㅜ/u/
중모음	ㅔ/e/	ㅓ/ʌ/	ㅗ/o/
저모음	ㅐ/ɛ/	ㅏ/a/	

6. '·(아래아)/ɔ/'는 'ㅗ'를 발음하듯이 하되 입술모양은 둥글게 유지한 채 혀를 더 낮추고 입을 크게 벌려 발음한다.

6모음체계1 : 경상도

혀의 앞뒤 위치 / 입술 모양 / 혀의 높이	전설모음	후설모음	
	평순모음	평순모음	원순모음
고모음	ㅣ/i/		ㅜ/u/
중모음	ㅔ/e/	ㅓ/ʌ/	ㅗ/o/
저모음		ㅏ/a/	

6모음체계2 : 북한의 청년층 이하

혀의 앞뒤 위치 / 혀의 높이	전설모음	후설모음
고모음	ㅣ/i/	ㅜ/u/
중모음	ㅔ/e/	ㅗ/o/
저모음	ㅐ/ɛ/	ㅏ/a/

모음의 합류와 단순모음체계의 변화 현대한국어에서 단순모음 수가 가장 적은 6모음체계가 경상도와 북한에 나타난다. 경상방언의 6모음체계는 'ㅔ'와 'ㅐ'가 합류하고 이어서 'ㅡ'와 'ㅓ'도 합류하여 형성되었다. 북한방언의 6모음체계는 'ㅡ'와 'ㅜ'의 합류와 'ㅓ'와 'ㅗ'의 합류를 통해 형성되었다. 경상방언의 모음합류는 혀의 높이의 차이가 없어짐으로써 일어난 것인 데 반해 북한방언의 모음합류는 입술모양의 차이가 없어짐으로써 일어난 것이다. 특히 북한방언에서 모든 세대가 'ㅔ'와 'ㅐ'를 잘 구별하고 있음을 주목할 만하다. 요컨대 현대한국어는 어느 지역에서나 모음 수가 적어지는 변화를 겪어 왔다고 말할 수 있다.

모음합류에 따른 'ㆍ'의 소멸 모음합류는 과거에도 있었다. 15세기의 'ㆍ'는 독립된 음소였다. 그런데 16세기에 비어두음절의 'ㆍ'가 'ㅡ'와 합류하고 18세기에 어두음절의 'ㆍ'가 'ㅏ'와 합류함으로써 'ㆍ'는 모음체계에서 사라졌다. 그런데 사람들은 'ㆍ'가 발음에서 사라지고 나서도 오랫동안 'ㆍ'라는 글자를 사용했다. 1933년 「한글 맞춤법 통일안」을 제정하면서 'ㆍ'라는 글자를 폐지하기로 결정할 때까지 'ᄒᆞ다' 같은 단어의 표기에 'ㆍ'가 널리 사용되었다. 흥미로운 것은 'ㆍ'를 'ㅏ'와 발음으로써 구별할 수 없게 된 18세기 이후의 사람들이 'ㆍ'를 가리키기 위해 '[ㅏ]로 발음하는 글자인데 초성의 아래에 쓴다'는 뜻으로 '아래아'라는 이름을 만들게 되었다는 사실이다.

2-3 표준발음에서의 단순모음체계

「표준 발음법」에서 규정한 단순모음체계는 10모음체계이다. 그런데 남한의 중년층 이하는 'ㅟ, ㅚ'를 단순모음으로 발음하지 않고 이중모음으로 발음하는 것이 현실이므로 현실을 감안하여 'ㅟ, ㅚ'를 이중모음으로 발음하는 것도 표준발음으로 인정해 놓았다. 8모음체계도 인정한 것이다. 그런데 남한의 중년층 이하는 'ㅔ'와 'ㅐ'를 구별하지 못하는 것이 일반적인 경향이므로 대부분의 남한사람은 'ㅔ, ㅐ'를 표준발음대로 발음하지 못하고 있는 것이다.

'ㅟ, ㅚ'의 경우에는 중앙어의 현실발음을 표준발음으로 수용하고 'ㅔ, ㅐ'의 경우에는 그러지 않은 것은 표기법 때문이라고 생각된다. 'ㅟ, ㅚ'를 단순모음으로 발음하든 이중모음으로 발음하든 그 표기는 바뀌지 않는다. 예를 들어 '귀'라는 단어의 모음을 단순모음으로 발음할 때나 이중모음으로 발음할 때나 '귀'라는 동일한 표기를 유지할 수 있다.

반면에 'ㅔ'와 'ㅐ'를 똑같이 [ㅔ]로 발음해도 된다고 해 놓으면 'ㅐ'라는 글자를 모두 'ㅔ'로 바꾸지 않으면 안 되게 되며 이것은 한국어 단어 중 'ㅐ'를 포함한 모든 단어의 표기가 일시에 바뀌어야 하는 문제가 생긴다. 그렇게 되면 표기가 달라서 문어에서 구별되던 '게'와 '개', '베다'와 '배다', '내 것'과 '네 것', '세 집'과 '새 집' 등의 구별이 모두 사라지게 되어 언어생활에 큰 불편이 생길 것이다. 이런 이유에서 'ㅔ, ㅐ'의 경우에는 「표준 발음법」에서 보수적인 태도를 취할 수밖에 없었던 것으로 이해할 수 있다.

2.1.3 특수한 단순모음

단순모음을 발음할 때 입술모양이나 혀의 위치를 바꾸지 않은 상태에서 다른 특징을 가미하여 음가를 조금 바꾸어 발음할 수 있다.

(1) 비모음

비모음과 구강모음의 조음 단순모음을 발음할 때 공기의 일부를 코로 내보내면서 발음할 수도 있다. 공기가 코를 통과하게 되면 비강에서 소리가 울려 콧소리가 나게 된다. 그렇게 해서 발음하는 모음을 **비모음**(鼻母音 nasal vowel)이라 한다. 비모음이 아닌 모음은 **구강모음**(口腔母音 oral vowel)이라 한다. 목젖은 공기가 코로 흘러나가는 길목을 열거나 막음으로써 비모음과 구강모음을 구별하는 일을 담당한다(1.1.3 참조).

프랑스어의 비모음 프랑스어 발음의 중요한 특징 한 가지는 비모음이 음소로 존재한다는 것이다. 전설평순의 /ɛ̃/, 전설원순의 /œ̃/, 후설평순의 /ɑ̃/, 후설원순의 /ɔ̃/의 네 가지 비모음이 있다. 예를 들어 프랑스어에서 'bât[bɑ](길마)'와 'banc[bɑ̃](의자)'의 차이는 모음이 구강모음 /ɑ/인가 비모음 /ɑ̃/인가에 달려 있다. 한글로는 비모음을 적을 방법이 없으므로 「외래어 표기법」에서 이들을 각각 '앵, 욍, 앙, 옹'과 같이 종성 'ㅇ'을 넣어 적도록 하고 있다.

지역방언의 비모음 중앙어에서는 비모음을 잘 발음하지 않는다. 일부 지역방언에서는 비음 'ㄴ, ㅇ'의 영향으로 구강모음이 비모음으로 바뀌는 현상이 나타난다. 경상방언에서는 '산이, 강이, 아니다' 같은 말을 '사이, 가이, 아이다'처럼 발음하면서 모음 'ㅏ, ㅣ'를 비모음 [ã], [ĩ]로 발음한다. 또 '김성준'이라는 사람을 가리켜 말할 때 '성준이'를 [성주이]처럼 발음하면서 'ㅜ, ㅣ'를 비모음으로 발음한다.

(2) 무성모음

소곤대는 발음에서의 무성모음 일반적인 모음은 성대가 떨리면서 발음되는 유성음이다. 그런데 옆사람에게 소곤대며 말할 때는 모든 모음을 무성음화하여 발음한다. 즉 **무성모음**(voiceless vowel)으로 발음한다. 모음뿐만 아니라 자음까지도 모두 무성음으로 발음한다. 성대가 떨리는 유성음은 소리를 작게 하는 데 한계가 있기 때문에 소리의 크기를 줄이기 위해서 무성음으로만 발음하게 되는 것이다.

일부 자음 뒤에서의 무성모음 소곤대는 것과 같은 특수한 발음이 아니면 모든 모음은 유성음이다. 그런데 일부 자음 뒤에서 고모음 'ㅣ, ㅡ, ㅜ'를 무성음으로 발음하는 경우도 있다. 유기음 'ㅍ, ㅌ, ㅋ, ㅊ'이나 마찰음 'ㅅ, ㅆ' 뒤에서 그런 현상이 잘 나타난다. '풋사과[푸싸과], 특수[특쑤], 칙칙하다[칙치카다], 습도[습또], 쓱싹[쓱싹]' 등의 첫음절 모음은 무성음으로 발음될 수 있다. 무성모음은 모음 기호 밑에 작은 동그라미를 붙여 [ḁ]와 같이 적는다.

2.2 이중모음

2.2.1 이중모음의 음성학

이중모음 발음의 특징 이중모음은 복합모음이므로 발음하는 도중에 혀나 입술이 움직인다. 'ㅑ'를 발음해 보면 'ㅣ'를 발음하는 것처럼 전설이 높은 상태에서 시작해 'ㅏ'를 발음하는 것처럼 입이 크게 벌어지고 혀가 낮아진 상태로 끝난다. 'ㅘ'를 발음할 때는 'ㅗ'나 'ㅜ'를 발음하는 것처럼 입술이 작게 오므라져 있다가 입이 크게 벌어지면서 'ㅏ' 발음으로 끝난다. 'ㅑ'와 'ㅘ'는 'ㅏ' 발음으로 끝나는 점이 똑같다. 발음을 시작할 때의 혀의 위치와 입술모양이 'ㅏ'와 다를 뿐이다. 'ㅑ'나 'ㅘ'를 5초 정도 길게 발음해 보라. 마지막에 남는 것은 'ㅏ'라는 단순모음뿐이다.

이중모음과 단순모음 연쇄의 차이 이중모음 'ㅑ'는 단순모음의 연쇄 'ㅣㅏ'와 발음이 비슷하다. 빠른 발음에서는 둘을 구별하기 어렵지만 또박또박 발음하는 경우에는 둘을 분명하게 구별할 수 있다. 둘의 첫 번째 차이는 음절 수에 있다. 'ㅑ'는 1음절이고 'ㅣㅏ'는 2음절이다. 둘의 두 번째 차이는 첫소리에 있다. 'ㅑ'의 첫소리는 분명한 'ㅣ'가 아닌데 'ㅣㅏ'의 첫소리는 분명한 'ㅣ'이다. 'ㅑ'의 첫소리는 **반모음**(半母音 semivowel) [j](반모음을 적는 기호로 사용할 때는 '요드(yod)'라고 부른다)이다.[7] 'ㅘ, ㅝ'의 첫소리는 반모음 [w]이다.

7. 미국 학계의 습관을 따라 'j' 대신 'y'를 사용하기도 한다.

'ㅑ'와 'ㅣㅏ'의 차이

ㅑ [ja] : 1음절, 첫소리가 [j]
ㅣㅏ [ia] : 2음절, 첫소리가 [i]

반모음의 음성학적 특징과 용어 [j]는 'ㅣ'와 달리 혀와 입술이 정지된 상태에서 발음되지 않고 'ㅣ'를 발음할 때의 상태에서 다른 단순모음을 발음할 때의 상태로 넘어가면서 잠깐 발음될 뿐이다. 반모음을 미끄러지듯 발음된다는 뜻으로 **활음**(滑音 glide)이라 부르기도 한다.

반모음의 양면성 반모음은 모음적인 성격과 자음적인 성격을 모두 가진 소리이다. 반모음의 음성학적인 특성은 단순모음과 유사한 반면, 반모음이 홀로 음절을 형성할 수 없는 점은 자음과 같다. 그래서 반모음을 반자음(半子音)이라 부르기도 한다.

영어의 자음 [j], [w] 영어에서 [j], [w]는 자음으로 처리한다. 부정관사 'a/an'의 교체에서 [j], [w]가 자음으로 행동하는 것이 그 한 증거이다. 'an yard, an year, an window'가 아니라 'a yard, a year, a window'라고 하는 것이다. 따라서 [ji], [je], [jɑ], [wi], [we], [wɑ] 등을 영어에서는 이중모음으로 보지 않고 '자음+모음'의 구조로 본다. 국제음성기호 자음표에서도 반모음을 모두 자음의 한 종류인 **접근음**(接近音 approximant)에 넣고 있다.

한국어의 반모음의 종류 한국어에는 반모음이 [j], [w], [ɰ], [ɥ]의 넷이 존재하는데 이들은 발음의 첫 부분이 각각 단순모음 'ㅣ, ㅜ, ㅡ, ㅟ'와 음가가 비슷하다. 그래서 네 반모음을 다음과 같이 분류할 수도 있다.

반모음의 종류

혀의 앞뒤 위치 / 입술 모양	전설	후설
평순	[j]	[ɰ]
원순	[ɥ]	[w]

(1) j계 이중모음

표준발음과 현실발음의 j계 이중모음 반모음 [j]가 들어 있는 이중모음을 j계 이중모음이라 한다. j계 이중모음은 표기상으로 'ㅑ, ㅕ, ㅛ, ㅠ, ㅒ, ㅖ'의 여섯이다. 표준발음에서는 이 여섯이 모두 j계 이중모음으로 인정된다. 하지만 현실발음에서는 'ㅑ, ㅕ, ㅛ, ㅠ, ㅖ' 다섯만 존재한다. 'ㅖ'와 'ㅒ'가 똑같이 [je]로 발음되기 때문이다. 예를 들어 '예를 들다'의 '예(例)'와 대답하는 말 '예'와 '이 애'의 준말 '얘'가 모두 똑같이 [je]로 발음된다. 단순모음에서 'ㅔ'와 'ㅐ'가 똑같이 [e]로 발음되므로 이중모음에서 'ㅖ'와 'ㅒ'도 똑같이 [je]로 발음되는 것이다.

j계 이중모음 5개 (현실발음)

ㅑ[ja], ㅕ[jʌ], ㅛ[jo], ㅠ[ju], ㅖ[je]

j계 이중모음 6개 (표준발음)

ㅑ[ja], ㅕ[jʌ], ㅛ[jo], ㅠ[ju], ㅒ[jɛ], ㅖ[je]

(2) w계 이중모음

표준발음의 w계 이중모음 'ㅘ, ㅝ'처럼 'ㅗ'나 'ㅜ' 같은 발음으로 시작하는 이중모음을 w계 이중모음이라 부른다. w계 이중모음에서는 둥글게 오므린 입술을 펴면서 그 다음의 단순모음을 바로 이어서 발음한다. 표준발음에서는 'ㅚ, ㅟ'를 단순모음으로 발음하는 것을 원칙으로 삼고 있으므로 이 둘을 이중모음에서 제외하면 표준발음의 w계 이중모음은 'ㅘ, ㅝ, ㅙ, ㅞ' 넷이다. 표준발음에서는 'ㅙ[wɛ]'와 'ㅞ[we]'가 구별된다.

현실발음의 w계 이중모음 현실발음에서는 'ㅙ, ㅞ, ㅚ'를 똑같이 [we]로 발음한다. 예를 들어 '꿰다'의 활용형 '꿰어'의 준말인 '꿰'와 부사 '꽤', 명사 '꾀'를 똑같이 [꿰]로 발음한다. 또 '금괴(金塊, 금덩어리)'와 '금궤(金櫃, 금으로 만든 상자)'를 똑같이 [금궤]로 발음한다. 따라서 현실발음의 w계 이중모음은 'ㅘ, ㅝ, ㅞ' 셋이다.

w계 이중모음 3개 (현실발음)

ㅘ[wa], ㅝ[wʌ], ㅞ[we]

w계 이중모음 4개 (표준발음)

ㅘ[wa], ㅝ[wʌ], ㅙ[wɛ], ㅞ[we]

(3) ɰ계 이중모음

'ㅢ'의 분석과 표기 'ㅢ'는 표준발음에서나 현실발음에서나 글자의 구성대로 'ㅡ' 같은 발음에서 시작해 ‘ㅣ’ 발음으로 끝난다. 첫소리를 반모음 [ɰ]로 적고 ‘ㅢ’를 [ɰi]로 적는다. 만약 단순모음 ‘ㅡ’를 ‘ɨ’로 적는다면 그에 해당하는 반모음은 ‘ɨ̯’와 같이 적으므로 ‘ㅢ’를 ‘ɨ̯i’로 적을 수도 있다.

‘ㅢ’의 다른 분석과 표기 ‘ㅢ’의 첫소리가 아닌 끝소리가 반모음인 것으로 분석하는 견해도 있다. 그렇게 보면 ‘ㅢ’를 [ɯj] 또는 [ɨj]로 적고 j계 이중모음으로 분류하게 된다. 이중모음을 크게 **상승이중모음**(반모음+단순모음)과 **하강이중모음**(단순모음+반모음)으로 나눌 수 있는데 ‘ㅢ’를 [ɯj] 또는 [ɨj]로 적으면 ‘ㅢ’가 한국어에서 유일한 하강이중모음이 된다. 이 책에서는 ‘ㅢ’를 [ɰi]로 적어 상승이중모음으로 보기로 한다.

ɰ계 이중모음 1개 (현실발음과 표준발음)

ㅢ[ɰi]

방언에서의 ‘ㅢ’ 어두의 ‘ㅢ’를 전라방언에서는 [ㅡ]로, 경상방언에서는 [ㅣ]로 발음하는 경향이 있다. 예를 들어 ‘의사(醫師)’를 전라방언에서는 [으사]로, 경상방언에서는 [이사]로 발음한다. 또 경상방언에서는 ‘의견(意見)’과 ‘이견(異見)’을 모두 [이견]으로 발음하고 전라방언에서는 ‘의문사(疑問詞)’와 ‘음운사(音韻史)’를 모두 [으문사]로 발음한다. 중앙어에서도 어두의 ‘ㅢ’를 [ㅡ]로 발음하는 사람이 간혹 있다. 비어두의 ‘ㅢ’는 어느 방언에서나 [ㅣ]로 발음하는 경향이 강하다.

(4) ɥ계 이중모음

‘ㅟ’의 음가 이중모음 ‘ㅟ’의 음가는 [wi]가 아닌 [ɥi]이다. [w]는 후설반모음이고 [ɥ]는 전설반모음이다. ‘ㅟ’를 발음할 때 혀가 ‘ㅜ’를 발음하는 위치(후설 위치)에서 출발하는 것이 아니라 처음부터 혀가 앞쪽에 와 있다가 오므린 입술만 펴면서 ‘ㅣ’ 발음으로 옮아간다. 이것은 처음에 발음하는 반모음이 전설반모음 [ɥ]라는 뜻이다. 많은 사람들이 습관적으로 그 음가를 [wi]로 보는 것은 ‘ㅟ’의 음운론적 분석을 /wi/로 하는 데에 이끌린 것이다. 음성학적으로는 [ɥi]가 옳다.

한국어의 [ɥi]와 외국어의 [wi] 영어, 프랑스어 등의 [wi]를 한국인이 ‘ㅟ[ɥi]’로 발음하면 [w]가 정확히 발음되지 않아 원어민의 발음과 다르게 된다. ‘우이’를 한 음절처럼 빨리 이어 발음하면 [wi]의 정확한 발음에 가까워진다. 한국인은 영어 ‘we, window’ 등의 [wi], [wɪ]를 발음할 때 ‘ㅜ’ 발음에서 시작하는 것이 안전하다. 특히 프랑스어를 발음할 때는 [ɥi]와 [wi]를 잘 구별하지 않으면 안 된다. 예를 들어 ‘lui[lɥi](그 사람)’와 ‘Louis[lwi](인명 ‘루이’)’는 [ɥ]와 [w]의 차이로만 구별되는 최소대립어이기 때문이다.

'ㅟㅓ'의 축약과 [ɥʌ] '뀌어, 뛰어, 쉬어' 등을 한 음절로, '사귀어, 바뀌어, 야위어' 등을 두 음절로 줄여서 발음할 때도 있다. 그런데 그때 줄어서 생긴 모음을 적는 글자가 한글에 없다. 음성기호를 이용하면 그 모음을 [ɥʌ]로 적을 수 있다. 이 이중모음은 다른 경우에는 쓰이지 않고 'ㅟ'로 끝난 용언어간에 모음어미가 연결되어 두 음절이 한 음절로 축약될 때만 나타난다. 15세기에 있었던 글자 'ㆇ, ㆊ'는 각각 [ɥa], [ɥʌ]로 발음되었다고 추측된다. [ɥa]는 'ㅟㅏ'를 한 음절로 발음한 것과 비슷하고 [ɥʌ]는 'ㅟㅓ'를 한 음절로 발음한 것과 비슷하다. 따라서 이 글자들을 살려서 현대의 [ɥʌ]를 'ㆊ'로 적는 것이 좋을 것이다.[8] 충남방언에서는 '되어, 돼'를 [ᄃᆇ]나 [ᄃᆔᆟ]로 발음한다.

8. 'ɥə'를 한글로 굳이 적으려는 사람들은 흔히 '웨'로 적는다. 그 사람들에게 'ɥa'를 발음해 주고 적어 보라고 하면 '와'로 적는다. 그렇다면 'ɥa, ɥə'를 '와, 웨'로 적지 못할 이유도 없다. 따라서 이런 표기보다는 'ㆇ, ㆊ'를 이용하는 것이 더 나을 것이다.

음절의 축약과 이중모음 '뀌어'가 한 음절 'ᄁᆊ'로 축약되는 것은 '끼어'와 '꾸어'가 각각 '껴', '꿔'로 축약되는 것과 비슷한 현상이다(8.4.1 (14) 참조).

음절의 축약과 이중모음

끼어[k'iʌ] → 껴[k'jʌ] 꾸어[k'uʌ] → 꿔[k'wʌ] 뀌어[k'ɥiʌ] → ᄁᆊ[k'ɥʌ]

현실발음의 ɥ계 이중모음 표준발음에서는 '뀌어'를 'ᄁᆊ'와 같이 발음하는 것을 허용하지 않는다. 따라서 표준발음에서는 이중모음 [ɥʌ]를 인정하지 않는다. 현실발음에서는 'ㅟ[ɥi]'와 '[ɥʌ]'를 ɥ계 이중모음으로 인정할 수 있다.

ɥ계 이중모음 2개 (현실발음)

ㅟ[ɥi], ㆊ[ɥʌ]

이중모음 전체 목록 이상에서 본 이중모음을 종합하면 다음과 같다.

현실발음의 이중모음 11개

j계 이중모음 (5개) : ㅑ[ja], ㅕ[jʌ], ㅛ[jo], ㅠ[ju], ㅖ[je] w계 이중모음 (3개) : ㅘ[wa], ㅝ[wʌ], ㅞ[we] ɰ계 이중모음 (1개) : ㅢ[ɰi] ɥ계 이중모음 (2개) : ㅟ[ɥi], ㆊ[ɥʌ]

표준발음의 이중모음 11개

j계 이중모음 (6개) : ㅑ[ja], ㅕ[jʌ], ㅛ[jo], ㅠ[ju], ㅒ[jɛ], ㅖ[je] w계 이중모음 (4개) : ㅘ[wa], ㅝ[wʌ], ㅙ[wɛ], ㅞ[we] ɰ계 이중모음 (1개) : ㅢ[ɰi]

2.2.2 이중모음체계

반모음 음소 /ɥ/의 인정 'ᆒ[ɥʌ]'의 존재를 인식하는 연구자들은 대개 이것을 음운론적으로 /wjʌ/로 분석하고 있다. /wj/는 반모음 뒤에 반모음이 이어진 것인데 한국어에서는 유례를 찾을 수 없는 특이한 구조이므로 인정하기 어렵다. 한국어에 /ɥ/라는 반모음도 음소로 존재한다고 보고 [ɥʌ]를 /ɥʌ/로 인정하는 것이 합리적이다.

'ㅟ'의 음운론적 지위 'ᆒ/ɥʌ/' 때문에 ɥ계 이중모음의 존재를 음운론적으로 인정할 수밖에 없다면 'ㅟ[ɥi]'도 음운론적으로 /ɥi/로 분석하여 역시 ɥ계 이중모음으로 볼 수도 있다. 그런데 'ᆒ'는 용언의 활용형이 형성될 때만 일시적으로 나타나는 예외적인 이중모음인 데 반해 'ㅟ'는 많은 단어들이 가지고 있는 안정된 이중모음이다. 그래서 'ㅟ[ɥi]'는 음운론적으로 /wi/로 분석하여 안정적인 w계 이중모음의 한 가지로 인정하는 것이 바람직한 분석일 것이다.

현실발음의 이중모음체계 이중모음체계는 단순모음체계를 바탕으로 이해하는 것이 좋다. 이중모음에 들어 있는 단순모음을 기준으로 체계를 도표화하는 것이다.[9]

j계 이중모음체계 (현실발음)

구 분	전설모음	후설모음	
	평순모음	평순모음	원순모음
고모음			ㅠ/ju/
중모음	ㅖ/je/	ㅕ/jʌ/	ㅛ/jo/
저모음		ㅑ/ja/	

w계 이중모음체계 (현실발음)

구 분	전설모음	후설모음	
	평순모음	평순모음	원순모음
고모음	ㅟ/wi/		
중모음	ㅞ/we/	ㅝ/wʌ/	
저모음		ㅘ/wa/	

ɰ계 이중모음체계 (현실발음)

구 분	전설모음	후설모음	
	평순모음	평순모음	원순모음
고모음	ㅢ/ɰi/		
중모음			
저모음			

9. 표에서 음영을 넣은 부분은 단순모음이 없어서 그 단순모음과 반모음이 결합한 이중모음도 존재할 수 없음을 나타낸다. 나머지 빈칸은 단순모음은 존재하는데 그 단순모음과 반모음이 결합하지 못해서 이중모음이 존재하지 못하는 경우이다. 이것은 4.1.3의 중성제약과 관련된다.

ɥ계 이중모음체계 (현실발음)

구 분	전설모음	후설모음	
	평순모음	평순모음	원순모음
고모음			
중모음		ㅝ/ɥʌ/	
저모음			

현실발음의 이중모음체계 현실발음의 이중모음 11개의 체계는 다음과 같다.

이중모음체계 종합 (현실발음)

구 분	전설모음	후설모음	
	평순모음	평순모음	원순모음
고모음	ㅢ/ɯi/, ㅟ/wi/		ㅠ/ju/
중모음	ㅖ/je/, ㅞ/we/	ㅕ/jʌ/, ㅝ/ɥʌ/, ㅓ/wʌ/	ㅛ/jo/
저모음		ㅑ/ja/, ㅘ/wa/	

표준발음의 이중모음체계 표준발음의 이중모음 11개의 체계는 다음과 같다.

이중모음체계 종합 (표준발음)

구 분	전설모음		후설모음	
	평순모음	원순모음	평순모음	원순모음
고모음	ㅢ/ɯi/			ㅠ/ju/
중모음	ㅖ/je/, ㅞ/we/		ㅕ/jʌ/, ㅝ/wʌ/	ㅛ/jo/
저모음	ㅒ/jɛ/, ㅙ/wɛ/		ㅑ/ja/, ㅘ/wa/	

이중모음체계의 다른 표현 이중모음체계를 반모음의 종류에 따라 다음과 같이 간단히 나타낼 수도 있다.

이중모음체계 (현실발음)

반모음의 종류	전설	후설
평순	ㅑ ㅕ ㅛ ㅠ ㅖ	ㅢ
원순	ㅝ	ㅘ ㅝ ㅞ ㅟ

이중모음체계 (표준발음)

반모음의 종류	전설	후설
평순	ㅑ ㅕ ㅛ ㅠ ㅒ ㅖ	ㅢ
원순		ㅘ ㅝ ㅙ ㅞ

이중모음의 목록 이중모음의 목록은 다음과 같이 나타낼 수 있다.

이중모음목록 (현실발음)

j계 (5개)	w계 (4개)	ɥ계 (1개)	ɰ계 (1개)	합계
ㅑ ㅕ ㅛ ㅠ ㅖ	ㅘ ㅝ ㅞ ㅟ	ㅞ	ㅢ	11개

이중모음목록 (표준발음)

j계 (6개)	w계 (4개)	ɰ계 (1개)	합계
ㅑ ㅕ ㅛ ㅠ ㅒ ㅖ	ㅘ ㅝ ㅙ ㅞ	ㅢ	11개

2.2.3 자음과 이중모음의 연결

자음과 이중모음 연결의 어려움 이중모음은 그 앞에 아무 자음도 없을 때 가장 잘 발음된다. 이중모음 앞에 자음이 붙으면 이중모음의 발음이 조금 힘들어진다. '야'보다 '갸, 댜, 뱌' 등의 발음이 좀 더 어렵다. 발음이 쉬운 '야'보다 발음이 어려운 '갸, 댜, 뱌' 쪽이 실제 사용빈도도 더 낮다. 이 때문에 일부 방언에서 '겨, 과, 줘' 등 '자음+이중모음'을 [게], [가], [조] 등 '자음+단순모음'으로 바꿔서 발음하는 현상이 나타난다. 표준어나 중앙어에서도 자음과 이중모음의 연결을 피하려는 경향이 나타난다. 일부 '자음+이중모음'을 잘 안 쓰거나 전혀 안 쓰는 경우가 있는 것이다.[10]

10. 이러한 현상은 4.1.3의 초중성 연결의 제약과 관련된다.

(1) 자음과 'ㅖ, ㅒ'의 연결

자음과 'ㅖ, ㅒ' 연결의 어려움 j계 이중모음에서는 자음과 'ㅖ, ㅒ'의 연결이 가장 부자연스럽다. 자음 뒤에 'ㅖ'나 'ㅒ'가 붙은 형태는 표기상으로는 다음과 같은 많은 글자가 있을 수 있다. 그러나 이들 중 일부만 실제로 사용된다.[11]

11. 자음 뒤에 'ㅖ, ㅒ'가 연결된 음절은 고유어에 잘 나타나지 않는다. 아래 표에 제시된 예들 중에서 '계, 녜, 켸, 꼐, 걔, 냬, 쟤'만 고유어에 나타난다. 나머지는 한자어나 외래어에 나타난다.

자음 뒤에 'ㅖ, ㅒ'를 적은 글자(가능한 글자)

계, 녜, 뎨, 례, 몌, 볘, 셰, 졔, 쳬, 켸, 톄, 폐, 혜, 꼐, 뗴, 뼤, 쎼, 쪠
걔, 냬, 댸, 럐, 먜, 뱨, 섀, 쟤, 챼, 컈, 턔, 퍠, 햬, 꺠, 떄, 뺴, 썌, 쨰

자음 뒤에 'ㅖ, ㅒ'를 적은 글자(실제로 쓰이는 글자)

계, 녜, 례, 몌, 볘, 셰, 켸, 톄, 폐, 혜, 꼐
걔, 냬, 섀, 쟤

자음 뒤 'ㅖ, ㅒ'의 표기와 표준발음 위의 글자들이 쓰인 예와 그 표준발음은 다음과 같다.

12. '다롄'과 '옌볜'은 '대련, 연변'이라는 한국 한자음에 따른 형태로 더 많이 쓰인다.

13. 이 규정은 문제가 있다. '용례[용녜], 아녜요'를 [용네], [아네요]로 발음하는 것을 표준발음으로 인정하는 것은 부자연스럽다. '녜'를 [네]로 발음하도록 허용해서는 안 될 것이다. 그 대신에 '비례, 의례, 조례' 같은 경우의 '례'를 [레]로 발음하도록 허용하는 것이 현실적일 것이다. 또 '쟤'의 발음을 [재]만 인정해야 할 것이다.

표기상 자음 뒤에 'ㅖ, ㅒ'가 연결된 예와 표준발음

계[계/게] : 계산, 시계, 계시다, 계집, 비계, 핑계, 에계, 에계계
녜[녜/네] : 아녜요('아니에요'의 준말), 용례[용녜]
례[례] : 사례, 실례(失禮), 혼례[홀례], 다롄(大連, 중국의 도시)
몌[몌/메] : 몌별(袂別)
볘[볘/베] : 옌볜(延邊, 중국의 연변)[12]
셰[셰/세] : 셰익스피어, 미셸(인명), 세이셸(인도양에 있는 나라)
켸[켸/케] : 콩켸팥켸
톄[톄/테] : 톈진(天津, 중국의 도시)
폐[폐/페] : 폐지, 지폐
혜[혜/헤] : 혜성, 지혜, 혜숙(인명)
꼐[꼐/께] : 예라꼐라
걔[걔] : 걔('그 애'의 준말), 애걔, 애걔걔
냬[냬] : 하냬('하냐 해(하냐고 말해)'의 준말)
섀[섀] : 아이섀도
쟤[쟤] : 쟤('저 애'의 준말)

자음 뒤 'ㅖ, ㅒ'의 표준발음 「표준 발음법」에 따르면 위 표의 이중모음 'ㅖ, ㅒ'를 글자 그대로 [ㅖ], [ㅒ]로 발음하는 것이 원칙이다. 다만 '례' 이외의 '계, 녜, 몌, 볘, 셰, 켸, 톄, 폐, 혜, 꼐'는 이중모음을 단순모음으로 바꿔 [게], [네], [메], [베], [세], [케], [테], [페], [헤], [께]로 발음하는 것도 표준발음으로 허용한다. 위 표에서 빗금 왼쪽이 원칙적인 발음이고 빗금 오른쪽이 허용되는 발음이다. 이 밖의 '례, 걔, 냬, 섀, 쟤'는 글자 그대로 발음한 [례], [걔], [냬], [섀], [쟤]만 표준발음으로 인정한다.[13]

자음 뒤 'ㅖ, ㅒ'의 현실발음 현실발음에서는 표준발음보다 이중모음을 훨씬 덜 사용한다. 위의 예들 중 이중모음을 실제로 발음하는 것은 '에계, 에계계'의 '계'와 '녜, 례, 셰, 걔, 냬, 섀'뿐이다. 이 중에서 '녜, 냬'는 [녜]로만 발음한다. 즉 '아녜요, 용례, 하냬'는 [아녜요], [용녜], [하녜]로만 발음한다. '례'는 '실례[실례]'와 같이 'ㄹ' 뒤에서 [례]로 잘 발음하며 그 외의 경우에는 '사례[사레]'와 같이 [레]로 발음하는 일이 많다. '에계, 에계계'의 '계'와 '셰, 걔, 섀'는 대체로 이중모음을 살린 [계], [셰], [계], [셰]로 발음하나 [게], [세], [게], [세]로 발음하는 일도 있다. '켸, 꼐'를 가진 유일한 단어들인 '콩켸팥켸, 예라꼐라'는 단어 자체를 잘 안 쓰지만 굳이 쓴다면 [케], [께]로 발음할 가능성이 높다. 이상의 내용을 정리하면 다음과 같다.

표기상 자음 뒤에 'ㅖ, ㅒ'가 연결된 예와 현실발음

이중모음 [ㅖ]로 발음
녜[녜] : 용례[용녜], 아녜요
례[례] : 실례, 혼례[홀례]
냬[녜] : 하냬

이중모음 [ㅖ] 또는 단순모음 [ㅔ]로 발음
계[계/게] : 에계, 에계계
셰[셰/세] : 셰익스피어, 미셸, 세이셸
걔[계/게] : 걔
섀[셰/세] : 아이섀도
단순모음 [ㅔ]로 발음
계[게] : 계산, 시계, 계시다, 계집, 비계, 핑계
례[레] : 사례, 다롄
몌[메] : 몌별
볘[베] : 옌볜
켸[케] : 콩켸팥켸
톄[테] : 톈진
폐[페] : 폐지, 지폐
혜[헤] : 혜성, 지혜, 혜숙
꼐[께] : 예라꼐라
쟤[제] : 쟤

이름의 '혜'의 발음 현실발음에서 단순모음 [ㅔ]로 발음하는 예도 표기대로 정확히 발음해야 하는 특수한 경우에는 [ㅖ]로 발음하는 수가 있다. 이름이 '지해(芝海)'가 아닌 '지혜(芝惠)'라고 말해야 할 때 [지혜]라고 분명하게 발음할 때가 있다. 그러나 일반적인 상황에서는 둘 다 [지헤]라고 발음한다. 여기서 더 나아가 'ㅎ'의 탈락까지 일어나면 [지에]라고 발음하기 쉽다. 그래서 '지애(芝愛)[지에]'라는 이름과도 발음으로는 구별이 안 될 때가 많다.

(2) 파찰음과 j계 이중모음 및 'ㅕ'의 연결

'져, 쪄, 쳐, 죠, 쟤'의 표준발음 파찰음 'ㅈ, ㅉ, ㅊ' 뒤에 j계 이중모음 글자가 이어진 것은 '져, 쪄, 쳐'와 '죠', 그리고 위에서 본 '쟤'뿐이다. 아래 표에서 보듯이 '져, 쪄, 쳐'는 용언의 활용형에 나타나고 '죠'는 '-지요'의 준말 '-죠'에 나타난다. 용언의 활용형에 나타나는 '져, 쪄, 쳐'의 표준발음은 각각 [저], [쩌], [처]이다.[14]

'져, 쪄, 쳐, 죠, 쟤'의 표준발음

져[저] : 져('지다'의 활용형), 가져, 무너져
쪄[쩌] : 쪄('찌다'의 활용형), 살쪄, 밑져[믿쩌]
쳐[처] : 쳐('치다'의 활용형), 다쳐, 사무쳐
죠[죠] : -죠('-지요'의 준말), 가죠, 있죠[읻쬬], 그렇죠[그러쵸]
쟤[쟤] : 쟤('저 애'의 준말)

활용형 말음이 [처]로 발음되는 다른 예 '갇히다[가치다], 굳히다[구치다], 맞히다[마치다], 부딪히다[부디치다]'의 활용형 '갇혀, 굳혀, 맞혀, 부딪혀' 등의 말음절도 모두 [쳐]가 아닌 [처]로 발음된다.

14. 『표준국어대사전』에서는 '-죠'와 '쟤'가 발음을 표시할 표제어가 아니어서 발음표시가 없다. 따라서 「표준 발음법」에 따라 이중모음을 그대로 발음한 [죠]와 [쟤]가 표준발음이라고 생각할 수밖에 없다.

'혀'로 끝난 활용형에서 [처]가 발음되는 경우

갇혀[가처], 굳혀[구처], 맞혀[마처], 부딪혀[부디처]

'ㅈ, ㅉ, ㅊ'과 j계 이중모음 연결의 현실발음 외래어를 적을 때 '쥬스, 쵸콜릿, 텔레비젼, 캐리커쳐, 몽타쥬' 등으로 적지 않고 '주스, 초콜릿, 텔레비전, 캐리커처, 몽타주' 등으로 적도록 되어 있다. 이것은 'ㅈ, ㅉ, ㅊ' 뒤에서 j계 이중모음을 발음하지 않는 현실을 중시한 것이다. '-죠'도 현실발음에서는 [조]로 발음할 때가 많다. 그러므로 'ㅈ, ㅉ, ㅊ'과 j계 이중모음의 연결에서는 모음을 단순모음으로 발음하는 것, 달리 말하면 반모음 'j'를 발음하지 않는 것이 현실발음이라고 할 수 있다.

'ㅈ, ㅉ, ㅊ'과 j계 이중모음 연결의 현실발음

표기	현실발음
쟈, 져, 죠, 쥬, 쟤, 졔	[자], [저], [조], [주], [제], [제]
쨔, 쪄, 쬬, 쮸, 쨰, 쪠	[짜], [쩌], [쪼], [쭈], [쩨], [쩨]
챠, 쳐, 쵸, 츄, 챼, 쳬	[차], [처], [초], [추], [체], [체]

15세기의 'ㅈ, ㅉ, ㅊ'과 j계 이중모음의 발음 15세기에는 파찰음 뒤에 j계 이중모음이 이어진 '쟈, 져, 죠, 쥬, 챠, 쳐, 쵸' 등으로 시작하는 음절이 존재했다. 그런 음절을 가진 단어로 '쟈랑(자랑), 쟈래(자라), 쟈ᄅᆞ(자루, 袋), 쟝(醬, 간장), 져(젓가락), 져믈다(저물다), 져비(제비, 燕), 젹다(적다, 少), 졈다(젊다), 졋바디다(자빠지다), 졎(젖), 죠ᄒᆡ(종이), 죵(종, 奴卑), 쥭(주걱), 즁(중, 僧), 챵ᄌᆞ(창자), 쳔(財物), 쵸(양초)' 등이 있었다. '저(재귀대명사)'와 '져(젓가락)', '초(식초)'와 '쵸(양초)' 등은 항상 구별되어 표기되었으므로 '쟈, 져, 죠, 쥬, 챠, 쳐, 쵸'와 '자, 저, 조, 주, 차, 처, 초'는 발음상으로도 구별되었을 것으로 보인다.[15]

'ㅈ, ㅉ, ㅊ'과 'ㅝ'의 연결 'ㅈ, ㅉ, ㅊ' 뒤에 'ㅝ'가 연결된 '줘, 쭤, 춰'는 그대로 발음되지 못하고 각각 [줘], [쭤], [춰]로 발음된다. 실제로 이러한 발음은 '쥐다'의 활용형 '쥐어'를 한 음절로 줄여 말할 때 외에는 쓰이지 않는다('쥐어'와 그 준말에 대해서는 7.4.13 참조).

15. 15세기에 있었던 '쟈, 챠, 져, 쳐' 등이 후대에 '자, 차, 저, 처' 등으로 바뀌게 된 것은 'ㅈ, ㅉ, ㅊ'의 음가가 치조음에서 경구개음으로 바뀌게 된 변화(이것을 ㅈ구개음화라고 부른다)와 관련이 있다(6-4 참조).

(3) 자음과 'ㅢ'의 연결

자음과 'ㅢ'가 연결된 표기 표기에서 자음 뒤에 'ㅢ'가 연결된 글자는 '늬, 띄, 씌, 틔, 희'가 있다. 이들은 [니], [띠], [씨], [티], [히]로 발음한다. 표준발음과 현실발음이 똑같다.

글자 '늬, 띄, 씌, 틔, 희'의 발음

늬[니] : 늴리리[닐리리], 늿큼[닝큼], 무늬[무니], 보늬[보니], 오늬[오니]
띄[띠] : 띄다[띠다], 띈[띤], 띌[띨], 띔[띰], 띕니다[띰니다], 띄어[띠어/띠여], 띄어쓰기[띠어쓰기/띠여쓰기]
씌[씨] : 씌다[씨다], 씐[씬], 씔[씰], 씜[씸], 씝니다[씸니다], 씌어[씨어/씨여], 씌우고, 씌워
틔[티] : 틔다[티다], 틘[틴], 틜[틸], 틤[팀], 틥니다[팀니다], 틔어[티어/티여], 틔우고[티우고], 틔워[티워]
희[히] : 희망[히망], 희다[히다], 흰[힌], 흴[힐], 흼[힘], 흽니다[힘니다], 희어[히어/히여], 흰색[힌색], 희번덕거리다[히번덕꺼리다], 흰하다[힝하다], 흰허케[힝허케], 유희(遊戱)[유히], 수희(인명)[수히], 영희(인명)[영히], 너희[너히], 저희[저히], 너흰(너희는)[너힌], 너흴(너희를)[너힐][16]

연음에 의한 자음과 'ㅢ'의 연결 연음(連音)에 의해 '자음+ㅢ'가 만들어지는 경우도 있다. 이 경우에 표준발음에서는 [ㅢ]를 발음하는 것을 원칙으로 삼고 경우에 따라 [ㅣ]나 [ㅔ]로 발음하는 것도 허용하고 있다. 아래 표에서 빗금 왼쪽이 원칙적인 발음이고 오른쪽이 허용하는 발음이다. 현실발음에서는 [ㅢ]로 발음하지 않는다.

연음으로 생긴 '자음+ㅢ'의 표준발음

한자어 : 문의(問議)[무:늬/무:니], 격의(隔意)[겨긔/겨기], 합의(合意)[하븨/하비]
체언+조사 '의' : 발의[바릐/바레], 법의[버븨/버베], 지역의[지여긔/지여게], 시간의[시가늬/시가네]

연음으로 생긴 '자음+ㅢ'의 현실발음

한자어 : 문의(問議)[무니], 격의(隔意)[겨기], 합의(合意)[하비]
체언+조사 '의' : 발의[바레], 법의[버베], 지역의[지여게], 시간의[시가네]

2-4 글자 '의'의 발음

'의'라는 글자는 경우에 따라 [의], [이], [에]로 발음한다. 관형격조사 '의'의 표준발음은 [의/에] 두 가지인데 실제로는 [에]가 많이 쓰인다. [에]는 관형격조사 '의'의 이형태였던 'ᄋᆡ'가 변한 발음이다. 그 밖의 '의'는 어두에서 [의]로, 비어두에서 [의]나 [이]로 발음하는 것이 표준발음이다. 비어두의 '의'는 현실발음에서 [이]로 발음하며 어두의 '의'를 [으]로 발음하는 사람도 있다. 어두의 '의'는 방언에 따라 [으]나 [이]로 발음하기도 한다. 전라방언에서는 [으]로, 경상방언에서는 [이]로 발음하는 경향이 강하다.

글자 '의'의 표준발음

조사 '의' : 나라의[나라의/나라에], 시간의[시가늬/시가네]
어두의 '의' : 의문(疑問)[의문], 의의(意義)[의:의/의:이], 의자(椅子)[의자]
비어두의 '의' : 예의(禮儀)[예의/예이], 강의(講義)[강:의/강:이], 문의(問議)[무:늬/무:니], 격의(隔意)[겨긔/겨기], 합의(合意)[하븨/하비]

모음

16. '유희, 수희, 영희, 너희, 저희, 너흰, 너흴' 등 비어두의 '희[히]'는 ㅎ탈락(8.3.2 (6) ② 참조)을 겪어 [이]로 발음되기 쉽다.

글자 '의'의 현실발음

조사 '의' : 나라의[나라에], 시간의[시가네]
어두의 '의' : 의문[의문], 의의[의이], 의자[의자]
비어두의 '의' : 예의[예이], 강의[강이], 문의[무니], 격의[겨기], 합의[하비]

'민주주의(民主主義)의 의의(意義)'의 발음

현실발음
[민주주이에 의이], [민주주이에 으이]
표준발음
[민주주의의 의:의], [민주주의의 의:이]
[민주주의에 의:의], [민주주의에 의:이]
[민주주이의 의:의], [민주주이의 의:이]
[민주주이에 의:의], [민주주이에 의:이]

(4) 자음과 w계 이중모음의 연결

자음과 w계 이중모음 연결의 회피 자음 뒤에 w계 이중모음이 연결될 때 이중모음을 그대로 발음하는 것이 표준발음이지만 현실적으로는 이중모음을 발음하지 않는 경우도 있다. 일부 사람들은 다음과 같은 단어들에서 이중모음을 단순모음으로 바꿔 발음한다. 즉 'ㅘ, ㅙ, ㅞ, ㅚ, ㅟ'는 반모음 'w'를 탈락시켜 발음하고 'ㅝ'는 'ㅗ'로 축약시켜 발음한다(8.4.2 (18), 8.4.4 (20) 참조). 이런 발음은 표준발음도 아니고 바람직한 발음으로 인정받지도 못한다.

자음과 w계 이중모음 연결의 현실발음 (일부 화자)

ㅘ[ㅏ] : 놔[나], 봐[바], 국화[구카], 발화[발하/바라], 백화점[베카점], 산업화[사너파]
ㅙ[ㅔ] : 돼[데], 돼지[데지], 괜찮다[겐찬타]
ㅞ[ㅔ] : 꿴다[껜다], 쉰다[센다], 퉤[테]
ㅚ[ㅔ] : 괴롭다[게롭따], 되다[데다], 뵙고[벱꼬], 회사[헤사]
ㅟ[ㅣ] : 귀엽다[기엽따], 뒤[디], 쉬어[시어], 튄다[틴다]
ㅝ[ㅗ] : 둬[도], 줘[조], 놔둬[놔도/나도]

2-5 모음 글자의 체계와 모음의 역사적 변화

모음 낱글자는 'ㅏ, ㅑ, ㅓ, ㅕ, ㅗ, ㅛ, ㅜ, ㅠ, ㅡ, ㅣ'의 10개이다. 나머지 글자 11개(ㅐ, ㅒ, ㅔ, ㅖ, ㅘ, ㅙ, ㅚ, ㅝ, ㅞ, ㅟ, ㅢ)는 이들의 조합(組合)으로 표현된다. 그런데 낱글자 중에도 단순모음 글자와 이중모음 글자가 섞여 있고 조합된 글자 중에도 두 가지가 섞여 있다. 글자의 체계와 발음의 체계가 불일치하는 것이다. 그 주된 원인은 모음의 역사적 변화에 있다.

15세기에 한글을 만들 때 조합된 글자는 모두 복합모음을 나타냈다. 'ㅐ, ㅔ, ㅚ, ㅟ, ㆎ, ㅢ'는 글자의 구성이 암시하듯이 'ㅏㅣ, ㅓㅣ, ㅗㅣ, ㅜㅣ, ㆍㅣ, ㅡㅣ'를 한 음절로 발음할 때의 이중모음을 표시하는 글자였다. 이들은 각각 하강이중모음 'aj, ʌj, oj, uj, ɔj, ɯj'를 나타냈던 것이다. 전라방언의 '서이(셋), 너이(넷)'는 15세기의 '셰, 녜'의 중성 'ㅔ'가 이중모음으로 발음되었던 흔적을 그대로 가지고 있는 예이다. 이들 이중모음은 18세기 이후 변화하게 된다. 먼저 'ㅐ, ㅔ, ㆎ'는 각각 [ɛ], [e], [ɛ]로 단순모음화했다. 그 뒤 'ㅚ, ㅟ'도 단순모음 [ø], [y]를 거쳐 새로운 이중모음 [we], [ui]로 변화했다. 'ㅢ'만은 옛 발음에 가깝게 이중모음으로 유지되고 있는데 일부 방언에서는 이마저도 'ㅡ'나 'ㅣ'로 바뀌었다.

'ㅒ, ㅖ, ㅙ, ㅞ' 역시 글자의 구성대로 'ㅑㅣ, ㅕㅣ, ㅗㅏㅣ, ㅜㅓㅣ'를 각각 한 음절로 발음할 때의 삼중모음 [jaj], [jʌj], [waj], [wʌj]를 표시하는 글자였다. 'ㅐ, ㅔ'의 음가 변화와 함께 이들도 삼중모음에서 이중모음으로 음가가 바뀌게 되었다. 이로써 한국어에서 삼중모음이 사라지게 되었다.

3. 자음

3.1 조음위치

'ㅂ, ㄷ, ㄱ'의 차이와 조음위치 '바다가'를 발음해 보면 'ㅂ, ㄷ, ㄱ'을 발음할 때 음성기관의 각기 다른 부위를 붙였다 떼는 동작이 일어남을 알 수 있다. 'ㅂ'은 아랫입술을 윗입술에, 'ㄷ'은 혀끝을 윗니 뒷면에, 'ㄱ'은 후설을 연구개에 붙였다 떼면서 발음한다. 'ㅂ, ㄷ, ㄱ'의 이와 같은 차이를 **조음위치**(調音位置 place of articulation)의 차이라고 한다.

양순음, 치음, 연구개음 조음위치를 기준으로 'ㅂ'은 **양순음**(兩脣音 bilabial), 'ㄷ'은 **치음**(齒音 dental), 'ㄱ'은 **연구개음**(軟口蓋音 velar)이라고 부른다.[1] 'ㅂ, ㄷ, ㄱ'이 종성으로 쓰인 '압, 앋, 악'의 발음에서도 똑같은 조음위치가 이용된다. 다른 자음들도 일정한 조음위치에서 발음된다. 초성이나 종성으로 쓰일 때의 발음을 관찰하면 어떤 자음들이 양순음, 치음, 연구개음에 속하는지 확인할 수 있다.

1. 치음을 설첨음(舌尖音), 연구개음을 후설음(後舌音)이라 부르기도 한다.

양순음, 치음, 연구개음

양순음(아랫입술과 윗입술) : ㅂ, ㅃ, ㅍ, ㅁ
치음(혀끝과 윗니 뒷면) : ㄷ, ㄸ, ㅌ, ㄴ
연구개음(후설과 연구개) : ㄱ, ㄲ, ㅋ, ㅇ

양순음 'ㅂ'을 발음할 때의 음성기관의 모양

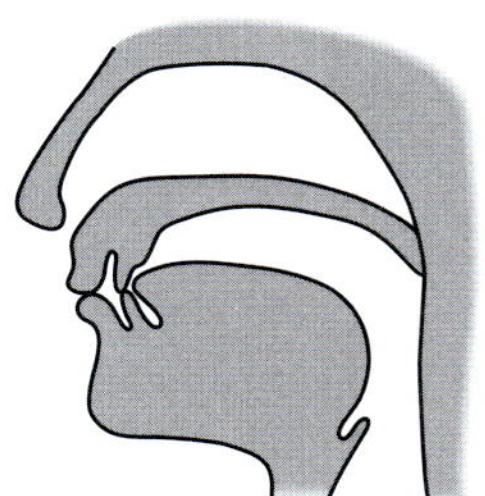

치음 'ㄷ'을 발음할 때의 음성기관의 모양

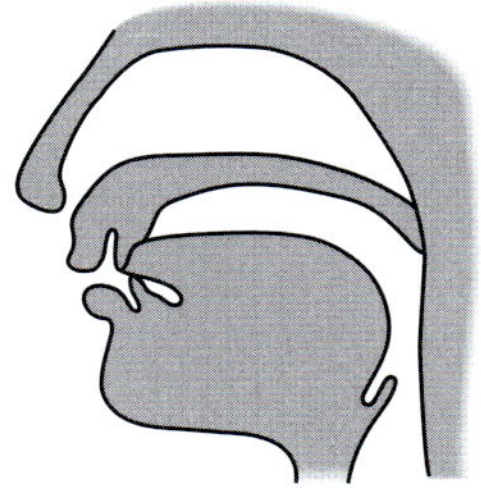

연구개음 'ㄱ'을 발음할 때의 음성기관의 모양

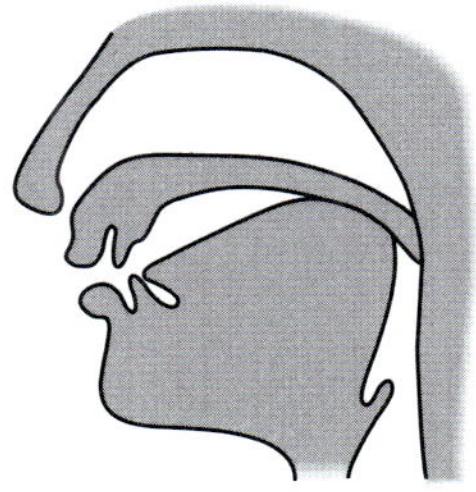

2. 치조음을 설단음(舌端音), 경구개음을 전설음(前舌音), 성문음을 후두음(喉頭音, 후음 喉音 laryngeal)이라 부르기도 한다.

3. 'ㄷ, ㄸ, ㅌ', 'ㄴ'을 'ㄹ, ㅅ'과 같이 치조음으로 보는 견해도 있다. 조음위치를 간략하게 분류하면 그렇게 할 수도 있지만 정밀하게 분류할 때는 치음과 치조음을 구별해야 한다. 예를 들어 'ㄴ[n]'은 혀를 윗니에 대면서 발음할 수 있지만 'ㄹ[ɾ]'은 그렇게 발음할 수 없기 때문이다.

4. '니'의 'ㄴ'은 일반적으로 [ɲ]으로 발음되지만 어두에서는 [n]으로도 발음된다. 또 '뉘'의 'ㄴ'은 일반적으로 [n]으로 발음되지만 비어두에서는 [ɲ]으로도 발음된다.

치조음, 경구개음, 성문음 한국어의 자음 중에는 양순음, 치음, 연구개음 외에 **치조음**(齒槽音 alveolar), **경구개음**(硬口蓋音 palatal), **성문음**(聲門音 glottal)도 있다.[2] '라, 사'를 발음해 보면 'ㄹ, ㅅ'은 혀끝을 윗니 뒤쪽의 잇몸, 즉 치조에 대거나 접근시킨 상태에서 발음한다. 그래서 '라, 사'의 'ㄹ, ㅅ'은 치조음이다.[3] 또 '자'를 발음해 보면 'ㅈ'은 전설을 경구개에 대서 발음한다. 따라서 'ㅈ'은 경구개음이다. 그리고 '하'를 발음해 보면 'ㅎ'은 구강에서는 공기의 흐름을 방해하는 곳이 없이 성문을 좁혀 마찰을 일으킨다. 'ㅎ'은 성문음이다.

치조음, 경구개음, 성문음

치조음(혀끝과 치조) : ㄹ, ㅅ, ㅆ
경구개음(전설과 경구개) : ㅈ, ㅉ, ㅊ
성문음(성대) : ㅎ

치조음 'ㄹ'을 발음할 때의 음성 기관의 모양

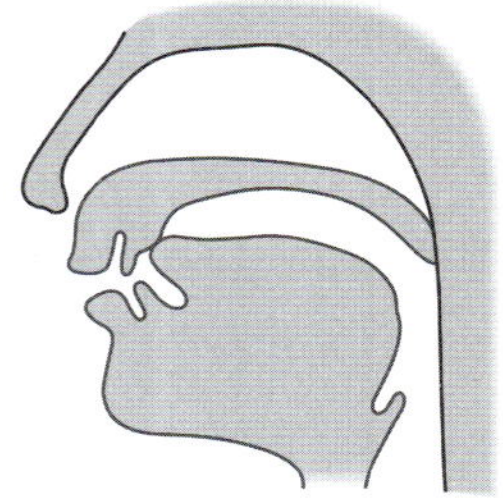

경구개음 'ㅈ'을 발음할 때의 음성 기관의 모양

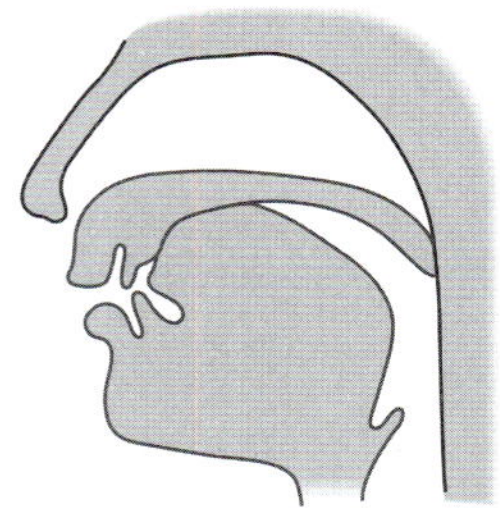

'ㄴ'의 두 조음위치 이들 중 어떤 자음은 조음위치가 두 군데인 경우도 있다. 'ㄴ'은 '나, 너, 노, 누, 느, 네, 놔, 눠, 눼, 뉘, 눠'에서는 치음 [n]이지만 '니, 냐, 녀, 뇨, 뉴, 녜'에서는 경구개음 [ɲ]이다.[4] '냐'를 발음할 때와 '자'를 발음할 때의 혀의 움직임은 똑같다. 'ㄴ[ɲ]'과 'ㅈ'의 조음위치가 같기 때문이다. 아래 표에서 빗금 왼쪽은 'ㄴ'이 단순모음과 결합할 때이고 오른쪽은 이중모음과 결합할 때이다.

'ㄴ'의 두 조음위치

치음 [n] : 나, 너, 노, 누, 느, 네 / 놔, 눠, 눼, 뉘, 눠
경구개음 [ɲ] : 니 / 냐, 녀, 뇨, 뉴, 녜

'나'와 '냐'의 차이 음운론적으로 '나[na]'는 /na/로, '냐[ɲa]'는 /nja/로 분석된다. 즉 둘의 차이는 음운론적으로 모음이 단순모음 /a/인가 이중모음 /ja/인가에 있다. 표기에서도 'ㅏ'와 'ㅑ'의 차이로 반영되어 있고 사람들도 모음이 서로 다른 것으로 인식하고 있다. 그러나 음성학적으로 보면 둘의 차이는 모음이 아닌 자음 [n]과 [ɲ]

의 차이이다. 모음은 둘 다 [a]로서 똑같다.[5]

'ㅅ, ㅆ'의 두 조음위치 'ㅅ'도 뒤따르는 모음의 종류에 따라 치조음 [s]로 발음되기도 하고 경구개음 [ʃ]로 발음되기도 한다. '사, 서, 소, 수, 스, 세, 솨, 숴, 쉐'에서는 치조음이지만 '시, 샤, 셔, 쇼, 슈, 셰, 쉬, 스'에서는 경구개음이다. 'ㅆ'도 마찬가지로 뒤따르는 모음에 따라 치조음 [s']와 경구개음 [ʃ']로 발음된다.

'ㅅ'의 두 조음위치

치조음 [s] : 사, 서, 소, 수, 스, 세 / 솨, 숴, 쉐
경구개음 [ʃ] : 시 / 샤, 셔, 쇼, 슈, 셰, 쉬, 스

'ㅆ'의 두 조음위치

치조음 [s'] : 싸, 써, 쏘, 쑤, 쓰, 쎄 / 쏴, 쒀, 쒜
경구개음 [ʃ'] : 씨 / 쌰, 쎠, 쑈, 쓔, 쎼, 쒸, 쓔ㅕ

'사'와 '샤'의 차이 음운론적으로 '사[sa]'는 /sa/로, '샤[ʃa]'는 /sja/로 분석되어 둘의 차이가 모음의 차이인 것으로 분석되지만 음성학적으로는 모음이 아닌 자음 [s]와 [ʃ]의 차이이다. '싸[s'a]'와 '쌰[ʃ'a]'의 차이도 마찬가지이다.

'ㄴ, ㅅ, ㅆ'의 구개음화 'ㄴ, ㅅ, ㅆ'이 각각 두 조음위치에서 발음되는 것을 **구개음화**(口蓋音化)로 기술하기도 한다. 즉 이들의 음가가 원래 각각 [n], [s], [s']라고 보고 [i], [j] 앞에서 각각 [ɲ], [s'], [ʃ']로 바뀐다고 보는 것이다(8.1 참조).

자음의 조음위치에 따른 분류 'ㄴ, ㅅ, ㅆ'을 두 조음위치에 모두 표시해서 모든 자음을 조음위치에 따라 분류해 보면 다음과 같다.[6]

자음의 조음위치에 따른 분류

양순음	치음	치조음	경구개음	연구개음	성문음
ㅂ[p]	ㄷ[t]	ㄹ[l]	ㅈ[ʧ]	ㄱ[k]	ㅎ[h]
ㅃ[p']	ㄸ[t']	ㄹ[r]	ㅉ[ʧ']	ㄲ[k']	
ㅍ[pʰ]	ㅌ[tʰ]		ㅊ[ʧʰ]	ㅋ[kʰ]	
ㅁ[m]	ㄴ[n]		ㄴ[ɲ]	ㅇ[ŋ]	
		ㅅ[s]	ㅅ[ʃ]		
		ㅆ[s']	ㅆ[ʃ']		

조음위치별 '자음+ㅏ' 조음위치별로 주요 자음들에 모음 'ㅏ'를 붙여 간단히 나타내면 다음과 같다.

5. 베트남어에서는 [na], [ɲa]가 음운론적으로도 /na/와 /ɲa/이다. 똑같은 음성 [ɲ]을 한국어와 베트남어에서 음운론적으로 다르게 사용하고 있는 것이다.

6. '양순음, 치음, 치조음, 경구개음, 연구개음, 성문음'을 고유어 용어로는 '입술소리, 잇소리, 잇몸소리, 센입천장소리, 여린입천장소리, 목청소리'라고 한다.

조음위치별 '자음+ㅏ'의 예

양순음	치음	치조음	경구개음	연구개음	성문음
바 마 [pa] [ma]	다 나 [ta] [na]	라 사 [ra] [sa] [la]	자 냐 샤 [ʧa] [ɲa] [ʃa]	강 [kaŋ]	하 [ha]

영어의 't, d'와 한국어의 'ㄷ, ㄸ, ㅌ'의 조음위치의 차이 영어의 't, d'는 한국어의 'ㄷ, ㄸ, ㅌ'과 가장 가까운 소리들이다. 그런데 영어의 't, d'는 치조음이다. 혀끝이 닿는 위치가 'ㄷ, ㄸ, ㅌ'은 윗니 뒤쪽인데 't, d'는 치조로서 조금 다르다. 조음위치만 보면 한국어의 탄설음 'ㄹ[r]'이 영어의 't, d'와 같다. 영어의 'latter, ladder, writer, rider, city, tidy' 등의 비강세음절의 't, d'가 약화되면 한국어의 탄설음 'ㄹ' 소리와 똑같게 발음되는 것은 이들의 조음위치가 같기 때문에 가능한 일이다.[7]

7. 'ㄷ, ㄸ, ㅌ'은 치음이므로 [t̪, d̪], [t̪'], [t̪ʰ]와 같이 적는 것이 정확하다. 그러나 일반적으로 표기의 편의상 보조 기호를 빼고 [t, d], [t'], [tʰ]로 적는다.

경구개음과 치조경구개음 경구개음 가운데 'ㅈ[ʧ], ㅉ[ʧ'], ㅊ[ʧʰ], ㅅ[ʃ], ㅆ[ʃ']'은 정확히 말하면 경구개음이 아니다. 치조와 경구개 사이에서 발음되는 치조경구개음(alveolo-palatal) 'ㅈ[ʨ], ㅉ[ʨ'], ㅊ[ʨʰ], ㅅ[ɕ], ㅆ[ɕ']'이다. 그렇지만 치조경구개음과 경구개음의 조음위치의 차이가 한국어에서는 그다지 중요하지 않다고 보고 편의상 경구개음으로 처리하고 음성기호도 익숙한 뒤치조음(postalveolar) 기호인 [ʧ], [ʧ'], [ʧʰ], [ʃ], [ʃ']를 쓰고 있다.

3.2 조음방식

조음방식의 뜻 조음위치가 같은 자음들은 **조음방식**(調音方式, **조음방법** 調音方法 manner of articulation)에 따라 서로 구별된다. 조음방식이란 음성기관을 어떤 식으로 움직여 발음하느냐 하는 것을 뜻한다. 공기의 흐름을 완전히 막아 발음할 수도 있고 좁은 틈으로 공기를 내보내며 발음할 수도 있으며 코로 공기를 내보내면서 발음할 수도 있다. 같은 조음위치에서 발음하는 자음들도 조음방식이 다르면 서로 다른 음성이 된다.

3.2.1 폐쇄음

폐쇄음의 뜻 자음 가운데 'ㅂ, ㅃ, ㅍ, ㄷ, ㄸ, ㅌ, ㄱ, ㄲ, ㅋ'은 폐쇄음에 속한다. **폐쇄음**(閉鎖音 stop)은 조음위치에서 공기의 흐름을 완전히 막아 발음하는 소리이다. 폐쇄음을 예전에는 **파열음**(破裂音 plosive)이라고 불렀다. 학교문법과 「표준 발음법」, 「외래어 표기법」, 「로마자 표기법」 등 어문규범에서는 아직도 파열음이라는 용어를 쓴다.[8] 파열음은 막힌 공기가 터져 나오면서 나는 소리라는 뜻이다. 그러나 폐쇄음의 본질은 터지는 데 있는 것이 아니라 공기의 흐름이 완전히 막히는 데 있으므로 파열음보다는 폐쇄음이 더 정확한 용어이다.

폐쇄음의 조음위치에 따른 분류

양순폐쇄음	치폐쇄음	치조음	경구개음	연구개폐쇄음	성문음
ㅂ ㅃ ㅍ	ㄷ ㄸ ㅌ			ㄱ ㄲ ㅋ	

초성 폐쇄음과 외파음 초성의 폐쇄음은 '바, 빠, 파, 다, 따, 타, 가, 까, 카'에서처럼 막힌 공기를 터뜨려 발음한다. 입 앞에 손바닥을 대고 이들을 발음하면 터져 나오는 입김을 느낄 수 있을 것이다. 초성 폐쇄음처럼 터지는 소리를 **외파음**(外破音 released sound)이라 한다.

종성 폐쇄음과 불파음 종성의 폐쇄음은 '압, 앋, 악'에서처럼 막힌 공기를 터뜨리지 않은 채 발음이 끝난다. 종성 폐쇄음처럼 터지지 않는 소리를 **불파음**(不破音, **미파음** 未破音 unreleased sound)이라 한다. 불파음은 [p˺] 또는 [p>]와 같이 표기한다.

폐쇄음의 세분 조음위치가 같은 폐쇄음들을 조음방식에 따라 더 구분할 수 있다. 앞에서 본 외파음과 불파음의 구분이 그 한 가지이다. 또 다른 구분은 유성음과 무성음의 구분, 그리고 평음, 경음, 유기음의 구분이다.[9]

폐쇄음의 조음방식에 따른 분류

유성음	외파음	ㅂ[b], ㄷ[d], ㄱ[g]	평음	① 유성외파평음
무성음	외파음	ㅂ[p], ㄷ[t], ㄱ[k]	평음	② 무성외파평음
무성음	외파음	ㅃ[p'], ㄸ[t'], ㄲ[k']	경음	③ 무성외파경음
무성음	외파음	ㅍ[pʰ], ㅌ[tʰ], ㅋ[kʰ]	유기음	④ 무성외파유기음
무성음	불파음	ㅂ[p>], ㄷ[t>], ㄱ[k>]	평음	⑤ 무성불파평음

평음의 특징 폐쇄음 가운데 'ㅂ, ㄷ, ㄱ'이 **평음**(平音 plain sound)이다. 그래서 'ㅂ, ㄷ, ㄱ'을 평음인 폐쇄음, 즉 평폐쇄음이라 부른다. 위 표에서 보듯이 평음은 ① 유성외파평음, ② 무성외파평음, ⑤ 무성불파평음으로 세분된다. 이들을 각각 ① 유성평음, ② 무성평음, ⑤ 불파평음으로 줄여 부를 수 있다. 평음은 공통적으로 근육에 힘을 많이 주지 않고 발음하는 **이완음**(弛緩音 lax sound)에 속한다. 반면에 경음과 유기음은 근육에 힘을 많이 주어 발음하는 **긴장음**(緊張音 tense sound)이다.

무성평음의 특징 무성평음은 조음위치에서 막힌 공기가 터진 직후에 성문을 조금 열어 공기를 조금 내보내면서 발음한다. '바, 다, 가, 보리, 동생, 구름'처럼 어두의 'ㅂ, ㄷ, ㄱ'은 각각 무성평음 [p], [t], [k]로 발음된다.

8. '폐쇄음'에 대한 고유어 용어인 '터짐소리'도 파열음을 고유어로 표현한 것이다.

9. 평음, 경음, 유기음을 고유어 용어로 예사소리, 된소리, 거센소리라 한다.

유성평음의 특징 유성평음은 성대를 진동시켜 발음한다. '아바, 아다, 아가, 종이배, 온도, 야구공'처럼 비어두의 'ㅂ, ㄷ, ㄱ'은 각각 유성평음 [b], [d], [g]로 발음된다. 유성평음은 앞음절이 모음으로 끝나거나 비음, 유음으로 끝날 때만 나타난다. 그러므로 유성평음은 결국 모음과 모음 사이, 비음과 모음 사이, 유음과 모음 사이에서 발음된다고 할 수 있다. 이 세 위치는 음성학적으로 유성음과 유성음 사이라는 점이 공통적이다.

유성평음 'ㅂ[b], ㄷ[d], ㄱ[g]'이 나타나는 위치

모음과 모음 사이 : 이불 [b], 유도 [d], 야구 [g]
비음과 모음 사이 : 인부 [b], 온도 [d], 농구 [g]
유음과 모음 사이 : 일부 [b], 물다 [d], 살구 [g]

평폐쇄음의 유성음화 평폐쇄음 'ㅂ, ㄷ, ㄱ'이 유성음과 유성음 사이에서 유성평음으로 발음되는 것을 **유성음화**(有聲音化 voicing)라는 음운현상으로 설명하기도 한다. 'ㅂ, ㄷ, ㄱ'은 원래 무성음 [p], [t], [k]인데 유성음과 유성음 사이에서 유성음으로 동화(同化)된다고 보는 것이다(8.1 참조).

[g]의 약화 '야구, 살구'와 같이 'ㄱ'이 모음과 모음 사이 또는 유음과 모음 사이에 있을 때 [g] 대신 [ɣ](감마)로 잘 발음된다. [ɣ]는 마찰음이다. [g]를 발음하듯이 하되 후설이 연구개에 완전히 닿지 않고 닿을락말락한 상태에서 발음하는 소리이다. 영어의 [g]는 유사한 환경에서 [ɣ]로 바뀌지 않는다.

'ㅂ, ㄷ, ㄱ'의 음성적 분류 'ㅂ, ㄷ, ㄱ'의 위치에 따른 음성은 다음과 같이 정리할 수 있다.

'ㅂ, ㄷ, ㄱ'이 나타나는 위치와 음성적 분류

위치		성대진동	외파와 불파	ㅂ	ㄷ	ㄱ
비어두	초성	유성음	외파음	[b]	[d]	[g]
어두		무성음		[p]	[t]	[k]
비어두	종성		불파음	[p˺]	[t˺]	[k˺]

유기음의 특징 **유기음**(有氣音 aspirate) 또는 **격음**(激音)은 조음위치에서 막힌 공기가 터진 직후에 성문을 활짝 열어 많은 공기를 내보내면서 발음한다. 이때 많은 공기가 성문을 통해 나오면서 'ㅎ' 같은 소리가 섞이게 된다. '파, 타, 카'를 발음하면서 입 앞에 손바닥을 대 보면 따뜻한 입김이 상당히 많이 터져 나옴을 느낄 수 있다. 이 입김을 **기식**(氣息 aspiration)이라고 하는데 유기음이란 이름은 기식이 많이 섞인 소리라는 뜻이다. 기식이 섞여 있기 때문에 유기음은 거친 느낌을 준다. 입김을 한순간에 높은 압력으로 많이 밀어내기 위해서 막는 부위와 성대와 허파에 힘을

주므로 긴장음에 속한다.

경음의 특징 유기음과 반대로 **경음**(硬音 glottalized sound)은 조음위치에서 막힌 공기가 터진 직후에 성문을 좁혀 공기를 거의 내보내지 않고 발음한다. 성문을 좁히기 위해서 성대에 힘을 주기 때문에 소리가 단단하고 된 느낌을 준다. 그래서 흔히 **된소리**라고 부른다. 경음은 유기음과 함께 긴장음에 속한다.

기식의 양 어두의 평음, 경음, 유기음을 발음할 때 나오는 기식의 양을 비교하면 '유기음>평음>경음'의 순이다. 즉 '파, 타, 카'를 발음할 때 기식이 가장 많고 '바, 다, 가'가 그 다음이며 '빠, 따, 까'가 가장 적다. 그래서 '바, 빠, 파'를 발음하면서 촛불을 끈다면 유기음으로 시작하는 '파' 쪽이 가장 유리하고 경음으로 시작하는 '빠' 쪽이 가장 불리하다. 또 침을 멀리 뱉기 위해서는 바람을 순간적으로 많이 내보내야 하므로 '퉤, 뛔'가 아닌 '퉤' 하고 침을 뱉는 것이다.

3-1 무성평음, 유성평음, 경음, 유기음의 음성적 차이

본문에서는 무성평음, 유성평음, 경음, 유기음의 음성적 차이를 성대의 움직임을 기준으로 설명했다. 이와 다른 관점에서도 이들의 차이를 살펴볼 수 있다. 이들이 모음과 모음 사이에 있을 때 성대진동이 언제 끝나고 언제 시작하는지를 살펴보면 넷이 서로 다르다. 예를 들어 모음 [a]와 [a] 사이에서 유성평음 [b], 무성평음 [p], 경음 [p'], 유기음 [pʰ]가 발음되는 과정을 비교해 보자(다음의 설명과 뒷면의 그림을 함께 참조).

(1) [aba] : 처음부터 끝까지 성대진동이 일어난다. [a]와 [b]가 모두 유성음이기 때문이다.

(2) [ap'a] : 첫 [a]를 발음할 때 성대진동이 일어난다. [p']를 발음하기 위해 두 입술을 붙이는 순간부터 성대진동이 멈춘다. 두 입술이 열리고 나서 약 0.01초 후 성대진동이 시작되면서 [a]가 발음된다.

(3) [apa] : 첫 [a]를 발음할 때 성대진동이 일어난다. [p]를 발음하기 위해 두 입술을 붙이는 순간부터 성대진동이 멈춘다. 두 입술이 열리고 나서 약 0.04초 후 성대진동이 시작되면서 [a]가 발음된다.

(4) [apʰa] : 첫 [a]를 발음할 때 성대진동이 일어난다. [pʰ]를 발음하기 위해 두 입술을 붙이는 순간부터 성대진동이 멈춘다. 두 입술이 열리고 나서 약 0.1초 후 성대진동이 시작되면서 [a]가 발음된다.

(2), (3), (4)에서 두 입술이 열리고 나서 성대진동이 시작되기까지의 시간(**성대진동 시작 시간**, voice onset time, VOT)이 서로 다르다. 이 짧은 시간 동안에 성문을 통해 기식이 방출된다. 기식의 양이 (2)가 가장 적고 (4)가 가장 많다. 그래서 (4)를 유기음이라고 하는 것이다. 또 외국어의 유성평음을 한국인이 경음으로 느끼는 경우가 있는 것은 (1)과 (2)가 성대진동이 중단되지 않거나 중단되는 시간이 아주 짧다는 점에서 유사하기 때문임을 알 수 있다.

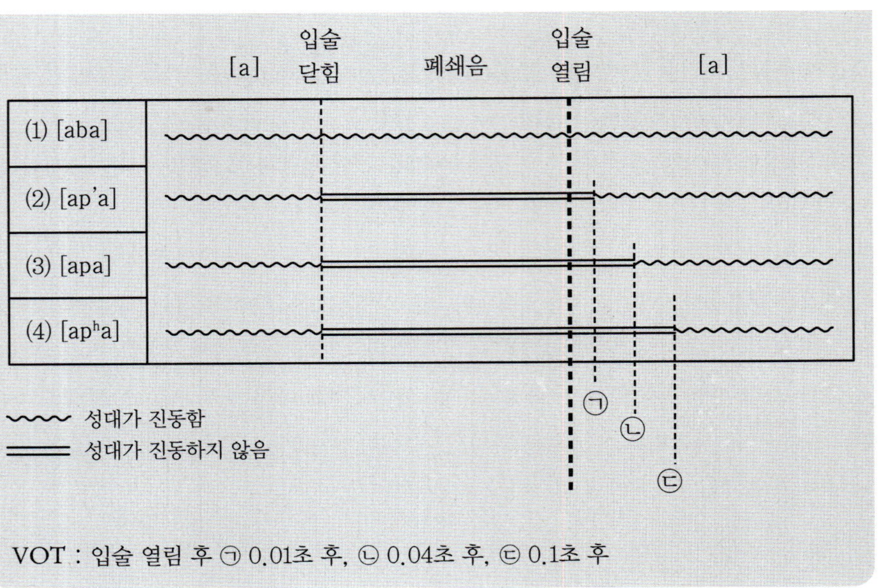

3-2 음성기호와 음가

[p], [b] 등 음성기호의 음가는 어떤 언어에 대해서도 똑같아야 이상적이다. 언어학자들이 국제음성기호라는 것을 만든 취지도 그렇다. 그러나 실제로는 같은 음성기호의 음가가 언어에 따라 조금씩 다른 경우가 흔하다. 예를 들어 한국어의 '바'와 일본어의 'パ'를 모두 [pa]로 적는데 일본어의 'パ'는 한국인에게 '바'보다 '빠'에 가깝게 들린다. 또 중국어에서 [ba]로 적는 음성이 한국인에게 '빠'에 가깝게 들린다. 이와 같이 음성기호와 음가가 일관되게 대응하지 않는 것처럼 느껴지는 데는 두 가지 이유가 있다.

첫째, 각 언어의 연구자들이 어느 정도 편의에 따라 음성기호를 달리 사용한다. 둘째, 음성기호에 반영된 음가의 정밀성에 한계가 있다. 예를 들어 같은 유성음이라도 정밀하게 분석하면 언어마다 음가가 조금씩 다를 수 있다.

국제음성기호 [ɹ], [ʃ], [ʒ], [ʧ], [ʤ] 등은 원래 원순성(圓脣性)이 없는, 즉 입술을 둥글게 오므리지 않고 발음하는 음성들이다. 그런데 영어에서는 이들을 발음할 때 원순성을 가미한다. 그래서 영어교사들이 'write, massage, she, much, page' 등을 '롸잇, 마쏴쥐, 쉬, 머취, 페이쥐' 등으로 발음해야 원어민의 발음에 가깝게 된다는 말을 한다. 영어 발음을 음성기호로 적을 때 위 자음들의 원순성은 반영하지 않는 것이다.

[r]은 전동음(顫動音), 즉 혀끝을 떠는 소리를 나타내는 기호이다. 전동음은 스페인어, 이탈리아어 등에 있다. 한국어의 탄설음 'ㄹ'은 [ɾ]로 적는 게 정확하다. 그런데 표기의 편의상 [r]로 적고 있다. 영어의 'r' 발음은 접근음 [ɹ]이다. 이것은 혀끝이 윗잇몸에 닿지 않는 자음이므로 한국인이 배우기 어렵다. 사전에서는 편의상 [r]로 적는다. 그래서 결국 한국어의 탄설음 [ɾ]과 영어의 접근음 [ɹ]이 모두 [r]로 적히는 부정확성이 발생한다.

3.2.2 마찰음

마찰음의 뜻 자음 가운데 'ㅅ, ㅆ, ㅎ'은 마찰음이다. **마찰음**(摩擦音 fricative)은 조음위치에서 생긴 좁은 틈으로 공기를 빠르게 내보낼 때 나는 소리이다. 공기가 완전히 막히는 순간이 없는 점에서 폐쇄음이나 파찰음과 다르다. 'ㅅ[s], ㅆ[s']'은 혀끝을 윗잇몸에 가까이 대서 좁은 틈을 만들어 발음하는 치조마찰음이고, 'ㅅ[ʃ], ㅆ[ʃ']'은 전설을 경구개에 가까이 대서 좁은 틈을 만들어 발음하는 경구개마찰음이다. 또 'ㅎ[h], ㅎ[ɦ]'은 성대의 틈을 좁혀서 발음하는 성문마찰음이다.

'ㅅ, ㅆ'의 습득 'ㅅ, ㅆ'은 어린아이들이 비교적 늦게 배우는 자음에 속한다. 'ㄷ, ㄸ'이나 'ㅈ, ㅉ'으로 대신 발음하다가 나중에야 'ㅅ, ㅆ'을 정확히 발음하게 된다. 혀끝과 치조 사이의 틈을 마찰이 일어나 소리가 날 만큼 적당히 조절하는 일이 쉽지 않기 때문이다.

마찰음의 조음위치에 따른 분류

양순음	치음	치조마찰음	경구개마찰음	연구개음	성문마찰음
		ㅅ[s] ㅆ[s']	ㅅ[ʃ] ㅆ[ʃ']		ㅎ[h] ㅎ[ɦ]

마찰음의 세분 마찰음은 초성으로만 쓰이고 종성으로는 쓰이지 못한다. 'ㅅ[s], ㅅ[ʃ]'은 평음, 'ㅆ[s'], ㅆ[ʃ']'은 경음이며 이들은 모두 무성음이다. 무성음 'ㅎ[h]'은 어두와 비어두에 모두 나타나지만 유성음 'ㅎ[ɦ]'은 비어두에만 나타난다. 'ㅎ[h], ㅎ[ɦ]'은 대개 평음으로 분류한다.[10]

마찰음의 조음방식에 따른 분류

<table>
<tr><td rowspan="6">초성</td><td rowspan="5">어두, 비어두</td><td rowspan="5">무성음</td><td>ㅅ[s]</td><td rowspan="2">평음</td></tr>
<tr><td>ㅅ[ʃ]</td></tr>
<tr><td>ㅆ[s']</td><td rowspan="2">경음</td></tr>
<tr><td>ㅆ[ʃ']</td></tr>
<tr><td>ㅎ[h]</td><td rowspan="2">평음</td></tr>
<tr><td>비어두</td><td>유성음</td><td>ㅎ[ɦ]</td></tr>
</table>

유성음 [ɦ]가 나타나는 위치 비어두의 유성음 [ɦ]는 앞음절이 모음으로 끝나거나 비음, 유음으로 끝날 때만 나타나므로 유성음 [ɦ]는 결국 음성학적으로 유성음과 유성음 사이에만 나타난다고 할 수 있다. 이것을 'ㅎ[h]'이 유성음과 유성음 사이에서 [ɦ]로 유성음화된다고 기술할 수도 있다(8.1 참조).

10. 'ㅎ[ɦ]'은 유성음이기 때문에 성대가 진동해야 하고 성문마찰음이므로 성대의 좁은 틈으로 공기가 지나가야 한다. 두 가지 특징을 다 갖추기 위해 성대의 일부는 진동하고 일부는 좁은 틈을 만들어 공기를 내보낸다.

11. '결혼, 실험'과 같이 'ㄹ' 뒤에 'ㅎ'이 이어질 때 'ㄹㅎ'은 [lɦ]로 발음할 수도 있고 [rɦ]로 발음할 수도 있다. 대개 후자로 발음한다.

유성음 'ㅎ[ɦ]'이 나타나는 위치

모음과 모음 사이 : 이하, 지혜, 감사합니다
비음과 모음 사이 : 전화, 방학, 심하다
유음과 모음 사이 : 결혼, 실험, 쌀쌀하다[11]

무성음 [h]와 유성음 [ɦ]의 차이 무성음 [h]는 거친 느낌, 유성음 [ɦ]는 부드러운 느낌을 준다. '하'의 'ㅎ'과 '이하'의 'ㅎ'을 발음하면서 그 차이를 느껴 보라. '이하'의 'ㅎ'을 똑똑히 발음하려고 할 때는 'ㅎ'이 무성음으로 발음되어 [iha]가 되지만 일상적인 발음에서는 'ㅎ'이 유성음으로 발음되어 [iɦa]가 되는 일이 많다. '아'를 발음하면서 숨을 많이 섞으면 [ɦa]에 가까워진다. 특히 'ㄹ' 뒤의 'ㅎ'은 무성음과 유성음의 차이가 두드러진다. '결혼'을 [결], [혼]의 두 음절로 끊듯이 발음하면 'ㄹ'이 설측음 [l]로 발음되면서 'ㅎ'이 무성음으로 발음되기 쉽다. 반면에 첫음절을 '겨'로 발음하고 'ㄹ혼'을 한 음절처럼 발음하면 'ㄹ'은 탄설음 [r]로 발음되면서 'ㅎ'이 유성음으로 발음된다. 'ㅎ'을 이보다 조금만 더 약하게 발음하면 아예 탈락하여 [겨론]으로 발음된다(**8.3.2** ⑹② 참조).

3-3 'ㅎ'의 특수성

'ㅎ[h]'은 음성학적으로 상당히 특수한 소리이다. 한국어를 포함한 많은 언어에서 웃음소리에 'ㅎ'이 잘 들어간다. 특히 한국어에서는 '하하, 허허, 호호, 후후, 흐흐, 히히, 헤헤' 등 'ㅎ' 뒤의 모음을 바꿈으로써 다양한 의미를 지닌 웃음소리를 표현할 수 있다.

조음음성학적으로 보면 'ㅎ'은 다른 자음들과 달리 조음위치가 구강 안이 아니다. 구강에서 혀는 'ㅎ' 뒤의 모음을 발음하는 자세를 미리 취한다. '하'라는 발음을 할 때 'ㅏ'를 발음하기 위해 혀의 높이를 최대한 낮추는 동작이 'ㅎ'을 발음할 때 이미 완전하게 이루어진다. 마찬가지로 '후'를 발음할 때는 'ㅜ'를 발음할 때의 혀의 모양이 갖추어진 상태에서 'ㅎ'이 발음되기 시작한다. 이때 발음되는 'ㅎ'은 사실은 'ㅏ, ㅜ' 등 뒤따르는 모음의 무성음과 똑같다. 'ㅏ'를 무성모음으로 발음한 [ḁ]와 '하[ha]'의 [h]는 음가가 똑같다는 것이다. 무성모음과 [h]의 유사성 때문에 모음 앞에서만 [r]로 발음될 수 있는 'ㄹ'이 '결혼, 실험' 등에서는 'ㅎ'이라는 자음 앞에서 [r]로 발음되는 일이 생긴다.

[h]의 본질은 성문의 좁은 틈으로 공기가 지나가는 데 있는 것이지 구강 안의 조음기관들의 움직임과는 관계가 없다. 이런 조음음성학적 특성 때문에 [h]는 다른 소리로 바뀌거나 탈락하는 일이 많다. 예를 들어 '히, 흐'를 다소 거칠게 발음하면 'ㅎ'은 [h]가 아닌 무성 경구개마찰음 [ç]와 무성 연구개마찰음 [x]가 된다. 또 'ㅂ, ㄷ, ㄱ, ㅈ'과 'ㅎ'이 만나면 'ㅍ, ㅌ, ㅋ, ㅊ'과 같은 유기음이 만들어진다(**8.3.4** ⑿ 참조). 영어에서도 철자 'ph, th'는 대개 [f], [θ, ð]로 발음된다. 그리고 한국어의 '놓은, 쌓으면' 등에서 'ㅎ'은 탈락하고 '이후, 전화, 결혼' 등의 'ㅎ'은 유성음 'ㅎ[ɦ]'을 거쳐 탈락하기도 한다. 15세기 한국어에는 'ㅎ'으로 끝난 체언들이 많이 있었는데 이 'ㅎ'은 근대에 들어 모두 탈락했다. 프랑스어, 스페인어에서 모음 앞의 'h'는 묵음(黙音)이다. 독일어에서도 모음 뒤의 'h'는 묵음이다.

3.2.3 파찰음

파찰음의 뜻 자음 가운데 'ㅈ, ㅉ, ㅊ'은 파찰음이다. **파찰음**(破擦音 affricate)은 폐쇄음처럼 공기의 흐름을 완전히 막음으로써 시작하여 도중에 막힌 부분이 열리고 그 좁은 틈으로 공기가 빠르게 지나가면서 마찰음처럼 발음이 끝난다. 그래서 파찰음은 폐쇄음의 앞부분과 마찰음의 뒷부분을 합성한 소리라고 이해할 수 있다. 이런 음성적 특성을 고려하여 파열음의 '파'와 마찰음의 '찰'을 결합시켜 파찰음이라는 용어를 만든 것이다. 요즘은 파열음이란 용어보다 폐쇄음이란 용어를 더 많이 쓰지만 파찰음이란 용어는 예전대로 쓴다. 음성기호도 폐쇄음 기호 뒤에 마찰음 기호를 이어붙인 [ʦ], [dz], [ʧ], [ʤ] 등을 쓴다. 음성학적으로는 두 분절음의 연쇄로 보는 것이다.

파찰음의 조음위치 'ㅈ[ʧ], ㅈ[ʤ], ㅉ[ʧ'], ㅊ[ʧʰ]'은 전설을 경구개에 붙였다가 떼는 순간에 마찰음처럼 발음하는 경구개음이다. 평안도 사람들과 평안방언의 영향을 받은 중국의 조선족들은 'ㅈ, ㅉ, ㅊ'을 경구개음이 아닌 치조음 [ʦ, dz], [ʦ'], [ʦʰ]로 발음한다. 파찰음을 혀끝으로 발음하는 평안방언의 이러한 특징은 다른 특징보다 두드러져서 출신 지역을 식별하는 중요한 표지가 된다.

파찰음의 조음위치에 따른 분류

양순음	치음	치조음	경구개파찰음	연구개음	성문음
			ㅈ[ʧ] ㅈ[ʤ] ㅉ[ʧ'] ㅊ[ʧʰ]		

파찰음의 세분 파찰음도 마찰음처럼 초성으로만 쓰이고 종성으로는 쓰이지 못한다. 'ㅈ[ʧ]'은 평음, 'ㅉ[ʧ']'은 경음, 'ㅊ[ʧʰ]'은 유기음이며 이들은 모두 무성음이다. 'ㅈ[ʤ]'은 평음으로서 유성음이다. 'ㅉ[ʧ'], ㅊ[ʧʰ]'은 어두와 비어두에 모두 나타나지만 무성음 'ㅈ[ʧ]'은 어두에만, 유성음 'ㅈ[ʤ]'은 비어두에만 나타난다.

파찰음의 조음방식에 따른 분류

<table>
<tr><td rowspan="4">초성</td><td rowspan="2">어두, 비어두</td><td rowspan="3">무성음</td><td>ㅊ[ʧʰ]</td><td>유기음</td></tr>
<tr><td>ㅉ[ʧ']</td><td>경음</td></tr>
<tr><td>어두</td><td>ㅈ[ʧ]</td><td rowspan="2">평음</td></tr>
<tr><td>비어두</td><td>유성음</td><td>ㅈ[ʤ]</td></tr>
</table>

유성음 'ㅈ[ʤ]'이 나타나는 위치 파찰음의 유성평음 'ㅈ[ʤ]'도 폐쇄음의 유성평음 'ㅂ[b], ㄷ[d], ㄱ[g]'과 마찬가지로 비어두에서 유성음과 유성음 사이에 나타난다.

이것을 무성음 [ʧ]가 유성음과 유성음 사이에서 [ʤ]로 유성음화된 것으로 기술할 수도 있다(8.1 참조).

유성평음 'ㅈ[ʤ]'이 나타나는 위치

모음과 모음 사이 : 이자 [ʤ], 오전 [ʤ]
비음과 모음 사이 : 감자 [ʤ], 명절 [ʤ]
유음과 모음 사이 : 불조심 [ʤ], 알제리 [ʤ]

치찰음 마찰음과 파찰음 중 조음위치가 치조나 경구개인 자음을 묶어 **치찰음**(齒擦音 sibilant)이라 한다. 한국어의 마찰음 중 치조음 'ㅅ[s], ㅆ[s']', 경구개음 'ㅅ[ʃ], ㅆ[ʃ']'과 파찰음 'ㅈ[ʧ], ㅈ[ʤ], ㅉ[ʧ'], ㅊ[ʧʰ]'이 치찰음에 속한다. 즉 마찰음과 파찰음 중에서 'ㅎ'을 뺀 'ㅅ, ㅆ, ㅈ, ㅉ, ㅊ'이 치찰음이 되는 셈이다. 치찰음은 좁은 틈으로 빠르게 지나가는 공기가 윗니 뒤쪽에 부딪혀 소용돌이를 일으키며 소음을 일으키는 음성이다. 음향적으로는 3000kHz 이상의 높은 주파수 영역에 음향에너지가 집중되는 특징이 있다.

3.2.4 비음

비음인 모음과 자음 모든 음성은 구강음 아니면 비음이다. 모음은 일반적으로 구강음으로 발음된다. 자음 중에는 'ㅁ, ㄴ, ㅇ'이 비음이고 나머지는 모두 구강음이다. 한국어에서는 비모음이 잘 안 쓰이기 때문에 비음인 자음, 즉 **비자음**(鼻子音 nasal consonant)을 간단히 **비음**이라고 부르는 것이 일반적이다.

구강음과 비음

구강음	구강자음	폐쇄음, 마찰음, 파찰음, 유음
	구강모음	모든 모음
비음	비자음	ㅁ, ㄴ, ㅇ
	비모음	(한국어에서는 잘 안 쓰임)

비음과 구강음의 차이 비음 'ㅁ[m], ㄴ[n], ㅇ[ŋ]'은 각각 폐쇄음 'ㅂ, ㄷ, ㄱ'과 입술이나 혀의 움직임이 똑같다. 목젖의 위치가 다를 뿐이다. 또 경구개비음 'ㄴ[ɲ]'은 파찰음 'ㅈ'과 혀의 움직임이 똑같고 목젖의 위치만 다르다. '마, 바', '나[na], 다', '냐[ɲa], 자'의 초성의 발음을 비교해 보라. 비음 'ㅇ'은 초성으로 쓰이지 못하므로 'ㅇ'과 'ㄱ'이 종성으로 쓰인 '앙, 악'의 종성의 발음을 비교해 보라. 혀의 움직임이 똑같음을 느낄 수 있을 것이다.

비음의 조음위치에 따른 분류

양순비음	치비음	치조음	경구개비음	연구개비음	성문음
ㅁ[m]	ㄴ[n]		ㄴ[ɲ]	ㅇ[ŋ]	

종성의 비음 비음 중 'ㅁ, ㄴ[n], ㄴ[ɲ]'은 초성과 종성으로 모두 쓰일 수 있는데 'ㅇ'은 초성으로 쓰일 수 없고 종성으로만 쓰인다. 'ㄴ[n]'과 'ㄴ[ɲ]'은 종성으로 쓰일 때 청각적으로 구별하기 어렵다. [안다]에서는 분명히 [n]으로 발음되고 [안자]에서는 분명히 [ɲ]으로 발음되지만 둘은 귀로 들어서 구별되지 않는다. 그래서 종성일 때는 둘을 구별하지 않고 [n] 하나로 적는 것이 일반적이다.

비음은 유성음이자 지속음 비음은 일반적으로 모두 유성음으로 발음된다. 성대의 진동이 비강에서 울려야 비음의 음향적 특성이 잘 표현될 수 있기 때문이다. 또 비음은 숨이 계속되는 한 소리를 계속 낼 수 있는 지속음이라는 특징도 가진다(**3-4** 참조).

3.2.5 유음

유음의 특징 자음 가운데 'ㄹ'만 유음이다. **유음**(流音 liquid)은 조음위치에서 조음기관끼리의 접촉이 매우 적어 비교적 자유로운 공기의 흐름을 특징으로 하는 소리이다. 조음기관이 공기의 흐름을 방해하는 동작이 전혀 없다면 모음이 되지만 유음을 발음할 때는 그러한 동작이 자음으로 분류될 만큼은 이루어진다. 그 동작은 주로 혀가 하지만 언어에 따라 목젖이 하는 경우도 있다.

유음의 습득 유음은 어린아이들이 말을 배울 때 가장 늦게 배우는 자음이다. '알아, 몰라'를 아이들은 처음에 '아야, 모야'처럼 발음한다. 유음을 발음하기 위해서는 그만큼 섬세한 조음동작이 필요하다는 뜻이다. 혀를 정교하게 놀릴 수 있는 운동신경이 발달한 후에 유음을 제대로 발음하게 된다. 유럽의 언어들에서 유음 'r'의 음가가 조음위치상 치조음, 목젖음으로 분화되고 조음방식상 탄설음, 전동음, 접근음, 마찰음 등으로 분화되게 된 것도 유음의 발음이 쉽지 않기 때문에 생긴 현상이다.

한국어의 유음 세 가지 한국어의 유음은 혀를 이용한 설측음이나 탄설음으로 실현되며 드물게 전동음으로 실현되기도 한다.

설측음 **설측음**(舌側音 lateral) 'ㄹ[l]'은 혀끝을 윗잇몸에 붙이고 혀의 옆이 입안의 볼 쪽 벽에 닿지 않게 하여 공기가 지나갈 통로를 열어 놓은 상태에서 발음하는 소리이다. 숨이 계속되는 한 발음을 지속할 수 있다. '알' 소리를 길게 빼면 'ㄹ[l]' 소리가 계속 이어진다. '알, 서울, 벌써'에서처럼 종성의 'ㄹ'은 모두 설측음으로 발음되고, '물론, 몰래, 놀라다'에서처럼 'ㄹ' 뒤에 이어진 초성 'ㄹ'도 설측음으로 발음된다.[12] '라디오, 리듬'에서처럼 어두의 초성 'ㄹ'도 설측음으로 발음될 수 있다.

탄설음 **탄설음**(彈舌音 tap, flap) 'ㄹ[ɾ]'은 혀끝을 윗잇몸에 한 번 잠깐 댔다 떼어 발음하는 소리이다. 접촉의 순간이 짧아야지 조금만 길어지면 폐쇄음이 되어 영어의 [d] 소리로 바뀐다. 숨이 계속되어도 발음을 지속할 수 없는 점에서 설측음과 다르다. '오리, 바람, 주렁주렁'에서처럼 비어두의 모음 뒤 초성 'ㄹ'은 탄설음으로 발음된다. 어두의 초성 'ㄹ'도 탄설음으로 발음될 수 있다. 또 '결혼, 실험'처럼 'ㅎ' 앞의 종성 'ㄹ'도 탄설음으로 발음될 수 있다(3.2.2 참조).

탄설음의 기호 탄설음을 적는 기호는 [ɾ]이고 [r]은 전동음을 표시하는 기호이지만 한국어에 전동음은 거의 나타나지 않으므로 표기의 편의상 [r]을 탄설음의 기호로 쓰는 것이 일반적이다. 이 책에서도 그러한 관례를 따를 것이다.[13]

전동음 **전동음**(顫動音 trill) 'ㄹ[r]'은 혀끝을 윗잇몸에 여러 번 댔다 떼어, 즉 혀끝을 떨어서 발음하는 소리이다.[14] 숨이 계속되는 한 발음을 지속할 수 있다. 전동음 [r]을 발음할 수 있는 사람이 간혹 있지만 대부분의 사람들은 발음하지 못한다. 특히 '따르르르릉, 부르르르릉, 파르르르' 등 의성의태어에서 반복된 '르'는 전동음의 반복으로 발음해야 자연스럽다. 성악가들이 노래를 부를 때 '바람'에서와 같은 비어두의 모음 뒤 초성 'ㄹ'을 전동음으로 발음하는 경우도 있다. 전동음은 이러한 특수한 경우를 제외하고는 일반적으로 한국어에 나타나지 않는 음성이다.[15]

유음의 조음위치에 따른 분류

양순음	치음	치조유음	경구개음	연구개음	성문음
		ㄹ[l] ㄹ[r]			

유음의 조음방식에 따른 분류

치조설측음	ㄹ[l]
치조탄설음	ㄹ[r]

설측음과 탄설음이 발음되는 위치

설측음	초성	어두	라디오, 리듬
		비어두 'ㄹ' 뒤	물론, 몰래, 놀라다
	종성		알, 서울, 벌써, 결혼, 실험
탄설음	초성	어두	라디오, 리듬
		비어두 모음 뒤	오리, 바람, 주렁주렁
	종성	'ㅎ' 앞	결혼, 실험

12. '질량, 달려, 원료[월료], 일류' 등 [j] 앞의 'ㄹㄹ'은 경구개설측음 [ʎ]을 반복한 [ʎʎ]로 발음하기도 한다.

13. 미국영어에서 'latter, ladder, writer, rider, city, tidy' 등 강세음절과 비강세음절 사이에 낀 't'와 'd'는 자주 탄설음 [ɾ]로 약화된다. 이것은 한국어의 탄설음 'ㄹ'과 같은 음성이다.

14. 전동음은 혀끝이나 목젖을 떨어서 발음하는 음성이다. 혀끝전동음을 설전음(舌顫音)이라 부르기도 한다. 목젖전동음은 독일어의 'r' 발음이다.

15. 스페인어에서는 탄설음 [ɾ]과 혀끝전동음 [r]이 서로 다른 음소로 사용된다. 스페인어의 'caro(비싼)'의 탄설음, 'carro(카트)'의 혀끝전동음처럼 둘의 차이가 단어를 구별할 수 있는 것이다.

3-4 장애음과 공명음, 순간음과 지속음

분절음을 크게 자음과 모음으로 나누듯이 **장애음**(障碍音 obstruent)과 **공명음**(共鳴音 sonorant)으로 나누는 방법도 있다. 폐쇄음, 마찰음, 파찰음이 장애음이고 비음, 유음, 모음이 공명음이다. 장애음은 조음위치에서 공기의 흐름을 크게 방해하여 내는 폭발음이나 소음이다. 공명음은 성대의 진동이 목구멍, 구강, 비강 등의 공간에서 울리면서 나는 소리이다. 상대적으로 장애음은 거친 소리, 공명음은 부드러운 소리로 느껴진다. 그래서 남자 이름에는 장애음이, 여자 이름에는 공명음이 많이 쓰인다. 전형적인 남자 이름 '철수, 정식, 병규, 동철' 등과 전형적인 여자 이름 '순애, 나영, 윤아, 미라' 등을 비교해 보라.

분절음을 **순간음**(瞬間音 non-continuant)과 **지속음**(持續音 continuant)으로 나누기도 한다. 지속음은 허파에서 숨을 계속 내보내면 발음을 일정하게 계속할 수 있는 소리를 말하며 그렇지 않은 소리는 순간음이라 한다. 모든 모음은 지속음이다. '아 —'와 같이 같은 소리를 얼마든지 길게 늘여서 발음할 수 있다. 반면에 '가, 악' 등을 발음할 때 'ㄱ' 부분만 길게 늘여서 'ㄱ —'과 같이 발음하기는 어렵다. 자음 중 폐쇄음, 파찰음, 탄설음이 순간음이고 마찰음, 비음, 설측음, 전동음이 지속음이다. 비음을 발음할 때 구강의 기류가 완전히 막히는 점에 근거해 비음을 순간음으로 분류하기도 한다.

순간음과 지속음의 구별은 노래를 부를 때 이용된다. 노래를 부를 때 '박'이라는 음절이 여러 박자에 걸쳐 길게 발음되어야 한다면 'ㅂ, ㅏ, ㄱ'의 세 분절음 중 지속음인 'ㅏ'를 길게 늘여서 '바 — — — ㄱ'과 같이 불러야 할 것이다. 'ㅂ'을 길게 늘여서 'ㅂ — — — ㅏ'과 같이 부르거나 'ㄱ'을 길게 늘여서 '바ㄱ — — —'과 같이 부르는 것은 불가능하다. '운'이라는 음절이 여러 박자에 걸쳐 있다면 'ㅜ'를 길게 늘여서 '우 — — — ㄴ'과 같이 부를 수도 있고 'ㄴ'을 길게 늘여서 '우ㄴ — — —'과 같이 부를 수도 있다.

3.3 자음체계

자음의 음성학적 분류 앞에서 본 자음들을 조음위치와 조음방식에 따라 표로 나타내면 다음과 같다.

둘 이상의 변이음을 가진 자음 음소 자음 가운데 폐쇄음 'ㅂ, ㄷ, ㄱ', 파찰음 'ㅈ', 마찰음 'ㅅ, ㅆ', 비음 'ㄴ', 유음 'ㄹ'은 쓰이는 위치에 따라 서로 다른 두 가지 또는 세 가지 음성으로 발음됨을 위에서 보았다. 이것은 한 음소가 둘 이상의 변이음을 가지는 현상이다(음소와 변이음에 대해서는 1.5 참조). 예를 들어 음소 /ㅂ/은 쓰이는 위치에 따라 세 가지 변이음 [p], [b], [p˺]로 발음된다.

자음의 음성학적 분류

조음방식 \ 조음위치			양순음	치음	치조음	경구개음	연구개음	성문음
장애음	폐쇄음	유성음	b	d			g	
		불파음	$p^{>}$	$t^{>}$			$k^{>}$	
		무성외파평음	p	t			k	
		경음	p'	t'			k'	
		유기음	p^{h}	t^{h}			k^{h}	
	파찰음	유성음				ʤ		
		무성평음				ʧ		
		경음				ʧ'		
		유기음				$ʧ^{h}$		
	마찰음	유성음						ɦ
		무성평음			s	ʃ		h
		경음			s'	ʃ'		
공명음	비음		m	n		ɲ	ŋ	
	유음	탄설음			r			
		설측음			l			

음운론적 의미가 없는 구분 자음을 음운론적으로 도표화할 때 변이음의 구별에만 필요한 음성적 차이는 무시한다. 예를 들어 /ㄹ/이 탄설음이니 설측음이니 하고 따지는 것은 유음의 음운론적 기술에서 불필요한 문제이다. /ㄹ/은 음운론적으로 유음일 뿐이며 음성학적으로 관찰할 때 경우에 따라 탄설음으로 분석되기도 하고 설측음으로 분석되기도 하는 것이다. 마찬가지로 /ㅈ/을 음운론적으로 유성음이라고 할 수도 없고 무성음이라고 할 수도 없다. 또 /ㅅ/, /ㅆ/이 치조음인지 경구개음인지, /ㄴ/이 치음인지 경구개음인지를 구별하는 것은 음운론적으로 무의미하다. 이와 같이 음성학적으로는 필요하지만 음운론적으로 무의미한 구분으로는 다음과 같은 것들이 있다.

음운론적으로 무의미한 구분

조음위치에 관한 것 : 치음/치조음/경구개음
조음방식에 관한 것 : 외파음/불파음, 유성음/무성음, 설측음/탄설음

음운론적으로 무의미한 구분 없애기 치음과 치조음과 경구개음은 음운론적으로 모두 전설음(前舌音)으로 묶을 수 있다. 그러면 전설음과 평행하게 연구개음도 후설음(後舌音)이라고 바꾸어 부르는 것이 좋을 것이다. 외파음과 불파음, 유성음과 무성

음의 구분은 평음을 음성학적으로 세분할 때 필요한 것들이다. 음운론적으로는 이들을 평음으로 묶으면 된다. 또 설측음과 탄설음은 유음으로 묶는다. 이제 음운론적으로 무의미한 구분을 없앤 **자음체계**(consonant system)를 다음 표로 나타낼 수 있다.

자음체계

조음방식 \ 조음위치			양순음	전설음	후설음	성문음
장애음	폐쇄음	평음	ㅂ	ㄷ	ㄱ	
		경음	ㅃ	ㄸ	ㄲ	
		유기음	ㅍ	ㅌ	ㅋ	
	파찰음	평음		ㅈ		
		경음		ㅉ		
		유기음		ㅊ		
	마찰음	평음		ㅅ		ㅎ[16]
		경음		ㅆ		
공명음	비음		ㅁ	ㄴ	ㅇ	
	유음			ㄹ		

3항 대립 위 표에 나타난 자음체계의 첫째 특징은 폐쇄음과 파찰음이 한결같이 평음, 경음, 유기음의 대립을 보인다는 것이다. 이것을 세 가지 음소가 대립한다고 하여 **3항 대립**이라 한다. 양순폐쇄음, 전설폐쇄음, 후설폐쇄음, 전설파찰음의 네 부류가 모두 똑같은 평음 대 경음 대 유기음의 3항 대립을 보인다.

2항 대립과 3항 대립 다른 언어의 폐쇄음들은 대체로 유성음 대 무성음의 **2항 대립**을 보인다. 우리 주변의 대표적인 언어인 영어, 프랑스어, 독일어, 스페인어, 이탈리아어 등 유럽 언어들과 일본어, 중국어 등 아시아 언어들이 대부분 /b/ : /p/, /d/ : /t/, /g/ : /k/와 같이 2항 대립을 가지고 있다. 그래서 3항 대립은 한국어의 음운론적 특징 중 첫손으로 꼽혀 왔다. 그리고 2항 대립을 가진 언어의 화자들이 한국어 발음을 배울 때 높은 장벽이 되고 있다.[17]

대립의 유형	양순음	전설음	후설음
3항 대립	/ㅂ/ ↙ ↘ /ㅃ/ ↔ /ㅍ/	/ㄷ/ ↙ ↘ /ㄸ/ ↔ /ㅌ/	/ㄱ/ ↙ ↘ /ㄲ/ ↔ /ㅋ/
2항 대립	/b/ ↔ /p/	/d/ ↔ /t/	/g/ ↔ /k/

16. 'ㅎ'을 평음이 아닌 유기음으로 분류하는 견해도 있다.

17. 한편 한국어의 전설마찰음은 평음(ㅅ)과 경음(ㅆ)의 2항 대립을 보인다. 이와 비교되는 다른 언어들의 대립은 대개 /z/ : /s/와 같은 유성음과 무성음의 대립이다. 한국어의 'ㅅ:ㅆ'과 유사한 대립은 버마어에 나타난다.

3-5 폐쇄음의 2항 대립, 3항 대립과 음가

폐쇄음이 2항 대립을 가진 언어의 /b/, /d/, /g/와 /p/, /t/, /k/의 실제 음가가 모두 같은 것은 아니다. 양순폐쇄음의 두 음소를 적을 때 하나를 /b/로, 다른 하나를 /p/로 적지만 그 음가가 각각 정확히 [b]와 [p]라는 뜻은 아닌 것이다.

음가	음성적 특징		각 언어의 해당 음소			
[b]	완전유성음	무기음	프랑스어 /b/			타이어 /b/
[pb]	부분유성음			영어 /b/		
[p]	무성음		프랑스어 /p/		중국어 /b/	타이어 /p/
[pʰ]		약한 유기음		영어 /p/		
[ph]		강한 유기음			중국어 /p/	타이어 /ph/

타이어(Thai語)는 한국어와 같이 3항 대립을 보인다. 그러나 한국어의 평음, 경음, 유기음과 음가가 똑같지는 않다. **3.2.1**에서 보았듯이 한국어의 평음, 경음, 유기음의 차이는 유성음:무성음, 유기음:무기음의 대립 외에 이완음:긴장음의 대립이기도 하기 때문이다. 「외래어 표기법」에서는 타이어의 초성 폐쇄음을 적을 때 /b/를 'ㅂ', /p/를 'ㅃ', /ph/를 'ㅍ'으로 적도록 했다. 실제 음가는 조금 다르지만 타이어의 3항 대립을 한국어의 3항 대립에 대응시켜 적는 것이다.

체계의 대칭성 자음체계의 둘째 특징은 조음위치별 분포의 대칭성이다. 특수한 자음 /ㅎ/을 빼면 전설음을 중심으로 양순음과 후설음에 똑같은 종류와 똑같은 수의 자음이 존재한다.

전설 위치에 몰려 있는 자음들 자음체계의 셋째 특징은 전설 위치에 조음방식상의 모든 종류의 자음이 다 나타난다는 것이다. 이것은 혀의 앞부분이 가장 자유롭게 움직이는 조음기관이라는 음성학적 사실에 말미암은 특징이다. 그 결과 자음 19개 중 반이 넘는 10개가 전설음이다.

3-6 자음체계에 대한 다른 견해

「표준 발음법」과 학교문법에서는 치음, 치조음, 경구개음을 전설음으로 묶는 문제를 이 책과 다르게 처리하고 있다. 즉 치음과 치조음을 묶어 치조음으로, 경구개음을 그대로 경구개음으로 설정한다. 그래서 /ㄷ/, /ㄸ/, /ㅌ/, /ㅅ/, /ㅆ/, /ㄴ/, /ㄹ/을 치조음으로, /ㅈ/, /ㅉ/, /ㅊ/을 경구개음으로 기술한다. 이에 따른 자음체계는 다음 표와 같다.

한국어음운론에 관한 대부분의 논저에서 이 자음체계를 따르고 있다. 그렇지만 이 견해에는 몇 가지 문제가 있다. 첫째, /ㄴ/의 경우 치음 [n]과 경구개음 [ɲ]의 구별, /ㅅ/, /ㅆ/의 경우 치조음 [s], [s']와 경구개음 [ʃ], [ʃ']의 구별이 음운론적으로는 무의미한데도 치조 위치와 경구개 위치를 구분하여 /ㄴ/, /ㅅ/, /ㅆ/을 치조음으로 분류함으로써 이들의 반쪽만 자음체계에 포함되었다.

둘째, '잎→[입], 밑→[믿], 부엌→[부억], 맛→[맏]' 등에서 일어나는 음운현상(평폐쇄음화, 8.3.1 (1) 참조)은 'ㅍ→ㅂ, ㅌ→ㄷ, ㅋ→ㄱ, ㅅ→ㄷ' 등에서 보듯이 조음위치는 바뀌지 않고 조음방식만 바뀌는 특징이 있다. 그런데 '낮→[낟]'의 경우에는 경구개음 'ㅈ'이 치조음 'ㄷ'으로 바뀌므로 조음위치도 바뀐다고 기술해야 한다. '잎→[입]' 등과 '낮→[낟]'은 동질적인 음운현상인데 전자에서는 조음방식만 바뀌고 후자에서는 조음위치와 조음방식이 모두 바뀐다는 이질성이 생기고 기술이 복잡해진다.

셋째, 본문의 자음체계에서 발견되는 대칭성이 발견되지 않는다. 그 근본 원인은 파찰음 셋만을 위해 경구개 위치를 따로 마련한 데 있다. 경구개파찰음 자리 때문에 자음체계는 짜임새가 엉성해 보이게 된다.

자음체계(조음위치를 5개로 구분하는 견해)

조음방식 \ 조음위치			양순음	치조음	경구개음	연구개음	성문음
장애음	폐쇄음	평음	ㅂ	ㄷ		ㄱ	
		경음	ㅃ	ㄸ		ㄲ	
		유기음	ㅍ	ㅌ		ㅋ	
	파찰음	평음			ㅈ		
		경음			ㅉ		
		유기음			ㅊ		
	마찰음	평음		ㅅ			ㅎ
		경음		ㅆ			
공명음	비음		ㅁ	ㄴ		ㅇ	
	유음			ㄹ			

3-7 자음 글자의 조직

자음의 낱글자는 'ㄱ, ㄴ, ㄷ, ㄹ, ㅁ, ㅂ, ㅅ, ㅇ, ㅈ, ㅊ, ㅋ, ㅌ, ㅍ, ㅎ'의 14개이다. 나머지 글자는 이들의 조합으로 표현된다. 낱글자는 각각 음소를 표시한다. 조합된 글자 중 같은 낱글자를 반복한 'ㄲ, ㄸ, ㅃ, ㅆ, ㅉ'도 각각 음소를 표시한다. 서로 다른 낱글자를 조합한 'ㄳ, ㄵ, ㄶ, ㄺ, ㄻ, ㄼ, ㄽ, ㄾ, ㄿ, ㅀ, ㅄ'은 두 음소의 연쇄를 표시한다.

초성으로 쓰이는 자음 글자는 다음과 같다.

홑글자 (14개)	ㄱ, ㄴ, ㄷ, ㄹ, ㅁ, ㅂ, ㅅ, ㅇ, ㅈ, ㅊ, ㅋ, ㅌ, ㅍ, ㅎ
쌍글자 (5개)	ㄲ, ㄸ, ㅃ, ㅆ, ㅉ

종성으로 쓰이는 자음 글자, 즉 받침은 다음과 같이 세 종류로 나눌 수 있다.

홑받침 (14개)	ㄱ, ㄴ, ㄷ, ㄹ, ㅁ, ㅂ, ㅅ, ㅇ, ㅈ, ㅊ, ㅋ, ㅌ, ㅍ, ㅎ
쌍받침 (2개)	ㄲ, ㅆ
겹받침 (11개)	ㄳ, ㄵ, ㄶ, ㄺ, ㄻ, ㄼ, ㄽ, ㄾ, ㄿ, ㅀ, ㅄ

3-8 15세기 한국어의 자음

15세기 한국어의 자음으로는 (1) 'ㄱ, ㄴ, ㄷ, ㄹ, ㅁ, ㅂ, ㅅ, ㆁ, ㅈ, ㅊ, ㅋ, ㅌ, ㅍ, ㅎ', (2) 'ㄲ, ㄸ, ㅃ, ㅆ, ㆀ, ㅉ, ㆅ', (3) 'ㅸ, ㅿ, ㅇ, ㆆ'이 있었다. (1)의 음가는 현대와 같았으며 'ㆁ(옛이응)'은 현대의 종성 'ㅇ'과 같은 연구개비음이었다. (2)는 **각자병서**(各自竝書)라고 부르는 것이다. 'ㄲ, ㄸ, ㅃ, ㅆ, ㅉ'은 현대와 마찬가지로 경음이었을 것이다. 'ㆀ(쌍이응)'은 'ᅇᅧ'라는 글자에 주로 쓰였는데 반모음 [j]를 강조한 표기였을 것으로 추측된다. 'ㆅ(쌍히읗)'은 'ᅘᅧ'라는 글자에 주로 쓰였는데 무성 경구개마찰음 [ç]를 나타냈다고 생각된다. (3)의 'ㅸ(순경음비읍), ㅿ(반치음), ㅇ'은 각각 유성 양순마찰음 [β], 유성 치조마찰음 [z], 유성 성문마찰음 [ɦ]를 나타냈을 것으로 추측된다. 'ㆆ(여린히읗)'은 성문폐쇄음 [ʔ]를 나타냈다.

서로 다른 낱글자를 조합한 글자들은 **합용병서**(合用竝書)라고 부른다. 현대처럼 받침으로만 쓰인 것이 아니고 초성자로도 쓰였던 점이 특이하다. 초성자로는 ㅂ계 병서 'ㅳ, ㅄ, ㅶ, ㅷ', ㅅ계 병서 'ㅺ, ㅼ, ㅽ', ㅴ계 병서 'ㅴ, ㅵ'이 쓰였다. 이들 모두 글자 그대로 **자음군**(子音群 consonant cluster)이었다는 견해도 있고 ㅅ계 병서만은 경음을 나타냈다는 견해도 있다. 종성자로는 'ㄳ, ㄵ, ㄺ, ㄻ, ㄼ, ㄽ, ㅀ, ㅄ, ㅄ'이 쓰였다. 'ᄃᆞᇌ ᄣᅢ(酉時)'와 같이 세 자음이 종성자로 쓰인 특이한 예도 있다. 자음 둘이 이어진 겹받침은 글자 그대로 자음군으로 발음되었을 가능성이 높아 보인다. 현대한국어에서는 초성이나 종성에서 자음군이 발음되는 일이 없지만 15세기에는 발음될 수 있었던 것이다.

'좁쌀'은 '조+ᄡᆞᆯ'이 변한 말로 'ㅂ'은 'ᄡᆞᆯ'의 첫소리의 흔적이 남은 것이다. 이것은 'ㅄ'의 'ㅂ'이 실제로 발음되었다는 증거이다. 마찬가지로 접두사 '휘-'는 '휘감다, 휘몰다, 휩싸다, 휩쓸다'에서 보듯이 '휩-'으로도 나타나는데 이 'ㅂ' 역시 'ᄡᅡ다, ᄡᅳᆯ다'의 첫소리의 흔적이다. 한편 '함께'의 옛말 'ᄒᆞᆫᄢᅴ(一時)'에서는 'ㄴ'이 'ㅂ'의 조음위치에 동화되어 'ㅁ'으로 변한 사실을 확인할 수 있다. 이 또한 'ㅂ'이 실제로 발음되었음을 증명한다.

4. 음절

4.1 음절구조

4.1.1 분절음과 음절의 관계

음절의 성격 자음, 모음과 같은 분절음이 한 줄로 이어지면 음절, 단어, 문장과 같은 더 큰 언어단위를 이룰 수 있다(1.2 참조). 이들 중 의미를 가지지 않은 순수한 음성단위가 **음절**(音節 syllable)이다. 분절음과 달리 음절은 독립적으로 발음할 수 있는 최소의 단위이다.

음절의 친숙성 음절은 분절음보다 더 잘 인식된다. 예를 들어 'ㄱ'이라는 분절음보다 '가'라는 음절이 더 친숙한 음성단위이다. 'ㅏ'라는 모음도 '아'라는 음절로 인식하기가 더 쉽다. 역사적으로 분절음을 적는 음소문자보다 음절을 적는 음절문자가 먼저 발생했던 것도 음절이 더 친숙한 언어단위였기 때문이다

4-1 음절의 친숙도

일반적으로 분절음보다 음절을 더 친숙하게 느끼지만 언어에 따라 그 정도는 차이가 있다. 영어 화자보다 한국어 화자가 음절의 친숙도가 높다. 그 증거는 약어(略語)를 만드는 방식이나 십자말풀이(crossword puzzle) 등에 나타난다. 영어에서는 'UN(←United Nations), ppm(←part(s) per million), nimby(←not in my backyard)'와 같이 분절음 단위로 약어를 만드는데 한국어에서는 '노조(←노동조합), 오누이(←오라비와 누이), 경남(←경상남도), 러한사전(←러시아어 한국어 사전), 인강(←인터넷강의)' 등과 같이 음절 단위로 약어를 만든다. 그리고 영어의 십자말풀이는 한 칸에 알파벳 하나씩 넣지만 한국어의 십자말풀이는 한 칸에 한 음절씩 넣는다.

보	조	개	■	간	발
릿	■	벽	창	호	■
고	심	■	해	■	빙
개	■	삼	일	천	하
■	초	■	속	■	시
무	서	리	■	장	대

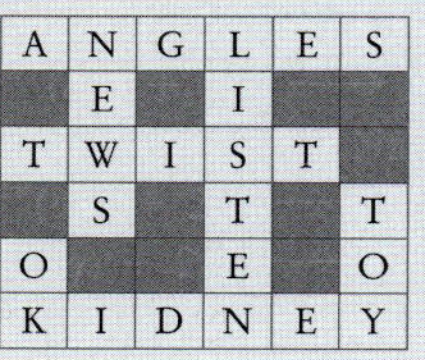

단어와 음절 수 모든 단어는 일정한 수의 음절로 이루어져 있다. 1음절어, 2음절어, 3음절어 등 음절 수에 따른 단어의 분류가 가능하다. '손'은 1음절어, '무척'은 2음절어, '빙그레'는 3음절어, '여주인공'은 4음절어, '하룻강아지'는 5음절어, '일거수일투족'은 6음절어, '개미허리노린재'는 7음절어이다. 1음절어를 단음절어(單音節語), 2음절 이상의 단어를 다음절어(多音節語)라고 부르기도 한다.

한국어 단어의 길이와 음절 단어의 길이를 말할 때 한국어에서는 음절 수를 기준으로 한다. 가장 짧은 단어는 당연히 1음절어이다. 가장 긴 단어는 『표준국어대사전』에 따르면 다음의 16음절어이다. 이것은 국보 235호로 지정된 불경의 이름을 가리키는 명사이다.

현대한국어에서 가장 긴 단어

감지금니대방광불화엄경보현행원품 (紺紙金泥大方廣佛華嚴經普賢行願品)

영어 단어의 길이와 철자 영어에서는 단어의 길이를 철자 기준으로 말한다. 부정관사 'a'나 인칭대명사 'I'는 한 글자로 되어 있는 단어이므로 가장 짧은 단어이다. 'eleven'은 3음절어이고 'twelve'는 1음절어이지만 철자를 기준으로 길이가 같다고 생각하는 것이 보통이다.

영어에서 가장 긴 단어

단어	철자 수	뜻	특징
pneumonoultramicroscopicsilico–volcanoconiosis	45	진폐증	사전에 실린 단어 중 제일 긺.
floccinaucinihilipilification	29	재물에 대한 경시	전문어가 아닌 단어 중 제일 긺.
antidisestablishmentarianism	28	성공회 폐지 조례 반대론	인위적 조어가 아닌 단어 중 제일 긺.

4-2 음절 수별 단어의 수

『표준국어대사전』(1999)의 표제어에 대한 통계에 따르면 2음절 표제어가 가장 많다. 전체 주표제어 440,594개 중 141,765개(32.2%)가 2음절짜리이다.

음절 수	1	2	3	4	5	6	7	8	9
표제어 수	6,241	141,765	121,368	102,895	38,578	17,937	6,838	2,877	1,132

음절 수	10	11	12	13	14	15	16	17	18
표제어 수	445	195	86	35	11	3	3	4	1

18음절짜리 표제어는 '프로테스탄티즘의 윤리와 자본주의의 정신'이라는 책 이름이다. 이것은 단어가 아니라 네 어절로 된 구(句)이다. 다른 국어사전들과 마찬가지로 『표준국어대사전』에도 단어가 아닌 구 표제어가 많이 수록되어 있으므로 이 표제어 통계를 가지고 1음절어부터 18음절어까지의 실제 수가 이 표와 같다고 말할 수는 없다. 한 단어로 된 표제어 가운데 음절 수가 가장 많은 것은 물론 본문에 제시한 16음절어이다.

위 표에서 1음절 표제어는 7음절 표제어보다도 적으며 전체의 1.42%에 불과하다. 그러나 기초어휘 수천 단어만 가지고 통계를 작성하면 1음절어의 비중은 훨씬 더 높아진다. 기초어휘 2700단어를 대상으로 한 다음 통계를 보면 1음절어가 10%를 넘는다.

음절 수	1	2	3	4	5	계
단어 수	271	1,371	606	426	26	2700
비율(%)	10.04	50.78	22.44	15.78	0.96	100.00

기초어휘는 역사가 오랜 단어를 많이 포함하고 있다. 기초어휘 가운데 특히 '눈, 코, 귀, 입, 이, 혀, 뺨, 볼, 턱, 목, 손, 발, 등, 털, 피, 땀, 침'과 같은 고유어 신체명사들은 까마득한 옛날부터 한국어의 구성원이었을 것으로 추측된다. 인류가 처음 말을 하기 시작하던 시기에 1음절어와 같은 짧은 단어부터 만들어 쓴 흔적이 기초어휘에 남아 있는 것이라고 할 수도 있다. 만약 최초의 단어들이 1음절어가 아니었더라도 언어변화는 경제성을 추구하기 때문에 많이 쓰는 단어들의 형태가 자꾸 짧아질 수밖에 없었을 것이다.

위의 기초어휘 통계에서 보듯이 일상적으로 많이 쓰는 단어의 음절 수는 1~4이며 2음절어와 3음절어가 대부분을 차지한다. 체언이라면 1음절짜리 조사가 덧붙을 수 있고 경우에 따라 조사가 생략되기도 하여 결국 한 어절이 3음절 내지 4음절로 구성되는 것이 가장 흔한 광경이다. 이것을 보면 한국 고전시가에서 한 음보가 3음절 또는 4음절로 이루어져 온 것은 언어적 운명이었음을 알 수 있다.

4-3 음절과 음절자

음절은 일차적으로 발음의 단위이다. 그런데 한국인은 음절을 표기의 단위로 먼저 생각하는 경향이 있다. 이것은 한글을 음절 단위로 모아쓰는 **음절합자**(音節合字) 방식 때문이다. '한글'이라는 단어를 '한글'이라고 적기 때문에 이 단어가 2음절어임을 시각적으로 금방 확인할 수 있다. 만약 'ㅎㅏㄴㄱㅡㄹ'이라고 적으면 이 단어가 몇 음절어인지, 어디서부터 어디까지가 한 음절인지를 쉽게 알 수 없을 것이다. 이와 같이 한글 낱글자를 한 줄로 적는 방식을 **풀어쓰기**라고 한다. 영어와 같이 로마자를 쓰는 언어들은 모두 풀어쓰기를 하고 있다.

한글은 창제 당시부터 지금까지 **모아쓰기**를 하고 있다. 그 결과 한글이 **음소문자**이면서 **음절문자** 같은 성격도 띠게 되었다. 우리가 한 자, 두 자 또는 한 글자, 두 글자라고 할 때의 글자는 일반적으로 낱글자가 아닌 모아쓴 글자를 뜻한다. '이름 석 자, 외자 이름, 두 자 성(姓)'과 같은 표현이나 "일자나 한 자나 들고나 보니", "사랑이란 두 글자는"과 같은 노랫말의 표현에 그런 인식이 반영되어 있다.

모아쓰기의 결과 **연철**(連綴)과 **분철**(分綴)의 구분이 생기게 되었다. 이것은 연철표기 '다리'와 분철표기 '달이'의 차이를 단어의 구별에 이용할 수 있게 해 주었다. 다시 말해서 한 형태소로 이루어진 '다리'는 연철하여 적으나, 두 형태소로 이루어진 '달이'는 형태소 '달'과 '이'의 경계를 음절의 경계와 일치시키기 위해 분철하여 적게 되는 것이다. 또 모아쓰기는 **가로쓰기**와 **세로쓰기**가 모두 자연스러운 효과를 낳았다. 세로간판이나 세로현수막, 책등에 표시하는 책의 제목 등에 세로쓰기가 널리 사용되고 있다.

그런데 형태음소적 표기법을 따른 결과 발음상의 음절과 표기상의 음절이 다른 경우가 생겼다. '낫, 낮, 낯, 낱, 낚, 닭, 값, 앉, 않, 읊' 등은 형태소의 표기를 한 가지로 고정하기 위해 등장한 글자들이다. 이들을 표기상으로 한 음절이라고 할 수 있지만 표기 그대로 발음되지 않으므로 발음상의 음절로 인정하기 어렵다. 이들 대신 [낟], [낙], [닥], [갑], [안], [읍]과 같은 형태를 발음상의 음절로 인정할 수 있을 뿐이다.

발음상의 음절과 표기상의 음절을 구별하기 위해 전자를 그냥 음절이라고 하고 후자를 **음절자**(音節字)라고 부르는 것이 편리하다. 음절은 원래 음성단위를 가리키는 말로 태어났기 때문에 발음상의 음절을 음절이라 부르는 것은 당연하다. 또 자음을 표시하는 글자를 **자음자**(子音字), 모음을 표시하는 글자를 **모음자**(母音字)라고 하듯이 음절을 표시하는 글자를 음절자라고 부를 수 있는 것이다. 이 장에서 다루는 대상은 음절자가 아닌 음절임을 주의할 필요가 있다.

4.1.2 음절성분

음절의 직접구성성분 분절음이 음절을 구성할 때 중간 단계의 단위를 거친다. 음절을 직접 구성하는 이 단위는 **음절성분**(音節成分 syllable constituent)이다. 음절성분에는 **초성**(初聲 onset), **중성**(中聲 nucleus), **종성**(終聲 coda)이 있다. 음절성분을 직접 구성하는 단위가 바로 분절음이다.

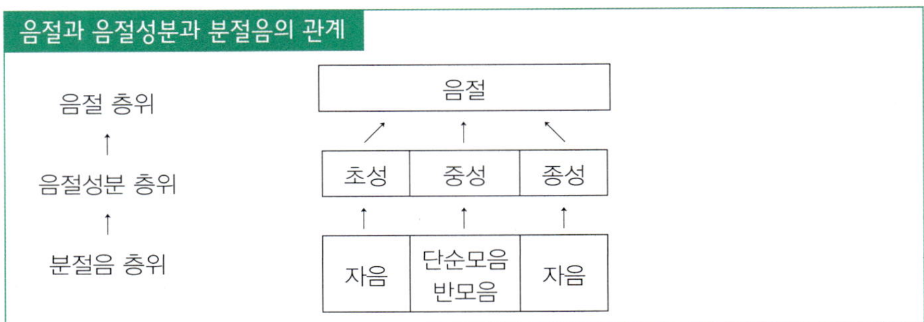

음절의 구성에 참여하는 음절성분과 분절음의 개수 한 음절성분은 한 음절의 구성에 한 번씩만 참여한다. 즉 한 음절에 초성이 둘 이상 들어 있는 경우는 없다. 중성, 종성도 마찬가지이다. 반면에 한 음절성분을 구성할 때 분절음은 둘 이상이 참여할 수도 있다. 이중모음이 중성을 구성할 때 반모음과 단순모음이라는 두 분절음이 참여하는 것이 그 예이다. 다른 언어에서는 초성이나 종성에 자음이 둘 이상 참여하는 경우도 있다.

음절성분의 구성에 따른 음절의 유형 음절성분 중 중성은 필수적이지만 초성과 종성은 수의적이다(즉 꼭 필요한 요소는 아니다). 따라서 음절성분의 구성에 따라 음절의 유형을 다음과 같이 나눌 수 있다.

음절성분의 구성에 따른 음절의 유형

음절의 유형		예
중성	개음절	아, 야, 에, 와, 위, 으[1]
초성+중성		가, 갸, 게, 과, 귀, 그
중성+종성	폐음절	악, 얀, 엘, 왕, 윔, 읍
초성+중성+종성		각, 갼, 겔, 광, 귐, 급

1. '아, 야, 에' 등에서의 'ㅇ'은 초성자(글자)이지 초성(음성)이 아니다. 그러므로 '아, 야, 에' 등은 초성이 없는 음절의 예가 된다.

개음절과 폐음절 위 표에서 보듯이 '아, 가'처럼 종성이 없는 음절을 **개음절**(開音節 open syllable)이라 하고 '악, 각'처럼 종성이 있는 음절을 **폐음절**(閉音節 closed syllable)이라 한다. 주격조사의 형태는 '이'와 '가' 두 가지인데 개음절로 끝난 말 뒤에는 '가', 폐음절로 끝난 말 뒤에는 '이'가 쓰인다.

4.1.3 음절구조제약

음절구조제약의 뜻 분절음과 음절성분이 음절을 구성하려면 일정한 규칙을 따라야 한다. 예를 들어 'ㄱㄴㅁ'은 음절이 될 수 없는데, 'ㄱㅏㅁ'은 음절이 될 수 있다(→감). 한국어에서 '자음—자음—자음'은 음절이 될 수 없고 '자음—모음—자음'은 음절이 될 수 있다는 규칙이 있기 때문이다. 논리적으로 가능한 분절음의 배열과 음절성분의 배열 중 일부만 음절로 존재하는 것이다. 이와 같이 분절음과 음절성분이 음절을 구성할 때 작용하는 규칙을 **음절구조제약**(音節構造制約 syllable structure constraint)이라 부른다. 음절구조제약을 따르면 적격한 음절이 되고 어기면 부적격한 음절이 된다.

중성 필수의 제약 음절성분 중에서 중성은 음절을 구성하는 데 필수적인 요소이다. 다시 말해서 중성이 없으면 음절이 이루어질 수 없고 또 중성만 있어도 음절이 이루어질 수 있으며, 초성이나 종성은 있어도 되고 없어도 된다. 이것은 가장 기본적인 음절구조제약이자 모든 언어에 성립하는 보편적인 제약이다.

초성제약, 중성제약, 종성제약 초성, 중성, 종성을 구성하는 분절음이 어떤 분절음이어야 하느냐에 관한 여러 제약이 있다. 초성과 종성은 자음 하나로만 구성된다. 초

2. 'ㅇ'이 초성이 될 수 없다는 것은 비음으로서의 'ㅇ[ŋ]'이 초성이 될 수 없다는 뜻이다. 글자 'ㅇ'을 말하는 것이 아니다.

성은 19자음에서 'ㅇ'을 뺀 18자음 중의 하나로 구성된다(**초성제약**).[2] 'ㅇ'이 초성이 될 수 없다는 제약은 많은 언어에 공통적이지만 베트남어와 같은 일부 언어에서는 'ㅇ'이 초성이 될 수 있다. 종성은 7자음 'ㅂ, ㄷ, ㄱ, ㅁ, ㄴ, ㅇ, ㄹ' 중의 하나로 구성된다(**종성제약**). 초성이 될 수 있는 분절음 수보다 종성이 될 수 있는 분절음 수가 적은 것 역시 많은 언어에 공통적이다. 중성은 단순모음이나 이중모음 중 하나로만 구성된다(**중성제약**). 모음만이 중성이 될 수 있다는 것도 많은 언어에 나타나는 제약이다.

종성제약과 음절자 종성제약을 어긴 예들은 음절로는 존재할 수 없지만 음절자로는 존재할 수 있음을 주의할 필요가 있다. 체언이나 용언어간의 말음으로 7자음 외의 다양한 자음과 자음군이 존재하는데 그것들이 현재의 맞춤법에서는 체언, 용언어간 또는 이들과 관련 있는 어기의 표기에서 다양한 받침으로 반영되기 때문이다. '낫, 낮, 낯, 부엌, 숲, 몫, 흙, 여덟' 등의 체언과 '낚다, 웃다, 맞다, 맡다, 좋다, 있다, 앉다, 맑다, 훑다, 없다' 등의 용언어간의 표기에 그러한 음절자들이 나타난다. 또 다양한 받침이 어근에 쓰인 음절자 예로는 '낚시, 엊그제, 밑천, 높이, 깊숙하다, 넓적하다, 벼훑이, 싫증, 실없쟁이' 등이 있다.

초중성 연결의 제약 이 밖에 'ㅈ, ㅉ, ㅊ' 뒤에 j계 이중모음 'ㅑ, ㅕ, ㅛ, ㅠ, ㅖ'와 ɥ계 이중모음 'ㅞ'가 연결될 수 없다는 점(**2.2.3** (2) 참조)도 음절구조제약으로 추가할 수 있다. 이것은 초성과 중성의 연결에 관한 것이므로 **초중성 연결의 제약**이라고 부를 수 있을 것이다.

음절구조제약

성격	이름	내용	예
음절성분의 필수성	중성 필수의 제약	중성이 반드시 있어야 한다.	아, 게, 묘, 삭, 윔 : ○ ㄱ, ㅃ, ㄷㄷ, ㅅw, jㄹ : ×
분절음의 종류	초성제약	'ㅇ' 이외의 18자음 중 하나여야 한다.	가, 빈, 떡, 쏘, 풀 : ○ fo, ŋa, ㅆㅏ, ㅃㅣ, ㅃㅜㄹ : ×
	중성제약	단순모음이나 이중모음 중 하나여야 한다.	아, 델, 화, 벽, 궨 : ○ 간, 쇠, 우, 긔, 개 : ×
	종성제약	7자음(ㅂ, ㄷ, ㄱ, ㅁ, ㄴ, ㅇ, ㄹ) 중의 하나여야 한다.	납, 낟, 낙, 남, 난, 낭, 날 : ○ 낫, 낮, 낰, 낳, 났, 낡, 낣 : ×
음절성분의 연결	초중성 연결의 제약	'ㅈ, ㅉ, ㅊ' 뒤에 이중모음 'ㅑ, ㅕ, ㅛ, ㅠ, ㅖ'와 'ㅞ'가 연결될 수 없다.	자, 적, 쫀, 쭐, 침, 첩, 찬 : ○ 쟈, 젹, 쬰, 쯀, 쪤, 쳴, 줴 : ×

음절의 적격 여부와 사용 여부 음절구조제약에 어긋나는 분절음연쇄는 발음할 수 없다. 그러므로 한국어의 모든 발화는 음절구조제약에 어긋나지 않는 음절, 즉 적격

한 음절로만 구성되어야 한다. 부적격한 음절이 발화에 쓰일 가능성은 없다. 그렇지만 적격한 음절이라고 해서 꼭 쓰이리라는 보장은 없다. 실제로 쓰이는 일이 없는 적격한 음절도 있을 수 있다. 적격하지만 실제로 쓰이지 않던 음절이 말장난에 일시적으로 쓰인다거나 신어(新語)나 외래어의 등장으로 실제로 쓰이게 되는 일도 있다. 예를 들어 영어 'tulip'에서 들어온 외래어 '튤립' 때문에 [튤]이라는 음절이 새로 쓰이게 되었다.

적격한 음절과 부적격한 음절

적격 여부	사용 여부	예
적격한 음절	실제로 쓰이는 음절	가, 궨, 명, 붊, 쭐, 퇀
	실제로 쓰이지 않는 음절	갼, 뷴, 쏄, 읙, 츔, 퉨
부적격한 음절	실제로 쓰이지 않는 음절	ㄱ, ㅅㄹ, fo, ㅃㅣ, ᄀᆞᆫ, ᄋᆔ, 낫, 낡

음절과 음절자의 엄격한 구분 어떤 음절이 실제로 쓰이는지 쓰이지 않는지를 판단할 때 두 가지 점을 주의해야 한다. 첫째, 여기서 문제 삼는 것은 음절이지 음절자가 아니다. '낫, 낮, 낯, 낱, 낳' 등은 음절자로서는 적격하고 실제로 쓰인다. 그러나 음절로서는 부적격하다. '낫'을 [낫]으로 발음할 수 없는 것이다. '낫'을 [낟]으로 발음하면 그것은 '낟'이라는 음절을 발음한 것이지 '낫'이라는 음절을 발음한 것이 아니다. '낫, 낮, 낯, 낱, 낳' 등은 아예 부적격한 음절이다. 마찬가지로 '값, 앉, 맑, 훑' 등은 음절자로는 문제가 없지만 음절로는 인정되지 않는다.

음절자로 나타나지 않는 적격한 음절 둘째, 실제로 사용되지만 표기로 나타나지 않아 쓰이지 않는다고 오해받는 음절이 있을 수 있다. 즉 음절자로는 나타나지 않지만 음절로는 존재하는 예가 있을 수 있다.

표기에 나타나지 않는 적격한 음절

음절	사용된 예
곰	불곱니다[불곰니다], 종곱니까[종곰니까]
꿘	뀌었는지[뀌언는지/꿘는지], 바뀌었네[바뀌언네/바꿘네]
뤌	글월[그뤌], 일월[이뤌]
뷜	협월[혀뷜/혀빌] 해야 할 텐데.
찯	찼다가[찯따가], 찻집[찯찝]
콩	그것이 약혼가[야콘가/야콩가] 아닌가 모르겠다.
퐛	얼굴이 홧홧[화퐛] 달아올랐다.

시대와 방언에 따른 음절구조제약의 차이 음절구조제약은 시대나 방언에 따라 다를 수 있다. 예를 들어 15세기 한국어에는 'ᄠᅳᆮ, ᄡᅡᆨ, ᄢᅳᆷ, ᄣᅢ'와 같은 음절들이 존재했다.

음절

현대한국어와 초성제약의 내용이 달랐다고 할 수 있다.

4.1.4 음절의 가짓수

초성, 중성, 종성의 가짓수 한국어에 적격한 음절은 몇 가지나 있을까? 한국어에 음절이 몇 가지가 가능한지는 초성, 중성, 종성의 가짓수를 곱하면 알아낼 수 있을 것이다. 다만 여기서 계산하고자 하는 것이 음절자의 가짓수가 아닌 음절의 가짓수임을 주의해야 한다. 우선 초성제약, 중성제약, 종성제약을 고려하면 초성, 중성, 종성의 종류와 가짓수는 다음과 같다.

초성, 중성, 종성의 종류와 가짓수 (현실발음)

초성 (18가지)
  자음 : ㄱ, ㄴ, ㄷ, ㄹ, ㅁ, ㅂ, ㅅ, ㅈ, ㅊ, ㅋ, ㅌ, ㅍ, ㅎ, ㄲ, ㄸ, ㅃ, ㅆ, ㅉ
중성 (18가지)
  단순모음 : ㅣ, ㅔ, ㅡ, ㅓ, ㅏ, ㅜ, ㅗ (7가지)
  이중모음 : ㅖ, ㅕ, ㅑ, ㅠ, ㅛ, ㅟ, ㅞ, ㅝ, ㅘ, ㅢ, ㆇ (11가지)
종성 (7가지)
  자음 : ㄱ, ㄴ, ㄷ, ㄹ, ㅁ, ㅂ, ㅇ

음절구조제약을 고려한 음절의 가짓수 계산 중성 필수의 제약에 따라 중성은 18가지 그대로이지만 초성과 종성은 나타나지 않는 경우 1가지씩을 더해야 한다. 즉 초성은 19가지, 종성은 8가지로 계산해야 한다. 이제 $19 \times 18 \times 8 = 2736$과 같은 계산이 가능하다. 그런데 2736가지의 음절 가운데 '쟈, 쨔, 챠' 등은 초중성 연결의 제약을 어기므로 부적격하다. 따라서 초성이 'ㅈ, ㅉ, ㅊ' 3가지이고 중성이 'ㅖ, ㅕ, ㅑ, ㅠ, ㅛ, ㆇ' 6가지인 음절의 가짓수 $3 \times 6 \times 8 = 144$를 위의 수에서 빼야 한다. 결국 음절의 가짓수는 $2736 - 144 = 2592$가지이다.

음절의 가짓수 계산 (현실발음)

초성 19가지 = 초성에 18자음 중 하나가 오는 경우 18가지 + 초성에 자음이 없는 경우 1가지
중성 18가지 = 단순모음 7가지 + 이중모음 11가지
종성 8가지 = 종성에 7자음 중 하나가 오는 경우 7가지 + 종성에 자음이 없는 경우 1가지
초성의 가짓수 × 중성의 가짓수 × 종성의 가짓수 = $19 \times 18 \times 8 = 2736$
초중성 연결의 제약을 어기는 음절의 가짓수 = $3 \times 6 \times 8 = 144$
음절의 가짓수 = $2736 - 144 = 2592$

'긕, 늬, 듹' 등의 문제 중성이 'ㅢ'인 음절 중 초성에 자음이 없는 '의'뿐만 아니라 자음이 있는 '긔, 늬' 등도 가능한 음절이다. '각의 크기, 돈의 가치' 등 체언과 조사 '의'의 결합에서 그러한 발음이 나타날 수 있다. 그런데 이들 음절에 종성 자음이 결

합한 '긕, 늑, 듹, 귄, 닌, 듼' 등은 현실발음에 나타나기 어렵다. 만약 이런 음절을 적격한 음절로 인정하지 않는다면 2592−126(=18×1×7)=2466가지를 현실발음의 음절의 가짓수라고 볼 수도 있다.

표준발음에서의 음절의 가짓수 표준발음에서의 음절의 가짓수는 이와 다르다. 초성과 종성의 가짓수는 같지만 중성의 가짓수가 다르기 때문이다. 표준발음에서는 단순모음이 10가지(ㅣ, ㅔ, ㅐ, ㅟ, ㅚ, ㅡ, ㅓ, ㅏ, ㅜ, ㅗ), 이중모음이 11가지(ㅖ, ㅒ, ㅕ, ㅑ, ㅠ, ㅛ, ㅞ, ㅙ, ㅝ, ㅘ, ㅢ)이므로 중성이 21가지이다. 초성, 중성, 종성의 가짓수를 곱하면 19×21×8=3192가 된다. 표준발음에서도 현실발음과 마찬가지로 초성이 'ㅈ, ㅉ, ㅊ' 3가지이고 중성이 'ㅖ, ㅒ, ㅕ, ㅑ, ㅠ, ㅛ' 6가지인 음절은 초중성 연결의 제약을 어겨 부적격하므로 3×6×8=144를 빼면 3192−144=3048가지가 된다. 따라서 표준발음에서의 음절의 가짓수는 3048가지이다.

음절의 가짓수 계산 (표준발음)

초성 19가지=초성에 18자음 중 하나가 오는 경우 18가지+초성에 자음이 없는 경우 1가지
중성 21가지=단순모음 10가지+이중모음 11가지
종성 8가지=종성에 7자음 중 하나가 오는 경우 7가지+종성에 자음이 없는 경우 1가지
초성의 가짓수×중성의 가짓수×종성의 가짓수=19×21×8=3192
초중성 연결의 제약을 어기는 음절의 가짓수=3×6×8=144
음절의 가짓수=3192−144=3048

음절의 가짓수에 영향을 주는 요소 음절의 가짓수가 많고 적은 데는 분절음의 가짓수가 많은가 적은가, 그리고 음절구조제약이 강한가 약한가가 큰 영향을 준다. 예를 들어 자음, 단순모음, 반모음의 수가 많으면 음절의 가짓수도 많아지는 것이 일반적이다. 그리고 만약 초성에 자음이 두 개도 올 수 있고 세 개도 올 수 있다면 초성의 가짓수가 크게 늘어나 음절의 가짓수도 훨씬 많아질 것이다.

15세기의 음절의 가짓수 15세기에는 '䚡ᄢᅢ'와 같이 초성과 종성으로 자음이 세 개까지 적힌 예가 있다. 이들이 글자 그대로 발음되었는지는 확실치 않다. 'ᄡᅵ'의 'ᄡ'이나 '돍'의 'ㄺ'과 같은 자음군은 글자 그대로 발음되었던 것으로 보인다. 초성이나 종성으로 자음이 적어도 둘이 쓰일 수 있었던 15세기에는 음절의 가짓수가 지금보다 더 많았다고 추측할 수 있다.

4-4 음절의 가짓수와 음절문자

한국과 일본은 고대에 모두 고유문자가 없어서 한자를 빌려 썼다. 일본은 8세기 무렵에 한자의 자형(字形)을 단순화하는 방법으로 가나(假名)라는 음절문자를 만들어 쓰기 시작해 지금까지 쓰고 있다. 일본어는 예로부터 음절의 가짓수가 비교적 적었기 때문에 한 음절을 한 글자로 적는 음절문자가 적당했다. 현재 쓰이는 가나는 히라가나의 경우

46개의 글자와 보조기호 둘로 이루어져 있다. 원래의 글자에 보조기호를 붙이거나(き(ki)+゛=ぎ(gi)), 작은 글자를 이어 쓰는(き(ki)+ゃ=きゃ(kya)) 방식으로 글자 수보다 많은 수백 가지의 음절을 적을 수 있다.

한편 한국도 고대로부터 한자를 이용해 한국어를 적는 이두(吏讀), 구결(口訣), 향찰(鄕札) 등의 **차자표기**(借字表記)를 사용하기는 했으나 그것을 음절문자로 발전시키지는 못했다. 그것은 일본인보다 한국인이 머리가 나쁘거나 노력을 게을리해서가 아니었다.

한국어는 음절의 가짓수가 너무 많아 음절들을 적는 글자를 각각 따로 만든다면 수천, 수만의 글자를 만들어야 하기 때문에 결코 실용적인 음절문자를 만들 수 없는 처지였다. 그래서 한국어를 제대로 적는 글자는 음절문자보다 한 단계 진화한 음소문자라야 했고 그것은 언어학이 더 발달한 15세기에야 가능하게 되었던 것이다.

영어에는 'script[skrɪpt], spring[sprɪŋ], string[strɪŋ], glimpsed[glɪmpst], texts[tɛksts]'와 같은 단어들에서 초성으로 자음이 셋, 종성으로 자음이 넷까지 쓰인 예를 볼 수 있다. 한 연구에 따르면 영어 초성은 68가지, 중성은 28가지, 종성은 116가지이다. 음절성분끼리 결합할 때의 음절구조제약이 전혀 없다고 가정하면 68×28×116=220864가지의 음절이 가능하다. 음절구조제약을 고려하더라도 영어 음절은 수만 가지가 될 것이다. 수만 가지의 음절을 서로 다른 글자로 적는 음절문자를 만드는 것은 매우 힘든 일일 것이며 만든다 해도 아무런 실용성도 없을 것이다. 따라서 영어를 적는 문자도 로마자와 같은 음소문자여야 하는 것이다.

4-5 음절표

옛날부터 한글을 처음 배울 때 **음절표**(音節表 syllabary)를 이용하는 일이 많았다. 음절표는 전통적으로 **반절표**(反切表)라고 불러 왔다. 음절표는 '가, 나, 다, 라' 등의 음절자들을 가로세로로 일정한 순서로 배열한 것이다. 그런데 한국어의 음절자를 모두 배열하려고 하면 표가 너무 커지고 한글에 어느 정도 익숙해진 다음에는 음절표의 필요성이 적어지기 때문에 음절자의 일부만 음절표에 나타내는 것이 일반적이었다. 자음 중 'ㄱ'부터 'ㅎ'까지 14개와 모음 중 'ㅏ'부터 'ㅣ'까지 10개를 가로와 세로로 배열해 '가'부터 '히'까지 140개의 음절자를 배열한 것(음절표 (1)의 왼쪽 부분)을 많이 사용해 왔다. 거기에 빠진 자음자 5개(ㄲ, ㄸ, ㅃ, ㅆ, ㅉ)와 모음자 11개(ㅐ, ㅒ, ㅔ, ㅖ, ㅘ, ㅙ, ㅚ, ㅝ, ㅞ, ㅟ, ㅢ)를 포함해 음절표를 만들어 보면 다음과 같다.

음절표 (1)은 19×10=190가지 음절자를, 음절표 (2)는 19×11=209가지 음절자를 보이고 있다. 이 190+209=399가지가 개음절자 전부이다. 받침으로 홑받침 14가지와 쌍받침 2가지(ㄲ, ㅆ)와 겹받침 11가지를 모두 허용하면 399×(14+2+11)=10773가지의 폐음절자가 가능하다. 개음절자와 폐음절자를 모두 합친 399+10773=11172가지가 음절표에 나타날 수 있다. 이것이 현재 조합형(組合型) 한글을 쓰는 문서작성용 프로그램에서 표현할 수 있는, 고어자(古語字) 이외의 음절자의 가짓수이다.

음절표 (1)

초성 / 중성	ㄱ	ㄴ	ㄷ	ㄹ	ㅁ	ㅂ	ㅅ	ㅇ	ㅈ	ㅊ	ㅋ	ㅌ	ㅍ	ㅎ	ㄲ	ㄸ	ㅃ	ㅆ	ㅉ
ㅏ	가	나	다	라	마	바	사	아	자	차	카	타	파	하	까	따	빠	싸	짜
ㅑ	갸	냐	댜	랴	먀	뱌	샤	야	쟈	챠	캬	탸	퍄	햐	꺄	땨	뺘	쌰	쨔
ㅓ	거	너	더	러	머	버	서	어	저	처	커	터	퍼	허	꺼	떠	뻐	써	쩌
ㅕ	겨	녀	뎌	려	며	벼	셔	여	져	쳐	켜	텨	펴	혀	껴	뗘	뼈	쎠	쪄
ㅗ	고	노	도	로	모	보	소	오	조	초	코	토	포	호	꼬	또	뽀	쏘	쪼
ㅛ	교	뇨	됴	료	묘	뵤	쇼	요	죠	쵸	쿄	툐	표	효	꾜	뚀	뾰	쑈	쬬
ㅜ	구	누	두	루	무	부	수	우	주	추	쿠	투	푸	후	꾸	뚜	뿌	쑤	쭈
ㅠ	규	뉴	듀	류	뮤	뷰	슈	유	쥬	츄	큐	튜	퓨	휴	뀨	뜌	쀼	쓔	쮸
ㅡ	그	느	드	르	므	브	스	으	즈	츠	크	트	프	흐	끄	뜨	쁘	쓰	쯔
ㅣ	기	니	디	리	미	비	시	이	지	치	키	티	피	히	끼	띠	삐	씨	찌

음절표 (2)

초성 / 중성	ㄱ	ㄴ	ㄷ	ㄹ	ㅁ	ㅂ	ㅅ	ㅇ	ㅈ	ㅊ	ㅋ	ㅌ	ㅍ	ㅎ	ㄲ	ㄸ	ㅃ	ㅆ	ㅉ
ㅐ	개	내	대	래	매	배	새	애	재	채	캐	태	패	해	깨	때	빼	쌔	째
ㅒ	걔	냬	댸	럐	먜	뱨	섀	얘	쟤	챼	컈	턔	퍠	햬	꺠	떄	뺴	썌	쨰
ㅔ	게	네	데	레	메	베	세	에	제	체	케	테	페	헤	께	떼	뻬	쎄	쩨
ㅖ	계	녜	뎨	례	몌	볘	셰	예	졔	쳬	켸	톄	폐	혜	꼐	뗴	뼤	쎼	쪠
ㅘ	과	놔	돠	롸	뫄	봐	솨	와	좌	촤	콰	톼	퐈	화	꽈	똬	뽜	쏴	쫘
ㅙ	괘	놰	돼	뢔	뫠	봬	쇄	왜	좨	쵀	쾌	퇘	퐤	홰	꽤	뙈	뽸	쐐	쫴
ㅚ	괴	뇌	되	뢰	뫼	뵈	쇠	외	죄	최	쾨	퇴	푀	회	꾀	뙤	뾔	쐬	쬐
ㅝ	궈	눠	둬	뤄	뭐	붜	숴	워	줘	춰	쿼	퉈	풔	훠	꿔	뚸	뿨	쒀	쭤
ㅞ	궤	눼	뒈	뤠	뭬	붸	쉐	웨	줴	췌	퀘	퉤	풰	훼	꿰	뛔	쀄	쒜	쮀
ㅟ	귀	뉘	뒤	뤼	뮈	뷔	쉬	위	쥐	취	퀴	튀	퓌	휘	뀌	뛰	쀠	쒸	쮜
ㅢ	긔	늬	듸	릐	믜	븨	싀	의	즤	츼	킈	틔	픠	희	끠	띄	쁴	씌	쯰

음절자의 가짓수 계산 (1)

개음절자＝음절표 (1)＋음절표 (2)
＝(초성자 19×중성자 10)＋(초성자 19×중성자 11)
＝190＋209＝399
폐음절자＝개음절자×받침의 가짓수
＝399×(홑받침 14＋쌍받침 2＋겹받침 11)
＝399×27＝10773
음절자 총계＝개음절자＋폐음절자＝399＋10773＝11172

음절자의 가짓수 계산 (2)

초성자 19
중성자 21 = 단순모음자 10 + 이중모음자 11
종성자 28 = 홑받침 14 + 쌍받침 2 + 겹받침 11 + 받침이 없는 경우 1
음절자 총계 = 초성자 × 중성자 × 종성자 = 19 × 21 × 28 = 11172

실제로 한국어를 적을 때 사용되는 음절자의 가짓수는 이보다 적다. 예를 들어 겹받침 'ㄿ'은 '갎, 낦, 닲, ……, 핦'까지의 399가지 중에서 '읊' 한 가지에만 쓰일 뿐이다. 외래어를 제외하고 고유어와 한자어를 적을 때 사용되는 음절자는 2350가지라고 한다. 1980년대 후반에 컴퓨터에 사용할 한글코드로 개발된 이른바 2바이트 완성형(完成型) 한글은 이 2350가지의 음절자만을 표현한다. 그런데 고어자를 포함하여 15세기 이후 현재까지의 문헌에 한 번이라도 쓰인 음절자의 가짓수는 5299라고 한다. 여기에는 'ㄱ, ㄸ, ㅄ'과 같이 자음자만으로 이루어진 글자와 'ᅟᅡᆫ, ᅟᅪᆽ, ᅟᅳᇹ'과 같이 초성자가 없는 글자도 포함되어 있다. 이들을 뺀 초성, 중성, 종성이 모두 갖추어진 온전한 음절자의 가짓수는 5000 정도가 될 것이다. 한편, 문헌에 한 번이라도 쓰인 적이 있는 초성자, 중성자, 종성자를 서로 결합해서 만들 수 있는 음절자의 가짓수는 약 1,655,000이나 된다고 한다.

4.2 음절연결

4.2.1 음절연결의 유형

가능한 음절연결과 불가능한 음절연결 음절과 음절이 연결되어 발음이 자연스럽게 이어지는 경우도 있고 원래의 형태대로 발음하기 어려운 경우도 있다. '강'이라는 음절과 '만'이라는 음절은 '강만'이라는 **음절연결**(音節連結)을 구성했을 때 발음에 아무런 문제도 일어나지 않는다. 반면에 '약'이라는 음절과 '만'이라는 음절이 구성한 '약만'은 원래대로 발음되지 못하고 [양만]이라는 다른 음절연결로 바뀌어야 실현될 수 있다. '강만'은 가능한 음절연결이고 '약만'은 불가능한 음절연결인 것이다.

음절연결의 유형 이러한 차이는 음절과 음절이 만나는 경계에서 어떤 분절음끼리 부딪히느냐에 따라 생긴다. 이것은 네 가지 유형으로 나누어진다.

음절연결의 유형

유형	예
모음연결	아아, 아옥, 이에, 야임, 우윱, 의용
자음연결	강만, 넉귤, 씽주, 악뷩, 연급, 솝훼
모음과 자음의 연결	아고, 교류, 베튀, 모찬, 비훈, 자꽐
자음과 모음의 연결	악어, 넘운, 밥왐, 굴약, 숭엔, 철익

음절연결의 예 음절연결은 적격한 음절끼리의 연결이기만 하면 된다. 음절연결이 형태소나 단어의 형태를 갖추어야 하는 것은 아니다. 음절연결의 예 가운데 '이에, 강만'은 '체언+조사'의 형태와 같고 '교류, 악어'는 체언의 형태와 같지만 그것은 우연한 일치일 뿐이다. '우윱, 넉귤, 베튀, 밥왐' 등은 형태소나 단어로 나타나지 않지만 음절연결의 예로서는 적절하다. 이들을 구성하는 음절 '우, 윱, 넉, 귤, 베, 튀, 밥, 왐'이 모두 적격하기 때문이다.

모음연결, 모음과 자음의 연결, 자음과 모음의 연결 '아옥'과 같은 모음연결과 '아고'와 같은 모음과 자음의 연결에서는 원래의 음절들이 그대로 발음된다.[3] 또 '악어'와 같은 자음과 모음의 연결에서는 앞음절의 종성이 뒤음절의 초성으로 옮아가서 [아거]와 같이 발음된다. 이것을 연음(連音)이라 한다. '악'과 '어' 사이에 음절경계가 있다가 '아'와 '거' 사이로 옮아가기 때문에 두 음절의 구조가 바뀐다. 그렇지만 이것을 음운현상이 일어난 것으로 볼 필요는 없다(연음에 대해서는 **8-1** 참조).

자음연결과 음절연결제약 '강만, 넉귤'과 같은 자음연결에서는 앞뒤 자음의 종류에 따라 원래의 형태대로 발음되는 것도 있고 발음되기 어려운 것도 있다. '강만, 씽주'는 원래대로 발음되지만 '넉귤, 약넝, 엳급, 솝휀'는 각각 [넉뀰], [양넝], [엳끕], [소퉨]와 같이 어떤 음운현상이 일어나 발음이 바뀌게 된다. 여기서 일어나는 음운현상은 부적격한 음절연결을 적격한 음절연결로 바꾸어 주는 구실을 한다. 어떤 음절연결이 적격하고 부적격한지에 대한 규칙을 **음절연결제약** 또는 **음절배열제약**이라 한다.

음절구조제약, 음절연결제약, 음소배열제약 4.1.3에서 본 음절구조제약은 한 음절이 적격한가 부적격한가에 관한 것인 데 반해 음절연결제약은 적격한 두 음절의 연결이 가능한가 불가능한가에 관한 것이다. 이 두 제약을 음절이라는 단위와 관계없이 관찰하면 분절음과 분절음의 연결에 관한 제약이라는 점에서 공통적이다. 전통적으로 이것을 **음소배열제약**(phonotactic constraint)이라고 불러 왔다. 그런데 음절이라는 단위를 무시하고 설정한 음소배열제약은 간결한 기술을 어렵게 한다. 그러므로 음소배열제약 대신에 음절구조제약과 음절연결제약을 설정하는 것이 합리적이다.

4.2.2 자음연결의 양상

자음연결로 나타나는 발음 자음연결에서 앞음절의 종성 자음과 뒤음절의 초성 자음이 이어져 나는 발음을 표로 나타내면 다음과 같다.

3. 모음연결을 전통적으로 모음충돌(hiatus)이라 불러 왔다.

자음연결(종성+초성)의 발음

초성 종성	ㄱ	ㄷ	ㅂ	ㅅ	ㅈ	ㄲ	ㄸ	ㅃ	ㅆ
ㄱ	ㄱㄲ	ㄱㄸ	ㄱㅃ	ㄱㅆ	ㄱㅉ	ㄱㄲ	ㄱㄸ	ㄱㅃ	ㄱㅆ
ㄷ	ㄷㄲ	ㄷㄸ	ㄷㅃ	ㅆ	ㄷㅉ	ㄷㄲ	ㄷㄸ	ㄷㅃ	ㅆ
ㅂ	ㅂㄲ	ㅂㄸ	ㅂㅃ	ㅂㅆ	ㅂㅉ	ㅂㄲ	ㅂㄸ	ㅂㅃ	ㅂㅆ
ㄴ	ㄴㄱ	ㄴㄷ	ㄴㅂ	ㄴㅅ	ㄴㅈ	ㄴㄲ	ㄴㄸ	ㄴㅃ	ㄴㅆ
ㅁ	ㅁㄱ	ㅁㄷ	ㅁㅂ	ㅁㅅ	ㅁㅈ	ㅁㄲ	ㅁㄸ	ㅁㅃ	ㅁㅆ
ㅇ	ㅇㄱ	ㅇㄷ	ㅇㅂ	ㅇㅅ	ㅇㅈ	ㅇㄲ	ㅇㄸ	ㅇㅃ	ㅇㅆ
ㄹ	ㄹㄱ	ㄹㄷ	ㄹㅂ	ㄹㅅ	ㄹㅈ	ㄹㄲ	ㄹㄸ	ㄹㅃ	ㄹㅆ

초성 종성	ㅉ	ㅊ	ㅋ	ㅌ	ㅍ	ㅎ	ㅁ	ㄴ	ㄹ
ㄱ	ㄱㅉ	ㄱㅊ	ㄱㅋ	ㄱㅌ	ㄱㅍ	ㅋ	ㅇㅁ	ㅇㄴ	ㅇㄴ
ㄷ	ㄷㅉ	ㄷㅊ	ㄷㅋ	ㄷㅌ	ㄷㅍ	ㅌ	ㄴㅁ	ㄴㄴ	ㄴㄴ
ㅂ	ㅂㅉ	ㅂㅊ	ㅂㅋ	ㅂㅌ	ㅂㅍ	ㅍ	ㅁㅁ	ㅁㄴ	ㅁㄴ
ㄴ	ㄴㅉ	ㄴㅊ	ㄴㅋ	ㄴㅌ	ㄴㅍ	ㄴㅎ	ㄴㅁ	ㄴㄴ	ㄴㄴ ㄹㄹ
ㅁ	ㅁㅉ	ㅁㅊ	ㅁㅋ	ㅁㅌ	ㅁㅍ	ㅁㅎ	ㅁㅁ	ㅁㄴ	ㅁㄴ
ㅇ	ㅇㅉ	ㅇㅊ	ㅇㅋ	ㅇㅌ	ㅇㅍ	ㅇㅎ	ㅇㅁ	ㅇㄴ	ㅇㄴ
ㄹ	ㄹㅉ	ㄹㅊ	ㄹㅋ	ㄹㅌ	ㄹㅍ	ㄹㅎ	ㄹㅁ	ㄹㄹ ㄴ	ㄹㄹ

※ 음영은 원래의 음가대로 발음되지 않고 발음이 바뀌는 경우임을 표시한다.

자음연결이 허용되고 금지되는 양상 발음이 바뀌지 않는 경우, 즉 자음연결이 허용되는 경우를 'ㅇ'로, 발음이 바뀌는 경우, 즉 자음연결이 금지되는 경우를 '×'로 표시하여 표를 간단히 나타내면 다음과 같다.

자음연결(종성+초성)의 양상

초성 종성	평음 (ㄱ, ㄷ, ㅂ, ㅅ, ㅈ)	경음 (ㄲ, ㄸ, ㅃ, ㅆ, ㅉ)	유기음 (ㅊ, ㅋ, ㅌ, ㅍ)	ㅎ	ㅁ	ㄴ	ㄹ
폐쇄음 (ㄱ, ㄷ, ㅂ)	×	ㅇ/×	ㅇ	×	×	×	×
비음 (ㄴ, ㅁ, ㅇ)	ㅇ	ㅇ	ㅇ	ㅇ	ㅇ	ㅇ	×
ㄹ	ㅇ	ㅇ	ㅇ	ㅇ	ㅇ	×	ㅇ

※ 폐쇄음 종성과 경음 초성의 연결을 'ㅇ/×'로 표시한 것은 'ㄷㅆ'의 경우에만 '×'이고 나머지 'ㄱㄲ, ㄱㄸ, ㅂㅆ, ㅂㅉ' 등은 'ㅇ'라는 뜻이다.

자음연결에 따른 음운현상 자음연결이 금지되는 경우에는 다음과 같은 음운현상들이 일어나 적격한 자음연결로 바뀌게 된다(각 음운현상에 대해서는 8장 참조).

자음연결에서 일어나는 음운현상

부적격한 자음연결	음운현상	적격한 자음(연결)	예
폐쇄음 – 평음	경음화	폐쇄음 – 경음	압가 → 압까 악자 → 악짜
ㄷ–ㅆ	ㄷ탈락	ㅆ	앋싸 → 아싸
폐쇄음 – ㅎ	유기음화	ㅋ, ㅌ, ㅍ	악하 → 아카 앋하 → 아타
폐쇄음 – ㅁ, ㄴ	폐쇄음의 비음화	비음 – ㅁ, ㄴ	악나 → 앙나 압마 → 암마
폐쇄음 – ㄹ	‘ㄹ’의 비음화, 폐쇄음의 비음화	비음 – ㄴ	악라 → 악나 → 앙나 압라 → 압나 → 암나
ㅁ, ㅇ–ㄹ	‘ㄹ’의 비음화	ㅁ, ㅇ–ㄴ	암라 → 암나 앙라 → 앙나
ㄴ–ㄹ	‘ㄹ’의 비음화	ㄴ – ㄴ	안라 → 안나
	유음화	ㄹ–ㄹ	안라 → 알라
ㄹ–ㄴ	유음화	ㄹ–ㄹ	알나 → 알라
	ㄹ탈락	ㄴ	알나 → 아나

중복자음과 경음·유기음의 발음 폐쇄음 종성(ㄱ, ㄷ, ㅂ) 뒤에 경음 ‘ㄲ, ㄸ, ㅃ, ㅉ’이나 유기음 ‘ㅋ, ㅌ, ㅍ, ㅊ’ 초성이 연결되는 데는 아무런 문제가 없다. 이러한 자음연결 중 조음위치가 같은 자음끼리 만난 ‘ㄱㄲ, ㄱㅋ, ㄷㄸ, ㄷㅌ, ㄷㅉ, ㄷㅊ, ㅂㅃ, ㅂㅍ’을 **중복자음**이라 부를 수 있다. 이들은 폐쇄음 종성을 뺀 발음 ‘ㄲ, ㅋ, ㄸ, ㅌ, ㅃ, ㅍ’과 이론적으로는 분명히 다르지만 실제로는 구별되지 않는다. 예를 들어 [악까]와 [아까], [앋차]와 [아차]를 발음으로 구별할 수 없다. 조음위치에서의 폐쇄지속시간이 얼마만큼 길면 중복자음이고 얼마만큼 짧으면 경음이나 유기음이라는 구별을 한국어는 하지 않는 것이다.[4]

중복자음과 경음·유기음의 동일성 예를 들어 ‘식칼’의 발음 [식칼]은 [시칼]과 구별되지 않는다. ‘독기(毒氣)’의 발음 [독끼]는 ‘도끼’의 발음 [도끼]와 구별되지 않는다. 그리고 ‘박꽃’과 ‘바꽃’도 발음으로써 구별할 수 없다(둘은 다른 꽃이다). 또 “말이 소처럼 생겼다.”와 “냄비가 솥처럼 생겼다.”의 ‘소처럼’과 ‘솥처럼’은 각각 [소처럼]과 [솓처럼]으로 발음되어 구별될 듯하지만 그렇지 않다. 말과 소를 비교하느냐 냄비와 솥을 비교하느냐 하는 문맥이 [소처럼/솓처럼]으로 발음된 말이 ‘소처럼’인지 ‘솥처럼’인지를 알려 주는 유일한 단서이다.[5]

4. 일본어에서는 ‘kite kudasai(와 주세요)’와 ‘kitte kudasai(잘라 주세요)’가 발음으로 구별된다. ‘tt’의 폐쇄지속시간이 ‘t’보다 2~3배 길기 때문에 두 말을 발음으로 구별할 수 있는 것이다.

5. 특수한 상황에서는 “말이 솥처럼 생겼다.”나 “냄비가 소처럼 생겼다.”와 같은 말을 할 수도 있겠지만 그때는 말과 솥을 비교하고 냄비와 소를 비교하고 있음을 전달하기가 더욱 어려울 것이다.

중복자음의 표준발음 표준발음에서는 [악까]와 [아까]를 서로 다른 발음으로 처리한다. 그리고 '식칼'은 [식칼]로만 발음되고 [시칼]로는 발음되지 않으며 '도끼'는 [도끼]로만 발음되고 [독끼]로는 발음되지 않는다고 본다. 즉 중복자음과 경음·유기음의 동일성을 인정하지 않는다.

맞춤법에서의 근거 한글맞춤법에서 '뒤칸, 배탈, 허리띠' 등 뒷말이 경음이나 유기음으로 시작된 경우에 사이시옷을 적지 않도록 규정한 것은 사이시옷을 적은 표기와 적지 않은 표기를 발음상 구별할 수 없는 현실을 감안한 것이라고 생각된다. 또 '셋째, 넷째'가 옳은지 '세째, 네째'가 옳은지를 발음으로써 판단하기 어려운 것도 두 가지 표기의 발음이 구별되지 않기 때문일 것이다. 예전의 맞춤법에서는 '세째, 네째'도 인정했었는데 1988년 한글맞춤법의 개정 이후로는 '셋째, 넷째'만 옳은 표기이다. 맞춤법이 바뀐 것은 그 이전 발음과 그 이후 발음이 달라서가 아니다. 발음은 그대로인데 이 말들의 형태소분석을 전과 다르게 하게 된 결과이다.

중복자음과 긴장폐쇄음·긴장파찰음의 발음 표시 이제 모든 경우에 중복자음은 긴장폐쇄음(ㄲ, ㅋ, ㄸ, ㅌ, ㅃ, ㅍ) 및 긴장파찰음(ㅉ, ㅊ)으로 바꿔 발음해도 같고, 반대로 긴장폐쇄음 및 긴장파찰음은 중복자음으로 바꿔 발음해도 같다고 보기로 한다. 예를 들어 '갑부'의 발음을 [갑뿌]로만 표기하더라도 자동적으로 [갑뿌/가뿌]라는 두 가지 발음을 인정한 것으로 보고, '기쁘다'의 발음을 [기쁘다]로만 표기하더라도 자동적으로 [기쁘다/깁쁘다]라는 두 가지 발음을 인정한 것으로 보기로 한다.

중복자음과 긴장폐쇄음·긴장파찰음의 동일성

양순음

ㅂㅃ = ㅃ : 갑부[갑뿌/가뿌], 입방아[입빵아/이빵아], 기쁘다[기쁘다/깁쁘다]

ㅂㅍ = ㅍ : 밥풀[밥풀/바풀], 거품[거품/겁품], 아프다[아프다/압프다]

전설음

ㄷㄸ = ㄸ : 밑동[믿똥/미똥], 솥뚜껑[솓뚜껑/소뚜껑], 소똥[소똥/솓똥]

ㄷㅌ = ㅌ : 붓털[붇털/부털], 비탈[비탈/빋탈], 사탕[사탕/삳탕]

ㄷㅉ = ㅉ : 낮잠[낟짬/나짬], 밑지다[믿찌다/미찌다], 배짱[베짱/벧짱]

ㄷㅊ = ㅊ : 밑천[믿천/미천], 부추[부추/붇추], 미치다[미치다/믿치다]

후설음

ㄱㄲ = ㄲ : 가죽끈[가죽끈/가주끈], 목걸이[목꺼리/모꺼리], 이끼[이끼/익끼]

ㄱㅋ = ㅋ : 식칼[식칼/시칼], 위칸[위칸/윅칸], 착하다[차카다/착카다]

4-6 [ㄷㅆ]은 가능한 발음인가?

표준발음에서는 'ㄷㅆ'이 가능한 발음이라고 본다. 예를 들어 '낯설다, 햇살, 뱃속'의 표준발음은 [낟썰다], [해쌀/핻쌀], [배쏙/밷쏙]이다. 그런데 'ㅆ' 앞에서 'ㄷ'이 발음되려면 혀끝과 윗니 사이에서 폐쇄가 일어나야 한다. 그렇지만 '낯설다, 햇살, 뱃속' 등을 천천히 발음해 보아도 자연스러운 발음에서는 그러한 폐쇄가 일어나지 않고 바로 'ㅆ' 발음으로 넘어간다. 만약 폐쇄가 일어난다면 뒤따르는 마찰음 'ㅆ'과의 연결이 'ㅉ'이라는 파찰음으로 실현되지 않을 이유가 없다. 실제로 영어 'cats'에서 [ʦ]라는 파찰음의 실현을 볼 수 있다. 일상적인 발음에서 '갓 써요'와 '갔어요', '빗 사고'와 '빗 싸고'와 '비싸고'는 구별되지 않는다. 'ㅆ' 앞에서 'ㄷ'이 발음될 수 있다는 생각은 표기에 이끌린 착각일 가능성이 크다.

'ㄷㅆ'이 사실은 [ㅆ]으로 발음된다는 근거를 한글맞춤법에서 찾을 수 있다. 자음 뒤의 '-습니다'를 1988년 개정 이전에는 '있읍니다, 하겠읍니다'와 같이 '-읍니다'로 적었는데 개정 이후에는 '-습니다'로 적고 있다. 개정 이전에 [이씀니다], [하게씀니다]로 발음하던 말을 개정 이후에 [읻씀니다], [하겓씀니다]로 발음하게 된 음운변화가 있었던 것이 아니다. 개정 이전과 이후의 발음이 똑같이 [이씀니다], [하게씀니다]라고 보아야 이에 관한 맞춤법의 개정이 발음에 관한 것이 아니라 표기에 관한 것이라고 설명할 수 있다.

음절

4.2.3 어두음절의 초성과 두음법칙

어두음절, 비어두음절, 어말음절 음절들이 한 줄로 연결되어 단어를 구성할 때 단어의 맨 앞에 놓이는 음절을 **어두음절**(語頭音節), 어두음절을 뺀 나머지 음절을 **비어두음절**(非語頭音節), 그리고 단어의 맨 뒤에 놓이는 음절을 **어말음절**(語末音節)이라 한다. 어두음절의 초성은 이른바 **두음법칙**(頭音法則)이 일어나는 환경이 된다.

두음법칙의 성격 두음법칙은 어두음절의 초성으로 'ㄴ, ㄹ'을 피하기 위해 'ㄴ → Ø', 'ㄹ → Ø', 'ㄹ → ㄴ'과 같이 발음이 바뀌는 듯 보이는 현상이다. 이러한 변화는 근대에 이미 끝난 것이므로 현대한국어의 공시적인 음운현상으로 인정하지 않는다. 현대한국어에서는 '녀자(女子) → 여자', '리유(理由) → 이유', '로인(老人) → 노인'과 같이 기술하지 않고 '녀/여(女), 리/이(理), 로/노(老)'와 같이 하나의 한자형태소가 두 가지 기저형을 가진 것으로 분석하는 것이 옳다. 다만 두 가지 기저형의 관련성을 발음 및 표기와 관련지어 간결하게 설명하기 위해서는 음운현상처럼 표현하는 것이 편리한 면이 있다.

고유어에서의 두음법칙 두음법칙은 한자어에 널리 나타난다(한자어에서의 두음법칙은 9.5 참조). 고유어에서는 두음법칙이 일어나지 않는다. 예를 들어 'ㄴ'으로 시작하는 고유어 '냠냠, 니은(글자 이름), 닐리리[닐리리], 닐리리야[닐리리야], 닁큼[닝큼]'의 'ㄴ'을 탈락시켜 발음하지 않는다. 또 고유어 중에 의존명사 '년, 녘, 닢(높임), 님(끊어 놓은 실을 세는 단위), 닢'은 '녀, 니'로 시작하므로 두음법칙이 적용될 만한 단어들이지만 의존명사는 앞말에 붙여서 발음하기 때문에 두음법칙과 관계가 없다(5.4.1 참조). 그리고 고유어 중에 어두음절의 초성이 'ㄹ'인 단어는 글자 이름

6 15세기에는 '라귀(나귀), 랄랍다(즐겁다), 러울 (너구리), 로새(노새), 롱담(弄談, 농담), 링어(鯉魚, 잉어)' 등 'ㄹ'로 시작하는 단어들이 조금 더 있었다.

인 명사 '리을[리을]'이 유일한데 [니을]로 발음하지 않는다.[6] 따라서 고유어에는 두음법칙이 적용되지 않는다.

고유어 '녀석, 님, 니가, 니' 고유어 중 '녀석'은 사전에서 의존명사로 처리하고 있으나 "벌써 가다니! 녀석도 참!"과 같이 관형어를 앞세우지 않고 자립명사처럼 사용하는 경우도 있다. 또 사전에서 자립명사로 풀이한 '임'은 '님의 침묵'과 같이 현실어에서 '님'으로 널리 쓰인다. 그리고 2인칭대명사 '너'에 주격조사가 붙은 '네가', 관형격조사 '의'가 붙은 '너의'의 준말 '네'를 각각 [네가], [네]로 발음하면 1인칭대명사에 조사가 붙은 '내가, 내'와 현실발음이 같아진다. 이것을 피하기 위해 '네가, 네'에 대한 전라방언과 경상방언의 형태인 '니가, 니'를 차용(借用)하여 중앙어에서도 '니가, 니'를 널리 쓴다. 이러한 '녀석, 님, 니가, 니'에서도 두음법칙은 일어나지 않는다.

외래어에서의 두음법칙 'ㄴ'으로 시작하는 외래어 '뉴스(news), 니켈(nickel), 님비(nimby)' 등과 'ㄹ'로 시작하는 외래어 '라디오(radio), 랠리(rally), 런던(London), 로켓(rocket), 림프(lymph)' 등의 'ㄴ, ㄹ'을 그대로 발음하므로 고유어와 마찬가지로 외래어에도 두음법칙이 적용되지 않는다고 할 수 있다.

고유어, 외래어에 두음법칙이 적용되지 않음을 보여 주는 예

어종	어두 음절의 초성	단어 예
고유어	ㄴ	냠냠, 냠냠거리다, 냠냠대다, 녀석, 님, 니은(글자 이름), 니글거리다, 니글니글, 니나노, 니(2인칭대명사), 닐리리[닐리리], 닐리리야[닐리리야], 닝큼[닝큼]
	ㄹ	리을
외래어	ㄴ	뉴스, 니켈, 님비
	ㄹ	라디오, 랠리, 런던, 로켓, 림프

'이(齒)'와 '이(蝨)'의 표기 이빨을 뜻하는 명사 '이(齒)'와 곤충의 '이(蝨)'는 표기만 보면 '니'를 원형으로 생각할 수도 있다. 어두에서는 '이'로, 비어두에서는 대체로 '니'로 표기되기 때문에 마치 '니'가 어두에서 두음법칙 때문에 '이'로 바뀐 것처럼 보인다.[7]

7. '금이빨[금니빨], 윗잇몸[윈닌몸]'은 '금니빨, 윗닛몸'으로 적지 않는다. '금니-빨, 윗니-몸'이 아닌 '금-이빨, 윗-잇몸'의 구조로 이루어진 것이기 때문이다. 발음에서 'ㄴ'이 들어가는 것은 ㄴ첨가 현상(8.3.3 (11) 참조)이다.

'이(齒)'의 표기

위치	표기	단어 예
어두	이	이, 이빨, 이틀, 잇몸, 잇자국
비어두	니	간니, 금니, 대문니, 덧니, 돌니, 떡니, 방석니, 배냇니, 뻐드렁니, 사랑니, 생니, 송곳니, 아랫니, 앞니, 어금니, 윗니, 젖니, 톱니, 틀니

'이(蝨)'의 표기

위치	표기	단어 예
어두	이	이
비어두	니	가랑니, 개이, 개털니, 고양이털니, 닭털니, 돼짓니, 말니, 머릿니, 몸니, 사면발니, 솟니, 짐승니, 짐승털니

'이(齒)'와 '이(蝨)'를 비어두에서 '니'로 적는 이유 비어두에서 '이'를 어두형태와 똑같이 '이'로 적으면 '이'를 조사나 접미사로 오해하여 ㄴ첨가가 일어나지 않는 발음을 할 우려가 있다. '금이 비싸다, 사랑이 넘치다' 같은 경우의 '금이, 사랑이'와 '금니, 사랑니' 등을 표기에서 쉽게 구별할 수 있게 하기 위해 '니'로 적도록 정한 것이다. 마침 '금니[금니], 앞니[암니], 틀니[틀리]' 등에서 보듯이 '이' 앞에 ㄴ첨가가 일어난 것처럼 발음되므로 표기 형태와 발음 형태의 관계에도 문제가 없다. 이때 '솜이불[솜니불], 나뭇잎[나문닙]'을 '솜니불, 나뭇닢'으로 적도록 하지 않은 태도와 상반된 것이기는 하나 '이'라는 너무나 짧은 형태가 명사 '이'로 인식되지 않아 엉뚱한 발음이 생기는 것을 방지하기 위해서는 어쩔 수 없는 조치였다고 생각된다. 따라서 '이(齒)'와 '이(蝨)'를 비어두에서 '니'로 적는 것은 두음법칙과는 상관이 없다. 다시 말해서 원래 '니'인 것이 어두에서 두음법칙 때문에 '이'로 바뀐 것이 아니다.

'니'의 표기와 ㄴ첨가 '막+일, 떡+잎'은 ㄴ첨가 때문에 [망닐], [떵닙]으로 발음된다. '떡+이'도 역시 ㄴ첨가 때문에 [떵니]로 발음된다. 그렇지만 '떡+이'만은 '떡니'로 'ㄴ'을 아예 넣어 적으므로 표기상으로는 ㄴ첨가가 일어나지 않는 것처럼 보인다. 음운론적으로는 '막일, 떡잎'과 마찬가지로 '금니, 떡니, 가랑니, 짐승니' 등이 모두 ㄴ첨가가 일어난 단어이다.

고유어와 두음법칙의 관계 이상에서 보듯이 고유어에서도 어두음절이 'ㄹ'이거나 어두음절의 '초성+중성'이 '냐, 녀, 니'인 단어가 있기는 하나 극소수이다. 따라서 두음법칙이 고유어에 적용된다고 할 수는 없지만 두음법칙에 어긋나는 어두음절을 꺼리는 현상은 고유어에도 있다고 할 수 있다.

4-7 옛말의 어두 '냐, 녀, 니, 녜'

15세기 한국어에서도 어두음절이 '냐, 녜'로 시작하는 단어는 '냥반(兩班), 녯날(옛날)' 등 소수였다. 그러나 '녀, 니'로 시작하는 단어는 꽤 많았다. '녀느(여느), 녀다(가다), 녀름(여름), 녀미다(여미다), 녀편(女便, 아내), 녑(옆구리), 녙다(얕다), 녛다(넣다), 니(이, 齒), 니르다(이르다, 謂), 니마ㅎ(이마), 니블(이불), 닉다(익다), 닐다(일다, 起), 닐굽(일곱), 닑다(읽다), 님금(임금), 닙다(입다), 닛다(잇다), 닞다(잊다), 닢(잎)' 등이 그 예이다. '냐, 녜, 녀, 니'로 시작하는 단어들의 첫소리 'ㄴ'은 후대에 대부분 탈락했다. 'ㄴ'의 구개음화 [n]>[ɲ]('i, j' 앞) 이후 [ɲ]의 탈락으로 결국 'ㄴ'이 탈락하게 된 것이다. 현대에 '냐, 녀, 뇨, 뉴, 니, 녜'로 시작하는 고유어가 없거나 극소수밖에 남지 않은 것은 이러한 역사적 변화 때문이다.

4-8 음절의 가짓수와 끝말잇기

끝말잇기는 둘 이상의 사람이 모여 번갈아서 '여우 — 우등상 — 상자 — 자연 — 연기— 기름'과 같이 다음절어를 하나씩 말하되 앞말의 끝음절자를 첫음절자로 삼아 새로운 단어를 말하는 놀이이다. 이때 적절한 단어를 찾지 못해 지는 것은 대개 어두음절의 초성이 'ㄹ'이거나 '초성+중성'이 '냐, 녀, 뇨, 뉴, 니' 등으로 시작하는 단어를 말해야 하는 경우이다. 단어의 끝음절자 중에는 첫음절자로 쓰이지 않는 것들이 꽤 있기 때문이다. 예를 들어 '기름'이나 '양념' 다음에 말할 수 있는 단어는 '름'이나 '념'으로 시작하는 단어인데 그런 단어는 존재하지 않는다. 어두음절의 초성이 고루 존재하지 않는 이 현상을 이용하면 끝말잇기에서 이길 확률이 높아진다.

'기름, 양념'과 같은 단어는 외통수이므로 끝말잇기가 어느 순간 갑자기 끝나지 않도록 하기 위해, 다음에 이을 수 있는 단어를 자기가 알고 있는 경우에만 단어를 말할 수 있다는 제약을 붙이기도 한다. '기름' 뒤에 이을 수 있는 단어를 자기도 모르면서 '기름'이라는 단어를 말할 수는 없다는 것이다. 또 이런 문제를 원천적으로 피하기 위해 첫말잇기를 하는 경우도 있다. **첫말잇기**는 '기름 — 연기 — 자연 — 상자 — 우등상 — 여우'와 같이 앞말의 첫음절자를 끝음절자로 삼아 새로운 단어를 말하는 놀이이다. 단어의 첫음절자 중에 끝음절자로 쓰이지 않는 것은 거의 없으므로 이 놀이는 외통이 쉽게 생기지 않는다.

영어로는 끝말잇기 놀이를 하지 않는다. 만약에 철자를 기준으로 끝말잇기를 한다면 'happy — year — rainbow — wing — game' 등과 같이 이어나가기가 너무 쉬워 재미가 적다. 알파벳 26자 중의 하나로 시작하는 말은 상당히 많기 때문이다. 만약 한국어처럼 음절을 기준으로 한다면 'year, wing, game, peace, bright, friend, school, stream' 등 수많은 1음절어를 사용하지 못하게 된다. 더구나 'English[ɪŋglɪʃ]' 같은 단어의 뒤를 잇기 위해서는 [glɪʃ]라는 음절로 시작하는 단어를 찾아야 하는데 그런 단어는 없다. 영어 음절의 가짓수가 수만에 이르므로 각 음절로 시작하는 단어가 충분히 확보되어 있지 않다. 그 때문에 너무나도 쉽게 외통이 생겨 금방금방 끝난다. 이 역시 놀이로서 성립하기 어렵다.

중국어는 음절의 가짓수가 한국어보다 적고 일본어는 중국어보다 적다. 중국어는 성조를 무시할 때 400여 가지, 일본어는 어두에 오는 음절의 경우 200여 가지에 불과하다. 그래서 이들 언어에서 음절을 기준으로 끝말잇기를 하면 긴장감이 덜하고 재미가 적다. 긴장감을 높이려면 여러가지 제약을 붙여 후보 단어의 수를 줄여야 한다. 따라서 한국어의 끝말잇기는 음절의 가짓수와 단어의 형태가 통계적으로 잘 버무려진 행운이라고 할 수 있다.

제2편

5. 단어

5.1 단어의 발음이 정해지는 원리

언어기호의 자의성 모르는 언어나 방언에서 어떤 단어를 어떻게 발음할지를 미리 아는 것은 불가능하다. 이것은 단어의 뜻과 발음이 어떤 원리나 규칙에 따라 필연적 관계로 맺어져 있는 것이 아니기 때문이다. 이것을 현대언어학의 창시자인 소쉬르(F. de Saussure)는 언어기호(liguistic sign)의 **자의성**(恣意性 arbitrariness)이라 했다. 예를 들어 한국어를 모르는 외국인이 '여름'이라는 단어의 발음이 [여름]일지 [다구]일지 다른 어떤 것일지를 전혀 예측할 수 없다. 한국어 화자들이 '여름'이라는 단어의 발음을 [여름]으로 정해 놓고 쓰는 것이기 때문에 그 약속을 모르는 외국인은 속수무책일 수밖에 없다. 한국에서 태어난 아이라도 그 사실을 미리 알 방도는 없다.

표기로부터 발음이 정해지는 것이 아님 단순한 사람은 '여름'이라는 단어를 '여름'이라고 적으니까 당연히 [여름]이라고 읽을 수밖에 없는 것이 아니냐고 할지도 모른다. 그러나 표기가 발음보다 먼저 정해지는 것이 아니므로 발음의 이유를 표기에서 찾는 것은 잘못이다(**0-4** 참조).

형태소마다 정해져 있는 발음 '여름철'(←여름+철)과 같은 합성어(合成語)의 발음은 어떤가? '여름철'이라는 단어의 발음이 [여름철]인 것은 '여름'이라는 단어의 발음이 [여름]으로, '철'이라는 단어의 발음이 [철]로 정해져 있기 때문이다. 너무나도 당연한 이야기다. 형용사 '길다'의 발음 [길다]도 어간 '길-'의 발음 [길]과 어미 '-다'의 발음 [다]가 결합하여 만들어진 것이라고 설명할 수 있다. '여름철, 길다' 등은 {여름}, {철}, {길-}, {-다}와 같은 형태소들의 결합이다.[1] 따라서 단어마다 발음이 정해져 있다고 하기보다는 형태소마다 발음이 정해져 있고 단어의 발음은 그 단어를 구성하고 있는 각 형태소의 발음으로부터 만들어진다고 하는 것이 더 정확한 진술이다.

1. 형태소의 개념은 1.2 참조. 표기된 형태가 형태소임을 강조하여 표시할 때는 { }를 사용한다. 강조할 필요가 없을 때는 ' '로 표시할 것이다.

형태소의 자의성 단어의 발음이 정해지는 데에 원리나 규칙이 없듯이 형태소의 발음이 정해지는 데에도 아무런 원리나 규칙이 없다. 소쉬르는 단어 예를 가지고 언어기호의 자의성을 설명했지만 모든 단어가 하나 이상의 형태소로 이루어져 있다는 점을 고려하면 형태소의 뜻과 발음이 자의적으로 결합해 있다는 것으로 재해석할 수 있다.

외국어의 형태소 배우기 형태소의 발음을 예측할 수 없기 때문에 어떤 언어를 새로 배우는 사람은 그 언어에 존재하는 수많은 형태소들의 발음이 어떻게 정해져 있는지 일일이 외워야 한다. 한국인이 영어를 배울 때 영어 단어의 발음을 철자와 함께 일일이 외워야 하는 것이 그 한 예이다. 영어 단어의 발음과 철자를 외울 때 사실은 형태소의 발음과 철자를 외우는 식으로 한다. 예를 들어 단어 'reasonable'의 발음과 철자를 외우는 일은 형태소 {reason}과 {−able}의 발음과 철자를 외움으로써 이루어진다. 나아가 형태소 {un−}과 {−ly}의 발음과 철자를 알고 있으면 'unreasonably'와 같은 단어의 발음과 철자도 쉽게 이해하고 외울 수 있다.

단어의 발음이 정해지는 원리 이상의 서술을 통해 잠정적으로 다음과 같은 원리를 제시할 수 있다.

단어의 발음이 정해지는 원리(임시)

1. 단어는 그 단어를 구성하는 형태소의 발음으로부터 정해진다.
2. 형태소의 발음은 예측할 수 없다.

5.2 사례의 검토

5.2.1 '물'로 시작하는 단어들의 경음

어두음절 '물' 뒤의 평음과 경음 위에서 본 두 가지 원리로 모든 단어의 발음을 설명할 수 있는 것은 아니다. 경음화 현상과 관련된 다음 예들을 보자. 이들은 모두 '물'이라는 음절로 시작하는 다음절어들인데 두 번째 음절의 초성이 '물거품[물거품]'의 [ㄱ]처럼 평음인 것도 있고 '물가[1][물까]'의 [ㄲ]처럼 경음인 것도 있다. 이런 차이를 어떻게 설명할 수 있을지 생각해 보자.

둘째 음절의 초성이 평음인 단어

물거품
물게[1](입으로 물게 한다.)
물고(입으로 물고)
물과(물과 불)
물두부
물바다
물보(物譜)(책 이름)
물보다(피는 물보다 진하다.)

물구나무	물수제비
물다가(입으로 물다가)	물지[1](입으로 물지 말고)
물도(물도 안 마시고)	물질[1](해녀가 물속에 들어가 해산물을 따는 일)

둘째 음절의 초성이 경음인 단어

물가[1](물의 근처)	물빨래
물가[2](物價)	물산(物産)
물게[2](내가 입으로 물게.)	물소리
물고기	물수록(입으로 물수록)
물까(입으로 물까?)	물싸움
물까지(물통에 있던 물까지 다 마셨다.)	물쏘냐(입으로 물쏘냐?)
물까치	물씬
물끄러미	물지[2](입으로 물지 꼬리로 칠지 알 수 없다.)
물동량(物動量)	물질[2](物質)
물동이	물집
물방울	물찜질

단어

발음의 차이와 표기의 차이의 관련성 이 두 부류의 차이로 우선 눈에 띄는 것은 표기의 차이일 것이다. 둘째 음절의 초성이 평음인 단어(임시로 '평음어'로 줄여 부르기로 한다)는 모두 둘째 음절이 평음자(平音字) 'ㄱ, ㄷ, ㅂ, ㅅ, ㅈ'으로 시작한다는 특징이 있다. 둘째 음절의 초성이 경음인 단어(임시로 '경음어'로 줄여 부르기로 한다)는 둘째 음절이 평음자로 시작하는 것도 있고 경음자(硬音字) 'ㄲ, ㄸ, ㅃ, ㅆ, ㅉ'으로 시작하는 것도 있다. 달리 말하면 둘째 음절이 경음자로 시작하는 것은 모두 경음어이다.

발음의 차이와 표기의 차이의 관련성

발음 \ 표기		둘째 음절자의 초성자			
		평음자		경음자	
둘째 음절의 초성	평음	물거품 물게[1] 물고 물과 물구나무 물다가 물도	물두부 물바다 물보 물보다 물수제비 물지[1] 물질[1]		
	경음	물가[1] 물가[2] 물게[2] 물고기 물동량 물동이 물방울	물산 물소리 물수록 물지[2] 물질[2] 물집	물까 물까지 물까치 물끄러미 물빨래	물싸움 물쏘냐 물씬 물찜질

표기를 발음의 근거로 볼 수 없음 그런데 앞에서도 언급한 바와 같이 표기가 발음에 우선하는 것이 아니므로 발음의 차이가 나타나는 원인을 이러한 표기상의 특징에서 찾으려는 태도는 옳지 않다.

5.2.2 단순어

조어구조에 따른 단어의 분류와 관찰 위에서 제시한 단어들을 형태소로 분석해서 그 조어구조(造語構造)에 따라 다시 분류해 보자. 경음어는 단어 앞에 별표(*)를 붙여 평음어와 구별하기로 한다.

단순어	
물구나무	*물끄러미 *물씬

단순어의 발음에 대한 설명 단순어(單純語)인 '물구나무, 물끄러미, 물씬'은 한 형태소로 이루어진 단어들이기 때문에 둘째 음절이 각각 [구], [끄], [씬]으로 발음되는 이유는 이 형태소들의 발음이 원래 그렇게 정해져 있기 때문이라고 설명할 수 있다. 그리고 왜 그렇게 정해져 있는지는 더 이상 설명할 수 없다. 이것은 **5.1**의 원리 2와 관련된다.[2]

2. 단순어를 단일어라고도 한다. '손, 여름, 기러기'처럼 형태소 하나로만 이루어진 단어를 가리킨다. 둘 이상의 형태소로 이루어진 단어는 복합어(합성어와 파생어)라 한다.

5.2.3 체언과 조사의 연결형

체언과 조사의 연결형	
물-과(물과 불) 물-도(물도 안 마시고)	물-보다(피는 물보다 진하다.) *물-까지

'체언+조사'의 발음에 대한 설명 체언 '물'과 조사의 연결형에서 둘째 음절의 초성은 조사의 두음(頭音)이다. 조사 형태소의 두음이 평음인 '물과, 물도, 물보다'는 평음어가 되고, 경음인 '물까지'는 경음어가 된다. 이것은 **5.1**의 원리 1과 관련된다.[3]

3. 경상도에는 '물도, 말도, 사람들도' 등을 [물또], [말또], [사람들또] 등으로 발음하는 지역도 있다. 이 방언에는 'ㄹ' 뒤에서 조사 '도'의 두음이 경음화되는 음운현상이 있는 것이다.

5.2.4 용언어간과 어미의 연결형

용언어간과 어미의 연결형	
물-게(입으로 물게 한다.) 물-고(입으로 물고) 물-다가(입으로 물다가) 물-지(입으로 물지 말고)	*무-ㄹ게(내가 입으로 물게.) *무-ㄹ까(입으로 물까?) *무-ㄹ수록(입으로 물수록) *무-ㄹ쏘냐(입으로 물쏘냐?) *무-ㄹ지(입으로 물지 꼬리로 칠지 알 수 없다.)

용언어간과 어미의 분석 용언어간과 어미의 연결형, 즉 활용형을 형태소로 분석하는 것은 경우에 따라 꽤 어려운 작업이다. 어미 형태소라는 것이 형태가 일정치 않은 경우도 있고 의미도 다소 추상적이기 때문에 어간 형태소와 어미 형태소의 경계를 어디라고 해야 할지 쉽지 않은 경우가 있는 것이다. 형태론과 음운론의 연구결과를 참고하면 위와 같이 분석할 수 있다.

'물–게'와 '무–ㄹ게'의 분석 근거 예를 들어 "입으로 물게 한다."의 '물게'는 '물–게'로 분석된다. 어간 '물–'에 어미 '–게'가 연결된 것이다. 반면에 "내가 입으로 물게."의 '물게'는 어간 '무–'에 어미 '–ㄹ게'가 연결된 것이다. 'ㄹ'이 어간의 말음(末音)이 아니고 어미의 두음으로 분석되는 점이 '물–게'와 다르다. 이 '물게[물께]'와 같은 약속형(約束形)인 '갈게, 잡을게'가 각각 '가–ㄹ게'와 '잡–을게'로 분석되는 것을 참고하면 '물게[물께]'의 'ㄹ'이 어미에 속해 있음을 확인할 수 있다. '무–ㄹ게'에서 어간이 '무–'가 되는 것은 어간 '물–'의 말음 'ㄹ'이 탈락한 결과이다(ㄹ탈락은 8.3.2 (7) 참조).

'물–게'와 '무–ㄹ게'의 분석 근거

어미 / 어간	부사형어미 {–게}	약속형어미 {–을게}
{가–}	가–게 [가게]	가–ㄹ게 [갈께]
{물–}	물–게 [물게]	무–ㄹ게 [물께]
{잡–}	잡–게 [잡께]	잡–을게 [자블께]

평음으로 시작하는 어미와 평음어 '물–게, 물–고, 물–다가, 물–지'와 같이 용언어간 '물–' 뒤에 평음으로 시작하는 어미 '–게, –고, –다가, –지'가 연결되면 당연히 평음어가 된다.

경음어를 만드는 어미들 경음어를 만드는 어미는 '–ㄹ게, –ㄹ까, –ㄹ수록, –ㄹ쏘냐, –ㄹ지'이다. 이 가운데 '–ㄹ까, –ㄹ쏘냐'가 경음어를 만드는 것은 '까'와 '쏘'의 초성이 원래부터 경음으로 정해져 있기 때문이라고 금방 말할 수 있다. 그런데 '–ㄹ게[–ㄹ께], –ㄹ수록[–ㄹ쑤록], –ㄹ지[–ㄹ찌]'도 'ㄹ' 뒤의 자음이 원래부터 경음으로 정해져 있다고 보아야 한다. '–ㄹ게'의 발음은 원래 [–ㄹ게]인데 경음화 때문에 [–ㄹ께]로 발음이 바뀐다고 보는 것은 표기에 이끌린 편견이며 위의 원리 2에도 어긋난다. '–ㄹ게'는 한 형태소이기 때문에 원리 2에 따라 'ㄹ' 뒤의 자음이 [ㄱ]인지 [ㄲ]인지 미리 정해져 있지 않으면 안 된다.[4] '–ㄹ게, –ㄹ수록, –ㄹ지'를 발음과 다르게 적는 것은 표기법상의 기교일 뿐이다. 따라서 '물게[2], 물까, 물수록, 물쏘냐, 물지[2]'가 경음어가 되는 것은 어간에 결합한 어미 '–ㄹ게, –ㄹ까, –ㄹ수록,

4. '–ㄹ게'는 1988년의 맞춤법 개정 이전에 '–ㄹ께'로 적었다. 맞춤법 개정 이전에 오히려 표기와 발음이 일치했던 것이다.

단어

-ㄹ쏘냐, -ㄹ지'에서 'ㄹ' 뒤의 자음이 원래부터 경음으로 정해져 있기 때문이라고 설명할 수 있다.

활용형의 발음에 대한 설명 결국 똑같이 '물게'로 표기되는 '물-게[물게]'와 '무-ㄹ게[물께]'의 차이, 또 '물지'로 표기되는 '물-지[물지]'와 '무-ㄹ지[물찌]'의 차이는 어미 형태소의 발음이 원래 다르게 정해져 있기 때문에 생기는 것이다. 따라서 활용형에서의 평음어와 경음어가 구별되는 현상은 원리 1로 설명된다.

5.2.5 복합어

복합어는 다음 세 부류로 나눌 수 있다.

복합어 (1) : 두 번째 형태소가 평음으로 시작하기 때문에 평음어가 된 단어

물-거품	물-수제비
물-두부	물-질
물-바다	

복합어 (2) : 두 번째 형태소가 경음으로 시작하기 때문에 경음어가 된 단어

*물-까치	*물-싸움
*물-빨래	*물-찜질

복합어 (3) : 두 번째 형태소가 평음으로 시작하지만 경음어가 된 단어

*물-가	*물-방울
*물-고기	*물-소리
*물-동이	*물-집

복합어 (3)을 설명하기 위한 원리 복합어 (1)과 복합어 (2)는 원리 1로 설명된다. 각 형태소의 발음을 이으면 그대로 복합어의 발음이 되기 때문이다. 그러나 복합어 (3)은 원리 1과 원리 2로는 설명할 수 없다. 복합어 (3)은 두 형태소가 결합하는 과정에서 경음화라는 음운현상이 일어나 원래의 발음과 달라진다. 이제 복합어 (3)을 설명하기 위해 원리 3을 추가해야 한다.

단어의 발음이 정해지는 원리(추가)

3. 형태소와 형태소가 연결될 때 음운현상이 일어나 발음이 바뀔 수 있다.

복합어 (3)에 나타나는 경음화와 원리 3의 필요성 대부분의 음운현상은 아주 규칙적이다. 일정한 환경에서 일정한 조건에 따라 음운현상이 일어난다. 그런데 복합어 (3)에서 일어나는 경음화 현상은 아직 그 규칙성이 완전히 밝혀지지 않아 꽤 불규칙적인 것처럼 보인다. 왜 '물거품, 물두부' 등의 복합어 (1)에서는 경음화가 일어나지 않고 '물가, 물고기' 등의 복합어 (3)에서는 경음화가 일어나는지 완전하게 설명하기는 어려운 것이다. 복합어 (3)에서 일어나는 경음화는 사이시옷과 관계가 있다(8.3.1 (5)④ 참조). 어쨌든 지금의 논의에서는 복합어의 형성에서 경음화와 같은 음운현상이 일어날 수도 있으며 원리 3이 필요하다는 것이 중요하다.

5.2.6 한자어

한자어	
물-보(物譜)	*물-산(物産)
*물-가(物價)	*물-질(物質)
*(물-동)-량(物動量)	

한자어의 발음에 대한 설명 한자어에서는 대체로 한자 하나하나가 형태소이다. 한자어의 발음은 원리 1에 따라 각 한자의 발음으로부터 예측할 수 있다. '물보'가 그 예이다. 한자 '물(物)'의 발음 [물]과 '보(譜)'의 발음 [보]가 연결되면 [물보]로 실현되는 것은 당연한 것이다. 그런데 '물가(物價), 물동량, 물산, 물질(物質)'은 앞에서 본 복합어 (3)과 마찬가지로 한자의 결합 과정에서 경음화가 일어난다. 이것은 원리 3으로 설명해야 한다. 한자어에서의 경음화 역시 불규칙적인 경우도 있지만 규칙적인 경우가 더 많다. '물가(物價)'의 '가(價)'는 다른 한자 뒤에 붙어 한자어를 형성할 때 항상 경음화되는 특징을 가지고 있다(9.6.3 (2) 참조). '물동량'의 '물동'과 '물산, 물질(物質)'의 발음은 2음절 한자어에서 'ㄹ' 뒤의 'ㄷ, ㅅ, ㅈ'이 항상 경음화된다는 간단한 규칙으로 설명할 수 있다(9.6.2 참조).

5.3 단어의 발음을 설명하는 방법

단어의 발음을 결정하는 요소 앞에서 설정한 세 가지 원리를 참고하면 단어의 발음을 결정하는 요소는 다음 두 가지로 정리된다. 달리 말하면 어떤 단어의 발음을 알기 위해 다음 두 가지에 관한 정보가 필요하다고 할 수 있다.

단어의 발음을 결정하는 요소

1. 단어를 구성하는 각 형태소의 발음
2. 형태소가 단어를 구성할 때 일어나는 음운현상

단어 '물고기'의 발음을 아는 데 필요한 정보 '물고기'의 발음을 알기 위해 필요한 정보는 형태소 {물}과 {고기}의 발음이 각각 [물]과 [고기]라는 점과 '물'과 '고기'를 연결해 합성어를 만들 때 경음화라는 음운현상이 일어난다는 점이다. 이 두 가지 정보를 알면 '물고기'의 발음이 [물꼬기]임을 예측할 수 있다.

형태소의 음운론적 교체 형태소 {물}은 항상 [물]로 발음된다. 형태소 {고기}는 '고기, 소고기, 불고기'에서와 같이 [고기]로 발음될 때도 있고 '닭고기[닥꼬기], 물고기[물꼬기]'에서와 같이 [꼬기]로 발음될 때도 있다. 이와 같이 한 형태소가 두 가지 이상의 발음으로 실현되는 현상을 **형태소의 음운론적 교체**(phonological alternation of a morpheme) 또는 **형태음운론적 교체**(morphophonological alternation)라 한다. {물}은 그러한 교체가 일어나지 않는 형태소이고 {고기}는 교체가 일어나는 형태소이다.

이형태와 기본형 형태음운론적 교체가 일어나는 형태소의 서로 다른 발음 각각을 **이형태**(異形態 또는 **변이형태** 變異形態 allomorph)라고 한다. {고기}라는 형태소의 이형태는 [고기]와 [꼬기]이다. 이때 두 이형태 중 한쪽을 기본적인 것으로 보아 **기본이형태**(基本異形態 basic allomorph)라 한다. 기본이형태를 줄여서 **기본형**(基本形 base form)이라 부른다.[5] 대체로 {고기}의 두 이형태 중 [고기] 쪽을 기본형으로 잡는다. '불고기'에서는 {고기}의 기본형이 그대로 실현되고 '물고기'에서는 경음화가 일어나 [고기]가 [꼬기]로 바뀐다. 이상과 같은 사실을 그림으로 나타내면 다음과 같다.[6]

5. 기본형은 용언어간에 종결어미 '-다'를 붙인 '가다, 먹다, 기쁘다, 작다'와 같은 형태를 가리키는 용어로 쓰기도 한다. 이 책에서는 용어의 혼동을 피하기 위해 '가다, 먹다, 기쁘다, 작다' 등을 **기본활용형**이라 부르고 기본형은 기본이형태의 뜻으로만 쓴다.

6. 형태소와 이형태의 관계는 음소와 변이음의 관계와 같다. 하나의 단위가 가진 둘 이상의 서로 다른 모양이라는 점에서 이형태와 변이음은 비슷하다. 이형태와 변이음을 **교체형**(alternate form)이라고 부르기도 한다.

이형태의 실현 과정(기본형을 이용한 설명)

		경음화	
	기본형	⇩	
이형태 :	[고기]	→	[꼬기]
	|		
형태소 :	{고기}		

기본형의 한계 이형태 중의 하나를 기본형으로 잡아서는 이형태의 실현을 설명하기 어려운 경우도 있다. 주격조사 형태소는 이형태가 [이]와 [가]이다. 그러나 둘 중 하나를 기본형으로 잡고 음운현상을 통해 이형태의 실현을 설명할 수 없다. [이] → [가] 또는 [가] → [이]가 자연스러운 음운현상으로 인정될 수 없기 때문이다. 이런 경우에도 기본형은 임의로 어느 하나로 잡는다. 대개 [이]를 기본형으로 잡는다. 그렇지만 이런 경우에는 이형태의 실현 과정을 음운현상을 통해 설명하지 않는다. 형태소를 표기할 때 기본형으로 통일해서 {이}와 같이 간편하게 적는 이점이 있을 따름이다.

기저형의 뜻 음운현상을 통해 이형태의 실현을 효과적으로 설명하기 위해서는 기본형이 아닌 **기저형**(基底形 underlying form)을 설정해야 한다. 기저형은 간단히 말해서 각 형태소에 정해져 있는 발음이다. 형태소와 형태소가 결합하여 단어를 구성할 때 각 기저형이 이어져 그 단어의 발음이 된다. 이 과정에서 음운현상이 일어날 수도 있다. 기본형과 기저형이 서로 유사한 개념이기는 하지만 음운현상을 통해 설명할 수 없는 이형태들이 모두 기저형으로 인정된다는 점에서 차이가 있다. 예를 들어 주격조사의 이형태 [이]와 [가]는 둘 다 기저형이 된다.

{-는다}의 이형태와 기저형 어미 {-는다}는 '간다, 먹는다[멍는다], 앓는다[알른다]'에서와 같이 동사어간 뒤에서 [-ㄴ다], [-는다], [-른다] 세 가지 이형태로 실현된다.[7] 이 가운데 '앓는다'의 [-른다]는 [-는다]로부터 유음화를 통해 설명할 수 있으나 [-ㄴ다]와 [-는다]는 음운현상을 통해 한쪽에서 다른 한쪽을 끌어낼 수 없다. 그래서 [-ㄴ다]와 [-는다]가 모두 기저형이 된다.[8]

이형태의 실현 과정(기저형을 이용한 설명)

이형태 : [고기] [꼬기]
↖ ↗ ⇐ 경음화
기저형 : [고기][9]
|
형태소 : {고기}

이형태 : [-ㄴ다] [-는다] [-른다]
↖ ↖ ↗ ⇐ 유음화
기저형 : [-ㄴ다] [-는다]
↘ ↙
형태소 : {-는다}

음성과 문법의 만남 이형태, 기저형, 음운현상은 음운론적 개념들이다. 형태소는 문법적 개념이다. 따라서 형태음운론적 교체는 음성과 문법이 서로 만나는 접경지대에서 나타나는 현상이다. 이를 다음과 같이 표현할 수 있다.[10]

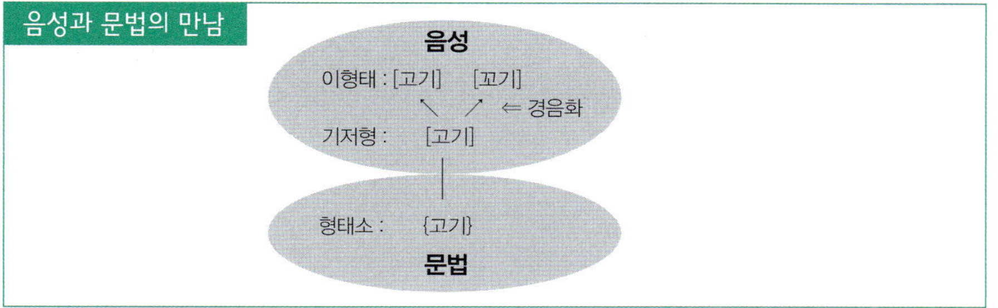

단어의 발음을 결정하는 요소 이제 단어의 발음을 결정하는 요소를 다음과 같이 간단히 나타낼 수 있다.

단어의 발음을 결정하는 요소

1. 기저형
2. 음운현상

기저형은 음운론적으로 정밀한 분석을 필요로 하기 때문에 각 형태소의 기저형이

7. '기쁘다, 작다[작따], 많다[만타]' 등 형용사어간 뒤의 '-다'(발음상 [-다], [-따], [-타])도 {-는다}의 이형태들이다. 본문에서는 동사어간에 붙는 이형태들만 살펴본다.

8. 구조언어학의 기본형은 형태론의 연구에서 형태소를 통일성 있게 표기하는 데 주된 목적이 있었다. 반면에 기저형은 변형생성문법의 **생성음운론**(generative phonology)에서 형태소가 이형태들로 실현되는 과정을 음운론적으로 설명하기 위해 만든 개념이다. 생성음운론에서는 기저형에 대립하는 개념으로 **표면형**(表面形)을 설정하고 이형태를 표면형이라고 부른다.

9. 이형태와 구별하기 위해 기저형을 /고기/ 또는 //고기//와 같이 적기도 한다.

10. 음성과 문법을 포함한 여러 언어부문들의 관계는 11장 참조.

뭔지를 일일이 논의하면 설명이 복잡해지고 어려워질 우려가 있다. 그러므로 이 책에서는 기저형의 개념을 되도록 적게 이용할 것이다.

5-1 한글맞춤법과 기저형

한글맞춤법은 기저형의 개념을 표기법에 적절히 이용한 사례이다(맞춤법에서는 기저형을 **원형**(原形)이라 부른다). '물고기'는 [물꼬기]로 발음되지만 '물'과 '고기'의 기저형을 표기에 반영해 '물고기'로 적는다. '꽃, 꽃을, 꽃만' 등에서도 이형태 [꼳], [꽃], [꼰] 대신 기저형 '꽃'만 표기에 반영해 적는다. 이와 같이 표기하면 형태소의 모양이 고정되어 독서의 능률이 높아진다. 형태소의 모양을 고정하는 표기법을 형태음소적 표기법 또는 표의적 표기법이라 한다. 반면에 '꼳, 꼬츨, 꼰만'과 같이 소리 나는 대로 적는 표기법은 음소적 표기법 또는 표음적 표기법이라 한다(0.2.1 참조).

주격조사와 같이 이형태의 실현을 음운현상을 통해 설명할 수 없어서 기저형을 둘 이상 설정해야 하는 경우에는 표기에도 둘 이상의 형태를 반영하고 있다. '물이, 고기이'와 같이 무리하게 기본형 '이'만으로 표기하지 않고 '물이, 고기가'와 같이 두 기저형 '이'와 '가'를 표기에 반영한 것이다.

맞춤법에 따른 표기가 모두 기저형과 일치하는 것은 아니다. 맞춤법은 실용적인 편의를 중시하기 때문에 기저형과 다른 표기도 가끔 사용하고 있다. 예를 들어 '히읗'은 '히읗[히읃], 히읗이[히으시], 히읗을[히으슬]' 등에서 알 수 있듯이 기저형이 '히읏'이다(6.4.2 참조). 그렇지만 자모 이름의 규칙성에 맞게 둘째 음절의 받침으로 'ㅎ'을 쓰고 있다. 또 '쓰다'의 활용형 '써'는 어간과 어미의 기저형을 그대로 표기에 반영하면 '쓰어'가 된다. '쓰어'에 'ㅡ'가 탈락하는 음운현상이 일어나 [써]로 발음된다. 그런데도 음운현상이 일어난 후의 형태 '써'로 적고 있다. '쓰어'로 적으면 한 음절을 두 음절자로 적게 되는 문제가 생기기 때문이다.

한글맞춤법은 1933년에 처음 만들어졌다. 기저형의 개념은 1960년대에 미국 학자들이 만들어 낸 개념이다. 한국어학자들이 기저형의 개념을 이론화하지는 못했지만 서양 학자들보다 먼저 알고 있었고 그것을 맞춤법의 제정에 응용했던 것이다. 그런데 15세기에 한글을 만든 세종과 집현전 학자들도 기저형의 개념을 알고 있었던 것으로 보인다. 『훈민정음해례』(1446)에 '배꽃(梨花)'과 '여우의 가죽(狐皮)'에 해당하는 당시의 말을 '빗곶, 엿의갗'으로 적을 수도 있고 '빗곳, 엿의갓'으로 적을 수도 있는데 앞엣것을 택한다는 서술이 있다. 앞엣것은 소리 나는 대로 적은 음소적 표기이고(당시의 받침 'ㅅ'은 [ㄷ]이 아닌 [ㅅ]으로 발음되었다) 뒤엣것은 형태소의 기저형을 이용한 형태음소적 표기이다. 한글이라는 새로운 문자로 우리말을 적는 표기법을 정하는 과정에서 기저형의 개념을 벌써 생각해 냈던 것이다. 다만 기저형이 일반인에게 꽤 어려운 개념이므로 한글 표기법을 쉽게 배울 수 있도록 음소적 표기법을 택했을 뿐이다.

5-2 한 형태소인가 두 형태소의 결합인가?

문법적 견해에 따라서 똑같은 말을 한 형태소로 보기도 하고 두 형태소의 결합으로 보기도 한다. 피동사와 사동사가 그러한 예이다.

피동사와 사동사의 형성 : 두 형태소의 결합으로 보는 견해

어기+피동접미사 → 피동사
어기가 타동사어간인 경우
보-+-이- → 보이-, 열-+-리- → 열리-, 잡-+-히- → 잡히-
어기+사동접미사 → 사동사
어기가 형용사어간인 경우
높-+-이- → 높이-, 밝-+-히- → 밝히-
어기가 자동사어간인 경우
끓-+-이- → 끓이-, 죽-+-이- → 죽이-
어기가 타동사어간인 경우
맡-+-기- → 맡기-, 알-+-리- → 알리-

이 견해에 따르면 '잡히다[자피다]'에서는 기저형 [잡-]과 [-히-]가 만날 때 유기음화가 일어나고 '끓이다[끄리다]'에서는 기저형 [끓-]과 [-이-]가 만날 때 ㅎ탈락이 일어나며 '맡기다[맏끼다]'에서는 기저형 [맡-]과 [-기-]가 만날 때 평폐쇄음화(ㅌ→ㄷ)와 경음화(ㄱ→ㄲ)가 일어난다.

피동사와 사동사에 대한 다른 견해는 이들이 한 형태소로 되어 있다고 보는 것이다. 그 이유는 어기에 피동접미사나 사동접미사가 결합하는 조어법이 생산성을 잃어서 피동사파생이나 사동사파생과 같은 조어규칙이 현대한국어의 문법규칙이 아니라고 보기 때문이다.

피동사파생과 사동사파생을 현대한국어의 조어규칙으로 설정할 수 없는 이유

(1) 일부 어기에만 피동접미사와 사동접미사가 붙을 수 있으며 그러한 어기가 어떤 어기인지를 규칙으로 설명할 수 없다.
① 피동접미사가 붙을 수 없는 타동사 : 고르-(옷을), 낳-, 넣-, 닮-, 돕-, 맡-(냄새를), 받-(선물을), 알-, 얻-, 잃-, 줍-, 짓-(집을), 참-, 찾-, ……
② 사동접미사가 붙을 수 없는 형용사 : 가능하-, 가볍-, 같-, 굵-, 길-, 깊-, 둥글-, 많-, 새롭-, 슬프-, 짧-, ……
③ 사동접미사가 붙을 수 없는 자동사 : 가-, 늙-, 다투-, 머무르-, 싸우-, 일하-, 자라-, 잠들-, 졸-(졸음), ……
④ 사동접미사가 붙을 수 없는 타동사 : 가지-, 고르-(옷을), 낳-, 넣-, 놓-, 밀-, 닫-, 닮-, 돕-, 맡-(냄새를), 받-(선물을), 붓-(물을), 얻-, 잃-, 줍-, 짓-(집을), 찍-, 참-, 찾-, ……
(2) 피동접미사와 사동접미사의 기저형을 예측할 수 있는 규칙이 없다.
① 같은 음운론적 환경에서 피동접미사의 기저형을 달리 잡아야 하는 경우 : 꽂히- ↔ 찢기-, 뜯기-(돈을) ↔ 묻히-(땅에)
② 같은 음운론적 환경에서 사동접미사의 기저형을 달리 잡아야 하는 경우 : 기울이- ↔ 그을리-, 꿇리- ↔ 끓이-, 달이- ↔ 돌리-, 맡기- ↔ 붙이-, 먹이- ↔ 묵히-, 내- ↔ 재우-
③ 같은 어기에 붙더라도 의미에 따라서 접미사의 기저형을 달리 잡아야 하는 경우 : 끊기- ↔ 끊이-, 늘리- ↔ 늘이-, 맞추- ↔ 맞히-, 벌리- ↔ 벌이-
(3) 어기와 접미사의 결합에서 일어나는 음운현상이 부자연스러운 경우가 있다.
가두-+-히- → 갇히-, 닿-+-이- → 대-, 멎-+-추- → 멈추-, 싣-+-리- → 실리-, 젖-+-시- → 적시-

단어

이 책에서는 두 번째 견해에 따라 피동사와 사동사의 파생이 과거에 일어난 조어과정이고 현대한국어의 공시적인 조어과정이 아니라고 본다. 따라서 현대한국어에서는 피동사파생과 사동사파생에서 어기와 접미사가 결합하는 일이 없고 음운현상이 일어나지도 않는다고 본다. 예를 들어 '밝히-, 앉히-'는 각각 한 형태소이고 기저형이 각각 [발키-], [안치-]이므로 유기음화와 관계가 없고 '굳히-, 붙이-'도 각각 한 형태소로서 기저형이 각각 [구치-], [부치-]이므로 구개음화(ㅌ → ㅊ)를 겪지 않는다고 본다. 이와 마찬가지로 형용사어기에 부사화접미사 '-이/히'가 붙는 과정도 공시적인 조어과정이 아니라고 보아 '곧이, 굳이, 급히, 많이, 없이' 등을 각각 한 형태소로 보고 기저형을 각각 [고지], [구지], [그피], [마니], [업씨] 등으로 본다.

5.4 품사, 조어구조, 어종과 발음의 관련성

5.4.1 품사와 발음의 관련성

문장의 발음과 단어의 발음 문장은 단어로 이루어져 있다. 그러므로 단어의 발음을 알면 문장의 발음도 자동적으로 알 수 있게 된다.

문장의 표기

학교 뒤 나무가 잎마다 노랗게 단풍이 들었다.

문장의 발음

[학꾜 뒤 나무가 임마다 노라케 담풍이 드럳따]

문장의 발음을 단어 단위로 분석

[학꾜 뒤 나무-가 임-마다 노라케 담풍-이 드럳따]

문장의 발음을 단어 단위로 분석하여 품사별로 분류

명사 : [학꾜], [뒤], [나무], [임], [담풍]
조사 : [가], [마다], [이]
동사 : [드럳따]
형용사 : [노라케]

단어들의 발음을 형태소 단위로 분석(=형태분석)

명사 : [학-꾜], [뒤], [나무], [임], [담-풍]
조사 : [가], [마다], [이]
동사 : [들-얻-따]
형용사 : [노라-케]

발음을 설명해야 할 단어들 위의 문장을 구성하는 단어들 중에서 동사 '들었다[들-언-따]'와 형용사 '노랗게[노라-케]'는 어간과 어미의 결합과정에서 나타나는 발음의 변화를 설명해야 한다. 명사 '학교[학-꾜], 단풍[담-풍]'도 한자형태소끼리의 결합과정에서 발음의 변화가 나타난다. 그리고 '잎[입]'은 다른 조사가 결합한 형태 '잎이[잎-이], 잎도[입-또]' 등과 관련지어 발음의 변화를 설명해야 한다. 또 똑같은 주격조사가 '가'와 '이'로 교체하는 현상도 설명해야 한다.

발음을 설명해야 할 품사들 이와 같이 한국어에서 발음을 설명해야 할 주요 **품사**는 체언(명사, 대명사, 수사), 용언(동사, 형용사), 조사이다. 이들 품사에 속한 단어들을 구성하는 형태소들의 기저형이 무엇이고 그 형태소들이 결합할 때 어떤 방식으로 교체가 일어나며 그러한 교체를 설명하기 위해 어떤 음운현상을 설정해야 하는지가 한국어음운론의 주된 과제이다.

단어

발음이 문제가 되는 주요 품사

체언 : 명사, 대명사, 수사
용언 : 동사, 형용사
관계언 : 조사

품사에 따른 형태적 특징 어떤 품사는 특별한 형태적 특징을 가지기도 한다. 예를 들어 어말에 자음군이 나타날 수 있는 품사는 명사, 동사, 형용사이다(명사의 경우는 6.4.4, 동사와 형용사의 경우는 7.4.6 참조). 또 다음 형태적 특징들은 부사에 두드러진다.

부사에 두드러지게 나타나는 형태적 특징

반복형이 많다.
　곰곰, 씽씽, 킥킥, 다다닥, 우수수, 간질간질, 느릿느릿, 물렁물렁, 우물쭈물, 쿵쾅쿵쾅, 우당탕퉁탕, 흐느적흐느적
어감의 차이를 나타내는 자음교체형, 모음교체형이 많다.
　빙—삥—핑, 빙빙—삥삥—핑핑, 뱅—뺑—팽, 뱅뱅—뺑뺑—팽팽
　딱딱—떡떡—똑똑—뚝뚝, 알록달록—얼룩덜룩—알락달락—얼럭덜럭
특이한 음절이 많이 나타난다.
　갸갸, 길쑴길쑴, 냠냠, 돨돨, 뽕, 사뿟, 솰솰, 쉭, 욜랑욜랑, 좌좌, 캑, 콱, 홧홧, 홱, 휭

의존명사와 보조용언의 음운론적 특징 의존명사와 보조용언은 둘 다 문법적으로 독립된 단어들이다. 그런데 발음할 때는 앞 단어와 붙어서 한 덩어리가 된다. 이런 덩어리를 특별히 **음운론적 단어**(phonological word)라고 부르기도 한다. 문법적으로는 구이므로 띄어 쓰지만 음운론적으로는 한 단어처럼 이어서 발음한다는 것이다. 보조동사 '지다, 하다'가 붙은 말은 맞춤법에서도 아예 붙여 쓰도록 되어 있다.

문법적으로 두 단어인 구를 한 단어처럼 이어서 발음하는 말

관형어+의존명사

한 것[한걷], 한 지[한지], 한 척[한척]
하는 것[하는걷], 하는 대로[하는데로], 하는 족족[하는족쪽], 하는 척[하는척]
할 것[할껃], 할 듯[할뜯], 할 리[할리], 할 만큼[할만큼], 할 수[할쑤]
하기 때문[하기떼문]
다섯 명[다선명], 다섯 마리[다선마리]
십 년[심년], 천 리[철리], 구십 년대[구심년데], 오십 그램[오십끄렘]

본용언+보조용언

해 놓다[헤노타], 해 보다[헤보다], 해 주다[헤주다], 해 버리다[헤버리다]
쉬워지다, 귀찮아지다[귀차나지다], 쉬워하다, 귀찮아하다[귀차나하다]

5.4.2 조어구조와 발음의 관련성

조어구조에 따른 발음의 차이 어떤 말은 형태가 같거나 비슷해도 **조어구조**(造語構造)에 따라 발음하는 방식이 달라진다. 즉 어떤 형태소들이 어떻게 결합한 말인가가 발음을 달리 결정할 수 있다. 이런 예는 영어에서도 볼 수 있다. 특히 한자어의 경우에는 겉보기에 비슷해도 조어구조가 달라 음운현상이나 두음법칙의 적용이 달라지는 예가 많다(9.4.2와 9.5 참조).

조어구조에 따른 발음의 차이

표기	조어구조	발음
기린과	기린(명사)+과(조사) 기린(명사)+科(명사)	[기린과] [기린꽈]
종가	宗(한자형태소)+家(한자형태소) 終(한자형태소)+價(한자형태소)	[종가] [종까]
재활용품	再活用(한자어)+品(한자형태소) 再活(한자어)+用品(한자어)	[제화룡품] [제활룡품]
밭이랑	밭(명사)+이랑(조사) 밭(명사)+이랑(명사)	[바치랑] [반니랑]
볼거리	볼거리(명사) 보-(동사어간)+-ㄹ(어미)+거리(명사)	[볼거리] [볼꺼리]
옷의	옷(명사)+의(조사) 옷(명사)+衣(한자형태소)	[오싀]/[오세] [오듸]/[오디]
웃어라 웃어른	웃-(동사어간)+-어라(어미) 웃-(접두사)+어른(명사)	[우서라] [우더른]
shower	shower(명사, 동사) show(동사)+-er(접미사)	[ʃáʊəɹ] [ʃóʊəɹ]
stingy	stingy(형용사) sting(명사)+-y(접미사)	[stíndʒi] [stíŋi]

tarry	tarry(동사) tar(명사)+-y(접미사)	[tǽɹi] [táɹi]
resort re-sort	resort(명사, 동사) re-(접두사)+sort(동사)	[ɹɪzɔ́ɹt] [ɹisɔ́ɹt]

5.4.3 어종과 발음의 관련성

어종에 따른 발음의 차이 단어를 **어종**(語種)에 따라 나눈 **고유어**, **한자어**, **외래어**는 발음의 관점에서도 구별되는 면이 있다. 예를 들어 똑같이 표기된 단어가 고유어냐 한자어냐 외래어냐에 따라 발음이 다른 경우가 있다.

고유어, 한자어, 외래어의 발음의 차이

어종	예	발음
고유어 한자어	물질 : 해녀가 물속에 들어가 해산물을 따는 일 물질 : 物質	[물질] [물찔]
고유어 외래어	솔 : 소나무 솔 : sol(계이름의 하나)	[솔] [쏠]
한자어 외래어	원론 : 原論 원룸 : one-room	[월론] [원눔]

일부 어종에만 나타나는 발음의 특징 음운현상의 대부분은 어종에 관계없이 모든 단어에 적용된다. 그러나 어떤 음운현상은 일부 어종에만 적용된다. 예를 들어 위의 '물질(物質)[물찔]'에서 일어나는 경음화는 한자어에만 나타난다. 또 한 어종에 속한 단어들만 가지는 형태상의 특징도 있다. 가령 '레스크'라는 말을 처음 접한 한국인은 이 말이 외래어, 특히 영어와 같은 유럽 언어에서 들어온 말일 것이라고 추측할 것이다('레스크'는 가상적인 예이다). 'ㄹ'로 시작하고 '스'와 '크'처럼 모음 'ㅡ'가 들어간 음절을 둘이나 가지고 있다는 형태상의 특징 때문이다.

혼종어 단어 중에는 고유형태소, 한자형태소, 외래형태소가 섞여 이루어진 **혼종어**(混種語)도 있다. 혼종어의 대부분은 '알탕(알湯), 청바지(靑바지), 사용하다(使用하다)'처럼 고유형태소와 한자형태소의 결합이다. 혼종어의 수는 예상 밖으로 많다.[11]

혼종어의 예(명사)

유형	예
고유+한자	알탕(알湯), 애초(애初), 털모자(털帽子) 갑옷(甲옷), 색깔(色깔), 식칼(食칼), 청바지(靑바지)
고유+외래	머리핀(머리pin), 배꼽티(배꼽T), 볼록렌즈(볼록lens) 카드빚(card빚), 핑크빛(pink빛), 빌딩숲(building숲)

11. 『표준국어대사전』(1999)의 표제어 통계는 다음과 같다.

어종	표제어 수
고유어	131,971
한자어	297,916
외래어	23,361
혼종어	55,523
계	508,771

한자+외래	난코스(難course), 생크림(生cream), 자살골(自殺goal) 택시비(taxi費), 컴맹(com盲), 헤비급(heavy級)
고유+한자+외래	공짜폰(空짜phone), 총알택시(銃알taxi) 샴쌍둥이(Siam雙둥이)

혼종어와 발음 혼종어에만 나타나는 발음상의 특징은 없다. 즉 고유어, 한자어, 외래어에 공통으로 일어나는 음운현상은 혼종어에도 똑같이 일어난다. 예를 들어 아래에서 보듯이 '빛' 앞에 고유어 '얼굴', 한자어 '분홍(粉紅)', 외래어 '핑크(pink)'가 결합한 합성어는 모두 사이시옷에 의한 경음화가 일어난다. 또 순행적 유음화 'ㄹㄴ → ㄹㄹ'도 어종과 관계없이 일어난다.

어종과 무관한 음운현상의 예

음운현상	예	어종
사이시옷에 의한 경음화	얼굴빛[얼굴삗]	고유어(고유+고유)
	분홍빛(粉紅빛)[분홍삗]	혼종어(한자+고유)
	핑크빛(pink빛)[핑크삗]	혼종어(외래+고유)
순행적 유음화	실낱[실랃]	고유어
	실내(室內)[실래]	한자어
	헤이즐넛(hazelnut)[헤이즐럳]	외래어
	볼넷(ball넷)[볼렏]	혼종어(외래+고유)

6. 체언과 조사

6.1 체언과 조사의 분포

체언과 조사가 어절을 형성하는 방법 체언 뒤에는 조사가 자주 결합한다. 그런데 체언은 조사 없이 **단독형**(單獨形)으로 어절을 이룰 수도 있다.[1] 한편 조사는 반드시 다른 말 뒤에 붙어야 어절을 이룰 수 있다. 구체적으로 말하자면 조사는 체언 뒤에 붙거나 용언의 활용형이나 부사 뒤에 붙음으로써만 어절을 이룰 수 있다. 조사가 이미 붙어 있는 어절에 다른 조사가 또 붙는 일도 있다. 따라서 체언이나 조사가 참여한 어절의 구조는 다음과 같다.

1. 체언이 문장 안에서 문법적 역할을 맡기 위해 단독형으로 쓰이거나 조사를 덧붙이는 현상을 **곡용**(曲用)이라 부르기도 한다.

체언이나 조사가 참여한 어절의 구조

① 체언
② 체언+조사
③ 활용형+조사
④ 부사+조사
⑤ ②/③/④+조사

체언이나 조사가 쓰인 예문

사과 한 상자를 들기에는 아직은 어리다.
(사과 ①, 상자를 ②, 들기에 ③, 아직은 ④)
(들기에는 ⑤)

체언이나 조사가 쓰인 어절의 형태소분석

사과 : 명사
상자-를 : 명사+조사
들-기 : 활용형(동사어간+명사형어미)
들-기-에 : 활용형+조사
들-기-에-는 : 〔활용형+조사〕+조사
아직-은 : 부사+조사

발음의 변화가 잘 일어나는 단독형과 곡용형 ①~⑤ 중에서 발음의 변화는 ①과 ②에 잘 나타난다. ①은 체언만으로 어절을 형성한 단독형이다. 체언이 단독형으로 쓰일 때 말음이 음운현상에 따라 바뀔 수 있다. ②는 체언과 조사의 연결형으로서 **곡용형**(曲用形)이라 부르기도 한다. 곡용형에서는 체언의 말음과 조사의 두음이 만난 자음연결이 음절연결제약을 어길 때 음운현상이 잘 일어난다(**4.2.2** 참조).

발음의 변화가 드문 경우 ③, ④, ⑤의 경우에는 앞말(활용형, 부사, 조사)의 말음이 모음인 경우가 많아서 뒷말인 조사와의 사이에서 음운현상이 일어날 일이 별로 없다. 굳이 예를 찾자면 ㄴ첨가가 일어난 '-군요[군뇨]'는 종결어미 '-군'으로 끝난 활용형 뒤에 조사가 붙은 ③에 속하고, 비음화가 일어난 '일찍만[일찡만]'은 부사에 조사가 붙은 ④에 속한다. 그 밖에 '일찍은'(④ 부사+조사), '늦게는'(③ 활용형+조사) 처럼 말음의 종류에 따라 조사의 서로 다른 형태(은/는)가 연결되는 경우도 발음 기술의 대상이 된다.

6.2 조사의 종류와 목록

6.2.1 조사의 종류

단형조사와 다형조사 조사는 음운론적으로 두 가지로 나눌 수 있다. 기저형의 개수에 따라 **단형조사**(單形助詞)와 **다형조사**(多形助詞)로 나누어진다. 조사의 기저형은 표기에 반영되어 있으므로 한 가지 형태로만 표기되는 조사가 단형조사, 둘 이상의 형태로 표기되는 조사가 다형조사라고 생각해도 된다. 예를 들어 보조사 {도}는 [도], [또]라는 두 이형태로 발음되지만 기저형은 '도' 하나이므로 단형조사이다. 주격조사 {이}는 [이], [가]라는 두 이형태가 각각 기저형이므로 다형조사이다. 단형조사와 다형조사는 다시 두음의 성격에 따라 세분된다.

조사의 음운론적 분류

단형 조사	기저형이 하나인 조사	자음조사	항상 자음으로 시작하는 조사
		모음조사	항상 모음으로 시작하는 조사
다형 조사	기저형이 둘 이상인 조사	ㅣ계 다형조사 (ㅣ계 조사)	두음 'ㅣ'가 있고 없는 점 외에는 완전히 동일한 두 가지 형태를 기저형으로 가진 조사. 즉 기저형이 '이X/X'인 조사
		ㅡ계 다형조사 (ㅡ계 조사)	기저형의 한 형태가 'ㅡ'로 시작하는 조사. 즉 기저형으로 '으X/X'를 가진 조사
		특수 다형조사	ㅣ계 조사도 ㅡ계 조사도 아닌 다형조사

6.2.2 조사의 목록

단형조사의 목록

자음조사 : 까지, 께, 께서, 대로, 도, 들, 마는, 마다, 마저, 만, 밖에[바께], 보다, 부터, 씩, 조차, 하고, 한테
모음조사 : 에, 에게, 에서, 요, 의[에/의]

다형조사의 목록(이형태를 모두 표기)

ㅣ계 다형조사 : 이나/나, 이랑/랑, 이야/야, 일랑/ㄹ랑, 이나마/나마, 이라도/라도, 이야말로/야말로
ㅡ계 다형조사 : 은/는/ㄴ, 을/를/ㄹ, 으로/로, 으로서/로서, 으로써/로써[2]
특수 다형조사 : 과/와, 아/야, 이/가

다형조사의 표기 다형조사 '이나/나, 은/는/ㄴ, 과/와' 등은 이형태를 모두 나열한 표기이다. 이형태 가운데 자음 뒤의 형태를 먼저, 나머지 형태를 뒤에 배열한다. 예를 들어 '감이나, 사과나, 감은, 사과는, 감과, 사과와'에서 '감' 뒤의 형태 '이나, 은, 과'를 먼저 배열한다. 이형태를 일일이 보일 필요가 없을 때는 첫 번째 형태, 즉 자음 뒤의 형태를 대표형으로 삼아 {이나}, {은}, {과} 또는 '이나, 은, 과'와 같이 적는 것이 좋다.

다형조사의 목록(대표형만으로 표기)

ㅣ계 다형조사 : 이나, 이랑, 이야, 일랑, 이나마, 이라도, 이야말로
ㅡ계 다형조사 : 은, 을, 으로, 으로서, 으로써
특수 다형조사 : 과, 아, 이

6-1 조사의 문법적 분류

조사의 문법적 분류에 대해서는 여러 견해가 있는데 학교문법에서는 다음과 같이 분류한다.

조사의 문법적 분류

격조사	주격조사
	목적격조사
	보격조사
	관형격조사
	부사격조사
	호격조사
	서술격조사
보조사	통용보조사
	종결보조사
접속조사	

2. 자격을 뜻하는 '으로서/로서'의 '서'는 글자 그대로 [서]로 발음하는 것이 표준이나 현실발음에서는 [써]로 발음하기 때문에 수단을 뜻하는 '으로써/로써'와 발음이 같다. 전자의 '서'는 15세기의 '셔'(←시-어, 현대어의 '있어'에 해당)에서, 후자의 '써'는 15세기의 'ᄡᅥ'(←ᄡᅳ-어, 현대어의 '써(←쓰-어)'에 해당)에서 온 것이다.

6.3 조사의 형태음운론적 교체

조사 두음의 교체 조사는 항상 다른 말 뒤에 붙어서 쓰이므로 앞말의 말음에 따라 조사의 두음이 교체하는 일이 있다. 그래서 조사의 형태음운론적 교체는 두음에만 나타난다.

6.3.1 평음조사의 교체

평음조사의 두음 교체 자음조사 가운데 두음이 평음인 조사, 즉 평음조사 '대로, 도, 들, 밖에, 보다, 부터, 조차'는 장애음 뒤에서 두음이 경음화된다. 이에 따라 조사의 두음이 평음과 경음으로 교체한다. 예를 들어 보조사 '도'는 명사 '차' 뒤에서 평음으로 시작하는 [도]로, 명사 '집' 뒤에서 경음으로 시작하는 [또]로 발음된다. 특수 다형조사 {과}의 한 기저형 '과'도 평음으로 시작하므로 같은 교체를 보인다.

평음조사 및 '과'의 두음

평음 (공명음 뒤) : 말대로, 차도, 사람들, 둘밖에, 그보다, 이름조차, 생일과
경음 (장애음 뒤) : 생각대로[생각떼로], 집도[집또], 책들[책뜰], 셋밖에[섿빠께], 그것보다[그걷뽀다], 옷조차[옫쪼차], 졸업과[조럽꽈]

6.3.2 ㅎ조사의 교체

ㅎ조사의 두음 교체 자음조사 가운데 두음이 'ㅎ'인 조사, 즉 ㅎ조사 '하고, 한테'의 두음 'ㅎ'은 앞 장애음과 합쳐져 유기음화가 일어난다. 그리고 공명음(모음, 비음, 유음) 뒤에서는 'ㅎ'이 탈락할 수 있다. 'ㅎ'이 탈락한 발음은 표준발음이 아니다.

ㅎ조사에 일어나는 음운현상

유기음화 : 집하고[지파고], 옷하고 → 옫하고 → [오타고], 가족한테[가조칸테]
ㅎ탈락 : 손하고[손하고/소나고], 발하고[발하고/바라고], 나한테[나한테/나안테], 동생한테[동생한테/동생안테]

6.3.3 ㅣ계 조사의 교체

ㅣ계 조사의 두음 교체 ㅣ계 조사는 자음 뒤에서 '이X'가, 모음 뒤에서 'X'가 쓰인다.

ㅣ계 조사의 교체

이X (자음 뒤) : 손이나, 발이랑, 옷일랑, 사랑함이야말로
X (모음 뒤) : 코나, 머리랑, 우율랑, 사랑하기야말로

6.3.4 ㅡ계 조사의 교체

ㅡ계 조사 {으로}의 두음 교체 ㅡ계 조사 중 {으로}는 'ㄹ' 이외의 자음 뒤에서 '으로'가, 'ㄹ'이나 모음 뒤에서 '로'가 쓰인다. '으로서/로서, 으로써/로써'도 마찬가지이다.

조사 {으로}의 교체

으로 ('ㄹ' 이외의 자음 뒤) : 손으로, 집으로, 주먹으로, 사랑함으로[3]
로 (모음이나 'ㄹ' 뒤) : 코로, 발로, 우유로, 사랑하기로[4]

ㅡ계 조사 {은}, {을}의 교체 ㅡ계 조사 중 {은}과 {을}은 세 가지 이형태를 가지고 있다. 'ㅡ'로 시작하는 이형태 '은, 을'은 자음 뒤에서, 자음으로 시작하는 이형태 '는, 를'은 모음 뒤에서 쓰인다. 자음 하나로 구성된 이형태 'ㄴ'과 'ㄹ'은 각각 '는'과 '를'이 쓰이는 자리에서, 즉 모음 뒤에서 쓰일 수 있다. 'ㄴ'과 'ㄹ'은 구어에서 많이 쓰인다. 또 1음절 체언 뒤보다 다음절 체언 뒤에서 더 자연스럽게 쓰인다. 예를 들어 '갠(개는), 갤(개를)'보다는 '무지갠(무지개는), 무지갤(무지개를)'이 더 자연스럽다. 문어에서는 'ㄴ'과 'ㄹ'이 부자연스러운 경우가 많다. 그렇지만 불가능한 것은 아니다.[5]

조사 {은}의 교체

은 (자음 뒤) : 손은, 발은, 집은, 주먹은, 사랑함은
는 (모음 뒤) : 코는, 머리는, 우유는, 사랑하지는
ㄴ (모음 뒤) : 콘, 머린, 우윤, 사랑하진

조사 {을}의 교체

을 (자음 뒤) : 손을, 발을, 집을, 주먹을, 사랑함을
를 (모음 뒤) : 코를, 머리를, 우유를, 사랑하지를
ㄹ (모음 뒤) : 콜, 머릴, 우율, 사랑하질

6.3.5 특수 다형조사의 교체

특수 다형조사의 교체 조사 {과}, {아}, {이}는 자음 뒤에서 '과, 아, 이'가, 모음 뒤에서 '와, 야, 가'가 쓰인다.

조사 {과}의 교체

과 (자음 뒤) : 손과, 발과, 옷과, 사랑함과
와 (모음 뒤) : 코와, 머리와, 우유와, 사랑하기와

3. '사랑함으로'는 '사랑함으로써'의 의미를 가진다. 이유를 나타내는 '사랑하므로'와 의미와 표기가 다르다.

4. '사랑하기로'는 "이제는 그를 사랑하기로 했다."와 같은 문장에 쓰인다. '사랑하기로서니'의 뜻을 가진 '사랑하기로'는 동사어간 '사랑하-'에 어미 '-기로'가 붙은 것으로 분석되므로 조사 '로'가 붙은 예가 아니다.

5. 역사적으로 {은}, {을}의 기저형은 'ㄴ'과 'ㄹ'이었을 것으로 추측된다. 'ㄴ'과 'ㄹ'이 너무 짧은 형태인 탓에 'ㄴ+은', 'ㄹ+을'과 같이 형태의 반복을 통해 더 안정적인 형태 '는'과 '를'이 만들어진 것으로 보인다.

6. 호격조사 앞에서 다음절 유정명사(有情名詞)의 말음 'ㅣ'가 탈락할 때가 있다. '인숙이, 똘똘이, 홀쭉이, 거북이, 개구리, 뻐꾸기' 등의 호격형은 '인숙아, 똘똘아, 홀쭉아, 거북아, 개굴아, 뻐꾹아' 등이다. '인숙이, 똘똘이, 홀쭉이' 등의 말음 'ㅣ'는 접미사 '-이'로 분석되므로 호격조사가 붙을 때 접미사 '-이'가 탈락한 것으로 볼 수 있다. 한편 '가물치, 가오리, 두루미, 비둘기' 등의 말음 'ㅣ'는 호격조사 앞에서 탈락하지 않는다.

조사 {아}의 교체

아 (자음 뒤) : 손아, 발아, 옷아, 사랑함아[6]
야 (모음 뒤) : 코야, 머리야, 우유야, 사랑하기야

조사 {이}의 교체

이 (자음 뒤) : 손이, 발이, 옷이, 사랑함이
가 (모음 뒤) : 코가, 머리가, 우유가, 사랑하기가

다형조사 교체의 특징 이상에서 보듯이 다형조사 중 {으로}, {으로서}, {으로써}만 빼고 나머지는 모두 앞 분절음이 자음이냐 모음이냐에 따라 교체한다.

6-2 호격조사 사용의 제약

호격조사 {아}는 체언의 종류에 따라 붙이기 어색한 경우가 있다. 일상어(日常語)에서 '인숙아, 꼬마야, 거북아, 금붕어야'처럼 사람이나 동물을 나타내는 명사에는 호격조사가 자연스럽게 붙지만 '장미야, 바람아, 옷아, 우유야'처럼 식물이나 사물을 나타내는 명사에 호격조사를 붙이면 어색한 느낌을 준다. 그러나 상황에 따라서는 이런 호격형을 쓰는 것이 사실이다. "바람아, 불어라."라든지 "아이고, 무릎아!" 등이 그런 예이다. 더구나 동화(童話)와 같은 문학어(文學語)에서는 식물이나 사물에 호격조사를 붙인 형태가 얼마든지 가능하다. 동화에서 감자가 우유에게 "우유야! 넘어지지 않게 조심해!"라고 할 때는 '우유야'라는 표현이 지극히 자연스럽다. 또 시적(詩的)인 언어에서는 '약속아, 슬픔아, 사랑함아, 사랑하기야'처럼 추상명사나 명사형에까지도 자연스럽게 호격조사를 붙인다. 이러한 문제는 호격조사의 발음과는 관련이 없는 의미론이나 화용론의 문제이다. 음운론의 임무는 모든 체언과 명사형에 호격조사가 붙을 수 있는 것으로 가정하고 그 발음을 적절하게 설명하는 것이다.

6.4 체언의 말음

체언의 음운론적 분류 체언은 말음이 모음이냐 자음이냐에 따라 모음체언과 자음체언으로 나눌 수 있다. 자음체언은 말음이 자음 하나(단일자음)인 경우와 자음 둘(자음군)인 경우로 세분할 수 있다.

체언의 음운론적 분류

모음체언	모음으로 끝나는 체언	
자음체언	단일자음체언	자음 하나로 끝나는 체언
	자음군체언	자음 둘로 끝나는 체언

모음체언의 교체 대부분의 형태음운론적 교체나 음운현상은 자음체언에 나타난다. 모음체언의 경우에는 다음과 같은 대명사의 교체가 눈에 띌 뿐이다.[7]

대명사의 교체

주격조사 앞이 아닐 때의 형태	주격조사 앞의 형태	예
나	내[네]	나#[8], 나를, 나는, 나도, 내가[네가]
너	네	너#, 너를, 너는, 너도, 네가
저[9]	제	저#, 저를, 저는, 저도, 제가
누구	누	누구#, 누구를, 누구는, 누구도, 누가[10]

'네가'와 [니가] 2인칭대명사 '너'에 주격조사를 연결하여 '네가'로 사용하는 것은 표준어의 용법이다. 현실어에서는 '내가[네가]'와 '네가[네가]'의 발음이 구별되지 않는 문제를 해결하기 위해 [니가]를 많이 사용한다. 대부분의 사람들은 '네가'로 적어 놓고 [니가]로 발음하지만 [니가]라는 발음을 그대로 표기에 반영하고자 하는 사람들은 발음 그대로 '니가'로 적기도 한다. '니가'보다는 '늬가'로 적는 것이 표의성이 높아 더 좋을 듯하다.

체언말 단일자음체계 체언말 단일자음으로 나타나는 것은 19자음 중 'ㅂ, ㅍ, ㅌ, ㄱ, ㄲ, ㅋ, ㅅ, ㅈ, ㅊ, ㅁ, ㄴ, ㅇ, ㄹ'의 13개이다. 이 13개를 자음체계 표에 나타내면 다음과 같다.

자음체계와 관련지어 본 체언말 단일자음체계(음영 부분)

조음방식 \ 조음위치			양순음	전설음	후설음	성문음
장애음	폐쇄음	평음	ㅂ	ㄷ	ㄱ	
		경음	ㅃ	ㄸ	ㄲ	
		유기음	ㅍ	ㅌ	ㅋ	
	파찰음	평음		ㅈ		
		경음		ㅉ		
		유기음		ㅊ		
	마찰음	평음		ㅅ		ㅎ
		경음		ㅆ		
공명음	비음		ㅁ	ㄴ	ㅇ	
	유음			ㄹ		

7. 모음체언에 주격조사 '이', 관형격조사 '의', 부사격조사 '에게', 지정사 '이다'가 결합한 화합형도 모음체언의 교체의 예로 볼 수 있다(6.5.4. 참조).

8. '#'는 **휴지**(休止)를 나타내는 기호이다. 발음하는 도중 잠깐 또는 완전히 멈추는 부분을 뜻한다. 어떤 단어 뒤에 휴지를 표시하면 그 뒤에 다른 말이 붙지 않았다는 뜻이다. 따라서 휴지가 뒤에 붙은 체언은 단독형이다.

9. '나'의 겸양어인 1인칭대명사 '저'와 재귀대명사 '저'가 똑같은 교체를 보인다.

10. '누구'의 15세기 어형은 '누'였다. '누'에 의문조사 '고'가 붙은 '누고('누구냐'의 뜻)'를 대명사로 오해하여 '누고>누구'가 나타나게 되었다. 경상방언에서는 아직도 '누구냐'를 '누고'라고 한다. 또 15세기의 주격형 '뉘(←누-이)'와 관형격형 '뉘(←누-의)'가 아직도 '누가, 누구의'의 고어투로 남아 있다. 현대의 주격형 '누가'는 '뉘>뉘가>누가'의 과정을 거쳐 형성된 듯하다.

11. 체언말 자음군 'ㄱㅆ, ㄹㅆ, ㅂㅆ'은 표기에서의 겹받침 'ㄳ, ㄽ, ㅄ'에 대응한다. 이들에 대해서는 6.4.4. 참조.

체언말 자음군체계 체언말 자음군은 'ㄱㅆ, ㄺ, ㄻ, ㄼ, ㄹㅆ, ㅂㅆ'의 6가지이다.[11] 이 6가지를 자음체계 표처럼 나타내면 다음과 같다.

자음체계와 관련지어 본 체언말 자음군체계(앞자음 기준)

조음방식 \ 조음위치			양순음	전설음	후설음
장애음	폐쇄음	평음	ㅂㅆ		ㄱㅆ
공명음	유음			ㄺ, ㄻ, ㄼ, ㄹㅆ	

6.4.1 평폐쇄음과 경폐쇄음

ㄱ체언, ㅂ체언, ㄲ체언의 현황 평폐쇄음 셋 중 'ㄱ, ㅂ'만, 경폐쇄음 셋 중 'ㄲ'만 체언의 말음으로 나타난다. ㄱ체언과 ㅂ체언은 수가 많으나 ㄲ체언은 매우 적다.

평폐쇄음체언

ㄱ체언 : 국, 떡, 목, 백(百), 속, 싹, 억(億), 육(六), 책, 턱, 바닥, 벼룩, 주먹, 한국, 방콕, 기역, 키읔
ㅂ체언 : 겁(怯), 납, 밥, 법(法), 삽, 십(十), 입, 집, 탑(塔), 톱, 매듭, 일곱, 사업, 케첩, 비읍, 피읖

경폐쇄음체언

ㄲ체언 : 밖, 안팎, 창밖, 대낚, 줄낚, 챌낚

ㄷ체언과 '낟, 디귿' 평폐쇄음 중 'ㄷ'은 체언의 말음으로 존재하지 않는다. 표기상으로는 '낟(곡식의 알), 디귿(글자 이름)'에 체언의 말음으로 'ㄷ'이 쓰인 예를 볼 수 있다. '낟'은 국어사전에 명사로 실려 있기는 하지만 이제는 명사로서의 쓰임을 볼 수 없어서 사어(死語)가 되었다고 할 수 있다. '낟알'이라는 합성어로 대신하는 일이 많다. 또 '디귿'은 '디귿이, 디귿을, 디귿에' 등이 [디그시], [디그슬], [디그세] 등으로 발음되므로 사실은 ㅅ체언이다. 자음자 이름의 규칙성에 맞추어 '디귿'으로 적고 있을 뿐이다.

ㄷ체언과 외래어 말음이 'ㄷ'이 될 법한 외래어 명사들은 모두 말음 'ㅅ'을 가진다. '사진 한 컷'이라고 할 때의 '컷'은 영어 'cut'에서 온 단어이므로 말음이 'ㅅ'보다 'ㄷ'이나 'ㅌ'이 적합할 수 있다. 그러나 'cut이, cut을, cut에'를 [커시], [커슬], [커세]와 같이 발음하므로 '컷'은 ㅅ체언이다. 따라서 ㄷ체언은 없다고 해도 무방하다.

ㄲ체언 경폐쇄음 중에서는 'ㄲ'이 유일하게 체언의 말음으로 나타나는데 그것도 '밖' 및 '밖, 낚'으로 끝난 소수의 합성어에만 나타난다. 'ㄲ'이 체언의 말음으로서의 지위가 불안정하다는 것을 의미한다. 위에서 본 체언말 단일자음체계에서 만약 'ㄲ'

을 제외한다면 전설음을 중심으로 좌우가 대칭인 체계가 된다.

ㄱ체언, ㅂ체언과 관련된 음운현상

경음화 : 목도[목또], 떡조차[떡쪼차], 집부터[집뿌터], 손톱과[손톱꽈]
유기음화 : 목하고[모카고], 벼룩한테[벼루칸테], 집하고[지파고]
비음화 : 목만[몽만], 집마저[짐마저], 손톱만큼[손톰만큼]
조음위치동화 : 집까지[집까지/직까지]

ㄲ체언과 관련된 음운현상

평폐쇄음화 : 밖도 → 박도 → [박또]
경음화 : 밖도[박또], 밖조차[박쪼차], 밖부터[박뿌터], 밖과[박꽈]
유기음화 : 밖하고 → 박하고 → [바카고]
비음화 : 밖만 → 박만 → [방만]

6.4.2 유기폐쇄음과 치찰음

유기폐쇄음체언과 치찰음체언의 현황 유기폐쇄음은 셋 모두가, 치찰음은 다섯 중 'ㅅ, ㅈ, ㅊ'만 체언의 말음으로 나타난다. ㅅ체언은 꽤 많다. 그러나 ㅋ체언, ㅌ체언, ㅍ체언, ㅈ체언, ㅊ체언은 수가 적은 편이다.

유기폐쇄음체언

ㅋ체언 : 녘, 가녘, 들녘, 부엌, 남녘, 동녘, 북녘, 서녘, 새벽녘, 아랫녘, 저물녘[12]
ㅌ체언 : 겉, 곁, 끝, 낱, 밑, 밭, 볕, 샅, 솥, 숱, 팥, 홑, 고샅, 바깥, 발샅, 손샅, 머리맡, 머리숱, 골골샅샅
ㅍ체언 : 늪, 닢, 섶, 숲, 앞, 옆, 잎, 짚, 고섶, 무릎, 헝겊, 나뭇잎, 오지랖

치찰음체언

ㅅ체언 : 갓, 것, 곳, 굿, 끗, 깃, 낫, 놋, 뜻, 맛, 멋, 못, 뭇, 벗, 붓, 빗, 엿, 옷, 잣, 젓, 짓, 컷(cut), 탓, 톳, 셋, 넷, 다섯, 여섯, 버릇, 송곳, 이웃, 고갯짓, 아웃, 인터넷, 슈퍼마켓, 디귿, 시옷, 지읒, 치읓, 티읕, 히읗
ㅈ체언 : 곶, 낮, 빚, 젖, 좆, 대낮, 목젖, 밤늦, 장산곶
ㅊ체언 : 꽃, 낯, 닻, 덫, 돛, 몇, 빛, 숯, 옻, 윷, 들꽃, 살갗, 쥐덫, 눈빛, 참숯, 장미꽃

자모 이름의 표기와 발음 자모 이름인 '지읒, 치읓, 키읔, 티읕, 피읖, 히읗'의 기저형은 각각 '지읏, 치읏, 키윽, 티읏, 피읍, 히읏'이다. 즉 말음이 평폐쇄음 'ㄱ, ㅂ'이나 평마찰음 'ㅅ'으로 나타난다. 표기상 'ㅎ'으로 끝난 체언은 '히읗'이 유일한데 그나마 기저형이 '히읏'이므로 발음상 ㅎ체언은 전혀 없는 셈이다.[13]

12. '동틀 녘, 황혼 녘' 등은 두 단어의 연결로 보아 띄어 쓴다.

13. 북한에서는 불규칙한 자모 이름을 규칙화하여 사용한다. 즉 '기역, 디귿, 시옷'을 각각 '기윽, 디읃, 시읏'이라 부른다. 또 '쌍기역, 쌍디귿' 등 경음자 이름을 발음의 특징에 근거하여 '된기윽, 된디읃' 등으로 바꿔 부른다.

자모 이름의 발음(표기와 기저형이 다른 경우)

표기	기저형	예
디귿	디긋	디귿[디귿], 디귿이[디그시], 디귿을[디그슬], 디귿에[디그세]
지읒	지읏	지읒[지읃], 지읒이[지으시], 지읒을[지으슬], 지읒에[지으세]
치읓	치읏	치읓[치읃], 치읓이[치으시], 치읓을[치으슬], 치읓에[치으세]
키읔	키윽	키읔[키윽], 키읔이[키으기], 키읔을[키으글], 키읔에[키으게]
티읕	티읏	티읕[티읃], 티읕이[티으시], 티읕을[티으슬], 티읕에[티으세]
피읖	피읍	피읖[피읍], 피읖이[피으비], 피읖을[피으블], 피읖에[피으베]
히읗	히읏	히읗[히읃], 히읗이[히으시], 히읗을[히으슬], 히읗에[히으세]

ㅌ체언의 기저형 ㅌ체언은 모두 기저형이 둘이다. 예를 들어 '솥'은 기저형이 '솥/솣'이다. 두 형태 중 '솣'은 'ㅡ, ㅣ' 앞에서, '솥'은 그 밖의 경우에 쓰인다. 따라서 ㅌ체언은 ㅌ/ㅊ체언으로 부르는 것이 더 정확하다고 할 수 있다. 표준발음에서는 'ㅣ' 앞에서만 '솣'이 쓰이고 나머지 경우에는 '솥'이 쓰인다.[14]

14. 일부 사람들은 '솥에[소체], 솥의[소칙/소체]'와 같은 경우에도 [솣]이라는 이형태를 사용한다. 이렇게 되면 모든 모음 앞에서 [솣]으로 발음하는 셈이므로 기저형이 아예 '솣'으로 단일화되어 ㅊ체언으로 **재구조화**(restructuring)되었다고 할 수 있다.

ㅌ체언 '솥'의 이형태와 기저형 (현실발음)

이형태	기저형
[솥] : 솥에[소테], 솥의[소테] [솓] : 솥[솓], 솥과[솓꽈] [손] : 솥만[손만]	솥 ('ㅡ, ㅣ' 앞이 아닌 경우)
[솣] : 솥은[소츤], 솥을[소츨], 솥으로[소츠로], 솥의[소칙], 솥이[소치], 솥이나[소치나], 솥이랑[소치랑], 솥이다[소치다]	솣 ('ㅡ, ㅣ' 앞)

ㅌ체언 '솥'의 이형태와 기저형 (표준발음)

이형태	기저형
[솥] : 솥에[소테], 솥의[소틔/소테], 솥은[소튼], 솥을[소틀], 솥으로[소트로] [솓] : 솥[솓], 솥과[솓꽈] [손] : 솥만[손만]	솥 ('ㅣ' 앞이 아닌 경우)
[솣] : 솥이[소치], 솥이나[소치나], 솥이랑[소치랑], 솥이다[소치다]	솣 ('ㅣ' 앞)

유기음체언과 치찰음체언의 재구조화 꽤 많은 사람의 발음에서 ㅋ체언>ㄱ체언, ㅍ체언>ㅂ체언, ㅌ체언 · ㅈ체언 · ㅊ체언>ㅅ체언의 재구조화가 나타난다. '앞, 옆'과 같은 소수의 단어는 이러한 변화를 전혀 겪지 않고 있다.

유기음체언과 치찰음체언의 재구조화

재구조화 전의 말음	재구조화 후의 말음	예
ㅋ	ㄱ	부엌>부억

ㅍ	ㅂ	무릎>무릅
ㅌ	ㅅ	솥>솟
ㅈ	ㅅ	빚>빗
ㅊ	ㅅ	빛>빗

구형과 신형의 공존 이 재구조화에 따라 구형(舊形) '부엌, 무릎, 솥, 빚, 빛'과 신형(新形) '부억, 무릅, 솟, 빗, 빗'이 공존하고 있지만 구형만 표준어로 인정한다. '솥'과 같은 ㅌ체언은 ㅅ체언 외에 위의 주석 14에서 언급한 바와 같이 ㅊ체언으로도 재구조화되어 쓰이고 있다.[15]

15. '겉, 팥'은 15세기의 '겇, 퐃'에서 'ㅊ체언>ㅌ체언'의 변화를 겪었다. 현대의 변화와 반대 방향으로 일어난 점이 흥미롭다.

유기음체언과 치찰음체언에 조사 '이, 을, 에'가 붙은 형태

구형 = 표준발음	신형
부엌 : [부어키], [부어클], [부어케]	부억 : [부어기], [부어글], [부어게]
무릎 : [무르피], [무르플], [무르페]	무릅 : [무르비], [무르블], [무르베]
솥/솣 : [소치], [소틀], [소테]	솟 : [소시], [소슬], [소세] 솣 : [소치], [소츨], [소체]
빚 : [비지], [비즐], [비제]	빗 : [비시], [비슬], [비세]
빛 : [비치], [비츨], [비체]	빗 : [비시], [비슬], [비세]

ㅋ체언과 관련된 음운현상

평폐쇄음화 : 부엌[부억]
경음화 : 부엌도[부억또], 부엌조차[부억쪼차], 부엌부터[부억뿌터], 부엌과[부억꽈]
유기음화 : 부엌하고 → 부억하고 → [부어카고]
비음화 : 부엌만[부엉만]

ㅍ체언과 관련된 음운현상

평폐쇄음화 : 앞[압]
경음화 : 앞도[압또], 앞조차[압쪼차], 앞부터[압뿌터], 앞과[압꽈]
유기음화 : 앞하고 → 압하고 → [아파고]
비음화 : 앞만[암만]
조음위치동화 : 앞까지[압까지/악까지]

ㅌ체언과 관련된 음운현상

평폐쇄음화 : 끝[끋]
경음화 : 끝도[끋또], 끝조차[끋쪼차], 끝부터[끋뿌터], 끝과[끋꽈]
유기음화 : 끝하고 → 끋하고 → [끄타고]
비음화 : 끝만[끈만]
조음위치동화 : 끝부터[끋뿌터/끕뿌터], 끝까지[끋까지/끅까지], 끝만[끈만/끔만]

체언과 조사

ㅅ체언, ㅈ체언, ㅊ체언과 관련된 음운현상

평폐쇄음화 : 옷[옫], 낮[낟], 꽃[꼳]
경음화 : 옷도[옫또], 옷조차[옫쪼차], 낮부터[낟뿌터], 꽃과[꼳꽈]
유기음화 : 옷하고 → 옫하고 → [오타고], 낮하고 → 낟하고 → [나타고], 꽃한테 → 꼳한테 → [꼬탄테]
비음화 : 옷만[온만], 낮만[난만], 꽃만[꼰만]
조음위치동화 : 옷부터[옫뿌터/옵뿌터], 낮과[낟꽈/낙꽈], 꽃만[꼰만/꼼만]

6-3 '꽃아' 등의 발음

말음이 'ㅋ, ㅌ, ㅍ, ㅊ, ㅈ'인 체언에 호격조사 '아'를 붙인 형태를 어떻게 발음하는지 사람들이 잘 모른다. "아이고, 무릎아!"와 같은 경우 외에는 이들 체언에 호격조사를 붙여 쓸 일이 거의 없기 때문에 그 발음을 들어 보거나 생각해 본 적이 없는 것이다. 표준발음은 물론 '부엌아[부어카], 팥아[파타], 무릎아[무르파], 꽃아[꼬차], 목젖아[목쩌자]' 등이다. 그렇지만 일반인들은 이보다 [부어가], [파사], [무르바], [꼬사], [목쩌사]를 더 자연스러운 발음으로 생각한다. 말음이 'ㅌ, ㅊ, ㅈ'인 체언의 경우 '팥아[파다], 꽃아[꼬다], 목젖아[목쩌다]'를 자연스럽다고 느끼는 사람도 있다.

자음군체언인 '몫, 닭, 여덟, 곬, 값'에 호격조사를 붙인 형태의 표준발음은 '몫아[목싸], 닭아[달가], 여덟아[여덜바], 곬아[골싸], 값아[갑싸]' 등이다. 이들 역시 위의 '꽃아'처럼 일상언어에서 쓸 일이 거의 없기 때문에 일반인들은 그 발음에 대해 확신이 없다. 표준발음과는 다른 [모가], [다가], [여더라], [고라], [가바] 쪽을 더 자연스럽게 느끼는 것으로 보인다.

6-4 구개음화의 통시성

17~18세기에 경구개음이 아닌 자음들이 'ㅣ'나 'j' 앞, 즉 'ㅣ, ㅑ, ㅕ, ㅛ, ㅠ, ㅖ, ㅒ' 앞에서 경구개음으로 바뀌는 음운변화가 있었다. 이것을 경구개음화 또는 간단히 **구개음화**라고 부른다. 경구개음으로 바뀌기 전의 자음을 기준으로 ㄷ구개음화, ㅈ구개음화, ㄴ구개음화, ㄱ구개음화, ㅎ구개음화로 세분한다.

ㅈ구개음화는 'ㅈ, ㅉ, ㅊ'의 음가가 각각 치조음 [ʦ, dz], [ʦ'], [ʦʰ]에서 경구개음 [ʧ, ʤ], [ʧ'], [ʧʰ] 등으로 바뀐 것을 가리킨다. ㅈ구개음화는 '쟈, 져, 죠, 쥬' 등의 발음이 '자, 저, 조, 주' 등으로 바뀌는 원인을 제공했다(쟈랑>자랑, 젹다(少)>적다). **2.2.3** (2) 참조.

ㄴ구개음화는 'ㄴ'의 음가가 치음 [n]에서 경구개음 [ɲ]으로 바뀐 것을 가리킨다. ㄴ구개음화는 어두의 '니, 냐, 녀, 뇨, 뉴, 녜' 등의 'ㄴ'이 탈락하는 변화를 일으켰다(니(齒)>이, 녀름(夏)>여름). **4-7** 참조.

ㅈ구개음화와 ㄴ구개음화는 **음소변화**가 아니라 **음성변화**(변이음의 변화)이지만 결과적으로 음절구조제약에 변화를 일으킨 점에서 음운론적인 의의를 가진다. ㄷ구개음화, ㄱ구개음화, ㅎ구개음화는 한 음소가 다른 음소로 바뀐 점에서 음소변화이다.

ㄷ구개음화는 'ㄷ, ㄸ, ㅌ'이 각각 'ㅈ, ㅉ, ㅊ'으로(디나다(過)>지나다, 티다(打)>치

다, 딛다>짇다, 바디>바지, 텬디(天地)>천지), ㄱ구개음화는 'ㄱ, ㄲ, ㅋ'이 각각 'ㅈ, ㅉ, ㅊ'으로(길(道)>질, 키(箕)>치), ㅎ구개음화는 'ㅎ'이 'ㅅ'으로(혀(舌)>세, 형(兄)>성, 향불>상불[상뿔], 효험>솜) 바뀐 것을 가리킨다. ㄱ구개음화는 중앙어에서 일어나지 않았다. ㅎ구개음화는 중앙어에서 일부 단어에서만 일어났고(현마>혈마>설마, 혜다>세다(算), 뒷힘>뒷심) 전라방언과 경상방언에서는 광범위하게 일어났다. 이 세 가지 구개음화의 결과 많은 단어들의 기저형이 바뀌었다(기저형의 재구조화).

남부방언에서 ㄱ구개음화가 활발히 일어나던 시기에 중앙어 화자들은 의식적으로 ㄱ구개음화에 반발했다. 그것이 지나쳐 원래의 'ㅈ'을 'ㄱ'이 구개음화한 것으로 오해하여 '디새>지새>지와>기와, 질들다>길들다, 질삼>길쌈, 딤치>짐치>김치, 짗>깃(羽), 치>키(舵)'와 같이 'ㅈ'을 'ㄱ'으로 잘못 바꾼 단어도 있다. 이 현상을 **역구개음화**(逆口蓋音化)라 한다. 역구개음화는 **과도교정**(過度矯正 hypercorrection)의 하나이다.

근대에 일어났던 ㄷ구개음화의 흔적이 현대한국어의 다음과 같은 말들의 표기에 남아 있다.

ㄷ구개음화 이전의 형태를 밝혀서 표기한 예

명사 : 뜯이[뜨지], 맏이[마지], 가을걷이[가을거지], 목곧이[목꼬지], 미닫이[미다지], 뼈뜯이[뼈뜨지], 씨받이[씨바지], 턱받이[턱빠지], 해돋이[헤도지], 휘묻이[휘무지], 쇠붙이[쇄부치], 일가붙이[일가부치]
부사 : 곧이[고지], 굳이[구지], 같이[가치], 낱낱이[난나치], 샅샅이[사싸치]
동사(피동사와 사동사) : 갇히다[가치다], 걷히다[거치다], 굳히다[구치다], 닫히다[다치다], 묻히다[무치다], 받히다[바치다], 뻗히다[뻐치다], 붙이다[부치다]
체언+조사, '이다' : 솥이[소치], 솥이나[소치나], 솥이랑[소치랑], 솥이다[소치다]

근대에 위의 명사, 부사, 동사들은 '뜨디>뜨지(뜯이), 고디>고지(곧이), 가티다>가치다(갇히다), 소티>소치(솥이)'와 같은 구개음화를 겪어 기저형이 바뀌었다. 그러므로 이 예들이 가진 발음 [지], [치]는 현대한국어에서 공시적 음운현상을 통해 나타나는 것이 아니라 근대에 이미 형성되었던 것이다.(특히 피동사와 사동사와 관련하여 5-2 참조).

체언에 조사가 붙는 일은 공시적인 형태론적 과정이다. 그래서 '솥+이 → [소치]' 등에서의 구개음화는 공시적인 음운현상이라고 보는 것이 일반적인 견해이다. 즉 명사 '솥'과 조사 '이'가 공시적으로 결합할 때 'ㅣ' 앞에서 'ㅌ → ㅊ'과 같은 구개음화가 일어나 [솣]으로 발음된다고 보는 것이다. 그런데 현실어에서 'ㅡ' 앞에 쓰이는 [솣]은 구개음화와 관계없이 'ㅣ' 앞의 이형태 [솣]에 이끌려 생긴 것으로 설명할 수밖에 없다. '솥+은 → [소츤]'과 같은 공시적인 음운론적 과정을 설정할 수 없고 '솣+은 → [소츤]'과 같이 기술할 수밖에 없다. 그러므로 현실어의 [솣]은 구개음화라는 음운현상과 관계없이 기저형으로 이미 존재하는 것으로 해석하는 것이 합리적이다. 그렇다면 '솥이[소치]'도 '솣+이 → [소치]'로 기술하는 것이 자연스럽다.

충남방언에서는 주격조사 '이'가 붙은 형태 '솥이[소치]'와 처격조사 '이'가 붙은 형태 '솥이[소티]'의 발음이 다르다. 이 방언에서는 "솥이[소티] 물을 붓는다."라고 말한다. 'ㅣ' 앞에서 'ㅌ'이 'ㅊ'이 되는 구개음화는 이 방언에 더 이상 살아 있지 않다. 조사의 종류에 따라 기저형 '솥'과 '솣'이 선택된다고 할 수밖에 없다(즉 처격조사 '이' 앞에서는

'솥', 주격조사 '이' 앞에서는 '솣'). 현대에 와서 이러한 현상이 나타난 것을 보면 구개음화는 공시적인 음운현상으로서의 생명력을 이미 잃은 것으로 보아야 할 것이다.

6.4.3 비음과 유음

비음체언과 유음체언의 현황 비음 셋과 유음 'ㄹ'은 체언의 말음으로 널리 쓰인다.

비음체언

ㄴ체언 : 눈(인체), 돈, 만(萬), 문(門), 산(山), 손, 신(신발), 안, 천(千), 기분, 주인, 서른, 마흔, 쉰, 예순, 일흔, 여든, 원주민, 텔레비전
ㅁ체언 : 곰, 꿈, 남, 밤(야간), 봄, 삼(三), 구름, 기름, 다음, 마음, 바람, 사람, 소금, 싸움, 여름, 상금, 사장님, 팀(team)
ㅇ체언 : 강, 공, 땅, 방(房), 상(賞), 영(0), 창(槍), 콩, 통(桶), 간장, 구멍, 엉망, 옷장, 책상, 유리창, 운동장, 스프링

유음체언

ㄹ체언 : 굴, 길, 날, 달, 돌, 말(동물), 물, 발, 불, 술, 실, 일(一), 일(노동), 줄, 칠(七), 칼, 팔(八), 팔(인체), 열(수사), 가을, 서울, 스물, 진실, 모빌(mobile)

비음체언과 관련된 음운현상

조음위치동화 : 눈부터[눈부터/눔부터], 눈까지[눈까지/눙까지], 봄까지[봄까지/봉까지]
ㅎ탈락 : 눈하고[눈하고/누나고], 곰한테[곰한테/고만테], 콩하고[콩하고/콩아고]

유음체언과 관련된 음운현상

ㅎ탈락 : 돌하고[돌하고/도라고], 말한테[말한테/마란테]

비음체언, 유음체언과 관련된 음운현상과 표준발음 위와 같이 조음위치동화나 ㅎ탈락이 일어난 발음은 표준발음으로 인정하지 않는다. 따라서 표준발음에서는 비음체언과 유음체언에서 아무 음운현상도 일어나지 않는 셈이다.

6.4.4 자음군

겹받침과 자음군체언 체언 말음 중에 자음 둘이 이어진 것이 있다. 이것을 자음군(子音群) 또는 겹자음이라 한다. 표기법에서 이들을 겹받침으로 적고 있으므로 자음군체언의 표기는 눈에 잘 띈다.

체언말에 표기되는 겹받침

ㄳ, ㄺ, ㄻ, ㄼ, ㄽ, ㅄ

자음군 'ㄱㅆ, ㄹㅆ, ㅂㅆ' 이 중에서 'ㄳ, ㄽ, ㅄ'의 둘째 자음은 표기상 'ㅅ'이지만 발음상으로는 'ㅆ'이다. 그것이 'ㅅ'으로 발음되는 일은 전혀 없다. 예를 들어 '몫이[목씨], 곬에[골쎄], 값을[갑쓸]' 등은 [목시], [골세], [갑슬] 등으로 발음하지 않는다. 그러므로 이들의 기저형은 표기와 달리 각각 '목ㅆ, 골ㅆ, 갑ㅆ'이다. 그렇지만 표기의 편의상 기저형을 '몫, 곬, 값'으로 적기로 한다.

체언말 자음군

ㄱㅆ, ㄺ, ㄻ, ㄼ, ㄹㅆ, ㅂㅆ

자음군체언의 현황 자음군체언은 그 수가 매우 적은 편이다. 단순어인 ㄼ체언과 ㅂㅆ체언은 각각 '여덟'과 '값'뿐이다. 표준어의 자음군체언의 예는 다음과 같다.

자음군체언(표준어)

ㄱㅆ체언 : 넋, 몫, 삯, 섟, 첫밗, 품삯, 한몫
ㄺ체언 : 닭, 삵, 칡, 흙, 기슭, 까닭, 수탉, 암탉, 진흙
ㄻ체언 : 삶, 앎[16]
ㄼ체언 : 여덟, 일고여덟
ㄹㅆ체언 : 곬, 옰, 물곬, 외곬, 통곬[17]
ㅂㅆ체언 : 값, 옷값, 헐값

현실어에서 사라진 자음군체언들 ㄱㅆ체언인 '섟, 첫밗'과 ㄹㅆ체언인 '곬, 옰, 물곬[물꼴], 통곬'은 단어 자체를 잘 안 쓴다. '외곬'은 '외곬으로'의 형태로 드물게 쓰이는데 '외골수[웨골쑤]'와 혼동하는 사람이 많다.[18] 현실어를 기준으로 하면 ㄹㅆ체언은 없다고 해도 무방하다.

자음군체언의 재구조화 자음군체언도 유기음체언이나 치찰음체언처럼 재구조화가 나타난다.

자음군체언의 재구조화

재구조화 전의 말음	재구조화 후의 말음	예
ㄱㅆ	ㄱ	넋>넉
ㄺ	ㄱ	닭>닥
ㄼ	ㄹ	여덟>여덜
ㅂㅆ	ㅂ	값>갑

현실어에서의 자음군체언의 현황 '닭, 흙' 등 ㄺ체언과 ㄼ체언 '여덟'의 경우에는 재구조화가 이미 끝나 각각 ㄱ체언 '닥, 흑' 등과 ㄹ체언 '여덜'로 바뀌었다. 그러므로 현실어에서 자음군체언으로 실제로 살아 있는 단순어는 다음의 '넋, 몫, 삯, 삶, 앎, 값'에 불과하다.

16. '삶, 앎'은 동사 '살다, 알다'의 어간에 명사화접미사 '-음'이 붙어 만들어진 파생명사이다. '살다, 알다'의 어간에 명사형어미 '-음'이 붙은 명사형 '삶, 앎'과 형태가 똑같다.

17. '돌(생후 1주년)'은 「표준어 규정」(1988) 이전에는 '돐'로 적었다. 북한에서는 지금도 '돐'이 표준형이다. 15세기 어형도 '돐'이었다.

18. '외곬'은 '단 하나의 방법이나 방향'의 뜻으로, '외골수'는 '단 한 곳으로만 파고드는 사람'의 뜻으로 구별해 쓰도록 되어 있다.

단순어인 자음군체언(현실어)

ㄱㅆ체언 : 넋, 몫, 삯
ㄺ체언 : (없음) ※'닭, 흙' 등은 ㄱ체언 '닥, 흑' 등으로 바뀌었음.
ㄻ체언 : 삶, 앎
ㅂㅆ체언 : 값

자음군체언의 현실발음

ㄱㅆ : 넋이[넉씨/너기], 넋을[넉쓸/너글], 넋에[넉쎄/너게]
ㄺ : (없음) ※ㄱ체언 '닭' : 닭이[다기], 닭을[다글], 닭의[다게]
ㄻ : 삶이[살미], 삶을[살믈], 삶에[살메]
ㄼ : (없음) ※ㄹ체언 '여덟' : 여덟이[여더리], 여덟을[여더를], 여덟에[여더레]
ㄹㅆ : (없음)
ㅂㅆ : 값이[갑씨/가비], 값을[갑쓸/가블], 값에[갑쎄/가베]

자음군체언의 표준발음

ㄱㅆ : 넋이[넉씨], 넋을[넉쓸], 넋에[넉쎄]
ㄺ : 닭이[달기], 닭을[달글], 닭의[달긔/달게]
ㄻ : 삶이[살:미], 삶을[살:믈], 삶에[살:메]
ㄼ : 여덟이[여덜비], 여덟을[여덜블], 여덟에[여덜베]
ㄹㅆ : 곬이[골씨], 곬을[골쓸], 곬에[골쎄]
ㅂㅆ : 값이[갑씨], 값을[갑쓸], 값에[갑쎄]

자음군체언과 관련된 음운현상(현실발음) 현실발음에서 자음군체언에 일어나는 음운현상은 다음과 같다.

ㄱㅆ체언, ㄻ체언, ㅂㅆ체언과 음운현상(현실발음)

자음군단순화 : 몫[목], 삶[삼], 값[갑], 몫하고 → 목하고 → [모카고], 삶도[삼도],
값만 → 갑만 → [감만]
경음화 : 몫부터 → 목부터 → [목뿌터], 값과 → 갑과 → [갑꽈]
유기음화 : 몫하고 → 목하고 → [모카고], 값하고 → 갑하고 → [가파고]
비음화 : 몫만→목만 → [몽만], 값만 → 갑만 → [감만]

자음군체언과 관련된 음운현상(표준발음) 표준발음에서 자음군체언에 일어나는 음운현상은 다음과 같다.

ㄱㅆ체언, ㅂㅆ체언, ㄺ체언과 음운현상(표준발음)

자음군단순화 : 몫[목], 값[갑], 닭[닥], 몫하고 → 목하고 → [모카고],
값하고 → 갑하고 → [가파고], 닭하고 → 닥하고 → [다카고]
경음화 : 몫부터 → 목부터 → [목뿌터], 값과 → 갑과 → [갑꽈],
닭도 → 닥도 → [닥또], 닭조차 → 닥조차 → [닥쪼차]
유기음화 : 몫하고 → 목하고 → [모카고], 값하고 → 갑하고 → [가파고],
닭하고 → 닥하고 → [다카고]
비음화 : 몫만 → 목만 → [몽만], 값만 → 갑만 → [감만], 닭만 → 닥만 → [당만]

ㄼ, ㄽ체언과 음운현상(표준발음)

자음군단순화 : 여덟[여덜], 외곬[외골], 여덟도[여덜도], 외곬도[외골도], 여덟만[여덜만], 외곬만[외골만], 여덟보다[여덜보다], 외곬보다[외골보다], 여덟하고[여덜하고], 외곬하고[외골하고]

ㄻ체언과 음운현상(표준발음)

자음군단순화 : 삶[삼 :], 삶도[삼 : 도], 삶만[삼 : 만], 삶보다[삼 : 보다], 삶하고[삼 : 하고]

6-5 15세기 한국어의 체언 말음

15세기 한국어에는 체언 말음으로 폐쇄음 ‘ㅂ, ㄷ, ㄱ, ㅍ, ㅌ’, 마찰음 ‘ㅅ, ㅿ, ㅎ’, 파찰음 ‘ㅈ, ㅊ’, 비음 ‘ㅁ, ㄴ, ㅇ’, 유음 ‘ㄹ’, 자음군 ‘ㄳ, ㄶ, ㄺ, ㄼ, ㄽ, ㄿ, ㅀ, ㅁㅎ, ㅄ, ㅺ’이 있었다. ‘집, 갇(笠), 목, 닢(잎), 솥, 옷, ᄀᆞᇫ(邊), 곻(코), 낯, 빛, 밤(夜), 신(신발), 콩(콩), 별(星), 삸(싹), 않(內), ᄃᆞᆰ(닭), 삷(삽), ᄃᆞᆳ(돌, 一週期), 앒(앞), 앓(卵), 암ᇂ(雌), 값, 밗(밖)’ 등이 각각의 예이다. 현대한국어와 비교하면 ‘ㅋ, ㄲ’이 없고 ‘ㄷ, ㅿ, ㅎ, ㄶ, ㄿ, ㅀ, ㅁㅎ, ㅺ’이 있었던 점이 다르다.

15세기에는 체언 말음 ‘ㄷ’이 체언 말음 ‘ㅅ’과 따로 존재했었다. 현대의 ‘옷’과 ‘붓’은 각각 ‘옷’과 ‘붇’이었다. ‘옷’의 말음 ‘ㅅ’은 현대와 달리 [s]로 발음되어 ‘붇’의 말음 ‘ㄷ’과 구별되었으리라 생각된다. 16세기에 종성 ‘ㅅ’이 [ㄷ]으로 바뀌고 17세기쯤에 ‘붇이[부디], 붇은[부든]’ 등도 ‘붓이[부시], 붓은[부슨]’ 등으로 발음이 바뀌게 되어 체언 말음 ‘ㅅ’과 ‘ㄷ’의 구별이 없어지고 모두 ‘ㅅ’으로 통일되게 되었다. ‘빋(債)’만 예외적으로 ㅈ체언 ‘빚’으로 바뀌었다.

15세기의 ㄷ체언

갇(笠), 곧(處), 굳(坑, 구덩이), 긷(柱), 낟(鎌), 덛(時, ‘어느덧’의 ‘덧’), ᄠᅳᆮ(意), 몯(釘), 벋(友), 붇(筆), 비욷(靑魚), 빋(債)

15세기의 ㅅ체언

것(物), 다ᄉᆞᆺ(五), 닷(탓), 동곳(笄), 맛(味), 못(池), 빗(梳), 여슷(六), 엿(飴), 옷(衣), 잇(苔), 잣(柏), 잣(城), ᄌᆞᆺ(貌)

15세기에는 ㅎ체언, ㄶ체언, ㅀ체언, ㅁㅎ체언과 같이 ‘ㅎ’으로 끝난 체언이 있었다.

15세기의 ‘ㅎ’으로 끝난 체언

갏(刀), 곻(鼻), 긶(纓), 긿(道), 낳(나이), 냏(川), 놓(繩), ᄂᆞᆶ(刃), ᄯᅡᇂ(地), 밇(小麥), 밯(繩), ᄉᆞᆶ(肌), 숗(俗人), 숳(雄), 않(內), 앓(卵), 암ᇂ(雌), 잫(尺), 좋(粟), 텋(垈), 그릏(株), 나랗(國), 니맣(額), 님잫(主), 여렇(諸), 하ᄂᆞᆶ(天), ᄒᆞ낳(一), 둟(二), 셓(三), 넿(四), 엻(十), 스믏(스물)

이들의 말음 ‘ㅎ’은 단독형과 ‘ㅁ’이나 사이시옷 앞에서 탈락했다. 예를 들어 ‘나랗’은 ‘나라, 나라만, 나랏 말ᄊᆞᆷ’과 같이 쓰였다. 폐쇄음과 만나면 유기음화를 일으켰다(나랗+도 → 나라토, 나랗+과 → 나라콰). 모음 앞에서는 그대로 실현되었다(나랗+이 → 나라히, 나랗+ᄋᆞᆯ → 나라ᄒᆞᆯ, 나랗+애 → 나라해). 현대로 오면서 체언의 말음 ‘ㅎ’은 대부분 탈락했고 일부 단어에서 ‘ㅅ, ㅇ’ 등 다른 자음으로 바뀌었다(여렇 > 여럿, 셓 > 셋, 넿 >

체언과 조사

넷, ᄯᅡᇂ>땅). 'ᄯᅡᇂ'은 '땅'으로 변했지만 한자 '地'의 훈과 음을 붙여 읽을 때는 아직도 '따지(<ᄯᅡ디)'라고 읽는 습관이 남아 있다. 또 '밯'의 'ㅎ'은 '바, 밧줄'에서는 탈락하고 '멜빵, 질빵'에서는 'ㅇ'이 되는, 서로 다른 변화를 겪은 점이 흥미롭다. 15세기의 체언 말음 'ㅎ'의 흔적이 일부 합성어와 파생어에 아직도 남아 있다. '코끼리(<코키리<고키리 ← 곻+길-이), 날카롭다(<ᄂᆞᆯ캏다 ← ᄂᆞᆶ+-갛-다), 살코기(<ᄉᆞᆶ+고기), 수컷(<숳+것), 암컷(<암ㅎ+것), 안팎(<않+밗)'이 그 예이다.

6.5 체언과 조사의 경계

체언과 조사의 연결형에서 경계 찾기 '나무가, 나무를, 집이, 집을'과 같은 표기를 보고 체언과 조사의 형태를 분석해 내는 일은 전혀 어렵지 않다. 음절자의 경계가 체언과 조사의 경계와 일치하기 때문이다. '나무가[나무가], 나무를[나무를]'과 같은 말은 발음을 듣고서도 체언과 조사의 형태를 분리하기가 아주 쉽다. 그러나 '집이[지비], 집을[지블]' 같은 발음에서는 체언과 조사의 경계를 찾는 일이 그보다 덜 쉽다. 체언과 조사의 경계가 음절경계와 어긋나 있기 때문이다. 특히 한국어를 배우는 외국인은 체언과 조사의 경계를 찾는 문제 때문에 듣기에 곤란을 겪을 수 있다.

체언과 조사의 경계가 놓이는 위치 체언과 조사가 만나는 경계가 음절경계와 일치하는지, 아니면 음절경계와는 어긋나더라도 분절음의 경계와는 일치하는지 등을 고려하면 다음과 같은 네 가지 경우가 있을 수 있다.

체언과 조사의 경계가 놓이는 위치

① 음절경계
② 분절음경계
③ 자음의 내부
④ 모음의 내부

6.5.1 음절경계에 놓이는 경우

모음체언과 조사의 연결 일반적으로 모음체언 뒤에 어떤 분절음이 연결되든지 체언과 조사의 경계는 음절경계와 일치하게 된다. 다만 보조사 '은/는/ㄴ'의 한 형태인 'ㄴ'과 목적격조사 '을/를/ㄹ'의 한 형태인 'ㄹ'과 보조사 '일랑/ㄹ랑'의 한 형태인 'ㄹ랑'이 모음체언 뒤에 붙을 때는 음절경계가 아닌 분절음경계에 체언과 조사의 경계가 놓이게 된다(6.5.2 참조).

자음체언과 조사의 연결 일반적으로 자음체언 뒤에 자음이 연결되면 체언과 조사의 경계는 음절경계에 놓이게 된다. 다만 ㅎ조사가 장애음체언 뒤에 붙으면 유기음화가 일어나 유기음 내부에 체언과 조사의 경계가 놓이게 된다(6.5.3 참조).

음절경계에 놓이는 경우

모음체언+모든 조사(보조사 'ㄴ', 목적격조사 'ㄹ', 보조사 'ㄹ랑' 제외)
　머리+도, 머리+하고, 머리+에, 머리+나, 머리+는, 머리+를, 머리+와
자음체언+자음조사('장애음체언+ㅎ조사' 제외)
　목+도[목또], 목+까지[목까지], 목+부터[목뿌터], 목+조차[목쪼차], 목+만[몽만]
자음체언+과
　목+과[목꽈]

6.5.2 분절음경계에 놓이는 경우

자음체언과 조사의 연결　자음체언 뒤에 모음이 연결되면 체언말 자음과 모음이 한 음절을 형성하기 때문에 체언과 조사의 경계가 음절경계와 어긋나게 된다. 예를 들어 명사 '목'과 조사 '에'가 연결된 [모게]에서 [게]라는 음절의 중간인 자음 'ㄱ'과 모음 'ㅔ' 사이에, 즉 분절음경계에 명사와 조사의 경계가 놓인다.

모음체언과 조사의 연결　모음체언 뒤에 보조사 '은/는/ㄴ'의 한 형태인 'ㄴ'과 목적격조사 '을/를/ㄹ'의 한 형태인 'ㄹ'과 보조사 '일랑/ㄹ랑'의 한 형태인 'ㄹ랑'이 연결될 때도 분절음경계에 체언과 조사의 경계가 놓이게 된다. 예를 들어 명사 '머리' 뒤에 보조사 'ㄴ'이 연결된 [머린]에서 [린]이라는 음절의 중간인 모음 'ㅣ'와 자음 'ㄴ' 사이에, 즉 분절음경계에 명사와 조사의 경계가 놓인다.

분절음경계에 놓이는 경우

자음체언+모음조사
　목+에[모게], 목+의[모긔/모게]
자음체언+ㅣ계 다형조사
　목+이나[모기나], 목+일랑[모길랑]
자음체언+ㅡ계 다형조사
　목+은[모근], 목+을[모글], 목+으로[모그로]
자음체언+주격조사 '이', 호격조사 '아'
　목+이[모기], 목+아[모가]
모음체언+보조사 'ㄴ', 목적격조사 'ㄹ', 보조사 'ㄹ랑'
　머리+ㄴ → 머린, 머리+ㄹ → 머릴, 머리+ㄹ랑 → 머릴랑

6.5.3 자음의 내부에 놓이는 경우

장애음체언과 ㅎ조사의 연결　장애음체언 뒤에 ㅎ조사가 연결되면 유기음화가 일어나 유기폐쇄음 'ㅋ, ㅌ, ㅍ' 내부에 체언과 조사의 경계가 놓인다.

자음의 내부에 놓이는 경우

장애음체언+ㅎ조사
　목+하고[모카고], 입+하고[이파고], 옷+하고[오타고], 솥+하고[소타고]

체언과 조사

유기음화를 활용한 형태분석 체언과 조사의 결합형 [모카고]를 '목'과 '하고'로 분석할 수 있으려면 유기음화라는 음운현상에 대한 지식이 있어야 한다. '목+하고'에서 일어난 'ㄱ+ㅎ → ㅋ'과 같은 유기음화를 거꾸로 적용하여 'ㅋ → ㄱ+ㅎ'과 같이 체언말 자음 'ㄱ'과 조사 두음을 찾아내야 하기 때문이다. 그러나 [소타고]의 경우에는 유기음화에 대한 지식을 활용하여 분석하더라도 체언의 형태가 '솓, 솟, 숏, 솣, 솥' 등 가운데서 무엇일지는 알아낼 수 없다. 이들 중 실제로 체언으로 존재하는 것은 '솥'뿐이라는 사실을 알아야 최종적으로 '솥+하고'와 같은 복원이 가능할 것이다. 그러므로 이 경우에 형태분석을 정확하게 하는 일은 체언과 조사의 경계가 음절경계나 분절음경계와 일치하는 위의 경우들보다 훨씬 더 어렵다.

6.5.4 모음의 내부에 놓이는 경우

'거, 이거, 그거, 저거'와 주격조사의 연결 의존명사 '것', 그리고 '이, 그, 저'와 '것'의 합성어 '이것, 그것, 저것'은 구어에서 말음 'ㅅ'이 없는 형태 '거, 이거, 그거, 저거'로 많이 쓴다. 이들은 모음으로 끝나므로 주격조사가 붙은 형태는 '거가, 이거가, 그거가, 저거가'가 되어야 할 텐데 그 대신 주격조사 형태 '이'가 붙어서 줄어든 '게, 이게, 그게, 저게'가 된다.

'거, 이거, 그거, 저거'와 주격조사 '이'가 연결된 형태	
거+이 → 게	그거+이 → 그게
이거+이 → 이게	저거+이 → 저게

화합형 '게, 이게, 그게, 저게' '거+이'의 준말 [게]를 [ㄱ-ㅔ]와 같이 형태분석할 수는 없다. [ㅔ]를 주격조사의 이형태로 인정하기 어렵기 때문이다. {것}+{이}라는 두 형태소의 연결이 [게]라는 분석할 수 없는 하나의 형태로 뭉쳐져 있다고 보는 것이 합리적이다. [게]와 같이 둘 이상의 형태소가 들어 있지만 각각의 이형태를 분석할 수 없는 한 덩어리의 형태를 **화합형**(和合形 portmanteau morph)이라 한다. [이게], [그게], [저게] 역시 [익-ㅔ], [극-ㅔ], [적-ㅔ]로 분석하기보다는 화합형으로 처리하는 것이 낫다. 역사적으로는 체언 말음 'ㅓ'와 주격조사 'ㅣ'의 연결 'ㅓㅣ'가 'ㅔ'라는 한 모음으로 축약되어 이러한 화합형이 생겼다. 현재로서는 모음 'ㅔ'의 내부에 체언과 조사의 경계가 놓여 있다고 보아야 한다.

고어투 화합형 '게다, 무에, 무에다' '거+이'가 '게'로 줄었듯이 '거+이다'가 '게다'로 줄어든 표현이 "벌써 떠났을 게다."와 같은 문장에 고어투로 남아 있다. '무엇'의 구어형 '무어'에 주격조사와 '이다'를 붙인 '무어+이, 무어+이다' 역시 '무에, 무에다'로 바뀌어 "무에 그리 급한고?", "손에 든 게 무에냐?"와 같은 문장에 고어투로 남아 있다. 이들 중에서 '무에'는 표준어이지만 '이다'의 연결형인 '게다, 무에다'는 표준어로 인정하지 않는다. '이다'의 '이'를 탈락시킨 '거다, 무어다'가 표준어이다. 어떻든 '무에'와 '게다, 무에다'는 모음 'ㅔ'의 내부에 체언과 조사의 경계가 놓여 있는 예가 된다.

화합형 '내, 네, 제, 내게, 네게, 제게' 인칭대명사 '나, 너, 저'에 관형격조사 '의'가 연결된 '나의, 너의, 저의'는 준말 '내[네], 네, 제'로도 쓰이며, 부사격조사 '에게'가 연결된 '나에게, 너에게, 저에게'는 준말 '내게[네게], 네게, 제게'로도 쓰인다.[19] '내, 네, 제'의 모음 'ㅔ' 속에 대명사와 조사의 경계가 숨어 있다. 이 경우 역시 '내, 네, 제, 내게, 네게, 제게'는 화합형이다.[20]

19. '나'의 겸양어인 1인칭대명사 '저'와 재귀대명사 '저'가 모두 해당된다.

20. '나, 너, 저'와 주격조사가 연결된 형태 '내가, 네가, 제가'에 대해서는 6.4 참조.

'나, 너, 저'와 관형격조사 '의', 부사격조사 '에게'가 연결된 준말	
나+의 → 내[네]	나+에게 → 내게[네게]
너+의 → 네	너+에게 → 네게
저+의 → 제	저+에게 → 제게

화합형 '테다' 이와 유사한 예를 의존명사 '터'와 '이다'의 연결에서 볼 수 있다. '할 터이다, 할 터이야, 할 터이면, 할 터이니까, 할 터인데' 등과 같이 쓰이는 '터+이다'는 '터이다' 그대로 쓸 때도 있지만 '테다'로 줄여 쓸 때가 더 많다. 본말 '터이다'는 고어투 느낌을 준다. 이 경우에도 마찬가지로 '테'의 모음 'ㅔ' 속에 '터'와 '이다'의 경계가 숨어 있다고 할 수 있다.

의존명사 '터'와 '이다'가 연결된 준말
터+이다 → 테다

6.6 수사

수사의 음운론적 특징 수사(數詞)도 다른 체언들에 나타나는 형태음운론적 교체와 음운현상을 그대로 보여 준다. 예를 들어 '다섯'은 평폐쇄음화되면 '다섯[다섣]', 경음화되면 '백다섯[벡따섣]', 비음화되면 '다섯만[다선만]', 조음위치동화되면 '다섯까지 → 다섣까지 → [다석까지]', 유기음화되면 '다섯하고 → 다섣하고 → [다서타고]' 등으로 발음이 바뀐다. 그런데 수사라는 집합은 의미의 공통성 때문에 결속력이 강하다. 그래서 수사의 형태는 어느 정도 통일성을 가지며 수사에만 특수하게 일어나는 음운현상도 있다.

21. 수사는 어원적으로 '하나, 둘'과 같은 고유어계(固有語系) 수사와 '일(一), 이(二)'와 같은 한자어계(漢字語系) 수사로 나누어진다.

22. 15세기에는 고유어계 수사로 '온(100), 즈믄(1000)'이 더 있었다.

23. '한, 두, 세, 네' 등 기본형과 관형어 형태가 다를 때 관형어 형태를 관형사로 처리하는 견해도 있다. 나아가 '다섯'이나 '팔십'처럼 기본형과 관형어 형태가 같은 경우에까지 관형사로서의 용법을 인정하는 견해도 있다. 『표준국어대사전』은 이 마지막 견해를 따르고 있다.

6.6.1 고유어계 수사[21]

(1) 고유어계 수사의 기본형

고유어계 수사의 음절 수 고유어계 수사는 '하나'부터 '아흔아홉'까지만 있고 100 이상은 한자어계 수사로 대신 표현한다.[22] 고유어계 수사 중 단순어는 아래의 18개로서 1음절어는 '둘, 셋, 넷, 열, 쉰'의 5개이고 나머지 13개는 모두 2음절어이다. 1음절어는 작은 수 쪽에 많다.

고유어계 수사 중 단순어 18개(말음별 분류)

말음이 모음 : 하나
말음이 ㄹ : 둘, 여덟[여덜], 열, 스물
말음이 ㅅ : 셋, 넷, 다섯, 여섯
말음이 ㅂ : 일곱, 아홉
말음이 ㄴ : 서른, 마흔, 쉰, 예순, 일흔, 여든, 아흔

고유어계 수사의 말음 위에서 보듯이 고유어계 수사의 말음은 대부분 전설음이다. 전설음 중에서도 공명음이 많다. 말음이 'ㅅ'인 '셋, 넷, 다섯, 여섯'은 인접한 수를 나타내는 수사들이다. 또 말음이 'ㄴ'인 수사들은 30 이상의 십 단위의 수를 나타내는 단어들이다.

고유어계 수사의 초성 'ㅎ' '아홉, 마흔, 일흔, 아흔'은 ㅎ탈락이 일어난 [아옵], [마은], [이른], [아은]으로 발음될 때가 많지만 표준발음으로 인정하지 않는다. '서른'은 15세기에 '셜흔'이었는데 이제 'ㅎ'이 탈락한 형태로 완전히 바뀌었다. '마흔'은 15세기에 '마ᅀᆞᆫ'이었고 나중에 '마ᄋᆞᆫ'이었다가 오히려 'ㅎ'이 끼어들어 '마흔'으로 바뀌었다. '서른'과 반대의 길을 걸은 것이다. 날짜명사 '사ᄋᆞᆯ >사흘, 나ᄋᆞᆯ >나흘'에서도 'ㅎ'이 끼어든 변화를 볼 수 있다.

(2) 고유어계 수사의 관형어 형태

고유어계 수사의 기본형과 관형어 형태 한국어의 모든 수사는 명사를 수식하는 관형어 용법도 가진다. 예를 들어 '팔십 먹은 노인'의 '팔십'은 목적어이고 '팔십 세'의 '팔십'은 관형어이다. 그런데 고유어계 수사 중 일부는 관형어로 쓰일 때 특별한 형태로 나타난다. 예를 들어 '책상 하나, 토끼 둘, 어린이 셋'의 '하나, 둘, 셋'은 '책상 한 개, 토끼 두 마리, 어린이 세 명'에서 관형어 형태 '한, 두, 세'로 나타난다. 명사인 '여럿'도 그와 비슷하게 명사 앞에서 관형어로 쓰이면 '여러'가 된다. 한편 '다섯, 여섯, 일곱' 등 나머지 수사들은 기본형과 관형어 형태가 같다.[23]

고유어계 수사의 기본형/관형어 형태

하나/한, 둘/두, 셋/세, 넷/네, 스물/스무

고유어계 수사의 고어투 관형어 형태 관형어 형태 '세, 네, 다섯, 여섯'은 '서/석, 너/넉, 닷, 엿'과 같은 형태로도 쓰인다. 이들은 고어투로서 사용빈도가 점점 낮아지고 있다.[24]

'세/서/석', '네/너/넉', '다섯/닷', '여섯/엿'의 예

기본형	관형어 형태	예
셋	세	세 개, 세 대, 세 명, 세 벌, 세 척, 세 평, 세 사람, 세 사발, 열세 개, 백세 개
	서	서 근, 서 돈, 서 말, 서 발, 서 푼, 서 홉, 서 마지기, 열서 근, 백서 근
	석	석 냥, 석 달, 석 되, 석 섬, 석 자(尺), 석 자(字), 석 잔, 석 점, 석 짐, 열석 냥, 백석 냥
넷	네	네 개, 네 대, 네 명, 네 벌, 네 척, 네 평, 네 사람, 네 사발, 열네 개, 백네 개
	너	너 근, 너 돈, 너 말, 너 발, 너 푼, 너 홉, 너 마지기, 열너 근, 백너 근
	넉	넉 냥, 넉 달, 넉 되, 넉 섬, 넉 자(尺), 넉 자(字), 넉 잔, 넉 점, 넉 짐, 열넉 냥, 백넉 냥
다섯	다섯	다섯 개, 다섯 달, 다섯 대, 다섯 명, 다섯 벌, 다섯 자(字), 다섯 잔, 다섯 점, 다섯 척, 다섯 평, 다섯 사람, 다섯 사발, 열다섯 개, 백다섯 개
	닷	닷 근, 닷 돈, 닷 말, 닷 발, 닷 푼, 닷 홉, 닷 마지기, 닷 냥, 닷 되, 닷 섬, 닷 자(尺), 닷 짐, 열닷 근, 백닷 근
여섯	여섯	여섯 개, 여섯 달, 여섯 대, 여섯 명, 여섯 벌, 여섯 자(字), 여섯 잔, 여섯 점, 여섯 척, 여섯 평, 여섯 사람, 여섯 사발, 열여섯 개, 백여섯 개
	엿	엿 근, 엿 돈, 엿 말, 엿 발, 엿 푼, 엿 홉, 엿 마지기, 엿 냥, 엿 되, 엿 섬, 엿 자(尺), 엿 짐, 열엿 근, 백엿 근

(3) 고유어계 부정수사의 형태

고유어계 부정수사의 조어법 대략적인 숫자를 나타내는 수사를 **부정수사**(不定數詞)라 한다. 부정수사는 '여남은(十餘), 스무남은(二十餘)'을 제외하면 '한둘(← 하나+둘)'처럼 정확한 숫자를 나타내는 **정수사**(定數詞)를 둘 이상 연결해 만든 합성어이다. 이때 형태가 조금 달라지는 경우가 있다.

고유어계 부정수사의 형태(정수사를 결합한 합성어)

기본형과 관형어 형태가 다른 것(기본형/관형어 형태)

한둘/한두(1 · 2), 두셋/두세(2 · 3), 두엇/두어(2 · 3), 두서넛/두서너(2 · 3 · 4), 서넛/서너(3 · 4)

기본형과 관형어 형태가 같은 것

너덧(4 · 5), 네댓(4 · 5), 너더댓(4 · 5), 대여섯(5 · 6), 대엿(5 · 6), 댓(5 · 6), 예닐곱(6 · 7), 일여덟(7 · 8)[일려덜], 엳아홉(8 · 9)[여다홉]

24. 한자 '三, 四'를 훈에 음을 붙여 읽을 때는 '석삼, 넉사'라고 한다. 이것은 '세삼, 네사'로 바뀌지 않고 있다.

체언과 조사

고유어계 부정수사의 표준어와 현실어 '너덧, 네댓, 너더댓'은 모두 '4 또는 5'를 뜻하는 말이다. '너댓'이라는 말을 쓰는 사람도 있는데 이 말은 표준어로 인정하지 않는다. '일여덟'은 대개 [일려덜]로 발음하지만 표준발음은 [이려덜]이다.

고유어계 부정수사의 변화 요즘에는 '한둘/한두, 두서넛/두서너' 외에는 정수사의 형태를 거의 그대로 유지한 규칙적인 형태를 널리 쓰고 있다. 부정수사의 형태가 다음과 같이 변화하고 있는 것이다. 이들 중 '세넷/세네, 다서여섯, 여서일곱'은 표준어로 인정하지 않는다.

고유어계 부정수사의 변화(진행 중)

두엇/두어 > 두셋/두세
서넛/서너 > 세넷/세네
너덧, 네댓, 너더댓 > 네다섯
대여섯, 대엿, 댓 > 다서여섯
예닐곱 > 여서일곱
일여덟 > 일고여덟[일고여덜]
열아홉 > 여덟아홉[여더라홉]

6-6 날짜명사

한자어로 날짜를 표현하는 말에는 수사 '일, 이, 삼' 등에 단위성 의존명사 '일(日)'을 붙인 '일일, 이일, 삼일' 등이 있다. 고유어로 표현할 때는 날짜명사를 사용한다. 고유어계 날짜명사로는 '하루, 이틀, 사흘, 나흘, 닷새[다쎄], 엿새[여쎄], 이레, 여드레, 아흐레, 열흘, 열하루, 열이틀[열리틀/여리틀], 열사흘[열싸흘], 열나흘[열라흘], 열닷새[열따쎄], 열엿새[열려쎄], 열이레[열리레/여리레], 열여드레[열려드레], 열아흐레, 스무날, 스무하루, 스무이틀, 스무사흘, 스무나흘, 스무닷새[스무다쎄], 스무엿새[스무여쎄], 스무이레, 스무여드레, 스무아흐레'만 쓰고 '삼십일'부터는 한자어계 표현으로 대신한다.

부정수사처럼 부정확한 날짜를 나타낼 때는 날짜명사의 합성어를 쓸 수 있다. 그러한 합성어로는 '하루이틀(1 · 2일), 사나흘(3 · 4일), 너더댓새(4 · 5일), 너댓새(4 · 5일), 네댓새(4 · 5일), 대엿새(5 · 6일), 댓새(5 · 6일), 예니레(6 · 7일), 일여드레(7 · 8일)'가 있다. '하루이틀'은 『표준국어대사전』에 올라 있지 않다. '일여드레'는 표준발음이 [이려드레]이나 현실발음은 [일려드레]이다.

(4) 경음화

'여덟, 열'과 경음화 '여덟[여덜], 열, 스물'은 ㄹ체언이므로 '여덟도[여덜도], 열부터[열부터], 스물조차[스물조차]' 등에서 보듯이 그 뒤에 조사가 붙을 때 경음화를 일으키지 않는다. 그러나 특별한 문법적 환경에서 '여덟, 열, 스물'은 경음화를 일으키는 특성을 가지고 있다. 첫째, '여덟, 열'의 수식을 받는 명사의 두음이 경음화된다.

'여덟, 열'의 수식을 받는 명사에서의 경음화

여덟 개[여덜깨], 여덟 대[여덜때], 여덟 번[여덜뻔], 여덟 장[여덜짱], 여덟 사람[여덜싸람]
열 개[열깨], 열 대[열때], 열 번[열뻔], 열 장[열짱], 열 사람[열싸람]

'열, 스물'과 경음화 둘째, '열, 스물' 뒤에 명사나 수사가 붙어 합성어가 만들어질 때 그 명사나 수사의 두음이 경음화된다.

'열, 스물'로 시작하는 합성어에서의 경음화

합성명사
열사흘[열싸흘], 열닷새[열따쌔], 열십[열씹](十), 열십자[열씹짜](열十字)
합성수사
열둘[열뚤]/열두[열뚜], 열셋[열쎋]/열세[열쎄], 열다섯[열따섣]
스물둘[스물뚤]/스물두[스물뚜], 스물셋[스물쎋]/스물세[스물쎄], 스물다섯[스물따섣]

(5) ㄴ첨가

'여섯, 여덟, 열, 여든', '엿새, 여드레'와 ㄴ첨가 자음으로 끝난 수사 뒤에 'j'로 시작하는 수사 '여섯, 여덟, 열, 여든'이 붙으면 '열여섯[열려섣], 열여덟[열려덜], 백열[벵녈], 백여든[벵녀든]'과 같이 ㄴ첨가가 일어난다. 또 수사 '열' 뒤에 날짜명사 '엿새, 여드레'가 붙을 때도 '열엿새[열려쌔], 열여드레[열려드레]'와 같이 ㄴ첨가가 일어난다.

'여섯, 여덟, 열, 여든', '엿새, 여드레'와 ㄴ첨가

수사+여섯
열여섯, 스물여섯, 서른여섯, 마흔여섯, 쉰여섯, 예순여섯, 일흔여섯, 여든여섯, 아흔여섯, 백여섯, 천여섯, 만 여섯, 일억 여섯
수사+여덟
열여덟, 스물여덟, 서른여덟, 마흔여덟, 쉰여덟, 예순여덟, 일흔여덟, 여든여덟, 아흔여덟, 백여덟, 천여덟, 만 여덟, 일억 여덟
수사+열
백열, 천열, 만 열, 일억 열
수사+여든
백여든, 천여든, 만 여든, 일억 여든
열+엿새, 여드레
열엿새, 열여드레

'일곱', '이틀, 이레'와 ㄴ첨가 자음으로 끝난 수사 뒤에 'ㅣ'로 시작하는 수사 '일곱'이 붙을 때 '열일곱[열릴곱/여릴곱]'과 같이 ㄴ첨가가 일어날 수 있다. 또 '열' 뒤에 날짜명사 '이틀, 이레'가 붙을 때도 '열이틀[열리틀/여리틀], 열이레[열리레/여리레]'와 같이 ㄴ첨가가 일어날 수 있다.

'일곱', '이틀, 이레'와 ㄴ첨가

수사+일곱
열일곱, 스물일곱, 서른일곱, 마흔일곱, 쉰일곱, 예순일곱, 일흔일곱, 여든일곱, 아흔일곱, 백일곱, 천일곱, 만 일곱, 일억 일곱
열+이틀, 이레
열이틀, 열이레

체언과 조사

6.6.2 한자어계 수사

(1) 한자어계 수사의 형태

한자어계 수사의 음절 수 한자어계 수사는 대개 1음절어이다. 숫자가 아주 커지면 3음절 이상이 되지만 그런 수사를 일상생활에서 쓸 일은 없다.

한자어계 수사의 형태(말음별 분류) : '영(0)'부터 '해(10^{20})'까지

말음이 모음 : 이(二), 사(四), 오(五), 구(九), 조(兆), 해(垓)
말음이 ㄱ : 육(六), 백(百), 억(億)
말음이 ㄴ : 천(千), 만(萬)
말음이 ㅁ : 삼(三)
말음이 ㅇ : 영(零), 공(空), 경(京)
말음이 ㄹ : 일(一), 칠(七), 팔(八)
말음이 ㅂ : 십(十)

6-7 한자어계 수사의 전체 목록

'만' 이상의 한자어계 수사를 모두 나열하면 다음과 같다.

만(萬, 10^4), 억(億, 10^8), 조(兆, 10^{12}), 경(京, 10^{16}), 해(垓, 10^{20}), 자(秭, 10^{24}), 양(穰, 10^{28}), 구(溝, 10^{32}), 간(澗, 10^{36}), 정(正, 10^{40}), 재(載, 10^{44}), 극(極, 10^{48}), 항하사(恒河沙, 10^{52}), 아승기(阿僧祇, 10^{56}), 나유타(那由他, 10^{60}), 불가사의(不可思議, 10^{64}), 무량수/무량대수(無量數/無量大數, 10^{68})

6-8 '영(零)'과 '공(空)'

'0'을 가리키는 수사는 '영(零)'이지만 경우에 따라서는 '공(空)'으로 읽기도 한다. '공(0)'은 다음과 같은 경우에 많이 쓰인다.

소수점 이하의 숫자 : 0.20(영점이공)[영쩌미공]
전화번호 : 02-202-5008[공이에 이공이에 오공공팔]
학번 : 90학번(구공학번), 00학번(공공학번), 05학번(공오학번), 10학번(일공학번)
세대, 연대 : 3040(삼공사공, 30대와 40대), 7080(칠공팔공, 1970년대와 1980년대)

한자어계 정수사와 부정수관형사 한자어계 정수사(定數詞)는 관형어로 쓰일 때도 기본형이 그대로 쓰인다. 예를 들어 '일분(1分), 십분(10分), 오세(5歲) 아동, 오십세(50歲)'의 관형어 형태 '일, 십, 오, 오십'은 기본형과 형태가 같다. 그리고 어림수를 나타내기 위해 한자어계 정수사 둘을 결합한 말은 모두 관형어로만 쓰이므로 수사가 아니라 관형사이다.

한자어계 부정수관형사

일이(1 · 2)[일리], 이삼(2 · 3), 삼사(3 · 4), 사오(4 · 5), 오륙(5 · 6), 육칠(6 · 7), 칠팔(7 · 8), 팔구(8 · 9)

(2) 두음법칙

한자어계 수사의 표기와 교체 한자어계 수사는 대개 아라비아숫자로 적고 한글로 적는 일은 드물다. 예를 들어 '4주, 20분, 203동, 5 · 16 군사정변' 등을 '사 주/사주, 이십 분/이십분, 이백삼 동/이백삼동, 오일륙 군사정변' 등으로 적는 일은 거의 없다. 따라서 한자어계 수사가 표기상으로 교체하는 현상은 눈에 잘 띄지 않는다.

두음법칙과 '육(六)'의 표기상의 교체 한자어계 수사 중 유일하게 표기상으로 교체하는 것이 '육(六)'이다. 두음법칙에 따라 어두에서 '육'으로 적고 비어두에서 '륙'으로 적는다. 이것은 발음상의 교체가 그대로 표기에 반영된 것이다.

두음법칙과 '육(六)'의 두 가지 표기

육(어두) : 육감(六感), 육순(六旬), 육각형(六角形), 육십령(六十嶺)[육씸녕], 육십갑자(六十甲子), 육하원칙(六何原則)

륙(비어두) : 쌍륙(雙六), 사륙제(四六制), 사륙판(四六版), 오륙도(五六島), 육백륙호(六百六號)[육뻥뉴코], 장륙불상(丈六佛像)[장뉵뿔쌍]

조어구조와 '육'의 두음법칙 '사육신(死六臣), 생육신(生六臣)'에서는 '륙'이 아니라 '육'이다. '육신(六臣)'이라는 단어에서 두음법칙에 따라 일단 '육'이 되고 나면 그 앞에 '사(死), 생(生)'을 붙이더라도 '륙'으로 적지 않는다. 즉 '사-육신, 생-육신'의 구조이기 때문에 어두의 형태 '육'이 유지되는 것이다. '사륙-제, 사륙-판'과 같은 구조에서 비어두의 형태 '륙'이 쓰이는 것과 대조된다. '삼구육명(三句六名), 삼현육각(三絃六角)'도 '삼구-육명, 삼현-육각'의 '육명, 육각'에서 두음법칙이 이미 일어난 형태가 그대로 유지된 예이다.

수사의 연결과 비어두의 '륙' 전화번호 등에서 '2'와 '6'을 이어 말하면 [이륙]이라 하고 [이육]이라 하지 않는다. 마찬가지로 '5'와 '6'을 이어 말하면 [오륙]이라 한다. 그런데 '삼십육계(三十六計), 십육밀리(十六milli), 십육분음표(十六分音標), 십육세기(16世紀), 루이 십육세(Louis 16世), 삼백육십오일(365日)'과 같이 한자어계 수사를 굳이 한글로 적을 때는 비어두의 '6'을 '육'으로 적고 있다. 그러나 이들에서 '삼십육, 십육, 삼백육십오'를 각각 [삼시뷱], [시뷱], [삼베귝씨보]로 발음하지 않고 [삼심뉵], [심뉵], [삼벵뉵씨보]로 발음하는 것을 보면 비어두의 '6'의 형태가 '육'이 아닌 '륙'임을 알 수 있다. '이륙, 오륙, 삼십륙계, 십륙세기, 루이 십륙세, 삼백륙십오일'과 같은 표기가 구어를 제대로 반영한 표기인 것이다.

두음법칙과 '영(零)'의 표기상의 교체 '영(零)'도 원래의 한자음이 '령'이라서 두음법칙의 적용을 받아 어두에서는 '영'으로 적고 비어두에서는 '령'으로 적는다.

> **두음법칙과 '영(零)'의 두 가지 표기**
>
> **영(어두)** : 영락(零落), 영변화(零變化), 영위법(零位法), 영점(零點), 영출력(零出力)
> **령(비어두)** : 귀령법(歸零法), 칠령팔락(七零八落)

수사의 연결과 비어두의 '영' 그러나 '2'와 '0'을 이어 발음할 때 [이령]이라 하지 않고 [이영]이라 하며 '5'와 '0'을 이어 발음할 때도 [오령]이라 하지 않고 [오영]이라 한다. 그러므로 '육'과 달리 '영'은 수를 나열하는 경우에 비어두에서도 형태가 그대로 '영'임을 알 수 있다.

(3) 'ㄹ'의 비음화

'륙(六)'의 'ㄹ'이 [ㄴ]으로 바뀌는 현상 '육(六)'의 비어두 형태 '륙'의 초성 'ㄹ'은 그대로 'ㄹ'로 발음될 때도 있고 'ㄴ'으로 발음될 때도 있다. 이것은 'ㄹ' 이외의 자음 뒤에서 'ㄹ'이 'ㄴ'으로 바뀌는 음운현상, 즉 'ㄹ'의 비음화로 설명할 수 있다(**8.3.1** (2) ② 참조).

> **비어두 '륙(六)'의 초성이 'ㄹ'로 발음되는 경우('ㄹ'이 비음화되지 않는 경우)**
>
> [륙] : 사륙제, 사륙판, 오륙도, 5 · 16[오일륙], 10 · 26[시비륙], 5 · 60[오륙씹][25], 0.16[영쩌밀륙], 0.26[영쩌미륙], 263-7686(전화번호) [이륙싸메 칠륙팔륙], 2×6=12(구구단) [이륙 시비], 3 · 4 · 5 · 6[삼사오륙]
> [륭] : 5 · 60,000[오륭만], 5 · 6년[오륭년], 5 · 6명[오륭명], 266-7666(전화번호) [이륭뉴게 칠륭늉뉵]

25. 50과 60을 아울러 이르는 '오륙십'의 숫자 표기는 일정치 않다. '5, 60'으로 적으면 5와 60을 나열한 것과 혼동되며 '5,60'으로 적으면 '오륙백'을 '5,600'으로 적게 되어 '오천육백'과 혼동되는 문제가 생긴다. 따라서 '5 · 60'으로 적는 것이 좋을 것이다.

> **비어두 '륙(六)'의 초성이 'ㄴ'으로 발음되는 경우('ㄹ'이 비음화되는 경우)**
>
> [뉵] : 쌍륙[쌍뉵], 장륙불상[장뉵뿔쌍], 16[심뉵], 160[벵뉵씹], 1,600[천뉵뻭], 16,000[만뉵천], 160,000,000[이렁뉵천만], 1,060,000[벵늉만], 0.6[영쩜뉵], 0.36[영쩜삼뉵], 365일[삼벵뉵씨보일], 366-6665(전화번호) [삼늉뉴게 융늉뉴고], 6×6=36(구구단) [융뉵 삼심뉵], 3 · 6 · 9 · 12[삼뉵꾸시비]
> [늉] : 160,000(십륙만)[심늉만], 16년(십륙년)[심늉년], 16명(십륙명)[심늉명], 366-6666(전화번호) [삼늉뉴게 융늉늉뉵]

(4) ㄴ첨가

'일(一), 이(二)'와 ㄴ첨가 '일(一), 이(二)'는 '일(一)' 뒤에 바로 붙을 때 ㄴ첨가와 유음화가 일어나 각각 [릴], [리]로 발음된다. 즉 '일일(一 一)'은 [일릴], '일이(一二)'는 [일리]로 발음된다. '칠, 팔'도 'ㄹ'로 끝났지만 그 뒤에 '일, 이'가 붙을 때는 ㄴ첨가 및 유음화가 일어나지 않는다. 예를 들어 '칠일(七一), 팔이(八二)'는 각각 [치릴],

[파리]로 발음된다.

'일(一)'과 ㄴ첨가

[일](ㄴ첨가 안 됨): 11[시빌], 11일[시비릴], 1.1[일쩌밀], 1억[이럭], 8 · 15(특정한 날짜)[파리로], 81학번[파릴학뻔], 01학번[공일학뻔], 2153–5171(전화번호) [이이로삼에 오일치릴]
[릴](ㄴ첨가 후 유음화 일어남) : 일일이(부사)[일리리], 0.11[영쩌밀릴], 119(전화번호)[일릴구], 011–511–7111(전화번호) [공일리레 오일리레 치릴릴릴/공일릴 오일릴 치릴릴릴]

'이(二)'와 ㄴ첨가

[이](ㄴ첨가 안 됨): 12[시비], 1.2[일쩌미], 2억[이억], 6 · 25(특정한 날짜)[유기오], 82학번[파리학뻔], 02학번[공이학뻔], 3254–6282(전화번호) [사미오사에 유기파리]
[리](ㄴ첨가 후 유음화 일어남): 1 · 2월[일리월], 1 · 20[일리십], 1 · 21(특정한 날짜)[일리일], 0.12[영쩌밀리], 712–1212(전화번호) [치릴리에 일리일리], 1 · 2 · 3 · 4(수의 나열)[일리삼사]

'영(零)'과 ㄴ첨가 '영(零)'은 앞말의 종성이 자음일 때 ㄴ첨가를 일으켜 [녕]으로 발음된다. 앞자음이 'ㄹ'이면 [녕]이 다시 유음화되어 [령]으로 바뀐다. 예를 들어 '영영(零零), 일영(一零), 삼영(三零), 육영(六零)'은 ㄴ첨가와 유음화가 일어난 [영녕], [일령], [삼녕], [융녕]으로 발음한다.

'영(零)'과 ㄴ첨가

[영](ㄴ첨가 안 됨): 0.20[영쩌미영/영쩌미공], 1.50[일쩌모영/일쩌모공], 02–202–5088(전화번호) [영이에 이영이에 오영팔팔/공이에 이공이에 오공팔팔]
[녕](ㄴ첨가 일어남): 1.00[일쩜녕녕], 2.3060[이쩜삼녕늉녕/이쩜삼공뉵꽁]
[령](ㄴ첨가 후 유음화 일어남): 1.10[일쩌밀령/일쩌밀공], 2.7080[이쩜칠령팔령/이쩜칠공팔공]

(5) 경음화

'일(一), 칠(七), 팔(八)' 뒤의 경음화 종성이 'ㄹ'인 '일(一), 칠(七), 팔(八)' 뒤에서는 '1도(一度)[일또], 칠순(七旬)[칠쑨], 1조(一兆)[일쪼], 8장(八章)[팔짱]'처럼 'ㄷ, ㅅ, ㅈ'이 경음화된다(**9.6.2** 참조).

(6) 그 밖의 교체

'유월, 시월, 오뉴월'의 불규칙성 '6월, 10월'을 가리키는 말은 '육월, 십월'이 되어야 할 것이나 '유월, 시월'이다. 1년 중의 각 달을 가리키는 말이 그 달의 계절적 특성과 결부된 의미를 가지게 되면서 고유명사처럼 인식되다 보니 수사 '육, 십'의 정확한 발음에서 벗어날 수 있었고 발음을 불편하게 만드는 종성 'ㄱ, ㅂ'이 탈락한 것으로 보인다. 한편 '오뉴월'은 음력 5월과 6월 무렵의 더운 여름철을 뜻하는 것으로 의미가 고정되었고 발음도 굳어졌다. 양력 5월과 6월을 합쳐 말하는 '5 · 6월'은 현실어에서 '오뉴월' 대신 '오유월, 오류월, 오육월, 오룩월'이라 한다.

7. 용언의 활용

7.1 활용형의 음운론적 의의

용언의 활용형과 어미 한국어의 용언, 즉 동사와 형용사가 문장 속에 쓰이려면 그 뒤에 반드시 **어미**(語尾)가 붙어야 한다. 동사, 형용사에 어미가 붙은 형태를 **활용형**(活用形)이라 한다. 활용형에서 어미를 떼낸 부분을 특별히 **어간**(語幹)이라 부르기도 한다. 활용형은 용언어간 하나에 하나 이상의 어미가 붙어 이루어진다.

용언의
활용

활용형의 구조

활용형=어간+어미(+어미+…)
믿다=믿-+-다
믿었다=믿-+-었-+-다
믿으셨겠으니까=믿-+-으시-+-었-+-겠-+-으니까

활용형과 조사 일부 활용형 뒤에는 조사(助詞)가 붙을 수 있다. 아래의 예에서 〔 〕로 묶은 부분이 활용형이고 그 뒤에 붙은 말들이 조사이다.

활용형에 조사가 붙은 예

믿기가=〔믿-+-기〕+가
믿어서도=〔믿-+-어서〕+도
믿었는데요=〔믿-+-었-+-는데〕+요
믿으셨겠더라고밖에는=〔믿-+-으시-+-었-+-겠-+-더라〕+고+밖에+는

활용형이 형성하는 어절의 가짓수와 발음 이와 같이 활용형이 형성하는 어절은 여러 형태소들의 다양한 결합으로 이루어지기 때문에 그 가짓수가 매우 많다. 그리고 각 형태소들이 원래의 형태대로 발음되지 않고 발음이 바뀌는 일도 자주 일어난다. 그래서 활용형은 한국어의 발음을 기술하는 분야에서 가장 큰 비중을 차지한다.

7.2 어미의 종류와 목록

7.2.1 어미의 종류

어미의 음운론적 분류 어미는 문법적으로 꽤 복잡하게 분류되지만 음운론적으로는 기본적으로 세 종류로 나눌 수 있다. 이들은 그 두음의 성격에 따라 구별된다.

> **어미의 음운론적 분류**
>
> **자음어미** : 항상 자음으로 시작하는 형태를 가진 어미
> **모음어미** : 'ㅏ, ㅓ'로 시작하는 형태를 가진 어미
> **매개모음어미** : 'ㅡ'로 시작하는 형태를 가진 어미

어미 {-고}, {-어}, {-으면} 연결어미 {-고}는 '가고[가고], 먹고[먹꼬], 놓고[노코]' 등에서 보듯이 표기상의 형태는 '고'로 고정되어 있으나 그 발음은 환경에 따라 [-고], [-꼬], [-코]로 달라진다. 그래도 항상 자음으로 시작하므로 자음어미에 속하며 기저형 '-고'의 두음이 'ㄱ'이므로 ㄱ어미에 속한다. 연결어미 {-어}는 '두어[두어], 기뻐[기뻐], 웃어[우서], 보아[보아], 작아[자가], 가[가]' 등에서 보듯이 'ㅏ, ㅓ'로 시작하는 형태를 가지고 있으므로 모음어미에 속한다. 연결어미 {-으면}은 '잡으면[자브면], 가면[가면], 놀면[놀면]' 등에서 보듯이 'ㅡ'로 시작하는 형태를 가지고 있으므로 매개모음어미에 속한다.

두 종류에 속하는 어미 형태소 하나의 어미 형태소는 원칙적으로 이상의 세 종류 중 하나에만 속하지만 예외도 있다. 예를 들어 연결어미 {-는데}의 세 이형태 [-는데], [-은데], [-ㄴ데] 중에서 [-는데]는 자음어미 '-는데'로, [-은데], [-ㄴ데]는 매개모음어미 '-은데'로 분류된다(7.3.3 (6) 참조).

> **7-1 매개모음의 처리 방식**
>
> **매개모음**(媒介母音) 'ㅡ'에 대해서는 여러 견해가 있다. 그 중 대표적인 것은 매개모음이 어간과 어미 사이에 끼어드는 소리라는 견해와 어미의 두음이라는 견해이다. 전자에 따르면 '먹으면'의 '으'는 어간 '먹-'과 어미 '-면'이 연결될 때 발음을 부드럽게 이어 주기 위해 끼어드는 것이다. 그런 의미에서 이 'ㅡ'를 '매개모음, 조성모음(調聲母音), 고룸소리, 조음소(調音素), 연결모음(連結母音)' 등으로 불러 왔다. 그러나 이렇게 설명하면 매개모음이 언제 끼어들고 끼어들지 않는지 규칙화할 수 없는 문제가 생긴다. "밥을 먹으니 배가 부르다."의 '먹으니'에서는 매개모음이 끼어드는데 "지금 밥 먹니?"의 '먹니'에서는 매개모음이 끼어들지 않는다. 똑같이 '먹-'과 '-니'의 연결이라면 이런 차이를 설명할 수 없다.
>
> 후자의 견해에 따르면 '먹으니'는 '먹-'에 '-으니'가 연결된 것이고 '먹니'는 '먹-'에 '-니'가 연결된 것이다. 둘의 차이가 아주 간단하게 설명된다. 매개모음을 필요로 하는

어미가 정해져 있다는 사실을 고려하면 '_'가 어미에 속한 요소라는 것은 분명하다. 그리고 조사 '은, 을, 으로'의 두음 '_' 역시 매개모음과 유사한 성격을 가진 것인데 이들을 조사의 두음으로 처리하고 있으므로 활용에 대해서도 똑같은 태도를 취해야 할 것이다. 따라서 매개모음을 어미의 두음으로 보는 것이 옳다. 매개모음이라는 것은 '매개'라는 말의 뜻과 관계없이 어미의 두음 '_'를 가리키는 편의상의 용어로 생각해야 한다.

7-2 어미의 문법적 분류

어미의 문법적 분류에 대해서는 여러 견해가 있다. 학교문법에서는 다음과 같이 분류한다.

<table>
<tr><td colspan="4">선어말어미</td></tr>
<tr><td rowspan="5">어말어미</td><td colspan="3">종결어미</td></tr>
<tr><td rowspan="4">비종결어미</td><td colspan="2">연결어미</td></tr>
<tr><td rowspan="3">전성어미</td><td>명사형어미</td></tr>
<tr><td>관형사형어미</td></tr>
<tr><td>부사형어미</td></tr>
</table>

7.2.2 어미의 목록

주요 어미의 목록과 종류 주요 어미들을 자음어미, 모음어미, 매개모음어미로 나누어 제시하면 다음과 같다. 선어말어미(선), 연결어미(연), 종결어미(종), 관형사형어미(관), 명사형어미(명)와 같이 문법적 종류를 약호로 표시한다.

(1) 자음어미

ㄱ어미

선 : –겠–
연 : –고, –고자, –게, –거나, –거든, –기에, –길래[길레], –기로서니
종 : –구나, –군, –구먼, –게, –거라
명 : –기

ㄴ어미

연 : –는데, –느라고, –느니(선택), –느니(대안)[1], –는지(간접의문)
종 : –는다, –는구나, –는군, –는구먼, –네, –너라, –느냐, –냐, –니, –나, –는지(직접의문), –는가, –는고
관 : –는

1. –느니(선택) : 회의를 하느니 마느니 말이 많다.
–느니(대안) : 시합에 지느니 기권을 하겠다.

ㄷ어미

연 : –다가, –더니, –더라도, –던데, –던지, –도록, –든, –든가, –든지
종 : –다, –더라, –더구나, –더냐, –데, –디, –던가, –던고
관 : –던

ㅁ어미

종 : –ㅂ니다[ㅁ니다], –ㅂ니까[ㅁ니까]

ㅂ어미

종 : –ㅂ디다[ㅂ띠다], –ㅂ디까[ㅂ띠까]

ㅅ어미

선 : –사옵– [싸옵]
종 : –습니다[씁니다], –습니까[씁니까], –습디다[씁띠다], –습디까[씁띠까], –소[쏘][2]

ㅈ어미

선 : –자옵–, –잖–[3]
연 : –자, –자마자, –지(부정), –지(나열)[4]
종 : –자, –지, –지요

2. ㅅ어미의 두음은 항상 [ㅆ]으로 발음되므로 ㅆ어미로 기술하는 것이 정확하나 관례에 따라 ㅅ어미로 부르기로 한다.

3. 선어말어미 '–잖–'은 문장의 내용을 청자가 이미 알고 있음을 확인하는 수사의문문에 쓰인다. 일반적으로 이 '–잖–'을 선어말어미로 인정하지 않고 있다.

4. –지(부정) : 시간이 많지 않다.
–지(나열) : 바람만 불지 춥지는 않다.

두 종류에 속하는 어미 형태소 ㄱ어미 '–구나, –군, –구먼'과 ㄴ어미 '–는구나, –는군, –는구먼'은 각각 {–는구나}, {–는군}, {–는구먼}의 이형태들이며, ㄴ어미 '–는다'와 ㄷ어미 '–다'는 {–는다}의 이형태들이다(7.3.3. (7) 참조). 또 ㅁ어미 '–ㅂ니다, –ㅂ니까'와 ㅅ어미 '–습니다, –습니까'는 각각 {–습니다}, {–습니까}의 이형태들이며, ㅂ어미 '–ㅂ디다, –ㅂ디까'와 ㅅ어미 '–습디다, –습디까'도 각각 {–습디다}, {–습디까}의 이형태들이다(7.3.3. (8) 참조).

7-3 ㅅ어미의 두음 [ㅆ]

ㅅ어미 '–사옵–, –소, –습니다, –습니까, –습디다, –습디까'의 두음은 표기상 'ㅅ'이지만 항상 [ㅆ]으로 발음된다. 예를 들어 '–소' 활용형에 나타나는 '–소'의 발음은 항상 [쏘]이다.

'–소'의 발음

[쏘] : 작소[작쏘], 닫소[다쏘], 잡소[잡쏘], 웃소[우쏘], 있소[이쏘], 찾소[차쏘], 안소[안쏘], 감소[감쏘], 앉소[안쏘], 놓소[노쏘], 않소[안쏘], 맑소[막쏘], 얇소[얄쏘], 앓소[알쏘], 읊소[읍쏘], 없소[업쏘]

ㅅ어미의 두음 [ㅆ]은 'ㅅ'으로부터 음운현상을 통해 나타난 것으로 기술하는 것이 일

반적이다. '작소[작쏘], 앉소[안쏘]' 등은 폐쇄음 뒤의 경음화(**8.3.1** (5)①)로, '안소[안쏘]' 등은 용언어간말 비음 뒤의 경음화(**8.3.1** (5)②)로 기술한다. 그리고 '놓소[노쏘], 않소[안쏘], 앓소[알쏘]' 등을 기술하는 방법으로는 두 가지가 있다. 첫째는 'ㅎ+ㅅ→ㅆ'과 같은 축약으로 기술하는 것이다. 둘째는 'ㅎ+ㅅ → ㄷㅅ → ㄷㅆ → ㅆ'과 같이 'ㅎ'의 평폐쇄음화, 폐쇄음 뒤의 경음화, ㄷ탈락을 차례로 거치는 것으로 기술하는 것이다.

이와 같이 ㅅ어미의 두음 [ㅆ]이 'ㅅ'으로부터 음운현상의 적용에 따라 나타난다고 기술하는 것은 맞춤법에 이끌려 기저형을 잘못 설정한 것이다. ㅅ어미의 두음은 모든 경우에 [ㅆ]으로 발음되므로 원래부터 [ㅆ]이라고 보아야 한다. 예를 들어 '작소, 앉소, 안소, 놓소, 않소'는 각각 '작-쏘, 앉-쏘, 안-쏘, 놓-쏘, 않-쏘'로부터 출발해 [작쏘], [안쏘], [안쏘], [노쏘], [안쏘]로 발음된다고 기술할 수 있다. 이 가운데 '앉-쏘, 않-쏘'에는 자음군단순화가 적용되고 '놓-쏘'에는 평폐쇄음화와 ㄷ탈락이 차례로 적용된다.

(2) 모음어미

모음어미
선 : -었-
연 : -어, -어도, -어서, -어야
종 : -어, -어라(명령), -어라(감탄),[5] -어요

(3) 매개모음어미

개음절 매개모음어미와 폐음절 매개모음어미 매개모음어미는 두 종류로 나누어진다. {-으면}, {-으니까}와 같이 매개모음 'ㅡ'가 독립된 음절을 형성하고 그 뒤에 다른 음절이 이어진 형태로 나타나는 것을 개음절 매개모음어미라 한다. 반면에 {-은지}, {-음}과 같이 매개모음 'ㅡ'가 그 뒤의 자음과 함께 한 음절을 형성한 것을 폐음절 매개모음어미라 한다.

개음절 매개모음어미
선 : -으시-, -으옵-
연 : -으나, -으니(선택), -으니(이유)[6], -으니까, -으되[으뒈], -으려고, -으며, -으면, -으면서
종 : -으냐, -으니(의문), -으라, -으리다, -으리라, -으마, -으세,[7] -으소서, -으십시오, -으오(평서, 의문), -으오(명령, 청유)

'-으오(평서, 의문)'와 '-으오(명령, 청유)'의 차이 종결어미 '-으오(평서, 의문)'는 자음어미 '-소'와 함께 형태소 {-소}에 속한다.[8] '믿소/믿으오, 갔소, 가오'와 같은 하오체의 평서형과 의문형으로 쓰인다. 선어말어미 '-으시-'와 결합해 '-으시오, -으셨소, -으시겠소'의 형태로도 쓰인다({-소}의 이형태 교체는 **7.3.3** (8) 참조). 한편 '-으오(명령, 청유)'는 형태소 {-으오}에 속하며 '믿으오, 가오'와 같이 쓰여 하오체의 명령형과 청유형을 만든다. '-으시-'와 결합해 '-으시오'의 형태로 쓰일 수

5. -어라(명령) : 크게 웃어라.
-어라(감탄) : 아이고 추워라.

6. -으니(선택) : 기분이 좋으니 나쁘니 말이 많다.
-으니(이유) : 기분이 좋으니 모든 일이 잘 된다.

7. 매개모음어미 '-으세'가 아닌 자음어미 '-세'를 옳은 형태로 보기도 한다.

8. {-소}는 전라방언과 경상방언의 명령형 '가소, 잡소' 등에 보이는 {-소}와는 형태와 기능이 조금 다르다.

있다. 나이 든 여자들은 친근한 손위의 여자에게 '-으오'(평서, 의문)와 '-으오'(명령, 청유) 대신 '-으우'를 쓰기도 한다. 이것을 하우체라 한다.

폐음절 매개모음어미

연 : -을는지[을른지], -을수록[을쑤록], -을지[을찌], -을지라도[을찌라도], -은데, -은지(간접의문)
종 : -읍시다[읍씨다], -을게[을께], -을까, -을꼬, -을쏘냐, -은지(직접의문), -은가, -은고
관 : -은, -을
명 : -음

7.3 어미의 형태음운론적 교체

7.3.1 교체 있는 어미와 교체 없는 어미

교체 있는 어미와 교체 없는 어미 어미의 형태는 늘 하나로 고정되어 있는 경우도 있지만 앞뒤에 연결되는 다른 형태소와의 관계에 따라 형태음운론적 교체를 보이는 일이 많다. 표기된 형태를 기준으로 하면 자음어미의 대부분이 교체 없는 어미에 속하며 모음어미와 매개모음어미는 모두가 교체 있는 어미에 속한다. 그런데 발음된 형태를 기준으로 하면 모든 어미가 교체 있는 어미가 된다.

교체 있는 어미와 교체 없는 어미

표기 기준	예				발음 기준
	형태소	교체형		활용형 예	
		표기	발음		
교체 있는 어미	{-어}	-어 -아 -여 -Ø	[어] [아] [여] [Ø]	접어[저버] 잡아[자바] 하여[하여] 가[가]	교체 있는 어미
	{-으면}	-으면 -면	[으면] [면]	잡으면[자브면] 하면[하면]	
교체 없는 어미	{-고}	-고	[고] [꼬] [코]	하고[하고] 잡고[잡꼬] 좋고[조코]	
	{-겠-}	-겠-	[겐] [껜] [켄] [겐] [껜] [켄] [게] [께] [케]	하겠고[하겐꼬] 잡겠고[잡껜꼬] 좋겠고[조켄꼬] 하겠네[하겐네] 잡겠네[잡껜네] 좋겠네[조켄네] 하겠소[하게쏘] 잡겠소[잡께쏘] 좋겠소[조케쏘]	

<table>
<tr><td rowspan="2">교체 없는 어미</td><td>{-네}</td><td>-네</td><td>[네]
[네]
[레]</td><td>하네[하네]
잡네[잠네]
핥네[할레]</td><td rowspan="2">교체 있는 어미</td></tr>
<tr><td>{-는}</td><td>-는</td><td>[는]
[는]
[른]</td><td>하는[하는]
잡는[잠는]
핥는[할른]</td></tr>
</table>

어미 두음의 교체와 어미 말음의 교체 어미의 교체는 어미 두음이 달라지는 것과 어미 말음이 달라지는 것으로 나누어진다. 어미 두음의 교체는 그 어미 앞에 붙는 용언이나 어미의 영향으로 일어나고, 어미 말음의 교체는 그 어미 뒤에 붙는 다른 어미의 영향으로 일어난다.

7.3.2 표기와 다르게 발음되는 어미

표기와 다르게 발음되는 어미 일부 어미는 앞뒤 환경과 관계없이 표기와 다르게 발음된다.

표기와 다르게 발음되는 어미

'을X'형 : -을게[을께], -을는지[을른지], -을수록[을쑤록], -을지[을찌], -을지라도[을찌라도]
ㅁ어미 : -ㅂ니다[ㅁ니다], -ㅂ니까[ㅁ니까]
ㅂ어미 : -ㅂ디다[ㅂ띠다], -ㅂ디까[ㅂ띠까]
ㅅ어미 : -사옵-[싸옵], -소[쏘], -습니다[씀니다], -습니까[씀니까], -습디다[씁띠다], -습디까[씁띠까]
'ㄴㄱ'형 : -는가[는가/능가], -는고[는고/능고], -는구나[는구나/능구나], -는군[는군/능군], -는구먼[는구먼/능구먼], -든가[든가/등가], -던가[던가/덩가], -던고[던고/덩고], -은가[은가/응가], -은고[은고/응고][9]
기타 : -읍시다[읍씨다]

9. 'ㄴㄱ'형의 두 가지 발음 중 빗금 왼쪽 것이 표준발음이다.

어원적 표기법 이들이 표기와 달리 발음되는 원인은 어원적 표기법에 있다. 둘 이상의 형태소가 결합하여 한 형태소로 발달한 것들 중 어원적인 형태를 표기에 반영할 필요가 있는 것들은 맞춤법을 정할 때 실제 발음과 조금 다르게 표기를 정했다. 예를 들어 '-습니다'의 '습'은 '-습디다'의 '습'과 마찬가지로 15세기의 선어말어미 '-ᅀᆞᆸ-'으로부터 발달한 것이므로 [씀]으로 발음됨에도 불구하고 '습'으로 적는 것이다.

7.3.3 어미 두음의 교체

(1) 어미 두음 'ㄱ, ㄷ, ㅈ'의 교체

경음화와 유기음화에 의한 어미 두음 'ㄱ, ㄷ, ㅈ'의 교체 ㄱ어미, ㄷ어미, ㅈ어미의 두음 'ㄱ, ㄷ, ㅈ'은 폐쇄음이나 비음 뒤에서 경음화되며 'ㅎ'과 축약되어 유기음화된다. 이 때문에 예를 들어 {-고}는 [-고]와 [-꼬]와 [-코]로 교체한다.

어미 두음이 평음과 경음과 유기음으로 교체하는 예

평음 : 가고, 가던, 가지, 놀고, 놀던, 놀지
경음 : 잡고[잡꼬], 잡던[잡떤], 잡지[잡찌]
읽고[일꼬], 읽던[익떤], 읽지[익찌]
담고[담꼬], 담던[담떤], 담지[담찌]
잡았고[자받꼬], 잡겠던[잡껟떤], 읽으셨지[일그셛찌]
유기음 : 놓고[노코], 놓던[노턴], 놓지[노치]
않고[안코], 않던[안턴], 않지[안치]
앓고[알코], 앓던[알턴], 앓지[알치]

(2) **어미 두음 'ㄴ'의 교체**

유음화에 의한 어미 두음 'ㄴ'의 교체 ㄴ어미의 두음 'ㄴ'은 그 앞 용언의 말음이 'ㄼ, ㄾ, ㅀ'일 때 'ㄹ'로 유음화된다. 이 때문에 예를 들어 {-네}는 [-네]와 [-레]로 교체한다.

어미 두음이 'ㄴ'과 'ㄹ'로 교체하는 예

ㄴ : 가는, 가네, 노는, 노네
ㄹ : 얇네[알레/얌네],[10] 핥는[할른], 핥네[할레], 앓는[알른], 앓네[알레]

10. 표준어 '얇네[얄:레]' 대신 [얌네]나 '얇으네[얄브네]'를 쓰는 사람이 더 많다.

(3) **모음어미의 두음의 교체**

모음어미의 대표 {-어} 모음어미의 두음 'ㅓ'의 교체는 모든 모음어미에 똑같이 나타난다. '녹아, 녹아도, 녹아서, 녹아야, 녹았다, 녹아라' 등에서 보듯이 모음어미 {-어}, {-어도}, {-어서}, {-어야}, {-었-}, {-어라} 등의 두음은 용언 '녹-' 뒤에서 모두 'ㅏ'로 똑같이 나타난다. 따라서 모음어미 중에서 연결어미 {-어}와 종결어미 {-어}만 가지고 모음어미의 두음이 어떻게 나타나는지 살펴본다.

어미 {-어}의 네 이형태 '잡아, 접어, 하여, 가' 등에서 보듯이 어미 {-어}는 '-아, -어, -여, -Ø(영형태)'의 네 가지 형태로 나타난다. 이러한 교체는 앞 용언의 모음이 어떤 종류인가에 따라 결정된다. 이때 '-아'와 '-어'의 교체를 모음조화라 한다.

어미 {-어}가 '-아'로 나타나는 경우 {-어}는 다음에서 보듯이 대체로 말음절의 모음이 'ㅗ, ㅏ'일 때 '-아'로 나타난다.

어미 {-어}가 '-아'로 나타나는 경우

① 자음용언의 말음절 모음이 'ㅗ, ㅏ'일 때
녹아, 좁아, 알아, 맑아, 얕아, 괄아
② ㅗ용언 뒤
와(오-어), 보아/봐
③ 끝에서 둘째 음절의 모음이 'ㅗ, ㅏ'인 ㅡ용언 뒤
고파(고프-어), 나빠(나쁘-어), 잠가(잠그-어), 가냘파(가냘프-어)

어미 {-어}가 '-Ø(영형태)'로 나타나는 경우 {-어}는 ㅏ용언, ㅓ용언 뒤에서 '-Ø'로 나타난다. 또 현실발음을 기준으로 하면 ㅐ용언, ㅔ용언은 [ㅔ]용언이고, ㅚ용언, ㅞ용언은 [ㅞ]용언이므로 이 넷을 합쳐 [ㅔ]용언이라 부를 수 있다. 구어체에서 이들 [ㅔ]용언 뒤에서도 {-어}가 '-Ø'로 나타난다(7.4.11과 7.4.12 참조).

어미 {-어}가 '-Ø(영형태)'로 나타나는 경우

① ㅏ용언, ㅓ용언 뒤
  가(가-어), 만나(만나-어), 서(서-어), 건너(건너-어)
② [ㅔ]용언(즉 ㅐ용언, ㅔ용언, ㅚ용언, ㅞ용언) 뒤 (구어체에서)
  내[네](내-어), 지내[지네](지내-어), 베(베-어), 설레(설레-어), 돼[뒈](되-어), 꿰(꿰-어)

ㅚ용언과 '-Ø' ㅚ용언의 말음을 표기와 같이 [ㅚ]라고 보고 'ㅚ'가 어미 두음 'ㅓ'와 합쳐져 'ㅙ'가 된다고 보는 것은 표준발음을 기준으로 한 서술이다. 즉 '되-어'는 '되어[되어/되여/뒈어/뒈여]' 또는 '돼[돼:]'가 표준어이다. 그런데 현실발음에서 'ㅚ, ㅙ'는 똑같이 [ㅞ]로 발음된다. 그래서 '되어[뒈어]'와 '돼[뒈]'의 첫음절은 발음이 똑같다. 따라서 한 음절로 발음한 '돼[뒈]'는 어미가 '-Ø'로 실현되고 어간의 모음 [ㅞ]는 그대로 유지된 것이라고 보아야 한다. '꿰-어'를 한 음절로 발음한 '꿰[꿰]'에서 어미가 '-Ø'로 나타나는 것과 똑같다.

어미 {-어}가 '-여'로 나타나는 경우 {-어}가 '-여'로 나타나는 것은 문어체의 '하-' 뒤에서뿐이다. 즉 '하-어'는 '하여'로 나타난다. 구어체에서는 '해'라는 형태가 일반적으로 쓰이며 그 현실발음은 [헤]이다. 특히 종결어미 {-어}, {-어요}가 붙은 형태는 문어체에서도 '하여, 하여요'라고 하지 않고 '해, 해요'라고 한다. 예를 들어 "지금 뭐 해?"의 '해'를 '하여'라고 하는 일은 없다. 이와 같이 '하-어'가 '하여' 또는 '해'로 나타나는 현상은 불규칙활용으로 기술한다(7.5.8 참조).

어미 {-어}가 '-어'로 나타나는 경우 이상의 경우 외에는 {-어}가 '-어'로 나타난다. 모음용언 중에서 ㅣ용언, ㅢ용언, ㅟ용언은 말음이 모두 [ㅣ]로 발음되므로 [ㅣ]용언으로 묶을 수 있는데 이들 [ㅣ]용언 뒤에서도 '-어'로 나타난다. 또 문어체에서는 [ㅔ]용언(ㅐ용언, ㅔ용언, ㅚ용언, ㅞ용언) 뒤에서도 '-어'로 나타날 수 있다.

어미 {-어}가 '-어'로 나타나는 경우

① 자음용언의 말음절 모음이 'ㅗ, ㅏ'가 아닐 때
  접어, 열어, 웃어, 늦어, 읽어, 뺏어, 괠어
② ㅜ용언 뒤
  두어/둬, 가두어/가둬
③ [ㅣ]용언(즉 ㅣ용언, ㅢ용언, ㅟ용언) 뒤
  비어/벼, 시키어/시켜, 희어, 뀌어/뀌, 바뀌어/바뀌
④ [ㅔ]용언(즉 ㅐ용언, ㅔ용언, ㅚ용언, ㅞ용언) 뒤 (문어체에서)

용언의 활용

내어, 지내어, 베어, 설레어, 되어, 꿰어

⑤ **끝에서 둘째 음절의 모음이 'ㅗ, ㅏ'가 아닌 ㅡ용언 뒤**

기뻐(기쁘–어), 구뻐(구쁘–어), 헤퍼(헤프–어), 어설퍼(어설프–어)

선어말어미 뒤에서의 어미 {–어}의 교체 선어말어미 뒤에 모음어미가 붙을 때도 위의 모음조화와 비슷한 교체가 나타난다. 예를 들어 어미 {–어}가 {–으시–}, {–겠–} 뒤에서는 '–어'로, {–잖–} 뒤에서는 '–아'로 나타난다. 그런데 선어말어미 {–었–}의 이형태 '–았–' 뒤에서 '–아'가 아닌 '–어'가 된다. 즉 '잡았아'가 아닌 '잡았어'가 된다. 한편 대과거를 표시하는 {–었었–}은 '잡았었다, 집었었다'와 같이 '–았었–'과 '–었었–'으로만 나타나고 '–았았–, –었았–'으로는 나타나지 않는다.

선어말어미 뒤의 어미 {–어}의 교체

–어 : 잡으셔(잡–으시–어), 보셔(보–으시–어)
–어 : 잡겠어, 집겠어, 보겠어, 되겠어
–어 : 잡았어, 집었어, 보았어, 되었어, 갔어, 했어
–아 : 잡잖아, 집잖아, 보잖아, 되잖아, 크잖아

(4) 매개모음어미의 두음의 교체

매개모음어미의 두음의 교체 환경 매개모음어미의 두음은 앞 음소의 종류에 따라 'ㅡ'와 'Ø(영음소 零音素)'로 교체한다. 'ㅡ'는 앞 음소가 'ㄹ' 이외의 자음일 때, 'Ø'는 모음 또는 'ㄹ'일 때 나타난다. 예를 들어 연결어미 {–으면}은 'ㄹ' 이외의 자음 뒤에서 '–으면'으로, 모음 또는 'ㄹ' 뒤에서 '–면'으로 나타난다.

매개모음어미의 두음이 'ㅡ'로 나타나는 경우

'ㄹ' 이외의 자음 뒤

잡으면, 잡으시고, 잡으니까, 잡으리라, 잡으마, 잡은, 잡음
놓으면, 놓으시고, 놓으니까, 놓으리라, 놓으마, 놓은, 놓음
읽으면, 읽으시고, 읽으니까, 읽으리라, 읽으마, 읽은, 읽음
잡았으면, 잡겠으면, 잡으셨으면

매개모음어미의 두음이 'Ø(영음소)'로 나타나는 경우

모음 뒤

가면(가–으면), 가시고(가–으시–고), 가니까(가–으니까), 가리라(가–으리라), 가마(가–으마), 가오(가–으오)
간(가–은), 갈(가–을), 감(가–음)

'ㄹ' 뒤

놀면(놀–으면), 노시고(놀–으시–고), 노니까(놀–으니까), 놀리라(놀–으리라), 노마(놀–으마), 노오(놀–으오)
논(놀–은), 놀(놀–을), 놂[놈](놀–음)[11]

11. '노시고, 노니까, 노마, 노오, 논, 놀, 놂' 등에서의 ㄹ탈락에 대해서는 8.3.2 (7) 참조.

어미 {-으되}의 교체 환경 연결어미 {-으되}는 문어체에만 쓰이는데 두음 'ㅡ'와 'Ø'의 교체 환경(즉 '-으되'와 '-되'의 교체 환경)이 위와 조금 다르다. '-으되'는 용언 '있-, 없-', 선어말어미 {-었-}, {-겠-} 뒤에만 쓰이고 나머지 모든 경우에는 '-되'가 쓰인다.

어미 {-으되}의 교체
-으되 : 있으되, 없으되, 잡았으되, 잡겠으되, 잡으셨으되
-되 : 가되, 바꾸되, 놀되, 잡되, 놓되, 읽되, 가시되, 읽으시되

(5) {-으시-}와 {-어요}의 연결

{-으시-}와 {-어요}의 연결형 '-으세요' 선어말어미 {-으시-}에 종결어미 {-어요}가 연결된 형태로 '-으시어요/-으셔요' 외에 '-으세요'가 가능하다. '-으세요'가 가장 일반적이고 '-으시어요'는 다소 부자연스럽다. '이다, 아니다'에 {-어요}가 연결될 때도 비슷한 교체를 볼 수 있다(7.5.11 참조).

{-으시-}와 {-어요}의 연결형
가시어요/가셔요/가세요(가-으시-어요)
잡으시어요/잡으셔요/잡으세요(잡-으시-어요)

'계시다, 잡수시다, 주무시다'와 {-어요}의 연결 '계시다, 잡수시다, 주무시다'의 '시'도 역사적으로 선어말어미 {-으시-}에서 온 것으로 생각되며 이들에 {-어요}가 붙은 활용형에서도 위와 비슷한 현상을 볼 수 있다. 즉 '계시어요, 잡수시어요, 주무시어요'보다는 '계셔요, 잡수셔요, 주무셔요'가 선호되며 '계세요, 잡수세요, 주무세요'를 가장 많이 쓴다.

'계시다, 잡수시다, 주무시다'의 '-어요' 활용형
계시어요/계셔요/계세요(계시-어요)
잡수시어요/잡수셔요/잡수세요(잡수시-어요)
주무시어요/주무셔요/주무세요(주무시-어요)

'~세요'를 쓰지 않는 용언들 '먹다'의 높임말인 '자시다'의 '시'도 {-으시-}에서 온 것이지만 '자세요'는 쓰지 않는다. '모시다'의 '시'는 {-으시-}와 관계가 없다.[12] 말음 '시'가 {-으시-}와 관계없는 다른 용언들도 '~세요'라는 형태를 쓰지 않는다.

'시'로 끝난 일반적인 용언의 '-어요' 활용형	
자시어요/자셔요(자시-어요)	쑤시어요/쑤셔요(쑤시-어요)
가시어요/가셔요(가시-어요)	적시어요/적셔요(적시-어요)
다시어요/다셔요(다시-어요)	눈부시어요/눈부셔요(눈부시-어요)

12. '모시다'의 15세기 어형은 '뫼셔다'이고 이것은 '뫼다(이것만으로 '모시다'의 뜻을 가지고 있었다)'와 '셔다(서다)'의 어간끼리 결합한 합성동사였다.

용언의 활용

마시어요/마셔요(마시-어요)
모시어요/모셔요(모시-어요)
성가시어요/성가셔요(성가시-어요)

(6) 같은 어미가 ㄴ어미와 매개모음어미로 교체하는 경우

ㄴ어미로도 매개모음어미로도 쓰이는 어미 연결어미 {-는데}, {-느니}(선택), {-는지}(간접의문)와 종결어미 {-느냐}, {-는지}(직접의문), {-는가}, 관형사형어미 {-는}은 ㄴ어미로 쓰일 때도 있고 매개모음어미로 쓰일 때도 있다.

형태소	ㄴ어미	매개모음어미
{-는데}	-는데	-은데
{-느니}(선택)	-느니	-으니
{-는지}(간접의문)	-는지	-은지
{-느냐}	-느냐	-으냐
{-는지}(직접의문)	-는지	-은지
{-는가}	-는가	-은가
{-는}	-는	-은

{-는데}의 형태 '-는데'와 '-은데'가 쓰이는 환경 대체로 ㄴ어미는 동사어간 뒤, '있-, 없-' 뒤, 선어말어미 {-었-}, {-겠-} 뒤에 쓰이며, 매개모음어미는 '있-, 없-' 이외의 형용사어간 뒤에 쓰인다. {-는데}의 경우를 보면 다음과 같다.

ㄴ어미 '-는데'가 쓰이는 경우

동사(+-으시-) 뒤
　가는데, 잡는데, 놓는데, 읽는데, 노는데(놀-는데)
　가시는데, 잡으시는데, 노시는데(놀-으시-는데)
'있-, 없-' 뒤
　있는데, 없는데
{-었-}, {-겠-} 뒤
　갔는데, 가겠는데, 가셨겠는데
　작았는데, 작으셨는데, 작으셨겠는데

매개모음어미 '-은데'가 쓰이는 경우

'있-, 없-' 이외의 형용사(+-으시-) 뒤
　큰데, 둥근데(둥글-은데), 작은데, 좋은데, 넓은데
　크신데, 작으신데, 좋으신데, 넓으신데
'있-, 없-+-으시-' 뒤
　있으신데, 없으신데

'있-, 없-'과 {-었-}, {-겠-}의 특수성의 역사적 원인 형용사 '있-, 없-'이 동사처럼 ㄴ어미를 취하는 것은 특이한 현상이다. 이것은 15세기에 '잇-'(>있-) 뒤에 선어말어미 {-ᄂ-}가 쓰이던 버릇이 '없-'에도 확대된 일과 관련이 있다(**7-5** 참조). 또 어원적으로 '있-'을 포함하고 있는 {-었-}(<-어 있-), {-겠-}(<-게 하-었-)이 '있-'의 활용방식을 따라 ㄴ어미를 취하게 된 것은 자연스러운 일이다.

{-느냐}의 형태 '-느냐'와 '-으냐'가 쓰이는 환경 {-느냐}의 두 형태 '-느냐'와 '-으냐'가 쓰이는 환경도 기본적으로 {-는데}와 같다.[13]

ㄴ어미 '-느냐'가 쓰이는 경우

동사(+-으시-) 뒤
- 가느냐, 잡느냐, 놓느냐, 읽느냐, 노느냐(놀-느냐)
- 가시느냐, 잡으시느냐, 노시느냐(놀-으시-느냐)

'있-, 없-' 뒤
- 있느냐, 없느냐

{-었-}, {-겠-} 뒤
- 갔느냐, 가겠느냐, 가셨겠느냐
- 작았느냐, 작으셨느냐, 작으셨겠느냐

매개모음어미 '-으냐'가 쓰이는 경우

'있-, 없-' 이외의 형용사(+-으시-) 뒤
- 크냐, 둥그냐(둥글-으냐), 작으냐, 좋으냐, 넓으냐
- 크시냐, 작으시냐, 좋으시냐, 넓으시냐

'있-, 없-+-으시-' 뒤
- 있으시냐, 없으시냐

{-잖-} 뒤
- 가잖으냐, 갔잖으냐, 가겠잖으냐, 가셨겠잖으냐
- 작잖으냐, 작았잖으냐, 작겠잖으냐, 작으셨겠잖으냐[14]

{-느냐}에서 {-냐}로 {-느냐}의 두 형태 '-느냐'와 '-으냐'는 요즘에 새로운 형태 '-냐'와 섞여서 쓰이고 있다. 예를 들어 '가느냐, 갔느냐' 대신 '가냐, 갔냐'를 많이 쓰며, '작으냐, 좋으냐' 대신 '작냐, 좋냐'도 쓰인다. '-느냐>-냐'와 '-으냐>-냐'의 두 변화로 {-느냐}가 아예 {-냐}로 바뀌고 있는 것이다. 이러한 변화는 한마디로 **이형태의 단일화**라 할 수 있다.

ㄴ어미 '-냐'가 쓰이는 경우(모든 경우)

동사(+-으시-) 뒤
- 가냐, 잡냐, 놓냐, 읽냐, 노냐(놀-냐)
- 가시냐, 잡으시냐, 노시냐(놀-으시-냐)

형용사(+-으시-) 뒤
- 크냐, 둥그냐(둥글-냐), 작냐, 좋냐, 있냐, 없냐
- 크시냐, 둥그시냐(둥글-으시-냐), 작으시냐, 좋으시냐, 있으시냐, 없으시냐

{-었-}, {-겠-} 뒤
- 갔냐, 가겠냐, 가셨겠냐

13. {-느냐}는 15세기의 '-ᄂ녀(← -ᄂ-+-으녀)'에서 온 것이다. 형용사에는 선어말어미 '-ᄂ-'가 빠진 '-으녀'가 쓰였는데 이것이 현대의 '-으냐'로 발달했다.

14. {-잖-}에 {-느냐}가 붙은 형태를 '-잖느냐'라고 하면 잘못이다. 마찬가지로 {-잖-}에 {-는가}가 붙은 형태도 '-잖는가'가 아닌 '-잖은가'가 옳다.

작았냐, 작으셨냐, 작으셨겠냐

{-잖-} 뒤

가잖냐, 갔잖냐, 가겠잖냐, 가셨겠잖냐

작잖냐, 작았잖냐, 작겠잖냐, 작으셨겠잖냐

{-느냐}>{-냐}의 변화

변화 전		변화 후	
어미의 유형	이형태	어미의 유형	이형태
ㄴ어미	-느냐	ㄴ어미	-냐
매개모음어미	-으냐		
	-냐		

(7) 어미 {-는다}, {-는구나}의 교체

어미 {-는다}의 교체 ㄴ어미 가운데 종결어미 {-는다}와 {-는구나}, {-는군}, {-는구먼}의 교체는 특별하다. {-는다}는 'ㄹ' 이외의 자음으로 끝난 동사 뒤에서 '-는다'로, 모음이나 'ㄹ'로 끝난 동사 뒤에서는 '-ㄴ다'로, 형용사나 {-었-}, {-겠-} 뒤에서는 '-다'로 나타난다. 또 '동사+-으시-' 뒤에서는 '-ㄴ다'로, '형용사+-으시-' 뒤에서는 '-다로 나타난다.[15]

15. '-는다'와 '-ㄴ다'는 15세기에 '-ᄂᆞ다' 한가지였다. '가ᄂᆞ다>간다'와 같이 '-ᄂᆞ다'의 'ᆞ'가 탈락하고 나서 '먹ᄂᆞ다>먹는다'와 같은 변화가 일어나 '간다, 먹는다'와 같이 두 가지 형태를 가지게 되었다.

어미 {-는다}의 교체

-는다	'ㄹ' 이외의 자음으로 끝난 동사 뒤 잡는다, 놓는다, 읽는다
-ㄴ다	모음이나 'ㄹ'로 끝난 동사 뒤 간다(가-ㄴ다), 간다(갈-ㄴ다), 만든다(만들-ㄴ다) 동사+-으시- 가신다(가-으시-ㄴ다), 잡으신다(잡-으시-ㄴ다)
-다	형용사(+-으시-) 뒤 크다, 작다, 있다, 없다 크시다, 작으시다, 있으시다, 없으시다 {-었-}, {-겠-} 뒤 갔다(가-었-다), 가겠다, 가시겠다, 가셨겠다 작았다, 작겠다, 작으시겠다, 작으셨겠다

어미 {-는다}의 형태와 동사 · 형용사의 판별 동사 바로 뒤에는 ㄴ어미 '-는다, -ㄴ다'가, 형용사 바로 뒤에는 ㄷ어미 '-다'가 나타나므로 {-는다}의 형태를 기준으로 그 용언이 동사인지 형용사인지 판별하기도 한다. 예를 들어 현재시제 종결형으로 '늙는다'는 가능하지만 '늙다'는 불가능하므로 '늙다'는 동사이고 '젊다'는 가능하지만 '젊는다'는 불가능하므로 '젊다'는 형용사이다.

어미 {-는구나}의 교체 어미 {-는구나}의 교체환경은 {-는다}보다 간단하다. 동사 뒤에서는 '-는구나'로, 형용사나 {-었-}, {-겠-} 뒤에서는 '-구나'로 나타난다. 또 '동사+-으시-' 뒤에서는 '-는구나'로, '형용사+-으시-' 뒤에서는 '-구나'로 나타난다. 한마디로 '-는다'와 '-ㄴ다'가 나타나는 환경에서 '-는구나'가 나타나고 '-다'가 나타나는 환경에서 '-구나'가 나타난다. {-는군}, {-는구먼}도 {-는구나}처럼 교체한다.

어미 {-는구나}의 교체

-는구나	동사(+-으시-) 뒤 잡는구나, 가는구나(가-는구나), 가는구나(갈-는구나) 잡으시는구나, 가시는구나(가-으시-는구나)
-구나	형용사(+-으시-) 뒤 크구나, 작구나, 있구나, 없구나 크시구나, 작으시구나, 있으시구나, 없으시구나 {-었-}, {-겠-} 뒤 갔구나(가-었-구나), 가겠구나, 가시겠구나, 가셨겠구나 작았구나, 작겠구나, 작으시겠구나, 작으셨겠구나

어미 {-는구나}의 형태와 동사 · 형용사의 판별 {-는구나}의 두 형태도 동사와 형용사의 판별에 활용할 수 있다. 어간에 '-는구나'가 붙으면 동사, '-구나'가 붙으면 형용사이기 때문이다. 예를 들어 현재시제 종결형 '모자라는구나'와 '부족하구나'를 통해 '모자라다'는 동사, '부족하다'는 형용사임을 알 수 있다.

(8) {-습니다}류와 {-사옵-}, {-소}의 교체

{-습니다}류의 교체 {-습니다}류는 {-습니다}, {-습니까}, {-습디다}, {-습디까}를 가리킨다. {-습니다}류는 'ㄹ' 이외의 자음 뒤에서 ㅅ어미로, 모음이나 'ㄹ' 뒤에서 ㅁ어미나 ㅂ어미로 나타난다. 예를 들어 {-습니다}는 전자의 환경에서 ㅅ어미 '-습니다[씀니다]'로, 후자의 환경에서 ㅁ어미 '-ㅂ니다[ㅁ니다]'로 나타나는 것이다. {-습니다}류의 이러한 교체는 15세기의 {-숩-}의 교체 및 그 이후의 변화와 관계가 있다.

어미 {-습니다}의 교체

-습니다	'ㄹ' 이외의 자음 뒤 잡습니다, 놓습니다, 읽습니다, 작습니다, 좋습니다, 맑습니다 잡았습니다, 맑겠습니다, 좋으셨겠습니다
-ㅂ니다	모음이나 'ㄹ' 뒤 갑니다(가-ㅂ니다), 갑니다(갈-ㅂ니다) 느립니다(느리-ㅂ니다), 가늡니다(가늘-ㅂ니다) 가십니다(가-으시-ㅂ니다), 작으십니다(작-으시-ㅂ니다)

어미 {-사옵-}의 교체 지금은 잘 쓰지 않는 선어말어미 {-사옵-}도 기본적으로

용언의 활용

{-습니다}류와 교체조건이 같다. 즉 'ㄹ' 이외의 자음 뒤에서는 ㅅ어미 '-사옵-'으로, 모음이나 'ㄹ' 뒤에서는 매개모음어미 '-으옵-'으로 나타난다.[16] {-사옵-}의 교체 역시 {-ᄉᆞᆸ-}이 남긴 흔적이다.

16. {-사옵니다}, {-사옵니까}, {-사옵디다}, {-사옵디까}도 {-사옵-}과 비슷한 두 음 교체를 보인다. 예를 들어 '-사옵-'이 쓰이는 환경에서 ㅅ어미 '-사옵니다'가 쓰이고 '-으옵-'이 쓰이는 환경에서 매개모음어미 '-으옵니다'가 쓰인다.

어미 {-사옵-}의 교체

-사옵-	'ㄹ' 이외의 자음 뒤 잡사옵고, 놓사옵고, 읽사옵고, 작사옵고, 좋사옵고, 맑사옵고 잡았사옵고, 맑겠사옵고, 좋으셨겠사옵고
-으옵-	모음이나 'ㄹ' 뒤 가옵고(가-으옵-고), 가옵고(갈-으옵-고) 느리옵고, 가느옵고(가늘-으옵-고) 가시옵고(가-으시-으옵-고), 작으시옵고(작-으시-으옵-고)

'-사옵-'과 '-으옵-, -자옵-'의 공존 그런데 '-사옵-'은 '-으옵-'이나 '-자옵-'과 공존한다. 즉 ㄹ용언과 ㅎ용언과 '있-, 없-'을 제외한 자음용언 뒤에서 '-사옵-' 대신 '-으옵-'을 쓸 수 있으며, ㄷ, ㅈ, ㅊ용언 뒤에서는 '-사옵-'과 '-으옵-' 대신 '-자옵-'을 쓸 수 있다.

'-사옵-'과 '-으옵-, -자옵-'이 공존하는 경우

-사옵- -으옵-	자음용언(ㄹ용언, ㅎ용언, '있-, 없-' 제외) 뒤 믿사옵고, 잊사옵고, 쫓사옵고, 잡사옵고, 읽사옵고, 작사옵고 믿으옵고, 잊으옵고, 쫓으옵고, 잡으옵고, 읽으옵고, 작으옵고
-사옵- -으옵- -자옵-	ㄷ용언, ㅈ용언, ㅊ용언 뒤 믿사옵고, 잊사옵고, 쫓사옵고 믿으옵고, 잊으옵고, 쫓으옵고 믿자옵고, 잊자옵고, 쫓자옵고

어미 {-소}의 교체 어미 {-소}는 평서형과 의문형을 형성하는 하오체의 종결어미이다. {-소}도 {-습니다}류나 {-사옵-}과 같은 방식으로 교체한다. {-소}는 'ㄹ' 이외의 자음 뒤에서 '-소'로, 모음이나 'ㄹ' 뒤에서 '-으오'로 나타난다. {-소}의 교체 역시 {-ᄉᆞᆸ-}이 남긴 흔적이다.

어미 {-소}의 교체

-소	'ㄹ' 이외의 자음 뒤 잡소, 놓소, 읽소, 작소, 좋소, 맑소 잡았소, 맑겠소, 좋으셨겠소
-으오	모음이나 'ㄹ' 뒤 가오(가-으오), 가오(갈-으오) 느리오, 가느오(가늘-으오) 가시오(가-으시-으오), 작으시오(작-으시-으오)

'-소-'와 '-으오'의 공존 ㄹ용언, ㅎ용언, '있-, 없-' 이외의 자음용언 뒤에서 '-소' 대신 '-으오'가 쓰이기도 한다.

'-소-'와 '-으오'가 공존하는 경우

-소 -으오	자음용언(ㄹ용언, ㅎ용언, '있-, 없-' 제외) 뒤 잡소, 읽소, 작소, 맑소 잡으오, 읽으오, 작으오, 맑으오

(9) 어미 {-어라}(명령)의 교체

'-거라'와 '-너라' 명령형 종결어미 {-어라}는 동사어간 '가-' 뒤에서 '-거라'로, '오-' 뒤에서 '-너라'로 쓰일 수 있다. '자-, 앉-, 있-, 일어나-' 등 일부 자동사에도 '-거라'를 붙이는 수가 있다. 그러나 '가거라, 자거라, 앉거라, 있거라, 일어나거라, 오너라' 등은 고어투이고 요즘 널리 쓰이는 형태는 일반적인 어미 형태 '-어라'를 붙인 '가라, 자라, 앉아라, 있어라, 일어나라, 와라' 등이다.[17] 고어투 표현인 "게 섰거라.", "물렀거라."의 '섰거라, 물렀거라'는 '서 있거라, 물러 있거라'의 준말로서 고형 '있거라'를 간직하고 있다. 사극에서는 고어의 느낌을 주기 위해 '-거라'를 붙인 명령형을 즐겨 쓴다.

17. '가라, 와라'는 비표준형이고 '가거라, 오너라'가 표준형이다. '가-, 오-'가 결합한 합성동사의 명령형도 '돌아가거라, 뛰어오너라' 등처럼 '-거라, -너라'를 붙인 형태가 표준형이다.

(10) 지정사에 붙는 어미의 교체

'이다, 아니다'에 붙는 어미의 교체 지정사(指定詞) '이다, 아니다'에 붙는 어미 가운데 일부는 특수한 교체를 보인다. 7.5.11에서 자세히 다룬다.

7.3.4 어미 말음의 교체

어미 {-었-}, {-겠-}의 말음 'ㅆ'의 교체 어미 말음의 교체는 어미 두음의 교체에 비해 예가 매우 적다. 우선 선어말어미 {-었-}, {-겠-}의 말음 'ㅆ'은 [ㅆ]으로 발음되는 경우도 있고 [ㄷ]이나 [ㄴ]으로 발음되는 경우도 있다. [ㄷ]은 'ㅆ'의 평폐쇄음화의 결과이고 [ㄴ]은 [ㄷ]이 비음화된 결과이다. [ㄷ]은 뒷자음이 'ㄱ'일 때 [ㄱ]으로 조음위치동화를 겪을 수도 있다(이 발음은 표준발음이 아니다). {-었-}, {-겠-}의 말음 'ㅆ'의 교체는 ㅆ용언인 '있-'의 말음 'ㅆ'의 교체와 똑같다.

어미 {-었-}, {-겠-}의 말음 'ㅆ'의 교체

[ㅆ] : 갔어[가써], 갔으면[가쓰면], 가겠어[가게써], 가겠으면[가게쓰면]
[ㄷ] : 갔다[갇따], 갔지[갇찌], 가겠다[가겓따], 가겠지[가겓찌]
[ㄴ] : 갔는데[간는데], 갔네[간네], 가겠는데[가겐는데], 가겠네[가겐네]
[ㄱ] : 갔고[갇꼬/각꼬], 가겠고[가겓꼬/가겍꼬]

어미 {-잖-}의 말음 'ㅎ'의 교체 선어말어미 {-잖-}의 말음 'ㅎ'은 [ㅎ]으로 발음되는 경우가 없다. 'ㅎ'은 모음어미, 매개모음어미, ㄴ어미, ㅅ어미 앞에서 탈락하며, ㄷ어미의 두음을 [ㅌ]으로 유기음화시킨다. 이와 같은 {-잖-}의 말음 'ㅎ'의 교체는

ㄶ용언인 '않-, 끊-' 등의 말음 'ㅎ'의 교체와 똑같다.

어미 {-잖-}의 말음 'ㅎ'이 겪는 음운현상

ㅎ탈락 : 가잖아[가자나], 가잖은가[가자는가], 갔잖아요[갇짜나요], 가겠잖은가[가겓짜는가], 가잖습니까[가잔씀니까], 갔잖습니까[갇짠씀띠까]
자음군단순화 : 가잖니[가잔니], 갔잖냐고[갇짠냐고]
유기음화 : 가잖더냐[가잔터냐], 가잖디[가잔티], 가잖던가[가잔턴가]

어미 {-사옵-}의 말음 교체 7.3.3 (8)에서 선어말어미 {-사옵-}은 첫음절 '사' 부분이 다양하게 교체하는 것을 보았는데 말음 'ㅂ'도 뒤따르는 어미의 종류에 따라 교체한다. 자음어미 앞에서는 말음 'ㅂ'이 있는 형태 '-사옵-, -으옵-, -자옵-'으로 나타나고 매개모음어미와 모음어미 앞에서는 말음 'ㅂ'이 없는 형태 '-사오-, -으오-, -자오-'로 나타난다. 이러한 말음 'ㅂ'의 교체는 ㅂ불규칙용언2의 교체에서도 볼 수 있다(7.5.2 참조).

어미 {-사옵-}의 말음 교체

-사옵- -으옵- -자옵-	자음어미 앞 잡사옵고, 잡사옵소서, 잡사옵겠나이다 가옵고, 가옵소서, 가옵겠나이다 믿자옵고, 믿자옵소서, 믿자옵겠나이다
-사오- -으오- -자오-	매개모음어미 앞 잡사온(잡-사오-은), 잡사올(잡-사오-을), 잡사오면(잡-사오-으면), 잡사오니(잡-사오-으니) 가온(가-으오-은), 가올(가-으오-을), 가오면(가-으오-으면), 가오니(가-으오-으니) 믿자온(믿-자오-은), 믿자올(믿-자오-을), 믿자오면(믿-자오-으면), 믿자오니(믿-자오-으니) 모음어미 앞 잡사와(잡-사오-어) 가와(가-으오-어) 믿자와(믿-자오-어)

7.4 규칙용언

용언의 음운론적 분류 모든 용언은 활용형을 형성할 때의 음운론적 성격에 따라 **규칙용언**(規則用言)과 **불규칙용언**(不規則用言)으로 나눌 수 있다. 규칙용언과 불규칙용언을 각각 **정칙용언**(正則用言), **변칙용언**(變則用言)이라고 부르거나 **정격용언**(正格用言), **변격용언**(變格用言)이라고 부르기도 한다.

규칙용언과 불규칙용언 (전통적인 정의)

규칙용언 : 어간과 어미가 연결될 때 어간과 어미가 교체하지 않거나 그 교체를 음운규칙으로써 예측할 수 있는 용언.
불규칙용언 : 어간과 어미가 연결될 때 어간이나 어미의 교체를 음운규칙만으로는 예측할 수 없는 용언.

규칙용언과 불규칙용언의 예 규칙용언 '굽다[1](허리가)'과 불규칙용언 '굽다[2](고기를)'의 활용형을 보자.

'굽다[1](허리가)'과 '굽다[2](고기를)'의 주요 활용형

굽다[1](허리가) : 굽고[굽꼬], 굽는[굼는], 굽어[구버], 굽은[구븐]
굽다[2](고기를) : 굽고[굽꼬], 굽는[굼는], 구워[구워], 구운[구운]

규칙용언 {굽-[1]}의 교체 규칙용언 {굽-[1]}은 '굽-'과 '굼-'으로 교체한다. 더 구체적으로 말하면 활용형 '굽고, 굽어, 굽은'에서 '굽-'으로, '굽는'에서는 '굼-'으로 교체한다. 이 교체는 'ㄴ' 앞에서 'ㅂ'이 'ㅁ'으로 바뀌는 비음화 규칙을 가지고 설명할 수 있다. 즉 이 교체는 음운규칙으로써 예측할 수 있다. 따라서 '굽다[1]'은 규칙용언이다.

불규칙용언 {굽-[2]}의 교체 한편 {굽-[2]}는 '굽-'과 '굼-'과 '구우-'로 교체한다. 더 구체적으로는 활용형 '굽고'에서 '굽-'으로, '굽는'에서 '굼-'으로, '구워, 구운'에서 '구우-'로 교체한다. '굽-'과 '굼-'의 교체는 {굽-[1]}의 경우처럼 비음화 규칙으로 설명할 수 있다. 그러나 왜 '구우-'로 교체하는지는 음운규칙으로 설명할 수 없다. 모음 앞에서 'ㅂ'이 'ㅜ'로 바뀌는 음운규칙이 있거나 반대로 자음 앞에서 'ㅜ'가 'ㅂ'으로 바뀌는 음운규칙이 있으면 설명할 수 있을 텐데 그런 음운규칙은 한국어에 존재하지 않는다. 따라서 '굽다[2]'는 불규칙용언이다.

ㅂ규칙용언과 ㅂ불규칙용언 '굽다[1]'과 같은 말음의 교체를 보이는 용언을 ㅂ규칙용언(줄여서 ㅂ용언)이라 부르고 '굽다[2]'와 같은 말음의 교체를 보이는 용언을 ㅂ불규칙용언이라 부른다.

불규칙용언에 대한 학교문법의 설명 학교문법에서는 {굽-[2]}의 기본형 '굽-'의 말음 'ㅂ'이 'ㅜ'로 바뀌어 '구우-'가 된다는 식으로 설명하기도 한다. 이것은 기본형 '굽-'의 말음이 이형태 '구우-'에서는 'ㅜ'로 나타난다는 사실을 표현한 말이다. 이것을 'ㅂ → ㅜ'과 같은 음운규칙을 설정할 수 있다는 뜻으로 받아들여서는 안 된다.

규칙용언과 불규칙용언에 대한 생성음운론의 정의 생성음운론의 관점에서는 규칙용언과 불규칙용언을 기저형(基底形)이 몇 개인가에 따라 정의할 수 있다.[18]

18. 어간의 교체가 규칙적이고 어미의 교체만 불규칙적인 불규칙용언들에 대해서는 이 정의가 적절하지 않다. 기저형은 변형생성문법에서 제시한 개념이고 불규칙용언은 그 이전의 언어학이론에 따른 개념이기 때문에 잘 어울리지 않는 것이다.

규칙용언과 불규칙용언 (생성음운론의 정의)

규칙용언 : 어간의 기저형이 하나인 용언.
불규칙용언 : 어간의 기저형이 둘 이상인 용언.

규칙용언 {굽–[1]}과 불규칙용언 {굽–[2]}의 차이 {굽–[1]}의 기저형을 '굽–'으로 설정하면 활용형들의 발음을 설명할 수 있다. 반면에 {굽–[2]}의 기저형을 하나로 설정해서는 활용형들의 발음을 설명할 수 없다. '굽고, 굽는' 등을 설명하기 위해 기저형 '굽–'을 설정해야 하고 '구워, 구운' 등을 설명하기 위해 기저형 '구우–'를 설정해야 한다(7.5.1 참조). 어간의 기저형을 둘로 잡아야 {굽–[2]}의 활용형들의 발음을 자연스럽게 설명할 수 있으므로 {굽–[2]}는 불규칙용언이다.

규칙용언의 분류 규칙용언이 활용할 때 말음이 유사한 용언들끼리는 발음의 양상도 비슷하다. 따라서 규칙용언을 말음의 종류에 따라 나누어 살펴보는 것이 편리하다.[19]

19. 모음용언의 경우 편의상 표기를 기준으로 이름을 붙이고 발음을 고려하여 분류하고 설명한다. 예를 들어 '띄다[띠다]'는 표기를 기준으로 ㅢ용언으로 부르되 ㅣ용언과 함께 설명한다.

규칙용언의 종류

(1) 자음용언	(2) 모음용언
① 폐쇄음용언	① ㅡ용언
② 치찰음용언	② ㅏ, ㅓ용언
③ ㅎ용언	③ ㅣ, ㅢ용언
④ 비음용언	④ ㅗ, ㅜ용언
⑤ ㄹ용언	⑤ ㅐ, ㅔ용언
⑥ 자음군용언	⑥ ㅚ, ㅞ용언
	⑦ ㅟ 용언

용언의 활용에서 음운현상이 일어나는 주요 환경 자음용언은 자음어미와 결합할 때 음운현상이 많이 일어나고, 모음용언은 모음어미와 결합할 때 음운현상이 많이 일어난다. 이것은 자음연결과 모음연결이 음운현상을 일으키는 주요 환경이 되기 때문이다.

7-4 언어학이론에 따른 불규칙활용의 기술방법

불규칙활용의 개념은 전통문법에서부터 있어 왔지만 구조언어학의 형태론 연구에서 분명하게 드러나게 되었다. 그래서 학교문법에서는 형태론(더 구체적으로는 품사론)에서 불규칙활용을 기술하고 있다. 학교문법에서 불규칙활용을 기술하는 방법의 핵심은 규칙용언과 불규칙용언의 기본형이 똑같은데 불규칙용언의 활용에서만 특별한 이형태의 교체가 나타난다고 보는 것이다. 즉 불규칙용언은 기본형이 특별한 것이 아니라 일부 활용형들이 도출되는 과정이 특별하다고 본다.

변형생성문법이 등장하면서 형태소의 음운론적 교체는 음운론의 소관이 되었다. 변형생성문법의 생성음운론은 기저형과 음운규칙만 가지고 형태음운론적 교체를 기술한다. 기저형이 표면형으로 도출될 때 음운규칙으로 인정할 수 없는 변화는 허용하지 않는다. 예를 들어 '굽다(고기를)'의 어간의 기저형을 '굽-'으로 보아서는 '구워, 구운' 등의 말음 'ㅜ'를 도저히 설명할 수 없다. 따라서 '구우-'의 말음 'ㅜ'는 기저형에서부터 있던 것으로 볼 수밖에 없다. 그렇다면 '굽다(고기를)'의 어간의 기저형으로 '굽-'과 '구우-' 둘 다를 설정해야 한다.

그 결과 변형생성문법에서는 불규칙활용이나 불규칙용언 같은 개념이 더 이상 필요치 않다. 모든 활용은 형태음운론적인 면에서 규칙적이며(즉 음운규칙의 적용을 받아 바뀔 뿐이며), 불규칙적으로 보이는 활용형은 사실은 기저형이 특별해서 그런 것이고 활용형의 도출과정이 특별한 것은 아닌 것이다. 이 책의 형태음운론적 기술은 생성음운론에 바탕을 두고 있으나 이해의 편의를 위해 불규칙활용과 불규칙용언이라는 전통적인 개념도 이용하여 기술한다.

7.4.1 폐쇄음용언

폐쇄음용언의 뜻 폐쇄음용언은 말음이 폐쇄음인 규칙용언이다. 폐쇄음 9개(ㅂ, ㅃ, ㅍ, ㄷ, ㄸ, ㅌ, ㄱ, ㄲ, ㅋ) 중 'ㅃ, ㄸ, ㅋ'은 용언의 말음으로 나타나지 않는다. 따라서 폐쇄음용언의 말음은 'ㅂ, ㅍ, ㄷ, ㅌ, ㄱ, ㄲ' 중의 하나이다.

폐쇄음용언의 예

ㅂ용언 : 곱다(추워서 손이), 굽다(허리가), 꼽다, 뽑다, 씹다, 업다, 입다, 잡다, 접다, 좁다, 집다, 꼬집다, 뒤집다, 비좁다, 수줍다, 어줍다, 헤집다, 바로잡다
ㅍ용언 : 갚다, 깊다, 높다, 덮다, 싶다, 엎다, 짚다, 톺다, 뒤엎다, 헛짚다
ㄷ용언 : 걷다(소매를), 곧다, 굳다, 닫다, 돋다, 딛다,[20] 뜯다, 묻다(흙이), 묻다(땅에), 믿다, 받다, 뻗다, 쏟다, 얻다, 내딛다, 내뻗다, 본받다, 올곧다, 쥐어뜯다
ㅌ용언 : 같다, 맡다, 뱉다, 뱉다, 붙다, 얕다, 옅다, 짙다, 흩다, 똑같다, 떠맡다, 빌붙다, 달라붙다
ㄱ용언 : 녹다, 눅다, 막다, 먹다, 묵다, 박다, 삭다, 속다, 식다, 썩다, 악다, 익다, 작다, 적다(이름을), 적다(양이), 죽다, 찍다, 멋쩍다, 가로막다
ㄲ용언 : 겪다, 깎다, 꺾다, 낚다, 닦다, 덖다, 묶다, 볶다, 섞다, 솎다, 엮다, 뒤섞다, 들볶다

폐쇄음용언의 활용에 나타나는 음운현상

평폐쇄음화 : 높다[놉따]
경음화 : 입고[입꼬]
비음화 : 먹는[멍는]
조음위치동화 : 믿고[믿꼬/믹꼬], 입고[입꼬/익꼬]

'같다'의 예외적인 활용형 '같다'의 모음어미 활용형 '같아, 같아요' 등을 '같어, 같어요' 등이나 '같애[가테], 같애요[가테요]' 등으로 발음하는 사람이 많다. '같아[가타], 같아요[가타요]' 등만 표준어로 인정된다.

20. '딛다, 내딛다'는 '디디다, 내디디다'의 준말이다. 이들의 특별한 활용양상에 대해서는 7.4.9 참조.

'같아'의 세 가지 형태
같아[가타], 같어[가터], 같애[가테]

7.4.2 치찰음용언

치찰음용언의 뜻 치찰음은 'ㅅ, ㅆ, ㅈ, ㅉ, ㅊ'을 말한다. 치찰음용언은 말음이 치찰음인 규칙용언이다. 치찰음 5개 중 'ㅉ'은 용언의 말음으로 나타나지 않는다. 따라서 치찰음용언의 말음은 'ㅅ, ㅆ, ㅈ, ㅊ' 중의 하나이다.

치찰음용언의 예

ㅅ용언 : 긋다, 벗다, 빗다, 뺏다,[21] 솟다, 씻다, 웃다, 비웃다, 빼앗다, 치솟다, 벌거벗다
ㅆ용언 : 있다, 뜻있다, 맛있다, 멋있다, 재미있다
ㅈ용언 : 갖다,[22] 궂다, 꽂다, 낮다, 늦다, 맞다(답이), 맞다(추석을), 맞다(매를), 맺다, 멎다, 빚다, 잊다, 잦다, 젖다, 좇다, 짖다, 찢다, 찾다, 걸맞다, 꾸짖다, 되찾다, 뒤늦다, 버릊다, 비릊다, 알맞다, 애궂다, 얄궂다, 우짖다, 짓궂다, 방정맞다, 부르짖다, 울부짖다
ㅊ용언 : 좇다, 쫓다, 내쫓다, 뒤쫓다

치찰음용언의 활용에 나타나는 음운현상

평폐쇄음화 : 있다[읻따]
경음화 : 잊고[읻꼬]
비음화 : 웃는[운는]
조음위치동화 : 잊고[읻꼬/익꼬]

ㅊ용언의 역사적 변화 ㅊ용언의 수는 매우 적지만 15세기에 더 많았었다. 15세기의 ㅊ용언들은 음운변화로 거의 모두 '치'로 끝나는 용언이 되었다. 예를 들면 '긏다>그치다(止), ᄆᆞᆾ다>마치다(終), 및다>미치다(及), ᄇᆞᆾ다>부치다(扇), 그ᄅᆞᆾ다>그르치다(誤), 뉘읓다>뉘우치다(誨), ᄉᆞᄆᆞᆾ다>사무치다(通)' 등과 같이 바뀌었다.[23] 한편 'ᄇᆞᆾ다(바빠하다), 잋다(힘들다)'는 쓰이지 않게 되었고 '좇다, ᄧᅩᆾ다(쫓다)'는 그대로 ㅊ용언으로 남게 되었다.

'맛있다, 멋있다'의 발음 '맛있다, 멋있다'의 표준발음은 [마싣따/마딛따], [머싣따/머딛따]와 같이 두 가지이다. 현실어에서는 대부분 [마싣따]와 [머싣따]로 발음한다.[24] '뜻있다'도 [뜨싣따]로 발음하는 사람이 있으나 [뜨딛따]만 표준발음으로 인정된다.

21. '뺏다'는 '빼앗다'의 준말인데 모음어미 활용형 '뺏어'와 '빼앗아'의 어미 형태가 다르다.

22. '갖다'는 '가지다'의 준말이다. 이들의 특별한 활용양상에 대해서는 7.4.9 참조.

23. 15세기의 'ᄉᆞᄆᆞᆾ다'와 현대의 '사무치다'는 의미가 조금 다르다. 「훈민정음언해」의 "나랏 말ᄊᆞ미 中國에 달아 文字와로 서르 ᄉᆞᄆᆞᆺ디 아니ᄒᆞᆯᄊᆡ"에서의 'ᄉᆞᄆᆞᆺ디'의 어간이 바로 'ᄉᆞᄆᆞᆾ-'인데 '통한다'는 뜻으로 쓰였다. 현대의 '사무치다'는 '뼈에 사무치다'와 같은 표현에만 쓰이고 '깊이 스며들어 미친다'는 뜻을 가지게 되었다.

24. '맛있다, 멋있다'는 '맛이 있다, 멋이 있다'에서 조사 '이'가 생략된 말일 때는 [마딛따], [머딛따]로 발음되고 '있'의 'ㅣ'가 탈락한 말일 때는 [마싣따], [머싣따]로 발음되는 것으로 생각된다. '있'의 'ㅣ'가 탈락한 예는 '예 있다>옜다'에서도 볼 수 있다.

7-5 '있다'와 '맞다(답이)'의 활용

'있다'의 품사는 동사와 형용사이다. 현재시제의 해라체 종결형이 형용사는 '있다'이고 동사는 '있는다'이다. 또 명령형 '있어라', 청유형 '있자'가 동사만 가능하고 형용사는 안 된다. 그리고 형용사 '있겠다'의 '-겠-'은 추측만 나타내는데 동사 '있겠다'의 '-겠-'은 의

지를 나타낼 수 있다. 동사 '있다'와 형용사 '있다'의 이러한 차이는 특별한 것은 아니다.

'있다'의 특이성은 형용사 '있다'의 몇몇 활용형에 나타난다. 형용사 '있다'의 현재시제 관형사형은 '있은'이어야 하지만 동사처럼 '있는'이다. '있는'은 15세기의 불규칙적인 활용형 '잇ᄂᆞᆫ'의 후손이다. '있은'은 "그 일이 있은 후에"나 "그 일이 있은 지 1년이 되었다." 등과 같은 특수한 구문에만 쓰인다. 그리고 '-는데, -느니(선택), -는지(간접의문), -는가, -느냐'가 붙은 형태도 형용사처럼 '있은데, 있으니, 있은지, 있은가, 있으냐'가 아니라 동사처럼 '있는데, 있느니, 있는지, 있는가, 있느냐'이다.

'있다'의 반의어인 형용사 '없다'도 '있다'의 특이성을 본받아 '없는, 없는데, 없느니, 없는지, 없는가, 없느냐'와 같은 동사적인 활용형을 가지게 되었다. 또 근대에 '-어 있-'과 '-게 했-'에서 발달한 '-었-, -겠-' 뒤에도 '-는데, -느냐' 등의 어미가 붙는다(7.3.3 (6) 참조).

이러한 변화는 '맞다(답이)'에도 영향을 주었다. '맞다'는 원래 형용사인데도 '맞는, 맞는데, 맞느니, 맞는지, 맞는가, 맞느냐'와 같은 동사적 활용형을 가지게 되었다. 이제 '맞다'는 형용사와 동사로 모두 쓰이게 되었는데(『표준국어대사전』은 '맞다'의 품사를 아예 동사로만 표시하고 있다) 형용사의 관형사형을 '맞는'으로 쓰는 경향이 있다. "답은 1번이 맞다."와 같이 말하므로 "맞은 답을 고르라."와 같이 말해야 하겠지만 "맞는 답을 고르라."가 훨씬 자연스럽게 느껴지게 된 것이다. 또 '맞는'에 이끌려 형용사 '걸맞다, 알맞다'의 관형사형을 '걸맞은, 알맞은' 대신 '걸맞는, 알맞는'으로 쓰는 사람도 늘고 있다.

7.4.3 ㅎ용언

ㅎ용언의 뜻 ㅎ용언은 말음이 'ㅎ'인 규칙용언이다.

ㅎ용언의 예

낳다, 넣다, 놓다, 닿다, 땋다, 빻다, 쌓다, 좋다, 찧다, 내놓다, 맞닿다, 써넣다

ㅎ용언의 활용에 나타나는 음운현상

평폐쇄음화 : 닿는 → 닫는 → [단는]
유기음화 : 닿고[다코]
비음화 : 닿는 → 닫는 → [단는]
ㅎ탈락 : 닿아[다아], 닿으면[다으면]

말음 'ㅎ'의 비실현 ㅎ용언의 말음 'ㅎ'은 어떤 활용형에서도 발음되지 않는다. 이 'ㅎ'은 탈락하거나 평폐쇄음화로 'ㄷ'이 되거나 유기음화와 함께 사라진다. 자음군용언인 ㄶ용언과 ㅀ용언의 'ㅎ'도 이 점에서는 똑같다.

'놓다'의 활용형 '놓다'의 활용형은 다음과 같다.

용언의 활용

'놓다'의 활용형

자음어미 활용형 : 놓고, 놓게, 놓지, 놓는, 놓습니다
모음어미 활용형 : 놓아/놔, 놓아서/놔서, 놓아요/놔요
매개모음어미 활용형 : 놓으면, 놓으니, 놓은, 놓을, 놓음, 놓읍시다

'놓다'의 모음어미 활용형의 준말 모음어미 활용형 '놓아, 놓아서, 놓아요, 놓았다' 등에 대한 준말 '놔, 놔서, 놔요, 놨다' 등도 표준어로 인정한다.[25] '놔' 등의 준말에서 어간의 형태는 'ㅎ'이 없는 '노-'이다. 이 '노-'가 매개모음어미와 결합한 '노면, 논, 놀, 놈, 놉시다' 등도 구어에서 많이 사용되지만 표준어로는 인정하지 않는다.

25. '사 놓다, 적어 놓다, 흔들어 놓다' 등의 보조동사 '놓다'의 활용형에서 준말이 먼저 생기고 그것이 본동사 '놓다'의 활용형에까지 영향을 준 것으로 보인다.

7.4.4 비음용언

비음용언의 뜻 비음용언은 말음이 비음인 규칙용언이다. 비음 'ㅁ, ㄴ, ㅇ' 중 'ㅇ'은 용언의 말음으로 나타나지 않는다. 따라서 비음용언의 말음은 'ㅁ, ㄴ' 중의 하나이다.

비음용언

ㅁ용언 : 감다(눈을), 감다(머리를), 검다, 남다, 넘다, 담다, 뺌다, 뿜다, 삼다, 숨다, 심다, 참다, 품다, 다듬다, 더듬다, 머금다, 보듬다, 서슴다,[26] 일삼다, 가다듬다, 쓰다듬다
ㄴ용언 : 신다, 안다, 껴안다, 얼싸안다

26. '서슴다'는 '서슴지 않다, 서슴지 말다'의 구성으로만 쓰인다. '서슴지'를 '서슴치'로 잘못 표기하는 사람이 많다.

비음용언의 활용에 나타나는 음운현상

경음화 : 감고[감꼬], 신고[신꼬]
조음위치동화 : 감고[감꼬/강꼬], 신고[신꼬/싱꼬]

7.4.5 ㄹ용언

ㄹ용언의 뜻 ㄹ용언은 말음이 'ㄹ'인 규칙용언이다.

ㄹ용언의 예

1음절 용언
갈다, 걸다, 골다, 괄다, 굴다, 길다, 깔다, 끌다, 날다, 널다, 놀다, 늘다, 달다(맛이), 달다(쇠가), 달다(국기를), 덜다, 돌다, 들다, 떨다, 말다(밥을), 말다(하지), 멀다, 몰다, 물다, 밀다, 벌다, 불다, 빌다, 빨다, 살다, 설다, 솔다, 슬다(녹이), 썰다, 쏠다, 쓸다(방을), 알다, 얼다, 열다, 울다, 일다, 잘다, 절다, 졸다(졸음), 졸다(국물이), 줄다, 질다, 쫄다(국물이), 털다, 틀다, 팔다, 풀다, 헐다
다음절 용언
가늘다, 거닐다, 거칠다, 겉돌다, 그을다, 기울다, 까불다, 내몰다, 내밀다, 녹슬다, 드물다, 뒹굴다, 떠들다, 매달다, 만들다, 모질다, 베풀다, 붙들다, 비틀다, 어질다, 이끌다, 저물다, 쳐들다, 치밀다, 흔들다, 힘들다, 넓둥글다, 달려들다, 뒤흔들다, 맞붙들다, 잡아끌다, 수그러들다

ㄹ용언의 활용에 나타나는 음운현상

ㄹ탈락 : 도는(돌-는), 도니(돌-니), 도니까(돌-으니까), 도마(돌-으마), 도오(돌-으오), 돈(돌-은), 돌(돌-을), 돎[돔](돌-음), 돕니다(돌-ㅂ니다), 돕시다(돌-읍시다)

'날다'의 비표준형 '날다'는 비표준형인 '날으다, 날르다'로도 많이 쓰인다. '날으다'와 그 활용형 '날으는, 날은다, 날으면, 날아' 등을 소리 나는 대로 적으면 '나르다, 나르는, 나른다, 나르면, 나라' 등이 되므로 기본활용형이 '나르다'라고 할 수 있다. 이 '나르다'는 ㅡ용언이므로 르불규칙용언1에 속하는 '나르다(짐을)'와 활용방식이 다르다. 한편 '날르다'는 '날르는, 날른다, 날르면, 날라' 등으로 활용하는 ㅡ용언이다. 어쨌든 '날다'만 표준형이다.

'말다'의 명령형 '마, 마라' 부정을 나타내는 동사인 '말다(하지)'는 해체와 해라체 명령형이 각각 '말아, 말아라'가 되는 게 정상인데 '마, 마라'로 활용한다. '말아, 말아라'는 비표준형으로 처리된다. 해요체 명령형은 규칙적인 형태인 '말아요'가 옳지만 '말아'를 '마'로 줄여 쓰는 데 이끌려 '마요'로 잘못 쓰는 사람도 있다.

7.4.6 자음군용언

용언말에 표기되는 겹받침 용언말에 표기되는 겹받침은 다음과 같다. 이들은 자음군을 나타낸다.

용언말에 표기되는 겹받침

ㄵ, ㄶ, ㄺ, ㄻ, ㄼ, ㄾ, ㄿ, ㅀ, ㅄ

자음군용언의 뜻 자음군용언은 말음이 자음군인 규칙용언이다(체언말 자음군은 6.4.4 참조).

용언말 자음군

ㄵ, ㄶ, ㄺ, ㄻ, ㄼ, ㄾ, ㄿ, ㅀ, ㅂㅆ

겹받침 'ㅄ'과 자음군 'ㅂㅆ' 용언말 겹받침 'ㅄ'은 용언말 자음군 'ㅂㅆ'으로 분석된다. 'ㅄ'의 둘째 자음이 표기상 'ㅅ'이지만 발음상으로는 'ㅆ'이기 때문이다. 예를 들어 '없고[업꼬], 없는[엄는], 없으면[업쓰면], 없어[업써]' 등에서 보듯이 'ㅄ'의 'ㅅ'은 발음되지 않거나 'ㅆ'으로 발음된다. 그러므로 이 자음군을 'ㅄ' 대신 'ㅂㅆ'으로 기술하는 것이 정확하며 '없-'의 기저형도 '업ㅆ-'으로 보아야 옳다. 그렇지만 표기의 편의상 맞춤법에 따라 '없-'으로 적기로 한다.

27. '섧다'는 ㄼ용언처럼 보이나 규칙용언이 아니라 ㅂ불규칙용언1에 속한다. 7.5.1 참조.

28. '밟는'과 '넓네'의 표준발음은 [밤:는], [널레]이다. '넓네' 대신 '넓으네[널브네]'라고 하는 사람도 많으나 표준어로 인정하지 않는다.

자음군용언의 예

ㄵ용언 : 앉다, 얹다, 끼얹다, 가라앉다, 주저앉다
ㄶ용언 : 꼲다, 끊다, 많다, 않다, 괜찮다, 귀찮다, 언짢다, 적잖다, 점잖다, 편찮다, 하찮다, 만만찮다, 시답잖다, 시원찮다, 어쭙잖다, 얼토당토않다
ㄺ용언 : 갉다, 굵다, 긁다, 낡다, 늙다, 맑다, 묽다, 밝다, 붉다, 얽다, 옭다, 읽다, 검붉다, 해맑다
ㄻ용언 : 곪다, 굶다, 닮다, 밞다, 삶다, 옮다, 젊다
ㄼ용언 : 넓다, 떫다, 밟다, 얇다, 엷다, 짧다, 드넓다, 짓밟다[27]
ㄾ용언 : 핥다, 훑다
ㄿ용언 : 읊다
ㅀ용언 : 곯다, 꿇다, 끓다, 닳다, 뚫다, 싫다, 쓿다, 앓다, 옳다, 잃다, 꿰뚫다, 들끓다
ㅄ용언 : 없다, 가엾다, 실없다, 열없다, 어이없다, 터무니없다

자음군용언은 주로 자음어미 활용형을 형성할 때 다양한 음운현상을 일으킨다.

자음군용언의 활용에 나타나는 음운현상

자음군단순화 : 앉고[안꼬], 않는[안는], 맑고[말꼬], 맑지[막찌], 닮고[담꼬], 넓고[널꼬], 핥고[할꼬], 끓는[끌른], 읊고[읍꼬], 없고[업꼬]
경음화 : 앉고[안꼬], 맑고[말꼬], 맑지[막찌], 닮고[담꼬], 넓고[널꼬], 핥고[할꼬], 읊고[읍꼬], 없고[업꼬]
유기음화 : 많고[만코], 끓고[끌코]
ㅎ탈락 : 많은[마는], 많아[마나], 끓은[끄른], 끓어[끄러]
비음화 : 읽는[잉는], 밟는[밤는/발른], 읊는[음는], 없는[엄는]
유음화 : 넓네[널레/넘네],[28] 핥는[할른], 끓는[끌른]
조음위치동화 : 앉고[안꼬/앙꼬], 많고[만코/망코], 닮고[담꼬/당꼬], 읊고[읍꼬/윽꼬], 없고[업꼬/억꼬]

7-6 15세기의 자음군용언

15세기에도 자음군용언이 있었는데 자음군의 목록이 지금과 달랐다. 'ㄵ, ㄺ, ㄻ, ㅀ, ㅄ'은 지금과 거의 같다. 지금의 'ㄼ'은 'ㄹㅸ'이었다. 'ㄶ, ㄾ, ㄿ'은 없었다. 예를 들어 '끊다, 많다, 않다, 핥다, 읊다'는 각각 '긏다, 만ᄒᆞ다, 아니ᄒᆞ다, 핧다, 잎다'였다. '훑다'의 15세기 어형은 확인되지 않는다. 지금은 없는 'ㅼ, ㅺ, ㅼ'이 15세기에 있었다. 'ㅼ, ㅼ'은 '움ㅼ다(움츠리다), 맜다(임무를 맡다)'에만 쓰이다가 사라졌고 'ㅺ'은 '갂다(깎다), 걲다(꺾다), 겪다(겪다), 닸다(닦다), 봈다(볶다), 섞다(섞다), 엮다(엮다)'와 같이 여러 용언에 쓰였는데 현대에 와서 'ㄲ'으로 바뀌게 되었다. 'ᄀᆞᆽ다(가빠하다), 깃다(기뻐하다), 빗다(가로지다 橫)' 등은 쓰이지 않게 되었다.

7.4.7 ㅡ용언

ㅡ용언의 뜻 ㅡ용언은 말음이 'ㅡ'인 규칙용언을 말한다.

ㅡ용언의 예

1음절 용언
끄다, 뜨다, 쓰다, 크다, 트다

2음절 용언
가쁘다, 고프다, 굶뜨다, 기쁘다, 끄느다, 나쁘다, 노느다, 담그다, 들뜨다, 들르다, 따르다, 모으다, 바쁘다, 본뜨다, 슬프다, 싹트다, 아프다, 예쁘다, 잠그다, 치르다, 헤프다

3음절 용언
가냘프다, 고달프다, 다다르다,[29] 모들뜨다, 모아쓰다, 배고프다, 부르트다, 서글프다, 애달프다, 어설프다, 어여쁘다, 우러르다, 치켜뜨다

ㅡ용언의 비표준형들 '담그다, 잠그다'를 '담구다, 잠구다'로 오해하여 '담궈, 잠궈'라고 하는 것은 잘못이다. '담거, 잠거' 역시 잘못된 활용형이다. '담가, 잠가'가 옳다. 또 '들르다, 치르다, 예쁘다' 대신에 쓰는 '들리다, 치루다, 이쁘다'도 비표준형이다.

'르'로 끝난 ㅡ용언 기본활용형이 '르'로 끝난 용언 가운데 '들르다, 따르다, 치르다, 다다르다, 우러르다' 만 ㅡ용언이고 나머지는 모두 르불규칙용언1 또는 르불규칙용언2이다.

ㅡ용언의 활용형

자음어미 활용형 : 쓰고, 담그고, 가냘프고, 서글프고
매개모음어미 활용형 : 쓰면, 담그면, 가냘프면, 서글프면
모음어미 활용형 : 써, 담가, 가냘파, 서글퍼

ㅡ용언의 활용에 나타나는 음운현상

ㅡ탈락 : 쓰-어 → 써, 슬프-어 → 슬퍼, 담그-어 → 담그아 → 담가
모음조화 : 고프-어 → 고프아 → 고파, 가냘프-어 → 가냘프아 → 가냘파[30]

7.4.8 ㅏ, ㅓ용언

ㅏ용언, ㅓ용언의 뜻 ㅏ용언은 말음이 'ㅏ'인 규칙용언을, ㅓ용언은 말음이 'ㅓ'인 규칙용언을 말한다.

ㅏ, ㅓ용언의 예

ㅏ용언
가다, 까다, 나다, 따다, 사다, 싸다(값이), 싸다(똥을), 싸다(종이로), 자다, 짜다(맛이), 짜다(수건을), 짜다(가구를), 차다(온도), 차다(가득), 차다(발로), 타다(불에), 타다(차를), 파다, 감싸다, 나가다, 놀라다, 떠나다, 만나다, 바라다, 벅차다, 비싸다, 빛나다, 삼가다,[31] 신나다, 오가다, 자라다, 잽싸다, 힘차다, 나무라다, 나타나다, 네모나다, 모자라다, 에워싸다, 태어나다

ㅓ용언
서다, 써다, 켜다(물을), 켜다(나무를), 켜다(기지개를), 켜다(불을),[32] 펴다, 건너다, 앞서다, 일어서다, 들이켜다

29. '다다르다'는 15세기의 ㄷ불규칙용언 '다ᄃᆞᆮ다'에서 변화한 형태이다. 북한에서는 옛말 형태에 가까운 '다닫다'(ㄷ불규칙용언)를 표준어로 본다.

30. ㅡ용언의 모음조화에 대해서는 8.4.1 (13) 참조.

31. '삼가다'를 '삼가하다'로 쓰는 사람이 많은데 비표준형으로 처리된다.

32. '써다(밀물이나 밀린 물이 물러나가다)'와 '켜다(물을), 켜다(나무를), 켜다(기지개를), 켜다(불을)'는 모두 15세기의 'ᅘᅧ다(끌다, 당기다, 引)'에서 온 것이다.

'켜다>키다'의 경향 '켜다'를 '키다'로 쓰는 사람이 많다. '들이켜다'도 '들이키다'로 많이 쓰인다. '키다, 들이키다'는 비표준형이다. 그런데 역사적으로 '켜다'를 가졌던 '내키다(<내혀다), 치키다(<치혀다), 돌이키다(<도ᄅᆞ혀다), 일으키다(<니ᄅᆞ혀다)'는 아예 '키다' 쪽이 표준형으로 인정되었다. 이와 같이 '혀다'의 후손 형태들에 나타나는 'ㅓ용언>ㅣ용언'의 변화는 ㅓ용언의 수가 매우 적고 ㅣ용언의 수는 매우 많은 데에 말미암은 현상으로 해석된다. 단어의 형태가 다수의 형태 쪽으로 통일되려는 경향이 있는 것이다.

'놀라다, 바라다, 나무라다'의 비표준형 '놀라다'는 자동사이고 놀라게 한다는 뜻의 타동사(사동사)는 '놀래다'이다. 그런데 현실어에서 자동사를 '놀래다'라고 하고 사동사를 '놀래키다'라고 하는 일이 많다. 이러한 '놀래다'와 '놀래키다'는 표준형으로 인정하지 않는다. '바라다'도 현실어에서 '바래다'로 쓰는 일이 많다. 특히 모음어미 활용형 '바라, 바라서, 바라요' 등은 거의 항상 '바래, 바래서, 바래요' 등으로 쓴다. 예를 들어 "한 가지 바램이 있다면", "꼭 합격하길 바래."와 같이 말한다. 이 '바래다'는 비표준형이다. 표준어의 '바래다'는 '색깔이 바래다'처럼 쓰이는 다른 단어이다. '나무라다'도 '나무래다'로 쓰는 사람이 많은데 비표준형이다.

'ㅏ용언>ㅐ용언'의 경향 '놀라다>놀래다, 바라다>바래다, 나무라다>나무래다'와 같이 현실어에 나타나는 'ㅏ용언>ㅐ용언'의 변화가 아주 엉뚱한 현상인 것은 아니다. 15세기 이후에 일어난 'ᄂᆞ나다>날래다, 보차다>보채다, 오라다>오래다' 등의 변화를 보면 이러한 경향이 예전부터 있었던 것임을 알 수 있다. 이것은 ㅏ불규칙용언 '하다'의 모음어미 활용형 '해, 해서, 해요' 등의 높은 빈도에 이끌린 현상으로 보인다. 여기서도 다수의 형태 쪽으로 단어의 형태가 통일되려는 경향을 볼 수 있다.

ㅏ용언의 활용형

자음어미 활용형 : 가고, 삼가고, 네모나고
매개모음어미 활용형 : 가면, 삼가면, 네모나면
모음어미 활용형 : 가, 삼가, 네모나

ㅓ용언의 활용형

자음어미 활용형 : 서고, 건너고, 들이켜고
매개모음어미 활용형 : 서면, 건너면, 들이켜면
모음어미 활용형 : 서, 건너, 들이켜

ㅏ, ㅓ용언의 활용에 나타나는 음운현상 '가-아, 서-어'와 같이 ㅏ, ㅓ용언에 모음어미가 붙어 같은 모음이 이어지면 어미 두음 'ㅏ, ㅓ'가 탈락하여 '가, 서'처럼 된다.

ㅏ, ㅓ용언의 활용에 나타나는 음운현상

ㅏ/ㅓ탈락 : 가-어 → 가아 → 가, 삼가-어 → 삼가아 → 삼가, 서-어 → 서, 건너-어 → 건너
모음조화 : 가-어 → 가아 → 가, 서-어 → 서

7.4.9 ㅣ, ㅢ용언

ㅣ용언과 ㅢ용언의 뜻 ㅣ용언은 말음이 'ㅣ'로 표기되는 규칙용언, ㅢ용언은 말음이 'ㅢ'로 표기되는 규칙용언이다.

ㅣ용언의 예

1음절 용언
기다, 끼다, 띠다, 미다, 비다, 삐다, 시다, 이다(머리에), 이다(지붕을), 지다, 찌다, 치다, 피다
2음절 용언
가지다, 갇히다, 거치다, 건지다, 걸리다, 견디다, 계시다, 고이다, 고치다, 구기다, 굽히다, 그리다, 긁히다, 꺾이다, 꼬이다(파리가), 꼬이다(아이를), 꽂히다, 꾸미다, 꿰이다, 남기다, 내리다, 내키다, 넘기다, 넘치다, 넓히다, 높이다, 놓이다, 놓치다, 누이다(오줌을), 누이다(바닥에), 눕히다, 느끼다, 느리다, 늘리다, 늘이다, 다니다, 다리다, 다시다, 다지다, 다치다, 닫치다, 닫히다, 달리다(힘껏), 달리다(힘이), 달이다, 당기다, 더디다, 던지다, 덤비다, 동이다, 뒤지다(남에게), 뒤지다(가방을), 드리다, 들리다(귀신이), 들리다(귀에), 들키다, 디디다, 따지다, 땅기다(피부가), 뚫리다, 뜨이다, 마시다, 말리다(둘둘), 말리다(빨래를), 말리다(싸움을), 망치다, 맞히다, 먹지다, 모시다, 바치다, 반기다, 받치다, 밟히다, 버리다, 벌리다, 벌이다, 보이다(사물이), 보이다(등을), 부시다(눈이), 부치다, 붙이다, 비비다, 비치다, 비키다, 빌리다, 빠지다, 살찌다, 삼키다, 시키다, 식히다, 신기다, 싸이다, 쌓이다, 쏘이다(바람을), 쏘이다(벌에), 쑤시다, 쓰이다(글씨가), 쓰이다(귀신이), 쓰이다(물건이), 아끼다, 안치다, 앉히다, 엉키다, 얹히다, 엮이다, 웃기다, 이기다(시합에서), 이기다(진흙을), 익히다, 입히다, 잊히다, 자시다, 잡히다, 적시다, 젖히다, 쥐이다, 지니다, 지지다, 지키다, 지피다, 집히다, 짚이다, 쪼이다, 쫓기다, 차이다, 처지다, 터지다, 튀기다, 트이다, 틀리다, 파이다, 퍼지다, 펼치다, 해치다, 헤치다, 흐리다
3음절 용언
가르치다, 가리키다,[33] 깜박이다, 깨우치다, 꺾어지다, 넘어지다, 돌이키다, 두드리다, 떨어지다, 망설이다, 무너지다, 부딪히다, 부서지다, 성가시다, 쏟아지다, 쓰러지다, 어울리다, 얽매이다, 움직이다, 일으키다, 잡수시다, 주무시다, 지껄이다, 짓이기다, 치우치다, 터뜨리다, 팽개치다, 헤어지다, 흐느끼다

ㅢ용언의 예

띄다(눈에), 띄다(사이를), 씌다(글씨가), 씌다(귀신이), 틔다, 희다, 노늬다, 여의다, 희디희다

ㅣ용언의 수 ㅣ용언의 수는 대단히 많다. 용언 중에 ㅣ용언의 수가 가장 많다. 그 한 원인은 피동사와 사동사의 대부분이 '이, 히, 리, 기'로 끝나 ㅣ용언의 수를 크게 늘리는 데 있다. 또 '빠지다, 떨어지다, 구부러지다' 등 피동의 의미를 가지는 '-어지다'가 붙은 동사와 '깜박이다, 움직이다, 출렁이다'처럼 '-이다'가 붙은 동사들이 모두 ㅣ용언이 되는 것도 원인이다.

33. '가르치다'와 '가리키다'는 15세기에 'ᄀᆞᄅᆞ치다'였다. 'ㆍ'의 소멸 등으로 'ᄀᆞᄅᆞ치다'가 근대에 '가르치다, 가리치다, 갈치다, 가르키다, 가리키다, 갈키다' 등으로 혼란이 생기자 표준어를 정하면서 '가르치다'와 '가리키다'를 의미에 따라 구분해 쓰도록 정하게 되었다.

ㅣ용언의 활용형 (단음절 용언)

자음어미 활용형 : 기고
매개모음어미 활용형 : 기면
모음어미 활용형 : 기어[기어/기여]/겨

ㅣ용언의 활용형 (다음절 용언)

자음어미 활용형 : 이기고, 짓이기고
매개모음어미 활용형 : 이기면, 짓이기면
모음어미 활용형 : 이겨, 짓이겨

ㅣ용언의 활용에 나타나는 음운현상

반모음화 : 기-어 → 겨, 이기-어 → 이겨, 짓이기-어 → 짓이겨
j첨가 : 기-어 → 기여

단음절 ㅣ용언의 모음어미 활용형 단음절 ㅣ용언의 모음어미 활용형은 두 가지로 표기할 수 있고 세 가지로 발음할 수 있다. 예를 들어 '기-어'는 '기어' 또는 '겨'로 표기할 수 있고 [기어]/[기여] 또는 [겨]로 발음할 수 있다. j첨가와 반모음화가 수의적인 현상이기 때문이다. '기어, 겨' 외에 '기여'로 표기하지는 않는다. 북한에서는 오히려 '기어' 대신 '기여'로 표기한다.

다음절 ㅣ용언의 모음어미 활용형 다음절 ㅣ용언의 모음어미 활용형은 반모음화가 일어난 형태로만 쓴다. 즉 이때의 반모음화는 필수적이다. 예를 들어 '이기-어, 짓이기-어'는 '이겨, 짓이겨'로만 표기하고 [이겨], [진니겨]로만 발음한다. 표준어에서는 '이기어[이기어/이기여], 짓이기어[진니기어/진니기여]'도 옳은 표기와 발음으로 인정하고 있으나 현실어에서는 이런 표기와 발음을 사용하지 않는다.

ㅢ용언의 활용형

자음어미 활용형 : 희고[히고], 여의고[여이고], 희디희고[히디히고]
매개모음어미 활용형 : 희면[히면], 여의면[여이면], 희디희면[히디히면]
모음어미 활용형 : 희어[히어/히여]/[혀], 여의어[여이어/여이여]/[여여], 희디희어[히디히어/히디히여]/[히디혀]

ㅢ용언의 모음어미 활용형 ㅢ용언도 발음상으로는 [ㅣ]용언이므로 ㅣ용언과 활용양상이 기본적으로 같다. 그러나 모음어미 활용형에서 반모음화가 일어난 형태를 표기할 수 없는 점이 다르다. 즉 '기다, 시다, 피다' 등의 모음어미 활용형은 '겨, 셔, 펴'와 같은 표기가 가능하지만(따라서 발음도 가능하지만) '띄다, 씌다, 틔다, 희다' 등의 모음어미 활용형은 '뗘, 쎠, 텨, 혀'와 같은 표기가 불가능하다(발음은 가능하다). 다음절 ㅢ용언 '여의다, 희디희다'의 모음어미 활용형 [여여], [히디혀]도 표기

가 불가능하다. 그 대신 반모음화가 필수적이 아니어서 다음절 ㅣ용언과 달리 '여의어, 희디희어'가 자연스럽다.

ㅣ용언과 ㅢ용언의 모음어미 활용형 (현실어의 표기)

	ㅣ용언	ㅢ용언
단음절 용언	기어/겨	희어
다음절 용언	이겨	여의어

ㅣ용언과 ㅢ용언의 모음어미 활용형 (표준어의 표기)

	ㅣ용언	ㅢ용언
단음절 용언	기어/겨	희어
다음절 용언	이기어/이겨	여의어

ㅣ용언과 ㅢ용언의 모음어미 활용형 (현실어의 발음)

	ㅣ용언	ㅢ용언
단음절 용언	[기어]/[기여]/[겨]	[히어]/[히여]/[혀]
다음절 용언	[이겨]	[여이어]/[여이여]/[여여]

ㅣ용언과 ㅢ용언의 모음어미 활용형 (표준어의 발음)

	ㅣ용언	ㅢ용언
단음절 용언	[기어]/[기여]/[겨]	[히어]/[히여]
다음절 용언	[이기어]/[이기여]/[이겨]	[여의어]/[여이어]/[여의여]/[여이여]

'지, 찌, 치'로 끝난 ㅣ용언의 모음어미 활용형 '지, 찌, 치'로 끝난 ㅣ용언들은 모음어미 활용형에서 '져, 쪄, 쳐'만 사용하고 '지어, 찌어, 치어'는 사용하지 않는다. 표준어에서는 현실어와 달리 '지어[지어/지여], 찌어[찌어/찌여], 치어[치어/치여]'를 인정한다. 이때 '치'로 끝난 ㅣ용언에는 '꽂히다[꼬치다], 닫히다[다치다], 맞히다[마치다], 앉히다[안치다], 부딪히다[부디치다], 붙이다[부치다]' 등 표기와 달리 어간의 말음절이 [치]로 발음되는 용언들도 포함된다.

'지, 찌, 치'로 끝난 ㅣ용언의 활용형 (현실어)

자음어미 활용형 : 지고, 살찌고, 다치고, 닫히고[다치고], 붙이고[부치고]
매개모음어미 활용형 : 지면, 살찌면, 다치면, 닫히면[다치면], 붙이면[부치면]
모음어미 활용형 : 져[저], 살쪄[살쩌], 다쳐[다처], 닫혀[다처], 붙여[부처]

'지, 찌, 치'로 끝난 ㅣ용언의 활용형 (표준어)

자음어미 활용형 : 지고, 살찌고, 다치고, 닫히고[다치고], 붙이고[부치고]

용언의 활용

매개모음어미 활용형 : 지면, 살찌면, 다치면, 닫히면[다치면], 붙이면[부치면]
모음어미 활용형 : 지어[지어/지여]/져[저], 살찌어[살찌어/살찌여]/살쪄[살쩌], 다치어[다치어/다치여]/다쳐[다처], 닫히어[다치어/다치여]/닫혀[다처], 붙이어[부치어/부치여]/붙여[부처]

'지, 찌, 치'로 끝난 ㅣ용언의 활용에 나타나는 ㅣ탈락 모음어미 활용형에 나타나는 표기 '져, 쪄, 쳐'와 '닫혀, 붙여'를 보면 마치 반모음화가 일어나 이중모음 [ㅕ]가 발음되는 것처럼 보인다. 그러나 이들의 모음을 [ㅕ]가 아닌 [ㅓ]로 발음하므로(**2.2.3** (2) 참조) 반모음화가 아닌 ㅣ탈락이 일어난 것이다.

'지, 찌, 치'로 끝난 ㅣ용언의 활용에 나타나는 음운현상

ㅣ탈락
지-어 → [저], 찌-어 → [쩌], 치-어 → [처]
가지-어 → [가저], 살찌-어 → [살쩌]
다치-어 → [다처], 닫히-어 → [다처], 앉히-어 → [안처], 붙이-어 → [부처]
무너지-어 → [무너저], 가르치-어 → [가르처], 부딪히-어 → [부디처]

'개음절+이'로 끝난 ㅣ용언과 그 준말 '개음절+이'로 끝난 ㅣ용언의 상당수는 본말과 준말이 존재한다. 예를 들어 '고이다, 누이다, 쓰이다, 차이다'는 각각 '괴다, 뉘다, 씌다, 채다'로 줄어들 수 있는 것이다.

'개음절+이'로 끝난 ㅣ용언과 그 준말의 예

유형	본말	준말
ㅏ이 → ㅐ	싸이다, 차이다, 파이다	쌔다, 채다, 패다
ㅗ이 → ㅚ	고이다, 꼬이다, 보이다, 쏘이다, 쪼이다, 선보이다	괴다, 꾀다, 뵈다, 쐬다, 쬐다, 선뵈다
ㅜ이 → ㅟ	누이다	뉘다
ㅡ이 → ㅢ	뜨이다, 쓰이다, 트이다	띄다, 씌다, 틔다

'개음절+이'로 끝난 ㅣ용언의 모음어미 활용형 이들 본말과 준말은 각각 서로 다른 활용형을 가진다. 특히 모음어미 활용형을 혼동하는 사람이 많다. 예를 들어 아래 표의 형태들 대신에 '채여, 괴여, 뉘여, 씌여' 등을 쓰는 것은 잘못이다.

'개음절+이'로 끝난 ㅣ용언과 그 준말의 모음어미 활용형

유형	본말	준말
ㅏ이 → ㅐ	차이어/차여	채어[체어/체여]/채[체]
ㅗ이 → ㅚ	고이어/고여	괴어[궤어/궤여]/괘[궤]
ㅜ이 → ㅟ	누이어/누여	뉘어[뉘어/뉘여]/[눠]
ㅡ이 → ㅢ	쓰이어/쓰여	씌어[씨어/씨여]/[쎠]

'가지다, 디디다, 잡수시다'와 그 준말의 활용형 | 용언 가운데 '가지다, 디디다, 잡수시다'는 '갖다, 딛다, 잡숫다'와 같은 준말로도 쓰인다. 그런데 '갖다, 딛다, 잡숫다'는 자음어미 활용형만 가능하다. '내디디다, 내려디디다'의 준말 '내딛다, 내려딛다'도 자음어미 활용형만 가능하다.

'가지다'와 '갖다'의 활용형

활용형의 종류	가지다	갖다
자음어미 활용형	가지고, 가지지, 가지는, 가집니다	갖고, 갖지, 갖는, 갖습니다
매개모음어미 활용형	가지면, 가진, 가질, 가짐	갖으면(×), 갖은(×), 갖을(×), 갖음(×)
모음어미 활용형	가져, 가져서, 가져요, 가졌다	갖어(×), 갖어서(×), 갖어요(×), 갖었다(×)

'디디다'와 '딛다'의 활용형

활용형의 종류	디디다	딛다
자음어미 활용형	디디고, 디디지, 디디는, 디딥니다	딛고, 딛지, 딛는, 딛습니다
매개모음어미 활용형	디디면, 디딘, 디딜, 디딤	딛으면(×), 딛은(×), 딛을(×), 딛음(×)
모음어미 활용형	디디어/디뎌, 디디어서/디뎌서, 디디어요/디뎌요, 디디었다/디뎠다	딛어(×), 딛어서(×), 딛어요(×), 딛었다(×)

'잡수시다'와 '잡숫다'의 활용형

활용형의 종류	잡수시다	잡숫다
자음어미 활용형	잡수시고, 잡수시지, 잡수시는, 잡수십니다	잡숫고, 잡숫지, 잡숫는, 잡숫습니다
매개모음어미 활용형	잡수시면, 잡수신, 잡수실, 잡수심	잡숫으면(×), 잡숫은(×), 잡숫을(×), 잡숫음(×)
모음어미 활용형	잡수시어/잡수셔, 잡수시어서/잡수셔서, 잡수시어요/잡수셔요/잡수세요, 잡수시었다/잡수셨다	잡숫어(×), 잡숫어서(×), 잡숫어요(×), 잡숫었다(×)

'잡수다'의 활용형 '잡수시다, 잡숫다'와 비슷한 '잡수다'도 존재한다. 『표준국어대사전』은 '먹다'의 높임말이 '잡수다, 자시다, 들다'이고 '잡수다'의 높임말이 '잡수시다'이며 '잡숫다'는 '잡수시다'의 준말이라고 기술하고 있다. 역사적으로는 '잡숫다, 잡수다'가 '잡ᄉᆞᆸ다'에서, '잡수시다'가 '잡ᄉᆞ오시다(잡ᄉᆞᆸ-ᄋᆞ시-다)'에서 유래했다. '잡수다'는 세 가지 유형의 어미가 결합한 활용형이 모두 가능하다.

'잡수다'의 활용형

자음어미 활용형 : 잡수고, 잡수지, 잡수는, 잡숩니다
매개모음어미 활용형 : 잡수면, 잡순, 잡술, 잡숨
모음어미 활용형 : 잡수어/잡숴, 잡수어서/잡수어서, 잡수어요/잡숴요, 잡수었다/잡쉈다

'계세요, 잡수세요, 주무세요'의 특별함 기원적으로 선어말어미 '-으시-'를 가진 '계시다, 잡수시다, 주무시다'는 '-어요'가 붙은 형태로 '계세요, 잡수세요, 주무세요'를 많이 쓰는 점이 특별하다(7.3.3 (5) 참조).

합성동사에서의 ㅣ용언의 모음어미 활용형 ㅣ용언의 모음어미 활용형 뒤에 다른 용언이 연결된 합성동사들이 있다. 이들 합성동사에서는 반모음화가 일어난 형태와 일어나지 않은 형태 중 한 가지만 쓰인다. 예를 들어 '끼어+안다'는 '끼어안다'로 쓰지 않고 '껴안다'로만 쓴다. 반면에 '기어+가다'는 '겨가다'로 쓰지 않고 '기어가다'로만 쓴다. 반모음화가 일어난 형태만 쓰는 합성동사가 훨씬 더 많다. 한편 '가져가다, 겹쳐지다, 쪄내다, 쳐부수다' 등 '지, 찌, 치'로 끝난 용언이 참여한 합성동사에서는 표기상 반모음화가 일어난 형태를 쓰는데 발음상으로는 'ㅣ'가 탈락한 것으로 볼 수 있다.

합성동사에서의 반모음화 여부 (표기 기준)

반모음화가 일어난 형태만 쓰는 합성동사
껴안다, 껴입다, 가져가다, 가져오다, 겹쳐지다, 내려가다, 내려놓다, 내려오다, 넘겨짚다, 넘겨다보다, 달려가다, 달려오다, 들여다보다, 밝혀내다, 비켜나다, 비켜서다, 살펴보다, 우려먹다, 움켜잡다, 움켜쥐다, 쪄내다, 쳐들어가다, 쳐부수다, 추켜들다, 추켜올리다
반모음화가 일어나지 않은 형태만 쓰는 합성동사
기어가다, 미어지다, 피어나다, 피어오르다

7.4.10 ㅗ, ㅜ용언

ㅗ용언과 ㅜ용언의 뜻 ㅗ용언은 말음이 'ㅗ'로, ㅜ용언은 말음이 'ㅜ'로 끝난 규칙용언이다.

ㅗ, ㅜ용언의 예

ㅗ용언
고다, 꼬다, 보다, 쏘다, 오다, 쪼다, 호다, 깔보다, 나오다, 내오다, 돌보다, 비꼬다, 얕보다, 엿보다, 쳐다보다
ㅜ용언
꾸다, 누다, 두다, 쑤다, 주다, 추다, 가꾸다, 가두다, 감추다, 갖추다, 겨누다, 겨루다, 깨우다, 끼우다, 나누다, 낮추다, 놔두다, 늦추다, 다루다, 다투다, 달구다, 돋우다, 들추다, 때우다, 띄우다, 맞추다, 멈추다, 메우다, 바꾸다, 배우다, 비우다, 비추다, 세우다, 싸우다, 씌우다, 에우다, 여쭈다, 외우다, 이루다, 잡수다, 재우다, 채우다, 태우다, 피우다, 헹구다, 그만두다, 돌려주다, 드리우다, 시새우다

7-7 ㅗ용언>ㅜ용언

ㅗ용언보다 ㅜ용언의 수가 많다. 역사적으로 다음절 ㅗ용언 중 상당수가 ㅜ용언으로 바뀐 데 그 원인이 있다.

'ㅗ용언>ㅜ용언'의 예

갓고다>가꾸다, 가도다>가두다, 개오다>게우다, ᄀᆞ초다>감추다, ᄀᆞ초다>갖추다, ᄭᆡ오다>깨우다, ᄢᅵ오다>끼우다, ᄂᆞ초다>낮추다, ᄂᆞᆫ호다>나누다, 달호다>다루다, ᄃᆞ토다>다투다, 달오다>달구다, 도도다>돋우다, 마초다>맞추다, 밧고다>바꾸다, ᄇᆡ호다>배우다, 싸호다>싸우다, 외오다>외우다, ᄎᆡ오다>채우다, ᄐᆡ오다>태우다, 드리오다>드리우다, 싀새오다>시새우다

ㅗ, ㅜ용언의 활용형

자음어미 활용형 : 보고, 비꼬고, 주고, 다투고
매개모음어미 활용형 : 보면, 비꼬면, 주면, 다투면
모음어미 활용형 : 보아/봐, 비꼬아/비꽈, 주어/줘, 다투어/다퉈

ㅗ, ㅜ용언의 활용에 나타나는 음운현상

반모음화 : 보-어 → 보아 → 봐, 비꼬-어 → 비꼬아 → 비꽈, 주-어 → 줘, 다투-어 → 다퉈
모음조화 : 보-어 → 보아, 주-어 → 주어

ㅗ용언의 모음어미 활용형과 반모음화 반모음화는 수의적인 음운현상이므로 일어날 수도 있고 일어나지 않을 수도 있지만 ㅗ용언의 활용에서는 단어마다 반모음화 여부가 조금씩 다르게 나타난다. '오다'와 '오다'가 참여한 합성동사의 경우 반모음화가 일어나지 않은 형태 '오아, 나오아' 등은 비표준어이다.

ㅗ용언의 활용에서의 반모음화 여부

반모음화가 일어난 형태만 씀 : 오다, '오다'가 참여한 합성동사
- ○ : 와, 나와, 내와, 돌아와, 들어와
- × : 오아, 나오아, 내오아, 돌아오아, 들어오아

반모음화가 일어나지 않은 형태를 주로 씀 : 고다, 꼬다, 쪼다, 호다, 비꼬다
- ○ : 고아, 꼬아, 쪼아, 호아, 비꼬아
- △ : 과, 꽈, 쫘, 화, 비꽈

반모음화가 일어난 형태와 일어나지 않은 형태를 모두 잘 씀 : 보다, 쏘다, '보다'가 참여한 합성동사
- ○ : 보아, 쏘아, 얕보아, 엿보아, 쳐다보아
- ○ : 봐, 쏴, 얕봐, 엿봐, 쳐다봐

ㅜ용언의 모음어미 활용형과 반모음화 ㅜ용언 중에서도 말음절이 '우'인 용언은 반모음화가 일어난 형태 '끼워, 싸워, 치워' 등만 쓴다.[34] 반모음화가 일어나지 않은 '끼우어, 싸우어, 치우어' 등은 쓰지 않는다. 그렇지만 이들도 표준어로 인정하고 있다.

34. '에워싸다'와 같이 합성동사 속의 '에우다' 역시 '에워'로만 쓰인다.

용언의 활용

ㅜ용언의 활용에서의 반모음화 여부

반모음화가 일어난 형태만 씀 : 말음절이 '우'인 용언

ㅇ : 끼워, 때워, 메워, 배워, 싸워, 씌워, 치워

× : 끼우어, 때우어, 메우어, 배우어, 싸우어, 씌우어, 치우어

반모음화가 일어난 형태와 일어나지 않은 형태를 모두 잘 씀 : 기타 ㅜ용언

ㅇ : 꾸어, 두어, 쑤어, 주어, 추어, 가꾸어, 가두어, 감추어, 이루어, 헹구어

ㅇ : 꿔, 둬, 쒀, 줘, 춰, 가꿔, 가둬, 감춰, 이뤄, 헹궈

'달라, 다오' '주다'의 특별한 활용형으로 '달라'와 '다오'가 있다. '주다'가 1인칭에게 건넨다는 뜻으로 쓰일 때는 간접명령형을 '주라(주-으라)'가 아닌 '달라'라고 하고, 해라체 명령형을 '주어라/줘라(주-어라)' 대신 '다오'라고 한다. 예를 들어 "책을 철수에게 주라고 했다.", "책을 자기에게 달라고 했다."라고 하고 "책을 철수한테 줘라.", "책을 나한테 다오."라고 한다. 그런데 현실어에서 '달라'는 많이 쓰지만 '다오'는 잘 쓰지 않는다. '다오' 대신 '주라' 또는 '주어라/줘라'를 쓴다.

7-8 '달라, 다오'의 형태음운론적 기술

'달라'와 '다오'를 형태음운론적으로 기술하는 방법은 두 가지가 있다.

(1) 보충법으로 기술하는 방법

이것은 본문에서 서술한 바와 같이 '달라, 다오'를 '주다'의 활용형으로 보는 것이다. '달라, 다오'는 '주다'의 다른 활용형 '주고, 준다, 주면, 줄까, 주어/줘' 등과는 그 형태가 상당히 다르다. '달라, 다오'는 어원적으로 이들과 다른 말에서 유래한 것으로 보인다. 이와 같이 어떤 단어의 일부 활용형이 다른 활용형들과 형태가 크게 다른 것을 **보충법**(補充法 suppletion)이라 부른다. 그리고 이때 '달라, 다오'와 같은 특이한 활용형을 **보충형**이라 부른다. 정상적인 활용형이 존재하지 않는 빈자리를 어원이 다른 형태가 들어가 보충하고 있는 것으로 묘사하는 것이다. 영어에서는 동사 'go'의 과거형이 'goed'가 아닌 'went'인 것을 보충법으로 기술한다.

(2) 불완전계열로 기술하는 방법

이것은 '달라, 다오'를 '주다'와 다른 단어로 보는 것이다. 그러면 '달라, 다오'는 활용형이 이 둘뿐인 용언이 된다. 그 기본활용형을 가상적인 '달다'로 잡을 수 있다. '달다'는 활용형이 둘뿐이라는 점에서 비정상적이다. 이와 같이 가능한 활용형 중 일부만 가진 용언을 **불구용언**(不具用言)이라 한다. 불구용언에는 '데리다(데리고, 데리러, 데려다, 데려다가), 의하다(의한, 의하면, 의해, 의해서), 괜하다(괜한)' 등이 있다. 이들은 활용형을 다 갖추지 못하고 있다는 점에서 활용계열이 불완전하다 또는 **불완전계열**(defective paradigm)을 가지고 있다고 말한다. 『표준국어대사전』을 비롯한 대부분의 사전이 불구동사 '달다'를 설정해 '달라, 다오'를 기술하고 있다.

그런데 불구동사 '달다'를 설정하면 '주다'의 활용계열도 불완전하다고 해야 한다. '달라, 다오'가 쓰일 자리가 비어 있기 때문이다. 그러나 '주다'를 불구동사로 보는 것은 매우 부자연스럽다. 또 '달다'를 '주다'와 구별되는 단어로 설정하면 '도와달라, 도와다오'를

위해서도 '도와달다'라는 단어를 '도와주다'와 별개로 설정해야 하며 같은 이유에서 '봐주다' 외에 '봐달다', '들려주다' 외에 '들려달다'를 독립된 단어로 설정해야 한다. 이러한 기술 역시 부자연스럽다. 따라서 '달라, 다오'를 '주다'의 활용형으로 보는 (1)의 방법이 더 합리적이다.

7.4.11 ㅐ, ㅔ용언

ㅐ용언과 ㅔ용언의 뜻 ㅐ용언은 말음이 'ㅐ'로 표기되는 규칙용언이고 ㅔ용언은 말음이 'ㅔ'로 표기되는 규칙용언이다.

ㅐ, ㅔ용언의 예

ㅐ용언

개다, 깨다(잠을), 깨다(유리를), 내다, 대다, 때다, 매다, 배다, 빼다, 새다, 쌔다(어둠에), 재다, 째다, 채다(눈치를), 채다(발에), 캐다, 패다(주먹으로), 패다(땅이), 기대다, 꺼내다, 꿰매다, 날래다, 놀래다, 달래다, 문대다, 뭉개다, 바래다, 보내다, 보채다, 보태다, 빛내다, 뽐내다, 없애다, 오래다, 으깨다, 지내다, 쪼개다, 포개다, 헤매다, 으스대다, 잡아매다

ㅔ용언

데다, 떼다, 메다(목이), 메다(가방을), 베다, 세다(힘이), 세다(수를), 에다, 폐다(펴이다),[35] 헤다(수영하다), 건네다, 들레다(떠들다), 설레다, 잡아떼다

ㅐ용언과 ㅔ용언의 비표준형 '개다, 메다(목이), 채다(발에), 패다(땅이), 에다, 설레다, 헤매다'는 현실어에서 어간말에 '이'를 덧붙여 '개이다, 메이다, 채이다, 패이다, 에이다, 설레이다, 헤매이다'로 쓰는 일도 있는데 이들은 비표준형이다. 다만 '떼다, 매다, 메다(가방을), 베다, 에다'의 피동사 '떼이다, 매이다, 메이다, 베이다, 에이다'는 표준어로 인정된다.

[ㅔ]용언 'ㅐ'와 'ㅔ'가 발음상 구별되지 않으므로 두 용언의 구별은 표기에서만 성립한다. 발음상으로는 둘 다 [ㅔ]용언이라고 할 수 있다.

ㅐ, ㅔ용언의 활용형

자음어미 활용형 : 내고, 달래고, 베고, 설레고
매개모음어미 활용형 : 내면, 달래면, 베면, 설레면
모음어미 활용형 : 내어[내어/내여]/내[내], 달래어[달래어/달래여]/달래[달래], 베어[베어/베여]/베, 설레어[설레어/설레여]/설레

준말 ㅐ용언과 본말 ㅣ용언 준말로서의 '쌔다(어둠에), 채다(발에), 패다(땅이)'는 각각 '싸이다, 차이다, 파이다'가 본말이다. 준말은 ㅐ용언으로, 본말은 ㅣ용언으로 활용한다(이들의 활용형에 대해서는 7.4.9 참조).

35. '펴다'의 피동사 '펴이다'와 그 준말 '폐다'는 표준어로 인정되고 있지만 거의 쓰이지 않는다.

ㅐ, ㅔ용언의 활용에 나타나는 음운현상

ㅓ탈락 : 내-어 → 내, 달래-어 → 달래, 베-어 → 베, 설레-어 → 설레
j첨가 : 내-어 → [네여], 베-어 → [베여], 달래-어 → [달레여], 설레-어 → [설레여]

ㅓ탈락의 수의성과 필수성 ㅐ, ㅔ용언의 활용에서 ㅓ탈락은 수의적인 현상이다. 예를 들어 '내-어'에서 'ㅓ'가 탈락하지 않은 '내어'도 가능하고 'ㅓ'가 탈락한 '내'도 가능하다. 그러나 현실발음에서는 'ㅓ'가 탈락한 형태를 훨씬 많이 쓴다. 특히 해체와 해요체의 종결형에서는 'ㅓ'가 탈락한 형태만 쓴다. 예를 들어 해체 종결형으로는 '내어'를 쓰지 않고 '내'만, 해요체 종결형으로는 '내어요'를 쓰지 않고 '내요'만 쓴다.

문법적 환경에 따른 ㅐ, ㅔ용언의 활용형

해체, 해요체의 종결형
천 원만 내(○)/내어(×)/내요(○)/내어요(×).
길을 안다면서 왜 계속 헤매(○)/헤매어(×)/헤매요(○)/헤매어요(×)?

기타 활용형
돈을 천 원씩 내(○)/내어(○) 수박을 샀다.
눈길을 세 시간이나 헤맸지만(○)/헤매었지만(○) 토끼 한 마리 보지 못했다.

합성동사에서의 ㅐ, ㅔ용언의 모음어미 활용형 ㅐ, ㅔ용언의 모음어미 활용형 뒤에 다른 용언이 연결된 합성동사들이 있다. 이들 합성동사에서는 ㅓ탈락이 일어난 형태와 일어나지 않은 형태 중 한 가지만 쓰는 경향이 있다. 예를 들어 '빼어+나다'는 '빼어나다'로만 쓰고 '빼나다'로는 쓰지 않는다. 반면에 '빼어+내다'는 '빼내다'로만 쓰고 '빼어내다'로는 쓰지 않는다. 한편 '깨어나다'와 '깨나다', '떼어먹다'와 '떼먹다', '캐어묻다'와 '캐묻다'는 둘 다 쓰인다.

합성동사에서의 ㅓ탈락 여부

ㅓ탈락이 일어난 형태만 쓰는 합성동사
기대서다, 매달다, 메다꽂다, 빼내다, 빼다박다, 캐내다

ㅓ탈락이 일어나지 않은 형태만 쓰는 합성동사
떼어내다,[36] 배어들다, 빼어나다

ㅓ탈락이 일어난 형태와 일어나지 않은 형태를 다 쓰는 합성동사
깨어나다/깨나다, 떼어먹다/떼먹다, 캐어묻다/캐묻다

36. '떼어내다'에서 ㅓ탈락이 일어난 '떼내다'를 현실어에서 많이 쓰지만 표준형으로는 인정하지 않는다.

ㅐ, ㅔ용언의 모음어미 활용형과 j첨가 ㅐ, ㅔ용언의 모음어미 활용형은 반모음 'j'가 첨가된 발음도 가능하다. 예를 들어 '내-어, 베-어'는 [내어], [베어] 또는 [내여], [베여]로 발음한다. 그렇지만 '내어, 베어'만 옳은 표기이다. 북한에서는 오히려 '내여, 베여'를 옳은 표기로 인정한다.

7-9 '빼내다'와 '내밀다'의 조어구조

'동사+동사'형 합성동사의 앞부분은 '돌보다'의 '돌-'처럼 동사어간인 경우도 있고 '돌아보다'의 '돌아'처럼 어미 {-어}가 붙은 활용형인 경우도 있다. '빼내다, 내밀다' 등이 둘 중 어떤 조어구조로 만들어졌는지를 금방 알기는 어렵다. 그런데 '빼내다'는 그 비슷한말 '뽑아내다'를 참고하면 '빼어'와 '내다'가 결합한 구조임을 알 수 있다. 따라서 '빼내다'는 '빼어내다'에서 ㅓ탈락을 통해 만들어진 것으로 기술할 수 있다. 한편 '내밀다'는 그 반대말 '들이밀다'가 '들이다'의 어간 '들이-'와 '밀다'가 결합한 것임을 참고하면 어간 '내-'와 '밀다'가 결합한 구조임을 알 수 있다. 따라서 '내밀다'는 ㅓ탈락과 관계가 없다.

7.4.12 ㅚ, ㅞ용언

ㅚ용언과 ㅞ용언의 뜻 ㅚ용언은 말음이 'ㅚ'로 표기되는 규칙용언이고 ㅞ용언은 말음이 'ㅞ'로 표기되는 규칙용언이다.

ㅚ, ㅞ용언의 예

ㅚ용언

괴다, 꾀다(파리가), 꾀다(아이를), 뇌다, 되다(봄이), 되다(반죽이), 뙤다, 뵈다(사물이), 뵈다(등을), 쇠다, 쐬다(벌에), 쐬다(바람을), 외다,[37] 죄다, 쬐다, 고되다, 되뇌다,[38] 사뢰다, 선뵈다, 아뢰다, 앳되다,[39] 옥죄다, 참되다[참뒈다], 헛되다, 내리쬐다, 외람되다

ㅞ용언

꿰다, 내리꿰다

ㅚ, ㅞ용언의 활용형

자음어미 활용형 : 되고, 꿰고
매개모음어미 활용형 : 되면, 꿰면
모음어미 활용형 : 되어[뒈어/뒈여]/돼[퉤], 꿰어[꿰어/꿰여]/꿰

준말 ㅚ용언과 본말 ㅣ용언 준말로서의 '괴다, 꾀다, 뵈다, 쐬다, 쬐다, 선뵈다'는 각각 '고이다, 꼬이다, 보이다, 쏘이다, 쪼이다, 선보이다'가 본말이다. 준말은 ㅚ용언으로, 본말은 ㅣ용언으로 활용한다(이들의 활용형에 대해서는 7.4.9 참조).

ㅚ용언의 활용에 나타나는 음운현상 ㅚ용언의 모음어미 활용형은 표기를 기준으로 할 때와 발음을 기준으로 할 때 서로 다르게 기술하게 된다.

ㅚ용언의 활용에 나타나는 음운현상 (표기)

반모음화 : 되-어 → 돼, 뵈-어 → 봬, 되뇌-어 → 되놰, 선뵈-어 → 선봬

ㅚ용언의 활용에 나타나는 음운현상 (발음)

ㅓ탈락 : 되-어[뒈어] → 돼[퉤], 뵈-어[붸어] → 봬[붸], 되뇌-어[뒈눼어] → [뒈눼], 선뵈-어[선

37. '외다'는 '외우다'의 준말로서 둘 다 표준어로 인정된다.

38. '되뇌이다'는 '되뇌다'의 비표준형이다.

39. '애띠다'는 '앳되다'의 비표준형이다.

뷔어] → [선붸]
j첨가 : 되-어 → [뒈여], 뵈-어 → [붸여], 되뇌-어 → [뒈눼여], 선뵈-어 → [선붸여]

ㅓ탈락의 수의성과 필수성 ㅚ용언의 활용에서 ㅓ탈락은 수의적인 현상이다. 예를 들어 '되-어'에서 'ㅓ'가 탈락하지 않은 '되어[뒈어]'도 가능하고 'ㅓ'가 탈락한 '돼[뒈]'도 가능하다. 그러나 현실발음에서는 'ㅓ'가 탈락한 형태를 훨씬 많이 쓴다. 특히 해체와 해요체의 종결형에서는 'ㅓ'가 탈락한 형태만 쓴다. 예를 들어 해체 종결형으로는 '되어, 고되어'를 쓰지 않고 '돼, 고돼'만, 해요체 종결형으로는 '되어요, 고되어요'를 쓰지 않고 '돼요, 고돼요'만 쓴다.

ㅚ용언의 모음어미 활용형과 반모음화 ㅚ용언의 모음어미 활용형에서 표기상 반모음화가 일어나면 '되어 → 돼'처럼 음절 수가 하나 줄어든다. 그런데 '되다' 외에는 이렇게 줄어든 표기를 잘 쓰지 않는 경향이 있다. '괘, 꽤, 놰, 봬, 쇄, 쐐, 좨, 쫴, 되놰, 사쾌, 선봬, 아쾌' 등의 줄어든 표기는 일상적인 글에서는 잘 안 쓰이고 글자 수를 줄여야 하는 신문기사의 제목이나 텔레비전 자막에서 또는 '이래 봬도'와 같은 굳어진 표현에서 표기로 나타난다.

ㅞ용언의 활용에 나타나는 음운현상 ㅞ용언은 ㅚ용언을 발음을 기준으로 기술할 때와 마찬가지로 기술할 수 있다.

ㅞ용언의 활용에 나타나는 음운현상

ㅓ탈락 : 꿰-어 → 꿰
j첨가 : 꿰-어 → [꿰여]

ㅓ탈락의 수의성과 필수성 ㅞ용언의 활용에서 ㅓ탈락은 수의적인 현상이다. 예를 들어 '꿰-어'에서 'ㅓ'가 탈락하지 않은 '꿰어'도 가능하고 'ㅓ'가 탈락한 '꿰'도 가능하다. 그러나 현실발음에서는 탈락한 형태를 훨씬 많이 쓴다. 특히 해체와 해요체의 종결형에서는 'ㅓ'가 탈락한 형태만 쓴다. 예를 들어 해체 종결형으로는 '꿰어'를 쓰지 않고 '꿰'만, 해요체 종결형으로는 '꿰어요'를 쓰지 않고 '꿰요'만 쓴다.

'꿰-' 또는 '꿰어'를 포함한 합성동사 '꿰-어'가 줄어든 '꿰'가 어간 '꿰-'와 형태가 같기 때문에 합성동사 '꿰뚫다, 꿰맞추다, 꿰매다, 꿰신다, 꿰입다, 꿰차다' 등에서의 앞부분이 '꿰-어'에서 온 것인지 '꿰-'에서 온 것인지 판단하기 어렵다.

ㅚ, ㅞ용언의 모음어미 활용형과 j첨가 ㅚ, ㅞ용언의 모음어미 활용형은 반모음 'j'가 첨가된 발음도 가능하다. 예를 들어 '되-어, 꿰-어'는 [뒈어], [꿰어] 또는 [뒈여], [꿰여]로 발음한다. 그렇지만 '되어, 꿰어'만 옳은 표기이다. 북한에서는 오히려 '되여, 꿰여'를 옳은 표기로 인정한다.

ㅐ, ㅔ, ㅚ, ㅞ용언과 [ㅔ]용언 ㅚ용언과 ㅞ용언의 어간 말음이 똑같이 [ㅞ](we)로 끝나므로 어간 말음만 보면 ㅐ, ㅔ용언과 ㅚ, ㅞ용언의 어간이 모두 모음 [ㅔ](e)로 끝난다. 결국 ㅐ, ㅔ, ㅚ, ㅞ용언은 발음상 모두 [ㅔ]용언이 되는 셈이다. 이들은 모음어미가 붙을 때 어미 두음 'ㅓ'를 탈락시키기도 하고 'ㅓ' 앞에 'j'를 첨가시키기도 하며 구어에서는 어미 두음 'ㅓ'를 탈락시킨 형태를 널리 쓴다는 점에서 똑같다. [ㅔ]용언, 즉 ㅐ, ㅔ, ㅚ, ㅞ용언의 모음어미 활용형은 다음과 같은 일반적인 발음 형태를 가진다고 할 수 있다.

[ㅔ]용언(ㅐ, ㅔ, ㅚ, ㅞ용언)의 모음어미 활용형의 일반형과 예 (발음)

[**X**ㅔ어/**X**ㅔ여/**X**]
내다 : [네어/네여/네]
베다 : [베어/베여/베]
되다 : [뒈어/뒈여/뒈]
꿰다 : [꿰어/꿰여/꿰]

7.4.13 ㅟ용언

ㅟ용언의 뜻 ㅟ용언은 말음이 'ㅟ'로 끝난 규칙용언이다.

ㅟ용언의 예

꾀다, 뉘다(오줌을), 뉘다(바닥에), 뛰다, 쉬다, 쥐다, 튀다, 휘다, 날뛰다, 바뀌다, 사귀다, 사위다, 야위다, 여위다, 할퀴다, 거머쥐다, 다떠위다, 뒤바뀌다, 들이쉬다, 지저귀다

ㅟ용언의 활용형

자음어미 활용형 : 뛰고, 할퀴고
매개모음어미 활용형 : 뛰면, 할퀴면
모음어미 활용형 : 뛰어[뛰어/뛰여]/[뛰], 할퀴어[할퀴어/할퀴여]/[할퀴]

준말 ㅟ용언과 본말 ㅣ용언 준말로서의 '뉘다'는 '누이다'가 본말이다. 준말은 ㅟ용언으로, 본말은 ㅣ용언으로 활용한다(이들의 활용형에 대해서는 7.4.9 참조).

ㅟ용언의 활용에 나타나는 음운현상

반모음화 : 뛰-어(t'ɥi-ə) → [뛰](t'ɥə)
j첨가 : 뛰-어 → [뛰여]

ㅟ용언의 모음어미 활용형과 반모음화 ㅟ용언의 모음어미 활용형은 반모음화된 형태로 발음할 수도 있다. 예를 들어 '뛰-어, 할퀴-어'는 '뛰, 할퀴'로 발음할 수 있다. '뛰, 할퀴'에서의 'ㅟ'라는 글자는 맞춤법에서 허용하지 않기 때문에 이러한 준말은

발음으로만 존재한다(이중모음 'ㅞ(ɥʌ)'에 대해서는 **2.2.1** (4) 참조).

ㅟ용언의 모음어미 활용형과 j첨가 ㅟ용언의 모음어미 활용형은 반모음 'j'가 첨가된 발음도 가능하다. 예를 들어 '뛰-어'는 [뛰어] 또는 [뛰여]로 발음한다. 그렇지만 '뛰어'만 옳은 표기이다. 북한에서는 오히려 '뛰여'를 옳은 표기로 인정한다.

ㅣ, ㅟ용언과 [ㅣ]용언 ㅟ용언과 ㅣ용언은 어간 말음이 모두 [ㅣ]로 끝난다. ㅣ, ㅟ용언은 발음상 똑같은 [ㅣ]용언인 것이다. 이들은 '기-어, 뛰-어'와 같이 모음어미가 붙을 때 [기여], [뛰여]처럼 'ㅓ' 앞에 'j'가 첨가될 수 있는 점도 같고 반모음화가 일어나 [겨], [뛰]처럼 어간 말음절과 어미 두음 'ㅓ'가 한 음절로 줄어들 수 있는 점도 같다. 다만 줄어든 형태가 만들어질 때 ㅣ용언은 j반모음화가 일어나고 ㅟ용언은 ɥ반모음화가 일어나는 점이 다르다.

합성동사에서의 '쥐어'의 준말 '줘' '쥐다'의 활용형 '쥐어'와 다른 동사가 결합한 합성동사에서는 '쥐어'가 '줘'로 나타나기도 한다. 그런데 현실어에서는 '줘뜯다, 줘박다, 줘흔들다' 대신 '쥐뜯다, 쥐박다, 쥐흔들다'처럼 발음하는 일이 많다. 이것은 '줘(←쥐-어)'가 '쥐'와 발음이 구별되지 않기 때문인 것으로 보인다.

합성동사에서의 '쥐어'와 '줘'

본말 : 쥐어뜯다, 쥐어박다, 쥐어흔들다
준말 : 줘뜯다, 줘박다, 줘흔들다[40]

40. '쥐어짜다'의 준말 '줘짜다'는 표준어로 인정되지 않는다.

합성동사에서의 '쥐여'의 준말 '줘' '쥐다'의 피동사와 사동사는 똑같이 ㅣ용언 '쥐이다'이다.[41] 두 '쥐이다'의 활용형은 '쥐이고, 쥐이면, 쥐여' 등으로 똑같다. 그런데 피동사 '쥐이다'의 활용형 '쥐여'가 참여한 합성동사에서 '쥐여'가 역시 '줘'로 나타나기도 한다. '쥐여살다, 쥐여지내다'의 준말로 '줘살다, 줘지내다'가 표준어로 인정되고 있는 것이다. 그러나 이들 준말은 현실어에서 거의 쓰지 않는다.

41. 사동사 '쥐이다'는 "아이에게 사탕을 쥐여 주었다.", "아이에게 돈을 쥐여 보냈다."와 같이 쓰인다.

7.5 불규칙용언

불규칙과 규칙 불규칙은 규칙을 전제한다. 규칙적인 것이 있기에 그것과 다르게 나타나는 현상에 대해 불규칙이라는 이름을 붙이는 것이다. 따라서 불규칙용언은 규칙용언과의 대비를 통해 그 특성이 잘 드러난다(규칙용언과 불규칙용언의 구별에 대해서는 **7.4** 참조).

불규칙용언과 음운현상 불규칙용언도 규칙용언처럼 다양한 음운현상의 적용을 받는다. 예를 들어 ㅂ불규칙용언 '돕다'의 활용형 '돕는[돔는]'과 ㅂ규칙용언(=ㅂ용언)

'잡다'의 활용형 '잡는[잠는]'에 똑같이 비음화가 일어난다. 그러므로 불규칙용언에 대한 서술에서는 불규칙용언의 규칙적인 면은 생략하고 불규칙적인 면에 초점을 맞춘다.

불규칙용언의 명명법 불규칙용언을 분류하여 이름을 붙일 때 종결어미 '-다' 앞에서의 어간의 발음을 이용하는 것이 일반적이다. '묻다(흙이)'와 '묻다(길을)'는 어미 '-다' 앞에서의 어간의 말음이 똑같은데 전자는 규칙적으로, 후자는 불규칙적으로 활용한다. 그래서 전자를 ㄷ규칙용언(=ㄷ용언), 후자를 ㄷ불규칙용언이라 부른다. 이제 이러한 명명법을 일관되게 적용하기로 한다. 학교문법에서는 '하다'를 여불규칙용언으로 부르는데 이 책에서는 어간 '하-'의 말음이 'ㅏ'이므로 ㅏ불규칙용언으로 고쳐 부른다. ㅏ불규칙용언과 대비되는 ㅏ규칙용언(=ㅏ용언)은 '사다, 타다, 자라다' 등이다. 또 '이르다(목적지에)'를 르불규칙용언2, '그러다'를 ㅓ불규칙용언, 지정사 '이다, 아니다'를 ㅣ불규칙용언으로 부른다.

불규칙용언의 종류

이 책	학교문법
① ㅂ불규칙용언1(ㅜ형)	① ㅂ불규칙용언
② ㅂ불규칙용언2(탈락형)	② (없음. ①에 포함)
③ ㄷ불규칙용언	③ ㄷ불규칙용언
④ ㅅ불규칙용언	④ ㅅ불규칙용언
⑤ 르불규칙용언1(ㄹㄹ형)	⑤ 르불규칙용언
⑥ 르불규칙용언2(를형)	⑥ 러불규칙용언
⑦ ㅜ불규칙용언	⑦ ㅜ불규칙용언
⑧ ㅏ불규칙용언	⑧ 여불규칙용언
⑨ ㅓ불규칙용언	⑨ (없음)
⑩ ㅎ불규칙용언	⑩ ㅎ불규칙용언
⑪ ㅣ불규칙용언	⑪ (없음)
⑫ (없음)	⑫ 거라불규칙용언
⑬ (없음)[42]	⑬ 너라불규칙용언

7.5.1 ㅂ불규칙용언1(ㅜ형)

ㅂ규칙용언과 ㅂ불규칙용언1의 차이 ㅂ규칙용언과 ㅂ불규칙용언1은 자음어미 활용형이 똑같다. 매개모음어미 활용형과 모음어미 활용형이 다르다.

ㅂ규칙용언 '굽다(허리가)'의 활용형과 어간의 형태

자[43]	굽다, 굽고, 굽지, 굽는, 굽습니다	굽-, 굼-
매	굽은, 굽을, 굽음, 굽으면, 굽으니까, 굽을까	굽-
모	굽어, 굽어서, 굽었다	굽-

42. 거라불규칙용언은 '가다' 및 '가다'로 끝난 합성동사뿐이고 너라불규칙용언은 '오다' 및 '오다'로 끝난 합성동사뿐이다(7.3.3 (9) 참조). 명령형어미 '-어라'의 형태가 각각 '-거라, -너라'로 되는 점이 불규칙적이라고 보는 것이다. 그러나 현실어에서 '가거라, 오너라' 대신 규칙적인 활용형 '가라, 와라'를 쓰고 있으므로 거라불규칙용언, 너라불규칙용언을 설정하지 않는다.

43. '자'는 자음어미 활용형, '매'는 매개모음어미 활용형, '모'는 모음어미 활용형을 가리킨다.

ㅂ불규칙용언1 '굽다(고기를)'의 활용형과 어간의 형태

자	굽다, 굽고, 굽지, 굽는, 굽습니다	굽-, 굼-
매	구운, 구울, 구움, 구우면, 구우니까, 구울까	구우-
모	구워, 구워서, 구웠다	구w-

ㅂ불규칙용언1의 기저형 ㅂ불규칙용언1의 기저형은 두 가지 형태를 설정해야 한다. '굽다(고기를)'의 기저형은 '굽-'과 '구우-' 두 가지이고 '가깝다'의 기저형은 '가깝-'과 '가까우-' 두 가지이다.

ㅂ불규칙용언1의 기저형과 활용형의 도출

기저형의 일반형	'굽다(고기를)'의 활용형 도출
Xㅂ- (자음어미 앞) X우- (매개모음어미나 모음어미 앞)	굽-고 → 굽고[굽꼬] 구우-으면 → 구우면[구우면] 구우-어 → 구워[구워]

ㅂ불규칙용언1의 형태사(形態史) ㅂ불규칙용언1은 15세기에 ㅸ용언이었다. 예를 들어 '덥다'는 15세기에 '덯다'였다. 당시에 'ㅸ(β)'도 'ㅍ'처럼 종성에서 평폐쇄음화되어 'ㅂ'이 되었으므로 자음어미 활용형은 '덥다, 덥고, 덥게' 등으로 표기되었다. 매개모음어미 활용형과 모음어미 활용형은 '더ᄫᅳ면, 더ᄫᅥ' 등이었다. 그 후 모음 앞에서 'ㅸ>w'와 같은 변화가 일어나 '더ᄫᅳ면>더우면, 더ᄫᅥ>더워'와 같이 바뀌게 되었다. 'ㅸ>ㅂ'의 변화가 일어난 경상방언과 함경방언에서는 ㅂ불규칙용언1이 ㅂ규칙용언으로 쓰이고 있다(덥은, 덥어).

ㅂ불규칙용언1의 예

동사

굽다(고기를), 깁다, 눕다, 돕다, 줍다

1음절 형용사

겹다, 곱다(얼굴이), 냅다, 덥다, 맵다, 밉다, 섧다, 쉽다, 춥다

2음절 형용사

가깝다, 가렵다, 가볍다, 가엽다, 고깝다, 고맙다, 괴롭다, 귀엽다, 그립다, 기껍다, 노엽다, 놀랍다, 느껍다, 달갑다, 더럽다, 도탑다, 두껍다, 두렵다, 두텁다, 따갑다, 뜨겁다, 마렵다, 매섭다, 무겁다, 무렵다, 무섭다, 미덥다, 바잡다, 반갑다, 버겁다, 부럽다, 사납다, 살갑다, 서럽다, 슬겁다, 싱겁다, 아깝다, 아쉽다, 어둡다, 어렵다, 외롭다, 우습다, 즐겁다, 지겹다, 차갑다, 헐겁다, 희떱다

3음절 형용사

간지럽다, 근지럽다, 까다롭다, 껄끄럽다, 날카롭다, 너그럽다, 듣그럽다, 메스껍다, 미끄럽다, 부끄럽다, 부드럽다, 시끄럽다, 싱그럽다, 아니꼽다, 아리땁다, 안쓰럽다, 안타깝다, 어지럽다, 징그럽다

ㅂ불규칙용언1의 수 어간 말음절의 종성이 'ㅂ'으로 표기되는 용언은 대부분이 ㅂ불규칙용언1에 속한다. 형용사를 만드는 접미사 '-겹-, -답-, -롭-, -스럽-'이 결

합한 형용사 '힘겹다, 아름답다, 외롭다, 사랑스럽다' 등도 모두 ㅂ불규칙용언1에 속한다. 그래서 ㅂ규칙용언은 상대적으로 소수에 불과하다.

'줍다'의 형태사 '줍다'는 15세기에 ㅿ용언 '즛다'였고 'ㅿ'이 소멸된 후 ㅅ불규칙용언 '줏다'가 되었다가 다시 ㅂ불규칙용언1로 바뀌었다. ㅅ불규칙용언 '줏다'는 '줏고, 주으면, 주어'처럼 활용했는데 어간 말음 'ㅜ'의 영향으로 '주으면>주우면', '주어>주워'와 같은 변화가 일어나 ㅂ불규칙용언1로 오인된 것이다. 'ㅿ>ㅅ'의 변화가 일어난 전라방언과 경상방언에서는 ㅅ규칙용언 '줏다'로 쓰인다(줏은, 줏어).

'섧다'와 ㄼ용언의 형태사 '섧다'는 겹받침 'ㄼ'으로 끝난 용언 중 유일하게 ㅂ불규칙용언1에 속한다(나머지는 모두 ㄼ규칙용언에 속한다). 자음어미 활용형은 '섧다[설따], 섧고[설꼬]' 등이고 매개모음어미 활용형과 모음어미 활용형은 '설우면[서루면], 설운[서룬], 설워[서뤄]' 등이다. ㄼ용언은 15세기에 ㄹㅸ용언이었는데 'ㅸ>w'가 일어난 뒤인 16세기에는 ㄹㅸ용언이 모두 '섧다, 설우면, 설워', '볿다, 볼오면, 볼와'처럼 활용했다. 그러다가 '섧다'만 빼고 모두 ㄼ용언으로 바뀌었다. ㄹㅸ규칙용언이 ㄼ불규칙용언이 되었다가 다시 ㄼ규칙용언으로 바뀐 것이다.

'가엾다'와 '가엽다' '가엽다'는 '가엾다'에서 온 말이다. '가엾다'의 자음어미 활용형 '가엾다[가엽따], 가엾고[가엽꼬], 가엾지[가엽찌]' 등이 ㅂ불규칙용언1 '가엽다'의 활용형으로 오인되어 '가엽다'가 발생했다. '가엾다'와 '가엽다'를 모두 표준어로 인정하므로 '가엾고, 가엾으면, 가엾어'와 '가엽고, 가여우면, 가여워'가 모두 맞는 형태이다.

ㅂ불규칙용언1의 모음어미 활용형 ㅂ불규칙용언1의 모음어미 활용형이 'X와'인 것은 '곱다, 돕다'의 활용형인 '고와, 도와' 둘뿐이다. 나머지는 모두 '추워, 외로워, 아름다워' 등 'X워'의 형태이다. 일부 사람들이 쓰는 '외로와, 따가와, 반가와, 아니꼬와, 평화로와' 등은 표준형이 아니다.

ㅂ불규칙용언1의 모음어미 활용형

X와
　고와, 도와
X워
　구워, 누워, 주워, 추워, 놀라워, 반가워, 어두워, 아니꼬워, 아리따워
　역겨워, 정겨워, 지겨워, 힘겨워, 눈물겨워
　꽃다워, 정다워, 참다워, 사람다워, 아름다워
　괴로워, 새로워, 외로워, 해로워, 가소로워, 슬기로워, 평화로워
　촌스러워, 한스러워, 사랑스러워, 새삼스러워, 먹음직스러워

7.5.2 ㅂ불규칙용언2(탈락형)

ㅂ규칙용언과 ㅂ불규칙용언2의 차이 ㅂ규칙용언과 ㅂ불규칙용언2는 자음어미 활용형이 똑같다. 매개모음어미 활용형과 모음어미 활용형이 다르다.

ㅂ규칙용언 '굽다(허리가)'의 활용형과 어간의 형태

자	굽다, 굽고, 굽지, 굽는, 굽습니다	굽-, 굼-
매	굽은, 굽을, 굽음, 굽으면, 굽으니까, 굽을까	굽-
모	굽어, 굽어서, 굽었다	굽-

ㅂ불규칙용언2 '뵙다'의 활용형과 어간의 형태

자	뵙다, 뵙고, 뵙지, 뵙는, 뵙습니다	뵙[**뷉**]-, [**뷈**-]
매	뵌, 뵐, 뵘, 뵈면, 뵈니까, 뵐까	뵈[붸]-
모	뵈어/봬, 뵈어서/봬서, 뵈었다/뵀다	뵈[붸]-

ㅂ불규칙용언1과 ㅂ불규칙용언2의 차이 ㅂ불규칙용언2는 매개모음어미 활용형 및 모음어미 활용형이 ㅂ불규칙용언1과 다르다. 만약 '뵙다'가 ㅂ불규칙용언1이라면 '뵈운, 뵈우면, 뵈워, 뵈워야, 뵈웠다'와 같이 활용할 것이지만 이들은 올바른 활용형이 아니다. 올바른 활용형 '뵌, 뵈어/봬'에 나타난 어간의 형태는 '뵈-(발음상으로는 [붸-])'인 것이다.

ㅂ규칙용언과 ㅂ불규칙용언1과 ㅂ불규칙용언2의 차이 ㅂ규칙용언과 ㅂ불규칙용언1과 ㅂ불규칙용언2의 차이를 대비해 보면 다음과 같다. 자음어미 '-고'가 붙은 활용형은 어간 말음이 모두 'ㅂ'이지만 모음어미 활용형과 매개모음어미 활용형은 어간 말음이 서로 다르다.

ㅂ규칙용언과 ㅂ불규칙용언1과 ㅂ불규칙용언2의 활용형과 어간의 형태

자	굽다(규) : 굽고[굽꼬] 굽다(불) : 굽고[굽꼬] 뵙다(불) : 뵙고[**뷉**꼬]	굽- 굽- 뵙[**뷉**]-
매	굽다(규) : 굽으면[구브면] 굽다(불) : 구우면[구우면] 뵙다(불) : 뵈면[붸면]	굽- 구우- 뵈[붸]-
모	굽다(규) : 굽어[구버] 굽다(불) : 구워[구워] 뵙다(불) : 뵈어[붸어/붸여]/봬[붸]	굽- 구우- 뵈[붸]-

ㅂ불규칙용언2의 예

뵙다, 여쭙다

사전 표제어 '뵈다'와 '뵙다' 일부 사전에서 "전에 뵌 적이 있다.", "오랜만에 할아버지를 뵈었다." 등에 쓰인 '뵌, 뵈었다'의 기본활용형을 '뵈다'로 오해하여 '뵈다'를 표제어로 실은 것은 잘못이다. 만약 기본활용형이 '뵈다'라면 "처음 뵈겠습니다.", "오랫동안 뵈지 못했습니다." 같은 말이 성립해야 하지만 이들은 "처음 뵙겠습니다.", "오랫동안 뵙지 못했습니다."의 잘못이다. 따라서 '뵌, 뵈었다, 뵙겠습니다, 뵙지' 등의 기본활용형은 '뵙다'라고 보아야 한다. 기본활용형 '뵈다'는 '보다'의 피동사 '보이다(사물이)'와 사동사 '보이다(등을)'의 준말로만 인정할 수 있다.

ㅂ불규칙용언2 '여쭙다'의 활용 윗사람에게 말하거나 묻는 것을 뜻하는 '여쭙다'도 ㅂ불규칙용언2에 속한다.

ㅂ불규칙용언2 '여쭙다'의 활용형과 어간의 형태

자	여쭙다, 여쭙고, 여쭙지, 여쭙는, 여쭙습니다	여쭙–, 여쭘–
매	여쭌, 여쭐, 여쭘, 여쭈면, 여쭈니까, 여쭐까	여쭈–
모	여쭈어/여쭤, 여쭈어서/여쭤서, 여쭈었다/여쭸다	여쭈–

'여쭙다'와 '여쭈다' '여쭙다'의 비슷한말로 '여쭈다'가 있다. '여쭈다'는 ㅜ규칙용언이다. '여쭈다'는 '여쭙다'의 활용형 '여쭈면, 여쭈어/여쭤' 등이 '여쭈다'의 활용형으로 오인되어 발생했다.

ㅜ규칙용언 '여쭈다'와 ㅂ불규칙용언2 '여쭙다'의 활용형과 어간의 형태

자	여쭈다 : 여쭈고 여쭙다 : 여쭙고	여쭈– 여쭙–
매	여쭈다 : 여쭈면 여쭙다 : 여쭈면	여쭈– 여쭈–
모	여쭈다 : 여쭈어/여쭤 여쭙다 : 여쭈어/여쭤	여쭈– 여쭈–

ㅂ불규칙용언2의 기저형 ㅂ불규칙용언2의 기저형은 두 가지 형태를 설정해야 한다. '뵙다'의 기저형은 '뵙–'과 '뵈–' 두 가지이고 '여쭙다'의 기저형은 '여쭙–'과 '여쭈–' 두 가지이다.

ㅂ불규칙용언2의 기저형과 활용형의 도출

기저형의 일반형	'뵙다'의 활용형 도출
Xㅂ– (자음어미 앞) X– (매개모음어미나 모음어미 앞)	뵙[뵙]–고 → 뵙고[뵙꼬] 뵈[붸]–으면 → 뵈면[붸면] 뵈[붸]–어 → 뵈어[붸어/붸여]/봬[봬]

{뵙–사옵–}의 형태 7.3.3 (8)에서 본 바와 같이 선어말어미 {–사옵–}의 'ㅂ'도 ㅂ불

용언의 활용

규칙용언2의 말음 'ㅂ'과 비슷한 교체를 보인다. 즉 매개모음어미와 모음어미 앞에서 'ㅂ'이 없는 '–사오–, –으오–, –자오–'가 쓰인다. '뵙다'의 어간에 {–사옵–}이 붙으면 겸양의 의미가 더 강해진다. '뵙다'의 어간 뒤에는 '–사옵–'과 '–으옵–'이 모두 쓰일 수 있다.

'뵙–'에 '–사옵–, –으옵–'이 붙은 활용형과 '–사옵–, –으옵–'의 형태

자	뵙사옵다, 뵙사옵고, 뵙사옵지, 뵙사옵는 뵈옵다, 뵈옵고, 뵈옵지, 뵈옵는	–사옵– –으옵–
매	뵙사온, 뵙사올, 뵙사옴, 뵙사오면, 뵙사오니까, 뵙사올까 뵈온, 뵈올, 뵈옴, 뵈오면, 뵈오니까, 뵈올까	–사오– –으오–
모	뵙사와, 뵙사와서, 뵙사왔다 뵈와, 뵈와서, 뵈왔다	–사오– –으오–

ㅂ불규칙용언2와 {–사옵–}과 {–숩–} ㅂ불규칙용언2에 속하는 '뵙다, 여쭙다'는 각각 15세기의 '뵈숩다'(← 뵈–숩–다)와 '엳줍다'(← 엳–숩–다)로부터 발달한 것이다. {–사옵–} 역시 15세기의 객체존대 선어말어미 {–숩–}에서 온 것이다. 그러므로 ㅂ불규칙용언2와 {–사옵–}은 모두 15세기의 선어말어미 {–숩–}과 관계가 있는 것이다.[44]

44. "어머님 말씀을 받잡고/받자와/받자온" 등의 '받잡다'는 ㅂ불규칙용언1, ㅂ불규칙용언2와 다르게 활용한다. 이것을 기술하기 위해서는 ㅂ불규칙용언3을 설정해야 할 것이다. 그러나 여기에 속하는 '듣잡다, 묻잡다, 받잡다'가 모두 문어체 고어투로만 쓰이므로 ㅂ불규칙용언3에 대한 기술은 생략한다.

7.5.3 ㄷ불규칙용언

ㄷ규칙용언과 ㄷ불규칙용언의 차이 ㄷ규칙용언과 ㄷ불규칙용언은 자음어미 활용형이 똑같다. 매개모음어미 활용형과 모음어미 활용형이 다르다.

ㄷ규칙용언 '묻다(흙이)'의 활용형과 어간의 형태

자	묻다, 묻고, 묻지, 묻는, 묻습니다[무씀니다]	묻–, 문–, 무–
매	묻은, 묻을, 묻음, 묻으면, 묻으니까, 묻을까	묻–
모	묻어, 묻어서, 묻었다	묻–

ㄷ불규칙용언 '묻다(길을)'의 활용형과 어간의 형태

자	묻다, 묻고, 묻지, 묻는, 묻습니다[무씀니다]	묻–, 문–, 무–
매	물은, 물을, 물음, 물으면, 물으니까, 물을까	물으–[무르–]
모	물어, 물어서, 물었다	물–

ㄷ불규칙용언의 기저형 ㄷ불규칙용언의 기저형은 두 가지 형태를 설정해야 한다. '묻다(길을)'의 기저형은 '묻–'과 '무르–' 두 가지이고 '일컫다'의 기저형은 '일컫–'과 '일커르–' 두 가지이다.

ㄷ불규칙용언의 기저형과 활용형의 도출

기저형의 일반형	'묻다(길을)'의 활용형 도출
Xㄷ- (자음어미 앞) Xㄹ- (매개모음어미나 모음어미 앞)	묻-고 → 묻고[묻꼬] 물으[무르]-으면 → 물으면[무르면] 물으[무르]-어 → 물어[무러]

ㄷ규칙용언과 ㄷ불규칙용언과 ㄹ규칙용언의 활용형과 어간의 형태

자	묻다(규) : 묻고[묻꼬] 묻다(불) : 묻고[묻꼬] 물다(규) : 물고[물고]	묻- 묻- 물-
매	묻다(규) : 묻으면[무드면] 묻다(불) : 물으면[무르면] 물다(규) : 물면[물면]	묻- 무르- 물-
모	묻다(규) : 묻어[무더] 묻다(불) : 물어[무러] 물다(규) : 물어[무러]	묻- 물- 물-

'물으면'의 형태분석 '묻다(길을)'의 활용형 '물으면[무르면]'은 '물-으면'으로 분석할 수도 있고 '무르-면'으로 분석할 수도 있다. '물-으면'으로 분석하면 ㄹ규칙용언 '물다'의 활용형 '물-으면→물면'처럼 매개모음 'ㅡ'가 탈락해야 하는 문제가 생긴다. '물으면[무르면]'이 '무르-면'으로 분석되기 때문에 'ㅡ'가 탈락하지 않는다고 할 수 있다. 맞춤법에서는 마치 어간이 '물-'인 것처럼 '물으면'으로 분철되어 있다. 맞춤법에 반영된 이러한 형태분석은 음운론적으로 정밀하게 이루어진 것이 아니다.

ㄷ불규칙용언의 예

걷다(걸음을), 겯다, 긷다, 눋다, 듣다, 묻다(길을), 붇다,[45] 싣다, 깨닫다, 내닫다, 엿듣다, 일컫다, 치닫다

ㄷ불규칙용언의 품사 ㄷ불규칙용언은 모두 동사이다.

ㄷ불규칙용언의 형태사 ㄷ불규칙용언의 활용은 15세기에도 같았다. 다만 15세기에는 '물은, 물으면, 물어' 등을 '무른, 무르면, 무러'와 같이 연철해 적었던 것이 다르다. 15세기의 'ᄀᆞᆮ다(曰)'와 'ᄃᆞᆮ다(走)'도 ㄷ불규칙용언이었다. 'ᄀᆞᆮ다'는 '가로되, 가라사대'에 흔적을 남기고 사라졌다. 'ᄃᆞᆮ다' 역시 '내닫다, 치닫다, 도움닫기, 달아나다, 달음박질, 줄달음질, 한달음' 등에 흔적을 남기고 '달리다'로 형태가 바뀌었다. 'ᄃᆞᆮ다'와 어원적으로 관련된 '다ᄃᆞᆮ다'도 ㄷ불규칙용언이었는데 ㅡ용언 '다다르다'로 바뀌었다. 북한에서는 ㅡ용언 '다다르다'와 ㄷ불규칙용언 '다닫다'를 모두 옳은 말로 인정한다.

45. '강물이 붇다, 라면이 붇다' 등의 '붇다'는 현실어에서 '불다'(일부 화자는 '뿔다')로 쓴다. '강물이 불어서, 라면이 불었다' 등만 보면 기본활용형이 '불다'인 것처럼 오해하기 쉽기 때문이다. '붇다'의 형태에 대한 인식이 흐려지면서 '몸이 붇다(체중이 늘다)'와 '몸이 붓다(살이 부풀어 오르다)'를 혼동하는 일도 생겼다.

7.5.4 ㅅ불규칙용언

ㅅ규칙용언과 ㅅ불규칙용언의 차이 ㅅ규칙용언과 ㅅ불규칙용언은 자음어미 활용형이 똑같다. 매개모음어미 활용형과 모음어미 활용형이 다르다.

ㅅ규칙용언 '웃다'의 활용형과 어간의 형태

자	웃다, 웃고, 웃지, 웃는, 웃습니다[우씀니다]	욷-, 운-, 우-
매	웃은, 웃을, 웃음, 웃으면, 웃으니까, 웃을까	웃-
모	웃어, 웃어서, 웃었다	웃-

ㅅ불규칙용언 '붓다'의 활용형과 어간의 형태

자	붓다, 붓고, 붓지, 붓는, 붓습니다[부씀니다]	붇-, 분-, 부-
매	부은, 부을, 부음, 부으면, 부으니까, 부을까	부으-
모	부어, 부어서, 부었다[46]	부-

46. '부어, 부어서, 부었다' 등은 현실어에서 '붜, 붜서, 붰다' 등이 되기도 하지만 옳은 표기와 발음으로 인정하지 않는다.

ㅅ불규칙용언의 기저형 ㅅ불규칙용언의 기저형은 두 가지 형태를 설정해야 한다. '붓다'의 기저형은 '붇-'과 '부으-' 두 가지이고 '휘젓다'의 기저형은 '휘젇-'과 '휘저으-' 두 가지이다.

ㅅ불규칙용언의 기저형과 활용형의 도출

기저형의 일반형	'붓다'의 활용형 도출
Xㄷ- (자음어미 앞) X으- (매개모음어미나 모음어미 앞)	붓[붇]-고 → 붓고[붇꼬] 부으-으면 → 부으면[부으면] 부으-어 → 부어[부어]

ㅅ규칙용언과 ㅅ불규칙용언과 ㅜ규칙용언의 활용형과 어간의 형태

자	웃다(규) : 웃고[욷꼬] 붓다(불) : 붓고[붇꼬] 두다(규) : 두고[두고]	욷- 붇- 두-
매	웃다(규) : 웃으면[우스면] 붓다(불) : 부으면[부으면] 두다(규) : 두면[두면]	웃- 부으- 두-
모	웃다(규) : 웃어[우서] 붓다(불) : 부어[부어] 두다(규) : 두어[두어]	웃- 부- 두-

'부으면'의 형태분석 '붓다'의 매개모음어미 활용형 '부으면'은 '부-으면'으로 분석할 수도 있고 '부으-면'으로 분석할 수도 있다. '부-으면'으로 분석하면 ㅜ규칙용언 '두다'의 매개모음어미 활용형 '두-으면 → 두면'과 같이 매개모음 'ㅡ'가 탈락해야 하는 문제가 생긴다. '부으면'이 '부으-면'으로 분석되기 때문에 'ㅡ'가 탈락하지 않는

다고 할 수 있다.

ㅅ불규칙용언은 사실 ㄷ불규칙용언 ㅅ불규칙용언의 자음어미 앞 기저형이 '붇-'(붓다)과 같이 어간 말음 'ㄷ'을 가지기 때문에 ㅅ규칙용언이 아닌 ㄷ규칙용언과 대비하여 ㄷ불규칙용언으로 보는 것이 이론적으로는 옳다.

ㄷ규칙용언과 ㅅ불규칙용언의 활용형과 어간의 형태

자	묻다(규) : 묻고[묻꼬] 붓다(불) : 붓고[붇꼬]	묻- 붇-
매	묻다(규) : 묻으면[무드면] 붓다(불) : 부으면[부으면]	묻- 부으-
모	묻다(규) : 묻어[무더] 붓다(불) : 부어[부어]	묻- 부-

이해의 편의를 위해 ㅅ불규칙용언으로 처리 '붓다' 등을 ㄷ불규칙용언으로 보면 '묻다(길을)'와 같은 원래의 ㄷ불규칙용언을 ㄷ불규칙용언1(ㄹ형)로, '붓다' 등을 ㄷ불규칙용언2(ㅡ형)로 구분해야 할 것이다. 표기가 아닌 발음을 기준으로 해야 하는 음운론 기술에서 그렇게 하는 것이 정확한 것은 물론이다. 그렇지만 표기에 익숙한 일반인이 이해하기 쉽도록 여기서는 관례대로 ㅅ불규칙용언으로 기술해 둔다. 이론적으로는 '붓다' 등을 ㄷ불규칙용언2(ㅡ형)로 기술해야 옳음을 다시 지적해 둔다.

ㅅ불규칙용언의 예

동사

긋다, 낫다(병이), 믓다(계를, 배를), 붓다(팔이), 붓다(물을), 잇다, 잣다, 젓다, 짓다, 내젓다, 퍼붓다, 휘젓다, 가로젓다, 결론짓다, 관련짓다, 내리긋다, 눈물짓다, 들이붓다

형용사

낫다(우수하다)

ㅅ불규칙용언의 형태사 ㅅ불규칙용언은 15세기에 ㅿ용언이었다. 예를 들어 '붓다(팔이), 붓다(물을)'는 15세기에 '븟다'였다. 당시에 'ㅿ'도 'ㅈ, ㅊ'처럼 종성에서 'ㅅ'으로 발음되었으므로 자음어미 활용형은 '븟다, 븟고, 븟게' 등이었다. 매개모음어미 활용형과 모음어미 활용형은 '브ᅀ면, 브ᅀ' 등이었다. 그 후 'ㅿ'이 탈락하는 변화가 일어나 '브ᅀ면>부으면, 브ᅀ>부어'와 같이 바뀌게 된 것이다. 'ㅿ>ㅅ'의 변화가 일어난 전라방언과 경상방언에서는 ㅅ불규칙용언이 ㅅ규칙용언으로 쓰인다(붓은, 붓어, 젓은, 젓어).

'웃다'의 예외적 변화 '웃다'는 15세기에 '웃다'였으므로 ㅅ불규칙용언이어야 하지만 예외적으로 ㅅ규칙용언이다. 17세기에 'ㅿ'이 소멸한 후 '웃다'가 ㅅ불규칙용언이 되어 '웃고, 우은, 우을, 우으니, 우으시고, 우으면, 우어' 등으로 활용했다. 그런데 '우

은, 우을, 우으니, 우으시고' 등이 '울다'의 활용형 '운, 울, 우니, 우시고' 등과 잘 구별되지 않게 되자 전라방언과 경상방언의 규칙용언 '웃다'를 차용함으로써 '울다'와의 충돌을 피하게 된 것이다.

'앗다'의 예외적 변화 15세기의 '아ᇫ다'도 비슷한 이유에서 ㅅ규칙용언으로 바뀌었다. 'ㅿ' 소멸 후 '아ᇫ다'는 ㅅ불규칙용언이 되어 '아ᄋᆞᆫ(<아ᅀᆞᆫ), 아ᄋᆞᆯ(<아ᅀᆞᆯ), 아ᄋᆞ니(<아ᅀᆞ니), 아아(<아ᅀᅡ)' 등이 되었는데 '아ᄋᆞᆫ, 아ᄋᆞᆯ, 아ᄋᆞ니' 등은 '알다'의 활용형 '안, 알, 아니' 등과 혼동되기도 하고 '아아'는 '아'로 줄어 형태가 지나치게 간단하다는 문제가 생겼다. 그래서 방언의 규칙용언 '앗다'를 차용하게 되었다. '앗다'가 참여한 '빼앗다'(그리고 그 준말인 '뺏다')도 ㅅ규칙용언이 되었다.[47]

47. 한편 15세기에 ㅿ용언이었던 '조ᇫ다(琢)'는 ㅅ불규칙용언이 아닌 ㅗ용언 '쪼다'로 바뀌었다.

7.5.5 르불규칙용언1(ㄹㄹ형)

ㅡ규칙용언과 르불규칙용언1의 차이 ㅡ규칙용언과 ㄹ불규칙용언1은 자음어미 활용형과 매개모음어미 활용형이 똑같다. 모음어미 활용형이 다르다.

ㅡ규칙용언 '따르다'의 활용형과 어간의 형태

자	따르다, 따르고, 따르지, 따르는, 따릅니다	따르–
매	따른, 따를, 따름, 따르면, 따르니까, 따를까	따르–
모	따라, 따라서, 따랐다	딸–

르불규칙용언1 '마르다'의 활용형과 어간의 형태

자	마르다, 마르고, 마르지, 마르는, 마릅니다	마르–
매	마른, 마를, 마름, 마르면, 마르니까, 마를까	마르–
모	말라, 말라서, 말랐다	말ㄹ–

르불규칙용언1의 기저형 르불규칙용언1의 기저형은 두 가지 형태를 설정해야 한다. '마르다'의 기저형은 '마르–'와 '말르–' 두 가지이고 '휘두르다'의 기저형은 '휘두르–'와 '휘둘르–' 두 가지이다.

르불규칙용언1의 기저형과 활용형의 도출

기저형의 일반형	'마르다'의 활용형 도출
X르– (자음어미나 매개모음어미 앞)	마르–고 → 마르고 마르–으면 → 마르면
Xㄹ르– (모음어미 앞)	말르–어 → 말르아 → 말라

기저형 '말르–'와 '말ㄹ–' 모음어미 앞의 기저형을 '말르–'와 같이 잡지 않고 '말ㄹ–'과 같이 잡는 방안도 있다. '말ㄹ–어 → 말ㄹ아 → 말라'와 같이 자연스럽게 활용형을 도출할 수 있다. 이것도 음운론적으로는 전혀 문제가 없는 방안이다. 그러나 기

저형의 어간 말음이 'ㄹㄹ'로 끝나는 '말ㄹ-'보다는 '말르-'와 같이 'ㅡ'로 끝나는 것이 더 자연스러운 형태라고 보고 '말르-' 등을 기저형으로 설정하는 견해를 따르기로 한다.

르불규칙용언1을 ㅡ규칙용언으로 바꾼 형태 르불규칙용언1의 자음어미 활용형 및 매개모음어미 활용형을 '마르다, 마르면' 등 대신 '말르다, 말르면' 등으로 말하는 사람도 있다. 이렇게 하면 르불규칙용언1은 ㅡ규칙용언이 되며 '마르다'의 기본활용형은 아예 '말르다'가 된다. 이러한 형태는 표준어로 인정하지 않는다.

ㅡ규칙용언 '말르다'의 활용형과 어간의 형태

자	말르다, 말르고, 말르지, 말르는, 말릅니다	말르-
매	말른, 말를, 말름, 말르면, 말르니까, 말를까	말르-
모	말라, 말라서, 말랐다	말ㄹ-

불규칙활용을 규칙활용으로 바꾸려는 경향 여기에는 불규칙활용을 규칙활용으로 바꾸어 기저형을 둘씩 기억하는 심리적 부담을 줄이려는 노력이 작용하고 있다. 이 과정에서 '마르다'의 모음어미 활용형 '말라, 말라서' 등이 기준이 되어 자음어미 활용형과 매개모음어미 활용형을 바꾼 점이 주목할 만하다.

르불규칙용언1의 예

동사

가르다, 거르다, 고르다(물건을), 구르다, 기르다, 끄르다, 나르다, 누르다(벨을), 두르다, 마르다(빨래가), 마르다(옷감을), 모르다, 무르다(뒤로), 바르다(풀을), 벼르다, 사르다, 어르다, 오르다, 으르다, 이르다(고자질하다), 자르다, 조르다, 찌르다, 흐르다, 가파르다, 거스르다, 까부르다, 머무르다, 무찌르다, 문지르다, 서두르다, 아우르다, 어지르다, 엎지르다, 저지르다, 주무르다, 추스르다, 타이르다, 휘두르다, 내리누르다, 윽박지르다

형용사

고르다(실력이), 그르다, 너르다, 다르다, 무르다(반죽이), 바르다(자세가), 빠르다, 이르다(시간이), 게으르다, 메마르다, 목마르다, 서투르다, 올바르다, 재빠르다, 됨성부르다, 약삭빠르다

'머무르다, 서두르다, 서투르다'의 준말 '머무르다, 서두르다, 서투르다'는 '머물다, 서둘다, 서툴다'와 같은 준말로도 쓰인다. 그런데 '머물다, 서둘다, 서툴다'는 자음어미 활용형와 매개모음어미 활용형만 가능하다. 즉 모음어미 활용형 '머물어, 서둘어, 서툴어' 등은 틀린 형태이다.

'머무르다'와 '머물다'의 활용형

활용형의 종류	머무르다	머물다
자음어미 활용형	머무르고, 머무르지, 머무르는, 머무릅니다	머물고, 머물지, 머무는, 머뭅니다

매개모음어미 활용형	머무르면, 머무른, 머무를, 머무름	머물면, 머문, 머물, 머묾
모음어미 활용형	머물러, 머물러서, 머물러요, 머물렀다	머물어(×), 머물어서(×), 머물어요(×), 머물었다(×)

르불규칙용언1의 형태사 르불규칙용언1은 15세기에도 불규칙용언이었다. '마르다(빨래가)'의 15세기 어형 'ᄆᆞᄅᆞ다'는 'ᄆᆞᄅᆞ고, ᄆᆞᄅᆞ면, ᄆᆞᆯ라'와 같이 활용해 현재와 활용방식이 기본적으로 같았다. 반면에 '다르다'의 15세기 어형 '다ᄅᆞ다'는 '다ᄅᆞ고, 다ᄅᆞ면, 달아'와 같이 활용해 현재와 활용방식이 조금 달랐다. 17세기에 '다ᄅᆞ다'의 활용형이 '달아>달라'와 같이 변함으로써 'ᄆᆞᄅᆞ다' 등과 활용방식이 똑같아져 지금은 둘 다 르불규칙용언1이 되었다. '마르다(옷감을 재단하다)'의 15세기 어형 'ᄆᆞᄅᆞ다'도 'ᄆᆞᄅᆞ고, ᄆᆞᄅᆞ면, ᄆᆞᆯ아'와 같이 활용해 'ᄆᆞᄅᆞ다(빨래가)'와 활용방식이 달랐으나 이제는 르불규칙용언1로 변해 '마르다(빨래가)'와 완전한 동형어가 되었다.

7.5.6 르불규칙용언2(를형)

ㅡ규칙용언과 르불규칙용언2의 차이 ㅡ규칙용언과 르불규칙용언2는 자음어미 활용형과 매개모음어미 활용형이 똑같다. 모음어미 활용형이 다르다.

ㅡ규칙용언 '치르다'의 활용형과 어간의 형태

자	치르다, 치르고, 치르지, 치르는, 치릅니다	치르-
매	치른, 치를, 치름, 치르면, 치르니까, 치를까	치르-
모	치러, 치러서, 치렀다	칠-

르불규칙용언2 '이르다(목적지에)'의 활용형과 어간의 형태

자	이르다, 이르고, 이르지, 이르는, 이릅니다	이르-
매	이른, 이를, 이름, 이르면, 이르니까, 이를까	이르-
모	이르러, 이르러서, 이르렀다	이를-

'이르러'의 형태분석 학교문법에서는 르불규칙용언2를 러불규칙용언이라고 부른다. 모음어미 활용형을 '이르-러'와 같이 분석하여 어미가 불규칙한 것으로 보기 때문이다. 그러나 불규칙활용에서 어미가 불규칙한 경우보다는 어간이 불규칙한 경우가 더 일반적이다. 또 {-어}의 이형태로 '-러'를 인정한다면 '-어'와 '-러'의 모음이 똑같이 'ㅓ'인 것은 우연한 일이 되고 만다. 그리고 어미 '-러'를 인정하게 되면 르불규칙용언1의 모음어미 활용형 '일러, 휘둘러' 등의 '-러'도 어미로 인정하지 않을 이유가 없다. 이것은 학교문법에서 이들을 '일ㄹ-어, 휘둘ㄹ-어'로 분석하는 태도와 맞지 않게 된다. 따라서 '이르러'는 '이를-어'로 분석하는 것이 자연스럽다.

르불규칙용언2의 기저형 르불규칙용언2의 기저형은 두 가지 형태를 설정해야 한다. '이르다(목적지에)'의 기저형은 '이르-'와 '이르르-' 두 가지이고 '검푸르다'의 기저형은 '검푸르-'와 '검푸르르-' 두 가지이다.

르불규칙용언2의 기저형과 활용형의 도출

기저형의 일반형	'이르다(목적지에)'의 활용형 도출
X르- (자음어미나 매개모음어미 앞)	이르-고 → 이르고 이르-으면 → 이르면
X르르- (모음어미 앞)	이르르-어 → 이르러

기저형 '이르르-'와 '이를-' 모음어미 앞의 기저형을 '이르르-'와 같이 잡지 않고 '이를-'과 같이 잡는 방안도 있다. '이를-어 → 이르러'와 같이 자연스럽게 활용형을 도출할 수 있다. 이것도 음운론적으로는 전혀 문제가 없는 방안이다. 그러나 르불규칙용언1과 마찬가지로 여기서도 편의상 '르'로 끝난 기저형을 설정해 둔다.

ㅡ규칙용언과 르불규칙용언1과 르불규칙용언2의 활용형과 어간의 형태

자	치르다(규) : 치르고 이르다(불1) : 이르고 이르다(불2) : 이르고	치르- 이르- 이르-
매	치르다(규) : 치르면 이르다(불1) : 이르면 이르다(불2) : 이르면	치르- 이르- 이르-
모	치르다(규) : 치러 이르다(불1) : 일러 이르다(불2) : 이르러	칠- 일ㄹ- 이를-

르불규칙용언2의 예

동사

이르다(목적지에)

형용사

노르다, 누르다(색깔이), 푸르다, 검누르다, 검푸르다, 높푸르다, 붉누르다, 엷푸르다, 짙푸르다, 푸르디푸르다

'푸르다'와 '푸르르다' '푸르다'의 자음어미 활용형과 매개모음어미 활용형은 '푸르다, 푸르고, 푸른, 푸름, 푸르면, 푸르니' 등이 옳으나 '푸르르다, 푸르르고, 푸르른, 푸르름, 푸르르면, 푸르르니' 등의 비표준형을 쓰는 사람도 있다. 모음어미 앞의 어간 형태 '푸르르-'를 자음어미와 매개모음어미 앞에도 써서 ㅡ규칙용언으로 만든 것이다.[48]

48. '푸르르다'는 푸른색이 더 넓게 골고루 퍼져 있는 느낌을 준다. 이러한 어감의 차이를 고려하여 '푸르르다'도 표준어로 인정하는 것이 좋을 듯하다.

'르'로 끝난 용언의 활용유형 결국 기본활용형이 '르'로 끝난 용언은 ㅡ규칙용언, 르불규칙용언1, 르불규칙용언2 셋 중 하나에 속하게 된다. ㅡ규칙용언에 속하는 것만

다시 제시하면 다음과 같다.

기본활용형이 '르'로 끝난 ㅡ규칙용언
들르다, 따르다, 치르다, 다다르다, 우러르다

르불규칙용언2의 형태사 르불규칙용언2는 15세기에도 불규칙용언이었다. '이르다(목적지에)'의 15세기 어형인 '니르다'는 자음어미 활용형과 매개모음어미 활용형이 '니르거늘, 니르게, 니르디, 니른, 니르니, 니르며' 등이었고 모음어미 활용형이 '니르러, 니르러도' 등이어서 현재와 활용방식이 기본적으로 같았다. 그런데 '니르거늘, 니르게, 니르시니' 등 대신에 '니를어늘(← 니를-거늘), 니를에(← 니를-게), 니르르시니(← 니를-으시-으니)' 등이 나타나기도 하므로 기원적으로 '니를다'라는 ㄹ규칙용언이었을 것으로 추측된다.

7.5.7 ㅜ불규칙용언

ㅜ규칙용언과 ㅜ불규칙용언의 차이 ㅜ규칙용언과 ㅜ불규칙용언은 자음어미 활용형과 매개모음어미 활용형이 똑같다. 모음어미 활용형이 다르다.

ㅜ규칙용언 '두다'의 활용형과 어간의 형태

자	두다, 두고, 두지, 두는, 둡니다	두-
매	둔, 둘, 둠, 두면, 두니까, 둘까	두-
모	두어/둬, 두어서/둬서, 두었다/뒀다	두-/ㄷw-

ㅜ불규칙용언 '푸다'의 활용형과 어간의 형태

자	푸다, 푸고, 푸지, 푸는, 풉니다	푸-
매	푼, 풀, 품, 푸면, 푸니까, 풀까	푸-
모	퍼, 퍼서, 펐다	ㅍ-

ㅜ불규칙용언의 기저형 ㅜ불규칙용언의 기저형은 두 가지 형태를 설정해야 한다. '푸다'의 기저형은 '푸-'와 '퍼-' 두 가지이다.

ㅜ불규칙용언의 기저형과 활용형의 도출

기저형의 일반형	'푸다'의 활용형 도출
Xㅜ- (자음어미나 매개모음어미 앞)	푸-고 → 푸고 푸-으면 → 푸면
Xㅓ- (모음어미 앞)	퍼-어 → 퍼

기저형 '퍼-'와 '프-' '푸다'의 모음어미 앞의 기저형을 '퍼-' 아닌 '프-'로 잡을 수도

있다. '퍼-어 → 퍼'가 ㅓ규칙용언의 활용형 '서-어 → 서'와 같은 도출을 가정한 것이라면 '프-어 → 퍼'는 ㅡ규칙용언의 활용형 '슬프-어 → 슬퍼'와 같은 도출을 가정한 것으로서 둘 다 똑같이 자연스러운 기술이다. 여기서는 편의상 '퍼-'를 기저형으로 설정해 둔다.

ㅜ불규칙용언의 예
푸다

ㅜ불규칙용언 '푸다'의 형태사 ㅜ불규칙용언은 '푸다' 하나뿐이다. '푸다'가 '프다>푸다'와 같이 양순음 뒤의 원순모음화로 생긴 형태라면 옛말에서는 ㅡ규칙용언이었다고 할 수 있다. 그러나 옛말이 '프다'였는지 '푸다'였는지를 확인할 수 있는 자료가 없다.

7.5.8 ㅏ불규칙용언

ㅏ규칙용언과 ㅏ불규칙용언의 차이 ㅏ규칙용언과 ㅏ불규칙용언은 자음어미 활용형과 매개모음어미 활용형이 똑같다. 모음어미 활용형이 다르다.

ㅏ규칙용언 '가다'의 활용형과 어간의 형태

자	가다, 가고, 가지, 가는, 갑니다	가-
매	간, 갈, 감, 가면, 가니까, 갈까	가-
모	가, 가서, 갔다	가-

ㅏ불규칙용언 '하다'의 활용형과 어간의 형태

자	하다, 하고, 하지, 하는, 합니다	하-
매	한, 할, 함, 하면, 하니까, 할까	하-
모	해[헤], 해서[헤서], 했다[헫따]	해[헤]-

'해'의 형태분석 '하다'의 모음어미 활용형 '해[헤]'는 '해[헤]-∅'로 분석된다. 어간의 형태가 '해[헤]-'이고 어미 '-어'는 탈락하여 영형태로 실현된다고 보는 것이다. 그런데 ㅐ용언 '내다'의 활용형으로 '내'와 '내어'가 모두 가능하지만 '하다'의 활용형으로 '해'만 쓰이고 '해어'는 쓰이지 않는다. 그러므로 활용형 '해'에는 어미 '-어'가 이미 들어 있다고 보는 것이 옳을 수도 있다. 이렇게 보면 '해'는 어간과 어미를 형태상으로 분석할 수 없는 화합형이 된다. {하-}+{-어}의 형태소 결합이 형태분석이 불가능한 단일한 형태로 실현된다는 것이다. 여기서는 복잡한 설명을 피해 위와 같이 '해[헤]-∅'로 분석해 둔다.

ㅏ불규칙용언과 여불규칙용언 모음어미 활용형 '해, 해서, 했다' 등은 문어에서 '하여, 하여서, 하였다' 등으로 바뀌어 쓰이기도 한다. 학교문법에서는 이들을 기준으로 하고 '하여'를 '하-여'로 형태분석한 바탕 위에서 '하다'를 여불규칙용언으로 규정하고 있다. 여기에는 세 가지 문제가 있다. 첫째, 요즘은 구어에서는 물론 문어에서도 '하여' 등보다 '해' 등을 압도적으로 많이 쓰므로 '해' 등을 기준으로 삼는 것이 바람직하다. 둘째, 문법적 환경에 따라 '하여' 등을 전혀 안 쓰는 경우도 있다. **7.3.3** (3)에서 언급한 바와 같이 종결어미 '-어, -어요'가 붙은 형태는 문어체에서도 '하여, 하여요'라고 하지 않고 '해, 해요'라고 한다. 예를 들어 "지금 뭐 해?"의 '해'를 '하여'라고 하는 일은 없다. 셋째, '하여'를 '하-여'로 형태분석하여 어미가 불규칙적이라고 보면 '이르다(목적지에)'의 활용형 '이르러'를 '이르-러'로 형태분석하는 것과 똑같은 문제를 일으킨다(**7.5.6** 참조). '하여(hajʌ)'를 '하j-어(haj-ʌ)'로 분석하여 어미는 규칙적이고 어간이 불규칙적이라고 보는 것이 타당하다. 따라서 '하다' 등을 여불규칙용언이라고 부르는 것은 적절하지 않다.[49]

ㅏ불규칙용언의 기저형 ㅏ불규칙용언의 기저형은 두 가지 형태를 설정해야 한다. '하다'의 기저형은 '하-'와 '헤-'(표기상으로는 '해-') 두 가지이다. 다만 '하여' 등을 기술하려면 모음어미 앞 기저형으로 '헤-' 외에 '하j-(haj-)'도 설정해야 할 것이다.

ㅏ불규칙용언의 기저형과 활용형의 도출

기저형의 일반형	'하다'의 활용형 도출
Xㅏ- (자음어미나 매개모음어미 앞)	하-고→하고 하-으면→하면
Xㅔ- (모음어미 앞)	헤-어→헤
Xㅏj- (모음어미 앞)(문어체 일부)	하j-어→하여

ㅏ불규칙용언의 수와 빈도 ㅏ불규칙용언에는 '하다' 및 '하다'로 끝난 합성용언이 전부 포함된다. 용언 중에서 이들의 수가 매우 많으므로 문장 속에서 ㅏ불규칙활용이 매우 자주 등장한다.[50]

ㅏ불규칙용언의 예

동사
하다, 못하다, 고럭하다, 그럭하다, 아니하다, 어떡하다, 요럭하다, 이럭하다, 저럭하다, 조럭하다, 일하다, 피하다, 대답하다, 사랑하다, 역이용하다, 저울질하다, 흔들흔들하다

형용사
하다, 못하다, 성하다, 착하다, 시원하다, 아니하다, 위험하다, 어중간하다, <u>으스스</u>하다, 울긋불긋하다

ㅏ불규칙용언의 형태사 ㅏ불규칙용언은 15세기에도 불규칙용언이었다. '하다'의 15

49. 모음어미 '-어'가 붙은 활용형 '해'를 기준으로 삼되 모음이 'ㅐ'가 되는 것이 불규칙적이라고 보아 ㅐ불규칙용언으로 처리하는 견해도 있다.

50. 『표준국어대사전』(1999)에 대한 통계에 따르면 용언 표제어는 모두 85,832개인데 그 중 '하다'로 끝난 표제어는 51,579개로서 약 60%이다.

세기 어형은 'ᄒᆞ다'였는데 'ᄒᆞ고, ᄒᆞ면, ᄒᆞ야' 등으로 활용했다. 규칙용언이었다면 'ᄒᆞ야' 대신 'ᄒᆞ'가 쓰였어야 한다. 'ᄒᆞ야'는 한편으로 '하여'로 바뀌고 다른 한편으로 '해'로 바뀌어 현재에 이르렀다. 한편 15세기의 '하다'는 '많다, 크다'의 의미를 가진 형용사였는데 '하고, 하면, 하아/하' 등으로 규칙활용을 했다. 이제 형용사 '하다'는 소멸하고 형용사 '하고하다, 하고많다'와 부사 '하, 하도', '한고비, 한길, 한시름' 등의 접두사 '한-'에 그 흔적이 남아 있을 뿐이다.

7-10 '하다'의 '하'가 줄어드는 여러 현상

(1) 폐쇄음 뒤에 '하다'가 쓰일 때 유기음화가 일어난다.

착하다[차카다], 못하다[모타다], 대답하다[데다파다]
드르륵 하고 [드르륵 하고/드르르카고] 문을 열었다.

(2) 비음, 유음, 모음 뒤에 '하다'가 쓰일 때 'ㅎ'이 탈락할 수 있다.

구하다[구하다/구아다], 일하다[일하다/이라다], 조용하다[조용하다/조용아다]
쿵 하고 [쿵 하고/쿵하고/쿵아고] 떨어졌다.

(3) 간접인용문의 '하다'는 'ㅎ'이 탈락하면서 앞말과 합쳐져 줄어들 수 있다. 줄어들면서 의미와 용법이 달라지는 일도 있다. 이때는 이 현상을 **융합**(融合 fusion)이라 부른다. '-으려 하다'와 '-어야 하겠다'도 일부 축약형이 쓰일 수 있다.

간다 한다 → 간단다, 간다 하면서 → 간다면서, 간다 하는데 → 간다는데
가냐 한다 → 가냔다, 가냐 하면서 → 가냐면서, 가냐 하는데 → 가냐는데
가라 한다 → 가란다, 가라 하면서 → 가라면서, 가라 하는데 → 가라는데
가자 한다 → 가잔다, 가자 하면서 → 가자면서, 가자 하는데 → 가자는데
갔다 한다 → 갔단다, 갔다 하면서 → 갔다면서, 갔다 하는데 → 갔다는데
간다 해 → 간대, 간다 해서 → 간대서, 간다 했다 → 간댔다
가냐 해 → 가내, 가냐 해서 → 가내서, 가냐 했다 → 가냈다
가라 해 → 가래, 가라 해서 → 가래서, 가라 했다 → 가랬다
가자 해 → 가재, 가자 해서 → 가재서, 가자 했다 → 가잿다
갔다 해 → 갔대, 갔다 해서 → 갔대서, 갔다 했다 → 갔댔다
가려 한다 → 가련다, 가려 하던 → 가려던, 가려 하니까 → 가려니까, 가려 해도 → 가려도, 가려 해야 → 가려야

가야 하겠다 → 가야겠다

'간단다, 간다면서, 간다니까, 간다는데' 등을 '간댄다, 간대면서, 간대니까, 간대는데'와 같이 말하는 사람도 있는데 비표준어이다. '가려도, 가려야'는 비표준어 '갈래도, 갈래야'로 더 많이 쓰인다("갈래도 갈 수가 없다.", "갈래야 갈 수가 없다.").

경상방언과 전라방언에서는 '간다고 한다/헌다'의 '고'가 'ㄱ'을 남겨 '간닥 한다/헌다'와 같이 말한다. 이것을 경상방언에서는 유기음화가 일어난 [간다칸다]로 발음하고 전라방언에서는 ㅎ탈락이 일어난 [간다건다]로 발음한다.

(4) 단어나 어근 뒤에 '하다'가 붙은 합성어의 자음어미 활용형에서 '하'의 'ㅏ'가 탈락하거나 '하' 전체가 탈락하는 현상이 있다. 'ㅏ'가 탈락하면 유기음화가 일어난다. 'ㅏ'의 탈락은 어미 '-게, -기, -도록, -지(부정)'가 연결될 때 잘 일어난다. 다른 어미가 붙은 형태들이 굳어진 것도 있다.

① 'ㅏ'의 탈락

인정하게 → 인정케, 인정하기 → 인정키, 인정하도록 → 인정토록, 인정하지 → 인정치

계속하게 → 계속케, 계속하기 → 계속키, 계속하도록 → 계속토록, 계속하지 → 계속치

용하게 → 용케, 용하지 → 용치

금하지 → 금치("실소를 금치 못한다."), 면하기 → 면키("비난을 면키 어렵다."), 면하지 → 면치("죽음을 면치 못하리라."), 피치 못할(<피하지 못할)

성치 않다(<성하지 않다), 흔치 않다(<흔하지 않다)

괜찮다(<관계하지 않다), 귀찮다(<귀하지 않다), 당찮다(<當하지 않다), 만만찮다(<만만하지 않다), 편찮다(<편하지 않다)

요컨대(<要하건대), 청컨대(<請하건대)

결코(<決하고), 기필코(<期必하고), 무심코(<無心하고), 잠자코(<잠잠코<潛潛하고), 한사코(<限死하고)

아무튼(<아무러하든), 여하튼(<如何하든), 하여튼(<何如하든)

그토록(<그러하도록), 이토록(<이러하도록), 저토록(<저러하도록), 영원토록(<영원하도록)

얼토당토않다(<옳도 당(當)하도 않다)

② '하'의 탈락

거북지, 생각건대, 생각다("생각다 못해"), 깨끗지, 넉넉지, 섭섭지, 익숙지

'거북지, 생각건대' 등은 맞춤법에서 '하' 전체가 탈락하는 예로 처리했다. 이들은 모두 발음상 [ㄱ, ㄷ, ㅂ] 뒤에 '하다'가 연결된 용언의 활용형이다. 이와 같이 '하' 전체가 탈락하는 것은 현대한국어의 규칙이 아닌 것으로 보인다. 많은 사람이 '거북치, 생각컨대, 생각타, 깨끗치, 넉넉치, 섭섭치, 익숙치'를 맞는 형태로 생각하고 있기 때문이다(다만 '못지않다'는 '못치않다'라고 하지 않는다). 15세기에 'ᄒᆞ'의 탈락이 자못 활발했었다. 예를 들어 15세기에 '몯ᄒᆞ다'의 활용형으로 '몯ᄒᆞ거늘/몯거늘, 몯ᄒᆞ게/몯게, 몯ᄒᆞ고/몯고, 몯ᄒᆞ다가/몯다가, 몯ᄒᆞ도다/몯도다' 등이 쓰였다. 이러한 'ᄒᆞ' 탈락의 흔적이 일부 용언의 활용형에 남은 것으로 생각된다.

7.5.9 ㅓ불규칙용언

ㅓ규칙용언과 ㅓ불규칙용언의 차이 ㅓ규칙용언과 ㅓ불규칙용언은 자음어미 활용형과 매개모음어미 활용형이 똑같다. 모음어미 활용형이 다르다.

ㅓ규칙용언 '서다'의 활용형과 어간의 형태

자	서다, 서고, 서지, 서는, 섭니다	서-
매	선, 설, 섬, 서면, 서니까, 설까	서-
모	서, 서서, 섰다	서-

ㅓ불규칙용언 '그러다'의 활용형과 어간의 형태

자	그러다, 그러고, 그러지, 그러는, 그럽니다	그러-
매	그런, 그럴, 그럼, 그러면, 그러니까, 그럴까	그러-
모	그래[그레], 그래서[그레서], 그랬다[그렏따]	그래[그레]-

'그래'의 형태분석 '그러다'의 모음어미 활용형 '그래[그레]'는 '그래[그레]-Ø'로 분석된다. 어간의 형태가 '그래[그레]-'이고 어미 '-어'는 탈락하여 영형태로 실현된다고 보는 것이다. '하다'의 활용형 '해'에 대한 분석에서 본 바와 같이 활용형 '그래'를 화합형으로 해석할 수도 있으나(7.5.8 참조) 복잡한 설명을 피해 위와 같이 분석해 둔다.

ㅓ불규칙용언의 기저형 ㅓ불규칙용언의 기저형은 두 가지 형태를 설정해야 한다. '그러다'의 기저형은 '그러-'와 '그레-'(표기상으로는 '그래-') 두 가지이다.

ㅓ불규칙용언의 기저형과 활용형의 도출

기저형의 일반형	'그러다'의 활용형 도출
Xㅏ- (자음어미나 매개모음어미 앞)	그러-고→그러고 그러-으면→그러면
Xㅔ- (모음어미 앞)	그레-어→그레

ㅓ불규칙용언의 예

고러다, 그러다, 어쩌다, 요러다, 이러다, 저러다, 조러다

ㅓ불규칙용언의 품사 ㅓ불규칙용언은 모두 지시동사이다.[51]

ㅓ불규칙용언의 형태사 ㅓ불규칙용언의 활용은 ㅏ불규칙용언과 비슷하다. 그것은 ㅓ불규칙용언이 기원적으로 '하다'가 들어 있는 합성동사에서 왔기 때문이다. 예를 들어 '그러다'는 15세기에 '그리ᄒᆞ다'였는데 'ᆞ'의 변화로 'ᄒᆞ다'가 '하다' 또는 '허다'로 바뀌게 되자 '그리ᄒᆞ다'도 '그리하다' 또는 '그리허다'로 바뀌게 되었다. '그리하다'는 문어에 아직도 남아 있는데 '그리허다'는 '그리허다>그리어다>그려다>그러다'와 같이 변한 것으로 보인다.[52] 다른 ㅓ불규칙용언들도 마찬가지의 변화를 겪었다. '이리ᄒᆞ다>이리허다>이러다, 뎌리ᄒᆞ다>저리허다>저러다, 엇디ᄒᆞ다>어찌허다>어쩌다'와 같이 변한 것이다.

51. 동사 '그러다'의 활용형 가운데 '그런, 그러니까, 그러면, 그래서' 등은 관형사 '그런', 접속부사 '그러니까, 그러면, 그래서' 등과 형태가 똑같지만 문장에서의 쓰임에는 차이가 있다. 예를 들어 "그런 이상한 사람도 있구나."의 '그런'은 관형사이고, "나는 네가 그런 줄 알았어."의 '그런'은 '그러다'의 관형사형으로서 '네가 그런'이라는 절의 서술어이다. 또 "시간이 없었다. 그래서 택시를 탔다."의 '그래서'는 접속부사이고, "요즘 목이 따끔거린다. 오늘도 목이 자꾸 그래서 병원에 갔다."의 '그래서'는 '그러다'의 부사형으로서 '오늘도 목이 자꾸 그래서'라는 절의 서술어이다.

52. '허다, 그리허다'는 '하다, 그리하다'의 방언으로 처리되고 있지만 전통적인 서울말에서는 '허다, 그리허다'였다.

7.5.10 ㅎ불규칙용언

ㅎ규칙용언과 ㅎ불규칙용언의 차이 ㅎ규칙용언과 ㅎ불규칙용언은 자음어미 활용형이 똑같다. 매개모음어미 활용형과 모음어미 활용형이 다르다.

ㅎ규칙용언 '좋다'의 활용형과 어간의 형태

자	좋다, 좋고, 좋지, 좋습니다	조-
매	좋은, 좋을, 좋음, 좋으면, 좋으니까, 좋을까	조-
모	좋아, 좋아서, 좋았다	조-

ㅎ불규칙용언 '노랗다'의 활용형과 어간의 형태

자	노랗다, 노랗고, 노랗지, 노랗습니다	노라-
매	노란, 노랄, 노람, 노라면, 노라니까, 노랄까	노라-
모	노래, 노래서, 노랬다	노래[노레]-

'노래'의 형태분석 '노랗다'의 모음어미 활용형 '노래[노레]'는 '노래[노레]-Ø'로 분석된다. 어간의 형태가 '노래[노레]-'이고 어미 '-어'는 탈락하여 영형태로 실현된다고 보는 것이다. '하다'의 활용형 '해'처럼 활용형 '노래'를 화합형으로 해석할 수도 있으나(7.5.8 참조) 복잡한 설명을 피해 위와 같이 분석해 둔다.

ㅎ불규칙용언의 기저형 ㅎ불규칙용언의 기저형은 세 가지 형태를 설정해야 한다. '노랗다'의 기저형은 '노랗-'과 '노라-'와 '노레-'(표기상으로는 '노래-') 세 가지이다. 또 '누렇다'의 기저형은 '누렇-'과 '누러-'와 '누레-' 세 가지이다.

ㅎ불규칙용언의 기저형과 활용형의 도출 (기본활용형이 '-ㅏㅎ다'인 것)

기저형의 일반형	'노랗다'의 활용형 도출
Xㅏㅎ(자음어미 앞) Xㅏ- (매개모음어미 앞) Xㅔ- (모음어미 앞)	노랗-고 → 노랗고 노라-으면 → 노라면 노레-어 → 노레

ㅎ불규칙용언의 기저형과 활용형의 도출 (기본활용형이 '-ㅓㅎ다'인 것)

기저형의 일반형	'누렇다'의 활용형 도출
Xㅓㅎ(자음어미 앞) Xㅓ- (매개모음어미 앞) Xㅔ- (모음어미 앞)	누렇-고 → 누렇고 누러-으면 → 누러면 누레-어 → 누레

모음어미 활용형의 'ㅐ'와 'ㅔ' ㅎ불규칙용언은 '노랗다'처럼 어간 말음절 모음이 'ㅏ'인 것(즉 기본활용형이 '-ㅏㅎ다'인 것)과 '누렇다'처럼 'ㅓ'인 것(즉 기본활용형이 '-ㅓㅎ다'인 것) 두 가지가 있다. 모음어미 활용형의 모음 [ㅔ]를 전자의 경우 'ㅐ'로 표기하고 후자의 경우 'ㅔ'로 표기하는 것이 원칙이다. 후자의 경우에 'ㅐ'로 표기하는 것

은 '그렇다, 고렇다, 이렇다, 요렇다, 저렇다, 조렇다, 어떻다, 아무렇다'와 같은 지시형용사뿐이다.

ㅎ불규칙용언의 모음어미 활용형 (지시형용사가 아닌 것)

노랗다 : 노래, 노랬다	뽀얗다 : 뽀얘, 뽀얬다
누렇다 : 누레, 누렜다	뿌옇다 : 뿌예, 뿌옜다
빨갛다 : 빨개, 빨갰다	동그랗다 : 동그래, 동그랬다
뻘겋다 : 뻘게, 뻘겠다	둥그렇다 : 둥그레, 둥그렜다

ㅎ불규칙용언의 모음어미 활용형 (지시형용사)

그렇다 : 그래, 그랬다	저렇다 : 저래, 저랬다
고렇다 : 고래, 고랬다	조렇다 : 조래, 조랬다
이렇다 : 이래, 이랬다	어떻다 : 어때, 어땠다
요렇다 : 요래, 요랬다	아무렇다 : 아무래, 아무랬다

'ㅐ'와 'ㅔ'의 규범과 현실 모음어미 활용형의 [ㅔ]는 전통적인 중앙어의 발음에서 모든 경우에 [ㅐ]로 발음되었다고 한다. 따라서 '누레, 뻘게, 둥그레' 등은 '누래, 뻘개, 둥그래' 등으로 적도록 정했어야 할 것이다. 그러나 현행 맞춤법에서는 '누레, 뻘게, 둥그레' 등이 맞는 것으로 처리하고 있다. 지금 중앙어에서는 'ㅐ'와 'ㅔ'의 발음의 구별이 없어졌기 때문에 구어에서는 모음어미 활용형의 'ㅐ'와 'ㅔ'를 똑같이 [ㅔ]로 발음한다.

ㅎ불규칙용언의 예

모음어미 활용형에 'ㅐ'를 표기하는 용언

고렇다, 그렇다, 까맣다, 노랗다, 뇌랗다, 말갛다, 발갛다, 보얗다, 빨갛다, 뽀얗다, 어떻다, 요렇다, 이렇다, 저렇다, 조렇다, 파랗다, 하얗다, 기다랗다, 기다맣다, 널따랗다, 동그랗다, 새까맣다, 새빨갛다, 새파랗다, 새카맣다, 새하얗다, 샛노랗다, 샛말갛다, 얄따랗다, 자그맣다, 잗다랗다, 조그맣다, 좁다랗다, 짤따랗다, 커다랗다

모음어미 활용형에 'ㅔ'를 표기하는 용언

꺼멓다, 누렇다, 뉘렇다, 멀겋다, 벌겋다, 부옇다, 뻘겋다, 뿌옇다, 퍼렇다, 허옇다, 둥그렇다, 시꺼멓다, 시뻘겋다, 시퍼렇다, 시커멓다, 시허옇다, 싯누렇다, 싯멀겋다

ㅎ불규칙용언의 형태사 ㅎ불규칙용언은 모두 형용사이다. 그 중에서도 색깔이나 모양을 표현하는 형용사이거나 지시형용사이다.[53] ㅎ불규칙용언은 모두 15세기에 'Xᄒᆞ다'의 형태였다. 예를 들어 '퍼렇다'의 15세기 어형 '퍼러ᄒᆞ다'는 '퍼러ᄒᆞ고, 퍼러ᄒᆞ면, 퍼러ᄒᆞ야'와 같이 기본적으로 'ᄒᆞ다'의 불규칙활용을 그대로 따르고 있었다. 다만 자음어미 활용형과 매개모음어미 활용형 '퍼러ᄒᆞ고, 퍼러ᄒᆞ면' 등이 '퍼러코, 퍼러면' 등으로 나타나기도 했다.

'X하다'와 'Xㅎ다'의 공존 지시형용사는 15세기 이후 '그러ᄒᆞ다>그렇다, 이러ᄒᆞ

53. ㅏ용언인 '네모나다, 세모나다'의 자음어미 활용형을 '네모낳다, 네모낳고, 네모낳게, 세모낳다, 세모낳고, 세모낳게' 등으로 사용하는 사람도 있다. ㅎ불규칙용언에 색깔이나 모양을 나타내는 형용사가 많은 데에 이끌려 '네모난, 세모난' 등을 '네모낳-은, 세모낳-은' 등에서 온 것으로 착각한 결과일 것이다.

다>이렇다, 뎌러ᄒᆞ다>저렇다, 엇더ᄒᆞ다>어떻다, 아ᄆᆞ라ᄒᆞ다>아무렇다'와 같이 변해 왔다. '그러하다' 등 상대적으로 고형인 'X하다'는 ㅏ불규칙용언으로 문어체에 쓰이고 '그렇다' 등 'Xㅎ다'는 ㅎ불규칙용언으로 구어체에 쓰이며 공존한다.

'그렇다'와 '그러다'의 활용형의 일치 '그렇다' 등의 지시형용사는 ㅎ불규칙용언이고 '그러다' 등의 지시동사는 ㅓ불규칙용언이다. 이 둘은 자음어미 활용형은 다르지만 매개모음어미 활용형과 모음어미 활용형은 같다. 그러므로 '그런, 그럴까, 그래, 그랬다' 등이 '그렇다'의 활용형인지 '그러다'의 활용형인지는 이들이 문장 안에서 형용사로 쓰였는지 동사로 쓰였는지를 판별함으로써 알 수 있다. 예를 들어 "옷이 좀 크겠는걸."에 대한 대답 "그럴까?"의 '그럴까'는 형용사 '크다'를 대용(代用)하는 '그렇다'의 활용형이다. 반면에 "11시에 만나자."에 대한 대답 "그럴까?"의 '그럴까'는 동사 '만나다'를 대용하는 '그러다'의 활용형이다.

ㅓ불규칙용언 '그러다'와 ㅎ불규칙용언 '그렇다'의 활용형

자	그러다 : 그러다, 그러고, 그러지, 그럽니다 그렇다 : 그렇다, 그렇고, 그렇지, 그렇습니다
매	그러다 : 그런, 그럴, 그럼, 그러면, 그러니까, 그럴까 그렇다 : 그런, 그럴, 그럼, 그러면, 그러니까, 그럴까
모	그러다 : 그래, 그래서, 그랬다 그렇다 : 그래, 그래서, 그랬다

7.5.11 ㅣ불규칙용언

ㅣ불규칙용언의 예 ㅣ불규칙용언은 지정사 '이다'와 '아니다' 둘뿐이다.[54] 지정사 '이다'와 기본활용형이 똑같은 '이다(머리에)'와 '이다(지붕을)'는 ㅣ규칙용언이다.

54. 지정사 '이다'를 학교문법에서는 서술격조사로 처리한다. 이 책에서는 '아니다'와 함께 형용사로 처리하고 의미를 고려하여 **지정사**(指定詞)라고 부른다.

ㅣ불규칙용언의 예

이다(지정사), 아니다

ㅣ규칙용언과 ㅣ불규칙용언의 공통적인 활용형 ㅣ규칙용언과 ㅣ불규칙용언은 세 가지 어미가 붙은 대표적인 활용형에서 차이가 없다.

ㅣ규칙용언 '이다(머리에)'의 활용형과 어간의 형태

자	이다, 이고, 이지, 입니다	이-
매	인, 일, 임, 이면, 이니까, 일까	이-
모	이어/여, 이어서/여서, 이었다/였다	이-/j-

ㅣ불규칙용언 '이다(지정사)'의 활용형과 어간의 형태

자	이다, 이고, 이지, 입니다	이–
매	인, 일, 임, 이면, 이니까, 일까	이–
모	이어/여, 이어서/여서, 이었다/였다	이–/j–

ㅣ불규칙용언의 활용방식의 특수성 그러나 ㅣ불규칙용언의 어간과 어미의 형태가 몇몇 활용형에서 특수하게 나타나는 점이 다르다. 다른 불규칙용언들과 달리 ㅣ불규칙용언은 어미의 세 가지 종류에 따라 활용방식을 일률적으로 규정하기 어려운 점에서 특수하다.

(1) '이다'의 활용

'이다'의 영형태 우선 지정사 '이다'는 어간이 영형태(Ø)로 나타날 수 있다는 점에서 불규칙적이다. 예를 들어 '소–이–다'는 '이'가 모음 뒤, 자음 앞에 놓여 있으므로 영형태로 나타나 '소다(소–Ø–다)'가 될 수 있다. 명사 '소'와 '봄' 뒤에 '이다'가 붙은 여러 활용형을 보면 다음과 같다.

지정사 '이다'의 어간의 형태

음운론적 환경		체언+'이다'의 활용형	'이다'의 '이'의 형태
모음 뒤	자음 앞	소이다/소다, 소이고/소고, 소이지/소지, 소입니다/솝니다, 소이니까/소니까, 소이면/소면, 소인데/손데, 소인지/손지, 소일까/솔까	이/Ø
	모음 앞	소이어서/소여서, 소이오/소요	이/j
자음 뒤		봄이다, 봄이고, 봄입니다, 봄이니까, 봄이면, 봄인데, 봄인지, 봄일까	이

구어체와 문어체에서의 영형태 '이다'의 영형태는 구어체에 많이 쓰인다. 즉 '소이다, 소입니다, 소인데, 소일까' 등은 문어체에, '소다, 솝니다, 손데, 솔까' 등은 구어체에 많이 쓰인다.

명사형과 관형사형에서의 영형태 '이'가 모음 뒤, 자음 앞에 있더라도 '–음' 명사형에서는 영형태가 부자연스럽다. 즉 아래 예에서 '솜'은 부자연스럽고 '소임'이 자연스럽다. 또 '–은, –을' 관형사형에서도 자립명사가 뒤따를 때는 영형태가 다소 부자연스럽고 의존명사가 뒤따를 때 자연스럽다.

문법적 환경에 따른 영형태의 자연스러움

'–음' 명사형	저게 솜을 몰랐다.	부자연스러움
'–은, –을' 관형사형+자립명사	저게 손 사실을 몰랐다. 저게 솔 경우에는	부자연스러움

'-은, -을' 관형사형+의존명사	저게 손 것 같다. 저게 솔 것 같다. 저게 솔 리가 없다.	자연스러움

영형태의 출현이 가능한 이유 지정사 '이다'의 어간이 통째로 영형태로 나타나는 것은 특이한 현상이다. 그러나 '이다'가 가진 '지정(指定)'이라는 의미가 문장 내에서 어느 정도 예측이 가능하기 때문에 어간 전체의 비출현이 가능하다고 여겨진다. "저건 소이고 이건 말이다." 대신 '이다'를 완전히 생략하고 "저건 소, 이건 말."이라고 해도 '저거=소, 이거=말'과 같은 문장의 기본적인 의미는 그대로 표현될 수 있는 것이다.

어미의 종류에 따른 '이다'의 불규칙형 지정사 '이다'에 다음과 같은 어미들이 붙으면 불규칙한 활용형으로 나타날 수 있다.[55]

55. 다른 불규칙용언들과 달리 '이다, 아니다'의 불규칙성은 주로 어미에 나타난다. 변형생성문법의 관점에서는 어간의 기저형이 둘 이상인 용언을 불규칙용언으로 정의하므로 '이다, 아니다'의 불규칙성은 매우 약한 것으로 기술하게 되며, '이다, 아니다'와 결합하는 어미 형태소들이 둘 이상의 기저형을 가진 경우가 많다고 기술하게 된다.

지정사 '이다'의 불규칙형과 관련된 어미

연결어미 : -어, -어도, -어서, -어야, -으되
종결어미 : -어, -어요, -으오, -다, -구나, -도다

연결어미 '-어'가 붙은 규칙형과 불규칙형

지정사 '이다'에 연결어미 '-어'가 붙은 규칙형

문법적 환경	음운론적 환경	활용형	예문
보조동사 '보다' 앞	자음 뒤	이어	네가 형이어 봐라. 동생한테 늘 양보만 하는 게 좋겠니?
	모음 뒤	이어/여	나도 공주여 봤으면 좋겠다.

지정사 '이다'에 연결어미 '-어'가 붙은 불규칙형

문법적 환경	음운론적 환경	활용형	예문
보조동사 '놓다' 앞	자음 뒤	이라	장마철이라 놔서 빨래가 잘 안 마른다.
	모음 뒤	라	컴퓨터가 새거라 놓으니 처리속도가 빠르다.
[이유]의 의미	자음 뒤	이라	장마철이라 빨래가 잘 안 마른다.
	모음 뒤	라	컴퓨터가 새거라 처리속도가 빠르다.

불규칙형 '이오라' 지정사 '이다'와 연결어미 '-어' 사이에 선어말어미 {-사옵-}이 낀 활용형은 '이와(← 이-으옵-어)'가 되어야 정상인데 '이오라'로 쓰인다. 여기서의 '라'는 '이라/라'에 이끌려 생겨난 것으로 보인다. '이오라'는 고어투로서 일상언어에서는 쓰이지 않는다.

연결어미 '–어도, –어서, –어야'가 붙은 규칙형과 불규칙형

지정사 '이다'에 연결어미 '–어도, –어서, –어야'가 붙은 규칙형

음운론적 환경	활용형	예
자음 뒤	이어도, 이어서, 이어야	봄이어도, 봄이어서, 봄이어야
모음 뒤	여도, 여서, 여야	소여도, 소여서, 소여야

지정사 '이다'에 연결어미 '–어도, –어서, –어야'가 붙은 불규칙형

음운론적 환경	활용형	예
자음 뒤	이라도, 이라서, 이라야	봄이라도, 봄이라서, 봄이라야
모음 뒤	라도, 라서, 라야	소라도, 소라서, 소라야

연결어미 '–으되'가 붙은 규칙형과 불규칙형

지정사 '이다'에 연결어미 '–으되'가 붙은 규칙형

음운론적 환경	활용형	예
자음 뒤	이되	봄이되
모음 뒤	되	소되

지정사 '이다'에 연결어미 '–으되'가 붙은 불규칙형

음운론적 환경	활용형	예
자음 뒤	이로되	봄이로되
모음 뒤	로되[56]	소로되

56. 문어체에서는 '소되, 소로되' 대신 '소이되, 소이로되'와 같이 모음 뒤에서도 '이'가 있는 활용형 '이되, 이로되'가 쓰일 수 있다.

종결어미 '–어'가 붙은 불규칙형

지정사 '이다'에 종결어미 '–어'가 붙은 불규칙형

음운론적 환경	활용형	예
자음 뒤	이야	봄이야
모음 뒤	야	소야

종결어미 '–어요'가 붙은 규칙형과 불규칙형

지정사 '이다'에 종결어미 '–어요'가 붙은 규칙형

음운론적 환경	활용형	예
자음 뒤	이어요	봄이어요
모음 뒤	여요	소여요

지정사 '이다'에 종결어미 '–어요'가 붙은 불규칙형

음운론적 환경	활용형	예
자음 뒤	이에요	봄이에요

모음 뒤	예요	소예요

종결어미 '-으오'가 붙은 규칙형과 불규칙형

지정사 '이다'에 종결어미 '-으오'가 붙은 규칙형

음운론적 환경	활용형	예
자음 뒤	이오[57]	봄이오

지정사 '이다'에 종결어미 '-으오'가 붙은 불규칙형

음운론적 환경	활용형	예
모음 뒤	요	소요

간접인용절의 서술어 '이다'에 종결어미 '-다'가 붙은 불규칙형

간접인용절의 서술어 '이다'에 종결어미 '-다'가 붙은 불규칙형

음운론적 환경	활용형	예
자음 뒤	이라	좋은 책이라 한다. 좋은 책이라고 한다.
모음 뒤	라	신 포도라 한다. 신 포도라고 한다.

종결어미 '-구나, -군, -구먼'이 붙은 규칙형과 불규칙형

지정사 '이다'에 종결어미 '-구나, -군, -구먼'이 붙은 규칙형

음운론적 환경	활용형	예
자음 뒤	이구나, 이군, 이구먼	봄이구나, 봄이군, 봄이구먼
모음 뒤	구나, 군, 구먼	소구나, 소군, 소구먼

지정사 '이다'에 종결어미 '-구나, -군, -구먼'이 붙은 불규칙형

음운론적 환경	활용형	예
자음 뒤	이로구나, 이로군, 이로구먼	봄이로구나, 봄이로군, 봄이로구먼
모음 뒤	로구나, 로군, 로구먼[58]	소로구나, 소로군, 소로구먼

종결어미 '-도다'가 붙은 규칙형과 불규칙형

지정사 '이다'에 종결어미 '-도다'가 붙은 규칙형

음운론적 환경	활용형	예
자음 뒤	이도다	봄이도다
모음 뒤	도다	소도다

지정사 '이다'에 종결어미 '-도다'가 붙은 불규칙형

음운론적 환경	활용형	예
자음 뒤	이로다	봄이로다
모음 뒤	로다	소로다

57. "사랑은 기쁨이요 동시에 고통이다."와 같은 문어체에 가끔 쓰이는 '이요'는 연결어미 '-고'가 붙은 '이고'의 고형으로서 종결어미 '-으오'가 붙은 '이오'와 구별된다.

58. 문어체에서는 모음 뒤에서도 '이'가 있는 활용형 '이구나, 이군, 이구먼', '이로구나, 이로군, 이로구먼'이 쓰일 수 있다. 아래의 '-도다'가 붙은 활용형도 모음 뒤에서 문어체에서는 '이도다, 이로다'가 쓰일 수 있다.

'내로라'의 구조 "내로라하는 사람은 다 모였다."와 같은 문장에 쓰는 '내로라하다'도 '이다'와 관련이 있다. '내로라'는 어원적으로 '나+이-+-오-+-다'로 분석된다. '나'는 1인칭대명사이고 '이-'는 지정사 '이다'의 어간이다. '-오-'는 15세기에 있던 선어말어미로서 주로 1인칭 주어와 호응하여 쓰였다. '-다'는 평서형어미이다. '내로라'의 첫음절 '내'는 '나+이-'가 줄어든 것이다. 둘째 음절 '로'는 선어말어미 '-오-'가 '이다'의 어간 뒤에 붙을 때 쓰이는 이형태이다. 셋째 음절 '라'는 평서형어미 '-다'가 선어말어미 '-오-, -과-, -더-, -으니-, -으리-' 뒤에 붙을 때 쓰이는 이형태이다. '내로라'를 현대한국어로 번역하면 '나다'가 된다. 자기 자신을 중요한 인물로 여기고 나서면서 할 수 있는 말이다. 15세기식의 어형이 굳어진 채로 현재까지 쓰이게 되면서 그 구조를 이해하기 어렵게 되어서 이 말을 '내노라하다'로 적고 발음하는 사람이 많은데 그 어원을 '내놓으라 하다'로 잘못 생각한 결과일 것이다.

(2) '아니다'의 활용

어미의 종류에 따른 '아니다'의 불규칙형 지정사 '이다'와 마찬가지로 '아니다' 역시 다음 어미들이 붙으면 불규칙한 활용형으로 나타날 수 있다.

'아니다'의 불규칙형과 관련된 어미

연결어미 : -어, -어도, -어서, -어야, -으되
종결어미 : -어, -어요, -으오, -다, -구나, -도다

연결어미 '-어'가 붙은 규칙형과 불규칙형

'아니다'에 연결어미 '-어'가 붙은 규칙형

문법적 환경	활용형	예문
보조동사 '보다' 앞	아니어/아녀	네가 형이 아니어/아녀 봐라. 동생이 양보를 했겠니?

'아니다'에 연결어미 '-어'가 붙은 불규칙형

문법적 환경	활용형	예문
보조동사 '놓다' 앞	아니라	추운 날씨가 아니라 놓아서/놔서 눈이 금방 녹는다.
[이유]의 의미	아니라	추운 날씨가 아니라 눈이 금방 녹는다.
[나열]의 의미	아니라	문제는 성능이 아니라 가격이다.

불규칙형 '아니오라' 지정사 '이다'의 경우와 마찬가지로 '아니다'와 연결어미 '-어' 사이에 선어말어미 {-사옵-}이 낀 활용형은 '아니와(← 아니-으옵-어)'가 되어야 정상인데 '아니오라'로 쓰인다. 여기서의 '라'는 '아니라'의 '라'에 이끌린 것으로 보

인다. '아니오라'는 고어투로서 일상언어에서는 쓰이지 않는다.

연결어미 '–어도, –어서, –어야'가 붙은 규칙형과 불규칙형

'아니다'에 연결어미 '–어도, –어서, –어야'가 붙은 규칙형과 불규칙형

규칙형	불규칙형
아니어도, 아니어서, 아니어야	아니라도, 아니라서, 아니라야

연결어미 '–으되'가 붙은 규칙형과 불규칙형

'아니다'에 연결어미 '–으되'가 붙은 규칙형과 불규칙형

규칙형	불규칙형
아니되	아니로되

종결어미 '–어'가 붙은 불규칙형 '아니다'에 종결어미 '–어'가 붙은 활용형은 '아니어/아녀'가 되어야 정상이지만 불규칙형 '아니야/아냐'로 쓰인다.

종결어미 '–어요'가 붙은 규칙형과 불규칙형

'아니다'에 연결어미 '–어요'가 붙은 규칙형과 불규칙형

규칙형	불규칙형
아니어요/아녀요	아니에요/아녜요

종결어미 '–으오'가 붙은 규칙형과 불규칙형

'아니다'에 연결어미 '–으오'가 붙은 규칙형과 불규칙형

규칙형	불규칙형
아니오[59]	아뇨[60]

59. "이제 당신은 적이 아니요 우리 편입니다."와 같은 문어체에 가끔 쓰이는 '아니요'는 연결어미 '–고'가 붙은 '아니고'의 고형이다.

60. '아뇨'는 해요체 감탄사 '아니요'의 준말이기도 하다. 그러므로 '아뇨'는 하오체 '아니오'의 준말인 동시에 해요체 '아니요'의 준말이라서 중의적이다.

간접인용절의 서술어 '아니다'에 종결어미 '–다'가 붙은 불규칙형 간접인용절의 서술어 '아니다'에 종결어미 '–다'가 붙으면 '아니다'가 되어야 정상이지만 불규칙형 '아니라'로 쓰인다. 예를 들어 "신 포도가 아니라 한다. 신 포도가 아니라고 한다."와 같이 쓰인다.

종결어미 '–구나, –군, –구먼'이 붙은 규칙형과 불규칙형

'아니다'에 종결어미 '–구나, –군, –구먼'이 붙은 규칙형과 불규칙형

규칙형	불규칙형
아니구나, 아니군, 아니구먼	아니로구나, 아니로군, 아니로구먼

종결어미 '–도다'가 붙은 규칙형과 불규칙형

'아니다'에 종결어미 '–도다'가 붙은 규칙형과 불규칙형

규칙형	불규칙형
아니도다	아니로다

(3) 요약

'이다, 아니다'의 모음 'ㅣ'의 불규칙성 ㅣ불규칙용언 '이다'와 '아니다'의 불규칙한 활용양상을 정리하면 다음과 같다. 첫째, '이다'의 어간 '이'는 모음 뒤, 자음 앞에서 탈락할 수 있다. 그리고 '이다, 아니다'의 어간 말음 'ㅣ'는 종결어미 '-으오' 앞에서 'j'로 반모음화될 수 있다. 즉 '요, 아뇨'가 가능하다.

'이다, 아니다'에 어미가 붙은 불규칙형 둘째, '이다, 아니다'는 일부 어미와 결합하여 불규칙형으로 나타날 수 있다. 이것은 다음과 같은 표로 간단히 나타낼 수 있다. 한 칸에 활용형이 한 줄만 제시된 경우에는 그것이 불규칙형이다. 한 칸에 활용형 두 줄이 제시된 경우에는 첫 줄의 형태가 규칙형, 둘째 줄의 형태가 불규칙형이다. '이다'에 대한 '체언+활용형'은 명사 '봄'과 '소'가 결합한 형태를 제시한다.

'이다, 아니다'에 어미가 붙은 불규칙형 (요약)

어미	이다		아니다
	활용형	체언+활용형	활용형
연결어미 '-어'	이어/여 이라/라	봄이어, 소여 봄이라, 소라	아니어/아녀 아니라
연결어미 '-어서'	이어서/여서 이라서/라서	봄이어서, 소여서 봄이라서, 소라서	아니어서/아녀서 아니라서
종결어미 '-어'	이야/야	봄이야, 소야	아니야/아냐
종결어미 '-어요'	이어요/여요 이에요/예요	봄이어요, 소여요 봄이에요, 소예요	아니어요/아녀요 아니에요/아녜요
종결어미 '-으오	이오 요	봄이오 소요	아니오 아뇨
간접인용절의 종결어미 '-다'	이라/라	봄이라, 소라	아니라
종결어미 '-구나'	이구나/구나 이로구나/로구나	봄이구나, 소구나 봄이로구나, 소로구나	아니구나 아니로구나
종결어미 '-도다'	이도다/도다 이로다/로다	봄이도다, 소도다 봄이로다, 소로다	아니도다 아니로다
연결어미 '-으되'	이되/되 이로되/로되	봄이되, 소되 봄이로되, 소로되	아니되 아니로되

7-11 15세기의 불규칙용언

15세기의 불규칙용언은 지금과 달랐다. 지금과 같다고 할 수 있는 것은 ㄷ불규칙용언, 르불규칙용언1(ㄹㄹ형), ㅣ불규칙용언뿐이다. 대표적인 불규칙용언으로 다음 8가지

용언의 활용

를 들 수 있다.

① ㄷ불규칙용언 : 듣다(聞), 묻다(問) 예듣고, 드르면, 드러

② ㅅ불규칙용언 : 잇다(있다, 有) 예잇고, 이시면, 이셔

③ 므불규칙용언 : 시므다(심다, 植) 예시므고, 시므면, 심거

④ ᅀᅳ불규칙용언 : ᄇᆞᅀᆞ다(빻다, 부수다, 碎), 그ᅀᅳ다(끌다, 牽), 비ᅀᅳ다(꾸미다, 扮), 수ᅀᅳ다(수선떨다, 喧) 예ᄇᆞᅀᆞ고, ᄇᆞᅀᆞ면, ᄇᆞᇫ아

⑤ 르불규칙용언1(ㄹㄹ형) : 모ᄅᆞ다(모르다), ᄆᆞᄅᆞ다(乾), 므르다(退), 부르다(呼), ᄲᆞᄅᆞ다(速), 흐르다(流) 예모ᄅᆞ고, 모ᄅᆞ면, 몰라

⑥ 르불규칙용언2(ㄹㅇ형) : 고ᄅᆞ다(均), 기르다(養), 니ᄅᆞ다(謂), 다ᄅᆞ다(異), 두르다(圍), ᄆᆞᄅᆞ다(옷감을 재단하다, 裁), 오ᄅᆞ다(上) 예다ᄅᆞ고, 다ᄅᆞ면, 달아

⑦ ㆍ불규칙용언 : ᄒᆞ다(하다) 예ᄒᆞ고, ᄒᆞ면, ᄒᆞ야

⑧ ㅣ불규칙용언 : 이다(지정사), 아니다 예이오, 이면, 이라

ㄷ불규칙용언 '듣-'의 기저형은 '듣-/드르-'로 현대와 같다. ㅅ불규칙용언 '잇-'의 기저형은 '잇-/이시-'이다. 므불규칙용언 '시므-'의 기저형은 '시므-/심ㄱ-'이다.

학교문법에서는 '지ᇫ-(作), 더ᇦ-(暑)'의 기본형을 각각 '짓-, 덥-'으로 잡고 ㅅ불규칙용언과 ㅂ불규칙용언으로 처리하는데 이들의 활용은 어간의 기저형을 '지ᇫ-, 더ᇦ-'으로 설정하면 규칙활용으로 설명할 수 있다. '지ᇫ고 → 짓고'와 '더ᇦ고 → 덥고'를 종성에서 일어나는 'ㅿ → ㅅ', 'ㅸ → ㅂ'과 같은 규칙적인 음운현상이 적용된 결과로 설명할 수 있기 때문이다.

또 학교문법에서는 ᅀᅳ불규칙용언, 르불규칙용언1, 르불규칙용언2를 규칙용언으로 처리한다. 그러나 어간의 말음이 'ㆍ, ㅡ'인 용언 '알ᄑᆞ다(아프다), 깃브다(기쁘다)'의 활용 '알ᄑᆞ고, 알ᄑᆞ면, 알파, 깃브고, 깃브면, 깃버'를 규칙활용이라고 본다면 이들과 활용방식이 다른 'ᄇᆞᅀᆞ다, 모ᄅᆞ다, 고ᄅᆞ다'를 규칙용언이라 할 수 없다. 이들은 어간의 기저형이 각각 'ᄇᆞᅀᆞ-/ᄇᆞᇫㅇ-, 모ᄅᆞ-/몰ㄹ-, 고ᄅᆞ-/골ㅇ-'인 불규칙용언이라고 보는 것이 합리적이다.

'ᄒᆞ다'는 규칙용언 'ᄑᆞ다(파다, 掘)'의 활용 'ᄑᆞ고, ᄑᆞ면, 파'와 대조되는 불규칙용언이다.

'이다'는 '이오(← 이-고), 이면, 이라(← 이-어)'에서 '이라'가 불규칙적이며, 그 밖에 '이라(← 이-다), 이로다(← 이-도-다), 이러라(← 이-더-다 > 이더라), 이로라(← 이-오-다), 이로ᄃᆡ(← 이-오ᄃᆡ), 이롬(← 이-옴)' 등 여러 활용형에서 불규칙성을 보인다.

③~⑥과 유사한 교체는 체언과 조사의 연결에도 나타난다. 이것을 불규칙곡용이라 부르기도 한다.

⑨ ㅁㄱ형 : 나모(나무, 木), 구무(구멍), 녀느(다른), 불무(풀무) 예나모도, 남ᄀᆞᆫ(낡-ᄋᆞᆫ), 남기(낡-이)

⑩ ㅿㅇ형 : 아ᅀᆞ(아우, 弟), 무ᅀᅮ(무), 여ᅀᅳ(여우) 예아ᅀᆞ도, 아ᇫᄋᆞᆫ(아ᇫㅇ-ᄋᆞᆫ), 아ᇫ이(아ᇫㅇ-이)

⑪ ㄹㄹ형 : ᄒᆞᄅᆞ(하루, 一日), ᄆᆞᄅᆞ(용마루, 棟) 예ᄒᆞᄅᆞ도, ᄒᆞᆯᄅᆞᆫ(ᄒᆞᆯㄹ-ᄋᆞᆫ), ᄒᆞᆯ리(ᄒᆞᆯㄹ-이)

⑫ ㄹㅇ형 : 노ᄅᆞ(노루, 獐), ᄀᆞᄅᆞ(가루), ᄂᆞᄅᆞ(나루), 시르(시루), ᄌᆞᄅᆞ(자루, 손잡이,

柄), 쟈ᄅᆞ(자루, 포대, 袋) 예노ᄅᆞ도, 놀ᄋᆞᆫ(놀ㅇ-ᄋᆞᆫ), 놀이(놀ㅇ-이)

③~⑥에서는 매개모음어미(-으면) 앞의 형태가 자음어미(-고) 앞의 형태와 같지만 ⑨~⑫에서는 매개모음조사(은) 앞의 형태가 모음조사(이) 앞의 형태와 같은 점이 차이가 난다.

7-12 고빈도 용언과 불규칙용언

불규칙용언에는 고빈도어가 많다. 한 어휘통계에 따르면 동사의 빈도순 50위 안에 불규칙동사 '하다(1위), 대하다(5위), 위하다(6위), 모르다(14위), 그러다(16위), 통하다(19위), 듣다(23위), 의하다(26위), 묻다(길을)(44위), 짓다(46위)'가 있고, 형용사 빈도순 25위 안에 불규칙형용사 '이다(1위), 아니다(2위), 그렇다(5위), 어떻다(9위), 이렇다(10위), 새롭다(11위), 어렵다(12위), 다르다(14위), 쉽다(15위), 가깝다(25위)'가 있어서 고빈도어의 꽤 많은 수가 불규칙용언이라 할 수 있다. 고빈도어는 중요도가 높은 단어이므로 규칙적으로 활용해야 할 것처럼 보이지만 사실은 그렇지 않은 것이다.

영어에도 고빈도 불규칙동사가 많이 있다. 'be, do, have, get, make, go, come, say, write, see' 등 고빈도 동사들이 불규칙활용을 한다. 특히 'be'는 각종 빈도통계에서 동사의 빈도순 1위인 단어인데 가장 불규칙하게 활용한다(be, am, are, is, was, were, been, being). 일본어에서도 고빈도 동사인 'suru(하다)'와 'kuru(오다)'가 불규칙용언이다. 프랑스어에서도 빈도가 가장 높은 동사 'être'(영어의 'be'에 해당)와 'avoir'(영어의 'have'에 해당)의 활용이 가장 불규칙하다.

이와 같이 고빈도어가 불규칙한 형태를 많이 가지는 것은 언어변화와 관계가 있다. 언어에서 불규칙한 형태는 여러가지 원인으로 생기는데 일단 발생한 불규칙형이 규칙형으로 바뀌는 변화는 고빈도어보다 저빈도어에서 더 잘 일어난다. 늘 쓰는 단어는 그 형태가 불규칙하더라도 모두가 잘 기억하고 있어서 잘 유지되며 규칙적인 형태로 바꾸어 쓰면 금방 눈에 띄거나 귀에 거슬린다. 반면에 저빈도어는 불규칙형을 잘 기억하고 있기 어려워 규칙형으로 대체되기 쉬우며 규칙형으로 바꾸어 쓰더라도 잘 드러나지 않는다. 그래서 고빈도 불규칙형이 언어변화에 잘 견디며 오래 살아남는 것이다.

7.6 용언활용표

발음 기준과 표기 기준 7.4와 7.5에서 살펴본 용언들의 활용양상을 표로 정리한다. 앞에서는 주로 발음을 기준으로 용언을 분류했으나 표기를 기준으로 분류하는 것도 실용적인 관점에서 편리한 면이 있다. 따라서 발음을 기준으로 분류한 표와 표기를 기준으로 분류한 표를 함께 제시한다.

표시 방법 표에서 (양)은 양성모음 어간, (음)은 음성모음 어간을 나타낸다. 모음어미 형태가 모음조화에 따라 양성모음 어간 뒤에서는 'ㅏ'로 시작하고 음성모음 어

61. 발음 기준의 용언활용표에서 ㄷ불규칙용언1과 ㄷ불규칙용언2는 각각 ㄷ불규칙용언과 ㅅ불규칙용언을 가리킨다. 관련 내용은 7.5.4 참조.

간 뒤에서는 'ㅓ'로 시작한다. 불규칙형은 음영으로 표시한다. ㅣ불규칙용언 '이다'와 '아니다'는 이 표에 불규칙형을 표시하기 어려우므로 규칙형만 표시한다.[61]

활용유형에 따른 용언활용표 (발음 기준)

유형			예	활용형			
				자음어미		매개모음어미	모음어미
				-고	-습니다	-으면	-어
자음용언	규칙용언	폐쇄음(양)	갚다	갚고	갚습니다	갚으면	갚아
		폐쇄음(음)	깊다	깊고	깊습니다	깊으면	깊어
		치찰음(양)	낮다	낮고	낮습니다	낮으면	낮아
		치찰음(음)	늦다	늦고	늦습니다	늦으면	늦어
		ㅎ(양)	낳다	낳고	낳습니다	낳으면	낳아
		ㅎ(음)	넣다	넣고	넣습니다	넣으면	넣어
		비음(양)	감다	감고	감습니다	감으면	감아
		비음(음)	검다	검고	검습니다	검으면	검어
		ㄹ(양)	갈다	갈고	갑니다	갈면	갈아
		ㄹ(음)	걸다	걸고	겁니다	걸면	걸어
		자음군(양)	맑다	맑고	맑습니다	맑으면	맑아
		자음군(음)	묽다	묽고	묽습니다	묽으면	묽어
	불규칙용언	ㅂ불규칙1(양)	곱다(피부가)	곱고	곱습니다	고우면	고와
		ㅂ불규칙1(음)	굽다(고기를)	굽고	굽습니다	구우면	구워
		ㅂ불규칙2(음)	뵙다	뵙고	뵙습니다	뵈면	봬/뵈어
		ㄷ불규칙1(양)	깨닫다	깨닫고	깨닫습니다	깨달으면	깨달아
		ㄷ불규칙1(음)	듣다	묻고	묻습니다	물으면	물어
		ㄷ불규칙2(양)	낫다(병이)	낫고	낫습니다	나으면	나아
		ㄷ불규칙2(음)	붓다(물을)	붓고	붓습니다	부으면	부어
		ㅎ불규칙	그렇다	그렇고	그렇습니다	그러면	그래

모음용언	규칙용언	ㅡ(양)		고프다	고프고	고픕니다	고프면	고파
		ㅡ(음)		기쁘다	기쁘고	기쁩니다	기쁘면	기뻐
		ㅏ		가다	가고	갑니다	가면	가
		ㅓ		서다	서고	섭니다	서면	서
		[ㅣ]	ㅣ	기다	깁니다	깁니다	기면	겨/기어
			ㅢ	희다	흽니다	흽니다	희면	[혀]/희어
			ㅟ	뀌다	뀌고	뀝니다	뀌면	[꿔]/뀌어
		ㅗ		보다	보고	봅니다	보면	봐/보아
		ㅜ		두다	두고	둡니다	두면	둬/두어
		[ㅔ]	ㅐ	매다	매고	맵니다	매면	매/매어
			ㅔ	메다	메고	멥니다	메면	메/메어
			ㅚ	되다	되고	됩니다	되면	돼/되어
			ㅞ	꿰다	꿰고	뀁니다	꿰면	꿰/꿰어
	불규칙용언	르불규칙1(양)		다르다	다르고	다릅니다	다르면	달라
		르불규칙1(음)		이르다(통보)	이르고	이릅니다	이르면	일러
		르불규칙2		이르다(도착)	이르고	이릅니다	이르면	이르러
		ㅏ불규칙		하다	하고	합니다	하면	해/하여
		ㅓ불규칙		그러다	그러고	그럽니다	그러면	그래
		ㅣ불규칙		이다(지정사)	이고	입니다	이면	여/이어

활용유형에 따른 용언활용표(표기 기준)

유형				예	활용형			
					자음어미		매개모음어미	모음어미
					–고	–습니다	–으면	–어
자음용언	규칙용언	자음(양)	ㄱ	막다	막고	막습니다	막으면	막아
			ㄲ	깎다	깎고	깎습니다	깎으면	깎아
			ㄴ	안다	안고	안습니다	안으면	안아
			ㄷ	곧다	곧고	곧습니다	곧으면	곧아
			ㅁ	남다	남고	남습니다	남으면	남아
			ㅂ	잡다	잡고	잡습니다	잡으면	잡아
			ㅅ	솟다	솟고	솟습니다	솟으면	솟아
			ㅈ	낮다	낮고	낮습니다	낮으면	낮아
			ㅊ	쫓다	쫓고	쫓습니다	쫓으면	쫓아
			ㅌ	얕다	얕고	얕습니다	얕으면	얕아
			ㅍ	갚다	갚고	갚습니다	갚으면	갚아
			ㅎ	낳다	낳고	낳습니다	낳으면	낳아
		자음(음)	ㄱ	먹다	먹고	먹습니다	먹으면	먹어
			ㄲ	꺾다	꺾고	꺾습니다	꺾으면	꺾어
			ㄴ	신다	신고	신습니다	신으면	신어
			ㄷ	굳다	굳고	굳습니다	굳으면	굳어
			ㅁ	넘다	넘고	넘습니다	넘으면	넘어
			ㅂ	접다	접고	접습니다	접으면	접어
			ㅅ	웃다	웃고	웃습니다	웃으면	웃어
			ㅈ	늦다	늦고	늦습니다	늦으면	늦어
			ㅌ	옅다	옅고	옅습니다	옅으면	옅어
			ㅍ	깊다	깊고	깊습니다	깊으면	깊어
			ㅎ	넣다	넣고	넣습니다	넣으면	넣어
			ㄹ(양)	갈다	갈고	갑니다	갈면	갈아
			ㄹ(음)	걸다	걸고	겁니다	걸면	걸어
		자음군(양)	ㄵ	앉다	앉고	앉습니다	앉으면	앉아
			ㄶ	많다	많고	많습니다	많으면	많아
			ㄺ	맑다	맑고	맑습니다	맑으면	맑아
			ㄻ	곪다	곪고	곪습니다	곪으면	곪아
			ㄼ	얇다	얇고	얇습니다	얇으면	얇아
			ㄾ	핥다	핥고	핥습니다	핥으면	핥아
			ㅀ	앓다	앓고	앓습니다	앓으면	앓아
		자음군(음)	ㄵ	얹다	얹고	얹습니다	얹으면	얹어
			ㄶ	끊다	끊고	끊습니다	끊으면	끊어
			ㄺ	묽다	묽고	묽습니다	묽으면	묽어
			ㄻ	굶다	굶고	굶습니다	굶으면	굶어
			ㄼ	엷다	엷고	엷습니다	엷으면	엷어
			ㄾ	훑다	훑고	훑습니다	훑으면	훑어
			ㄿ	읊다	읊고	읊습니다	읊으면	읊어
			ㅀ	잃다	잃고	잃습니다	잃으면	잃어
			ㅄ	없다	없고	없습니다	없으면	없어

	불규칙 용언	ㄷ불규칙(양)	깨닫다	깨닫고	깨닫습니다	깨달으면	깨달아
		ㄷ불규칙(음)	듣다	듣고	듣습니다	들으면	들어
		ㅂ불규칙1(양)	곱다(피부가)	곱고	곱습니다	고우면	고와
		ㅂ불규칙1(음)	굽다(고기를)	굽고	굽습니다	구우면	구워
		ㅂ불규칙2(음)	뵙다	뵙고	뵙습니다	뵈면	봬/뵈어
		ㅅ불규칙(양)	낫다(병이)	낫고	낫습니다	나으면	나아
		ㅅ불규칙(음)	붓다(물을)	붓고	붓습니다	부으면	부어
		ㅎ불규칙(ㅐ)	노랗다	노랗고	노랗습니다	노라면	노래
		ㅎ불규칙(ㅔ)	누렇다	누렇고	누렇습니다	누러면	누레
모음용언	규칙용언	ㅏ	가다	가고	갑니다	가면	가
		ㅐ	매다	매고	맵니다	매면	매/매어
		ㅓ	서다	서고	섭니다	서면	서
		ㅔ	메다	메고	멥니다	메면	메/메어
		ㅕ	펴다	펴고	폅니다	펴면	펴
		ㅗ	보다	보고	봅니다	보면	봐/보아
		오	오다	오고	옵니다	오면	와
		ㅚ	되다	되고	됩니다	되면	돼/되어
		ㅜ	두다	두고	둡니다	두면	둬/두어
		우	깨우다	깨우고	깨웁니다	깨우면	깨워
		ㅞ	꿰다	꿰고	뀁니다	꿰면	꿰/꿰어
		ㅟ	뀌다	뀌고	뀝니다	뀌면	뀌어
		ㅡ(양)	고프다	고프고	고픕니다	고프면	고파
		ㅡ(음)	기쁘다	기쁘고	기쁩니다	기쁘면	기뻐
		ㅢ	희다	희고	흽니다	희면	희어
		ㅣ	기다	기고	깁니다	기면	겨/기어
	불규칙 용언	ㅏ불규칙	하다	하고	합니다	하면	해/하여
		ㅓ불규칙	그러다	그러고	그럽니다	그러면	그래
		르불규칙1(양)	다르다	다르고	다릅니다	다르면	달라
		르불규칙1(음)	이르다(통보)	이르고	이릅니다	이르면	일러
		르불규칙2	이르다(도착)	이르고	이릅니다	이르면	이르러
		ㅣ불규칙	이다(지정사)	이고	입니다	이면	여/이어

8. 음운현상

8.1 음운현상의 뜻과 구조

음운현상의 뜻과 종류 **음운현상**(音韻現象)은 형태소나 단어나 문장을 발음할 때 원래의 발음과 달라지는 현상을 말한다.[1] 이러한 변화가 시간의 흐름에 따른 것이냐 아니냐에 따라 음운현상을 두 가지로 나눌 수 있다.

시간에 따른 두 가지 음운현상

15세기	놓- + -아 → [노하]	
21세기	놓- + -아 → [노아]	ㅎ → ø (공시적 음운현상)
	ㅎ > ø (통시적 음운현상)	

통시적 음운현상과 공시적 음운현상 15세기에는 '놓-+-아'를 [노하]로 발음했다. 아무런 음운현상이 일어나지 않았다. 지금은 이것을 [노아]로 발음한다. [노아]를 관점에 따라 두 가지로 기술할 수 있다. 먼저 통시적으로 보면 15세기의 [노하]가 지금의 [노아]로 바뀌는 과정에서 'ㅎ > ø'와 같은 음운현상이 일어난 것으로 기술할 수 있다.[2] 한편 공시적으로 보면 지금의 '놓-+-아'를 [노아]로 발음할 때 'ㅎ → ø'와 같은 음운현상이 일어나는 것으로 기술할 수도 있다. 이 책에서는 현대한국어의 공시적 음운현상만을 기술한다.[3]

음성적 음운현상 '고기'의 발음을 음소의 차원에서 적으면 [고기] 또는 /koki/가 되지만 변이음의 차원에서 적으면 [kogi]가 된다. 음소 /ㄱ/이 [k], [g]와 같은 변이음으로 실현되는 것을 음운현상으로 기술하는 견해도 있다. /ㄱ/의 기본변이음인 무성음 [k]가 유성음과 유성음 사이에서 유성음 [g]로 바뀐다고 보는 것이다. 이와 같이 음소가 변이음으로 실현되는 것을 기술하기 위한 음운현상을 **음성적 음운현상**이라 부른다. 무성음 [k]가 유성음 [g]로 바뀌는 음성적 음운현상은 유성음화이다.

1. 음운현상을 더 전문적으로 말할 때는 **음운과정**(音韻過程)이라고 부르기도 한다.

2. 시간의 흐름을 따라서 한 시기에서 다음 시기로 넘어가는 과정과 관련된 것을 **통시적**이라 하고 한 시기의 상태와만 관련된 것을 **공시적**이라 한다.

3. 통시적 음운현상을 **음운변화**, 공시적 음운현상을 **음운변동**으로 구분하기도 한다.

이러한 음성적 음운현상으로 불파음화, 설측음화, 구개음화가 더 있다.

음성적 음운현상

이름	변화의 내용	환경	예
유성음화	k → g t → d p → b ʧ → ʤ h → ɦ	유성음과 유성음 사이에서	/aka/ → [aga] (아가) /ata/ → [ada] (아다) /apa/ → [aba] (아바) /aʧa/ → [aʤa] (아자) /arha/ → [alɦa] (알하)
불파음화	k → k˺ t → t˺ p → p˺	종성에서	/ak/ → [ak˺] (악) /at/ → [at˺] (앋) /ap/ → [ap˺] (압)
설측음화	r → l	종성에서	/ar/ → [al] (알)
		[l] 뒤에서	/arra/ → [alra] → [alla] (알라)
구개음화	s → ʃ s' → ʃ'	i, j, [ɥ] 앞에서	/si/ → [ʃi] (시) /sja/ → [ʃa] (샤) /sjʌ/ → [ʃʌ] (셔) /sjo/ → [ʃo] (쇼) /sju/ → [ʃu] (슈) /sje/ → [ʃe] (셰) /swi/ → [sɥi] → [sɥi] (쉬) /sɥʌ/ → [ʃɥʌ] (숴)
	n → ɲ	i, j 앞에서	/ni/ → [ɲi] (니) /nja/ → [ɲa] (냐) /njʌ/ → [ɲʌ] (녀) /njo/ → [ɲo] (뇨) /nju/ → [ɲu] (뉴) /nje/ → [ɲe] (녜)

음성적 음운현상을 설정하지 않는 견해 이 책에서는 변이음을 기술할 때 이와 같이 음운현상을 이용하지 않고 분포만을 기술하는 견해를 따르고자 한다. 예를 들어 음소 /ㄱ/의 변이음인 무성외파음 [k]는 어두음절의 초성으로 나타나고 무성불파음 [k˺]는 종성으로 나타나며 유성음 [g]는 유성음과 유성음 사이에 나타난다. /ㄱ/ 그 자체로는 무성음도 유성음도 아니고 외파음도 불파음도 아니다. /ㄱ/은 이 세 변이음이 모인 집합이다. 세 변이음 중 어느 하나를 기본변이음으로 잡지도 않고 유성음화 또는 무성음화, 불파음화 또는 외파음화 같은 음운현상을 설정하지도 않는다. 따라서 이 책에서는 기저형이 이형태로 실현되는 과정에 나타나는 **음소적 음운현상**만 인정한다.

음운현상의 구조 음운현상은 반드시 변화를 내포한다. 나아가 변화 이전의 형태와 변화 이후의 형태를 내포한다. 그래서 모든 음운현상은 다음과 같은 구조를 가진다.

음운현상의 구조

XaY → XbY
('X'와 'Y' 사이에서 'a'가 'b'로 바뀐다.)

a : 입력
b : 출력
X, Y : 환경

음운현상의 표시 형식 위에 제시한 것은 음운현상의 일반형(一般型)이라고 할 수 있다. 'a, b, X, Y'는 임의의 분절음을 나타낸다. 음운론에서는 음운현상의 구조를 위와 같이 표시하기보다는 변화의 환경을 분리하여 'a → b/X___Y'와 같이 표시하고 음운규칙이라 부른다. 이 책에서는 이해하기 쉽도록 도표로 표시할 것이다.

비음화의 여러 형식 '컵 모양 → [컴모양]'에서 일어나는 비음화를 여러 형식으로 표시해 보면 다음과 같다.

'컵 모양 → [컴모양]'에서 일어나는 비음화의 표시 형식

1	문장의 형식	'ㅁ' 앞에서 'ㅂ'이 'ㅁ'으로 바뀐다.
2	변화의 환경을 분리하지 않은 형식	ㅂㅁ → ㅁㅁ
3	변화의 환경을 분리한 형식	ㅂ → ㅁ / ___ㅁ

음운현상의 입력, 출력, 환경 여기서 'ㅂ'은 변화의 대상으로서 음운현상의 **입력**(入力)이다. 'ㅂ'에서 나온 'ㅁ'은 변화의 결과로서 음운현상의 **출력**(出力)이다. 'ㅂ' 뒤에 있는 'ㅁ'은 변화가 일어나도록 돕는 음운현상의 **환경**(環境)이다.

음운현상의 조건 음운현상에는 **조건**(條件)이 따라붙기도 한다. '남고 → [남꼬]'와 같은 경음화는 용언어간에 어미가 연결될 때만 일어난다. '남과'와 같이 체언과 조사의 연결에서는 일어나지 않는다. 여기서 '용언어간에 어미가 연결될 때'와 같은 것이 음운현상에 대한 조건이다.

음운현상과 경계 공시적인 음운현상은 형태소나 그보다 큰 단위의 **경계**(境界)에서 일어난다. 형태소의 내부에서는 음운현상이 일어나지 않는다.[4] 예를 들어 '걱정'은 한 형태소로 이루어진 단어이다. '걱정'이라는 형태소의 발음은 이미 [걱쩡]으로 정해져 있다. 만약 '걱'과 '정'이 결합하면서 경음화가 일어난다고 기술하면 형태소마다 발음이 정해져 있다는 원리(5장 참조)에 위배된다. 그래도 '걱정'에서 마치 경음화가 일어나는 것처럼 느껴지는 것은 이 형태소를 소리 나는 대로 '걱쩡'으로 적지 않고 '걱정'으로 적는 표기에 원인이 있다. 0.2에서 서술한 바와 같이 표기와 발음은 구별해야 한다.[5]

형태소경계와 단어경계 음운현상이 일어나는 위치는 주로 **형태소경계**와 **단어경계**이다.

4. 이것은 필수적인 음운현상에 적용되는 말이다. 수의적인 음운현상은 형태소내부에서 일어날 수도 있다. 예를 들어 '아홉'은 한 형태소로 이루어진 단어인데 수의적 음운현상인 ㅎ탈락이 일어나 [아옵]으로 발음될 수 있다.

5. 통시적인 음운현상은 형태소내부와 형태소경계에서 모두 일어날 수 있다. 'ᄆᆞᅀᆞᆷ>마음'에서 일어난 'ㅿ>∅'은 형태소내부의 예이고, '먹ᄉᆞᄫᆞ니(← 먹-+-ᄉᆞᇦ-+-ᄋᆞ니)>먹ᄉᆞ오니'에서 일어난 'ㅸ>오'는 형태소경계의 예이다.

위치에 따른 음운현상의 예

위치	예	음운현상
형태소경계	놓-아 → [노아] 질-적(質的) → [질쩍]	ㅎ탈락 경음화
단어경계	컵 모양 → [컴모양] 산을 넘는다 → [사늘럼는다]	비음화 유음화

발음 형성의 과정 문법적으로 형태소가 단어를 형성하고 단어가 문장을 형성하는 것처럼 음운론적으로도 형태소의 발음이 단어의 발음을 형성하고 단어의 발음이 문장의 발음을 형성하게 되며 그 과정에서 음운현상이 일어나게 된다.

8-1 연음과 음운현상

음운현상처럼 보이는 것으로 **연음**(連音 liason)이 있다. 그러나 연음은 음운현상이 아니다. '적어(글씨를 적어)'와 '저거(저것)'는 똑같이 'ㅈ, ㅓ, ㄱ, ㅓ'의 네 소리의 연결로 이루어진 어절이다. '적어'를 [저거]로 발음할 때 음운현상이 일어나는 것처럼 느끼는 것은 'ㄱ'과 'ㅓ' 사이에 있던 형태소경계가 없어지고 '거'라는 한 음절이 만들어지기 때문이다. '크-어'에서 형태소경계가 없어지면서 'ㅡ'가 탈락한 후에 'ㅋ'과 'ㅓ'가 만나 한 음절 '커'가 만들어지는 것도 연음이다('ㅡ'의 탈락은 음운현상이다). 이 연음을 음운현상으로 보지 않듯이 '적어'가 [저거]로 발음되는 것도 음운현상으로 보지 않는다.

15세기처럼 '이버, 다까, 노프면, 널븐'과 같이 적도록 맞춤법을 정했다면 연음을 특별히 거론할 필요가 없을 것이다. 현대의 맞춤법이 형태소의 표기를 고정시키되 음절자의 형태까지도 고정시키다 보니 '입-'과 '이ㅂ-'은 다른 표기형태로 느껴지게 되었다. '입-'이 '이ㅂ-'이 되는 것은 표기의 변화라고 할 수는 있지만 발음의 변화라고 할 수는 없다. 음운현상은 발음의 변화를 가리키는 말이다. 따라서 연음은 음운현상이 아니다.

'liaison(리에종)'은 원래 프랑스어에서 음운현상의 한 가지를 가리키는 말이다. 'ces femmes(이 여자들) [sefam], ces hommes(이 남자들) [sezɔm]'과 같은 예에서 지시형용사의 복수형 'ces'의 교체 [se]/[sez]를 말음 [z]가 자음이나 휴지(休止) 앞에서 탈락하고 모음 앞에서 유지되는 것으로 설명하면서 'liason'에 의해 [z]가 유지되는 것이라고 보아 왔다. 이때는 대체로 '연독(連讀)'이라고 번역한다. 한국어의 연음은 이와 같은 발음의 문제가 아니라 표기의 문제이다.

8.2 음운현상의 유형과 목록

변화의 구조에 따른 음운현상의 유형 음운현상을 가장 객관적으로 분류하는 방법은 변화의 구조에 따라 분류하는 것이다. 음운현상은 변화의 구조에 따라 다섯 가지 유형으로 나누어진다. 그 다섯 가지의 구조를 입력과 출력만 표시하여 일반화하면 다음과 같다.[6]

6. 음운현상을 그 적용이 필수적이냐 수의적이냐에 따라 분류할 수도 있다. 반드시 적용되어야 올바른 발음이 만들어지는 것은 필수적(必須的)이고, 적용되든 되지 않든 둘 다 올바른 발음이면 수의적(隨意的)이다.

변화의 구조에 따른 음운현상의 유형

유형	구조	뜻
대치	a → b	a가 b가 된다
탈락	a → ø	a가 탈락한다
첨가	ø → b	b가 첨가된다
축약	ab → c	a와 b가 축약되어 c가 된다
도치	ab → ba	a와 b의 순서가 서로 바뀐다

음운현상의 유형별 특징 이 가운데 **대치**(代置 substitution)가 가장 흔한 음운현상이다.[7] **탈락**(脫落 deletion)과 **첨가**(添加 insertion)는 변화의 방향이 반대인데 첨가보다는 탈락이 훨씬 잘 나타난다.[8] 두 분절음이 한 분절음으로 바뀌었을 때는 둘 중 하나가 탈락했을 수도 있고 둘이 축약되었을 수도 있다. 이때 두 분절음의 특징(전문적으로는 자질)이 한 분절음에 동시에 나타나면 **축약**(縮約 contraction)이다. **도치**(倒置 metathesis)는 이 다섯 가운데 가장 드문 음운현상이다. 현대한국어에 공시적인 음운현상으로 나타나는 예는 없다. 통시적으로는 '빗복>빗곱>배꼽', '이륵이륵>이글이글'과 같은 소수의 예가 있다.

음운현상의 목록 음운현상의 입력이 자음인가 모음(또는 반모음)인가, 변화의 구조상 어떤 유형인가를 고려하여 현대한국어의 음운현상을 분류하여 제시한다.

음운현상의 목록 (입력이 자음)

유형	목록
대치	(1) 평폐쇄음화 (2) 비음화 (3) 유음화 (4) 조음위치동화 (5) 경음화
탈락	(6) ㅎ탈락 (7) ㄹ탈락 (8) ㄷ탈락 (9) 자음군단순화
첨가	(10) ㄷ첨가 (11) ㄴ첨가
축약	(12) 유기음화

음운현상의 목록 (입력이 모음 또는 반모음)

유형	목록
대치	(13) 모음조화 (14) 반모음화
탈락	(15) ㅡ탈락 (16) ㅣ탈락 (17) ㅏ탈락, ㅓ탈락 (18) w탈락
첨가	(19) j첨가
축약	(20) ㅟ축약

7. '대치'를 '교체'라 부르기도 하지만 'alternation'을 뜻하는 '교체'와 혼동되므로 마땅하지 않다.

8. '탈락'을 '삭제(削除)', '첨가'를 '삽입(揷入)'이라고 부르기도 한다.

8-2 학교문법의 음운현상

학교문법에서는 '음운의 변동'이라는 이름으로 현대한국어의 공시적인 음운현상을 다루고 있다. 음운현상을 교체, 동화, 축약, 탈락, 첨가로 나누고 있는데 교체는 이 책의 대치에 해당한다. 교체의 한 종류인 동화를 교체와 대등하게 설정한 것은 잘못이다. 또 '값 → [갑]'은 탈락에 속하는데 대치에 속하는 평폐쇄음화와 함께 '음절의 끝소리 규칙'이라는 애매한 이름의 음운현상으로 묶어 기술한 점, 동화가 아닌 '종로 → [종노]', '기어 → [기여]' 등을 동화로 기술한 점, 대치에 속하는 사이시옷에 의한 경음화와 첨가에 속하는 ㄴ첨가를 '사잇소리 현상'이라는 이름으로 묶은 점 등도 이론적으로 문제가 있다.

학교문법			예	이 책
음절의 끝소리 규칙			잎 → [입] 값 → [갑]	평폐쇄음화 자음군단순화
음운의 동화	자음동화	비음화	잡는다 → [잠는다] 종로 → [종노]	폐쇄음의 비음화 ㄹ의 비음화(동화 아님)
		유음화	신라 → [실라]	유음화
	구개음화		굳이 → [구지]	(공시적 음운현상 아님)
	모음동화		밥이 → [배비] 기어 → [기여]	움라우트(다루지 않음) j첨가(동화 아님)
	모음조화		깎아, 먹어	모음조화
축약			많다 → [만타] 두-었다 → 뒀다	유기음화 반모음화(축약 아님)
탈락			서- 었다→ 섰다 쓰-어라 → 써라 넣어 → [너어] 딸-님 → 따님	ㅏ, ㅓ탈락 ㅡ탈락 ㅎ탈락 ㄹ탈락
사잇소리현상	사이시옷과 관계 있는 것		등불 → [등뿔] 초-불 → [초뿔]	경음화
	'ㄴ'이 첨가되는 것		솜이불 → [솜니불]	ㄴ첨가

8-3 동화와 이화

음운현상을 **동화**(同化 assimilation)와 **이화**(異化 dissimilation)로 나누는 일도 있다. 동화와 이화는 모두 대치에 속한다. 입력이 출력으로 바뀔 때 환경과 같거나 비슷하게 바뀌면 동화, 더 다르게 바뀌면 이화이다. 동화는 언어보편적으로 흔하고 자연스러운 음운과정이다. 동화가 일어나면 같거나 비슷한 음성이 이어져서 발음이 더 편해지기 때문이다. 동화의 입력을 **피동화음**(被同化音)이라 하고 피동화음에 영향을 주어 동화를 일으키는 환경음을 **동화음**(同化音 또는 **동화주** 同化主)이라 한다.

이화는 같거나 비슷한 소리가 연속되어 오히려 발음하기가 껄끄럽거나 발음이 단조로울 때 일어나는데 동화에 비해 아주 드물게 나타난다. 거붑>거북, 고봄>고곰>고금

(학질), 고키리>코키리>코끼리, [다밈](담임)>[다님]([다님]은 비표준발음이다).

동화는 여러가지 기준으로 분류된다. 첫째, 피동화음이 동화음과 비슷해지는 정도에 따라 **완전동화**와 **부분동화**로 나눈다. 유음화(물놀이 → 물로리)는 'ㄹ' 뒤에서 'ㄴ'이 'ㄹ'과 완전히 같아지는 완전동화이다. 근대에 일어난 원순모음화(믈>물)는 양순음 'ㅁ, ㅂ, ㅃ, ㅍ' 뒤에서 'ㅡ'가 원순모음 'ㅜ'로 바뀌는 부분동화이다. 한편 비음화는 완전동화일 때도 있고(닫는 → 단는) 부분동화일 때도 있다(잡는 → 잠는). 그런데 동화음과 피동화음의 자질의 관점에서 보면, 피동화음이 가지는 자질 중의 한 가지가 동화음의 자질과 같아진다는 점에서 완전동화와 부분동화가 차이가 없다. 비음화의 예에서 'ㄴ' 앞에서 'ㄷ'이 'ㄴ'으로 바뀌는 것(닫는 → 단는)이나 'ㅂ'이 'ㅁ'으로 바뀌는 것(잡는 → 잠는)이나 [−비음성]이 [+비음성]으로 바뀌는 점에서 똑같다.

둘째, 동화음과 피동화음의 거리에 따라 **직접동화**(또는 **인접동화**)와 **간접동화**(또는 **원격동화**)로 나눈다. 비음화(잡는 → 잠는)는 동화음 'ㄴ'과 피동화음 'ㅂ'이 붙어 있으므로 직접동화이다. 근대에 일어난 움라우트(올창이>올챙이)는 동화음 'ㅣ'와 피동화음 'ㅏ'가 떨어져 있으므로 간접동화이다. 유음화는 직접동화일 때도 있고(물놀이 → 물로리) 간접동화일 때도 있다(핥는다 → 핥른다 → 할른다). '핥는다 → 할는다 → 할른다'와 같이 본다면 유음화를 항상 직접동화라고 생각할 수도 있다.

셋째, 동화음과 피동화음의 선후관계에 따라, 즉 동화가 일어나는 방향에 따라 **순행동화**와 **역행동화**로 나눈다. 동화음이 피동화음보다 앞에 있으면 순행동화라 하고 뒤에 있으면 역행동화라 한다. 순행동화는 앞소리의 흔적이 남아 있다가 뒷소리에 영향을 미치는 것이므로 **지연동화**라 하기도 하고, 역행동화는 뒤에 올 소리의 발음이 미리 시작되어 앞소리에 영향을 미치는 것이므로 **예측동화**라 하기도 한다. 비음화(잡는→잠는)는 동화음 'ㄴ'이 피동화음 'ㅂ' 뒤에 있으므로 역행동화이다. 원순모음화(믈>물)는 동화음 'ㅁ'이 피동화음 'ㅡ' 앞에 있으므로 순행동화이다. 유음화는 동화음 'ㄹ'이 피동화음 'ㄴ' 앞에 있을 때(물놀이 → 물로리, 핥는다 → 할른다) 순행동화이고 뒤에 있을 때(논리 → 놀리) 역행동화이다.

순행동화, 역행동화 외에 상호동화를 설정하기도 한다. 두 소리가 서로 동화를 일으켜 두 소리 모두 동화음과 피동화음을 겸하는 것을 상호동화라 하는데 한국어에서는 예를 찾기 어렵다. '독립 → [동닙]' 같은 경우를 상호동화의 예로 보기도 하나 옳지 않다. '독립 → 독닙 → [동닙]'의 과정에서 두 번째 음운현상 'ㄱ → ㅇ'은 동화이지만 첫 번째 음운현상 'ㄹ → ㄴ'은 동화로 볼 수 없다. 'ㄹ'이 'ㄴ'으로 바뀜으로써 'ㄱ'과 같거나 비슷한 음성이 되었다고 볼 수 없기 때문이다. '독립 → [동닙]'에서 일어나는 음운현상 둘 중 하나만 동화에 속하므로 상호동화가 아니다.

넷째, 피동화음의 종류에 따라 **자음동화**와 **모음동화**로 나눈다. 동화음까지 고려하면 자음에 의한 자음동화, 모음에 의한 자음동화, 모음에 의한 모음동화, 자음에 의한 모음동화로 나눌 수 있다. 그러나 자음동화, 모음동화를 각각 자음에 의한 자음동화, 모음에 의한 모음동화의 뜻으로 좁혀 쓰는 경우가 많다.

8.3 자음에 관한 음운현상

8.3.1 대치

(1) 평폐쇄음화

평폐쇄음화의 뜻 음절구조제약 가운데 종성제약에 따르면 자음 19개 중 종성에 올 수 있는 것은 7개뿐이다(4.1.3 참조). 7개 이외의 자음이 종성에 놓이게 될 때는 7개 중의 하나로 바뀌게 된다. 이 과정에서 폐쇄음, 파찰음, 마찰음이 평폐쇄음(평음인 폐쇄음) 'ㅂ, ㄷ, ㄱ' 중의 하나로 바뀌는 현상이 평폐쇄음화(平閉鎖音化)이다.[9]

9. 평폐쇄음화를 예전에 음절말자음의 중화 또는 자음 중화라고 부르기도 했다. 또 폐쇄음을 파열음이라고 부르는 경우에는 평파열음화라는 용어를 쓴다.

평폐쇄음화

입력	출력	환경	조건
ㅍ	ㅂ	종성 위치	없음
ㅌ, ㅅ, ㅆ, ㅈ, ㅊ	ㄷ		
ㄲ, ㅋ	ㄱ		
ㅎ	ㄷ	'ㄴ, ㅆ' 앞	

평폐쇄음화의 예 : 입력이 원래의 자음인 경우

ㅍ : 잎 → [입], 잎도 → [입또], 덮고 → [덥꼬]
ㅌ : 끝 → [끋], 끝까지 → [끋까지], 맡고 → [맏꼬]
ㅅ : 옷 → [옫], 옷도 → [옫또], 웃고 → [욷꼬]
ㅆ : 있고 → [읻꼬], 하겠고 → [하겓꼬], 잡았다 → [자받따]
ㅈ : 빚 → [빋], 빚까지 → [빋까지], 늦고 → [늗꼬]
ㅊ : 꽃 → [꼳], 꽃조차 → [꼳쪼차]
ㄲ : 밖 → [박], 밖도 → [박또], 깎고 → [깍꼬]
ㅋ : 부엌 → [부억], 부엌조차 → [부억쪼차]
ㅎ : 놓는 → 녿는 → [논는], 놓소(놓-쏘) → 녿쏘 → 노쏘

평폐쇄음화의 예 : 입력이 자음군단순화의 결과인 경우

ㅍ : 읊고 → 읖고 → [읍꼬]

평폐쇄음화의 입력 입력은 모두 장애음이다. 장애음 중에서 'ㅃ, ㄸ, ㅉ'은 빠져 있다. 이 세 자음은 종성에 놓이는 일이 없기 때문이다. 만약 종성에 이들이 놓이게 된다면 'ㅃ'이 'ㅂ'으로, 'ㄸ'이 'ㄷ'으로, 'ㅉ'이 'ㄷ'으로 바뀌리라고 예상할 수 있다.

자음군단순화의 출력이 평폐쇄음화의 입력 종성에 자음군이 놓이면 자음군단순화가 일어난다(8.3.2 (9) 참조). 자음군단순화의 출력이 평폐쇄음화의 입력이 되는 것도 있다. '읊다'의 종성 'ㄿ'은 자음군단순화로 'ㅍ'이 된 다음 'ㅍ'이 평폐쇄음화되어 'ㅂ'이 된다.

평폐쇄음화의 출력 출력은 'ㅂ, ㄷ, ㄱ'뿐이다. 입력이 되는 각 자음의 조음방식만 바뀌고 조음위치는 바뀌지 않는다. 예를 들어 'ㅌ, ㅅ, ㅆ, ㅈ, ㅊ'은 모두 전설음이므로 전설음 'ㄷ'이 된다.

평폐쇄음화의 환경 환경이 종성 위치라는 것은 입력이 되는 자음이 종성 자리에 놓여 있다는 뜻이다. 어떤 자음이 종성 자리에 놓여 있다는 것은 그 자음으로 발음이 끝나거나 그 뒤에 다른 음절의 초성이 있다는 뜻이다. 발음이 끝나는 곳에는 휴지(休止, #)가 놓인다고 기술한다. '잎'이라는 단어만으로 발음이 끝난 것을 '잎#'으로 표시한다. 이 경우에 발음의 도출은 '잎# → [입]'과 같이 나타낼 수 있다. 한편 '잎' 뒤에 보조사 '도'를 붙여 "가지도 굵고 잎도 넓다."라고 한다면 'ㅍ'은 '도'의 초성 'ㄷ' 앞에서 종성으로 쓰이게 되어 평폐쇄음화를 겪게 된다.

'ㅎ'의 평폐쇄음화 종성 'ㅎ'은 항상 'ㄷ'으로 바뀌는 게 아니라 'ㄴ, ㅆ' 앞에 있을 때만 'ㄷ'으로 바뀐다. 종성 'ㅎ' 뒤의 초성이 'ㄷ, ㅈ, ㄱ'이면 유기음화가 일어난다(**8.3.4** (12) 참조).

(2) 비음화

① 폐쇄음의 비음화

폐쇄음의 비음화의 뜻 음절연결제약에 따르면 종성이 폐쇄음인 음절 뒤에 초성이 비음인 음절이 연결될 수 없다(**4.2.2** 참조). 이때 앞음절의 종성인 폐쇄음이 비음으로 바뀌게 되는데 이것을 폐쇄음의 비음화(鼻音化)라 한다.

폐쇄음의 비음화

입력	출력	환경	조건
ㅂ	ㅁ	비음 앞	없음
ㄷ	ㄴ		
ㄱ	ㅇ		

폐쇄음의 비음화의 예 : 입력이 원래의 자음인 경우

ㅂ : 밥만 → [밤만], 잡는 → [잠는]
십만(十萬) → [심만], 읍내(邑內) → [음네]
일곱 난쟁이 → [일곰난젱이], 제법 많다 → [제범만타]
ㄷ : 얻는 → [언는]
곧 나온다 → [곤나온다]
ㄱ : 약만 → [양만], 먹는 → [멍는], 짝눈 → [짱눈]
국내(國內) → [궁네], 혁명(革命) → [형명]
겁 먹은 표정 → [검머근표정], 비쩍 말랐다 → [비쩡말랃따]

음운 현상

폐쇄음의 비음화의 예 : 입력이 평폐쇄음화의 결과인 경우

ㅂ : 잎만 → 입만 → [임만], 덮는 → 덥는 → [덤는]
앞문 → 압문 → [암문]
ㄷ : 옷만 → 옫만 → [온만], 젖만 → 젇만 → [전만], 빛만 → 빋만 → [빈만], 밑만 → 믿만 → [민만]
웃는 → 욷는 → [운는], 있는 → 읻는 → [인는], 찾는 → 찯는 → [찬는], 맡는 → 맏는 → [만는], 놓는 → 녿는 → [논는]
꽃말 → 꼳말 → [꼰말], 밑넓이 → 믿널비 → [민널비]
ㄱ : 창밖만 → 창박만 → [창방만], 부엌만 → 부억만 → [부엉만], 섞는 → 석는 → [성는]
부엌문 → 부억문 → [부엉문]

폐쇄음의 비음화의 예 : 입력이 자음군단순화의 결과인 경우

ㅂ : 값만 → 갑만 → [감만]
밟는 → 밥는 → [밤는][10], 읊는 → 읖는 → 읍는 → [음는], 없는 → 업는 → [엄는]
ㄱ : 몫만 → 목만 → [몽만], 닭만 → 닥만 → [당만]
읽는 → 익는 → [잉는]

10. '밟는'은 현실어에서 '밟는 → 발는 → [발른]'과 같이 실현되기도 한다(8.3.2 (9) 참조).

폐쇄음의 비음화의 입력 환경이 비음 앞이므로 입력은 자연히 종성이 된다. 원래의 'ㅂ, ㄷ, ㄱ' 외에 평폐쇄음화와 자음군단순화의 출력인 'ㅂ, ㄷ, ㄱ'도 폐쇄음의 비음화의 입력이 된다.

폐쇄음의 비음화의 출력 입력이 되는 각 자음의 조음방식만 바뀌고 조음위치는 바뀌지 않는다. 출력은 'ㅁ, ㄴ, ㅇ', 즉 비음이다. 비음이 아닌 폐쇄음이 비음이 되는 것이므로 비음화라 부른다. '폐쇄음–비음'의 연결이 '비음–비음'이 되므로 동화에 속한다.

폐쇄음의 비음화의 환경 비음 가운데 'ㅇ'은 초성이 될 수 없으므로 실제로 비음화의 환경은 'ㅇ'을 뺀 'ㅁ, ㄴ' 앞이 된다. 또 용언어간과 어미의 연결에서는 'ㅁ' 앞에서 폐쇄음의 비음화가 일어나는 예가 있을 수 없다. 어미의 두음으로 'ㅁ'이 존재하지 않기 때문이다.

통시적인 폐쇄음의 비음화 역사적으로도 폐쇄음의 비음화가 일어난 단어들이 있다. '굽닐다>굼닐다, 걷나다>건나다>건너다, 걷니다>건니다>거닐다, 돋니다>돈니다>다니다, 셕류황(石硫黃)>석뉴황>성냥, 싣나모>신나무' 등이 그 예이다.

영어에서의 폐쇄음의 비음화 영어에서는 폐쇄음의 비음화가 잘 일어나지 않는다. 영어 화자는 'bookmark, development'의 앞 형태소의 말음 [k], [p]를 비음 [ŋ], [m]으로 발음하거나 'back number, slot machine, top model'의 앞단어의 말음 [k], [t], [p]를 비음 [ŋ], [n], [m]으로 발음하는 일이 드물다. 한국어 화자는 이들을 항상 비음화시켜 [붕마크], [디벨럼먼트]와 같이 발음한다. 영어에서도 'give me'를 'gimme'로 발음하는 등 폐쇄음의 비음화와 비슷한 현상이 부분적으로는 일어난다.

② 'ㄹ'의 비음화

동화에 속하지 않는 비음화 폐쇄음의 비음화와 성격이 다른 비음화가 있는데 'ㄹ'의 비음화가 그것이다. 이것은 동화에 속하지 않으며 한자어와 외래어에서만 일어난다.

'ㄹ'의 비음화

입력	출력	환경	조건
ㄹ	ㄴ	폐쇄음 또는 비음 뒤	없음

'ㄹ'의 비음화의 뜻 음절연결제약에 따르면 종성이 폐쇄음이나 비음인 음절 뒤에 초성이 'ㄹ'인 음절이 연결될 수 없다(4.2.2 참조). 이때 뒤음절의 'ㄹ'이 'ㄴ'으로 바뀐다. 이것이 'ㄹ'의 비음화이다. 'ㄹ'이 비음화되어 'ㄴ'이 되면 환경이었던 폐쇄음은 'ㄴ' 때문에 비음화된다. 즉 폐쇄음 뒤에 'ㄹ'이 놓이면 폐쇄음도 바뀌고 'ㄹ'도 바뀐다.

'ㄹ'의 비음화의 예 : 환경이 폐쇄음 뒤인 경우

격리 → 격니 → [경니], 속력 → 속녁 → [송녁], 강변북로 → 강변북노 → [강변붕노]
볼록렌즈 → 볼록넨즈 → [볼롱넨즈], 육 리터(6L) → 육니터 → [융니터]
다섯 라운드 → 다섣라운드 → 다섣나운드 → [다선나운드]
압력 → 압녁 → [암녁], 십 리 → 십니 → [심니], 일곱 라운드 → 일곱나운드 → [일곰나운드]
여섯륙(六) → 여섣륙 → 여섣뉵 → [여선뉵], 뭍륙(陸) → 뭍륙 → 뭍뉵 → [문뉵]

'ㄹ'의 비음화의 예 : 환경이 비음 뒤인 경우

심리 → [심니], 경리 → [경니], 상류 → [상뉴], 판단력 → [판단녁]
삼 리터(3L) → [삼니터], 한 라운드 → [한나운드]
비단라(羅) → [비단나], 인륜륜(倫) → [일륜뉸], 힘력(力) → [힘녁]

'ㄹ'의 비음화와 유음화 'ㄴ' 뒤에 'ㄹ'이 놓일 때는 'ㄹ'의 비음화가 일어나지 않고 유음화가 일어나는 경우도 있다. 즉 'ㄴㄹ'이 비음화되면 'ㄴㄴ'이 되고 유음화되면 'ㄹㄹ'이 된다. 한자어 '논리(論理) → [놀리]', 외래어 '온라인 → [올라인]' 등은 'ㄹ'의 비음화 대신 유음화가 일어난 예이다(8.3.1 (3) 참조. 한자어의 경우는 9.3.4, 외래어의 경우는 10.5를 참조).

영어, 중국어, 일본어에서의 'ㄹ'의 비음화 영어에서는 'ㄹ'의 비음화가 일어나지 않는다. 'only, unlock, online, Monroe, Finland, Henry, Hamlet, homerun, blacklist, upload, good-looking' 등의 'nl, nr, ml, mr, kl, pl, dl' 등을 원래의 음가대로 발음한다. 중국어 'fēnlí(분리), zhòngliàng(중량)' 등의 'nl, ŋl'에서와 일본어 'sinri(진리), inreki(음력)' 등의 'nr'에서도 'ㄹ'의 비음화가 일어나지 않는다.

음운 현상

(3) 유음화

유음화의 뜻 음절연결제약에 따르면 종성이 'ㄴ'인 음절 뒤에 초성이 'ㄹ'인 음절이 연결될 수 없다. 또 종성이 'ㄹ'인 음절 뒤에 초성이 'ㄴ'인 음절도 연결될 수 없다(4.2.2 참조). 이러한 연결에서 'ㄴ'이 'ㄹ'로 바뀌게 되는 현상을 유음화(流音化)라 한다. 즉 'ㄴㄹ'이나 'ㄹㄴ'이 'ㄹㄹ'로 바뀌는 현상이 유음화이다.

유음화의 두 종류 유음화에는 순행적(順行的) 유음화와 역행적(逆行的) 유음화가 있다.

순행적 유음화

입력	출력	환경	조건
ㄴ	ㄹ	'ㄹ' 뒤	없음

순행적 유음화의 뜻 앞에 있는 'ㄹ'이 뒤따르는 'ㄴ'에 영향을 주어 'ㄴ'이 'ㄹ'로 동화되는 것을 순행적 유음화라 한다. 즉 'ㄹㄴ'이 'ㄹㄹ'이 된다.

순행적 유음화의 예 : 환경이 원래 'ㄹ 뒤'인 경우

설날 → [설랄], 서울내기 → [서울레기], 실내(室內) → [실레]
발 냄새 → [발렘세], 손을 놔 → [소늘롸], 훨훨 날아간다 → [훨훨라라간다]

'ㄹ'이 탈락하는 경우 'ㄹㄴ'이라도 ㄹ용언의 어간 말음 'ㄹ' 뒤에 'ㄴ'이 이어진 것이면 유음화가 일어나지 않고 'ㄹ'이 탈락한다. 'ㄹㄴ'이 'ㄴ'이 되는 것이다(8.3.2 (7) 참조).

자음군단순화에 뒤이은 유음화 ㄹ계 자음군 가운데 'ㄼ, ㄾ, ㅀ'은 자음군단순화가 일어나면 'ㄹ'로 바뀌므로 뒤따르는 'ㄴ'을 유음화시키는 환경이 된다.

순행적 유음화의 예 : 환경이 자음군단순화로 생긴 'ㄹ 뒤'인 경우

넓네 → 널네 → [널레], 핥는 → 할는 → [할른], 잃는다 → 일는다 → [일른다]

역행적 유음화의 뜻 역행적 유음화는 뒤에 있는 'ㄹ'이 앞에 놓인 'ㄴ'에 영향을 주어 'ㄴ'이 'ㄹ'로 동화되는 것이다. 즉 'ㄴㄹ'이 'ㄹㄹ'이 된다.

역행적 유음화

입력	출력	환경	조건
ㄴ	ㄹ	'ㄹ' 앞	2음절 한자어에서

어종에 따른 역행적 유음화 역행적 유음화는 고유어에서 일어나지 않는다. 'ㄴ'으로 끝난 고유형태소 뒤에 'ㄹ'로 시작하는 고유형태소가 결합하는 경우가 생기지 않기 때문이다. 역행적 유음화는 한자어에 두드러지게 나타난다. 특히 2음절 한자어의 'ㄴ-ㄹ'에서는 예외 없이 유음화가 일어난다. 외래어에서도 역행적 유음화가 일어

나는 경우가 있다(10.5 참조).

한자어와 외래어에서의 역행적 유음화의 예

한자어 : 논리(論理) → [놀리], 반론(反論) → [발론], 분량(分量) → [불량], 신라(新羅) → [실라], 원래(元來/原來) → [월레], 인륜(人倫) → [일륜], 탄로(綻露) → [탈로], 혼란(混亂) → [홀란], 전라도(全羅道) → [절라도]

외래어 : 먼로(Monroe) → [멀로], 온라인(online) → [올라인], 핀란드(Finland) → [필란드], 헨리(Henry) → [헬리]

유음화와 설측음화 유음화를 설측음화라고 부른 적도 있다. 유음화가 일어난 후의 유음은 음성학적으로 설측음 [l]인 것이 사실이지만 음운론적으로는 유음이므로 유음화가 옳은 용어이다. 설측음화는 유음 'ㄹ'이 설측음 [l]로 실현되는 음성적 음운현상을 가리키는 말로 적당하다.

영어, 중국어, 일본어의 유음화 영어에서는 유음화가 일어나지 않는다. 영어 화자는 'only, unlock, online, Monroe, Finland, Henry' 등의 'l, r' 앞의 'n'을 'l, r'로 발음하지도 않고, 'illness, hazelnut, walnut, vulnerable, well-known, full name, serial number' 등의 'l' 뒤의 'n'을 'l'로 발음하지도 않는다. 그런데 'illegal, irregular' 등에는 통시적인 유음화 'in>il, in>ir'의 흔적이 남아 있다. 중국어 'fēnlí(분리), rénlèi(인류)' 등의 'nl'에서와 일본어 'sinri(진리), inreki(음력)' 등의 'nr'에서도 유음화가 일어나지 않는다.

(4) 조음위치동화

조음위치동화의 뜻 음절경계를 사이에 두고 이어진 종성 자음과 초성 자음이 조음위치가 서로 다르면 종성 자음의 조음위치가 초성 자음의 조음위치로 바뀔 수 있다. 이것을 조음위치동화(調音位置同化)라 한다.

조음위치동화(수의적) : 분절음 중심으로 표시

입력	출력	환경	조건
ㅂ, ㄷ	ㄱ	'ㄱ, ㄲ, ㅋ' 앞	없음
ㅁ, ㄴ	ㅇ		
ㄷ	ㅂ	'ㅂ, ㅃ, ㅍ, ㅁ' 앞	
ㄴ	ㅁ		

조음위치동화의 변화의 내용 입력과 환경을 붙여 표시하면 다음과 같다.

조음위치동화에 따른 변화의 내용

ㅂㄱ → ㄱㄱ, ㅂㄲ → ㄱㄲ, ㅂㅋ → ㄱㅋ
ㄷㄱ → ㄱㄱ, ㄷㄲ → ㄱㄲ, ㄷㅋ → ㄱㅋ
ㅁㄱ → ㅇㄱ, ㅁㄲ → ㅇㄲ, ㅁㅋ → ㅇㅋ
ㄴㄱ → ㅇㄱ, ㄴㄲ → ㅇㄲ, ㄴㅋ → ㅇㅋ
ㄷㅂ → ㅂㅂ, ㄷㅃ → ㅂㅃ, ㄷㅍ → ㅂㅍ, ㄷㅁ → ㅂㅁ
ㄴㅂ → ㅁㅂ, ㄴㅃ → ㅁㅃ, ㄴㅍ → ㅁㅍ, ㄴㅁ → ㅁㅁ

이러한 조음위치동화 이후에 'ㄱㄱ, ㅂㅂ'은 경음화로 각각 'ㄱㄲ, ㅂㅃ'으로 바뀌고 'ㅂㅁ'은 비음화로 'ㅁㅁ'으로 바뀐다.

조음위치 기준으로 표시하기 입력, 출력, 환경을 조음위치를 기준으로 다시 표시하면 다음과 같다.[11]

11. 출력이 후설음인 경우를 후설음화(또는 연구개음화), 출력이 양순음인 경우를 양순음화라 부르고 둘을 묶어 변자음화(邊子音化)라고 부르기도 한다.

조음위치동화(수의적) : 조음위치 기준으로 표시

입력	출력	환경	조건
양순음(ㅂ, ㅁ) 전설음(ㄷ, ㄴ)	후설음(ㄱ, ㅇ)	후설음(ㄱ, ㄲ, ㅋ) 앞	없음
전설음(ㄷ, ㄴ)	양순음(ㅂ, ㅁ)	양순음(ㅂ, ㅃ, ㅍ, ㅁ) 앞	

동화의 내용 환경이 후설음이면 출력도 후설음이고 환경이 양순음이면 출력도 양순음이라는 것을 확인할 수 있다. 즉 조음위치가 동화되는 현상이다. 이때 입력이 평폐쇄음이면 출력도 평폐쇄음이고 입력이 비음이면 출력도 비음이다. 즉 조음방식은 바뀌지 않는다.

수의적 현상 조음위치동화는 반드시 일어나는 것은 아니다. 즉 필수적인 현상이 아니라 수의적인 현상이다. 또박또박 발음할 때는 일어나지 않고 편하게 발음할 때 일어난다. 또 입력이 'ㅂ, ㅁ'일 때보다 'ㄷ, ㄴ'일 때 훨씬 잘 일어난다. 'ㅂ, ㅁ'의 조음위치동화를 전혀 일으키지 않는 사람도 있다. 조음위치동화가 일어난 발음은 표준발음으로 인정하지 않는다(「표준 발음법」 제21항 참조).

환경과 입력의 특징 환경에 'ㅇ 앞'이 없는 것은 'ㅇ'이 초성이 될 수 없기 때문이다. 또 입력은 원래의 'ㅂ, ㅁ, ㄷ, ㄴ'일 수도 있고 평폐쇄음화, 비음화, 자음군단순화의 결과일 수도 있다.

조음위치동화의 예 : 입력이 원래 'ㅂ, ㅁ, ㄷ, ㄴ'인 경우

ㅂ : 잡고 → [작꼬], 입구 → [익꾸], 일곱 개 → [일곡깨], 직업 고르기 → [지걱꼬르기]
ㅁ : 남고 → [낭꼬], 감기(感氣) → [강기], 인삼 캐기 → [인상캐기]
ㄷ : 듣고 → [득꼬], 믿기 → [믹끼], 디귿보다 → [디급뽀다]
ㄴ : 돈과 → [동과], 신고 → 신꼬 → [싱꼬], 신문 → [심문], 단풍 → [담풍], 인간미 → [잉감미], 선반 만들기 → [섬밤만들기]

조음위치동화의 예 : 입력이 평폐쇄음화, 비음화, 자음군단순화의 결과인 경우

ㅂ : 무릎까지 → 무릅까지 → [무릅까지], 덮고 → 덥꼬 → [덕꼬], 나뭇잎 가지고 놀기 → 나문닙까지고놀기 → [나문닉까지고놀기]
ㅁ : 삶고 → 삼꼬 → [상꼬]
ㄷ : 옷보다 → 옫뽀다 → [옵뽀다], 있고 → 읻꼬 → [익꼬], 찾기 → 찯끼 → [착끼], 다섯 번 → 다섣뻔 → [다섭뻔], 다섯 개 → 다섣깨 → [다석깨], 버릇 고치기 → 버륻꼬치기 → [버륵꼬치기]
ㄴ : 옷만 → 온만 → [옴만], 앉고 → 안꼬 → [앙꼬], 꽃무늬 → 꼳무니 → 꼰무니 → [꼼무니], 다섯 명 → 다선명 → [다섬명], 종이꽃 만들기 → 종이꼰만들기 → [종이꼼만들기]

통시적인 조음위치동화 조음위치동화는 통시적인 변화에서도 확인된다. '싱겁다'는 15세기의 '슴겁다'에서 온 것이다. 'ㅁ'이 'ㄱ'에 조음위치동화되어 'ㅇ'이 되었다. '슴겁다'의 'ㅁ'과는 달리 '슴슴하다>심심하다'의 'ㅁ'은 후설음 앞이 아니므로 'ㄱ'으로 변하지 않았다. 또 '함께'는 15세기의 'ᄒᆞᆫᄢᅴ('동일한 때'의 뜻)'에서 온 것이고 '이맘때'는 15세기의 '이+만+ᄣᅢ'에서 온 것으로서 'ㅂ' 앞의 'ㄴ→ㅁ'과 같은 조음위치동화를 보여 준다. 그리고 15세기의 '밨, 닸다'도 'ㅅ'이 'ㄱ'에 조음위치동화됨으로써 현대의 '밖, 닦다'에 이르게 되었다. 그 밖에 '잠개>쟁기, 붇움키다>부둥키다, 삼기다>생기다, ᄒᆞᆫ보로>함부로, 이놈아>인마>임마' 등에서도 조음위치동화를 확인할 수 있다('임마'는 '인마'의 비표준어로 처리된다). '연계(軟鷄)>영계, 림금(林檎)>님금>능금'은 조음위치동화로 형태가 변해 한자에 대한 의식이 약해진 예이다. 또 '치고받다'의 활용형으로 가장 많이 쓰이는 '치고받고'는 조음위치동화가 일어난 [치고박꼬]로 발음하는 일이 많아 '치고박고'로 오해하는 사람도 있다.

영어와 일본어의 조음위치동화 영어에는 'impossible, symphony' 같은 단어에 통시적인 조음위치동화 'in>im, syn>sym'의 흔적이 남아 있다. 일본어에서는 'indo(印度) → [indo], sinbu(新婦) → [ʃimbu], denki(電氣) → [deŋki]' 등에서 보듯이 음소 'n'이 조음위치동화된 변이음으로 실현된다.

자음동화 폐쇄음의 비음화, 유음화, 조음위치동화를 묶어서 흔히 자음동화라 부른다. 자음이 자음에 영향을 주어 동화를 일으키는 음운현상들이기 때문이다.

(5) 경음화

경음화의 종류 경음화(硬音化)는 현대한국어에서 가장 빈번하고 가장 다양하게 나타나는 음운현상이다. 각 경음화의 차이는 주로 환경과 조건에 있다. 아래의 여러 경음화 가운데 ①, ③, ④는 모든 어종에 두루 나타나고 ②는 고유어에만 나타난다. 그리고 ⑤, ⑥, ⑦은 한자어에만 나타난다. 한자어에만 나타나는 이 셋은 **9.6**에서 다루고 나머지 넷만 여기서 서술한다.

경음화의 종류

① 폐쇄음 뒤의 경음화
② 용언어간말 비음 뒤의 경음화
③ '-을' 관형사형 뒤의 경음화
④ 사이시옷에 의한 경음화
⑤ 한자어에서의 'ㄹ' 뒤의 경음화
⑥ 특정한 한자형태소에 수반되는 경음화
⑦ 특정한 한자어에 나타나는 경음화

8-4 통시적인 변화로서의 어두경음화

경음화 가운데는 현대한국어의 공시적인 음운현상이 아닌 것도 있다. 통시적 음운변화로서의 **어두경음화**가 그것이다. 15 · 16세기에 일부 동사가 어두경음화를 겪었다. 이들은 동작의 격렬함을 표현하기 위해 어두자음을 경음으로 발음하게 된 것으로 보인다.

15 · 16세기에 일부 동사에 일어난 어두경음화

구짖다>ᄭᅮ짖다(꾸짖다), 긇다>ᄭᅳᆶ다(끓다), 그스다>ᄭᅳ스다(끌다), 디ᄅᆞ다>ᄣᅵᄅᆞ다(찌르다), 딯다>ᄯᅵᇂ다(찧다), 비븨다>ᄢᅵ븨다(비비다), 빟다>ᄢᅵᇂ다(뿌리다), 사홀다>ᄡᅡ홀다(썰다), 솓다>ᄡᅩᆮ다(쏟다), 십다>ᄡᅵᆸ다

17세기 이후에도 일부 동사에서 어두경음화가 이어졌다.

17세기 이후에 일부 동사에 일어난 어두경음화

갃다>깎다, 걲다>꺾다, 곶다>꽂다, 닿다>땋다, 딕다>찍다, ᄇᆞᅀᆞ다>빻다, 석다>썩다, 싯다>씻다, 좃다>쪼다

동사 외의 품사에서도 강한 어감을 표현하기 위한 어두경음화를 겪은 예들이 있다.

형용사와 명사에 일어난 어두경음화

형용사
　뎌르다>져르다>짧다, 싁싁ᄒᆞ다>씩씩하다, ᄀᆞᆺᄀᆞᆺᄒᆞ다>깨끗하다

명사
　가치>까치, 겁질>껍질, 고토리>꼬투리, 곡뒤>꼭뒤, 골>꼴, 긑>끝, 긶>끈, 다와기>따오기, 삯>싹, 소과리>쏘가리, 실훔>씨름, 족>쪽(藍)

이 밖에 '까맣다, 꺼멓다, 빨갛다, 뻘겋다, 뽀얗다, 뿌옇다, 꺼칠꺼칠, 뻰쩍뻰쩍, 삐뚤삐뚤, 뻥뻥, 씽긋' 등도 강한 어감을 표현하기 위한 경음화를 통해 발달한 형태들인데 이들은 두음이 평음인 형태 '가맣다, 거멓다' 등과 공존하고 있는 것이 특징이다.

현대에 와서도 어두경음화가 계속 일어나고 있다.

현대에 진행 중인 어두경음화

동사
　감다(머리를)>깜다, 구기다>꾸기다, 닦다>딲다, 달리다(힘이)>딸리다, 당기다(줄을)>땅기다, 두드리다>뚜드리다, 세련되다>쎄련되다, 자르다>짜르다, 졸다(국물이)>쫄다

형용사

동그랗다>똥그랗다, 세다(힘이)>쎄다, 작다>짝다, 조그맣다>쪼그맣다, 좁다>쫍다, 진하다>찐하다, 질기다>찔기다

명사

강소주>깡소주, 고깔>꼬깔, 공짜>꽁짜, 곶감>꽂감, 구정물>꾸정물, 동그라미>똥그라미, 둑>뚝, 번데기>뻔데기, 생맥주>쌩맥주, 소주>쏘주, 자식>짜식, 장아찌>짱아찌, 조각>쪼각, 조금>쪼금, 족제비>쪽제비, 족집게>쪽집게, 졸병>쫄병, 주꾸미>쭈꾸미

이 예들 중에서 '꾸기다, 뚜드리다, 쫄다, 똥그랗다, 쪼그맣다, 똥그라미, 쪼금'은 평음으로 시작하는 어형들과 어감의 차이를 가지고 공존하는 것으로 보아 표준어로 인정하고 있다. '당기다(줄을)'와 '땅기다(피부가)'는 어원이 같을 텐데 전자는 '당기다'만, 후자는 '땅기다'만 표준어로 인정한다. 또 북한에서는 '딸리다(힘이), 짜르다, 쪼각'을 표준어로 인정한다.

전라도와 경상도의 방언에는 훨씬 많은 예들이 나타난다.

전라방언과 경상방언의 어두경음화

명사

가시>까시, 가죽>까죽, 가지(茄子)>까지, 감(柿)>깜, 개미>깨미, 구린내>꾸린내, 돌(石)>똘, 본(本)>뽄, 비둘기>삐들기, 속>쏙, 줄거리>쭐거리, 혀>세>쎄

동사

감다(눈을)>깜다, 건지다>껀지다, 굽다(고기를)>꿉다, 다듬다>따듬다, 던지다>떤지다, 벗기다>뻿기다, 볶다>뽂다, 붇다>뿔다, 부수다>뿌수다, 성내다>썽내다, 줄다>쭐다, 집다>찝다

형용사

붉다>뿕다, 시원하다>씨언하다

부사

기웃기웃>찌웃찌웃

① 폐쇄음 뒤의 경음화

폐쇄음 뒤의 경음화의 뜻 음절연결제약에 따르면 종성이 폐쇄음인 음절 뒤에 초성이 평음인 음절이 연결될 수 없다(4.2.2 참조). 이때 뒤음절의 초성인 평음이 경음으로 바뀌게 되는데 이것을 폐쇄음 뒤의 경음화라 한다.

폐쇄음 뒤의 경음화

입력	출력	환경	조건
ㅂ, ㄷ, ㄱ, ㅈ, ㅅ	ㅃ, ㄸ, ㄲ, ㅉ, ㅆ	'ㅂ, ㄷ, ㄱ' 뒤	없음

폐쇄음 뒤의 경음화의 환경 환경은 평폐쇄음 'ㅂ, ㄷ, ㄱ' 뒤이다. 이것은 원래의 자음인 경우도 있고 평폐쇄음화나 자음군단순화의 결과인 경우도 있다.

폐쇄음 뒤의 경음화의 예 : 환경이 원래 평폐쇄음인 경우

ㅂ : 잡고 → [잡꼬], 잡던 → [잡떤], 잡지 → [잡찌]
삽질 → [삽찔], 입구 → [입꾸], 이합집산 → [이합찝싼]
직업 고르기 → [지겁꼬르기]
ㄷ : 믿고 → [믿꼬], 믿던 → [믿떤], 믿지 → [믿찌]
곧 가요 → [곧까요]
ㄱ : 녹고 → [녹꼬], 녹던 → [녹떤], 녹지 → [녹찌]
벽돌 → [벽똘], 독서 → [독써], 북극성 → [북끅썽]
꼭 잡고 → [꼭짭꼬]

폐쇄음 뒤의 경음화의 예 : 환경이 평폐쇄음화, 자음군단순화의 결과인 경우

ㅂ : 앞집 → 압집 → [압찝], 덮고 → 덥고 → [덥꼬]
읊고 → 읖고 → 읍고 → [읍꼬]
ㄷ : 옷도 → 옫도→ [옫또], 낮도 → 낟도 → [낟또], 빛도 → 빋도 → [빋또], 밑도 → 믿또 →
[믿또]
웃고 → 웃고→ [웃꼬], 있고 → 읻고 → [읻꼬], 잊고 → 읻고 → [읻꼬], 쫓고 → 쫃고 →
[쫃꼬], 맡고 →맏고→ [맏꼬]
앉고 → 안ㄷ고 → 안ㄷ꼬 → [안꼬], 핥고 → 할ㄷ고 → 할ㄷ꼬 → [할꼬]
ㄱ : 부엌도 → 부억도 → [부억또], 밖조차 → 박조차 → [박쪼차], 깎지 → 깍지 → [깍찌]
읽던 → 익던 → [익떤]

폐쇄음 뒤의 경음화와 자음군단순화의 순서 '앉고, 핥고'는 말음 'ㅈ, ㅌ'이 'ㄷ'으로 평폐쇄음화되고 폐쇄음 뒤의 경음화가 일어난 다음에 자음군단순화로 'ㄷ'이 탈락해 [안꼬], [할꼬]로 발음된다. 이때 경음화가 자음군단순화보다 먼저 일어나야 한다. 그렇지 않고 자음군단순화가 먼저 일어나면 폐쇄음 뒤의 경음화가 일어날 수 없어 [안고], [할고]라는 잘못된 발음이 생성된다.

② 용언어간말 비음 뒤의 경음화

용언어간말 비음 뒤 경음화의 뜻과 입력과 환경 ㄴ용언과 ㅁ용언 뒤에서 평음인 어미 두음은 경음으로 바뀐다. 이것을 용언어간말 비음 뒤 경음화라 한다. 어미 두음으로 'ㅂ, ㅅ'이 없기 때문에[12] 'ㄷ, ㄱ, ㅈ'만 입력이 되며, ㅇ용언이 없기 때문에 비음 중에서 'ㅇ'이 빠진 'ㅁ, ㄴ' 뒤가 환경이 된다.

12. ㅂ어미는 원래 없고 ㅅ어미도 발음상 'ㅆ'으로 시작한다.

용언어간말 비음 뒤의 경음화

입력	출력	환경	조건
ㄷ, ㄱ, ㅈ	ㄸ, ㄲ, ㅉ	'ㅁ, ㄴ' 뒤	용언어간과 어미가 결합할 때

용언어간말 비음 뒤의 경음화의 예 : 어간 말음절 종성이 'ㅁ, ㄴ'인 경우

ㅁ : 남고 → [남꼬], 남던 → [남떤], 남지 → [남찌]
ㄴ : 신고 → [신꼬], 신던 → [신떤], 신지 → [신찌]

용언어간말 자음군 'ㄻ' 뒤의 경음화 용언어간 말음절의 종성이 자음군 'ㄻ'인 경우에도 어간 말음이 'ㅁ'이므로 어미 두음의 경음화가 일어난다. 이때는 자음군단순화와 경음화가 모두 일어나야 하는데 둘 중 어느 것이 먼저 일어나도 상관이 없다. 그러서 다음과 같이 두 가지 순서가 모두 가능하다.

용언어간말 비음 뒤의 경음화의 예 : 어간 말음절 종성이 'ㄻ'인 경우

경음화가 먼저 일어날 때 : 삶고 → 삶꼬 → [삼꼬], 삶던 → 삶떤 → [삼떤], 삶지 → 삶찌 → [삼찌]
자음군단순화가 먼저 일어날 때 : 삶고 → 삼고 → [삼꼬], 삶던 → 삼던 → [삼떤], 삶지 → 삼지 →[삼찌]

③ '-을' 관형사형 뒤의 경음화

관형사형어미와 경음화 관형사형어미 '-은, -을, -던, -는' 가운데 '-을' 뒤에서만 경음화가 일어난다.

'-을' 관형사형 뒤의 경음화

입력	출력	환경	조건
ㅂ, ㄷ, ㄱ, ㅈ, ㅅ	ㅃ, ㄸ, ㄲ, ㅉ, ㅆ	'ㄹ' 뒤	관형사형어미 '-을'이 붙은 관형사형 뒤에 수식 받는 체언이 연결될 때

의존명사와 자립명사에 따른 차이 '-을' 관형사형 뒤의 의존명사의 두음은 항상 경음화된다. 그러나 자립명사의 두음은 경음화되지 않을 때도 있다. '-을' 관형사형과 자립명사를 한 단위로 이어서 발음할 때는 경음화가 잘 일어나고, 자립명사부터 새로운 단위를 시작하는 식으로 발음할 때는 경음화가 잘 일어나지 않는다.

'-을' 관형사형 뒤의 경음화의 예 : '-을' 관형사형 뒤에 의존명사가 온 경우

갈 데 → [갈떼], 먹을 것 → [머글껃], 좋을 대로 → [조을때로], 알 듯 모를 듯[알뜯모를뜯][13], 할 수 있다 → [할쑤읻따], 떠날 거야 → [떠날꺼야]

'-을' 관형사형 뒤의 경음화의 예 : '-을' 관형사형 뒤에 자립명사가 온 경우

만날 사람 → [만날싸람], 이사할 집 → [이사할찝], 봄에 내놓을 제품 → [보메네노을쩨품]

경음화 발생을 억제하는 요소 특히 자립명사를 수식하는 다른 요소가 자립명사 바로 앞에 끼어들면 경음화가 일어나지 않는다. 다음의 '그, 두, 사계절형' 등이 끼어들어 경음화의 발생을 억제한다.

'-을' 관형사형 뒤의 경음화가 일어나지 않는 예

만날 그 사람 → [만날 그사람], 이사할 두 집 → [이사할 두 집],
봄에 내놓을 사계절형 제품 → [보메네노을 사게절형제품]

13. "너도 알듯 이번 모임이 취소되었어."에서는 '-듯'이 어미이므로 경음화되지 않는다.

어휘화와 문법화 이후에 남은 경음화의 흔적 '-을' 관형사형 뒤의 경음화가 일어난 구가 한 단어나 어미로 굳어진 예들이 있다(단어로 굳어지는 것은 어휘화, 어미로 굳어지는 것은 문법화이다). 한자의 훈(訓)과 음의 연결, 즉 **훈음구성**(訓音構成)에서도 '-을' 관형사형과 한자음이 붙어 한 단어로 굳어진 예를 볼 수 있다.

'-을' 관형사형 뒤의 경음화 이후 구가 단어나 어미로 굳어진 예

단어 : 길짐승(기다), 꽂을대(꽂다), 끌신(끌다), 날밭(나다), 날짐승(날다), 데릴사위(데리다), 들것(들다), 디딜방아(디디다), 땔감(때다), 멜빵(메다),[14] 물부리(물다), 볼거리(보다), 빨대(빨다), 뺄셈(빼다), 설자리(서다), 앉을자리(앉다), 열쇠(열다), 욀재주(외다), 울상(울다), 잡을손(잡다), 죽을죄(죽다), 쥘부채(쥐다), 참을성(참다), 갈지자걸음(가다)[갈찌짜거름][15]

한자의 훈('-을' 관형사형) + 음 : 날비(飛)(날다), 달릴주(走)(달리다), 볼견(見)(보다), 아닐비(非)(아니다), 이를지(至)(이르다), 작을소(小)(작다)

어미 : -을거나, -을걸, -을게, -을까, -을꼬, -을밖에, -을세라, -을수록, -을쏘냐, -을쏜가, -을지, -을지라도, -을지어다, -을지언정, -을진대, -올시다

14. '멜빵'의 '빵'은 15세기의 '밯(繩)'에서 온 말로서 '밧줄'의 '바'와 어원이 같다.

15. '굴대(<그울-+-을+대, 구르다), 자물쇠(<ᄌᆞᄆᆞᆳ쇠, 잠그다)'도 어원적으로 '-을' 관형사형 때문에 경음화가 일어난 단어이다.

한자의 훈음구성에서의 경음화 『표준국어대사전』은 훈음구성인 '날비, 달릴주' 등에서 경음화가 일어나지 않는 것으로 표시하고 '갈지자, 갈지자걸음'에서는 경음화가 일어나는 것으로 표시하고 있다. 한자의 훈이 명사인 '칼도(刀), 아들자(子), 물수(水), 손수(手), 창과(戈), 돌석(石), 골곡(谷), 뿔각(角), 발족(足)' 등에서는 경음화가 일어나지 않는 것이 옳지만 한자의 훈이 '-을' 관형사형인 '날비, 달릴주' 등에서는 경음화가 일어나는 것으로 보아야 할 것이다.

④ 사이시옷에 의한 경음화

표기요소로서의 사이시옷과 문법요소로서의 사이시옷 **사이시옷**은 맞춤법에서 '촛불, 빗물' 등의 'ㅅ'받침을 가리키는 말이다. 문법론에서는 '초+불, 비+물'과 같은 결합에서 두 명사 사이에 사이시옷이라는 문법요소가 끼어든다고 본다. 즉 사이시옷은 표기요소를 뜻할 수도 있고 문법요소를 뜻할 수도 있다. 경음화를 일으키는 것은 문법요소로서의 사이시옷이다.

문법요소로서의 사이시옷의 확인 '등불'에서는 표기에서 사이시옷을 확인할 수 없지만 [등뿔]이라는 발음을 통해 문법적으로 사이시옷이 끼어들었음을 알 수 있다. 그리고 '숯불, 눈물'에서는 표기에서도 발음에서도 사이시옷을 확인할 수 없지만 '촛불, 등불, 숯불'이 조어구조가 같고 '콧물, 눈물'이 조어구조가 같으므로 역시 사이시옷이 끼어들었다고 추론할 수 있다.

사이시옷이 일으키는 음운현상 '초+불, 등+불'과 같이 앞말이 모음이나 비음, 유음으로 끝나고 뒷말의 초성이 평음인 경우에는 사이시옷이 경음화를 일으킨다. '비+물, 나무+잎'과 같이 앞말에 종성이 없고 뒷말이 비음이나 'i, j'로 시작하는 경우에

는 사이시옷이 경음화 대신 ㄷ첨가를 일으킨다. '비+물 → 빗물 → [빈물]', '나무+잎 → 나뭇입 → 나뭇닙 → [나문닙]'과 같이 ㄷ첨가 이후 ㄴ첨가와 비음화가 일어난다. 즉 사이시옷의 개입이라는 문법현상은 음운론적으로 환경에 따라 경음화나 ㄷ첨가가 일어나는 것으로 그 모습을 드러내는 것이다(ㄷ첨가는 **8.3.3** (10) 참조).[16]

16. 학교문법에서는 사이시옷에 의한 경음화, ㄷ첨가, ㄷ첨가에 이은 ㄴ첨가를 묶어서 사잇소리 현상이라고 부른다.

사이시옷에 의한 음운현상

앞말의 말음	뒷말의 두음	음운현상	예
ㅁ, ㄴ, ㅇ, ㄹ, 모음	평음	경음화	촛불, 들불, 산불, 등불
모음	비음, i, j	ㄷ첨가	빗물, 나뭇잎, 도리깻열

사이시옷에 의한 경음화

입력	출력	환경	조건
ㅂ, ㄷ, ㄱ, ㅈ, ㅅ	ㅃ, ㄸ, ㄲ, ㅉ, ㅆ	ㅁ, ㄴ, ㅇ, ㄹ, 모음 뒤	문법적으로 사이시옷이 끼어들 때

사이시옷 개입의 복잡성 어떤 경우에 사이시옷이 끼어들고 끼어들지 않는지 완전히 밝혀져 있지는 않다. 방언에 따라 또는 개인에 따라 같은 단어에 대해서 사이시옷을 넣고 넣지 않는 차이가 나타나기도 하여 그 양상은 꽤 복잡하다(구체적인 내용은 **8-6** 참조).

8-5 표기에서 사이시옷을 넣지 않는 경우

발음상 사이시옷이 필요하더라도 표기상 사이시옷을 넣지 않는 경우가 있다. 첫째는 합성명사나 파생명사의 뒤 형태소가 경음이나 유기음으로 시작하는 경우이다. 예를 들어 '허리+띠, 위+층, 뒤+칸, 배+탈' 같은 합성명사에서는 발음상 사이시옷을 넣어야 할 것 같기도 하고 그렇지 않은 것 같기도 한데 뒤 형태소 '띠, 층, 칸, 탈'이 경음 또는 유기음으로 시작하므로 사이시옷을 넣지 않는다.

둘째는 합성명사나 파생명사의 앞뒤 형태소가 모두 한자형태소이거나 둘 중 적어도 한쪽이 외래어인 경우이다. 예를 들어 한자어 '내과(內科), 수적(數的), 대가(代價), 시가(市價), 시점(時點), 이권(利權), 이점(利點), 초점(焦點), 마구간(馬廏間), 맥주병(麥酒甁), 장미과(薔薇科), 차이점(差異點)' 등에서는 경음화가 일어나지만 사이시옷을 넣지 않는다. '곳간(庫間), 셋방(貰房), 숫자(數字), 찻간(車間), 툇간(退間), 횟수(回數)'의 6개와 '차(茶)'로 시작하는 합성어 '찻방(茶房), 찻상(茶床), 찻잔(茶盞), 찻장(茶欌), 찻종(茶鍾)'은 예외로서 사이시옷을 표기한다. 또 '커피값(coffee값)[커피깝], 콜라병(cola甁)[콜라뼝], 페트병(PET甁)[페트뼝], 아스팔트길(asphalt길)[아스팔트낄]' 등 외래어가 들어 있는 합성명사에서도 경음화가 일어나지만 사이시옷을 넣지 않는다.

음운 현상

사이시옷에 의한 경음화로 형태가 바뀐 단어 사이시옷 때문에 일어난 경음화가 단어의 형태를 바꾼 예도 있다. '머리빡, 이마빡'은 '머릿박, 이맛박(<니맛박)'과 같은 형태에서 변한 것이다. 접미사 '-쯤'은 15세기의 명사 '즈음'에서 발달한 것으로 명사일 때는 '즈음'으로 바뀌고 접미사일 때는 ㅅ전치성 형태소(💡 **8-6** 참조)로 쓰여 경음화 때문에 '-쯤'으로 바뀌게 되었다. 또 ㅅ전치성 형태소인 '-기(氣)'와 '거리'로부터 자립명사를 만들어 쓰면서 '끼, 꺼리'라고 발음하게 된 것도 사이시옷 때문에 일어난 경음화가 정착하게 된 예이다. '꽃, 뿌리'는 15세기에 '곶, 불휘'였는데 이들이 식물 이름 뒤에 붙어 '-ㅅ곶, -ㅅ불휘'로 쓰이는 일이 많으므로 단독으로 쓰일 때도 아예 '꽃, 뿌리'라고 함으로써 두음이 경음화된 것으로 보인다.

15세기의 사이시옷 15세기에는 '눉ᄌᆞᅀᆞ(눈자위), 믌결(물결), 짒 일(집의 일), 아바닚 病(아버님의 병)'과 같이 받침 있는 말에도 사이시옷을 넣어 표기하는 것이 일반적이었다. 또 '아바닚 病', '부텻 굴근 弟子ᄃᆞᆯ히 舍利(부처의 큰 제자들의 사리)'와 같이 사이시옷이 관형격조사의 역할을 하는 경우도 있었다.

사이시옷에서 유래한 받침 'ㄷ' '숟가락, 섣달, 이튿날, 푿소' 등의 'ㄷ'은 역사적으로 사이시옷에서 온 것이다. '술ㅅ가락, 설ㅅ달, 이틀ㅅ날, 풀ㅅ소'가 ㄹ탈락의 결과 '숫가락, 섯달, 이틋날, 풋소'가 된 것인데 맞춤법에서 'ㅅ'을 'ㄷ'으로 적도록 정했다. 어원의 관점에서는 잘못된 표기라고 할 수 있다.

💡 8-6 사이시옷은 언제 끼어드는가?

사이시옷의 개입이 불규칙적이기는 하지만 어느 정도의 규칙성은 찾을 수 있다. 그것은 크게 두 가지로 정리할 수 있다. 첫째, 합성명사나 파생명사의 형성에 참여하는 형태소 중에서 어떤 것은 항상 사이시옷을 동반한다. 둘째, 합성명사를 형성하는 두 형태소의 의미관계가 사이시옷의 개입 여부를 결정한다. (맞춤법에서 사이시옷을 적지 않지만 문법적으로 사이시옷이 들어 있는 '눈길, 골목길'과 같은 단어는 '눈ㅅ길, 골목ㅅ길'과 같이 적고 사이시옷이 끼어들지 않은 '고무신, 물불'과 같은 단어는 '고무∅신, 물∅불'과 같이 적기로 한다.)

(1) 항상 사이시옷을 동반하는 형태소

항상 사이시옷을 동반하는 형태소에는 고유어 '가(가장자리), 감(재료), 값, 거리(대상), 국, 길, 발(가늘고 긴 물건), 살(나란한 줄)' 및 고유접미사 '-발, -보'와 한자어 '격(格), 과(課), 급(級), 방(房), 법(法), 병(病), 세(稅), 자(字), 점(點), 죄(罪)' 및 한자접미사 '-기(氣), -대(臺), -성(性), -장(狀), -조(調), -증(症), -증(證)'이 있다. 이들이 다른 형태소나 단어 뒤에 붙어 합성명사나 파생명사를 형성할 때 이들의 두음이 경음화된다. 사이시옷이 항상 앞에 붙어 있는 것처럼 행동한다는 뜻으로 이들을 **ㅅ전치성**(前置性) **형태소**라고 부른다. 이 가운데 ㅅ전치성 한자어 및 한자접미사는 **9.6.4**에서 다룬다.

ㅅ전치성 형태소의 예 : 고유어 및 고유접미사

가 : 강ㅅ가, 귓가, 길ㅅ가, 냇가, 눈ㅅ가, 바닷가, 호숫가

감 : 구경ㅅ감, 금메달ㅅ감, 놀림ㅅ감, 대통령ㅅ감, 맷감, 며느릿감, 물ㅅ감, 사윗감, 신랑ㅅ감, 신붓감, 안ㅅ감, 안줏감, 양념ㅅ감, 장군ㅅ감, 장난ㅅ감, 팻감, 횟감

값

무엇에 대한 대가 : 금ㅅ값, 껌ㅅ값, 꼴ㅅ값, 기름ㅅ값, 나잇값, 담뱃값, 땅ㅅ값, 똥ㅅ값, 몸ㅅ값, 부동산ㅅ값, 술ㅅ값, 신발ㅅ값, 쌀ㅅ값, 아파트ㅅ값, 옥탄ㅅ값, 외상ㅅ값, 절ㅅ값, 종잇값, 죗값, 집ㅅ값, 찻값, 커피ㅅ값, 킷값

값이 정해지는 방식 : 근삿값, 기댓값, 반ㅅ값(표준발음은 [반:갑]), 중앙ㅅ값, 참ㅅ값, 최댓값, 최솟값, 평균ㅅ값, 헐ㅅ값

거리 : 걱정ㅅ거리, 고민ㅅ거리, 근심ㅅ거리, 뉴스ㅅ거리, 바느질ㅅ거리, 반찬ㅅ거리, 아침ㅅ거리, 안줏거리, 웃음ㅅ거리, 일ㅅ거리, 화젯거리

국 : 고깃국, 김칫국, 된장ㅅ국, 뗏국, 만둣국, 북엇국, 선짓국, 술ㅅ국, 장ㅅ국, 촛국, 콩ㅅ국, 콩나물ㅅ국, 해장ㅅ국

길 : 가로숫길, 갈림ㅅ길, 고갯길, 고생ㅅ길, 귀향ㅅ길, 기찻길, 남행ㅅ길, 눈ㅅ길, 단풍ㅅ길, 돌ㅅ길, 뒤안ㅅ길, 뒷길, 들ㅅ길, 등굣길, 물ㅅ길, 바닷길, 밤ㅅ길, 방랑ㅅ길, 뱃길, 벼슬ㅅ길, 비단ㅅ길, 비탈ㅅ길, 빗길, 빙판ㅅ길, 사양ㅅ길, 산ㅅ길, 샛길, 숨ㅅ길, 시골ㅅ길, 아스팔트ㅅ길, 오솔ㅅ길, 인생ㅅ길, 자갈ㅅ길, 저승ㅅ길, 지름ㅅ길, 찻길, 철ㅅ길, 초행ㅅ길, 출근ㅅ길, 출셋길, 피난ㅅ길, 하룻길, 혼삿길, 황천ㅅ길, 황톳길 ※'외길, 한길'은 예외

발 : 국숫발, 눈ㅅ발, 면ㅅ발, 빗발, 서릿발, 오줌ㅅ발, 핏발, 햇발

살 : 구김ㅅ살, 눈ㅅ살, 문ㅅ살, 물ㅅ살, 바큇살, 부챗살, 이맛살, 주름ㅅ살, 창ㅅ살, 햇살

–발 : 말ㅅ발, 기돗발, 사진ㅅ발, 안줏발, 조명ㅅ발, 화면ㅅ발, 화장ㅅ발

–보 : 눈물ㅅ보, 말ㅅ보, 심술ㅅ보, 울음ㅅ보, 웃음ㅅ보

발음만 가지고는 사이시옷의 개입 여부를 확인할 수 없는 '입ㅅ가, 옷ㅅ감, 떡ㅅ값, 밥ㅅ값, 옷ㅅ값, 집ㅅ값, 책ㅅ값, 저녁ㅅ거리, 바지락ㅅ국, 젓ㅅ국, 골목ㅅ길, 내리막ㅅ길, 앞ㅅ길, 옆ㅅ길, 오르막ㅅ길, 흙ㅅ길, 빗ㅅ살, 약ㅅ발' 등도 위의 단어들을 참고하면 문법적으로는 사이시옷이 들어 있는 것으로 분석할 수 있다.

의존명사 '거리'가 합성명사를 형성할 때 항상 [꺼리]로 발음되므로 '일꺼리, 걱정꺼리'처럼 '꺼리'로 잘못 표기하는 사람도 있다. 또 속어(俗語)에서 '거리'를 자립명사로 독립시켜 사용하는 사람들은 아예 '꺼리'라고 한다(이 '꺼리'는 비표준어이다). '일꾼, 구경꾼, 나무꾼, 사기꾼, 장사꾼' 등의 접미사 '–꾼'도 원래 한자형태소 '군(軍)'에서 온 것이다. '군'이 ㅅ전치성 형태소로 쓰여 항상 '꾼'으로 발음되자 표기를 아예 '–꾼'으로 정하게 되었다. 속어에서 '–꾼'을 명사로 독립시켜 전문가나 숙련자의 의미로 말할 때도 '꾼'이라고 한다.

'값'은 선행명사구와 함께 구를 형성할 때도 '무엇에 대한 대가'를 표현할 때는 ㅅ전치성 형태소로 행동한다. '옷 한 벌 ㅅ값'은 '옷 한 벌'이라는 명사구와 '값'을 연결하여 더 큰 구를 만든 예인데 '값'의 'ㄱ'이 경음화된다. '차 한 대 ㅅ값, 집 한 채 ㅅ값' 등도 마찬가지이다. '동안'은 의존명사로서 시간적 길이를 뜻하는 명사 뒤에 연결되어 구를 형성할 때 역시 ㅅ전치성 형태소로 행동한다. '밤 ㅅ동안, 하루 ㅅ동안, 이틀 ㅅ동안, 한 달 ㅅ동안, 1년 ㅅ동안' 등에서 'ㄷ'이 경음화되는 것을 볼 수 있다. '오랫동안'은 아예 한 단어가 되어 사전에 올라 있다.

의존명사 '것' 또는 '거' 앞에 소유자를 붙여 소유물을 나타낼 때는 '것, 거'의 'ㄱ'을 항상 경음으로 발음한다. 이것도 '것, 거' 앞에 사이시옷이 끼어든 결과로 이해할 수 있다. 따라서 맞춤법에 따라 '내 거, 네 거, 누구 거, 철수 거'로 적는 말들에서 '거'가 항상 [꺼]로 발음되므로 아예 '내꺼, 네꺼, 누구꺼, 철수꺼'와 같이 적는 사람도 많다. 이들도 문법적으로는 '내 ㅅ거' 등으로 분석할 수 있다. (이 밖에도 구에 사이시옷이 끼어든 예로 '철수가 도착한 날 ㅅ밤, 이 마을 ㅅ사람, 그러한 태도 ㅅ속, 출석한 사람 ㅅ수' 등이 있다.)

ㅅ전치성 형태소와 짝이 되는 것이 **ㅅ후치성(後置性) 형태소**이다. '뒤, 아래, 위'는 다른 형태소 앞에 붙어 합성명사를 형성할 때 항상 '뒷, 아랫, 윗'의 형태로 나타난다.

ㅅ후치성 형태소의 예

뒷 : 뒷감당, 뒷걸음, 뒷골목, 뒷날, 뒷다리, 뒷돈, 뒷말, 뒷모습, 뒷발, 뒷방, 뒷산, 뒷소리, 뒷심, 뒷이야기, 뒷일, 뒷짐, 뒷집

아랫 : 아랫것, 아랫녘, 아랫마을, 아랫목, 아랫사람, 아랫입술, 아랫집 ※ '아래알, 아래옷'은 예외

윗 : 윗녘, 윗눈썹, 윗마을, 윗목, 윗사람, 윗알, 윗옷, 윗입술, 윗집

'뒤쪽, 뒤칸, 뒤편, 아래쪽, 아래층, 아래칸, 위쪽, 위층, 위칸' 등도 맞춤법에 따라 사이시옷을 넣지 않을 뿐이지 문법적으로는 사이시옷을 가지고 있는 '뒤ㅅ쪽, 뒤ㅅ칸, 뒤ㅅ편, 아래ㅅ쪽, 아래ㅅ층, 아래ㅅ칸, 위ㅅ쪽, 위ㅅ층, 위ㅅ칸' 등으로 분석된다.

'옛꿈, 옛날, 옛말, 옛사람, 옛이야기, 옛이응, 옛일, 옛적, 옛정, 옛집, 옛터' 등의 '옛'도 원래 명사 '예'가 ㅅ후치성 형태소로 쓰인 데서 나온 것으로 보인다. '예'는 '예나 지금이나, 예로부터'로만 쓰이므로 그다지 자유롭게 쓰이는 명사는 더 이상 아니다. 이제는 '예'에 사이시옷이 붙은 '옛'이 한 단어로 굳어져 관형사로 인정된다(옛 기억, 옛 모습, 옛 추억, 옛 친구). 따라서 '옛꿈, 옛날, 옛터' 등의 앞 형태소를 명사 '예'로 분석하지 않고 관형사 '옛'으로 분석하는 것이 옳다. '옛'과 비슷하게 '헛간, 헛것, 헛기침, 헛말, 헛소리, 헛수고, 헛일, 헛총' 등의 접두사 '헛-'도 한자형태소 '허(虛)'에 사이시옷이 붙어 발달한 것이다.

(2) 의미관계와 사이시옷의 개입 여부

합성명사를 구성하는 두 형태소 사이의 의미관계는 사이시옷의 개입 여부를 결정하는 중요한 요인이다. 합성명사가 'A+B'의 구조를 가지고 있을 때 B에 대해 작용하는 A의 의미가 무엇인가를 유형별로 나누어 보면 사이시옷이 끼어드는 경우와 끼어들지 않는 경우가 서로 다름을 알 수 있다. ('/' 뒤의 예들은 예외이다.)

사이시옷이 끼어드는 경우

㉠ A가 B의 시간 : 가을ㅅ바람, 그믐ㅅ달, 밤ㅅ잠, 보름ㅅ달, 봄ㅅ비, 봄ㅅ소식, 아침ㅅ밥, 여름ㅅ방학, 오전ㅅ반, 초승ㅅ달 / 가을Ø고치, 동지Ø죽, 풍년Ø거지

㉡ A가 B의 장소 : 길ㅅ거리, 나룻배, 논ㅅ보리, 달ㅅ동네, 들ㅅ개, 등ㅅ짐, 머릿니, 물ㅅ고기, 바닷가재, 봇물, 산ㅅ돼지, 샛강, 손ㅅ전등, 안ㅅ방, 진돗개, 텃밭 / 눈Ø부처, 들Ø국화, 물Ø뱀, 민물Ø조개, 사이Ø시옷, 산Ø도깨비, 코Ø감기

㉢ A가 B의 용도나 목적 : 고깃배, 구둣솔, 깃대, 꿀ㅅ단지, 담뱃갑, 댓돌, 돈ㅅ벌이, 디딤ㅅ돌, 땀ㅅ구멍, 만홧가게, 맥주ㅅ병, 모깃불, 물ㅅ동이, 물ㅅ병, 방ㅅ비, 병ㅅ솔, 보온ㅅ병(표

준발음은 [보:온병]), 빨랫돌, 성냥ㅅ갑, 세숫비누, 셋방, 술ㅅ병, 술ㅅ잔, 숨ㅅ구멍, 신발ㅅ장, 쌀ㅅ가게, 양칫물, 이불ㅅ보, 잣대, 잠ㅅ자리, 장ㅅ독, 전깃줄, 종잣돈, 차례ㅅ상, 찻주전자, 찻집, 칫솔, 콜라ㅅ병, 퇴주ㅅ잔 / 과일Ø접시, 구두Ø약, 노래Ø방, 치Ø실

㉣ 무정체언(식물이나 사물)인 A가 B의 기원(起源)이나 소유주 : 가윗날, 강ㅅ줄기, 귓전, 깻잎, 끌ㅅ밥, 나랏일, 나뭇가지, 눈ㅅ동자, 다릿심, 대팻밥, 담뱃진, 등ㅅ불, 말ㅅ소리, 머릿고기, 못자리, 문ㅅ고리, 밀ㅅ가루, 발ㅅ굽, 발ㅅ소리, 발ㅅ자국, 뱃머리, 베갯잇, 별ㅅ자리, 볏짚, 빗방울, 살ㅅ갗, 손ㅅ가락, 손ㅅ등, 손ㅅ바닥, 솔ㅅ방울, 쇳조각, 우렁잇속, 웃음ㅅ소리, 잇자국, 장밋빛, 잿더미, 조갯살, 찻간, 촌ㅅ사람, 촛불, 총ㅅ소리, 콧날, 콧물, 탯줄, 핏자국, 핏줄, 허릿살, 햇빛, 혓바닥, 화장ㅅ독 / 발Ø뒤꿈치, 장미Ø색, 콩Ø기름

㉤ A가 B의 단위 : 공깃밥, 뭉칫돈, 병ㅅ술, 푼ㅅ돈

사이시옷이 끼어들지 않는 경우

㉥ A와 B의 병렬 : 개Ø돼지, 논Ø밭, 눈Ø비, 물Ø불, 비Ø바람, 손Ø발, 아래Ø위, 위Ø아래, 피Ø눈물, 처Ø자식

㉦ A와 B가 동격 : 누이Ø동생, 대Ø나무, 막내Ø동생, 별똥Ø별, 수양Ø버들 / 동짓날, 아흐렛날, 종달ㅅ새

㉧ A가 B의 모양 : 개다리Ø소반, 기둥Ø서방, 고추Ø잠자리, 구멍Ø가게, 반Ø달, 뱀Ø장어, 소나기Ø밥, 왕Ø방울, 이슬Ø비, 줄Ø담배 / 바윗돌, 코뿔ㅅ소, 하늘ㅅ색

㉨ A가 B의 재료 : 개Ø소주, 고무Ø신, 금Ø가락지, 도토리Ø묵, 돌Ø부처, 물Ø거품, 밀Ø국수, 보리Ø밥, 쌀Ø밥, 유리Ø병, 종이Ø배, 콩Ø밥, 콩Ø기름, 털Ø실, 통나무Ø집 / 김ㅅ밥(표준발음은 [김:밥]), 눈ㅅ사람, 물ㅅ방울, 얼음ㅅ집, 페트ㅅ병

㉩ A가 B의 수단이나 방법 : 누름Ø단추, 동냥Ø젖, 물Ø장난, 볶음Ø밥, 불Ø고기, 전기Ø다리미, 칼Ø국수 / 눈칫밥, 동냥ㅅ글, 비빔ㅅ밥

㉪ 유정체언(사람이나 동물)인 A가 B의 기원이나 소유주 : 개Ø고기, 개Ø구멍, 개미Ø굴, 개미Ø집, 거미Ø줄, 거미Ø집, 게Ø걸음, 게Ø살, 까치Ø발, 까치Ø집, 노루Ø발, 노루Ø잠, 돼지Ø고기, 말Ø발굽, 말Ø방울, 모기Ø장, 새Ø가슴, 새우Ø등, 새Ø장, 새Ø집, 소Ø고기, 소Ø죽, 여우Ø볕, 여우Ø비, 오리Ø걸음, 오리Ø발, 쥐Ø덫, 토끼Ø잠 / 벌ㅅ집, 부잣집

이러한 의미관계에 따른 분류는 상당수의 합성명사에서 사이시옷의 개입 여부를 설명해 준다. 특히 '물ㅅ고기'와 '불Ø고기', '봄ㅅ비'와 '눈Ø비, 이슬Ø비', '땀ㅅ구멍'과 '개Ø구멍', '머릿고기'와 '소Ø고기', '맥주ㅅ병'과 '유리Ø병', '아침ㅅ밥, 대팻밥'과 '콩Ø밥', '빗방울, 솔ㅅ방울'과 '왕Ø방울, 말Ø방울' 등 같은 말로 끝난 단어들에서 사이시옷 개입의 차이를 설명해 준다.

그렇지만 적지 않은 예외가 여전히 남는다. '칫솔'과 '치Ø실', '볶음Ø밥'과 '비빔ㅅ밥'처럼 한쪽이 똑같은 단어이고 둘의 의미관계가 같은데도 사이시옷의 개입 여부가 다른 예도 있다. 그래서 표준발음과 맞춤법에서 합성명사의 발음과 표기를 완전한 규칙에 따라 정할 수가 없다. 게다가 어떤 경우에는 현실과 다르게 규범이 정해진 경우도 있다. '김밥, 머리글자, 머리기사, 머리말, 반값, 인사말' 등은 사이시옷을 넣지 않은 발음이 표준발음인데 현실에서는 대다수의 사람들이 사이시옷이 들어 있는 것처럼 발음한다. 반면에 '장맛비'는 많은 사람들이 사이시옷이 없는 '장마비'를 자연스럽다고 느낀다.

8.3.2 탈락

(6) ㅎ탈락

① 용언어간말 ㅎ탈락

용언어간말 ㅎ탈락의 뜻 말음이 ㅎ인 용언, 즉 ㅎ용언, ㄶ용언, ㅀ용언 뒤에 모음어미, 매개모음어미가 붙을 때 'ㅎ'이 탈락한다. 이것을 용언어간말 ㅎ탈락이라 한다.

용언어간말 ㅎ탈락

입력	출력	환경	조건
ㅎ	Ø	모음 앞	용언어간과 어미가 결합할 때

용언어간말 ㅎ탈락의 예

ㅎ용언 : 낳은 → [나은], 낳으면 → [나으면], 낳아 → [나아]
ㄶ용언 : 않은 → [아는], 않으면 → [아느면], 않아 → [아나]
ㅀ용언 : 앓은 → [아른], 앓으면 → [아르면], 앓아 → [아라]

② 초성 ㅎ탈락

초성 ㅎ탈락의 뜻 앞음절의 종성이 공명음(모음, 비음, 유음)이고 뒤음절의 초성이 'ㅎ'일 때 'ㅎ'이 탈락할 수 있다. 이것을 초성 ㅎ탈락이라 한다. 초성 ㅎ탈락이 일어난 발음은 표준발음으로 인정하지 않는다.

초성 ㅎ탈락(수의적)

입력	출력	환경	조건
ㅎ	Ø	모음, 비음, 유음 뒤	없음

초성 ㅎ탈락의 예

모음 뒤 : 그해 → [그에], 시합 → [시압], 지하철 → [지아철], 2호 → [이오], 수희(인명) → [수이], 더하다 → [더아다], 호리호리 → [호리오리]
비음 뒤 : 지난해 → [지나네], 전화 → [저놔], 운동회 → [운동웨], 생화학[생화악/생와학/생와악], 신혼여행[신혼녀엥/시논녀헹/시논녀엥], 인현왕후 → [이녀놩후/인혀놩우/이녀놩우], 3호 → [사모], 김현희(인명) → [김혀니/기면히/기며니], 심하다 → [시마다], 화끈화끈 → [화끄놔끈]
유음 뒤 : 올해 → [오레], 실험 → [시럼], 단일화 → [다니롸], 1호 → [이로], 설희(인명) → [서리], 덜하다 → [더라다], 후들후들 → [후드루들]

초성 ㅎ탈락의 빈도 초성 'ㅎ'이 연달아 들어 있는 말을 발음할 때 'ㅎ'이 더 잘 탈락한다. '동호회, 후회, 황혼, 황홀한, 희한한, 희화화' 등은 [동오웨], [후웨], [황온], [황오란], [히아난], [히와와] 등으로 발음하기 쉽다.

초성 ㅎ탈락의 영향 초성 'ㅎ'탈락 때문에 동음어나 동음표현이 생기기도 하고 부사화접미사의 형태 '-이'와 '-히'를 혼동하기도 한다.

초성 ㅎ탈락의 영향

동음어나 동음표현이 생기는 예

지향(指向) → [지양] = 지양(止揚)[지양], 의혹(疑惑) → [의옥] ≒ 의욕(意慾)[의욕]
잘한다 → [자란다] = 자란다 = 잘 안다
김지혜 → [김지에] = 김지해 → [김지에] = 김지애[김지에]
강하지 않은 사람 → [강아지아는사람] = 강아지 안은 사람

부사화접미사의 형태를 혼동하는 예

간간이(間間이), 곰곰이, 근근이(僅僅이), 산산이(散散이), 일일이(一一이), 짬짬이, 틈틈이, 외로이, 꼼꼼히, 든든히, 선선히, 잠잠히, 튼튼히, 가만히, 고요히, 조용히

통시적 변화로서의 초성 ㅎ탈락 근대에 초성 ㅎ탈락이 많은 단어에서 활발하게 일어났다. 이것은 통시적인 음운변화였다.

근대의 음운변화로서의 초성 ㅎ탈락

가히(犬)>개, 가히다>개다(이불), 고마ᄒᆞᆸ다>고맙다, 골홈>고름(옷고름), 골회(環)>고리, 관혁(貫革)>과녁, 귀향(歸鄕)>귀양, 글희다>끄르다, ᄀᆞᆯᄒᆡ다(擇)>가리다, ᄂᆞ호다>나누다, 달호다>다루다, 달히다>달이다, 둘흡>두릅, 막다히>막대, 바회>바위, 방하>방아, 병 구환(救患)>병구완, 부화(肺)>부아, 부헝>부엉이, 불휘>뿌리, 빈혀>비녀, ᄇᆡ호다>배우다, 사회>사위, 사ᄒᆞᆯ다>썰다, 서흐레>써레, 셕류황(石硫黃)>석뉴황>성냥, 셜흔>서른, 실훔>씨름, ᄉᆞᄒᆡ다>사위다, 싸호다>싸우다, 아혹>아욱, 아ᄒᆡ>아이, 어히다>에다, 어히없다>어이없다, 여희다>여의다, 올ᄒᆞᆫ손>오른손, 올히>오리, 일훔>이름, 일히(狼)>이리, 자히다>재다, 철환(鐵丸)>처란, ᄎᆞᆯ하리>차라리, ᄒᆡᆼ혀>행여, 혤합(ᅘᅧ-을 + 盒)>설합>서랍

용언어간말 'ㅎ'탈락의 발생 근대에 용언의 활용형에서도 초성 ㅎ탈락이 일어나 '나ᄒᆞᆫ(← 낳-ᄋᆞᆫ)>나ᄋᆞᆫ, 나하(← 낳-어)>나아, 일흔(← 잃-은)>이른, 일허(← 잃-어)>이러'와 같이 용언어간말 'ㅎ'탈락 현상이 발생하게 되었다.

용언어간말 ㅎ탈락과 초성 ㅎ탈락의 공통성 용언어간말 ㅎ탈락과 초성 ㅎ탈락은 그 환경이 달라 보이지만 결국은 같다. 두 경우 모두 'ㅎ' 앞에는 모음, 비음, 유음이, 'ㅎ' 뒤에는 모음이 있기 때문이다. 이러한 환경을 음성학적으로 보면 'ㅎ'이 유성음과 유성음 사이에 놓여 있다고 간단히 말할 수 있다. 'ㅎ'은 원래 무성음인데 유성음과 유성음 사이에 끼면 유성음화되기 쉽다. 유성음이 된 'ㅎ[ɦ]'은 이웃한 유성음들 사이에서 'ㅎ'만의 음향적인 특징이 잘 들리지 않게 된다. 이 때문에 결국 'ㅎ'이 탈락하게 되는 것이다.

방언에서의 초성 ㅎ탈락과 그 영향 전라방언과 일부 경상방언에서는 초성 ㅎ탈락이 위와 같이 모음, 비음, 유음 뒤에서만 일어나는 것이 아니라 폐쇄음 뒤에서도 일어날 수 있다. 폐쇄음 뒤에 'ㅎ'이 놓이면 유기음화가 일어날 수 있는데 'ㅎ'이 탈락하면 유기음화가 일어날 수 없게 된다. 결과적으로 이들 방언에서 비어두의 모든 'ㅎ'

이 탈락할 수 있게 된다. 이러한 경향은 중앙어에도 영향을 주어서 일부 사람들이 폐쇄음 뒤의 초성 ㅎ탈락이 일어난 발음을 쓰고 있다. 특히 체언 뒤에 조사 '하고, 한테'가 연결될 때, 2음절 이상의 형태소 뒤에 '하다'가 연결될 때, 2음절 이상의 한자어 뒤에 두음이 'ㅎ'인 한자어가 연결될 때 초성 ㅎ탈락이 잘 일어난다.

폐쇄음 뒤의 초성 ㅎ탈락의 예(일부 사람들의 발음)

체언과 '하고, 한테'의 연결 : 떡하고 → [떠가고], 밥하고 → [바바고], 옷하고 → [오다고], 닭한테 → [다간테]
2음절 이상의 형태소와 '하다'의 연결 : 똑똑하다 → [똑또가다], 시작하다 → [시자가다], 답답하다 → [답따바다], 졸업하다 → [조러바다], 비슷하다 → [비스다다]
2음절 이상의 한자어와 두음이 'ㅎ'인 한자어의 연결 : 가족회의 → [가조궤이], 산업혁명 → [사너병명]

(7) ㄹ탈락

ㄹ탈락의 뜻 ㄹ용언의 말음 'ㄹ'은 ㄴ어미, ㅁ어미, ㅂ어미와 일부 매개모음어미 앞에서 탈락한다. 이것을 ㄹ탈락이라 한다.[17]

17. 예전에 ㄹ용언의 말음 'ㄹ'이 탈락하는 것을 ㄹ불규칙활용으로 기술한 적도 있다. 그렇게 하면 ㄹ탈락이라는 음운현상을 설정할 필요가 없다.

ㄹ탈락

입력	출력	환경	조건
ㄹ	∅	ㄴ어미, ㅁ어미, ㅂ어미 앞 일부 매개모음어미 앞	없음

ㄹ탈락을 일으키는 어미 말음 'ㄹ'을 탈락시키는 어미는 ① 자음어미 중 ㄴ어미, ㅁ어미, ㅂ어미, ② 폐음절 매개모음어미, ③ 개음절 매개모음어미 일부이다.

ㄹ탈락을 일으키는 어미

① ㄴ어미
연 : -는데, -느라고, -느니(선택), -느니(대안), -는지
종 : -는다, -는구나, -네, -느냐, -냐, -니, -나, -는지, -는가, -는고
관 : -는
ㅁ어미
종 : -ㅂ니다[ㅁ니다], -ㅂ니까[ㅁ니까]
ㅂ어미
종 : -ㅂ디다[ㅂ띠다], -ㅂ디까[ㅂ띠까]
② 폐음절 매개모음어미
연 : -을는지, -을수록, -을지, -을지라도, -은데, -은지(간접의문)
종 : -읍시오, -읍시다, -을게, -을까, -을꼬, -을쏘냐, -은지(직접의문), -은가, -은고
관 : -은, -을
명 : -음
③ 개음절 매개모음어미 일부
선 : -으시-, -으옵-
연 : -으니까, -으니(선택), -으니(이유), -으나
종 : -으마, -으냐, -으니, -으오, -으소서

ㄹ탈락의 예

① ㄴ어미, ㅁ어미, ㅂ어미 앞
놀-는데 → 노는데, 놀-느라고 → 노느라고, 놀-ㄴ다 → 논다[18]
놀-는구나 → 노는구나, 놀-네 → 노네, 놀-는 → 노는
놀-ㅂ니다[ㅁ니다] → 놉니다[놈니다], 놀-ㅂ니까 → 놉니까[놈니까]
놀-ㅂ디다[ㅂ띠다] → 놉디다[놉띠다], 놀-ㅂ디까 → 놉디까[놉띠까]
② 폐음절 매개모음어미 앞
놀-은 → 놀ㄴ → 논, 놀-을 → 놀ㄹ → 놀, 놀-음 → 놀ㅁ → 놂[놈]
놀-을지 → [놀ㄹ찌] → 놀지[놀찌], 놀-을수록 → [놀ㄹ쑤록] → 놀수록[놀쑤록]
놀-읍시다 → [놀ㅂ씨다] → 놉시다[놉씨다], 놀-을까 → 놀ㄹ까 → 놀까
③ 개음절 매개모음어미 앞
놀-으시고 → 놀시고 → 노시고, 놀-으니까 → 놀니까 → 노니까
놀-으마 → 놀마 → 노마, 놀-으오 → 놀오 → 노오

18. {-는다}는 ㄹ용언 뒤에 '-ㄴ다'의 형태로 연결된다.

폐음절 매개모음어미의 연결과 자음군단순화 ㄹ용언 뒤에 폐음절 매개모음어미가 연결되면 일시적으로 자음군이 만들어진다. 예를 들어 '놀-'에 '-은, -을, -음, -읍시다'가 붙으면 매개모음 탈락 이후 '놀ㄴ, 놀ㄹ, 놀ㅁ, 놀ㅂ씨다'가 되어 'ㄹㄴ, ㄹㄹ, ㄹㅁ, ㄹㅂ'과 같은 자음군이 만들어진다. 여기서 'ㄹ'이 탈락하여 '논, 놀, 놂[놈], 놉시다[놉씨다]'가 되는 것이다. 이것은 일종의 자음군단순화이다(8.3.2 (9) 참조). 다만 'ㄹㅂ'에서 'ㅂ'이 아닌 'ㄹ'이 탈락하는 점이 다르다.

개음절 매개모음어미의 연결과 ㄹ탈락의 동기 개음절 매개모음어미 가운데 매개모음 'ㅡ' 뒤의 음소가 'ㄴ, ㅅ'인 것은 모두 어간 말음 'ㄹ'을 탈락시킨다. 'ㅡ'가 탈락한 후 'ㄴ, ㅅ' 앞에서 'ㄹ'이 탈락하는 것이다. 매개모음 'ㅡ' 뒤의 음소가 'ㄴ, ㅅ'이 아니면서 'ㄹ'을 탈락시키는 것은 '-으마, -으오, -으옵-'이다. '-으마, -으오, -으옵-' 앞에서 'ㄹ'이 탈락하는 데 대해서는 음운론적인 이유를 찾기 어렵다.

개음절 매개모음어미 중 어간 말음 'ㄹ'을 탈락시키지 않는 어미

연 : -으되, -으려고, -으며, -으면, -으면서, -으므로
종 : -으라, -으리라

개음절 매개모음어미 앞에서 'ㄹ'이 탈락하지 않는 예

놀-으되 → 놀되, 놀-으려고 → 놀려고, 놀-으면 → 놀면, 놀-으므로 → 놀므로
놀-으라 → 놀라, 놀-으리라 → 놀리라

ㄹ용언과 어미 '-으라'의 연결 ㄹ용언에 간접인용의 명령형어미 '-으라'가 연결되면 '놀-으라 → 놀라'와 같이 쓰는 것이 옳지만 "한 시간만 놀으라고 했다."처럼 '놀으라고'와 같은 형태로 잘못 쓰는 사람도 있다.

15세기의 ㄹ탈락과 그 흔적 15세기에는 ㄴ어미뿐만 아니라 '노다(놀다), 노디(놀지),

노져(놀자)'와 같이 ㄷ어미, ㅈ어미 앞에서도 ㄹ탈락이 일어났다. 이러한 ㄹ탈락의 흔적이 지금까지 남아 있는 예도 있다. 동사 '마다하다, 마지않다'와 어미 '-다마다'에 '말다'의 'ㄹ'이 탈락한 흔적이 남아 있고, 형용사 '가느다랗다, 기다랗다, 다디달다, 머지않다'에도 '가늘다, 길다, 달다, 멀다'의 'ㄹ'이 탈락한 흔적이 남아 있다.

합성어와 파생어에 흔적을 남긴 ㄹ탈락 합성어와 파생어에서도 명사의 말음 'ㄹ'이 탈락했던 흔적을 볼 수 있다. '소나무, 버드나무, 따님, 며느님, 아드님, 하느님, 마질, 바느질' 등이 그러한 예이다. 그런데 '귤나무, 떡갈나무, 사철나무, 달님, 별님, 끌질, 말질, 물질, 발길질, 솔질, 칼질' 등 ㄹ탈락이 일어나지 않은 단어도 많다. 합성어와 파생어의 형성에서는 ㄹ탈락이 공시적 음운현상으로 살아 있지 않은 것이다.

8-7 명사형어미 '-음', 명사화접미사 '-음'과 ㄹ탈락

명사형어미 '-음'은 폐음절 매개모음어미로서 ㄹ용언의 말음 'ㄹ'을 탈락시키는 부류에 속한다. 이것은 발음상 그렇다는 것이다. 표기상으로는 'ㄹ'을 탈락시키지 않기 때문에 ㄹ용언의 명사형 표기에는 '깖, 놂, 뗆, 욺, 팖, 기윪, 까붊, 내몲, 매닮, 흔듦'과 같이 겹받침 'ㄻ'을 쓰도록 되어 있다. 그리고 이들 명사형 뒤에 모음조사가 붙은 형태는 '함께 놂이 즐겁다, 메주를 매닮에 있어서, 예산이 줆으로써' 등에서 '놂이[놀:미], 매닮에[매:달메], 줆으로써[줄:므로써]'와 같이 'ㄹ, ㅁ'을 모두 발음하는 것이 표준발음이다. 그러나 실제로는 '-음'이 붙은 명사형에 조사를 붙이는 일도 드물고, 붙인다 하더라도 '놂이[노미], 매닮에[메다메], 줆으로써[주므로써]'로 발음하기가 쉽다. '-음'이 붙은 명사형은 "10시에 떠남. 11시 반에 목적지에 도착함."과 같이 간단한 메모를 할 때 문장의 종결형 대신 쓰는 것이 전형적인 용법이다. 그러므로 'ㄻ'의 'ㄹ'이 발음되는 경우가 드물어서 많은 사람들이 'ㄹ'을 빠뜨리고 'ㅁ'만 적는 경향이 있다.

명사화접미사 '-음'은 ㄹ용언의 말음 'ㄹ'을 탈락시키지 않는 점에서 명사형어미 '-음'과 다르다. '노름(← 놀-음), 알음, 얼음, 울음, 졸음'과 같은 파생명사를 보면 명사화접미사 '-음' 앞에서 'ㄹ'이 탈락하지 않음을 알 수 있다. 명사화접미사 '-음'의 'ㅡ'가 탈락하지 않기 때문에 'ㄹ'이 탈락할 환경이 생기지 않는 것이다.

한편 '걸음(← 걷-음), 물음(← 묻-음), 깨달음(← 깨닫-음)' 등은 ㄷ불규칙용언에 명사형어미 '-음'이나 명사화접미사 '-음'이 붙을 때 'ㄹ'이 탈락하지 않음을 보여 준다.

'앎, 삶'은 명사형과 파생명사의 형태가 똑같다. 파생명사 '앎, 삶'은 "의식적인 앎과 무의식적인 앎은 구별해야 한다.", "행복한 삶이란 무엇인가?"에서와 같이 관형어의 수식을 받는 완전한 명사이다. 그래서 '앎, 삶'에 조사를 붙인 형태를 자유롭게 쓸 수 있는데 '앎이, 삶은' 등은 [알:미], [살:믄] 등이 표준발음이다.

(8) ㄷ탈락

ㄷ탈락의 뜻 'ㄷ'은 'ㅆ' 앞에서 항상 탈락한다. 이것을 ㄷ탈락이라 한다. ㄷ탈락은 'ㄷㅆ'이 부적격한 자음연결이기 때문에 일어나는 현상이다(4.2.2 참조).

ㄷ탈락

입력	출력	환경	조건
ㄷ	∅	'ㅆ' 앞	없음

ㄷ탈락의 예

칫솔 → 칟솔 → 칟쏠 → [치쏠], 끝소리 → 끋소리 → 끋쏘리 → [끄쏘리], 낯설다 → 낟설다 → 낟썰다 → [나썰다], 맞서다 → 맏서다 → 맏써다 → [마써다], 닫소(닫-쏘) → 다쏘, 놓소(놓-쏘) → 녿쏘 → 노쏘
꽃씨 → 꼳씨 → [꼬씨], 밑쌀 → 믿쌀 → [미쌀]
다섯 살 → 다섣살 → 다섣쌀 → [다서쌀], 옷 산다 → 옫산다 → 옫싼다 → [오싼다]
다섯 쌍 → 다섣쌍 → [다서쌍], 갓 쓴다 → 갇쓴다 → 가쓴다

(9) **자음군단순화**

자음군단순화의 뜻 음절구조제약에 따르면 종성에 자음이 하나만 올 수 있다. 그래서 체언과 용언의 끝의 자음군이 종성 자리에 놓이게 되면 둘 중 하나만 남고 나머지 하나는 탈락한다. 이때 자음이 탈락하는 현상을 자음군단순화라 한다.[19] 체언말 자음군에 대해서는 6.4.4, 용언말 자음군에 대해서는 7.4.6 참조.

19. ㄶ, ㅀ용언 뒤에 ㄱ, ㄷ, ㅈ어미가 연결되면 'ㅎ'과 'ㄱ, ㄷ, ㅈ'이 축약되어 'ㅋ, ㅌ, ㅊ'이 된다(유기음화). 이러한 축약도 자음군이 단순화되는 현상이기는 하지만 여기에서는 탈락 현상만 자음군단순화로 보기로 한다.

체언말 자음군

ㄱㅆ, ㄺ, ㄻ, ㄼ, ㄹㅆ, ㅂㅆ

용언말 자음군

ㄵ, ㄶ, ㄺ, ㄻ, ㄼ, ㄾ, ㄿ, ㅀ, ㅂㅆ

자음군단순화

입력	출력	환경	조건
ㄱㅆ	ㄱ	종성 위치	체언, 용언에서
ㄵ, ㄶ	ㄴ		
ㄻ	ㅁ		
ㄼ, ㄹㅆ, ㄾ, ㅀ	ㄹ		
ㄿ	ㅍ		
ㅂㅆ	ㅂ		
ㄺ	ㄹ	종성 위치에서 'ㄱ' 앞	용언에서
	ㄱ	종성 위치에서 'ㄱ' 이외의 자음 앞	
		종성 위치	체언에서

체언말 자음군에서 남는 자음과 탈락하는 자음 자음군을 이루는 두 자음 중 어느 자음

이 남느냐 하는 것은 자음군마다 다르다. 체언말 자음군 가운데 'ㄱㅆ, ㄼ, ㄹㅆ, ㅂㅆ'은 앞자음이 남고 뒷자음이 탈락하며 'ㄺ, ㄻ'은 뒷자음이 남고 앞자음이 탈락한다. 현실발음에는 체언말 자음군 'ㄺ, ㄼ, ㄹㅆ'이 없으므로(6.4.4 참조) 이들과 관련된 자음군단순화도 없다.

체언말의 자음군단순화의 예

ㄱㅆ : 몫 → [목], 몫도 → [목또], 몫만 → 목만 → [몽만]
ㄺ : 닭 → [닥], 닭도 → [닥또], 닭만 → 닥만 → [당만]
ㄻ : 삶 → [삼], 삶도 → [삼도], 삶만 → [삼만]
ㄼ : 여덟 → [여덜], 여덟도 → [여덜도], 여덟만 → [여덜만]
ㄹㅆ : 외곬 → [웨골], 외곬도 → [웨골도], 외곬만 → [웨골만]
ㅂㅆ : 값 → [갑], 값도 → [갑또], 값만 → 갑만 → [감만]

용언말 자음군에서 남는 자음과 탈락하는 자음 용언말 자음군 가운데 'ㄵ, ㄼ, ㄾ, ㅂㅆ'에서는 앞자음이 남고 뒷자음이 탈락하며 'ㄶ, ㅀ'에서는 앞자음이 남고 뒷자음 'ㅎ'이 탈락하거나 그 다음 자음과 축약되어 유기음이 된다. 반대로 'ㄻ, ㄿ'에서는 뒷자음이 남고 앞자음이 탈락한다. 특수하게 'ㄺ'에서는 어미 두음이 'ㄱ'이면 'ㄹ'이 남고 그렇지 않으면 'ㄱ'이 남는다.

용언말의 자음군단순화의 예

ㄵ : 앉습니다 → [안씀니다], 앉네 → [안네]
ㄶ : 않습니다 → [안씀니다], 않네 → [안네]
ㄺ : 맑고 → [말꼬], 맑거나 → [말꺼나], 맑겠다 → [말껟따]
맑지 → [막찌], 맑다가 → [막따가], 맑습니다 → [막씀니다]
맑는 → 막는 → [망는], 맑네 → 막네 → [망네]
ㄻ : 삶고 → [삼꼬], 삶습니다 → [삼씀니다], 삶네 → [삼네]
ㄼ : 넓고 → [널꼬], 넓습니다 → [널씀니다], 넓네 → 널네 → [널레]
ㄾ : 핥고 → [할꼬], 핥습니다 → [할씀니다], 핥네 → 할네 → [할레]
ㄿ : 읊고 → [읍꼬], 읊습니다 → [읍씀니다], 읊네 → 읖네 → [음네]
ㅀ : 앓습니다 → [알씀니다], 앓네 → 알네 → [알레]
ㅄ : 없고 → [업꼬], 없습니다 → [업씀니다], 없네 → 업네 → [엄네]

방언 간의 자음군단순화의 차이 용언말 자음군 'ㄺ, ㄼ'을 전라방언에서는 [ㄱ], [ㅂ]으로 발음하고 경상방언에서는 둘 다 [ㄹ]로 발음한다. 즉 전라방언에서는 '맑고[막꼬], 맑지[막찌], 맑네[망네], 넓고[넙꼬], 넓지[넙찌], 넓네[넘네]' 등으로, 경상방언에서는 '맑고[말꼬], 맑지[말찌], 맑네[말레], 넓고[널꼬], 넓지[널찌], 넓네[널레]' 등으로 발음한다.

'밟다'에서의 자음군단순화 '밟다'도 ㄼ용언이므로 '밟고[발꼬], 밟습니다[발씀니다], 밟는[발른]'과 같이 발음하는 것이 일반적이다. 그러나 이들의 표준발음은 [밥ː꼬],

[밥:씀니다], [밤:는]이다. 즉 표준어의 '밟다'는 ㄼ용언의 예외이다.

자음군단순화에 앞서는 경음화와 유기음화 용언말의 'ㄵ, ㄺ, ㄼ, ㄾ'의 뒷자음은 탈락하기 전에 어미의 두음을 경음화시킨다. 이들의 뒷자음 'ㅈ, ㄱ, ㅂ, ㅌ'은 모두 장애음이므로 종성에서 각각 'ㄷ, ㄱ, ㅂ, ㄷ'으로 평폐쇄음화되고 그 평폐쇄음 뒤에서 경음화가 일어나는 것이다. 또 용언말의 'ㄶ, ㅀ'의 뒷자음 'ㅎ'은 어미의 두음 'ㄱ, ㄷ, ㅈ'과 결합하여 유기음화를 일으킨다. 따라서 이러한 경우에 자음군단순화보다 경음화와 유기음화가 먼저 일어나야 한다.

'앉고, 핥고, 않고, 않습니다'의 발음이 형성되는 과정

앉고 —(평폐쇄음화)→ 안ㄷ고 —(경음화)→ 안ㄷ꼬 —(자음군단순화)→ [안꼬] (○)
앉고 —(자음군단순화)→ [안고] (×)
핥고 —(평폐쇄음화)→ 할ㄷ고 —(경음화)→ 할ㄷ꼬 —(자음군단순화)→ [할꼬] (○)
핥고 —(자음군단순화)→ [할고] (×)
않고 —(유기음화)→ [안코] (○)
않고 —(자음군단순화)→ [안고] (×)

용언말 'ㄻ'과 경음화 용언말의 'ㄻ'이 'ㅁ'으로 단순화될 때도 어미 두음이 경음화된다. 이것은 앞에서 본 용언어간말 비음 뒤의 경음화 현상이다. 이 경우에는 자음군단순화와 경음화의 적용순서가 상관이 없다.

'삶고'의 발음이 형성되는 과정

삶고 —(자음군단순화)→ 삼고 —(경음화)→ [삼꼬] (○)
삶고 —(경음화)→ 삶꼬 —(자음군단순화)→ [삼꼬] (○)

남느냐 탈락하느냐에 관한 규칙성 자음군단순화가 일어날 때 앞자음이 남느냐 뒷자음이 남느냐에 관해 어느 정도의 규칙성이 발견된다. 첫째, 'ㅎ'이 들어 있는 자음군에서는 'ㅎ'이 아닌 자음이 남는다(ㄶ → ㄴ, ㅀ → ㄹ). 둘째, 뒷자음이 전설장애음이면 무조건 탈락한다(ㄱㅆ → ㄱ, ㄹㅆ → ㄹ, ㄾ → ㄹ, ㅂㅆ → ㅂ). 셋째, 비음은 무조건 남는다(ㄵ → ㄴ, ㄶ → ㄴ, ㄻ → ㅁ). 이러한 규칙성은 15세기 한국어나 여러 방언의 자음군단순화에도 대체로 적용된다. 예를 들어 경상방언의 ㅇㅎ용언 '빵ㅎ다(빻다)', 전라방언의 ㅇㄱ용언 '앙ㄱ다(앉다)', 15세기의 ㅁㅊ용언 '옶다(움츠리다)' 등 비음계 자음군에서는 비음이 남는다.

파생어와 합성어에 흔적을 남긴 자음군단순화 자음군용언에 다른 요소가 붙어 만들어진 파생어와 합성어에는 과거에 자음군단순화가 일어난 흔적이 남아 있다. 대체로 'ㄺ'은 'ㄱ'으로, 'ㄼ, ㄾ, ㅀ'은 'ㄹ'로, 'ㄿ'은 'ㅂ'으로 발음되지만 그렇지 않은 단어도 있다. 또 '말끔하다, 널따랗다, 넙적, 떨떠름하다'처럼 아예 홑받침으로 표기하는 단어도 있다.

자음군용언에서 만들어진 파생어와 합성어

ㄺ용언

갉다 : 갉작거리다[각짝꺼리다], 갉죽거리다[각쭉꺼리다]
굵다 : 굵다랗다[국따라타], 굵직하다[국찌카다]
긁다 : 긁적거리다[극쩍꺼리다], 긁개[글깨]
낡다 : 낡삭다[낙싹다]
늙다 : 늙수그레하다[늑쑤그레하다], 늙다리[늑따리], 늙마[능마], 늙바탕[늑빠탕], 늙정이[늑쩡이], 늙판[늑판]
맑다 : 말끔하다, 말쑥하다, 말짱하다
묽다 : 묽숙하다[묵쑤카다]
붉다 : 붉가시나무[불까시나무], 붉나무[붕나무], 붉돔[북똠], 붉누르다[붕누르다]
옭다 : 옭걸다[옥껄다], 옭매다[옹메다], 옭매듭[옹메듭]
얽다 : 얽매다[엉메다], 얽매이다[엉메이다], 얽죽얽죽하다[억쭈걱쭈카다], 얽둑빼기[억뚝빼기], 얽보[억뽀], 얽빼기[억빼기], 얽적빼기[억쩍빼기], 얽죽빼기[억쭉빼기]

ㄻ용언

굶다 : 굶주리다[굼주리다]

ㄼ용언

넓다 : 넓다듬이[넙따드미], 넓미역[넘미역], 넓살문[넙쌀문], 넓패[넙페], 널따랗다, 널찍하다, 넓둥글다[넙뚱글다], 넓적하다[넙쩌카다], 넓적다리[넙쩍따리], 넓적코[넙쩍코], 넓죽하다[넙쭈카다], 넓적넓적[넙쩡넙쩍], 넙적, 넙적넙적, 넙죽, 넙치
떫다 : 떨떠름하다
얇다 : 얄따랗다, 얄찍하다, 얄팍하다, 얇실하다[얄씰하다]
엷다 : 엷붉다[열북따], 엷파랗다[열파라타], 엷푸르다[열푸르다]
짧다 : 짤따랗다, 짤막하다, 짤쏙하다, 짤쑥하다

ㄾ용언

핥다 : 할짝거리다

ㄿ용언

읊다 : 읊조리다[읍쪼리다]

ㅀ용언

싫다 : 실쭉하다, 실큼하다, 실컷, 싫증[실쯩]

영어의 자음군단순화 영어에서는 역사적인 자음군단순화가 표기에 반영되어 있다. 'talk, folk, palm, comb' 등은 종성 'k, k, m, m'이 역사적으로 'lk, lk, lm, mb'에서 자음군단순화된 것임을 암시하고 있다. 또 'chestnut, anxious, pumpkin, Hampton' 등을 발음할 때 어중의 't, k, p'가 수의적으로 탈락하는 현상은 공시적으로 살아 있는 자음군단순화이다. 물론 영어에서는 종성에 자음이 4개까지도 가능하고 자음군

이 단순화되지 않는 경우가 일반적이므로 한국어에 비하면 자음군단순화의 경향이 매우 약하다고 할 수 있다.

8.3.3 첨가

(10) **ㄷ첨가**

ㄷ첨가의 뜻 앞말에 종성이 없고 뒷말이 비음이나 'i, j'로 시작할 때 문법적으로 사이시옷이 끼어들면 ㄷ이 첨가된다. 사이시옷의 개입에 대해서는 **8.3.1** (5)④ 참조.

ㄷ첨가

입력	출력	환경	조건
∅	ㄷ	모음과 비음, 'i, j' 사이	문법적으로 사이시옷이 끼어들 때

ㄷ첨가의 예

모음과 비음 사이
　비+물 → 빋물 → [빈물](빗물), 코+날 → 콛날 → [콘날](콧날)
모음과 **'i, j'** 사이
　나무+잎 → 나묻입 → 나묻닙 → [나문닙](나뭇잎)
　나라+일 → 나랃일 → 나랃닐 → [나란닐](나랏일)
　베개+잇 → 베겓잇 → 베겓닛 → [베겐닛](베갯잇)
　도리깨+열 → 도리껟열 → 도리껟녈 → [도리껜녈](도리깻열)

ㄷ첨가에 뒤이은 음운현상들 '빗물, 콧날'에서 보듯이 모음과 비음 사이에 'ㄷ'이 첨가되면 'ㄷ'은 비음화로 'ㄴ'이 된다. 한편 '나뭇잎, 나랏일' 등에서 보듯이 모음과 'i, j' 사이에 'ㄷ'이 첨가되면 ㄴ첨가 이후 'ㄷ'이 'ㄴ'으로 비음화된다.

(11) **ㄴ첨가**

ㄴ첨가의 뜻 단어나 구의 형성에서 앞 형태소의 말음이 자음이고 뒤 형태소의 두음이 'ㅣ, ㅑ, ㅕ, ㅛ, ㅠ, ㅖ'일 때 그 사이에 'ㄴ'이 첨가되는 경우가 있다. 이것을 ㄴ첨가라 한다.

ㄴ첨가

입력	출력	환경	조건
∅	ㄴ	자음과 'ㅣ' 사이	'ㅣ'가 어휘형태소의 두음일 때
		자음과 'j' 사이	없음

ㄴ첨가의 환경과 조건 뒤 형태소의 두음이 'ㅑ, ㅕ, ㅛ, ㅠ, ㅖ'일 때, 즉 반모음 'j'일 때는 아무 조건 없이 일어나지만 'ㅣ'일 때는 뒤 형태소가 어휘형태소일 때만 일어난다. 접미사는 어휘형태소가 아니므로 두음이 'ㅣ'인 접미사 '-이, -인(人), -일

(日)' 등이 결합한 '목걸이, 오뚝이, 한국인, 기업인, 경축일, 기념일' 등에서는 ㄴ첨가가 일어나지 않는다. 두음이 'j'인 접미사 '－욕(慾), －용(用), －유(油)'가 결합한 '독점욕[독쩜뇩], 공업용[공엄뇽], 식용유[시공뉴]'에서는 ㄴ첨가가 일어난다. 다만 접미사 '－여(餘)'가 결합한 '십여 명, 백여 명, 천여 명, 만여 명, 일억여 원, 한 시간여를 기다리다, 삼 년여를 끈 전쟁' 등은 ㄴ첨가가 일어나지 않아 예외적이다.

ㄴ첨가에 뒤이은 유음화 앞자음이 'ㄹ'일 때는 첨가된 'ㄴ'이 유음화에 의해 'ㄹ'로 바뀐다. 이것을 'ㄹ'이 첨가된 것으로 보는 것은 옳지 않다.

ㄴ첨가 뒤에 유음화가 일어나는 예

들일 → 들닐 → [들릴], 서울역 → 서울녁 → [서울력], 관절염 → 관절념 → [관절렴]

ㄴ첨가의 불규칙성 ㄴ첨가는 위와 같은 환경과 조건이 갖추어져도 일어나지 않는 경우가 있다. 완전히 필수적이거나 규칙적인 음운현상은 아닌 것이다. 대체로 구보다 단어를 형성할 때 더 잘 일어난다. 또 'ㅣ' 앞에서보다 'ㅑ, ㅕ, ㅛ, ㅠ, ㅖ' 앞에서 더 잘 일어난다. 그리고 2음절 한자어의 경우에는 ㄴ첨가가 잘 일어나지 않지만 조어구조에 따라 또는 방언에 따라 일어나는 예도 있다(9.3.3과 9.4.2 참조).

ㄴ첨가가 일어나는 예

겉+ : 겉약다, 겉여물다, 겉욕심, 겉잎
눈+ : 눈약, 눈약속, 눈여겨보다, 눈요기, 눈욕
늦－+ : 늦여름, 늦익다, 늦잎
된+ : 된여울, 된욕, 된이응
맨－+ : 맨연습, 맨이름, 맨입
짓－+ : 짓이기다
첫+ : 첫여름, 첫이레, 첫입
한－+ : 한여름
헛－+ : 헛열매, 헛일, 헛잎
+약 : 간장약, 구급약, 내복약, 두통약, 물약, 소독약, 알약, 염색약, 좀약
+여고(女高) : 경북여고, 부산여고, 서울여고, 안동여고, 정읍여고
+여대(女大) : 동덕여대, 숙명여대, 서울여대, 성신여대
+여우 : 백여우, 북극여우, 불여우
+여행 : 무전여행, 밀월여행, 배낭여행, 수학여행, 신혼여행, 졸업여행, 주말여행
+역 : 부산역, 서울역, 안동역, 종착역, 출발역, 평택역
+연결 : 병렬연결, 음절연결, 직렬연결, 혼합연결
+연도 : 사업연도, 설립연도, 출생연도
+열 : 교육열, 향학열, 화합열, 성홍열, 유행성 출혈열
+열도 : 손죽열도, 알류샨열도, 일본열도, 쿠릴열도, 호상열도, 화산열도
+염(炎) : 결막염, 관절염, 뇌수막염, 늑막염, 맹장염, 복막염, 잇몸염, 장염, 유행성 이하선염
+염(鹽) : 규산염, 염산염, 중성염, 천일염, 칼륨염
+엽서 : 그림엽서, 기념엽서, 봉함엽서, 사진엽서, 왕복엽서, 우편엽서
+엿 : 가락엿, 갱엿, 물엿, 밤엿, 콩엿, 호박엿, 흰엿

+영어 : 고급영어, 중급영어, 초급영어, 미국영어, 영국영어
+영장 : 구속영장, 소집영장, 수색영장, 징집영장
+예고(藝高) : 국악예고, 부산예고, 서울예고, 안양예고
+요금 : 공공요금, 기본요금, 우편요금, 착륙요금, 특별요금
+요리 : 궁중요리, 북경요리, 사천요리, 일품요리, 즉석요리, 청요리, 특별요리
+-욕(慾) : 권력욕, 독점욕, 물욕, 물질욕, 생활욕, 성욕[20]
+-용(用) : 공업용, 단독주택용, 대기업용, 비축용, 영업용, 제출용, 학생용
+-유(油) : 경질유, 동백유, 식용유, 윤활유, 휘발유
+윤리 : 국민윤리, 생활윤리, 실천윤리, 직업윤리
+이불 : 겹이불, 솜이불, 차렵이불, 홑이불
+익다 : 낯익다, 농익다, 늦익다, 설익다
+일 : 낮일, 논일, 들일, 막일, 밤일, 밭일, 뱃일, 봄일, 생일, 삯일, 옛일, 큰일[21], 헛일
+입 : 군입, 날입, 마른입, 맨입, 뭇입, 생입, 쓴입, 첫입, 한입
+잎 : 겹잎, 꽃잎, 나뭇잎, 단풍잎, 떡잎, 버들잎, 은행잎, 홑잎
기타 : 공염불, 관북유람일기[관붕뉴람밀기], 구절양장, 군신유의, 규칙용언, 눈썹연필, 담요, 대동여지도, 대학율곡언해, 독일연방공화국, 동국여지승람, 로켓연료, 미끈유월, 방탄유리, 사법연수원, 삼국유사, 삼백예순날, 삼현육각, 색연필, 색유리, 선덕여왕, 식탁예절, 시민연대, 신여성, 신예술, 신유학, 안전유리, 업신여기다, 열역학, 열용량, 영연방, 예술영화, 웨스트나일열(West Nile熱), 유럽연합, 인공유산, 입술연지, 장작윷, 전문용어, 좁쌀영감, 종합예술, 천일야화, 청산유수, 톱여배우, 한국학연구소, 화물열차, 흑인영가, 희생양

ㄴ첨가가 일어나지 않는 예

그림일기, 극예술, 난중일기, 눈인사, 몰이해, 몰인격, 몰인정, 백인종, 불이익, 불이행, 불인정, 일치, 색입체, 순이익, 악영향, 역이민, 역이용, 열이온, 영업이익, 육이오(6 · 25), 입인사, 첫인사, 첫상, 축이음[22]

반복형에서의 ㄴ첨가 같은 형태가 반복된 반복형 의태어는 ㄴ첨가가 일어나지 않은 발음과 일어난 발음을 모두 표준발음으로 인정하지만 현실어에서는 ㄴ첨가가 일어난 발음을 많이 쓴다. 한편 감탄사 '용용[용뇽]'은 ㄴ첨가가 일어난 발음만 사용한다. 또 한자어 '의기양양(意氣揚揚), 전도양양(前途洋洋)'은 ㄴ첨가가 일어나지 않은 발음이 표준발음이지만 현실어에서는 ㄴ첨가가 잘 일어난다.

같은 형태가 반복된 단어에서의 ㄴ첨가

반복형 의태어
야금야금[야그마금/야금냐금], 야들야들[야드라들/야들랴들], 얄기죽얄기죽[얄기주걀기죽/얄기중냘기죽], 얄긋얄긋[얄그댤근/얄근냘근], 얄찍얄찍[얄찌걀찍/얄찡냘찍], 얄팍얄팍[얄파걀팍/얄팡냘팍], 얇실얇실[얄씨랼씰/얄씰랼씰], 여싯여싯[여시뎌싣/여신녀싣], 욜랑욜랑[욜랑욜랑/욜랑뇰랑], 유들유들[유드류들/유들류들], 이죽이죽[이주기죽/이중니죽]
기타
용용[용뇽], 의기양양[의기양냥], 전도양양[전도양냥]

다양한 환경에서의 ㄴ첨가 이 밖에도 다양한 환경에서 ㄴ첨가가 일어날 수 있다.[23] 아래 예들에서의 ㄴ첨가 여부는 방언이나 개인에 따라 또는 같은 사람이라도 말투

20. 『표준국어대사전』은 '물욕(物慾), 성욕(性慾)'에서 ㄴ첨가가 일어나지 않은 [무룍], [성:욕]을 표준발음으로 보고 있다.

21. 『표준국어대사전』은 처리하기 힘든 일을 뜻하는 '큰일¹'[크닐]'과 큰 잔치나 행사를 뜻하는 '큰일²'[큰닐]'의 발음을 달리 표시하고 있다.

22. 『표준국어대사전』은 '극예술, 몰이해, 불이익, 불이행, 순이익'에 ㄴ첨가가 일어난 발음을 표시하고 있다.

23. 외래어에서의 ㄴ첨가는 10.5 참조.

에 따라 달라질 수 있다. 'ㄴ/Ø'로 표시한 말은 ㄴ첨가가 일어난 발음과 일어나지 않은 발음이 공존하는 예이고 아무 표시가 없는 말은 ㄴ첨가가 일어난 발음만 주로 쓰이는 예이다.

ㄴ첨가가 일어나는 다양한 환경과 예

성+이름(ㄴ/Ø) : 정약용, 정여창, 김영랑, 장영실, 김예은, 김유신, 신윤복[24]
성+칭호 : 길 약국, 김 약국, 박 약국(ㄴ/Ø), 신 약국, 정 약국, 길 양, 김 양, 박 양(ㄴ/Ø), 신 양, 정 양, 길 여사(ㄴ/Ø), 김 여사(ㄴ/Ø), 박 여사(ㄴ/Ø), 신 여사(ㄴ/Ø), 정 여사(ㄴ/Ø)
한자의 훈(명사)+음(ㄴ/Ø) : 들야(野), 약약(藥), 양양(羊), 납연(鉛), 불꽃염(炎), 잎엽(葉), 얼굴용(容), 기름유(油), 닭유(酉), 붓율(聿)
한자의 훈('-을' 관형사형)+음 : 같을약(若), 날릴양(揚), 같을여(如), 바꿀역(易), 그럴연(然), 더울열(熱), 길영(永), 작을요(幺), 목욕할욕(浴), 쓸용(用), 있을유(有), 기를육(育)[25]
관형어+체언 : 올 여름, 한 이불, 이런 일 저런 일, 잘한 일, 좋은 일, 할 일, 만날 일, 무슨 약속, 어떤 여자, 놀러갈 여가, 지난 여름, 재밌는 이야기, 이기적 유전자
수사의 결합 : 열여섯, 스물일곱(ㄴ/Ø), 서른여덟, 백열 개(ㄴ/Ø), 일일이(一一이)[일리리]
숫자 읽기 : 일이(1·2)[일리], 일일이(전화번호 112)[일릴리], 1,000[일쩜녕녕녕], 1,111[일쩌밀릴릴], 1,1030[일쩌밀령삼녕][26]
수사+단위명사 : 일 야드, 삼 야드, 십 야드, 백 야드, 천 야드, 일 연대, 삼 연대(ㄴ/Ø), 육 연대(ㄴ/Ø), 이십 유로(Euro), 이백 유로, 이천 유로, 이억 유로, 열 일 제쳐놓다
보조사 '요'의 연결 : 있군요, 하면요, 갔지만요, 저는요, 누굴요, 무릎요(ㄴ/Ø), 그럼요(ㄴ/Ø), 마실 물요(ㄴ/Ø)
기타(ㄴ/Ø) : 파평 윤씨, 수락 여부, 달걀 열 개, 첫 여성 총리, 11시 도착 예정, 옷 입다, 잘 입다, 못 잊다, 옷깃 여미다, 잘 여물다, 일찍 일어나다

ㄴ첨가와 사이시옷 개입의 이질성 ㄴ첨가 현상은 사이시옷이 끼어드는 현상과 동일한 또는 동질적인 현상으로 오해하기 쉽다. 예를 들어 학교문법에서 두 현상을 사잇소리 현상이라는 제목으로 묶어 설명하고 있다. 그러나 두 현상이 관련은 있으나 같은 현상으로 묶을 수는 없다. '나뭇잎[나문닙], 뱃일[벤닐]'과 같은 예에서 사이시옷이 먼저 끼어들고 그에 따라 ㄴ첨가가 일어날 환경이 만들어졌다. 이것은 두 현상이 이질적이라는 뜻이다. 또 퇴치 대상이 되는 동물 이름 뒤에 '약(藥)'이 붙은 합성명사 '개미약, 모기약, 쥐약, 파리약'과 '좀약[좀냑]'의 차이를 후자에만 사이시옷이 개입한 것이라고 설명할 수는 없다. 후자만 ㄴ첨가가 일어날 환경을 가졌을 뿐이다.

8.3.4 축약

(12) 유기음화

유기음화의 뜻과 종류 유기음화(有氣音化)는 평폐쇄음과 평파찰음 'ㄱ, ㄷ, ㅂ, ㅈ'과 'ㅎ'이 만나 각각 'ㅋ, ㅌ, ㅍ, ㅊ'으로 합쳐지는 음운현상이다. 'ㅎ'이 평음 앞에 있으면 순행적 유기음화, 뒤에 있으면 역행적 유기음화이다.

24. '박영효, 박용철'과 같이 'ㄱ' 뒤에서는 ㄴ첨가가 일어나지 않는 것이 일반적이다.

25. 『표준국어대사전』은 '한자의 훈+음'의 예들 중 부수 이름만 표제어로 실었다. 이 사전의 발음표시에 따르면 한자의 훈이 명사인 '닭유, 붓율'은 ㄴ첨가가 일어나고 '양양, 주살익(弋), 사람인(人)'은 일어나지 않으며, 한자의 훈이 '-을' 관형사형인 '작을요, 쓸용, 들입(入)'은 ㄴ첨가가 일어나고 '말이을이(而)'는 일어나지 않는다. 일관성 있는 처리라 할 수 없다. 한자음이 'j'로 시작할 때는 ㄴ첨가가 일어나고 'ㅣ'로 시작할 때는 ㄴ첨가가 일어나지 않는 것을 원칙으로 하는 것이 좋을 것이다.

26. 수사의 결합과 숫자 읽기에 나타나는 ㄴ첨가에 대해서는 6.6.2 (4) 참조.

순행적 유기음화

입력	출력	환경	조건
ㅎ+ㄱ, ㄷ, ㅈ	ㅋ, ㅌ, ㅊ	모음과 모음 사이	없음

순행적 유기음화의 환경 순행적 유기음화는 ㅎ용언, ㄶ용언, ㅀ용언에 ㄱ, ㄷ, ㅈ어미가 연결될 때 일어난다. ㅂ어미는 없기 때문에 'ㅎ+ㅂ'과 같은 연결에서 순행적 유기음화가 일어나는 일은 없다.[27]

순행적 유기음화의 예

ㅎ용언 : 놓고 → [노코], 놓던 → [노턴], 놓지 → [노치]
ㄶ용언 : 않고 → [안코], 않던 → [안턴], 않지 → [안치]
ㅀ용언 : 앓고 → [알코], 앓던 → [알턴], 앓지 → [알치]

역행적 유기음화

입력	출력	환경	조건
ㄱ, ㄷ, ㅂ+ㅎ	ㅋ, ㅌ, ㅍ	모음과 모음 사이	없음

역행적 유기음화의 환경 역행적 유기음화는 장애음체언에 조사 '하고, 한테'가 붙을 때, 그리고 합성어나 파생어가 형성될 때, 그리고 단어와 단어가 연결될 때 일어난다. 또 'ㄱ, ㅂ'으로 끝나는 한자도 많고 'ㅎ'으로 시작하는 한자도 많기 때문에 한자어에서도 역행적 유기음화가 활발하게 일어난다. ㅎ어미가 없기 때문에 용언의 활용에서는 일어나지 않는다.[28] 역행적 유기음화가 일어나기 전에 평폐쇄음화와 자음군단순화가 먼저 일어난다.

체언+조사에서의 역행적 유기음화의 예

유기음화만 발생 : 떡하고 → [떠카고], 밥하고 → [바파고], 가족한테→ [가조칸테], 간첩한테 → [간처판테]
평폐쇄음화 다음에 유기음화 발생 : 옷하고 → 옫하고 → [오타고], 빚하고 → 빋하고 → [비타고], 꽃하고 → 꼳하고 → [꼬타고], 팥하고 → 팓하고 → [파타고], 이웃한테 → 이욷한테 → [이우탄테]
자음군단순화 다음에 유기음화 발생 : 몫하고 → 목하고 → [모카고], 닭한테 → 닥한테 → [다칸테], 값하고 → 갑하고 → [가파고][29]

그 밖의 역행적 유기음화의 예

파생어와 합성어 형성 : 짝힘 → [짜킴], 겉흙 → 걷흑 → [거특], 첫해 → 첟해 → [처테], 가족호텔 → [가조코텔], 착하다 → [차카다], 똑똑하다 → [똑또카다], 답답하다 → [답따파다], 깨끗하다 → 깨끋하다 → [께끄타다]
단어와 단어의 연결 : 잿빛 하늘 → 재삗하늘 → [제삐타늘], 집 한 채 → [지판체], 딱 하루만 → [따카루만], 비록 혼자 남았지만 → [비로콘자나맏찌만]
한자어 : 국화 → [구콰], 집행 → [지펭], 양극화 → [양그콰], 단답형 → [단다평]

27. '수캐, 수탉, 수평아리, 안팎' 등의 파생어와 합성어는 역사적으로 '숳+개, 숳+닭, 숳+병아리, 않+밖' 등과 같은 구조에서 순행적 유기음화를 거쳐 형성된 것이다. 그러나 이러한 단어형성은 과거에 이미 일어난 것이므로 여기서 다루지 않는다.

28. '좁히다, 밝히다, 꽂히다' 등도 역행적 유기음화를 겪는 것처럼 보인다. 그러나 이러한 피동사와 사동사의 형성은 과거에 이미 일어난 것이고 그때 유기음화도 이미 일어났던 것이다. 따라서 '꽂히다, 맞히다, 잊히다' 등에 보이는 'ㅈ+ㅎ→ㅊ'과 같은 유기음화는 현대의 유기음화에 포함시키지 않는다(5-2 참조).

29. '여덟하고'는 [여덜파고]가 아닌 [여덜하고/여더라고]로 발음된다. 먼저 자음군단순화가 일어나 '여덟 → 여덜'이 되기 때문에 유기음화가 일어나지 못한다. 현실어의 경우에는 '여덟'의 기저형이 표기와 달리 [여덜]이기 때문에 당연히 유기음화가 일어나지 않는다.

음운 현상

8-8 통시적인 변화로서의 유기음화

유기음화라 부를 수 있는 음운현상이 통시적 음운변화로서 일어난 것도 있다.

통시적 유기음화의 예

어두 유기음화 : 갏>칼, 간(間)>칸, 곻>코, 닷>탓, 듣글>티끌, 불무>풀무, 밣>팔
어말 유기음화 : 곶>꽃, 녁>녘, 녑>옆, 브섭/브싁>부엌

'갏, 곻, 밣' 등 ㅎ체언의 어두 유기음화는 어말 'ㅎ'의 영향으로 발생했을 가능성이 있다.

8.4 모음에 관한 음운현상

모음에 관한 음운현상의 특징 모음에 관한 음운현상은 대부분 용언의 활용에서 일어난다. 그중에서도 특히 모음용언의 끝모음과 모음어미의 첫모음이 만나는 모음연결에서 주로 일어난다. 그래서 자음에 관한 음운현상보다 덜 다양하다.

8.4.1 대치

(13) **모음조화**

모음조화의 뜻 용언어간에 모음어미가 붙을 때 '잡아, 접어'처럼 어미의 두음이 'ㅏ'와 'ㅓ'로 교체하는 현상을 볼 수 있다. 이것은 어간의 모음과 어미의 모음이 같은 종류끼리 어울리기 위해 생기는 현상이라고 하여 모음조화(母音調和)라 부른다. 현대한국어에서는 이것을 어미의 두음 'ㅓ'가 'ㅏ'로 바뀌는 음운현상으로 기술한다.[30] 모음조화는 모음동화(母音同化)의 일종이다.

30. 의성의태어에 나타나는 모음조화도 있다. '알록달록'에서는 양성모음 'ㅏ, ㅗ'가, '얼룩덜룩'에서는 음성모음 'ㅓ, ㅜ'가 조화를 이룬다는 것이다. 이것은 공시적인 음운현상으로 보지 않으므로 여기서 다루지 않는다.

모음조화

입력	출력	환경	조건
ㅓ	ㅏ	① 말음절 모음이 'ㅏ, ㅗ'(양성)인 용언 뒤 ② 다음절 ㅡ용언과 르불규칙용언1 가운데 끝에서 두 번째 음절 모음이 'ㅏ, ㅗ'인 용언 뒤 ③ 선어말어미 '-잖-' 뒤	용언어간이나 어미에 모음어미가 붙을 때

변화의 방향 위의 기술과 반대로 모음조화의 입력을 'ㅏ'로, 출력을 'ㅓ'로 설정하여 'ㅏ → ㅓ'의 방향으로 기술하기도 한다. 그때는 위의 ①, ②, ③ 이외의 경우를 환경으로 설정한다.

모음조화의 예

말음절 모음이 'ㅏ, ㅗ'인 용언 뒤
　녹-어 → 녹아, 좁-어 → 좁아
　알-어 → 알아, 맑-어 → 맑아
　오-어 → 오아 → 와, 보-어 → 보아, 비꼬-어 → 비꼬아
　가-어 → 가아 → 가, 자라-어 → 자라아 → 자라
다음절 ㅡ용언과 르불규칙용언1 가운데 끝에서 두 번째 음절 모음이 'ㅏ, ㅗ'인 용언 뒤[31]
　고프-어→고프아 → 고파, 담그-어 → 담그아 → 담가, 가냘프-어 → 가냘프아 → 가냘파,
　다다르-어 → 다다르아 → 다다라
　{다르-어} → 달르어 → 달르아 → 달라, {모르-어} → 몰르어 → 몰르아 → 몰라
선어말어미 '-잖-' 뒤
　잡-잖-어 → 잡잖아, 집-잖-어 → 집잖아, 보-잖-어 → 보잖아, 크-잖-어 → 크잖아

31. '본뜨다, 싹트다, 모아쓰다'는 각각 '본+뜨다, 싹+트다, 모아+쓰다'와 같은 구조의 합성어로서 합성 이전의 활용형 '떠, 터, 써'를 따른다(본떠, 싹터, 모아써).

불규칙용언의 경우 '모르다'와 같은 불규칙용언은 모음어미 앞의 기저형이 먼저 결정되고 나서 모음조화가 일어난다. 예를 들어 7.5.5에서 보았듯이 '모르-'의 모음어미 앞의 기저형은 '몰르-'이므로 '몰르-어'에서 모음조화와 ㅡ탈락이 차례로 일어난다({모르-어} → 몰르-어 → 몰르아 → 몰라).

모음조화가 일어나지 않는 경우 위의 ①, ②, ③ 이외의 경우에는 모음어미의 두음 'ㅓ'가 바뀌지 않는다. 이미 모음끼리 조화가 이루어져 있기 때문이다.

모음어미의 두음 'ㅓ'가 바뀌지 않는 경우(모음조화가 일어나지 않는 경우)

말음절 모음이 'ㅏ, ㅗ'가 아닌 자음용언 뒤
　접어, 웃어, 늦어, 읽어, 뺏어
ㅣ, ㅔ, ㅐ, ㅟ, ㅚ, ㅓ, ㅜ용언 뒤
　비어, 시키-어 → 시키어/시켜
　베어, 세어, 설레어, 내어, 새어, 기대어, 지내어[32]
　뀌어, 사귀어, 되어
　서-어 → 서, 건너-어 → 건너
　두어, 가두어
단음절 ㅡ용언 뒤
　뜨-어 → 떠, 크-어 → 커
다음절 ㅡ용언과 르불규칙용언1 가운데 끝에서 두 번째 음절 모음이 'ㅏ, ㅗ'가 아닌 용언 뒤
　기쁘-어 → 기뻐, 슬프-어 → 슬퍼, 우러르-어 → 우러러
　{흐르-어} → 흘르-어 → 흘러, {게으르-어} → 게을르-어 → 게을러
선어말어미 '-으시-, -었-, -겠-' 뒤
　잡-으시-어 → 잡으셔, 보-시-어 → 보셔
　잡겠-어, 집겠-어, 보겠-어, 되겠-어
　잡았-어, 집었-어, 보았-어, 되었-어, 잡았-었-어, 집었-었-어

32. '내어, 새어, 베어, 세어, 지내어, 기대어, 설레어' 등 ㅐ, ㅔ어간 뒤의 모음어미 두음 'ㅓ'는 구어체에서 잘 탈락한다(7.4.11 참조).

양성모음과 음성모음 이와 같은 현상을 모음조화라 부르는 이유는 모음들이 편을 갈라 같은 편끼리 어울리는 것이 이 현상의 본질이기 때문이다. 표준어의 모음 10개 가운데 'ㅏ, ㅗ'는 양성모음, 나머지 여덟 개는 음성모음이다. 두 형태소가 만날

때 앞 형태소의 마지막 모음이 양성이냐 음성이냐에 따라 뒤 형태소의 첫 모음도 양성 또는 음성으로 결정되는 것이다.

음성모음 'ㅡ'와 중성모음 'ㅡ' 'ㅡ'는 단음절 ㅡ용언에서 음성으로 작용하지만(뜨-어 → 떠), 다음절 ㅡ용언과 르불규칙용언1에서는 양성도 음성도 아닌 중성으로 작용한다. '나쁘-어 → 나빠'와 '기쁘-어 → 기뻐'를 비교해 보면 'ㅡ'는 어미의 모음을 양성이나 음성으로 결정하는 권한이 없음을 알 수 있다. 그 앞모음 'ㅏ'와 'ㅣ'가 결정권을 가진다.

모음조화의 방언차 모음어미의 두음을 'ㅏ'로 발음하는지 'ㅓ'로 발음하는지는 방언에 따라 달라진다. 중앙어에서도 사람에 따라 '잡아, 알아, 맑아, 앉아, 나빠, 달라, 잡잖아' 등을 '잡어, 알어, 맑어, 앉어, 나뻐, 달러, 잡잖어' 등으로 발음하는 일이 있다.

(14) 반모음화

반모음화의 뜻과 종류 반모음화(半母音化)는 단순모음이 반모음으로 바뀌는 현상이다. 반모음화에는 j반모음화, w반모음화, ɰ반모음화가 있다. 셋 다 용언어간에 모음어미가 붙을 때 일어난다.[33]

33. 반모음을 활음(滑音)이라고 부르는 경우에는 반모음화도 활음화라고 부른다.

① **j반모음화**

j반모음화의 뜻 ㅣ용언의 말음 'ㅣ'는 어미 두음 'ㅓ' 앞에서 반모음 'j'로 바뀔 수 있다. 이것을 j반모음화라 한다.

j반모음화(수의적)

입력	출력	환경	조건
ㅣ	j	'ㅓ' 앞	용언어간에 모음어미가 붙을 때

j반모음화의 예

기-어(ki-ʌ) → 겨(kjʌ)
이기-어(iki-ʌ) → 이겨(ikjʌ)

j반모음화의 수의성과 필수성 1음절 ㅣ용언에서는 j반모음화가 수의적이어서 '기어/겨', '비어/벼'와 같이 본말과 준말이 모두 가능하다. '띄어, 씌어, 희어'도 [띠어], [씨어], [히어]와 [뗘], [쎠], [혀]가 모두 가능하다.[34] 그러나 다음절 ㅣ용언에서는 '이겨, 비벼, 돌이켜, 흔들거려'와 같이 j반모음화가 필수적이다. 맞춤법에서는 이들을 '이기어, 비비어, 돌이키어, 흔들거리어'로 적는 것도 허용하지만 이와 같이 발음하는 일은 거의 없다.

34. '기어, 비어, 띄어, 씌어, 희어' 등은 [기여], [비여], [띠여], [씨여], [히여] 등으로 발음될 수도 있다(8.4.3 (19) 참조).

② **w반모음화**

w반모음화의 뜻 ㅗ, ㅜ용언의 말음 'ㅗ, ㅜ'는 어미 두음 'ㅓ, ㅏ' 앞에서 반모음 'w'로 바뀔 수 있다. 이것을 w반모음화라 한다.

w반모음화(수의적)

입력	출력	환경	조건
ㅗ, ㅜ	w	'ㅓ, ㅏ' 앞	용언어간에 모음어미가 붙을 때

w반모음화의 예

두－어(tu－ʌ) → 둬(twʌ)
가두－어(katu－ʌ)→ 가둬(katwʌ)
보－어(po－ʌ) → 보아(poa) → 봐(pwa)
돌보－어(torpo－ʌ) → 돌보아(torpoa) → 돌봐(torpwa)

w반모음화의 수의성과 필수성 w반모음화는 어간의 음절 수에 관계없이 수의적이어서 '두어/둬', '가두어/가둬', '보아/봐', '돌보아/돌봐'와 같이 본말과 준말이 모두 가능하다. 다만 다음절 ㅜ용언 중 '깨우다, 끼우다, 데우다, 배우다, 비우다, 싸우다, 씌우다, 채우다'와 같이 말음절에 초성이 없는 경우에는 w반모음화가 필수적이다. 즉 '깨우어, 비우어, 싸우어, 씌우어' 등은 불가능하고 '깨워, 비워, 싸워, 씌워' 등만 가능하다. 맞춤법에서는 '깨우어, 비우어, 싸우어, 씌우어' 등도 옳은 표기로 인정하고 있으나 전혀 쓰이지 않는다.

준말의 표기 경향 ㅗ용언 중에서 '보다, 쏘다, 돌보다'는 w반모음화가 일어난 '봐, 쏴, 돌봐'로 잘 적지만 '고다, 쪼다, 호다, 비꼬다'는 '과, 쫘, 화, 비꽈'로 적는 일이 드물다.

③ ɥ반모음화

ɥ반모음화의 뜻 ㅟ용언의 말음 'ㅟ'는 어미 두음 'ㅓ' 앞에서 반모음 'ɥ'로 바뀔 수 있다. 이것을 ɥ반모음화라 한다.

ɥ반모음화(수의적)

입력	출력	환경	조건
ㅟ(y)	ɥ	'ㅓ' 앞	용언어간에 모음어미가 붙을 때

ɥ반모음화를 인정할 수 있는 조건 ɥ반모음화는 'ㅟ'가 단순모음 [y]로 발음되는 원칙적인 표준발음을 기준으로 할 때 인정할 수 있는 음운현상이다. 만약 'ㅟ'가 이중모음 [ɯi]로 발음되는 현실발음을 기준으로 하면 'ɯi'가 'ɥ'로 바뀌는 것은 ㅣ탈락이 된다. 여기서는 'ㅟ'가 단순모음으로 발음되든 이중모음으로 발음되든 관계없이 j반모

음화, w반모음화와의 유사성을 고려하여 ɥ반모음화로 기술해 둔다.

ɥ반모음화의 예

끼-어(k'y-ʌ) → 꿔(k'ɥʌ)
바뀌-어(pak'y-ʌ) → 바꿔(pak'ɥʌ)

ɥ반모음화의 수의성과 규범 ɥ반모음화는 수의적이어서 '뀌어/꿔', '쉬어/숴', '나뉘어/나눠', '바뀌어/바꿔' 등 본말과 준말이 모두 가능하다. 그러나 맞춤법에서 'ㅟㅓ'라는 글자를 인정하지 않으므로 표기에서는 '꿔, 숴, 나눠, 바꿔' 등을 쓰지 않는다. 또 [꿔], [숴], [나눠], [바꿔] 등을 표준발음으로도 인정하지 않는다. 이중모음 'ㅟㅓ'에 대해서는 **2.2.1** (4) 참조.

8.4.2 탈락

(15) ㅡ탈락

ㅡ탈락의 두 종류 ㅡ탈락에는 두 가지가 있다. 탈락하는 'ㅡ'가 어간의 'ㅡ'인 것과 어미의 'ㅡ'인 것이 있다.

① 매개모음 ㅡ탈락

매개모음 ㅡ탈락의 뜻 매개모음어미의 두음 'ㅡ'는 모음이나 'ㄹ' 뒤에서 탈락한다. 이것을 매개모음 ㅡ탈락이라 한다.

매개모음 ㅡ탈락

입력	출력	환경	조건
ㅡ	∅	모음이나 'ㄹ' 뒤	용언어간에 매개모음어미가 붙을 때

매개모음 ㅡ탈락의 예

모음 뒤
가-으면 → 가면, 가-으시-고 → 가시고, 가-으니까 → 가니까, 가-으리라 → 가리라
가-으마 → 가마, 가-으오 → 가오
가-은 → 간, 가-을 → 갈, 가-음 → 감
'ㄹ' 뒤
놀-으면 → 놀면, 놀-으시-고 → 노시고, 놀-으니까 → 노니까, 놀-으리라 → 놀리라
놀-으마 → 노마, 놀-으오 → 노오
놀-은 → 논, 놀-을 → 놀, 놀-음 → 놂[놈]

매개모음 ㅡ탈락에 뒤이은 ㄹ탈락 ㄹ용언 뒤에 매개모음어미가 붙으면 '놀면'처럼 'ㄹ'이 유지되는 경우가 있고 '논'처럼 'ㄹ'이 탈락하는 경우가 있다. 매개모음 ㅡ탈락에 이어서 ㄹ탈락이 일어날 수 있는 것이다(ㄹ탈락은 **8.3.2** (7) 참조).

② 어간 말음 ㅡ탈락

어간 말음 ㅡ탈락의 뜻 용언의 말음 'ㅡ'는 모음어미 앞에서 탈락한다. 이것을 어간 말음 ㅡ탈락이라 한다.

어간 말음 ㅡ탈락

입력	출력	환경	조건
ㅡ	Ø	'ㅏ, ㅓ' 앞	용언어간에 모음어미가 붙을 때

어간 말음 ㅡ탈락의 예

끄-어 → 꺼, 치르-어 → 치러, 부르트-어 → 부르터
따르-어 → 따르아 → 따라, 잠그-어 → 잠그아 → 잠가
고프-어 → 고프아 → 고파, 고달프-어 → 고달프아 → 고달파

어간 말음 ㅡ탈락의 동기 'ㅡ' 뒤에 'ㅏ, ㅓ'가 이어질 때 'ㅏ, ㅓ'가 탈락하지 않고 'ㅡ'가 탈락하는 것은 모음 중에서 'ㅡ'가 가장 약한 모음이기 때문이다. 그러나 'ㅡ'가 가장 약한 모음이기는 하지만 체언과 조사가 연결될 때는 'ㅡ'가 다른 모음 앞에서 탈락하지 않는다. '카드에, 셔츠에, 아파트의, 장르이다' 등에서 체언의 말음 'ㅡ'는 탈락하지 않는다. 즉 '카드에[카데], 셔츠에[셔체], 아파트의[아파틔/아파테], 장르이다[장니다]' 와 같은 발음은 하지 않는다.

(16) **ㅣ탈락**

ㅣ탈락의 뜻 ㅣ용언 중 '지, 찌, 치'로 끝난 용언의 말음 'ㅣ'는 모음어미 앞에서 탈락한다. 이것을 ㅣ탈락이라 한다.

ㅣ탈락

입력	출력	환경	조건
ㅣ	Ø	'ㅓ' 앞	'지, 찌, 치'로 끝난 용언에 모음어미가 붙을 때

ㅣ탈락의 예

지-어 → 져[저], 찌-어 → 쪄[쩌], 치-어 → 쳐[처]
가지-어 → 가져[가저], 살찌-어 → 살쪄[살쩌], 다치-어 → 다쳐[다처]
닫히-어 → 닫혀[다처], 앉히-어 → 앉혀[안처], 붙이-어 → 붙여[부처]
사라지-어 → 사라져[사라저], 가르치-어 → 가르쳐[가르처], 부딪히-어 → 부딪혀[부디처]

표기의 변화와 발음의 변화 표기상으로는 어간 말음 'ㅣ'가 'j'로 바뀌어 이중모음 'ㅕ'가 형성되는 듯 보이지만 발음에서는 이중모음이 전혀 나타나지 않는다. 어간 말음 'ㅣ'가 탈락할 뿐이다.

ㅣ탈락의 필수성 ㅣ탈락이 일어나지 않은 '지어, 찌어, 치어, 가지어, 살찌어, 다치어, 닫히어, 앉히어, 붙이어, 사라지어, 가르치어, 부딪히어' 등도 맞는 표기로 인정하고 있으나 그런 표기와 그에 대응하는 발음은 현실어에서 쓰이지 않는다. ㅣ탈락이 필수적인 것이다. 그래서 '지어'는 '지다'의 활용형이 아닌, '짓다(집을)'의 활용형으로 인식되고, [찌어]도 '찌다'의 활용형이 아닌, '찧다'의 활용형 '찧어'의 발음으로 인식된다.

(17) **ㅏ탈락, ㅓ탈락**

ㅏ탈락, ㅓ탈락의 뜻 모음어미 두음 'ㅏ'는 ㅏ용언에 붙을 때 탈락한다. 이것을 ㅏ탈락이라 한다. 그리고 모음어미 두음 'ㅓ'는 ㅓ, ㅐ, ㅔ, ㅚ, ㅞ용언에 붙을 때 탈락한다. 이것을 ㅓ탈락이라 한다. ㅐ, ㅔ, ㅚ, ㅞ용언은 발음상 각각 [ㅔ], [ㅔ], [ㅞ], [ㅞ]로 끝나므로 모두 [ㅔ]용언인 셈이다. 따라서 발음상으로는 'ㅓ, ㅔ' 뒤에서 어미 두음 'ㅓ'가 탈락한다고 간단하게 말할 수 있다.

ㅏ탈락

입력	출력	환경	조건
ㅏ	∅	'ㅏ' 뒤	용언어간에 모음어미가 붙을 때

ㅓ탈락

입력	출력	환경	조건
ㅓ	∅	'ㅓ, ㅔ' 뒤 (표기상 'ㅓ, ㅐ, ㅔ, ㅚ, ㅞ' 뒤)	용언어간에 모음어미가 붙을 때 ※ 'ㅔ'(표기상 'ㅐ, ㅔ, ㅚ, ㅞ') 뒤에서는 문어체에서 탈락하지 않을 수도 있음

ㅏ탈락의 예

가-어 → 가아 → 가, 만나-어 → 만나아 → 만나

ㅓ용언 뒤에서의 ㅓ탈락의 예

서-어 → 서, 펴-어 → 펴, 건너-어 → 건너

ㅏ, ㅓ용언 뒤에서의 ㅏ탈락, ㅓ탈락의 필수성 ㅏ, ㅓ용언 뒤에서의 ㅏ탈락과 ㅓ탈락은 필수적이어서 '가아, 서어'와 같은 표기나 발음은 모두 표준어로 인정되지 않으며 현실어에서도 쓰이지 않는다.

[ㅔ]용언(표기상 ㅐ, ㅔ, ㅚ, ㅞ용언) 뒤에서의 ㅓ탈락의 예

내-어 → 내, 베-어 → 베, 지내-어 → 지내, 설레-어 → 설레
되-어 → 돼, 꿰-어 → 꿰

[ㅔ]용언 뒤에서의 ㅓ탈락의 수의성 모음어미가 [ㅔ]용언(표기상 ㅐ, ㅔ, ㅚ, ㅞ용언)에 붙을 때는 두음 'ㅓ'가 탈락하지 않은 형태 '내어, 베어, 지내어, 설레어, 되어, 꿰어' 등도 가능하다. 이들의 말음절 '어'는 [여]로 발음되기도 한다(8.4.3 (19) 참조). 그러나 현실어에서는 'ㅓ'가 탈락한 형태 '내, 베, 지내, 설레, 돼, 꿰'가 일반적이다. 말음절 '어'가 탈락한 형태와 탈락하지 않은 형태가 모두 표준어로 인정된다.

ㅚ용언 뒤에서의 ㅓ탈락 ㅚ용언 '되-'의 활용형 '되어/돼'에서 보듯이 표기상으로는 'ㅓ'가 그대로 유지된 형태 '되어'도 쓰이고, 어간 말음 'ㅚ'와 어미 두음 'ㅓ'가 축약된 것처럼 보이는 형태 '돼'도 쓰인다. 현실어에서는 '되-'와 '돼'가 똑같이 [뒈]로 실현되므로 '되어/돼'는 [뒈어]/[뒈]라고 할 수 있다. 그러므로 현실어의 '돼[뒈]'는 어간 말음 'ㅚ'와 어미 두음 'ㅓ'가 축약된 형태가 아니라 어미 두음 'ㅓ'가 탈락한 형태라고 기술해야 한다.

ㅓ탈락 여부와 어미의 종류 [ㅔ]용언 뒤에서의 어미 두음 'ㅓ'의 탈락 여부는 어미의 종류에 따라 조금 다른 것으로 보인다. 특히 종결어미 '-어'가 붙을 때 'ㅓ'를 유지한 발음은 무척 어색하게 느껴진다. 즉 "화를 안 내어.", "요즘 잘 지내어?", "그러면 안 되어." 등의 서술어는 '내, 지내, 돼' 등 'ㅓ'가 탈락한 형태로 바꿔야 자연스럽다.

합성동사에 흔적이 남은 ㅓ탈락 합성동사 '빼다박다'는 '빼-어다'에서 'ㅓ'가 탈락한 대로 굳어져 쓰이고 '빼어나다'는 '빼-어'에서 'ㅓ'가 탈락하지 않은 대로 굳어져 쓰인다. 한편 '깨나다'와 '깨어나다'는 'ㅓ'가 탈락한 형태와 탈락하지 않은 형태가 모두 쓰이는 예이다.

(18) **w탈락**

w탈락 자음 뒤에 연결된 w계 이중모음 'ㅘ, ㅙ, ㅞ, ㅚ, ㅟ'는 단순모음으로 발음될 수 있다. 반모음 'w'가 탈락하여 'ㅘ'는 [ㅏ], 'ㅙ[ㅞ], ㅞ[ㅞ], ㅚ[ㅞ]'는 [ㅔ], 'ㅟ'는 [ㅣ]로 발음되는 것이다. 이것을 w탈락이라 한다. w탈락은 발음을 아주 편하게 할 때 나타난다. 또박또박 발음할 때는 나타나지 않는다. w탈락이 일어난 발음은 표준 발음으로 인정되지 않는다. 그리고 그다지 바람직한 발음으로 인식되지도 않는다.

w탈락(수의적)

입력	출력	환경	조건
w	Ø	자음과 'ㅏ, ㅔ, ㅣ' 사이	조건 없음

음운 현상

w탈락의 예

ㅘ(wa) → ㅏ : 보-아 → 봐 → [바], 국화 → [구카], 발화 → [발하/바라], 백화점 → [베카점], 산업화 → [사너파]
ㅙ(we) → ㅔ : 되-어 → 돼 → [데], 돼지 → [데지], 괜찮다 → [겐찬타]
ㅞ(we) → ㅔ : 꿴다 → [껜다], 쉰다 → [센다], 퉤 → [테]
ㅚ(we) → ㅔ : 괴롭다 → [게롭따], 되다 → [데다], 뵙고 → [벱꼬], 회사 → [헤사]
ㅟ(wi) → ㅣ : 귀엽다 → [기엽따], 뒤 → [디], 쉬어 → [시어], 튄다 → [틴다]

8.4.3 첨가

(19) j첨가

j첨가 ㅐ, ㅔ, ㅚ, ㅞ, ㅟ, ㅣ용언에 모음어미가 연결될 때 어미 두음 'ㅓ' 앞에 반모음 'j'가 첨가될 수 있다. 이것을 j첨가라 한다.

j첨가(수의적)

입력	출력	환경	조건
Ø	j	'ㅔ, ㅞ, ㅣ'와 'ㅓ' 사이 (표기상 'ㅐ, ㅔ, ㅚ, ㅞ, ㅟ, ㅣ'와 'ㅓ' 사이)	용언어간에 모음어미가 붙을 때

j첨가의 예

내-어 → [내여], 베-어 → [베여]
되-어 → [뒈여], 되뇌-어 → [뒈눼여], 꿰-어 → [꿰여]
뛰-어 → [뛰여], 바뀌-어 → [바뀌여]
기-어 → [기여]

j첨가와 표기 ㅚ용언, ㅟ용언, ㅣ용언의 경우에 j첨가가 일어난 발음은 표준발음으로 인정되나 '내여, 베여, 되여, 되뇌여, 꿰여, 뛰여, 바뀌여, 기여'와 같은 표기는 바른 표기로 인정되지 않는다.

다음절 용언에서의 j첨가 '지내어, 드세어, 비비어' 등 다음절 ㅐ, ㅔ, ㅣ용언에 모음어미가 붙을 때는 어미 두음 'ㅓ'가 그대로 유지된 형태를 잘 안 쓰기 때문에 그 형태로부터 다시 j첨가가 일어나 '지내여, 드세여, 비비여' 등처럼 발음하는 일도 거의 없다. 그 대신 ㅓ탈락(8.4.2 (17) 참조)이 일어난 '지내, 드세', j반모음화(8.4.1 (14) ① 참조)가 일어난 '비벼' 등이 널리 쓰인다.

8.4.4 축약

(20) ㅝ축약

ㅝ축약 ㅜ용언에 모음어미가 결합할 때 w반모음화가 일어난 음절의 'ㅝ'가 'ㅗ'로

축약될 수 있다. 이것을 ㅝ축약이라 한다.

ㅝ축약(수의적)

입력	출력	환경	조건
ㅝ	ㅗ	자음 뒤	용언어간에 모음어미가 붙을 때

ㅝ축약의 예

두-어 → 둬 → [도], 주-어 → 줘 → [조], 놔두-어 → 놔둬 → [놔도]

ㅝ축약의 제한성 위에 예시한 용언들 외에는 ㅝ축약을 잘 보여 주지 않는다. 그리고 ㅝ축약이 일어난 표기와 발음은 표준어로 인정되지도 않고 바람직한 발음으로 인식되지도 않는다.

9. 한자어

9.1 한자형태소

글자이면서 형태소인 한자 한자는 이른바 표의문자이다. 글자 하나하나가 뜻을 가지고 있다. 따라서 한자는 모두 그 자체로 형태소에 해당한다. 예를 들어 '水'라는 한자는 '물'이라는 뜻을 나타내므로 '水'는 '물'을 뜻하는 형태소를 글자로 적은 것이다.

한자형태소와 한자음 한자 '水'는 의미가 '물'이고 발음이 [수]인 한자형태소의 표기이다. 한자형태소의 발음을 한자음이라고 부른다. 한자음은 [수]처럼 한 음절로 이루어져 있다.

한자형태소 '수(水)'의 형태와 의미

표기상의 형태 : 水
발음상의 형태 : [수]
의미 : 물

9-1 한자, 한문, 한자어

한자(漢字)는 한글, 가나, 로마자 등과 마찬가지로 문자의 하나이다. 원래 고대 중국에서 중국어를 표기하기 위해 만들어졌지만 한국, 일본, 베트남 등 주변 국가의 언어를 표기하는 데에도 차용되었다. 고대 로마에서 라틴어의 표기를 위해 형성된 로마자가 유럽의 여러 언어들을 적는 문자로 발달하고, 나아가 유럽 이외 지역 언어들의 표기에까지 확대된 것도 한자의 확산과 비슷하다.

전통적으로 한자를 표의문자로 분류해 왔다. 현대언어학적인 관점에서 보면 표의문자 중에서도 형태소문자에 속한다. 글자 하나가 형태소 하나를 나타내는 문자이기 때문이다. 모든 형태소는 뜻과 발음의 결합체이다. 한자의 3대 구성요소라고 하는 형(形), 음(音), 의(義)는 각각 글자의 모양, 발음, 뜻에 해당한다. 한자가 형태소문자이기 때문에 이 세 가지 요소를 가지고 있는 것이다.

한문(漢文)은 중국어이다. 더 정확히 말하면 고대 중국 문어(文語)이다. 즉 고대중국어를 한자라는 글자로 옮겨 적은 글이다. 한국에서 조선시대까지 2천여 년간 사용해 온 한문도 고대 중국 문어이다. 한국어를 적을 문자가 없어서 한국어를 고대중국어로 번역해 한자로 적은 것이 한국 한문이다. 한문은 현대중국어를 적은 것이 아니므로 현대 중국인에게도 한문은 15세기 문헌『석보상절』의 문장처럼 고문(古文)이다.

한자어(漢字語)는 한자를 바탕으로 만들어진 단어이다. 조어론의 관점에서 더 정확히 말하면 한자어는 한자형태소로 이루어진 단어이다. '성장(成長)'이라는 단어는 한자형태소 '성(成)'과 '장(長)'이 결합해 만들어진 한자어이다. 한자는 중국에서뿐만 아니라 한국과 일본에서도 형태소의 자격을 가지고 한자어를 구성하고 있다. 중국어 단어는 고유어 아니면 외래어이다. 중국어 고유어는 당연히 한자어와 같다. 그렇지만 한국어와 일본어에는 고유어가 따로 있고 한자어가 따로 있다.

관점에 따라서는 한국이나 일본의 한자어를 외래어에 넣을 수도 있다. 한자가 중국에서 들어온 것이기 때문이다. 그렇지만 한국어의 어휘체계 안에서 한자어는 다른 외래어들과 다른 점이 많으므로 둘을 구분할 필요가 있다. 한자어는 기본적으로 한자라는 문자를 매개로 들어왔다. 즉 구어(口語)가 아닌 문어를 통해서 들어왔다. 그래서 중국과 상당히 다른 한국식 한자음으로 발음한다.

중국어에서 들어온 단어 중 한자를 매개로 하지 않고 중국어 구어로부터 직접 받아들인 '다홍(<다홍, 大紅), 배추(<ᄇᆡᆨᄎᆡ, 白菜), 심지(<심ᄉᆞ, 心兒)' 등은 한자어라고 할 수 없다. 이들이 막 들어왔을 때는 외래어였다. 이제는 이들이 고유어에 완전히 동화되었다고 본다. 그래도 그 어원이 외국어임을 강조하고자 할 때는 **귀화어**(歸化語)라고 부른다. 귀화어는 고유어로 처리한다. 근래에 중국어에서 들어와 아직 고유어가 되었다고 할 수 없는 '딤섬(點心), 쿵후(功夫)'는 외래어이다.

9.2 한자음의 음절구조

9.2.1 한중일 한자음의 관계

한국 한자음의 뿌리 한국 한자음은 고대중국어의 한자음에 뿌리를 두고 있다. 중국으로부터 한자를 받아들이면서 중국인들의 한자 발음을 한국어의 음운체계에 맞추어 흉내 낸 것이 한국 한자음의 출발이다. 그것이 2천여 년 동안의 음운변화를 거쳐 오늘날의 한자음이 되었다. 일본 한자음도 역시 고대중국어의 한자음을 일본식으로 변형하여 받아들인 후 음운변화를 거쳐 오늘에 이르렀다. 중국 한자음도 그 나름대로의 음운변화를 거쳤기 때문에 현재의 한중일의 한자음은 고대중국어의 한자음으로부터 분화된 결과물이라고 할 수 있다.

중국 한자음 [di]와 한국 한자음 [ㅈ]의 대응 한중일 삼국의 한자음에는 같은 점도 있고 다른 점도 있다. 어느 정도 규칙적인 **음운대응**(音韻對應)도 발견된다. 예를 들어 중국 한자음에서 'di[di]'(한국어의 [띠]에 가까운 발음)로 시작하는 한자는 한국 한

자음에서 구개음화를 겪었기 때문에 [ㅈ]으로 시작하게 된다.[1]

중국 한자음 [di]와 한국 한자음 [ㅈ]이 대응하는 예

低(저), 地(지), 弟(제), 點(점), 調(조), 頂(정)

중국 한자음 [ʧʰi]와 한국 한자음 [기]의 대응 또 한국 한자음 [기]는 중국 한자음에서 구개음화를 겪었기 때문에 'qi[ʧʰi]'(한국어의 [치]에 가까운 발음)로 나타난다.

중국 한자음 [ʧʰi]와 한국 한자음 [기]가 대응하는 예

期, 奇, 騏, 其, 起, 企, 氣, 汽, 器

한국 한자음의 종성 'ㄴ, ㅁ, ㅇ'과 중국 · 일본 한자음의 대응 한국 한자음의 종성 'ㄴ, ㅁ'은 중국 한자음의 종성 'n[n]', 일본 한자음의 종성 'n[N]'에 대응한다.[2] 또 한국 한자음의 종성 'ㅇ'은 중국 한자음의 종성 'ng[ŋ]', 일본 한자음의 장음(長音)에 대응한다.

한국 한자음의 종성 'ㄴ, ㅁ, ㅇ'과 중국 · 일본 한자음의 대응

한국 한자음의 종성		ㄴ				ㅁ				ㅇ			
한자		君	山	言	現	犯	三	點	品	等	上	洋	興
한국	한글	군	산	언	현	범	삼	점	품	등	상	양	흥
중국	발음	[ʤyn]	[ʂan]	[jɛn]	[ʃɛn]	[fan]	[san]	[djɛn]	[pʰin]	[dəŋ]	[ʂaŋ]	[jaŋ]	[ʃiŋ]
	로마자	jun	shan	yan	xian	fan	san	dyan	pin	deng	shang	yang	xing
일본	발음	[kuN]	[saN]	[geN]	[geN]	[haN]	[saN]	[teN]	[hiN]	[toː]	[ʤoː]	[joː]	[kjoː]
	로마자	kun	san	gen	gen	han	san	ten	hin	too	joo	yoo	kyoo

한국 한자음의 음절 수 한국 한자음은 중국 한자음과 마찬가지로 모두 한 음절로 이루어져 있다. 따라서 한국 한자음의 특징은 음절구조의 관점에서 살펴볼 수 있다. 일본 한자음도 대부분 1음절이지만 '愛 ai[ai], 學 gaku[gakɯ], 月 getsu[geʦɯ], 一 ichi[iʧi]'와 같이 2음절인 것도 있는 점이 특징이다.

9-2 한국 한자음으로부터 일본 한자음을 예측하기

어떤 한자의 한국 발음이 종성 'ㅇ'으로 끝나면 일본 발음은 장모음으로 끝난다. 이와 같이 한국 한자음을 알면 일본 한자음을 예측할 수 있는 경우가 상당히 많다. 그러나 거꾸로 일본 한자음을 가지고 한국 한자음을 예측하는 일은 쉽지 않다. 이것은 한국 한자음 여러 가지가 일본 한자음 한 가지에 대응하는 일이 많기 때문이다. 많이 쓰이는 한

1. 중국 한자음의 성조는 무시하고 표기한다.

2. [N]은 설근을 목젖에 대고 발음하는 목젖비음이다.

자들을 가지고 작성한 아래 표에 따르면 일본 한자음이 'kan'인 한자는 한국 한자음이 [간], [감], [관], [권], [완], [한], [함], [환]의 8가지이다. 반면에 한국 한자음이 [간]인 한자는 일본 한자음이 'kan', 'kon' 두 가지이고 [관]인 한자는 'kan' 한 가지이다. (일본 한자음은 한 한자에 둘이 있는 경우가 꽤 있는데 주로 쓰이는 한자음을 제시한다.)

한국 한자음과 일본 한자음의 다대일 대응

한국 한자음	한자	일본 한자음
간	間, 刊, 奸, 肝, 姦, 看, 幹, 簡, 諫 墾	kan kon
감	甘, 感, 監, 敢, 鑑 減	kan gen
관	官, 管, 館, 棺, 冠, 關, 貫, 慣, 觀, 罐, 寬	kan
권	巻, 勸 券, 圈, 權	kan ken
완	完, 緩 頑 腕	kan gan wan
한	韓, 漢, 閑, 寒, 汗 限 恨	kan gen kon
함	陷, 艦 含	kan gan
환	環, 還, 患, 歡, 換 幻 丸	kan gen gan

9.2.2 초성

한자음의 음절구조 고유어 음절과 마찬가지로 한자음 음절도 초성, 중성, 종성으로 분석되며, 중성만 필수적이고 초성과 종성은 없을 수도 있다.

한자음의 초성 초성 19자음 중 'ㅇ'이 올 수 없는 점은 고유어 음절과 같다. 그러나 경음 중 'ㄸ, ㅃ, ㅉ'이 초성으로 올 수 없는 점은 한자음에만 특수한 현상이다. 경음 'ㄲ, ㅆ'이 초성으로 쓰인 한자음도 극소수이다. '끽(喫), 쌍(雙), 씨(氏)'의 세 한자음 외에는 초성으로 경음이 온 예가 없다. 그러므로 경음은 한자음의 초성으로 거의 안 쓰인다고 말할 수 있다.[3] 초성이 'ㅋ'인 한자음도 '쾌(快)' 한 가지뿐이다. 다른 유기음 'ㅊ, ㅍ, ㅌ'은 한자음 초성으로 널리 쓰이므로 이것은 유기음 중 'ㅋ'만의 독특한 현상이라고 할 수 있다.

3. 15세기에는 '喫, 雙, 氏'의 한자음이 각각 '긱, 솽, 시'로서 초성이 모두 평음이었다. 즉 15세기에는 한자음 초성이 경음인 경우가 전혀 없었던 것이다.

한자음 초성으로 쓰이는 자음과 쓰이지 않는 자음
널리 쓰이는 자음 : ㄱ, ㄴ, ㄷ, ㄹ, ㅁ, ㅂ, ㅅ, ㅈ, ㅊ, ㅌ, ㅍ, ㅎ 드물게 쓰이는 자음 : ㄲ, ㅆ, ㅋ 전혀 쓰이지 않는 자음 : ㅇ, ㄸ, ㅃ, ㅉ

9.2.3 중성

한자음의 중성자와 중성(표준발음) 우선 표기상으로 보면 모음자 21개 중 'ㅒ'를 제외한 20개가 중성으로 쓰인다. 표준발음에서는 이 20개가 그대로 한자음의 중성으로 쓰인다고 할 수 있다.

모음자 20개가 중성으로 쓰인 예(표기 및 표준 발음)		
ㅏ : 가(加)	ㅖ : 계(計)	ㅝ : 권(權)
ㅐ : 개(開)	ㅗ : 고(高)	ㅞ : 궤(軌)
ㅑ : 야(野)	ㅘ : 과(果)	ㅟ : 귀(貴)
ㅒ : ×	ㅙ : 괘(掛)	ㅠ : 규(規)
ㅓ : 거(去)	ㅚ : 괴(怪)	ㅡ : 근(根)
ㅔ : 게(揭)	ㅛ : 교(敎)	ㅢ : 의(衣)
ㅕ : 경(京)	ㅜ : 구(九)	ㅣ : 기(記)

한자음의 중성(현실발음) 현실발음을 기준으로 보면 단순모음 7개와 이중모음 11개 중 이중모음 'ㅞ'만 빼고 나머지 17개가 한자음의 중성으로 쓰인다.[4] 위의 예들을 현실발음의 관점에서 다시 정리하면 다음과 같다.

4. 'ㅞ'가 '쉐, 바꿔'와 같은 ㅟ용언의 활용형에만 나타나므로 한자음에 나타나지 않는 것은 당연하다.

단순모음 7개와 이중모음 10개가 중성으로 쓰인 예(현실발음)		
[ㅏ] : 가(加)	[ㅗ] : 고(高)	[ㅟ] : 귀(貴)
[ㅑ] : 야(野)	[ㅘ] : 과(果)	[ㅠ] : 규(規)
[ㅓ] : 거(去)	[ㅛ] : 교(敎)	[ㅡ] : 근(根)
[ㅔ] : 게(揭), 개(開)	[ㅜ] : 구(九)	[ㅢ] : 의(衣)
[ㅕ] : 경(京)	[ㅝ] : 권(權)	[ㅣ] : 기(記)
[ㅖ] : 계(計)	[ㅞ] : 궤(軌), 괘(掛), 괴(怪)	[ㅞ] : ×

한자음의 중성으로 쓰인 모음의 장단 표준발음에서 모음의 장단을 구별하는 것은 한자음에 대해서도 마찬가지이다. 한자형태소마다 모음이 장음인지 단음인지 정해져 있다. 예를 들어 '단'이라는 발음을 가진 한자형태소는 모음이 장음인 것과 단음인 것으로 나눌 수 있다.

한자음 [단]과 [단:]의 예

[단]	單, 團, 段, 端, 壇, 丹, ……

[단:]	短, 斷, 但, ……

한자의 뜻에 따른 장단의 차이 일부 한자형태소는 뜻에 따라 단음과 장음으로 구별된다. '장(長)'이 그러한 예이다.

'장(長)'의 뜻과 발음

발음	뜻	예
[장]	길다, 오래다	장신(長身), 장음(長音), 장기(長期), 장수(長壽), 장장(長長)
[장:]	어른, 우두머리, 맏이, 자라다	장유유서(長幼有序), 장관(長官), 장남(長男), 장성(長成)

9.2.4 종성

한자음의 종성 6자음 고유어 음절의 종성으로는 7자음이 올 수 있는데 한자음 음절의 종성으로는 그보다 하나 적은 'ㄱ, ㄴ, ㄹ, ㅁ, ㅂ, ㅇ'의 6자음만 올 수 있다. 'ㄷ'이 종성으로 올 수 없는 것이다.[5]

5. 그래도 한국 한자음은 한중일 삼국의 한자음 중 종성의 종류가 가장 많다. 중국 한자음에는 /n/, /ŋ/만, 일본 한자음에는 /n/만 남아 있다.

종성으로 자음을 가진 한자의 예

각(角), 간(間), 갈(渴), 감(感), 갑(甲), 강(江)
역(逆), 연(硏), 열(熱), 염(染), 엽(葉), 영(永)
칙(則), 친(親), 칠(七), 침(侵), 칩(蟄), 칭(稱)

9.2.5 음절구조제약

구개음화에 의한 한자음 초성의 제약 한자음 음절에서는 초성과 중성과 종성의 결합에 상당한 제약이 있다. 우선 '댜, 뎌, 됴, 듀, 디, 뎨, 탸, 텨, 툐, 튜, 티, 톄'로 시작하는 음절은 없다. 이러한 음절은 근대에 일어난 구개음화로 초성 'ㄷ, ㅌ'이 모두 'ㅈ, ㅊ'으로 바뀌어 버렸기 때문이다. 예를 들어 '뎌(低) > 저, 뎐(傳) > 전, 뎨(第) > 제, 됴(朝) > 조, 디(地) > 지, 탹(着) > 착, 텬(天) > 천, 톄(體) > 체, 튱(忠) > 충, 티(治) > 치'와 같이 바뀌었다. 이 밖에는 어떤 음절이 가능하고 불가능한지에 대한 규칙을 말하기가 어렵다. 가능한 음절을 일일이 나열하는 방식으로 기술할 수밖에 없다.

한자음 음절의 가짓수 한자음 음절의 가짓수는 고유어의 음절의 가짓수보다 훨씬 적다. 음절자를 기준으로 해도 전체 가짓수가 550여 개에 불과하며 음절을 기준으로 하면 그보다 적어진다. 발음 가능한 음절의 전체 가짓수인 2,592가지(또는 표준 발음에서의 3,048가지)(**4.1.4** 참조) 중 일부만 한자음으로 존재하는 것이다. 몇 가지 예를 살펴보면 다음과 같다.

초성과 중성이 '구'인 한자의 예

구(九), 국(國), 군(君), 굴(屈), 굼(×), 굽(×), 궁(弓)

초성과 중성이 '푸'인 한자의 예

푸(×), 푹(×), 푼(×), 풀(×), 품(品), 풉(×), 풍(風)

중성과 종성이 'ㅏ, ㅏㄱ, ㅓ, ㅕ, ㅕㅁ, ㅡ, ㅡㄱ, ㅡㄴ'인 한자의 예

중성과 종성 \ 초성	ㄱ	ㄴ	ㄷ	ㄹ	ㅁ	ㅂ	ㅅ	Ø	ㅈ	ㅊ	ㅋ	ㅌ	ㅍ	ㅎ
ㅏ	家	懦	多	羅	馬		四	兒	自	差		他	波	下
ㅏ□	各	諾		落	莫	朴	削	惡	作	着		託		學
ㅓ	去						西	語	低	處		據		許
ㅕ		女		麗	旀			如						
ㅕㅁ	兼	念		廉				炎					貶	嫌
ㅡ														
ㅡㄱ	極		得	肋					卽	側		特		黑
ㅡㄴ	根							恩						痕

한자음 음절구조제약의 불규칙성 위의 예들에서 알 수 있듯이 한자음에 있는 음절과 없는 음절에 관해서는 어떤 규칙을 발견하기 어렵다. 이 밖에도 중성이 'ㅟ'인 한자음은 '귀, 쉬, 위, 휘'뿐이고 어떤 자음도 이들의 종성으로 올 수 없으며, 중성이 'ㅝ'인 한자음은 '궉, 권, 궐, 훤'뿐이라는 사실에서도 한자음의 음절구조제약이 매우 불규칙해서 일반화하여 기술하기 어려움을 알 수 있다.

9.3 한자어의 음절연결

한자형태소의 연결과 음절의 연결 한자형태소와 한자형태소의 연결로 한자어가 만들어지는 것을 음절의 관점에서 보면 음절과 음절이 이어지는 것이다. 4.2에서 음절과 음절의 연결이 허용되는 경우도 있고 금지되는 경우도 있음을 보았는데 한자어에서도 그렇다.

9.3.1 모음 — 모음

모음과 모음의 자연스러운 연결 한자어의 형성에서 모음과 모음이 만나면 각 음절이 원래의 음가대로 발음된다. 예를 들어 '가(加)' 뒤에 '입(入)'이 이어질 때 모음 'ㅏ'와

'ㅣ'를 그대로 이어 발음하는 데 아무 문제가 없다.

같은 모음의 연결 같은 모음끼리 이어지는 경우에는 빠른 말에서 두 모음이 하나의 장모음처럼 발음될 수도 있다. 예를 들어 '나안(裸眼), 시인(詩人)'을 빨리 발음하면 각각 [난:], [신:]처럼 발음되기도 한다.

같은 모음끼리 만나는 예

ㅏ—ㅏ : 나안(裸眼), 사악(邪惡), 사암(砂巖), 타악기(打樂器), 파악(把握)
ㅓ—ㅓ : 서언(序言), 어업(漁業), 허언(虛言)
ㅗ—ㅗ : 고온(高溫), 보옥(寶玉), 보온(保溫), 포옹(抱擁)
ㅜ—ㅜ : 두운(頭韻), 투우(鬪牛), 우울증(憂鬱症), 구우일모(九牛一毛)
ㅣ—ㅣ : 기일(期日), 기입(記入), 미인(美人), 시인(詩人), 이익(利益), 피임(避妊)
ㅐ—ㅐ : 재액(災厄), 형제애(兄弟愛), 화기애애(和氣靄靄)

서로 다른 모음이 만나는 예

ㅏ, ㅑ, ㅘ—V : 가입(加入), 사업(事業), 자유(自由), 야외(野外), 과연(果然), 화음(和音)
ㅓ, ㅕ—V : 거인(巨人), 서예(書藝), 허용(許容), 여운(餘韻)
ㅗ, ㅛ—V : 고아(孤兒), 교육(敎育), 소액(少額), 요인(要因), 조예(造詣)
ㅜ, ㅠ—V : 구어(口語), 부인(夫人), 수은(水銀), 주연(主演), 유의(留意)
ㅣ, ㅢ—V : 기억(記憶), 비율(比率), 시안(試案), 지역(地域), 의아(疑訝), 의외(意外), 의의(意義), 의인법(擬人法)
ㅔ, ㅖ—V : 세율(稅率), 계엄(戒嚴), 예외(例外), 예의(禮儀), 개인(個人), 재앙(災殃)
ㅙ—V : 외압(外壓), 회유(懷柔), 괘의(掛意), 궤양(潰瘍), 췌언(贅言)
ㅟ—V : 귀의(歸依), 위엄(威嚴), 위원(委員), 위인(偉人), 취업(就業)

'i, j'의 흔적 남기기 'ㅣ, ㅢ—V'의 경우 '기억'을 [기역], '의아(疑訝)'를 [의야]로 발음하는 일도 있다. 용언의 활용에 나타나는 j첨가(**8.4.3** (19) 참조)처럼 앞음절 끝의 'i, j'의 발음이 뒤음절 처음에도 흔적을 남긴 결과이다.

9.3.2 모음—자음

모음과 자음의 자연스러운 연결 모음 뒤에 자음이 이어질 때 원래의 음가대로 발음된다. 예를 들어 '기(基)' 뒤에 '본(本)'이 이어질 때 모음 'ㅣ'와 자음 'ㅂ'을 그대로 이어 발음하는 데 아무 문제가 없다.

모음 뒤에 자음이 이어지는 예

과정(過程), 기본(基本), 미풍(微風), 보관(保管), 사극(史劇), 유추(類推), 지식(知識), 체념(諦念), 표현(表現), 하류(下流)

9.3.3 자음—모음

자음과 모음의 연결과 연음 자음 뒤에 모음이 이어질 때 일반적으로 아무 음운현상도 일어나지 않는다. 분철 표기 때문에 음운현상이 일어나는 것처럼 보일 뿐이다.

자음 뒤에 모음이 이어지는 예와 연음

ㄱ : 묵인(默認)[무긴], 석유(石油)[서규], 학위(學位)[하귀]
ㅂ : 갑오(甲午)[가보], 입원(入院)[이붠], 흡열(吸熱)[흐별]
ㄴ : 간암(肝癌)[가남], 신어(新語)[시너], 인연(因緣)[이년]
ㅁ : 금액(金額)[그맥], 음악(音樂)[으막], 함유(含有)[하뮤]
ㄹ : 걸인(乞人)[거린], 일월(一月)[이뤌], 절약(節約)[저략]

2음절 한자어에서의 연음과 조어구조 2음절 한자어에서 자음 뒤에 'ㅑ, ㅕ, ㅛ, ㅠ' 등이 이어질 때 위의 '석유[서규], 흡열[흐별], 인연[이년], 함유[하뮤], 절약[저략]'처럼 연음하여 발음한다. 이러한 2음절 한자어의 대부분은 한자형태소끼리 한문문법에 따라 결합한 단어이다(**9.4.2** 참조). 이들은 아무 음운현상 없이 연음하여 발음한다.

2음절 한자어에서의 ㄴ첨가와 조어구조 2음절 한자어 '장염(腸炎)[장념], 물욕(物慾)[물룍], 성욕(性慾)[성뇩]'에서는 ㄴ첨가가 일어난다(ㄴ첨가에 대해서는 **8.3.3** (11) 참조). '장염'은 명사 '장(腸)'과 명사 '염'이 결합한 합성어이고 '물욕, 성욕'은 각각 명사 '물(物), 성(性)' 뒤에 접미사 '-욕'이 결합한 파생어이다. 이와 같이 2음절 한자어가 한국어문법에 따라 형성된 합성어나 파생어일 때는 ㄴ첨가가 일어난다(**9.4.2** 참조). 한자어 '단엽(單葉)[다녑], 복엽(複葉)[보겹]'에서는 ㄴ첨가가 일어나지 않는 데 반해 같은 뜻의 고유어 '홑잎[혼닙], 겹잎[겸닙]'에서는 ㄴ첨가가 일어나는 것도 한문문법과 한국어문법의 차이로 설명할 수 있다.

2음절 한자어에서 연음이 일어나는 예 : 한문문법에 따라 형성된 한자어

간염(肝炎)[가념], 감염(感染)[가몀], 결여(缺如)[겨려], 경유(輕油), 굴욕(屈辱)[구룍], 금욕(禁慾)[그묙], 독약(毒藥)[도갹], 발열(發熱)[바렬], 발육(發育)[바륙], 병역(兵役), 석유(石油)[서규], 악역(惡役)[아격], 안약(眼藥)[아냑], 암염(巖鹽)[아몀], 인연(因緣)[이년], 절약(節約)[저략], 족욕(足浴)[조굑], 죽염(竹鹽)[주겸], 집요(執拗)[지뵤], 착유(搾乳)[차규], 촬영(撮影)[촤령], 함유(含有)[하뮤], 활약(活躍)[화략], 활용(活用)[화룡], 흡열(吸熱)[흐별]

2음절 한자어에서 ㄴ첨가가 일어나는 예 : 한국어문법에 따라 형성된 합성어와 파생어

장-염(腸炎)[장념], 물-욕(物慾)[물룍], 성-욕(性慾)[성뇩][6]

2음절 한자어에서의 예외적인 ㄴ첨가 한문문법에 따라 형성된 2음절 한자어 가운데 예외적으로 ㄴ첨가가 일어나는 단어도 있다.

한문문법에 따라 형성된 2음절 한자어에서 ㄴ첨가가 일어나는 예(예외적)

작열(灼熱)[장녈][7], 정열(情熱)[정녈], 검열(檢閱)[거멸/검녈], 금융(金融)[그뮹/금늉]

6. 『표준국어대사전』은 '물욕(物慾), 성욕(性慾)'에서 ㄴ첨가가 일어나지 않은 [무룍], [성:욕]을 표준발음으로 규정하고 있다.

7. 한편 '작렬(炸裂)'이 [장녈]로 발음되는 것은 정상적인 현상이다. **9.3.4**의 '급류[금뉴], 격론[경논]' 등 참조.

한자어

2음절 한자어에서의 'ㄹ' 뒤 ㄴ첨가 '절약(節約), 활약(活躍)'과 같이 'ㄹ' 뒤에 'ㅑ, ㅕ, ㅛ, ㅠ' 등이 이어진 2음절 한자어를 ㄴ첨가와 유음화가 일어난 [절략], [활략] 등으로 발음하는 사람도 있다. 이러한 발음은 경상방언의 영향을 받은 것이다. 물론 표준발음으로 인정하지 않는다.

2음절 한자어에서 'ㄹ' 뒤의 ㄴ첨가가 일어난 발음(비표준발음)

절약(節約)[절략], 활약(活躍)[활략], 발열(發熱)[발렬], 촬영(撮影)[촬령], 필요(必要)[필료], 굴욕(屈辱)[굴룍], 발육(發育)[발륙]

9-3 인명의 '룡, 용'

남자 이름의 마지막 글자로 '룡(龍)'을 쓰는 일이 있는데 비어두이므로 '진룡(鎭龍)[질룡], 헌룡(憲龍)[헐룡], 성룡(成龍)[성뇽], 창룡(昌龍)[창뇽]'과 같이 항상 '룡'으로 적고 [룡]이나 [뇽]으로 발음한다. '용(容), 용(用)' 역시 남자 이름의 마지막 글자로 많이 쓴다. 그런데 '을용(乙用), 일용(日容), 성용(成容), 창용(昌用)' 등을 대부분의 사람이 [을룡], [일룡], [성뇽], [창뇽] 등으로 발음한다. 일반적으로 2음절 한자어에서 'ㄹ, ㅇ' 뒤의 '용'을 [룡], [뇽]으로 발음하지 않는다. '실용(實用), 일용품(日用品), 일용직(日傭職), 활용(活用), 공용(公用), 등용(登用), 병용(竝用), 응용(應用), 중용(重用), 징용(徵用), 형용(形容), 중용(中庸), 종용(慫慂)' 등의 '용'을 [룡], [뇽]으로 발음하지 않는 것이다. 따라서 인명에서만 'ㄹ, ㅇ' 뒤의 '용'을 [룡], [뇽]으로 발음하는 것은 '룡(龍)'의 발음에 잘못 이끌린 결과로 보인다.

9.3.4 자음 — 자음

자음연결의 금지에 따른 음운현상 자음과 자음이 이어질 때는 4.2.2에서 살펴본 음절연결제약에 따라 자음연결이 허용되기도 하고 금지되기도 한다. 금지되는 경우에는 다음과 같은 음운현상이 일어난다(각 음운현상에 대해서는 8장 참조).

ㅂ, ㄱ — ㅁ, ㄴ : 폐쇄음의 비음화

십만(十萬)[심만], 읍내(邑內)[음내], 갑남을녀(甲男乙女)[감나믈려]
국내(國內)[궁내], 혁명(革命)[형명], 남남북녀(南男北女)[남남붕녀]

ㅁ, ㅇ — ㄹ : 'ㄹ'의 비음화

금리(金利)[금니], 담력(膽力)[담녁], 심리(心理)[심니], 고진감래(苦盡甘來)[고진감내], 경로(經路)[경노], 공리(公理)[공니], 상류(上流)[상뉴], 왕래(往來)[왕내], 장래(將來)[장내], 중력(重力)[중녁]

ㅂ, ㄱ — ㄹ : 'ㄹ'의 비음화 이후 폐쇄음의 비음화

급류(急流) → 급뉴 → [금뉴], 답례(答禮) → 답녜 → [담녜], 섭리(攝理) → 섭니 → [섬니], 압력(壓力) → 압녁 → [암녁], 합리적(合理的) → 합니적 → [함니적], 격론(激論) → 격논 → [경논], 독립(獨立) → 독닙 → [동닙], 박람회(博覽會) → 박남회 → [방남훼]

ㅂ, ㄱ — 평음 : 경음화

입국(入國)[입꾹], 입대(入隊)[입때], 입법(立法)[입뻡], 입시(入試)[입씨], 입장(入場)[입짱]
속기(速記)[속끼], 속단(速斷)[속딴], 속보(速步)[속뽀], 속성(速成)[속썽], 속전(速戰)[속쩐]

ㅁ, ㄴ, ㅇ, ㄹ — ㅎ : ㅎ탈락

심화(深化)[심화/시뫄], 순화(醇化)[순화/수놔], 영화(映畫)[영화/영와], 설화(說話)[설화/서롸]

ㅂ, ㄱ — ㅎ : 유기음화

입학(入學)[이팍], 협회(協會)[혀풰], 벽화(壁畫)[벼콰], 역행(逆行)[여캥]

ㄹ — ㄴ : 유음화

월남(越南)[월람], 월내(月內)[월래], 질녀(姪女)[질려]
찰나(刹那)[찰라], 힐난(詰難)[힐란], 일년(一年)[일련]

'ㄴ—ㄹ'에서의 유음화 'ㄹ—ㄴ'은 항상 [ㄹㄹ]로 유음화된다. 그러나 'ㄴ—ㄹ'은 한자어의 조어구조에 따라 유음화가 일어나 [ㄹㄹ]로 발음될 때도 있고 'ㄹ'의 비음화가 일어나 [ㄴㄴ]으로 발음될 때도 있다. 우선 '논리(論理)[놀리]'와 같이 한문문법에 의해 형성된 한자어에서 'ㄴ—ㄹ'은 유음화된다(9.4.2 참조).

한문문법에 따른 한자어에서의 ㄴ — ㄹ : 유음화

관람(觀覽)[괄람], 논리(論理)[놀리], 본론(本論)[볼론], 분량(分量)[불량], 분류(分類)[불류], 신랑(新郎)[실랑], 연료(燃料)[열료], 연루(連累)[열루], 연륜(年輪)[열륜], 원래(原來)[월래], 인력(人力)[일력], 진로(進路)[질로], 찬란(燦爛)[찰란]

'ㄴ—ㄹ'에서의 'ㄹ'의 비음화 한국어문법에 따라 이루어진 한자어에서는 유음화 대신 'ㄹ'의 비음화가 일어난다. 즉 아래의 '균-류(菌類), 면-류(麵類)'와 '의견-란(意見欄)' 등은 'ㄹ'의 비음화가 일어난 [균뉴], [면뉴], [의견난] 등으로 발음한다.[8] 한편 '논리-적(論理的)[놀리적], 연륙-교(連陸橋)[열륙꾜], 재-분류(再分類)[제불류]' 등은 '논리, 연륙, 분류'에서 이미 유음화가 일어나 있기 때문에 'ㄹ'의 비음화와 관계가 없다.

8. '균류, 면류'의 발음은 『표준국어대사전』에 [귤류], [멸류]로 표시되어 있다. '면(麵)'의 표준발음은 [면:]이므로 '면류'는 [멸:류]라고 해야 옳을 것이다. 이 사전은 2음절 한자어이면 모두 'ㄹ'의 비음화 대신 유음화가 일어나는 것으로 처리한 듯하다.

한국어문법에 따른 한자어에서의 ㄴ — ㄹ : 'ㄹ'의 비음화

2음절어(1음절+1음절)
균류(菌類), 면류(麵類)
3음절어(2음절+1음절)
의견란(意見欄), 임진란(壬辰亂), 생산량(生産量), 결단력(決斷力), 공권력(公權力), 비판력(批判力), 추진력(推進力), 판단력(判斷力), 동원령(動員令), 상견례(相見禮), 순환로(循環路), 횡단로(橫斷路), 견문록(見聞錄), 임진록(壬辰錄), 낙관론(樂觀論), 비관론(悲觀論), 순환론(循環論), 음운론(音韻論), 이원론(二元論), 입원료(入院料), 출연료(出演料), 향신료(香辛料), 구근류(球根類), 보안림(保安林)
4음절어(3음절+1음절)
저작권료(著作權料), 중계권료(中繼權料)[중계꿘뇨]

'2음절+1음절' 구조에서의 예외적인 유음화 '대관-령(大關嶺)[대괄령], 〔마운-령〕-비(摩雲嶺碑)[마울령비], 마천-령(摩天嶺)[마철령], 신선-로(神仙爐)[신설로], 광한-루(廣寒樓)[광할루], 마천-루(摩天樓)[마철루]'는 유음화가 일어나는 점에서 예외이다. '청산리(靑山裏) 벽계수야'의 '청산리[청살리]'도 예외이다. 전통적으로는 모든 한자어에서 이와 같이 유음화가 일어나는 것이 일반적이었던 듯하며 이들 단어에 전통적인 방식의 유음화가 반영된 것으로 보인다.

'리(里)'가 붙은 3음절어에서의 유음화 행정구역명 중 '리(里)'가 붙은 3음절어에서는 유음화가 일어난 발음이 고형이고 'ㄹ'의 비음화가 일어난 발음이 신형이다. '신천리(新川里), 오산리(五山里), 노근리(老斤里), 두원리(豆原里)' 등의 전통적인 발음은 [신철리], [오살리], [노글리], [두월리] 등인데 요즘은 대개 [신천니], [오산니], [노근니], [두원니]와 같이 발음한다.[9] 이들 지명의 조어가 한문문법에 따른 것인지 한국어문법에 따른 것인지에 대해 언어의식이 달라지고 있는 것으로 해석된다. 다만 '리(里)'가 붙은 2음절어에서는 '신리(新里)[실리], 현리(縣里)[혈리]'와 같이 항상 유음화가 일어난 발음을 쓴다. 이들은 위의 '신천리' 등과 달리 계속 한문문법에 따라 이루어진 단어로 인식되기 때문일 것이다.[10]

9. '청산리대첩(靑山里大捷)'의 '청산리[청살리]'와 부산 광안리 해수욕장의 '광안리[광알리]' 역시 전통적인 발음이 굳어진 예외이다.

10. 한편 2음절 인명의 경우에는 예전의 '권람(權擥)[궐람], 신립(申砬)[실립]'을 이제는 '권남[권남], 신입[시닙]'으로 많이 쓴다. 성과 이름이 한국어문법에 따라 결합하는 것으로 보게 된 것이다.

9.4 한자어의 조어구조

9.4.1 한자어의 음절 수에 따른 조어구조

한자어의 음절 수 한자형태소는 대부분 '수(水)'나 '로(路)'처럼 독립된 단어로 쓰이지 못하는 의존형태소이다. 따라서 대부분의 한자어는 한자 의존형태소가 둘 이상 결합한 다음절어이다. 그 중 2음절어가 가장 많다.

1음절 한자어 일부 한자형태소는 독립된 단어로 쓰일 수 있는 자립형태소이다. 즉

이들은 1음절 한자어를 형성한다. 흔히 쓰는 1음절 한자어의 예는 다음과 같다.[11]

1음절 한자어

자립명사 : 각(角), 간(肝), 강(江), 겁(怯), 굴(窟), 균(菌), 귤(橘), 금(金), 기(氣), 노(櫓), 녹(綠), 뇌(腦), 독(毒), 등(燈), 면(麵), 문(門), 반(半), 방(房), 벌(罰), 법(法), 벽(壁), 병(病), 병(甁), 복(福), 산(山), 상(床), 상(賞), 색(色), 선(線), 성(姓), 성(性), 성(城), 수(數), 시(詩), 신(神), 약(藥), 양(量), 양(羊), 역(驛), 연(鳶), 열(列), 열(熱), 예(例), 왕(王), 욕(辱), 용(龍), 운(運), 위(胃), 원(圓), 윤(潤), 은(銀), 장(腸), 장(醬), 장(欌), 전(煎), 점(點), 점(占), 정(情), 종(鐘), 죄(罪), 죽(粥), 즙(汁), 질(質), 차(車), 차(茶), 창(窓), 창(槍), 책(冊), 처(妻), 철(鐵), 총(銃), 추(錘), 층(層), 칠(漆), 탈(頉), 탑(塔), 통(桶), 판(板), 편(便), 폐(肺), 표(表), 표(票), 향(香), 형(兄), 화(火), 회(膾)

수사 : 영(零), 일(一), 이(二), 삼(三), 사(四), 오(五), 육(六), 칠(七), 팔(八), 구(九), 십(十), 백(百), 천(千), 만(萬), 억(億), 조(兆), 경(京)

부사 : 단(但), 즉(卽)

관형사 : 별(別), 순(純), 약(約), 양(兩), 전(全), 전(前), 총(總)

한자 자립형태소와 한자 의존형태소 대부분의 한자형태소는 1음절 한자어를 형성하지 못하는 의존형태소이다. 한자 의존형태소는 다른 단어나 형태소와 결합하여 2음절 이상의 단어를 형성한다. 이제 편의상 한자 의존형태소만 한자형태소라 부르고 한자 자립형태소는 1음절 한자어(또는 1음절어)라 부르기로 한다.

2음절 한자어 2음절 한자어는 대부분 '수로(水路)'와 같이 한자형태소끼리 결합해 만들어진 한문구성이다. 그러나 한국어문법에 따라 1음절 한자어끼리 결합한 합성어도 있다.

2음절어 : 한자형태소끼리 결합한 한문구성

한자형태소+한자형태소 : 경제(經濟), 독주(獨奏), 만족(滿足), 불신(不信), 수로(水路), 영웅(英雄), 질서(秩序), 투명(透明), 화가(畫家)

2음절어 : 1음절 한자어끼리 결합한 합성어

1음절어+1음절어 : 간암(肝癌), 귤색(橘色)[귤쌕], 금방(金房)[금빵], 등잔(燈盞), 반수(半數)[반쑤][12], 벽장(壁欌), 상보(床褓)[상뽀], 상복(賞福)[상뽁], 성벽(城壁), 성병(性病)[성뼝], 색칠(色漆), 숫자(數字), 약방(藥房), 열병(熱病)[열뼝][13], 위벽(胃壁), 위암(胃癌), 은병(銀甁), 장염(腸炎)[장념], 종탑(鐘塔), 죄질(罪質), 차표(車票), 찬방(饌房)[찬빵], 찬장(饌欌)[찬짱], 찻방(茶房), 찻상(茶床), 찻잔(茶盞), 창문(窓門), 책상(冊床), 책장(冊欌), 철문(鐵門), 철선(鐵線), 철창(鐵窓), 철탑(鐵塔), 철통(鐵桶), 철판(鐵板), 첩약(貼藥)[첨냑], 칠판(漆板), 탑차(塔車), 폐암(肺癌)

'1음절어+1음절어' 구조인 발음상의 증거 위의 예들 중 '귤색, 금방, 반수, 상보, 상복, 성병, 숫자, 열병, 찬방, 찬장, 찻방, 찻상, 찻잔'은 사이시옷이 끼어들어 경음화가 일어난 단어들이다. 사이시옷이 끼어든다는 것은 이들이 한문구성이 아니라 한국어문법에 따른 합성어임을 뜻한다. 또 '장염, 첩약'에서의 ㄴ첨가도 한국어문법에

11. '겸(兼), 대(對), 등(等), 리(理)' 등의 일반 의존명사와 '개(個), 권(卷), 근(斤), 대(臺), 리(里), 명(名), 번(番), 세(歲), 자(字), 장(張), 평(坪), 호(號), 년(年), 월(月), 일(日), 시(時), 분(分), 초(秒)' 등의 단위성 의존명사(단위명사)는 자립성이 없어 음운론적으로는 1음절어라 하기 어려우므로 본문에 제시하지 않는다(음운론적 단어는 **5.4.1** 참조).

12. 『표준국어대사전』에 따르면 '반수'의 표준발음은 [반:수]이다.

13. 『표준국어대사전』에 따르면 '열병'의 표준발음은 [열병]이다.

14. '쌍룡(雙龍)'은 '한자형태소+한자형태소'의 구조이면 '쌍룡'이 맞고 '1음절어+1음절어'의 구조이면 '쌍용'이 맞다. 전자가 규범적 표기이지만 기업 이름에서는 후자를 쓰고 있다. '남녀(男女)' 역시 '한자형태소+한자형태소'의 구조로 처리한다. 다만 '남·여'는 '1음절어+1음절어'의 구조이다.

따른 합성어에서 나타날 수 있다.[14]

3음절 한자어의 전형적인 구조 3음절 한자어는 대개 2음절어에 1음절어나 한자형태소가 결합해서 만들어진다. 예를 들어 '기관총(機關銃), 각속도(角速度)'는 2음절어 '기관(機關), 속도(速度)'에 1음절어 '총(銃), 각(角)'이 각각 붙어 만들어진 단어이다. 그리고 '전문가(專門家), 가수요(假需要)'는 2음절어 '전문(專門), 수요(需要)'에 한자형태소인 접미사 '-가(家)'와 접두사 '가-(假)'가 각각 붙어 만들어진 단어이다.

3음절 한자어 : 2음절어와 1음절어의 결합

2음절어+1음절어 : 감기약(感氣藥), 교육법(敎育法), 기관총(機關銃), 기차표(汽車票), 맥주병(麥酒甁), 미지수(未知數), 소설책(小說冊), 소수점(小數點)[소수쩜], 신호등(信號燈), 유리문(琉璃門), 인삼차(人蔘茶), 정지선(停止線), 직업병(職業病), 포도즙(葡萄汁), 피부색(皮膚色), 행운상(幸運賞), 화물차(貨物車), 휴지통(休紙桶)

1음절어+2음절어 : 각속도(角速度), 금반지(金半指), 뇌세포(腦細胞), 문단속(門團束), 반도체(半導體), 법의학(法醫學), 벽난로(壁煖爐), 병맥주(甁麥酒), 색안경(色眼鏡), 성희롱(性戲弄), 쌍곡선(雙曲線), 역마차(驛馬車), 열손실(熱損失), 원운동(圓運動), 은쟁반(銀錚盤), 처자식(妻子息), 철가면(鐵假面), 폐결핵(肺結核)

3음절 한자어 : 2음절어와 한자형태소의 결합

2음절어+한자형태소 : 전문가(專門家), 대학가(大學街), 유행가(流行歌), 영화계(映畵界), 온도계(溫度計), 세계관(世界觀), 독서광(讀書狂), 보증금(保證金), 해빙기(解氷期), 비행기(飛行機), 회의록(會議錄), 반대론(反對論), 입장료(入場料), 실업률(失業率), 생활비(生活費), 문학사(文學史), 증명서(證明書), 유람선(遊覽船), 과학성(科學性), 무용수(舞踊手), 가로수(街路樹), 질투심(嫉妬心), 한자어(漢字語), 휴대용(携帶用), 경호원(警護員), 현대인(現代人), 후보자(候補者), 역사적(歷史的), 심리전(心理戰), 가구점(家具店), 소화제(消化劑), 포도주(葡萄酒), 시험지(試驗紙), 계절풍(季節風), 생물학(生物學), 표준화(標準化)

한자형태소+2음절어 : 가수요(假需要), 고지대(高地帶), 급상승(急上昇), 단거리(短距離), 대도시(大都市), 명승부(名勝負), 몰지각(沒知覺), 무의식(無意識), 미완성(未完成), 반정부(反政府), 불투명(不透明), 소시민(小市民), 순기능(順機能), 시부모(媤父母), 신대륙(新大陸), 역이용(逆利用), 입간판(立看板), 장시간(長時間), 재발견(再發見), 저기압(低氣壓), 초인간(超人間), 탈냉전(脫冷戰), 흑맥주(黑麥酒)

3음절 한자어의 비전형적인 구조 3음절 한자어 중에는 1음절어나 한자형태소가 셋이 대등하게 연결된 것도 있다. '상-중-하(上中下), 진-선-미(眞善美), 노-사-정(勞使政), 한-중-일(韓中日)' 등이 그 예이다. 이 밖에 '노익장(老益壯), 어차피(於此彼), 좌우명(座右銘)'처럼 한자형태소끼리 결합한 한문구성도 있다. 그러나 이들 구조의 한자어는 수가 적다.

4음절 한자어의 전형적인 구조 4음절 한자어는 대개 2음절 한자어에 2음절 한자어가 결합해 만들어진다.

4음절 한자어 : 2음절어와 2음절어의 결합

2음절어+2음절어 : 가정교육(家庭教育), 간접흡연(間接吸煙), 강변도로(江邊道路), 경제속도(經濟速度), 고려자기(高麗瓷器), 대중문화(大衆文化), 동시통역(同時通譯), 삼각관계(三角關係), 양심선언(良心宣言), 연애편지(戀愛便紙), 요소요소(要所要所), 원자시계(原子時計), 이중인격(二重人格)

4음절어 또는 두 2음절어 '2음절 한자어+2음절 한자어' 구성을 한 단어로 보아야 할지 두 단어의 연결로 보아야 할지 결정하기란 쉽지 않다. 위의 4음절어들을 2음절어와 2음절어가 이어진 구로 보는 견해도 있을 수 있다. 또 '경제성장(經濟成長), 고려가요(高麗歌謠), 삼각함수(三角函數), 연애소설(戀愛小說)'도 구인지 단어인지 분명치 않다. 『표준국어대사전』은 위 표에 제시한 단어들을 한 단어로 처리하고 '경제성장, 고려가요, 삼각함수, 연애소설'을 두 단어의 연결, 즉 구로 처리했다.

4음절 한자어의 비전형적인 구조 4음절 한자어 중 소수는 3음절어에 1음절어나 한자형태소가 붙어 만들어진다. 이 밖에 '누란지위(累卵之危), 수불석권(手不釋卷), 연목구어(緣木求魚)'처럼 한자형태소끼리 결합한 한문구성도 있다.

4음절 한자어 : 3음절어와 1음절어 또는 한자형태소의 결합

3음절어+**1**음절어 : 선진국병(先進國病), 원자력법(原子力法), 주기율표(週期律表)
3음절어+한자형태소 : 골동품점(骨董品店), 생물학적(生物學的), 유소년기(幼少年期)
1음절어+**3**음절어 : 법사회학(法社會學), 삼당시인(三唐詩人), 색도화지(色圖畵紙)
한자형태소+**3**음절어 : 경비행기(輕飛行機), 비전문가(非專門家), 정삼각형(正三角形)

한자어의 전형적인 조어구조 전체적으로 한자어는 2음절어가 가장 많다. 2음절 한자어가 한자어의 가장 전형적인 모습이다. 2음절 한자어를 기반으로 하여 만들어진 3음절어와 4음절어도 전형적인 한자어라 할 수 있다. 음절 수에 따른 한자어의 조어구조를 전형성에 따라 구분하면 다음과 같다.

전형성에 따른 구분	조어구조	예
전형적인 한자어	□□ □-□□ □□-□ □□-□□	수로(水路) 가-수요(假需要) 전문-가(專門家) 가정-교육(家庭教育)
비전형적인 한자어	□ □-□ □-□-□ □□□ □-□□□ □□□-□ □-□-□-□ □□□□	각(角) 철-탑(鐵塔) 상-중-하(上中下) 노익장(老益壯) 법-사회학(法社會學) 선진국-병(先進國病) 사-농-공-상(士農工商) 누란지위(累卵之危)

한자어

1음절 한자어에 대한 의식 1음절 한자어는 비전형적인 구조이기 때문에 한자어라는 의식이 상당히 약해진 단어도 있다. 특히 '굴을 파다, 노를 젓다, 녹이 슬다, 연을 날리다, 탈이 나다, 화가 나다'에서의 '굴(窟), 노(櫓), 녹(綠), 연(鳶), 탈(頉), 화(火)'를 고유어라고 생각하는 사람이 많다.

긴 한자어의 분석 3음절 이상의 한자어는 2음절 한자어의 전형성 때문에 2음절씩 끊어서 이해하는 경향이 있다. 예를 들어 향가의 제목인 '제망매가(祭亡妹歌)'의 뜻을 한자로 이해하지 못하는 사람은 '제망-매가'와 같은 구조라고 생각하기 쉽다. 이 단어는 '죽은 누이(亡妹)를 위해 제사를 지내며 부르는 노래'라는 뜻으로 '〔제-망매〕-가'의 구조로 되어 있으므로 끊어 발음하고자 할 때는 '제망매-가'와 같이 하는 것이 자연스럽다. 또 혜초가 지은『왕오천축국전(往五天竺國傳)』을 많은 사람이 '왕오-천축-국전'처럼 2음절씩 끊어 발음한다. 이 제목은 '천축국(고대 인도의 나라) 다섯 곳을 다닌 기록'이라는 뜻으로 '〔왕-〔오-〔천축-국〕〕〕-전'의 구조이다. 따라서 '왕오천축국-전'처럼 한 번 끊거나 '왕-오천축국-전'처럼 두 번 끊는 것이 자연스럽다.

9.4.2 한자어의 조어구조와 발음의 상관성

두음법칙과 한자어의 조어구조 두음법칙은 한자어의 조어구조와 밀접히 관련되어 있다. 예를 들어 3음절 한자어 '재논의(再論議)'가 '再論-議'의 구조라면 '재론의'이겠지만 '再-論議'의 구조이므로 '재논의'가 된다. 반면에 '토론자(討論者)'는 '討-論者'의 구조라면 '토논자'로 적겠지만 '討論-者'의 구조이므로 '토론자'로 적는다. '논의, 토론'은 두음법칙이 적용되는 1차적인 구성이다. 이들로부터 2차적으로 형성된 '재논의, 토론자'에서는 비어두의 '論'이 '논'이어야 하는지 '론'이어야 하는지를 더 이상 따지지 않는다.

한자어 형성의 단계 한자형태소가 처음으로 형성한 단어를 1차 한자어라 부를 수 있다. '문(門), 책(冊)' 등의 1음절어와 '논의, 토론, 수로(水路), 경제(經濟)' 등의 2음절어는 1차 한자어이다. 1차 한자어에 다른 한자어나 한자형태소가 붙어 만들어진 단어는 2차 한자어이다. '색-칠, 철-탑' 등의 2음절어와 '재-논의, 토론-자, 기차-표, 전문-가, 가-수요, 급-상승' 등의 3음절어와 '가정-교육, 대중-문화, 수족구-병(手足口病)' 등의 4음절어는 2차 한자어이다. '법-〔사회-학〕, 〔선진-국〕-병, 〔대중-문화〕-사(大衆文化史)' 등은 3차 한자어이다.

조어구조에 따른 한자어의 유형과 예

유형	음절 수	예
1차 한자어	1음절	문(門), 책(冊), 표(票)
	2음절	논의, 토론, 수로, 가정, 문화, 상상, 지구
2차 한자어	2음절	색-칠, 숫-자, 찬-장, 철-탑
	3음절	재-논의, 토론-자, 기차-표, 전문-가, 가-수요, 급-상승
	4음절	가정-교육, 대중-문화, 수족구-병
3차 한자어	4음절	법-(사회-학), (선진-국)-병
	5음절	(대중-문화)-사

한문문법과 한국어문법 1차 한자어는 한문문법에 따라 형성된 반면에 2차 이상의 한자어는 한국어문법에 따라 형성되었다. 이때 'ㄹ'의 비음화, ㄴ첨가, 사이시옷에 의한 경음화와 같은 음운현상들은 한국어문법에 따른 조어과정에 적용된다. 그래서 ㄴ첨가는 1차 한자어 '독약, 간염, 군용(軍用), 환율'에는 적용되지 않고, 2차 한자어 '첩-약, 소독-약, 학생-용, 할인-율'과 혼종어 '물-약(물藥), 좀-약(좀藥)'에는 적용된다.[15] 또 사이시옷에 의한 경음화는 1차 한자어 '나병, 감성, 검증'에는 적용되지 않고, '성-병, 심장-병, 당-성(黨性), 염기-성, 사-증, 면허-증'과 혼종어 '눈-병(눈病), 문둥-병(문둥病)'에는 적용된다.

15. '산양(山羊)[사냥]'은 ㄴ첨가가 일어나지 않으므로 1차 한자어임을 알 수 있다.

조어구조에 따른, 유음화 또는 'ㄹ'의 비음화의 적용

유형	조어의 근거	조어구조	예	유음화/ 'ㄹ'의 비음화
1차 한자어	한문문법	한자형태소+한자형태소	민란, 분량, 연료, 신리	유음화
2차 한자어	한국어문법	단어+접미사	출연-료, 신천-리	'ㄹ'의 비음화[16]
3차 한자어		단어+접미사	저작권-료	

조어구조에 따른, ㄴ첨가의 적용

유형	조어의 근거	조어구조	예	ㄴ첨가
1차 한자어	한문문법	한자형태소+한자형태소	독약, 간염, 군용, 환율	×
2차 한자어	한국어문법	단어+단어	첩-약, 소독-약, 장-염	○
		단어+접미사	학생-용, 할인-율	
3차 한자어		단어+단어	항경련-약, 치근막-염	
		단어+접미사	탐방객-용, 재할인-율	

16. '생산량[생산냥], 방사선량[방사선냥]'은 'ㄹ'의 비음화가 일어난 단어인 것처럼 표기된다. 그러나 명사 '양(量)'이 단어로 존재하므로 이들을 '단어+단어'의 구조로 파악하면 '생산양, 방사선양'으로 표기하게 되고 'ㄹ'의 비음화가 아닌 ㄴ첨가의 예가 될 것이다. '임진란[임진난]'도 명사 '난(亂)'이 단어로서 참여한 합성어로 파악하면 '임진난'으로 표기하게 되고 'ㄹ'의 비음화가 관계없게 될 것이다.

조어구조에 따른, 사이시옷에 의한 경음화의 적용

유형	조어의 근거	조어구조	예	사이시옷에 의한 경음화
1차 한자어	한문문법	한자형태소+한자형태소	나병, 염병 감성, 산성 검증, 논증	×
2차 한자어	한국어문법	단어+단어	성–병, 위–병, 심장–병	○
		단어+접미사	당–성, 시–성, 염기–성 면허–증, 신분–증	
		어근+접미사	사–증	
3차 한자어		단어+단어	기관지–병, 애완동물–병	
		단어+접미사	단세포–성, 명예시민–증	

9.5 두음법칙

9.5.1 두음법칙의 일반 원칙

두음법칙의 내용 4.2.3에서 언급한 바와 같이 **두음법칙**은 한자어에 널리 나타난다. 초성이 'ㄹ'이거나 초성과 중성이 '냐, 녀, 뇨, 뉴, 녜, 니'인 한자는 어두에서 한자음이 바뀐다. 초성 'ㄹ'은 중성이 'i, j'로 시작할 때 탈락하고 그 외의 모음이 중성일 때 'ㄴ'으로 바뀌며, 초성 'ㄴ'은 탈락한다.

두음법칙에 따른 두 가지 한자음

초성	변화의 내용	원래의 한자음	두음법칙 적용 후의 한자음	한자어 예
ㄴ	ㄴ → Ø	녀, 년, 녈, 념, 녕, 녜, 뇨, 뉴, 뉵, 니, 닉, 닐	여, 연, 열, 염, 영, 예, 요, 유, 육, 이, 익, 일	여자(女子), 연도(年度), 염념불망(念念不忘), 유대감(紐帶感)
ㄹ	ㄹ → ㄴ	라, 락, 란 랄, 람, 랍, 랑, 래, 랭, 로, 록, 론, 롱, 뢰, 루, 륵, 름, 릉	나, 낙, 난, 날, 남, 납, 낭, 내, 냉, 노, 녹, 논, 농, 뇌, 누, 늑, 늠, 능	낙방(落榜), 낭랑하다(朗朗하다), 내일(來日), 늠름하다(凜凜하다)
	ㄹ → Ø	랴, 량, 려, 력, 련, 렬, 렴, 렵, 령, 례, 료, 룡, 류, 륙, 륜, 률, 륭, 리, 림, 립	약, 양, 여, 역, 연, 열, 염, 엽, 영, 예, 요, 용, 유, 육, 윤, 율, 융, 이, 임, 입	약자(略字), 양식(糧食), 여행(旅行), 역력하다(歷歷하다)

두음법칙의 본질 두음법칙은 현대한국어의 공시적인 음운현상이 아니다. 현대한국어의 두음법칙은 '녀(女), 라(羅), 략(略)' 등의 한자형태소가 환경에 따라 '녀, 라, 략'과 '여, 나, 약' 등과 같은 두 가지 기저형을 가지는 현상이다. 이것을 이해의 편의를 위해 '녀 → 여', '라 → 나', '략 → 약'과 같은 음운현상이 일어난 것처럼 표현하는

것일 뿐이다. 이런 식의 변화는 통시적으로 일어났다고 할 수 있다.

의존명사와 두음법칙 의존명사는 앞말과 붙어서 하나의 음운론적 단어를 형성한다(5.4.1 참조). 그래서 의존명사의 어두음절은 두음법칙을 따르지 않는다. 예를 들어 '엽전 한 냥(兩)'의 '냥', "그럴 리(理)가 없다."의 '리', '십리(十里)[심니], 백리(百里)[뱅니], 삼천리(三千里)[삼철리]'의 '리' 등 의존명사는 초성 'ㄴ, ㄹ'이 유지된다.

두음법칙의 적용에서 단어처럼 취급되는 요소 사자성어의 경우에 문법적으로 단어가 아니지만 두음법칙이 적용되는 경우가 있다. '감언이설(甘言利說), 걸인연천(乞人憐天), 남부여대(男負女戴), 부화뇌동(附和雷同), 안빈낙도(安貧樂道), 오비이락(烏飛梨落), 호사유피(虎死留皮)'의 '이설, 연천, 여대, 뇌동, 낙도, 이락, 유피'는 단어가 아니지만 마치 한 단어처럼 취급되어 두음법칙이 적용되었다. 두음법칙이 적용되지 않았다면 각각 '리설, 련천, 녀대, 뢰동, 락도, 리락, 류피'가 되어야 할 것이다. '감언이설, 걸인연천'은 두음법칙 적용 후 다시 ㄴ첨가가 일어나 각각 [가먼니설], [거린년천]으로 발음된다.

한자어와 혼종어에서의 두음법칙 적용의 차이 한글맞춤법에서 '난(蘭), 난(欄), 양(量)'과 같은 1음절 한자어가 한자어에 붙어 합성어를 형성할 때는 두음법칙을 적용하지 않는 반면에 고유어나 외래어에 붙으면 두음법칙을 적용한다. 예를 들어 1음절 한자어 '양(量)'이 '물리(物理)'에 붙은 합성어 '물리량'에서는 두음법칙을 적용하지 않으나 외래어 '벡터(vector)'에 붙은 합성어 '벡터양'에서는 두음법칙을 적용한다.

1음절 한자어가 붙은 합성어에서의 두음법칙

한자어 : 군자란(君子蘭), 동양란(東洋蘭), 문주란(文珠蘭) / 구인란(求人欄), 기입란(記入欄), 독자란(讀者欄), 참고란(參考欄) / 물리량(物理量), 발전량(發電量), 생산량(生産量), 소비량(消費量)

혼종어 : 감자난(감자蘭), 금새우난(금새우蘭), 박쥐난(박쥐蘭), 솔잎난(솔잎蘭), 지네발난(지네발蘭) / 가십난(gossip欄), 모임난(모임欄), 어린이난(어린이欄), 컴퓨터난(computer欄) / 구름양(구름量), 벡터양(vector量), 오존양(ozone量)

9.5.2 'ㄴ'에 관한 두음법칙

초성이 'ㄴ'인 한자 'ㄴ'은 한자음 초성으로 널리 쓰인다.

초성이 'ㄴ'인 한자의 예

나(那), 낙(諾), 난(難), 날(捺), 남(南), 납(納), 낭(娘), 내(內), 녀(女), 녁(惄), 년(年), 녈(涅), 념(念), 녑(敜), 녕(寧), 녜(禰), 노(努), 농(農), 놜(豽), 뇌(腦), 뇨(尿), 누(耨), 눈(嫩), 눌(訥), 뉴(紐), 뉵(衄), 능(能), 니(泥), 닉(溺), 닐(昵)

초성이 'ㄴ'인 한자에 적용되는 두음법칙 한자음 '녀, 녁, 년, 녈, 념, 녕, 녜, 뇨, 뉴,

뉴, 니, 닉, 닐'의 초성 'ㄴ'은 어두에서 탈락한다. 즉 중성이 'ㅣ'이거나 j계 이중모음일 때 초성 'ㄴ'이 탈락한다.

'녀(女)'의 초성 'ㄴ'의 변이 예를 들어 '녀(女)'는 비어두에서 '녀'로, 어두에서 '여'로 표기된다. '열녀, 질녀'에서는 '녀'가 [려]로 발음되는데 이것은 유음화(**8.3.1** (3) 참조) 때문이다.

> **'녀(女)'의 초성 'ㄴ'의 변이**
>
> 비어두
> [녀] : 남녀(男女), 손녀(孫女), 숙녀(淑女)[숭녀], 웅녀(熊女), 자녀(子女), 장녀(長女), 처녀(處女), 남남북녀(南男北女)[남남붕녀]
> [려] : 열녀(烈女)[열려], 질녀(姪女)[질려]
> 어두
> [여] : 여군(女軍), 여기자(女記者), 여성(女性), 여인(女人), 여자(女子), 여학생(女學生)

9.5.3 'ㄹ'에 관한 두음법칙

초성이 'ㄹ'인 한자 초성이 'ㄹ'인 한자는 'ㄴ'인 한자보다 더 다양하고 더 많이 쓰인다.

> **초성이 'ㄹ'인 한자의 예**
>
> 라(羅), 락(落), 란(亂), 랄(辣), 람(覽), 랍(拉), 랑(郎), 래(來), 랭(冷), 략(略), 량(量), 려(麗), 력(力), 련(連), 렬(列), 렴(廉), 렵(獵), 령(令), 례(例), 로(老), 록(錄), 론(論), 롱(弄), 뢰(賴), 료(料), 룡(龍), 루(累), 류(類), 륙(六), 륜(倫), 률(律), 륭(隆), 륵(肋), 름(凜), 릉(陵), 리(理), 림(林), 립(立)

초성이 'ㄹ'인 한자에 적용되는 두음법칙 초성이 'ㄹ'인 한자의 중성이 'ㅣ'도 아니고 j계 이중모음도 아닐 때 어두의 초성 'ㄹ'은 'ㄴ'으로 바뀐다. 다시 말해서 모음이 'ㅏ, ㅐ[ㅔ], ㅗ, ㅚ[ㅞ], ㅜ, ㅡ'일 때 'ㄹ'이 'ㄴ'으로 바뀐다. 그리고 초성이 'ㄹ'인 한자의 중성이 'ㅣ'이거나 j계 이중모음일 때는 어두의 초성 'ㄹ'이 탈락한다. 다시 말해서 모음이 'ㅑ, ㅕ, ㅖ, ㅛ, ㅠ, ㅣ'일 때 'ㄹ'이 탈락한다.

> **초성 'ㄹ'이 어두에서 'ㄴ'으로 바뀌는 한자음**
>
> 원래 한자음(비어두) : 라, 락, 란, 랄, 람, 랍, 랑, 래[레], 랭[렝], 로, 록, 론, 롱, 뢰[뤠], 루, 륵, 름, 릉
> 바뀐 한자음(어두) : 나, 낙, 난, 날, 남, 납, 낭, 내[네], 냉[넹], 노, 녹, 논, 농, 뇌[눼], 누, 늑, 늠, 능

> **초성 'ㄹ'이 어두에서 탈락하는 한자음**
>
> 원래 한자음(비어두) : 략, 량, 려, 력, 련, 렬, 렴, 렵, 령, 례, 료, 룡, 류, 륙, 륜, 률, 륭, 리, 림, 립
> 바뀐 한자음(어두) : 약, 양, 여, 역, 연, 열, 염, 엽, 영, 예, 요, 용, 유, 육, 윤, 율, 융, 이, 임, 입

'래(來)'의 초성 'ㄹ'의 변이 예를 들어 '래(來)'의 초성 'ㄹ'은 비어두에서 '래'로, 어두

에서 '내'로 표기된다. 비어두의 '래'가 '박래, 왕래, 장래, 고진감래' 등에서는 [네]로 발음되는데 이것은 'ㄹ'의 비음화(**8.3.1** (2)② 참조) 때문이다.

'래(來)'의 초성 'ㄹ'의 변이

비어두

[레] : 거래(去來), 근래(近來)[글레], 도래(到來), 미래(未來), 본래(本來)[볼레], 원래(元來/原來)[월레], 유래(由來), 이래(以來), 전래(傳來)[절레], 설왕설래(說往說來)

[네] : 박래(舶來)[방네], 왕래(往來)[왕네], 장래(將來)[장네], 고진감래(苦盡甘來)[고진감네]

어두

[내] : 내년(來年), 내방(來訪), 내습(來襲), 내왕(來往), 내일(來日), 내주(來週), 내침(來侵), 내한(來韓)

'리(理)'의 초성 'ㄹ'의 변이 '리(理)'의 초성 'ㄹ'은 비어두에서 '리'로, 어두에서 '이'로 표기된다. 비어두의 '리'가 '공리, 섭리, 심리, 학리, 합리' 등에서는 [니]로 발음되는데 이것도 'ㄹ'의 비음화 때문이다.

'리(理)'의 초성 'ㄹ'의 변이

비어두

[리] : 논리(論理)[놀리], 도리(道理), 수리(數理), 요리(料理), 윤리(倫理)[율리], 의리(義理), 진리(眞理)[질리], 처리(處理)

[니] : 공리(公理)[공니], 섭리(攝理)[섬니], 심리(心理)[심니], 학리(學理)[항니], 합리적(合理的)[함니적]

어두

[이] : 이념(理念), 이론(理論), 이발(理髮), 이상(理想), 이성(理性), 이유(理由), 이치(理致)

한자음 '렬, 률'의 변이 한자음 '렬'과 '률'은 어두에서 두음법칙에 따라 '열'과 '율'로 표기된다. 그런데 비어두에서도 '열'과 '율'로 표기되는 경우가 있다는 점이 특별하다. 모음이나 'ㄴ' 뒤에서 '렬, 률'이 '열, 율'이 되는 것이다. 초성과 종성이 모두 'ㄹ'이 되는 것을 피하는 이화(異化) 현상으로 보인다. 이에 따라 한자음 '렬, 률'이 그대로 [렬], [률]로 발음되는 것은 'ㄹ' 뒤에서뿐이다.

발음이 '렬, 률'인 주요 한자

렬 : 列, 烈, 裂, 洌, 劣

률 : 率, 律, 栗, 慄, 篥

'렬(列)'의 변이

어두

열 : 열강(列强), 열거(列擧), 열도(列島), 열전(列傳), 열차(列車)

비어두

렬 : 일렬(一列), 병렬(竝列)[병녈], 직렬(直列)[징녈], 행렬(行列)[헹녈]

열 : 나열(羅列), 대열(隊列), 수열(數列), 반열(班列)[바녈], 순열(順列)[수녈], 진열(陳列)[지녈]

한자어

'률(律)'의 변이

어두

율 : 율격(律格)[율껵], 율동(律動)[율똥], 율령(律令), 율법(律法)[율뻡], 율시(律詩)[율씨], 율조(律調)[율쪼]

비어두

률 : 법률(法律)[범뉼], 음률(音律)[음뉼], 일률적(一律的)[일률쩍], 대명률(大明律)[데명뉼], 외형률(外形律)[웨형뉼]

율 : 계율(戒律), 규율(規律), 기율(紀律), 선율(旋律)[서뉼], 운율(韻律)[우뉼], 조율(調律), 모순율(矛盾律)[모순뉼], 불문율(不文律)[불문뉼], 음수율(音數律), 평균율(平均律)[평균뉼]

비율을 뜻하는 '률(率)'의 변이 비율을 뜻하는 '률(率)'도 위의 규칙에 따라 '률' 또는 '율'로 적게 된다. 어말음절로 '률(率)'이 쓰인 단어가 많은데 이들을 '률'의 표기와 발음을 모두 고려해 분류해 보면 다음과 같다.

비어두의 '률(率)'의 표기와 발음

'률'로 적는 경우

[뉼] : 확률(確率), 배합률(配合率), 사망률(死亡率), 성공률(成功率), 이직률(移職率), 출생률(出生率), 취업률(就業率), 탈락률(脫落率), 할증률(割增率), 합격률(合格率)

[률] : 공실률(空室率), 자살률(自殺率)

'율'로 적는 경우

[율] : 배율(倍率), 비율(比率), 환율(換率)[화뉼], 감소율(減少率), 실패율(失敗率), 증가율(增加率)

[뉼] : 기준율(基準率)[기준뉼], 백분율(百分率)[벡뿐뉼], 산란율(産卵率)[살란뉼], 생존율(生存率)[생존뉼], 출산율(出産率)[출싼뉼], 할인율(割引率)[하린뉼], 회전율(回轉率)[훼전뉼]

비어두 'ㄴ' 뒤에서의 '율'과 연음 2음절 한자어 '군율(軍律)[구뉼], 선율(旋律)[서뉼], 운율(韻律)[우뉼], 은율(殷栗)[으뉼], 전율(戰慄)[저뉼], 환율(換率)[화뉼]' 등에서는 'ㄴ'과 '율'이 연음된다.

비어두 'ㄴ' 뒤에서의 '율'과 ㄴ첨가 그런데 3음절 한자어 '평균율(平均率)[평균뉼], 할인율(割引率)[하린뉼]' 등에서는 'ㄴ'과 '율' 사이에서 ㄴ첨가가 일어난다. 이것은 1차 한자어 '평균, 할인'에 각각 '률(律), 률(率)'이 붙어 2차 한자어가 만들어지는 과정에서 ㄴ첨가가 일어난 것이다.

'률(律), 률(率)'이 붙은 2차 한자어에서 ㄴ첨가가 일어난 예

률(律) : 모순율(矛盾律)[모순뉼], 불문율(不文律)[불문뉼], 평균율(平均律)[평균뉼]

률(率) : 기준율(基準率)[기준뉼], 백분율(百分率)[벡뿐뉼], 산란율(産卵率)[살란뉼], 생존율(生存率)[생존뉼], 출산율(出産率)[출싼뉼], 할인율(割引率)[하린뉼], 회전율(回轉率)[훼전뉼]

9.5.4 두음법칙에 대한 예외

같은 한자가 반복된 단어에서의 두음법칙 똑같은 한자가 반복된 단어 가운데 두음법칙을 따르지 않은 예외가 있다.

같은 한자가 반복된 단어에서의 두음법칙

두음법칙을 따른 경우
연년생(年年生), 세세연년(世世年年), 낙락장송(落落長松)[낭낙짱송], 희희낙락(喜喜樂樂)[히히낭낙], 낭랑하다(朗朗하다)[낭낭하다], 냉랭하다(冷冷하다)[넹넹하다], 역력하다(歷歷하다)[영녀카다], 녹록하다(碌碌하다/錄錄하다)[농노카다], 늠름하다(凜凜하다)[늠늠하다]

두음법칙을 따르지 않은 경우
누누이(累累이), 연연불망(戀戀不忘)[여년불망], 유유상종(類類相從)

두음법칙에 대한 예외의 해석 두음법칙을 따르지 않은 '누누이, 연연불망, 유유상종'은 두음법칙에 따르면 '누루이, 연련불망, 유류상종'이 되어야 할 텐데 어두의 'ㄹ'뿐만 아니라 비어두의 'ㄹ'까지 'ㄴ'으로 바뀌거나 탈락했으므로 예외이다. 반복된 두 글자의 발음이 같아야 한다고 느끼기 때문인 듯하다. 한편 두음법칙을 따른 단어들에서 '낙락[낭낙], 낭랑[낭낭], 냉랭[넹넹], 녹록[농녹], 늠름[늠늠]'은 각각 '낙낙, 낭낭, 냉냉, 녹녹, 늠늠'과 같은 예외로 해석할 가능성도 있다.

북한의 두음법칙 북한에서는 두음법칙을 인정하지 않는다. 초성이 'ㄹ'인 한자는 모든 경우에 원래의 한자음대로 적는다. 첫째, 한자음의 초성 'ㄹ'을 어두에서도 'ㄹ'로 적는다. 예를 들어 '역사(歷史), 요리(料理), 육지(陸地), 윤리(倫理), 이념(理念), 인근(隣近), 임시(臨時), 입춘(立春)' 등을 각각 '력사, 료리, 륙지, 륜리, 리념, 린근, 림시, 립춘' 등으로 적는다. 그리고 '낙원(樂園), 내일(來日), 노동(勞動), 논문(論文), 농담(農談)' 등을 각각 '락원, 래일, 로동, 론문, 롱담' 등으로 적는다. 둘째, 한자음이 '렬, 률'인 한자도 항상 '렬, 률'로 적는다. 예를 들어 '나열(羅列), 선열(先烈), 비율(比率), 선율(旋律)' 등을 '라렬, 선렬, 비률, 선률'로 적는다. 이상의 단어들에서 초성자 'ㄹ'은 발음도 [ㄹ]로 한다. 또 초성이 'ㄴ'인 한자도 항상 원래의 한자음대로 적는다. 예를 들어 '여자(女子), 연금(年金), 염려(念慮), 요도(尿道)' 등을 '녀자, 년금, 념려, 뇨도' 등으로 적는다. 이러한 단어들에서 초성자 'ㄴ'은 발음도 [ㄴ]으로 한다.

9-4 인명과 두음법칙

성(姓)은 항상 어두에 오기 때문에 성의 초성 'ㄹ'은 'ㄴ'으로 바뀌거나 탈락한다. 즉 '라(羅), 려(呂), 렴(廉), 로(盧), 로(魯), 리(李), 림(林)' 등의 성은 각각 '나, 여, 염, 노, 노, 이, 임'이 된다. 그런데 성이 '류(柳)'인 사람들은 자신들의 성을 '유'로 적지 않고 '류'로 적는다. 맞춤법에서는 '유성룡(柳成龍)'으로 적도록 되어 있는데 이것을 '류성룡'으로 적는 것이다. 성이 '라(羅)'인 사람들 일부도 '나'로 적지 않고 '라'로 적는다. 일부 성에 나

한자어

타나는 이러한 표기를 2007년 대법원에서 두음법칙의 예외로 인정했다.

성을 제외한 이름은 그 자체로 한 단어의 자격을 가지기 때문에 이름의 첫음절이 어두가 되고 두음법칙의 적용을 받는다. '란영(蘭英)'이라는 이름은 '난영'으로 적게 된다. 이름 앞에 성이 붙더라도 '김난영, 이난영, 박난영' 등 항상 '난영'으로 적는다. 다만 맞춤법에서 1음절 이름은 자립성이 떨어진다고 보아 초성 'ㄹ'을 적는 것을 허용하고 있다. '김련(金蓮), 신립(申砬), 채륜(蔡倫), 최란(崔蘭), 하륜(河崙)'과 같이 적을 수도 있고 '김연, 신입, 채윤, 최난, 하윤'과 같이 적을 수도 있다는 것이다.

북한에서는 두음법칙을 인정하지 않기 때문에 성이나 이름에 들어간 초성 'ㄹ'을 모두 원래 한자음대로 'ㄹ'로 적고 발음한다. 즉 '이난영(李蘭英)'을 '리란영'으로 적고 [리라녕]으로 발음한다.

남자 이름의 마지막 글자로 '렬(烈)'이 자주 쓰인다. '렬(烈)'도 앞글자의 종성이 없거나 종성이 'ㄴ'일 때 '열'이 되고 종성이 'ㄴ' 이외의 자음이면 '렬'이 된다. 그런데 어떤 사람들은 '김성렬(金成烈)[김성녈], 이동렬(李東烈)[이동녈], 박승렬(朴承烈)[박씅녈]'과 같은 이름을 '김성열, 이동열, 박승열'과 같이 틀리게 적어 놓고 발음은 맞게 한다.

9.6 경음화

한자어에서의 경음화의 종류 경음화는 고유어에서도 자주 그리고 다양하게 일어나지만 한자어에서도 광범위하게 일어난다. 한자어에서 일어나는 경음화는 다음과 같이 나눌 수 있다.

한자어에서의 경음화의 종류

① 폐쇄음 뒤의 경음화
② 'ㄹ' 뒤의 경음화
③ 특정한 한자형태소에 수반되는 경음화
④ 사이시옷에 의한 경음화
⑤ 특정한 한자어에 나타나는 경음화

한자음 초성의 역사적인 경음화 9.2.2에서 본 바와 같이 한자음 중에 초성이 경음인 것은 '끽, 쌍, 씨' 셋밖에 없다. 이들은 '긱>끽, 솽>쌍, 시>씨'와 같은 경음화를 겪은 결과이다. 이 경음화는 과거에 이미 일어난 역사적인 변화이므로 위 표에 보인 현대한국어의 공시적인 경음화와는 관련이 없다.

9.6.1 폐쇄음 뒤의 경음화

폐쇄음 뒤의 경음화 폐쇄음 뒤의 경음화는 음절연결제약에 따라 필수적으로 일어나는 음운현상이므로 어종에 관계없이 일어난다(폐쇄음 뒤의 경음화 일반에 대해서는 8.3.1 (5)① 참조). 한자어에서도 종성의 평폐쇄음 뒤에서 초성의 평음이 경음화된다. 한자음의 종성 평폐쇄음으로는 'ㄷ'이 없고 'ㅂ, ㄱ'만 있으므로 'ㅂ, ㄱ' 뒤에서 평음이 경음화되는 셈이다.

'ㅂ, ㄱ' 뒤에서의 경음화

'ㅂ' 뒤 : 합법(合法)[합뻡], 십대(十代)[십때], 입구(入口)[입꾸], 잡지(雜誌)[잡찌], 급상승(急上昇)[급쌍승], 수납공간(受納空間)[수납꽁간]
'ㄱ' 뒤 : 각도(角度)[각또], 독서(讀書)[독써], 작전(作戰)[작쩐], 직관(直觀)[직꽌], 교육비(敎育費)[교육삐], 요약정리(要約整理)[요약쩡니]

9.6.2 'ㄹ' 뒤의 경음화

'ㄹ' 뒤의 경음화의 입력 'ㄷ, ㅅ, ㅈ' 종성 'ㄹ' 뒤에서 초성 'ㄷ, ㅅ, ㅈ'이 경음화된다. 초성 'ㅂ, ㄱ'은 경음화되지 않는다. 이 현상은 한자어에만 나타난다.[17]

'ㄹ' 뒤의 경음화

ㄷ : 발달(發達)[발딸], 열대(熱帶)[열때], 출동(出動)[출똥]
ㅅ : 발생(發生)[발쌩], 열심(熱心)[열씸], 출신(出身)[출씬]
ㅈ : 발전(發展)[발쩐], 열정(熱情)[열쩡], 출전(出戰)[출쩐]

'발견(發見), 발병(發病), 열기(熱氣), 열변(熱辯), 출국(出國), 출발(出發)' 등에서 보듯이 'ㄹ' 뒤에서 'ㅂ, ㄱ'은 경음화되지 않는다. 경음화가 일어나는 'ㄷ, ㅅ, ㅈ'은 전설음이고 'ㅂ'은 양순음, 'ㄱ'은 후설음이다. 결국 종성이 전설음 'ㄹ'이고 그 뒤의 초성이 전설음 'ㄷ, ㅅ, ㅈ'일 때만 경음화된다는 점에서 조음위치와 관련이 있는 현상이라 할 수 있다.[18]

고유명사에서의 'ㄹ' 뒤의 경음화 이 현상은 고유명사에도 그대로 적용된다. '길동[길똥]'과 같은 인명이나 '길주[길쭈]'와 같은 지명에 두루 적용된다.[19]

인명에서의 'ㄹ' 뒤의 경음화

ㄷ : 길동, 일도
ㅅ : 길상, 일성, 일손, 길수, 철수, 을숙, 철순
ㅈ : 일주, 철준, 달진, 달자, 김알지(金閼智), 을지문덕(乙支文德)

지명에서의 'ㄹ' 뒤의 경음화

ㄷ : 팔달구(八達區), 월등면(月燈面), 율도동(栗島洞)
ㅅ : 달서구(達西區), 발산동(鉢山洞), 울산(蔚山)
ㅈ : 길주(吉州), 울주(蔚州), 울진(蔚珍), 을지로(乙支路)

17. '홀대(忽待)'를 경음화시키지 않고 [홀대]로 발음하는 사람도 있다. '홀대'가 한자어인 줄을 잘 모르기 때문일 것이다.

한자어

18. 15세기에 'ㄹ'은 'ㄴ, ㄷ, ㅅ, ㅈ' 앞에서 탈락했다. ㄹ 뒤의 경음화는 한자어가 ㄹ탈락을 회피하는 과정에서 발생한 듯하다.

19. 프랑스 소설 『레미제라블』의 주인공 '장발장(Jean Valjean)'을 [장발짱]으로 발음하는 사람이 많다. 이 이름은 3음절이고 각 음절이 모두 흔한 한자음과 일치하므로 한자식 이름 같아서 'ㄹ' 뒤의 경음화가 일어난 것으로 보인다.

'-사(寺), -도(島), 산(山), 동(洞)'에서의 경음화

-사(寺) : 다솔사(多率寺), 망월사(望月寺), 성불사(成佛寺)
-도(島) : 보길도(甫吉島), 자월도(紫月島)
산(山) : 구월산(九月山), 비슬산(琵瑟山), 월출산(月出山)
동(洞) : 길동(吉洞), 신길동(新吉洞), 신설동(新設洞), 신월동(新月洞), 잠실동(蠶室洞), 필동(筆洞)

수사 '일, 칠, 팔' 뒤에서의 경음화 종성이 'ㄹ'인 수사 '일(一), 칠(七), 팔(八)' 뒤에서도 경음화가 일어난다. 특히 단위명사 '도(度), 등(等), 세(歲), 승(勝), 시(時), 장(章), 점(點), 집(輯)' 등은 초성이 전설음이므로 '일, 칠, 팔' 뒤에서 경음화되고 '과(課), 권(卷), 급(級), 기(期), 반(班), 번(番), 분(分)' 등은 초성이 전설음이 아니므로 경음화되지 않는다. 또 수사 '삼(三), 사(四), 십(十), 조(兆)'는 초성이 전설음이므로 '일, 칠, 팔' 뒤에서 경음화되고 '구(九), 백(百), 경(京)'은 초성이 전설음이 아니므로 경음화되지 않는다.

'일, 칠, 팔' 뒤에서 경음화되는 경우

ㄷ : 1도, 사당1동, 1등, 1단계, 1단지, 1등급, 1대대, 일당백(一當百), 일등상(一等賞), 팔달문(八達門), 팔당호(八堂湖), 팔등신(八等身)
ㅅ : 17세, 8승, 18시, 1세기, 1소대, 1·4후퇴, 칠십(七十), 3.14[삼쩌밀싸], 0.83[영쩜팔쌈], 413-7484(전화번호)[사일싸메 칠사팔싸], 칠석(七夕), 칠순(七旬), 팔순(八旬), 팔색조(八色鳥)
ㅈ : 1장(一章), 1점, 7집(七輯), 1주년, 1주일, 1중대, 1조(兆), 18조(兆), 일정액(一定額), 홍일점(紅一點), 사주팔자(四柱八字), 이십팔점박이무당벌레(二十八點박이무당벌레)

'일, 칠, 팔' 뒤에서 경음화되지 않는 경우

ㅂ : 7반, 8번, 8분, 1번지, 1분기, 칠백(七百)
ㄱ : 1과, 1권, 1급, 7기(七期), 1경(京), 1개월, 1군단, 0.19[영쩌밀구], 4·19[사일구]

같은 한자형태소의 반복 'ㄹ' 뒤의 경음화는 광범위하게 일어나지만 예외가 있다. 첫째, 같은 한자형태소가 반복된 경우에 경음화가 일어나지 않는다.

같은 한자형태소가 반복되어 'ㄹ' 뒤의 경음화가 일어나지 않는 경우

ㄷ : 달달가무(達達歌舞), 돌돌(咄咄)
ㅅ : 허허실실(虛虛實實)
ㅈ : 구구절절(句句節節), 애애절절(哀哀切切), 절절하다(切切하다)

'2음절+2음절' 구조의 2차 한자어 둘째, '계절-상품(季節商品), 현실-주의(現實主義), 혈혈-단신(孑孑單身)'과 같은 '2음절+2음절' 구조의 4음절 2차 한자어에서는 경음화가 일어나지 않는다.

1음절 한자형태소가 참여한 2차 한자어 셋째, 1음절 한자형태소가 참여한 2차 한자어에서 경음화가 일어나지 않는 예가 있다.[20] 예를 들어 똑같은 한자형태소 '몰

20. 1차 한자어 '열대(熱帶)[열때]'에서 이미 경음화가 일어난 2차 한자어 '아-열대(亞熱帶)'는 [아열때]로 발음된다. '불시-착(不時着)[불씨착], 일장-기(日章旗)[일짱기]'도 1차 한자어에서 이미 경음화가 일어난 예이다.

(沒)-'로 시작하는 '몰상식(沒常識)[몰쌍식]'에서는 경음화가 일어나는데 '몰지각(沒知覺)[몰지각]'에서는 경음화가 일어나지 않는다. 이때 경음화 여부는 단어에 따라, 또 같은 단어라도 개인에 따라 달라지기도 한다. 특히 아래의 '불성립, 불승인, 직할시, 특별시'와 '불성실, 불세출, 불신임, 실세계, 출발선, 확실시'와 같이 'ㄹ' 뒤에 'ㅅ'이 이어지는 단어에서 개인차가 많이 나타난다. 빗금 뒤의 단어들은 경음화가 일어나지 않는 예외이다.[21]

'1음절+' 구조의 2차 한자어에서의 'ㄹ' 뒤의 경음화

골(骨)+ : / 골다공증([骨-[多孔]]-症), 골세포(骨細胞), 골전도(骨傳導), 골조직(骨組織), 골종양(骨腫瘍)
몰(沒)-+ : 몰상식(沒常識) / 몰지각(沒知覺)
불(不)-+ : 불성립(不成立), 불성실(不誠實), 불세출(不世出), 불소급(不遡及), 불승인(不承認), 불신임(不信任)
설(舌)+ : 설신경(舌神經)
실(實)-+ : 실생활(實生活), 실세계(實世界), 실소득(實所得), 실수요(實需要), 실수익(實收益), 실수입(實收入), 실시간(實時間) / 실동력(實動力), 실중력(實重力)
열(熱)+ : / 열소독(熱消毒), 열손실(熱損失), 열전기(熱電氣), 열전도(熱傳導), 열전자(熱電子), 열접착(熱接着), 열지수(熱指數)
졸(拙)+ : 졸장부(拙丈夫)

'+1음절' 구조의 2차 한자어에서의 'ㄹ' 뒤의 경음화

+-단(團) : 사절단(使節團), 시찰단(視察團), 예술단(藝術團)
+대(隊) : 선발대(先發隊), 정찰대(偵察隊), 직할대(直轄隊), 토벌대(討伐隊)
+대(臺) : 사열대(査閱臺), 수술대(手術臺), 을밀대(乙密臺), 재물대(載物臺), 진열대(陳列臺)[22]
+대(大) : / 경찰대(警察大), 서일대(瑞逸大), 숭실대(崇實大), 예술대(藝術大)
+도(度) : 정밀도(精密度), 충실도(充實度), 친절도(親切度), 평활도(平滑度)
+-도(圖) : 계절도(季節圖), 단열도(斷熱圖), 동궐도(東闕圖), 행렬도(行列圖), 오봉일월도(五峯日月圖) / 지질도(地質圖)
+-도(桃) : 수밀도(水蜜桃), 유월도(六月桃), 일월도(日月桃)
+-도(刀) : 언월도(偃月刀)
+-사(士) : 기술사(技術士), 해결사(解決士)
+-사(師) : 감별사(鑑別師), 마술사(魔術師), 이발사(理髮師), 조율사(調律師), 주술사(呪術師), 연금술사(鍊金術師)
+사(使) : 관찰사(觀察使)
+-사(史) : 미술사(美術史), 생활사(生活史), 소설사(小說史), 십팔사(十八史)
+-사(社) : 건설사(建設社), 계열사(系列社)
+-사(辭) : 고별사(告別辭), 영결사(永訣辭)
+상(賞) : 미술상(美術賞) / 특별상(特別賞)
+-상(商) : 고물상(古物商), 만물상(萬物商), 어물상(魚物商), 철물상(鐵物商)
+상(相) : 광물상(鑛物相), 동물상(動物相), 만물상(萬物相), 분열상(分裂相), 생활상(生活相), 식물상(植物相)
+-서(書) : 개설서(槪說書), 시말서(始末書), 진술서(陳述書)
+서(署) : 경찰서(警察署)
+-석(席) : / 특별석(特別席)

21. 『표준국어대사전』은 '실(實)' 뒤에 'ㅅ'으로 시작하는 단어가 결합한 '실생활, 실수익, 실수입'은 경음화 표시를 하고 '실세계, 실소득, 실수요'는 경음화 표시를 하지 않았다. 또 현실어에서 경음화가 일어나는 '수술대'와 '식(式)'이 붙은 '송별식, 영결식, 두괄식, 미괄식, 양괄식, 중괄식, 판별식'에도 경음화 표시를 하지 않았다. 어떤 일관된 원칙에 따른 것은 아닌 듯하다.

22. 9.6.4의 접미사 '-대(臺)'와 비교.

+선(線) : 삼팔선(三八線), 연결선(連結線), 출발선(出發線), 포물선(抛物線)
+-선(船) : 보물선(寶物船), 순찰선(巡察船), 침몰선(沈沒船), 화물선(貨物船)
+-설(說) : / 결별설(訣別說), 경질설(更迭說), 방출설(放黜說), 출몰설(出沒說), 대폭발설(大爆發說)
+-소(所) : 이발소(理髮所), 제철소(製鐵所), 파출소(派出所)
+-시(視) : 동일시(同一視), 사갈시(蛇蝎視), 확실시(確實視)
+시(市) : / 직할시(直轄市), 특별시(特別市)
+시(詩) : / 경물시(景物詩), 이별시(離別詩), 풍물시(風物詩)
+식(式) : 송별식(送別式), 영결식(永訣式), 두괄식(頭括式), 미괄식(尾括式), 양괄식(兩括式), 중괄식(中括式), 판별식(判別式)
+-실(室) : / 기밀실(氣密室), 대출실(貸出室), 수술실(手術室), 정기간행물실(定期刊行物室)
+-심(心) : 단결심(團結心), 반발심(反撥心), 초발심(初發心)
+-자(者) : 개발자(開發者), 관찰자(觀察者), 기술자(技術者), 대졸자(大卒者), 변절자(變節者), 인솔자(引率者), 해설자(解說者)
+-장(場) : 도살장(屠殺場), 백일장(白日場), 오일장(五日場), 채굴장(採掘場)
+-재(材) : 단열재(斷熱材), 발열재(發熱材), 연결재(連結材)
+-적(的) : 기술적(技術的), 노골적(露骨的), 다혈질적(多血質的), 물질적(物質的), 실질적(實質的), 예술적(藝術的), 우발적(偶發的), 획일적(劃一的)[23]
+-전(傳) : / 김연실전(金研實傳), 유충렬전(劉忠烈傳), 장인걸전(張人傑傳), 홍계월전(洪桂月傳), 온달전(溫達傳)[24]
+-전(戰) : 고별전(告別戰), 생물전(生物戰), 선발전(選拔戰), 패자부활전(敗者復活戰) / 쟁탈전(爭奪戰)
+전(廛) : / 어물전(魚物廛), 지물전(紙物廛), 청밀전(淸蜜廛)
+-절(節) : 부활절(復活節), 3·1절(三一節), 유월절(逾越節)
+-점(店) : / 철물점(鐵物店)
+-제(制) : 격일제(隔日制), 삼칠제(三七制), 선출제(選出制), 전일제(全日制), 후불제(後佛制), 주오일제(週五日制)
+-족(族) : / 장발족(長髮族), 혼혈족(混血族)
+즙(汁) : / 과실즙(果實汁)

사이시옷의 개입에 따른 경음화로 해석되는 예 '예술성(藝術性), 정밀성(精密性), 특별세(特別稅), 소실점(消失點), 출발점(出發點), 누설죄(漏泄罪), 우울증(憂鬱症)' 등에서도 경음화가 일어나는데 이것은 'ㄹ'과 관련이 있는 것이 아니라 사이시옷과 관련이 있다. '-성(性), 세(稅), 점(點), 죄(罪), -증(症)' 등은 사이시옷의 개입에 따라 항상 경음화가 일어나는 특성이 있는 것이다(9.6.4 참조).

성과 이름의 결합에서의 'ㄹ' 뒤의 경음화 성씨 '갈(葛), 길(吉), 설(薛, 偰), 필(弼, 畢), 제갈(諸葛)' 뒤에서 1음절 이름은 경음화된다. '길재(吉再)[길쩨], 설순(偰循)[설쑨], 필승(畢昇)[필씅]'이 그 예이다. 2음절 이상의 이름이 붙을 때도 '길선주(吉善宙)[길썬주], 설정식(薛貞植)[설쩡식]'과 같이 경음화된 발음이 많이 쓰인다.[25]

혼종어에서의 'ㄹ' 뒤의 경음화 혼종어에 들어 있는 한자어와 한자형태소에서는 'ㄹ' 뒤의 경음화가 일어나지 않는다.[26]

23. '물질적, 실질적, 다혈질적, 폭발적'의 말음절을 [적]으로 발음하는 사람도 많다. '-적' 앞의 '질, 발'이 [찔], [빨]로 발음되므로 그 다음 음절이 또 경음으로 시작되는 것을 피하는 이화(異化)의 일종인 듯하다.

24. 현실발음에서 '김연실전, 유충렬전, 장인걸전, 홍계월전'의 경음화 여부는 사람에 따라 다르다.

25. 『표준국어대사전』은 '길재(吉再)'에서 경음화가 일어나는 것으로, '설도(薛濤), 설선(薛宣), 설순(偰循)'과 '길선주(吉善宙)'에서 경음화가 일어나지 않는 것으로 처리했다.

26. '얼굴선(얼굴線)[얼굴썬], 노벨상(Nobel賞)[노벨쌍]'은 예외적으로 'ㄹ' 뒤의 경음화가 일어난 예이다.

혼종어에서 'ㄹ' 뒤의 경음화가 일어나지 않는 예

+대(臺) : 각뿔대(角뿔臺), 원뿔대(圓뿔臺) 모델대(model臺), 수틀대(繡틀臺) 한벌대(한벌臺)
+선(線) : 물결선(물결線), 비닐선(vynil線)
+-선(船) : 트롤선(trawl船)
+-제(制) : 리콜제(recall制), 카풀제(car pool制)

9.6.3 특정한 한자형태소에 수반되는 경음화

(1) **단어의 음절 수에 따라 경음화되는 '-적(的)'**

'-적'의 경음화의 조건 '-적(的)'은 2음절어를 형성한 경우에는 경음화되고 3음절 이상의 한자어를 형성한 경우에는 경음화되지 않는다.

2음절어에서 '-적'이 경음화되는 예

모음 뒤 : 내적(內的), 미적(美的), 사적(私的), 사적(史的), 수적(數的), 시적(詩的), 외적(外的), 지적(知的)
ㄴ 뒤 : 단적(端的), 선적(線的), 신적(神的), 인적(人的), 전적(全的)
ㅁ 뒤 : 심적(心的), 암적(癌的)
ㅇ 뒤 : 공적(公的), 광적(狂的), 동적(動的), 병적(病的), 성적(性的), 양적(量的), 영적(靈的) 정적(靜的), 종적(縱的), 횡적(橫的)

3음절 이상의 단어에서 '-적'이 경음화되지 않는 예

모음 뒤 : 경제적(經濟的), 공개적(公開的), 문화적(文化的), 비교적(比較的), 역사적(歷史的), 육체적(肉體的), 천재적(天才的), 파괴적(破壞的)
ㄴ 뒤 : 개인적(個人的), 낭만적(浪漫的), 살인적(殺人的), 이론적(理論的), 인간적(人間的), 정신적(精神的), 직선적(直線的), 집단적(集團的), 초인적(超人的), 초인간적(超人間的), 초자연적(超自然的)
ㅁ 뒤 : 모범적(模範的), 모험적(冒險的), 시험적(試驗的), 실험적(實驗的), 양심적(良心的)
ㅇ 뒤 : 가정적(家庭的), 개성적(個性的), 결정적(決定的), 내성적(內省的), 여성적(女性的), 영웅적(英雄的), 외향적(外向的), 위생적(衛生的), 환상적(幻想的), 희생적(犧牲的)

'-적'에 의한 경음화와 'ㄹ' 뒤의 경음화 2음절어 '물적(物的)[물쩍], 질적(質的)[질쩍]'에서의 경음화는 '-적' 때문이 아니라 'ㄹ' 때문이라고 보는 것이 더 합리적이다. '적'이 경음화되지 않아야 할 3음절어 '기술적(技術的), 노골적(露骨的), 폭발적(爆發的)'에서도 경음화가 일어나는 것은 'ㄹ'에 원인이 있기 때문이다('ㄹ' 뒤의 경음화에 대해서는 **9.6.2** 참조).

'-적'에 의한 경음화의 확대 젊은 세대에서는 3음절 이상의 단어에서 모음 뒤의 '-적'만 경음화되지 않고 자음 뒤의 '-적'은 모두 경음화되는 쪽으로 규칙이 바뀌어 가고 있다. 즉 '개인적, 모범적, 가정적' 등 'ㄴ, ㅁ, ㅇ' 뒤에 '-적'이 붙은 단어도 모두 [게인쩍], [모범쩍], [가정쩍]과 같이 경음화된 발음을 널리 쓰는 것이다.

4음절어의 구조와 '-적'의 경음화 4음절어 가운데 '세계사적(世界史的), 문화사적(文化史的), 서사시적(敍事詩的), 현대시적(現代詩的)' 등의 '-적'은 대체로 경음화된다. 이들은 '세계사-적, 문화사-적'과 같은 구조로 분석하는 것이 옳지만 '세계-사적'이나 '서사-시적'과 같이 이해하여 '사적, 시적'에서 우선 '-적'을 경음화시키는 듯하다.

(2) 비어두에서 항상 경음화되는 '가(價), 과(科), 권(權), 권(圈), 권(券)'

항상 경음화되는 한자형태소 한자형태소 '가(價), 과(科), 권(權), 권(圈), 권(券)'은 다른 한자형태소나 한자어 뒤에 붙을 때 항상 경음화된다. 이들이 고유어나 외래어 뒤에 붙어 혼종어를 형성할 때도 경음화가 일어난다. 혼종어는 빗금 뒤에 제시한다.

'가(價)'와 경음화

가격 : 고가(高價), 단가(單價), 대가(代價), 물가(物價), 시가(市價), 유가(油價), 저가(低價), 정가(定價), 종가(終價), 주가(株價), 지가(紙價), 진가(眞價), 평가(評價), 호가(呼價), 감정가(鑑定價), 거래가(去來價), 낙찰가(落札價), 매매가(賣買價), 분양가(分讓價), 상한가(上限價), 시중가(市中價), 적정가(適正價), 중저가(中低價), 하한가(下限價), 할인가(割引價), 소비자가(消費者價) / 세일가(sale價)[쎄일까]

원자의 화학결합의 수 : 원자가(原子價), 일가(一價), 이가(二價), 삼가(三價)

'과(科)'와 경음화

학과 및 전문 분야 : 교과(敎科), 교과서(敎科書), 문과[1](文科), 본과(本科), 분과(分科), 분과위원회(分科委員會), 실과(實科), 이과(理科), 전과(全科), 전과(轉科), 폐과(廢科), 국사과(國史科), 기계과(機械科), 영문과(英文科), 의예과(醫豫科), 연극영화과(演劇映畫科) / 의상디자인과(衣裳design科)

과거시험 과목 : 대과(大科), 무과(武科), 문과[2](文科), 소과(小科), 율과(律科), 빈공과(賓貢科), 진사과(進士科), 독서삼품과(讀書三品科), 독서출신과(讀書出身科)

진료 과목 : 내과(內科), 외과(外科), 안과(眼科), 치과(齒科), 소아과(小兒科), 산부인과(産婦人科), 이비인후과(耳鼻咽喉科)

생물 분류 : 아과(亞科), 국화과(菊花科), 낙타과(駱駝科), 장미과(薔薇科), 하마과(河馬科) / 갯과(개科), 나릿과(나리科), 콩과(콩科), 아라우카리아과(Araucariaceae科)

형벌 : 전과(前科), 죄과(罪科)

※경음화가 일어나지 않는 예외 : 경과(輕科), 중과(重科), 벌과금(罰科金)

'과(科)'의 현실발음 '교과(敎科), 교과서(敎科書)'의 표준발음은 [교ː과], [교ː과서]이지만 현실발음에서는 [교꽈], [교꽈서]를 많이 사용한다. '문과[1](文科)'은 '이과(理科)'의 반대말이고 '문과[2](文科)'는 '무과(武科)'의 반대말이다. 옛날 인재선발 제도인 과거시험의 과목 '무과, 문과[2], 독서삼품과, 독서출신과' 등의 '과(科)'의 표준발음은 [과]이지만 현실발음에서는 [꽈]가 우세하다. 대학에서 학과를 뜻하는 1음절어 '과(科)'를 [꽈]로 발음하는 사람도 있는데 '과'가 비어두에서 항상 경음화된 데 이끌린 것이다. 성이나 성명 뒤에만 쓰여 항상 경음화되던 '시(氏)'가 아예 '씨'로 발음이 바뀐 것과 비슷한 현상이다. '경과(輕科), 중과(重科), 벌과금(罰科金)'은 경음화가 일어나지 않는 예외이다.

'권(權)'과 경음화

권리 : 기권(棄權), 대권(大權), 물권(物權), 분권(分權), 실권(實權), 실권(失權), 여권(女權), 왕권(王權), 월권(越權), 이권(利權), 인권(人權), 전권(全權), 정권(政權), 주권(主權), 질권(質權), 채권(債權), 판권(板權), 유권자(有權一者), 유권해석(有權解釋), 결정권(決定權), 경영권(經營權), 경제권(經濟權), 기본권(基本權), 단결권(團結權), 독점권(獨占權), 묵비권(默秘權), 선거권(選擧權), 선수권(選手權), 소유권(所有權), 시민권(市民權), 영주권(永住權), 의결권(議決權), 인사권(人事權), 일조권(日照權), 재산권(財産權), 주도권(主導權), 중계권(中繼權), 참정권(參政權), 출전권(出戰權), 투표권(投票權), 평등권(平等權), 노동3권(勞動三權), 피선거권(被選擧權), 단체행동권(團體行動權) / 서브권(serve權), 채널권(channel權)

'권(圈)'과 경음화

범위 : 기권(氣圈), 상권(商圈), 수권(水圈), 여권(與圈), 대권항로(大圈航路), 강남권(江南圈), 경제권(經濟圈), 금융권(金融圈), 당선권(當選圈), 대기권(大氣圈), 문화권(文化圈), 상위권(上位圈), 수도권(首都圈), 언어권(言語圈), 역세권(驛勢圈), 영어권(英語圈), 영하권(零下圈), 운동권(運動圈), 은행권(銀行圈), 정치권(政治圈), 태풍권(颱風圈), 통근권(通勤圈), 하위권(下位圈), 단일통화권(單一通貨圈), 일일생활권(一日生活圈) / 장마권(장마圈), 메달권(medal圈), 이슬람권(Islam圈)

'권(券)'과 경음화

증명서 : 발권(發券), 여권(旅券), 증권(證券), 채권(債券), 관람권(觀覽券), 상품권(商品券), 승차권(乘車券), 우대권(優待券), 입장권(入場券), 통행권(通行券), 할인권(割引券), 항공권(航空券), 회원권(會員券) / 시즌권(season券)[씨즌꿘]

지폐 및 수표 : 은행권(銀行券), 천원권(千圓券), 만원권(萬圓券), 백만원권(百萬圓券) 수표 / 백달러권(百dollar券) 지폐

경음화되지 않는 한자형태소 '가(價), 과(科), 권(權), 권(圈), 권(券)'의 특이성은 다른 한자형태소들과 비교할 때 잘 드러난다. 예를 들어 '가(價)'는 경음화되지만 '가(哥), 가(家), 가(街), 가(歌)'는 경음화되지 않는다. 예를 들어 '김가(金哥), 이가(李哥), 흉가(凶家), 전문가(專門家), 평론가(評論家), 상가(商街), 빌딩가(building街)[삘띵가], 상점가(商店街), 연예가(演藝街), 군가(軍歌), 유행가(流行歌), 주제가(主題歌)' 등에서 '가'는 경음화되지 않는다. 또 '과(科)'는 경음화되지만 '과(過)'는 경음화되지 않는다. 예를 들어 '간과(看過), 경과(經過), 사과(謝過), 통과(通過), 투과(透過), 일과성(一過性)[일과썽], 개과천선(改過遷善)' 등에서 '과'는 경음화되지 않는다.

한자어

9.6.4 사이시옷에 의한 경음화

ㅅ전치성 한자형태소 항상 사이시옷을 앞세우는 형태소, 즉 ㅅ전치성 형태소(**8-6** 참조)에는 다음 한자형태소도 포함된다.

ㅅ전치성 한자형태소

단어 : 격(格), 과(課), 급(級), 방(房), 법(法), 병(病), 세(稅), 자(字), 점(點), 죄(罪)
접미사 : –기(氣), –대(臺), –성(性), –장(狀), –조(調), –증(症), –증(證)

한국어문법에 의한 조어와 경음화 이들은 한국어문법에 따라 앞말과 결합하여 복합어를 형성할 때 ㅅ전치성 형태소로 작용하여 두음이 경음화된다. 고유형태소나 외래형태소와 결합하여 혼종어를 형성할 때도 경음화가 일어난다. 한편 이들 한자형태소가 참여했더라도 한문문법에 따라 이루어진 단어(즉 1차 한자어)에서는 사이시옷이 개입하지 않아 경음화가 일어나지 않는다(**9.4.2** 참조).

한자형태소	한국어문법에 의한 조어 (복합어)	한문문법에 의한 조어 (1차 한자어)
	경음화가 일어남	경음화가 일어나지 않음
격(格)	단어+격 : 소유–격 어근+격 : 여–격	자격, 파격
–기(氣)	단어+–기 : 윤–기, 빈혈–기, 기름–기	열기, 한기, 환기, 분위기
–성(性)	단어+–성 : 당–성, 시–성, 가능–성, 염기–성	감성, 관성, 남성, 산성

한국어문법을 따르는 '–기(氣)'와 한문문법을 따르는 '기(氣)' '–기(氣)'가 붙은 단어 중 '윤기, 빈혈기, 기름기'는 한국어문법에 따라 '단어+–기'의 구조로 이루어진 파생어로서 사이시옷이 끼어들어 경음화가 일어난다. 반면에 '열기, 한기, 환기, 분위기'는 한문문법에 따라 형성되었으므로 사이시옷이 끼어들지 않아 경음화가 일어나지 않는다. '열(熱)'은 단어로 존재하는 점이 '윤(潤)'과 같지만 '열기'는 '단어+–기'가 아닌 '한자형태소+한자형태소'의 구조로 이루어진 점에서 '한기(寒氣)'와 같다. 한편 '환기(換氣)'는 공기(氣)를 바꾼다(換)는 뜻으로서 '서술어+목적어'의 한문구성이므로 사이시옷이 개입하지 않는 것은 당연하다. '분위기(雰圍氣)'도 한문문법에 따라 형성된 단어라고 할 수 있다.

ㅅ전치성 여부의 제시 방법 다음 표에서 경음화가 일어나는 단어는 'ㅇ', 경음화가 일어나지 않는 단어는 '×'로 표시한다. 혼종어는 빗금 뒤에 제시한다. 사이시옷의 개입 때문에 경음화가 일어나는 단어들은 'ㅅ전치성'이라는 제목 아래 배열한다. 경음화가 일어나지 않는 단어는 대부분 한문구성이다. 또 한국어문법에 따라 이루어진 '수사+단위명사'의 구성에도 사이시옷이 끼어들지 않아 경음화가 일어나지 않는

다. 경음화 여부에 대한 이유를 알 수 없는 단어들은 '예외'라는 제목 아래 배열한다.

'격(格)'과 경음화

ㅅ전치성 '격(格)'

문법적 기능으로서의 격의 이름(○) : 주격(主格), 대격(對格), 보격(補格), 여격(與格), 탈격(奪格), 호격(呼格), 기구격(器具格), 관형격(冠形格), 방향격(方向格), 부사격(副詞格), 소유격(所有格)

자격(○) : 고문격(顧問格), 안하무인격(眼下無人格), 신격화(神格化) / 손님격(손님格)

율격의 이름(○) : 강세격(强勢格), 음절격(音節格), 장단격(長短格), 약강격(弱强格), 단단장격(短短長格), 장단단격(長短短格), 3음보격(三音步格)

ㅅ전치성이 아닌 '격(格)'

한문구성(×) : 가격(價格), 골격(骨格), 규격(規格), 자격(資格), 체격(體格), 파격(破格)

예외

한문구성(○) : 결격(缺格), 변격(變格), 본격(本格), 성격(性格), 승격(昇格), 실격(失格), 엄격(嚴格), 율격(律格), 인격(人格), 정격(正格), 품격(品格), 정격전압(定格電壓)

'과(課)'와 경음화

ㅅ전치성 '과(課)'

업무를 담당하는 부서(○) : 경리과(經理課), 교무과(教務課), 여권과(旅券課), 총무과(總務課), 자원관리과(資源管理課), 청소행정과(淸掃行政課)

ㅅ전치성이 아닌 '과(課)'

한문구성(×) : 결과(缺課), 방과(放課), 부과(賦課), 일과(日課), 중과(重課)

단위명사 '과(課)'(×) : 일과(一課), 이과(二課), 삼과(三課)

'급(級)'과 경음화

ㅅ전치성 '급(級)'

특정한 등급의 이름이나 종류(○) : 동급(同級), 원급(原級), 거물급(巨物級), 국보급(國寶級), 비교급(比較級), 최고급[1](最高-級), 최상급(最上級), 최저급(最低級), 최하급[1](最下-級), 경량급(輕量級), 중량급(重量級), 무제한급(無制限級), 고위급(高位級), 수준급(水準級), 장관급(長官級), 정상급(頂上級), 장성급(將星級), 영관급(領官級), 위관급(位官級) / A급(A級), B급(B級), 미들급(middle級), 라이트급(light級), 웰터급(welter級), 프리미엄급(premium級), 핀급(finn級), 헤비급(heavy級), 호텔급(hotel級)

ㅅ전치성이 아닌 '급(級)'

한문구성(×) : 계급(階級), 등급(等級), 유급(留級), 진급(進級), 체급(體級)

나열된 일련의 등급 중의 하나(×) : 초급(初級), 중급(中級), 고급(高級), 상급(上級), 저급(低級), 하급(下級), 최고급[2](最-高級), 최하급[2](最-下級), 일급(一級), 이급(二級), 삼급(三級) / 가급(가級), 나급(나級), 다급(다級)

'급(級)'이 들어 있는 단어의 구조와 발음 영문법에서의 '원급, 비교급, 최상급'에 대한 『표준국어대사전』의 분석과 발음 표시는 '원급[원급], 비교-급[비교끕], 최-상급[최상급]'으로 되어 있다. '급'이 ㅅ전치성 형태소인 점을 고려하면 조어구조를 '원-급, 비교-급, 최상-급'으로 분석하고 모두 경음화되는 것으로 보아야 옳을 것이다. 또 동급(同級)은 『표준국어대사전』에 '동급[동급]'으로 표시되어 있는데 현실어를 보면

한자어

'동–급[동끕]'으로 처리하는 것이 낫다. '동급–생(同級生)[동급쌩]'의 '동급'과 의미와 구조와 발음이 다른 것이다. 한편 '최고–급[1], 최–고급[2]'와 '최하–급[1], 최–하급[2]'는 조어구조가 달라 사이시옷이 끼어들고 끼어들지 않는 차이가 생긴 예이다. 『표준국어대사전』에는 '최–고급, 최–하급'만 실려 있다.

'–기(氣)'와 경음화

ㅅ전치성 '–기(氣)'

기운·느낌·성분 등을 뜻하는 접미사 '–기'(○) : 건달기(乾達氣), 방랑기(放浪氣), 불량기(不良氣), 빈혈기(貧血氣), 산기(酸氣), 신기(神氣)[27], 윤기(潤氣), 총명기(聰明氣), 화장기(化粧氣) / 간기, 기름기, 몸살기, 물기, 바람기, 비늣기, 소금기, 술기, 숫기, 시장기, 엄살기, 웃음기, 장난기, 풀기, 핏기, 화냥기

ㅅ전치성이 아닌 '기(氣)'

한문구성(×) : 감기(感氣), 공기(空氣), 냉기(冷氣), 노기(怒氣), 누기(漏氣), 대기(大氣), 부기(浮氣)[28], 살기(殺氣), 생기(生氣), 심기(心氣), 연기(煙氣), 열기(熱氣), 오기(傲氣), 온기(溫氣), 재기(才氣), 정기(精氣), 종기(腫氣), 증기(蒸氣), 총기(聰氣), 치기(稚氣), 패기(覇氣), 한기(寒氣), 향기(香氣), 허기(虛氣), 혈기(血氣), 호기(豪氣), 화기(火氣), 환기(換氣), 활기(活氣), 분위기(雰圍氣), 수증기(水蒸氣)

예외

한문구성(○) : 경기(驚氣), 광기(狂氣), 산기(産氣), 인기(人氣)

어근+접미사 '–기(氣)'(×) : / 끈기(끈氣), 찰기(찰氣)

접미사 '–기'와 명사 '기'와 명사 '끼' ㅅ전치성 한자형태소인 '–기(氣)'는 기운이나 느낌이나 성분을 뜻하는 접미사로서 명사 '기(氣)'와 한자가 같고 어원도 같지만 이제는 서로 다른 말이 되었다. 명사 '기'는 '기가 살다, 기가 죽다, 기가 막히다, 기를 죽이다, 기를 모으다'와 같이 쓰인다. 한편 접미사 '–기'가 사이시옷에 의한 경음화 때문에 [끼]로 발음되는 일이 많아 여기서 자립형태소로 발달한 '끼'는 초성이 아예 'ㄲ'이 되었다. '끼가 있다, 끼를 살린다' 등에서 특별한 재주나 기질을 뜻하는 명사 '끼'가 그것이다.

'–대(臺)'와 경음화

ㅅ전치성 '–대(臺)'

수의 범위(○) : 만원대(萬圓臺), 팔십점대(八十點臺), 십만명대(十萬名臺), 삼십분대(三十分臺), 두 시간대(두時間臺) / 50kg대, 50%대

ㅅ전치성이 아닌 '대(臺)'

받치는 시설이나 물건(×)[29] : 경대(鏡臺), 돈대(墩臺), 등대(燈臺), 무대(舞臺), 침대(寢臺), 포대(砲臺), 가판대(街販臺), 건조대(乾燥臺), 게양대(揭揚臺), 계산대(計算臺), 분수대(噴水臺), 시험대(試驗臺), 심판대(審判臺), 전망대(展望臺), 탁구대(卓球臺), 평균대(平均臺), 화장대(化粧臺) / 개수대(개수臺), 싱크대(sink臺)

단위명사 '대(臺)'(×) : 컴퓨터 한 대, 차 한 대, 피아노 한 대

예외

받치는 시설이나 물건(○) : 받침대(받침臺)

27. 『표준국어대사전』에 따르면 [신기]가 표준발음이다.

28. '부기'를 '붓다'의 어간 '붓–'에 '–기'가 붙은 '붓기'로 생각하여 [부끼]로 발음하는 사람도 있다.

29. 9.6.2에서 '대(臺)'가 'ㄹ' 뒤에서 경음화되는 경우를 참고.

'방(房)'과 경음화

ㅅ전치성 '방(房)'

방의 종류(○) : 감방(監房), 셋방(貰房), 찬방(饌房), 공부방(工夫房), 문간방(門間房), 여관방(旅館房), 온돌방(溫突房), 월세방(月貰房), 자취방(自炊房), 전세방(傳貰房), 행랑방(行廊房) / 안방(안房), 건넛방(건너房)

전통적인 가게의 종류(○) : 금방(金房), 전방(廛房), 대서방(代書房), 금은방(金銀房), 도장방(圖章房), 만화방[1](漫畵房), 시계방(時計房)

ㅅ전치성이 아닌 '방(房)'

현대적인 가게의 종류나 모이는 장소(×) : 과방(科房), 대화방(對話房), 만화방[2](漫畵房), 체험방(體驗房) / 노래방, 놀이방, 찜질방, 게임방, 머리방, 피시방(PC房)[피씨방], 비디오방(video房)

조선시대의 관청의 부서(×) : 이방(吏房), 호방(戶房), 예방(禮房), 병방(兵房), 형방(刑房), 공방(工房)

한문구성(×) : 공방(空房), 규방(閨房), 기방(妓房), 냉방(冷房), 다방(茶房), 서방(書房), 신방(新房), 주방(廚房), 필방(筆房), 화방(畵房)

구 구성으로부터 발달한 단어(×) : 건넌방(건넌房)

예외

방의 종류(×) : 사랑방(舍廊房) / 골방(골房)

'만화방[1]'과 '만화방[2]' '만화방[1][만화빵]'은 '만홧가게'와 같은 말로써 만화를 취급하는 가게이다. 1980년대부터 노래방, PC방 등의 신식 가게들이 등장하면서 신식 만홧가게를 가리키는 '만화방[2][만화방]'가 등장하게 되었지만 신식 만화방과 구식 만화방의 실물은 큰 차이가 없다. 두 '만화방'은 사실 같은 단어로서 의도하는 의미에 따라서 발음이 구별된다고 할 수 있다.

'법(法)'과 경음화

ㅅ전치성 '법(法)'

법률의 명칭이나 종류(○) : 공법(公法), 민법(民法), 불법(佛法), 사법(私法), 상법(商法), 세법(稅法), 율법(律法), 헌법(憲法), 형법(刑法), 국내법(國內法), 국제법(國際法), 기본법(基本法), 노동법(勞動法), 선거법(選擧法), 소송법(訴訟法), 실정법(實定法), 특별법(特別法), 현행법(現行法), 공무원법(公務員法), 십이표법(十二表法), 공정거래법(公正去來法) / 이슬람법(Islam法)

수사법(修辭法)의 명칭이나 종류(○) : 강조법(强調法), 대구법(對句法), 도치법(倒置法), 비유법(比喩法), 설의법(設疑法), 의인법(擬人法), 은유법(隱喩法), 직유법(直喩法), 풍유법(諷喩法)

문법적 기능의 명칭(○) : 가정법(假定法), 경어법(敬語法), 부정법(否定法), 사동법(使動法), 피동법(被動法), 문장종결법(文章終結法), 평서법(平敍法), 의문법(疑問法), 명령법(命令法), 청유법(請誘法) / 높임법(높임法), 마침법(마침法)

그 밖의 다양한 방면의 방법이나 기술의 종류(○) : 검법(劍法), 권법(拳法), 기법(技法), 문법(文法), 보법(步法), 수법(手法), 술법(術法), 어법(語法), 요법(療法), 용법(用法), 진법(進法), 진법(陣法), 항법(航法), 해법(解法), 화법(話法), 기보법(記譜法), 대위법(對位法), 미분법(微分法), 복용법(服用法), 사용법(使用法), 수사법(修辭法), 예방법(豫防法), 요리법(料理法), 이분법(二分法), 조리법(調理法), 진단법(診斷法), 치료법(治療法), 화성법(和聲法), 환산법(換算法), 비례추출법(比例抽出法), 의사소통법(意思疏通法), 체중감량법(體

한자어

30. '사법(私法)[사뻡]'을 '사법(司法)[사법]'과 혼동하여 경음화되지 않은 발음을 하는 사람도 있다.

31. '불법(不法)[불뻡]'은 경음화가 일어나지 않은 [불법]이 표준발음이다.

32. 『표준국어대사전』에 따르면 '열병'의 표준발음은 [열병]이다.

33. '화병(火病)'의 '화(火)'는 한자어로 처리되고 있으나 고유어처럼 느껴 '홧병'으로 적는 사람이 많다.

34. '방사성(放射性)'의 표준발음은 [방:사썽]인데 조어구조를 잘 의식하지 못하는 많은 사람이 [방사성]으로 발음한다.

35. '관세'의 표준발음은 [관세]이지만 대개 [관쎄]로 발음한다. 그러나 '관세법, 관세사, 관세청' 등의 단어에서는 '관세'를 [관세]로 발음하는 사람이 많다.

重減量法) / 셈법(셈法), 라디안법(radian法)

ㅅ전치성이 아닌 '법(法)'

한문구성(×) : 마법(魔法), 무법(無法), 방법(方法), 사법(司法)[30]

예외

한문구성(○) : 범법(犯法), 불법(不法)[31], 비법(秘法), 설법(說法), 준법(遵法), 탈법(脫法), 편법(便法)

'병(病)'과 경음화

ㅅ전치성 '병(病)'

병명이나 병의 종류(○) : 성병(性病), 열병(熱病)[32], 폐병(肺病), 화병(火病)[33], 광견병(狂犬病), 난치병(難治病), 냉방병(冷房病), 당뇨병(糖尿病), 부인병(婦人病), 불치병(不治病), 상사병(相思病), 설사병(泄瀉病), 성인병(成人病), 수족구병(手足口病), 심장병(心臟病), 울화병(鬱火病), 유전병(遺傳病), 전염병(傳染病), 정신병(精神病), 혈우병(血友病) / 눈병, 발병, 문둥병, 지랄병, 잎마름병, 파킨슨병(Parkinson病)

ㅅ전치성이 아닌 '병(病)'

한문구성(×) : 간병(看病), 나병(癩病), 무병(巫病), 무병(無病), 발병(發病), 신병(身病), 염병(染病), 와병(臥病), 중병(重病), 지병(持病), 질병(疾病)

'-성(性)'과 경음화

ㅅ전치성 '-성(性)'

특성의 종류(○) : 당성(黨性), 시성(詩性), 가능성(可能性), 경제성(經濟性), 규범성(規範性), 방사성(放射性)[34], 사교성(社交性), 사실성(事實性), 사회성(社會性), 상품성(商品性), 선천성(先天性), 세균성(細菌性), 여성성(女性性), 역사성(歷史性), 염기성(鹽基性), 예술성(藝術性), 원순성(圓脣性), 인간성(人間性), 인사성(人事性), 일회성(一回性), 전설성(前舌性), 전치성(前置性), 전통성(傳統性), 정체성(正體性), 합리성(合理性), 확실성(確實性), 후설성(後舌性), 후천성(後天性), 후치성(後置性)

ㅅ전치성이 아닌 '성(性)'

한문구성(×) : 감성(感性), 강성(强性), 개성(個性), 건성(乾性), 경성(硬性), 관성(慣性), 근성(根性), 남성(男性), 만성(慢性), 산성(酸性), 수성(水性), 심성(心性), 야성(野性), 양성(陽性), 양성(兩性), 여성(女性), 연성(軟性), 유성(油性), 음성(陰性), 이성(理性), 인성(人性), 점성(粘性), 중성(中性), 지성(知性), 지성(脂性), 천성(天性), 타성(惰性), 품성(品性), 동성애(同性愛), 가성근시(假性近視)

'세(稅)'와 경음화

ㅅ전치성 '세(稅)'

세금의 명칭이나 종류 (○) : 관세(關稅)[35], 도세(道稅), 인세(印稅), 인세(人稅), 항세(港稅), 가산세(加算稅), 누진세(累進稅), 부가세(附加稅), 양도세(讓渡稅), 유명세(有名稅), 재산세(財産稅), 증여세(贈與稅), 지방세(地方稅), 토지세(土地稅), 통관세(通關稅), 통행세(通行稅), 특별세(特別稅), 자동차세(自動車稅), 부가가치세(附加價値稅) / 자릿세(자리稅)

ㅅ전치성이 아닌 '세(稅)'

한문구성(×) : 감세(減稅), 과세(課稅), 면세(免稅), 조세(租稅), 주세(酒稅), 증세(增稅), 징세(徵稅), 중과세(重課稅)

'자(字)'와 경음화

ㅅ전치성 '자(字)'

글자의 내용을 뜻하는 말 뒤에 결합(○) : 만자(卍字), 숫자(數字), 함자(銜字), 모음자(母音字), 음절자(音節字), 자음자(子音字), 초성자(初聲字), 중성자(中性字), 종성자(終聲字), 항렬자(行列字), 영자팔법(永字八法), 팔자수염(八字수염), 갈지자(갈之字)[갈찌짜], 불화(불火) 자 / 글자, ㄴ은 자, ㅅ자, A자, 5자, '뭄' 자

글자의 사용국가나 사용언어를 뜻하는 말 뒤에 결합(○) : 범자(梵字), 영자(英字), 한자(漢字) / 로마자(Roma字)[36]

글자의 모양을 뜻하는 말 뒤에 결합(○) : 간자(簡字), 연자(連字), 오자(誤字), 점자(點字), 정자(正字), 첨자(添字), 간체자(簡體字), 번체자(繁體字)

ㅅ전치성이 아닌 '자(字)'

한문구성(×) : 반자(半字), 제자(題字), 갑인자(甲寅字), 훈련도감자(訓鍊都監字), 천자문(千字文)

예외

한문구성(○) : 문자(文字)

한자형태소의 의미 이해와 발음 '천자총통(天字銃筒), 지자총통(地字銃筒), 현자총통(玄字銃筒), 황자총통(黃字銃筒)'은 천자문의 첫 네 글자인 '천(天), 지(地), 현(玄), 황(黃)'을 대포의 크기를 뜻하는 수식어로 사용한 경우인데 이때도 '자(字)'가 경음화된다. 이들의 뜻을 한자로 이해하지 못하는 많은 사람이 '자'를 경음화시키지 않고 발음한다.

'자(字)'에서 발달한 접미사 '–짜' '대짜(大짜), 중짜(中짜), 소짜(小짜), 진짜(眞짜), 가짜(假짜), 공짜(空짜), 괴짜(怪짜), 말짜(末짜), 생짜(生짜), 초짜(初짜), 퇴짜(退짜), 굳짜, 민짜, 통짜'에 들어 있는 접미사 '–짜'는 어원적으로 한자형태소 '자(字)'에서 온 것으로 보인다. 경음화가 일어난 채로 접미사로 발달했다.

'–장(狀)'과 경음화

ㅅ전치성 '–장(狀)'

문서나 편지의 종류(○) : 등장(等狀), 면장(免狀), 상장(賞狀), 소장(訴狀), 송장(送狀), 영장(令狀), 감사장(感謝狀), 고소장(告訴狀), 도전장(挑戰狀), 면허장(免許狀), 소개장(紹介狀), 소환장(召喚狀), 신용장(信用狀), 연하장(年賀狀), 임명장(任命狀), 초대장(招待狀), 초청장(招請狀), 표창장(表彰狀)

ㅅ전치성이 아닌 '장(狀)'

한문구성(×) : 행장(行狀)

'점(點)'과 경음화

ㅅ전치성 '점(點)'

공간적 위치(○) : 거점(據點), 고점(高點), 교점(交點), 기점(起點), 맹점(盲點), 시점(時點), 시점(始點), 원점(原點), 저점(低點), 정점(頂點), 종점(終點), 중점(中點), 초점(焦點)[37], 통점(痛點), 화점(花點), 결승점(決勝點), 발화점(發火點), 소실점(消失點), 전환점(轉換點), 출발점(出發點), 최고점(最高點) / 꼭짓점(꼭지點)

문제나 현상의 한 부분(○) : 관점(觀點), 논점(論點), 단점(短點), 시점(視點), 요점(要點), 이

36. '로마자'의 발음은 [로마자]와 [로마짜]가 공존한다. 전자가 표준발음이다.

37. '맹점, 초점'과 같은 단어는 공간적 위치를 뜻하는 것이 기본의미인데 비유적인 의미로는 문제나 현상의 한 부분을 뜻하기도 한다.

한자어

점(利點), 장점(長點), 쟁점(爭點), 중점(重點), 허점(虛點), 공통점(共通點), 주안점(主眼點), 차이점(差異點)
점수의 종류(○) : 동점(同點), 만점(滿點), 배점(配點), 승점(勝點), 차점(次點), 총점(總點), 타점(打點), 평점(評點), 가산점(加算點), 낙제점(落第點)
표기 위치나 표기 용도에 따른 구두점의 종류(○) : 방점(傍點), 구두점(句讀點), 소수점(小數點) / 가운뎃점(가운데點)
소수점을 읽을 때(○) : 이점 사(2.4)[이쩜 사]
조각 : 두부점(豆腐點) / 고깃점(고기點), 살점(살點)

ㅅ전치성이 아닌 '점(點)'
한문구성(×) : 반점(斑點), 지점(地點)
모양에 따른 구두점의 종류(×) : 반점(半點), 쌍점(雙點) / 온점(온點), 고리점(고리點)

예외
한문구성(○) : 감점(減點), 채점(採點)
모양에 따른 구두점의 종류(○) : 권점(圈點) / 삼발점(三발點)
단위명사 '점(點)'(○) : 영점(零點), 이점(二點), 삼점(三點), 구십구점(九十九點) / 빵점(빵點)

점수의 단위 '점'의 발음 수사 뒤에 '점'을 써서 점수를 말할 때 위의 분류와 달리 '이점[이점], 삼점[삼점], 구십구점[구십꾸점]' 등 경음화가 일어나지 않은 발음도 널리 사용된다. '1,000점, 10,000점, 100,000점' 등 숫자가 아주 커지면 '점'을 경음화시키지 않고 [천점], [만점], [십만점] 등과 같이 경음화 없이 발음하는 것이 더 자연스럽게 느껴지는 경향이 있다. 그러나 '영점[영쩜], 빵점[빵쩜]'을 모든 사람이 경음화하여 발음하는 것을 보면 수사에 '점'이 이어질 때 경음화가 일어나는 것이 원칙이라고 해야 할 것이다.

'-조(調)'와 경음화

ㅅ전치성 '-조(調)'[38]
운율이나 음계의 명칭이나 종류(○) : 단조(短調), 장조(長調), 계면조(界面調), 민요조(民謠調), 3 · 4조(三四調), 7 · 5조(七五調)
말투나 태도의 종류(○) : 논조(論調)[39], 농조(弄調), 농담조(弄談調), 명령조(命令調), 반문조(反問調), 변명조(辨明調), 시비조(是非調), 시험조(試驗調), 인사조(人事調), 훈계조(訓戒調), 힐난조(詰難調) / 놀림조(놀림調)

ㅅ전치성이 아닌 '조(調)'
한문구성(×) : 강조(强調), 난조(亂調), 동조(同調), 변조(變調), 보조(步調), 산조(散調), 성조(聲調), 어조(語調), 음조(音調), 시조(時調), 단조롭다(單調롭다), 순조롭다(順調롭다)

'죄(罪)'와 경음화

ㅅ전치성 '죄(罪)'
죄명이나 죄의 종류(○) : 강도죄(强盜罪), 경범죄(輕犯罪), 누설죄(漏泄罪), 무고죄(誣告罪), 사기죄(詐欺罪), 살인죄(殺人罪), 절도죄(竊盜罪), 불고지죄(不告知罪), 명예훼손죄(名譽毁損罪) / 괘씸죄(괘씸罪)

ㅅ전치성이 아닌 '죄(罪)'
한문구성(×) : 단죄(斷罪), 대죄(大罪), 무죄(無罪), 범죄(犯罪), 사죄(謝罪), 여죄(餘罪), 원죄(原罪), 유죄(有罪), 중죄(重罪), 치죄(治罪)

38. 이러한 의미를 가진 '-조(調)'를 『표준국어대사전』은 의존명사로만 처리하고 있는데 ㅅ전치성 형태소로서 단어를 형성할 때는 접미사로 보는 것이 좋을 것이다. '그런 조로 말하면', '남을 비웃는 조' 등에서의 '조'가 의존명사이다. 현실어에서는 이 의존명사 '조'도 [쪼]로 발음한다.

39. 『표준국어대사전』에 따르면 '논조'의 표준발음은 [논조]이다.

'-증(症)'과 경음화

ㅅ전치성 '-증(症)'

증세명이나 증세의 종류(○) : 경증(輕症), 광증(狂症), 냉증(冷症), 병증(病症), 염증(炎症), 염증(厭症), 중증(重症), 통증(痛症), 허증(虛症), 건망증(健忘症), 다한증(多汗症), 불면증(不眠症), 실어증(失語症), 수전증(手顫症), 식곤증(食困症), 액취증(腋臭症), 야뇨증(夜尿症), 우울증(憂鬱症), 의처증(疑妻症), 축농증(蓄膿症), 탈모증(脫毛症), 합병증(合併症), 현기증(眩氣症), 혈전증(血栓症), 협심증(狹心症), 후유증(後遺症), 간경변증(肝硬變症), 골다공증(骨多孔症), 저체온증(低體溫症), 대인공포증(對人恐怖症), 동맥경화증(動脈硬化症), 안구건조증(眼球乾燥症) / 가려움증, 궁금증, 싫증[40], 어지럼증, 울렁증, 알칼리증(alkali症)

ㅅ전치성이 아닌 '증(症)'

한문구성(×) : 대증(對症), 예증(例症)

'체증(滯症)'의 구조와 발음 '체증(滯症)'은 한방 용어로 '체(滯), 체병(滯病)[체뼝]'과 동의어로 쓰이기도 하고 비유적으로 교통 정체 현상을 뜻하기도 하는데 『표준국어대사전』에는 [체증]으로 발음하도록 되어 있다. '체증'이 한문구성이라면 [체증]이 옳다. 그러나 증세명이나 증세의 종류를 뜻하는 다른 단어들과 마찬가지로 '체증'도 한국어문법에 따라 명사 '체'에 접미사 '-증(症)'이 붙은 단어로 보고 표준발음을 [체쯩]으로 정하는 것이 옳을 것이다.

'-증(證)'과 경음화

ㅅ전치성 '-증(證)'

증명서의 명칭(○) : 단증(段證), 사증(査證), 면허증(免許證), 보관증(保管證), 수령증(受領證), 수료증(修了證), 신분증(身分證), 통행증(通行證), 학생증(學生證), 허가증(許可證), 회원증(會員證)

ㅅ전치성이 아닌 '증(證)'

한문구성(×) : 검증(檢證), 고증(考證), 공증(公證), 논증(論證), 반증(反證), 방증(傍證), 변증(辨證), 보증(保證), 심증(心證), 예증(例證), 위증(僞證), 인증(認證)

예외

증명서의 명칭(×) : 영수증(領收證)

속어 '증(證)'[쯩] 증명서의 명칭을 나타내는 단어에서 '-증(證)'이 항상 경음화되어 [쯩]으로 발음되므로 속어에서 신분증을 뜻하는 명사 '증(證)'을 [쯩]으로 발음한다.

9.6.5 특정한 단어에 나타나는 경음화

단어에 따른 경음화 같은 한자형태소가 들어 있는데도 단어에 따라 경음화 여부가 다른 예들이 있다. 경음화가 어떤 단어에서 왜 일어나는지는 알 수 없다. '건(件), 과(果), 구(句)[41], 수(數)'가 들어 있는 단어들에서 그러한 불규칙성을 볼 수 있다.

40. '싫증[실쯩]'은 용언어간 '싫-'에 접미사 '-증(症)'이 바로 붙은 특이한 구성이다. 만약 '싫증'에 사이시옷이 끼어들지 않으면 [실층]과 같이 유기음화가 일어나게 될 것이다.

41. '구(句)'의 발음은 '귀'였으나 이제는 '귀글, 글귀[글뀌]'에서만 '귀'로 읽고 그 밖의 경우에는 '구'로 읽는다.

'건(件)'과 경음화

ㅇ : 문건(文件), 물건[1](物件), 사건(事件), 안건(案件), 여건(與件), 요건(要件), 용건(用件), 조건(條件), 인건비(人件費), 사사건건(事事件件)[사사껀껀], 건건사사(件件事事)[건껀사사]
× : 물건[2](物件)

'물건[1]'과 '물건[2]'의 뜻과 발음 '물건[1](物件)'은 법률용어로서 동산과 부동산을 통틀어 이르는 말이고 '물건[2](物件)'는 일상어로서 일정한 모양을 가진 모든 물질적 대상을 가리키는 말이다. 같은 한자들로 구성되어 있는데 용법에 따라 발음이 다른 점이 특이하다.

'건수'와 단위명사 '건'의 발음 '건수(件數)'는 표준발음 [건쑤]로 발음하는 사람은 드물고 대개 [껀쑤]로 발음한다. 또 사건, 안건, 서류 등을 세는 단위성 의존명사 '건(件)'도 '한 건 [한껀], 두 건 [두껀], 세 건 [세껀], 스무 건 [스무껀]'처럼 항상 [껀]으로 발음한다.

'과(果)'와 경음화

ㅇ : 성과(成果), 전과(戰果), 효과(效果)
× : 결과(結果), 인과(因果), 후과(後果)[42]

42. '효과, 후과'의 표준발음은 [효ː과], [후ː과]이다. 현실어에서는 '효과'를 대개 [효꽈]로 발음한다. 북한에서는 '효과, 후과'를 [효꽈], [후꽈]로 발음하는 것을 표준으로 삼고 있다.

'구(句)'와 경음화

ㅇ : 결구(結句), 경구(驚句), 대구(對句), 명구(名句), 문구(文句), 성구(成句), 시구(詩句), 어구(語句), 자구(字句), 장구(長句), 관용구(慣用句), 여음구(餘音句), 후렴구(後斂句)
× : 절구(絕句), 명사구(名詞句), 동사구(動詞句), 미사여구(美辭麗句), 일언반구(一言半句), 삼구육명(三句六名), 구구절절(句句節節)

'수(數)'와 경음화

단위명사+수(ㅇ) : 개수(個數), 건수(件數)[껀쑤], 권수(卷數), 단수(段數), 대수[1](臺數), 대수[1](代數), 도수(度數), 등수(等數), 매수(枚數), 면수(面數), 명수(名數), 자수(字數), 자수율(字數律), 장수(張數), 점수(點數), 촌수(寸數), 층수(層數), 평수(坪數), 호수(號數), 횟수(回數), 번지수(番地數)
단위명사+수(×) : 치수(치數)[43]
수학에서 수의 종류(ㅇ) : 변수(變數), 분수[1](分數), 상수(常數), 소수(素數), 인수(因數), 정수(整數), 제수(除數), 함수(函數), 자연수(自然數), 피제수(被除數)[44]
수학에서 수의 종류(×) : 계수(係數), 기수(基數), 다수(多數), 대수[2](代數), 배수(倍數), 서수(序數), 소수(小數), 소수(少數), 양수(陽數), 운수(運數), 음수(陰數), 지수(指數), 허수(虛數), 무리수(無理數), 유리수(有理數), 난수표(亂數表)
운수(ㅇ) : 구설수(口舌數), 손재수(損財數), 요행수(僥倖數), 횡재수(橫財數)
운수(×) : 운수(運數), 재수(財數)
기타(ㅇ) : 반수(半數), 과반수(過半數), 빈도수(頻度數), 상당수(相當數), 인원수(人員數), 진동수(振動數), 회전수(回轉數)[45]
기타(×) : 단수(單數), 분수[2](分數), 산수(算數), 음수율(音數律), 주파수(周波數), 부지기수(不知其數)

43. '치수'의 현실발음으로 [치쑤]도 쓰인다.

44. 『표준국어대사전』에 따르면 '변수, 상수, 인수, 정수, 자연수'는 경음화 안 된 발음이 표준발음이지만 일관성 있는 처리는 아닌 듯하다.

45. 『표준국어대사전』에 따르면 '반수, 과반수, 상당수, 진동수'는 경음화 안 된 발음이 표준발음이지만 일관성 있는 처리는 아닌 듯하다.

동철이음어 '대수'와 '분수'와 '소수' '대수[1](代數)[대쑤]'은 세대를 이어온 횟수를 뜻하고 '대수[2](代數)'는 대수학의 준말이다. '분수[1](分數)[분쑤]'은 수학에서 '$\frac{1}{2}$, $\frac{4}{5}$'와 같은 수를 가리키는 용어이고, '분수[2](分數)'는 '분수를 모르다, 분수껏 살다'와 같이 쓰이는 단어이다. 이들의 표준발음은 '분수[1](分數)[분쑤]'과 '분수[2](分數)[분：수]'로서 음장의 차이도 있다. '분수[2](分數)'에서 발음과 의미가 변한 '푼수'는 더 이상 한자어로 처리하지 않는다. 또 '소수(素數)[소쑤]'는 1과 자기 자신 이외의 자연수로는 나눌 수 없는 자연수, '소수(小數)'는 0보다 크고 1보다 작은 실수, '소수(少數)'는 '다수(多數)'의 반대말이다. 이들의 표준발음은 '소수(素數)[소쑤]'와 '소수(小數)[소：수], 소수(少數)[소：수]'로서 음장의 차이도 있다.

그 밖의 예들 이 밖에 비어두음절에서 경음화가 일정한 규칙성 없이 일어나는 한자어들도 있다.

불규칙적으로 경음화되는 한자어

간단(簡單)[간딴], 공과(功過)[공꽈], 공과금(公課金)[공꽈금], 산보(散步)[산뽀], 원격(遠隔)[원껵], 인덕(人德)[인떡], 인복(人福)[인뽁], 인사고과(人事考課)[인사고꽈], 장기(長技)[장끼], 전격(電擊)[전껵], 점괘(占卦)[점꽤], 태권도(跆拳道)[태꿘도], 현격(懸隔)[현껵]

표준발음과 현실발음 이들 중 경음화된 발음이 표준발음으로 인정되는 것은 '산보, 인덕, 인복, 장기, 점괘, 태권도'이다. 이 밖에 사람에 따라서 또는 방언에 따라서 '등기(登記), 창고(倉庫), 사진기(寫眞機), 고가도로(高架道路)' 등도 [등끼], [창꼬], [사진끼], [고까도로]처럼 경음화시켜 발음하는 일이 있다. 이들은 표준발음으로 인정되지 않는다.

한자어에서의 경음화의 원인 한자어에서 광범위하게 일어나는 경음화는 일본어의 한자어 발음에 영향을 받아 생겼을 가능성이 있다. 초성이 'ㄱ'인 한자가 비어두에 있을 때 일본어에서 'k'로 발음하는 단어가 많다. 일본어의 비어두 'k'는 한국인이 [ㄲ]으로 듣는 경향이 있다. 일본어의 'kooka(高價), kiken(棄權)'을 들은 한국인은 [고까], [기껜]으로 듣기 쉽다. 이 [ㄲ]에 이끌려 '高價[고까], 棄權[기꿘]'이라는 발음이 일반화되었을 수 있는 것이다.

일본어에서 비어두 'k'가 발음되는 한자어의 예

고가(高價)[고까] kooka	경구(驚句)[경꾸] keeku
사건(事件)[사껀] ziken	기권(棄權)[기꿘] kiken
성격(性格)[성껵] seekaku	수도권(首都圈)[수도꿘] sjutoken
교과(敎科)[교꽈] kjooka	여권(旅券)[여꿘] rjoken
경리과(經理課)[경니꽈] keerika	인기(人氣)[인끼] ninki
효과(效果)[효꽈] kooka	등기(登記)[등끼] tooki

한자어

또 '간단(簡單)[간딴], 산보(散步)[산뽀], 초점(焦點)[초쩜]' 등의 [ㄸ], [ㅃ], [ㅉ]도 일본어 발음 'kantan, sanpo, sjooten'의 [t], [p], [t]를 경음으로 듣고 영향을 받은 결과일 가능성이 있다.

9.7 한자음의 특수한 교체

'불(不)'과 '부(不)' 부정을 뜻하는 '불(不)'은 종성 'ㄹ'이 탈락한 '부'로 쓰이기도 한다. '부'는 뒤따르는 한자의 초성이 'ㄷ, ㅈ'일 때 쓰이고 '불'은 나머지 경우에 쓰인다. '부실(不實)'만은 'ㅅ' 앞에서 '부'가 쓰인 예외이다.[46]

46. '부인(否認), 부정(否定), 가부(可否), 여부(與否), 찬부(贊否)' 등의 '부(否)'는 '불/부(不)'와 다른 한자이다. '부정(否定)'은 '긍정(肯定)'의 반대말로서 '부정문(否定文)'과 같은 말에 쓰이고 '부정(不定)'은 정해져 있지 않다는 뜻으로 '부정관사(不定冠詞)'나 'to 부정사(不定詞)' 같은 말에 쓰인다.

'불/부(不)'의 교체

불 : 뒤따르는 한자의 초성이 없거나 'ㄷ, ㅈ' 이외의 자음일 때
- 불과(不過), 불리(不利), 불만(不滿), 불변(不變), 불사(不辭), 불안(不安), 불찰(不察), 불쾌(不快), 불패(不敗), 불화(不和)

부 : 뒤따르는 한자의 초성이 'ㄷ, ㅈ'일 때
- 부단(不斷), 부덕(不德), 부동(不動), 부도덕(不道德)
- 부재(不在), 부정(不淨), 부진(不振), 부조리(不條理)

초성 'ㄴ'이 'ㄹ'로 잘못 변한 예 한자음 초성으로 'ㄴ'보다 'ㄹ'이 더 많이 쓰이는 데 이끌려 원래의 초성 'ㄴ'을 일부 한자어의 비어두에서 'ㄹ'로 잘못 바꾸어 쓰는 것들이 있다. '낙(諾), 난(難), 녕(寧), 노(怒)'가 그 예이다.

초성 'ㄴ'이 일부 한자어에서 'ㄹ'로 바뀐 예

諾(허락할낙)
- 낙 : 승낙(承諾)
- 락 : 내락(內諾), 수락(受諾), 쾌락(快諾), 허락(許諾)

難(어려울난)
- 난 : 무난(無難), 만난(萬難), 비난(非難), 재난(災難), 피난(避難), 힐난(詰難)
- 란 : 곤란(困難), 논란(論難)

寧(편안할녕)
- 녕 : 강녕전(康寧殿), 김녕(金寧), 안녕(安寧), 정녕(丁寧), 창녕(昌寧), 동녕부(東寧府, 고려시대 관청), 비녕자(丕寧子), 소손녕(蕭遜寧), 양녕대군(讓寧大君), 충녕대군(忠寧大君), 이동녕(李東寧), 이숭녕(李崇寧), 이휘녕(李彙寧)
- 령 : 보령(保寧), 의령(宜寧), 부령(富寧), 재령(載寧), 회령(會寧), 대령강(大寧江), 요령성(遼寧省, 중국), 돈령부(敦寧府, 조선시대 관청)[돌령부], 무령왕(武寧王), 효령대군(孝寧大君), 개령민란(開寧民亂), 고령가야(古寧伽倻), 이어령(李御寧)

怒(성낼노)
- 노 : 격노(激怒), 분노(憤怒), 천인공노(天人共怒)
- 로 : 대로(大怒), 희로애락(喜怒哀樂)

'낙(諾)'의 원음에 대한 오해 '낙(諾)'은 모음 뒤에서 항상 '락'으로 발음되고 '승낙'을 '승락'으로 적어도 발음이 같기 때문에 한자음이 아예 '락'으로 바뀐 것으로 볼 수도 있을 것이다. 원래 한자음이 '락'인 줄 알고 '승락'으로 잘못 적는 사람이 많다.

'난(難)'과 '란(亂)'의 혼동 '난(難)'은 '란(亂)'과 의미도 비슷해 혼동되는 일이 있다. '피난(避難)'과 '피란(避亂)'이 그 예이다. 또 '심란(心亂)하다'를 '심난(心難)하다'로 잘못 알고 있는 사람도 있다.

초성 'ㄹ'이 'ㄴ'으로 잘못 변한 '의논' 이와 반대로 원래의 초성 'ㄹ'을 'ㄴ'으로 잘못 바꾸어 쓰는 것이 있다. '의논(議論)'의 '론(論)'이 그 예이다.

초성 'ㄹ'이 'ㄴ'으로 바뀐 예

論(의논할론)

론 : 각론(各論), 거론(擧論), 서론(序論), 격론(激論), 결론(結論), 국론(國論), 당론(黨論), 물론(勿論), 반론(反論), 본론(本論), 상론(詳論), 시론(詩論), 시론(試論), 여론(輿論), 재론(再論), 총론(總論), 토론(討論)

논 : 의논(議論)

'염(炎), 퍅(愎), 소(蘇)'의 특수 형태 '렴, 팍, 쏘' 그 밖에 특수하게 발음이 바뀐 한자들이 있다. 염증(炎症)을 나타내는 '염(炎)'은 '폐렴(肺炎)'에서만 '렴'으로 쓴다. '폐염'은 틀린 말이다. '퍅(愎)'은 '괴팍(乖愎)'에서 '팍'으로 쓴다. '괴팍하다, 괴팍스럽다'와 같이 말한다. '소련(蘇聯)'의 표준발음은 [소련]이지만 대개 [쏘련]으로 발음한다. '소련'이 '소비에트(Soviet) 연방(聯邦)'을 줄인 말이라서 외래어의 어두 'ㅅ'을 [ㅆ]으로 발음하는 버릇이 '소(蘇)'의 발음에 나타난 것이라고 생각된다.

10. 외래어

10.1 외래어의 발음이 정해지는 과정

외래어의 발음을 살피기 위한 자료 대중은 외래어를 좋아한다. 정부와 학계는 외래어를 순화하기 위해 노력한다. 예를 들어 '리모컨'은 '원격조정기'로 순화하도록 권장하고 있다. 순화어로 바꿔 쓰도록 권장하는 외래어들도 이 장에서는 자료로 이용하기로 한다. 이 장의 목적이 외래어를 쓸 것인가 말 것인가를 논의하는 것이 아니라 외래어를 어떻게 발음하느냐를 살피는 것이기 때문이다.

음운체계의 차이에 따른 외래어 발음의 형성 언어마다 음운체계, 문법체계, 어휘체계가 다르기 때문에 한 언어의 요소가 다른 언어에 들어갈 때 원래의 모습을 그대로 유지하지 못하는 일이 많다. 특히 음운체계의 차이 때문에 외래어의 발음이 원어에서의 발음과 달라지는 일은 흔하다. 예를 들어 영어로부터 'f'를 가진 단어를 한국어로 받아들일 때 'f'와 똑같은 자음이 한국어에 없기 때문에 'f'와 가장 가깝게 생각되는 'ㅍ'으로 'f'를 흉내 내게 된다. 또 영어의 'ball'을 일본어로 받아들일 때 일본어에 종성 'l'이 존재하지 않기 때문에 종성 'l'과 가장 가깝게 느껴지는 'ru'로 그것을 대신하게 된다.

외래어의 발음과 표기가 다양한 이유 어떤 경우에는 한 외래어에 대해 둘 이상의 발음과 표기가 공존하기도 하고 원래의 단어, 즉 원어(原語)와 상당히 다른 형태를 사용하기도 한다. 특히 유럽의 언어로부터 일본어를 거쳐 한국어에 들어온 외래어는 이중으로 왜곡된 형태를 가지게 된다. 또 어느 시기에 받아들였느냐에 따라, 또는 발음을 통해 받아들였느냐 문자를 통해 받아들였느냐에 따라, 또는 어떤 분야에서 어떤 의미로 받아들였느냐에 따라 표기나 발음이 달라질 수 있다.

같은 외래어에 대해 서로 다른 형태가 공존하는 예

배터리/밧데리(battery), 버터/빠다(butter), 샐러드/사라다(salad), 셔츠/샤쓰(shirt), 점퍼/잠바(jumper), 텔레비전/테레비(television), 트레이닝/추리닝(training), 패널/판넬(panel), 펑크/빵꾸

외래어

(puncture), 필로폰/히로뽕(philopon)

일본어를 거친 구형과 직접 들어온 신형의 공존 위의 예들 가운데 빗금 왼쪽이 신형이고 오른쪽이 구형이다. 구형은 일본식 발음을 따른 것들이다. 신형은 일본어투를 없애려는 국어순화운동에 따라 원어의 발음을 직접 모방한 것들이다. 구형 중에서 '샤쓰, 잠바, 추리닝, 히로뽕'은 관용을 존중하여 옳은 형태로 인정하지만 나머지 '밧데리, 빠다, 사라다, 테레비, 판넬, 빵꾸'는 틀린 형태로 처리하고 있다.[1] 나이 든 세대일수록 구형을 많이 쓰고 젊은 세대일수록 신형을 많이 쓰므로 점점 신형으로 바뀌어 가리라고 예상된다. 이와 같이 유럽 언어들로부터 들어온 외래어 가운데 상당수가 일본어를 거쳐 들어왔다. 이들은 원어에서 곧바로 받아들일 때와 형태가 다른 것이 많다. 특히 '르포(일 rupo ⇐ 프 reportage)[르뽀][2], 오토바이(일 ootobai ⇐ autobike), 에어컨(일 eakon ⇐ air conditioner), 볼펜(일 boorupen ⇐ ball-point pen)'과 같이 원어의 형태가 일본어에서 변형된 채 들어온 것도 있다.[3]

구형과 신형의 의미분화 서로 다른 형태가 공존하는 사이에 의미분화가 일어나기도 한다. '패널'과 '판넬' 중 '패널'만 표준어로 인정하고 있지만 현실어에서는 두 형태가 서로 다른 의미를 가지고 공존하고 있다. 건설현장에서 건축용 널빤지를 '판넬(panel)'이라 부르고 텔레비전의 토론회에서는 출연자를 '패널(panel)'이라 부르고 있는 것이다.

들어온 시기에 따른 형태와 의미의 차이 같은 말에서 유래했지만 들어온 시기가 달라서 형태나 의미가 크게 바뀐 경우도 있다. '깡통'의 '깡'과 '캔'은 영어 'can'에서, '깡패'의 '깡'과 '갱'은 영어 'gang'에서 온 것인데 형태가 사뭇 다르다. '낭만적(浪漫的)'은 영어의 'romantic'을 일본에서 음역한 단어이지만 한자로 표기되었기 때문에 순수한 한자어처럼 한국어에 들어왔다. 그 후 'romantic'을 직접 '로맨틱'으로 받아들이게 되었다. 지금은 오래 전에 받아들인 일본어식 형태인 '낭만적'과 새로 받아들인 한국어식 '로맨틱'이 의미차이를 가지면서 공존하고 있다. 또 '조끼'는 오래 전에 영어의 'jacket'으로부터 일본어를 거쳐 들어온 것인데 비교적 최근에 'jacket'에서 직접 들어온 '재킷'과는 형태와 의미가 퍽 다르다. 영어의 'mobile'로부터 오래 전에 장난감이나 미술품을 뜻하는 단어로 들어온 '모빌'과 최근에 이동통신의 의미로 들어온 '모바일'의 형태도 다르다.

원어가 달라 형태가 다른 단어들 한 언어에서 들어온 말을 나중에 다른 언어에서 들어온 형태로 바꾸게 되는 일도 있다. 독일어에서 '비루스(독 Virus), 캅셀(독 Kapsel)'이 들어와 쓰이다가 나중에 영어에서 들어온 '바이러스(virus), 캡슐(capsule)'에 자리를 내주었다. '게놈(독 Genom), 나트륨(독 Natrium), 알레르기(독

1. '셔츠'는 원어가 'shirt'이므로 원칙적으로는 '셔트'여야 옳겠으나 일본어식 형태인 '셔츠'가 관용화되어 있으므로 옳은 형태로 인정하고 있다.

2. 원어 앞에 붙인 기호 '⇐'는 원어의 형태로부터 크게 달라졌음을 나타낸다.

3. 영어 이외의 언어에서 들어온 외래어는 원어명을 프, 독, 중, 일, 러(러시아어), 이(이탈리아어), 에(스페인어), 포(포르투갈어), 네(네덜란드어), 덴(덴마크어), 그(그리스어), 히(히브리어), 베(베트남어), 태(타이어)와 같이 약호로 표시한다.

Allergie), 칼륨(독 Kalium)' 역시 독일어에서 들어온 지 오래된 단어들인데 영어의 영향을 많이 받는 과학계와 의학계의 일부 사람들이 최근에 각각 '지놈(genome), 소듐(sodium), 알러지/앨러지(allergy), 포타슘(potasium)'으로 바꿔 쓰고 있다. 또 그리스어에서 온 '파토스(그 pathos)'를 최근에 영어 발음에 따른 '페이소스(pathos)'로 바꿔 쓰기도 한다. '몽고(蒙古)'는 중국어를 거쳐 들어온 말로서 옛날부터 써 오던 것인데 이제는 영어식 형태인 '몽골(Mongol)'이 점점 세력을 얻고 있다.[4]

현지음과 영어식 발음의 공존 현지음을 기준으로 한다는 「외래어 표기법」의 원칙에 따르면 '스페인'은 '에스파냐'가 옳다. 스페인에서 자기 나라를 'España'라고 부르므로 그 발음을 한글로 적은 '에스파냐'가 옳은 것이다. '스페인(Spain)'은 에스파냐에 대한 영어식 이름인데 이미 널리 쓰이고 있으므로 '에스파냐'와 '스페인'을 복수표준어로 인정하고 있다. 이와 비슷하게 이탈리아의 도시 이름 '베네치아(이 Venezia)'도 영어식 형태 '베니스(Venice)'로 더 많이 알려져 있어서 둘 다 옳은 형태로 인정한다.

시대에 따라 다른 발음 같은 소리를 시대에 따라 달리 받아들이기도 했다. 어말의 무성 연구개마찰음 [x]와 무성 목젖마찰음 [χ]를 적을 때 예전에는 '바하(독 Bach[bax]), 고호(네 Gogh[ɣɔχ])'와 같이 적다가 1986년부터는 새 규정에 따라 '바흐, 고흐'와 같이 적게 되었다.

외래어표기법의 제정 이와 같이 외래어의 표기와 발음은 일관성을 지키기 어려운 특성이 있다. 그래도 자꾸 들어오는 외래어를 일관성 있게 적기 위해 마련한 것이 「외래어 표기법」이다. 이론상으로는 「외래어 표기법」에 따라 표기한 형태를 「표준 발음법」에 따라 발음하면 외래어를 정확히 발음할 수 있다. 그러나 현실이 규범과 어긋나는 경우도 많다. 그래서 외래어표기법대로 적어 놓고 그와 다르게 발음하는 외래어가 상당히 많다. 나아가 외래어표기법에 어긋난 표기도 가끔 쓰인다. 그렇지만 젊은 세대에서는 점점 외래어표기법에 따른 표기대로 발음하는 경향이 강해지고 있다. 이것은 철자식 발음이 확대된 결과이다.

10-1 외래어의 표준발음

『표준국어대사전』에 많은 외래어가 실려 있다. 그러나 각 외래어의 표준발음이 무엇인지는 표시되어 있지 않다. 외래형태소가 들어 있는 혼종어들의 발음도 표시되어 있지 않다. 외래어의 표준발음을 제시할 원칙이 마련되어 있지 않기 때문이다. 그래서 잠정적으로 외래어는 그 표기를 「표준 발음법」에 맞추어 발음하는 것이 표준발음이라고 가정하는 것이 합리적이다. 즉 '백업, 버스, 사인펜, 핫라인, 홈런, 볼록렌즈'의 표준발음은 각각 [배겁], [버스], [사인펜], [한나인], [홈넌], [볼롱넨즈]라고 할 수 있다.

4. 표준형 : 바이러스, 캡슐, 게놈, 알레르기, 파토스, 나트륨/소듐, 칼륨/포타슘, 몽고/몽골.
비표준형 : 비루스, 캅셀, 지놈, 알러지/앨러지, 페이소스.

10-2 「외래어 표기법」의 주요 사항

현행 「외래어 표기법」은 1986년에 개정한 것이다. 그 후 언어별 세칙을 여러 차례 추가했으나 기본원칙은 변함이 없다. 그 중 몇 가지를 보면 다음과 같다.

첫째, 현재 쓰고 있는 한글 자모 24개만 사용하여 적는다.

둘째, 받침은 'ㄱ, ㄴ, ㄹ, ㅁ, ㅂ, ㅅ, ㅇ'의 7개만 사용하여 적는다(10.4.2 참조).

셋째, 경폐쇄음 글자(ㄲ, ㄸ, ㅃ)를 사용하지 않는다. 다만 2004년 12월에 추가된 타이어와 베트남어 표기법에서는 경폐쇄음 글자 'ㄲ, ㄸ, ㅃ'을 쓴다. 그리고 경파찰음 글자 'ㅉ'과 경마찰음 글자 'ㅆ'도 일부 언어에 대해서만 사용한다. 'ㅉ'은 중국어의 [ʦ](중국어 로마자표기법에서 'z'로 적음)를 적을 때 사용하고(마오쩌둥 중 Mao Zedong 毛澤東), 'ㅆ'은 중국어의 [s](중국어 로마자표기법에서 's'로 적음)와 일본어의 [ʦ](일본어 로마자표기법에서 'ts'로 적음)를 적을 때 사용한다(쓰촨 중 Sichuan 四川, 쓰시마 일 Tsushima 對馬島). 그리고 'ㅉ'은 타이어와 베트남어의 경우에도 사용하고 'ㅆ'은 베트남어의 경우에도 사용한다.

넷째, '쟈, 져, 죠, 쥬, 쟤, 졔'와 같이 'ㅈ' 뒤에 j계 이중모음이 이어진 글자를 사용하지 않는다. 'ㅉ, ㅊ'의 경우도 마찬가지이다(2.2.3 (2) 참조).

「외래어 표기법」의 자세한 내용은 국립국어원 홈페이지(http://www.korean.go.kr/)에서 볼 수 있다. 1991년부터 정부와 언론사가 공동으로 새로 들어오는 외래어의 표기를 심의하는 회의를 열고 있다. 외래어표기법이 꽤 복잡하기 때문에 모든 사람이 다 잘 익혀 활용하기 어려운 면이 있으므로 중요한 외래어에 대해서는 표기를 아예 정해 발표하는 것이다. 또 외래어표기법에 미처 규정되어 있지 않은 문제가 생기는 경우에도 이 심의회는 중요한 역할을 한다. 국립국어원 홈페이지에서 이 회의 결과를 포함하여 외래어의 표기 용례를 검색할 수 있다.

10.2 자음

10.2.1 폐쇄음

폐쇄음 두 계열과 세 계열 폐쇄음이 평음, 경음, 유기음의 세 계열로 구별되는 현상은 한국어의 중요한 특징이다(3.3 참조). 다른 언어들의 폐쇄음은 대개 무성음 'p, t, k'와 유성음 'b, d, g'의 두 계열로만 구별된다. 외국어의 두 계열을 한국어의 세 계열로 받아들이는 방식이 일정하지 않다.

초성 폐쇄음의 수용 초성의 'p, t, k'는 원어에 따라 평음, 경음, 유기음으로, 초성의 'b, d, g'는 원어에 따라 평음이나 경음으로 받아들인다(종성 폐쇄음의 수용에 대해서는 10.4.2 참조).

초성 폐쇄음의 수용

음소	언어	외래어표기법	현실발음	예
p, t, k	영 중	ㅍ, ㅌ, ㅋ	ㅍ, ㅌ, ㅋ	펜(pen), 킥(kick), 톈진(중 Tianjin, 天津)[텐진]
	프		ㅃ, ㄸ, ㄲ	망토(프 manteau)[망또], 코냑(프 cognac)[꼬냑]
	일	ㅂ, ㄷ, ㄱ(어두) ㅍ, ㅌ, ㅋ(비어두)	ㅂ, ㄷ, ㄱ(어두) ㅃ, ㄸ, ㄲ(비어두)	도쿄(일 とうきょう, 東京)[도꾜], 몸뻬(일 もんぺ)
b, d, g	영 중	ㅂ, ㄷ, ㄱ	ㅂ, ㄷ, ㄱ, ㅃ, ㄸ, ㄲ	가이드(guide), 가스(gas)[까쓰], 베이징(중 Beijing 北京)[베이찡], 타이베이(중 Taibei 臺北)[타이뻬이]
	일 프		ㅂ, ㄷ, ㄱ	고도리(일 ゴトリ), 발레(프 ballet)

영어의 어두 'b, d, g'의 수용 영어의 어두 'b, d, g'는 단어에 따라 평음이나 경음으로 받아들여서 불규칙하다. 들어온 지 오래된 단어일수록 경음으로 발음하는 경향이 있다. 같은 외래어가 의미에 따라 평음과 경음으로 발음형태가 분화된 예도 있다(바, 밴드, 버스).

영어의 어두 'b, d, g'를 평음으로 발음하는 단어

ㅂ : 바[1](bar, 가로대), 바비인형(Barbie人形), 바이어(buyer), 밴드[1](band, 띠), 버그(bug), 버너(burner), 버스[1](bus, 데이터를 전송하는 통로), 버튼(button), 범퍼(bumper), 베이스(bass), 베이킹파우더(baking powder), 벨(bell), 벨트(belt), 벤치(bench), 벤젠(benzene), 베스트(best), 보스(boss), 보일러(boiler), 보트(boat), 볼링(bowling), 부츠(boots), 불도저(bulldozer), 붐(boom), 브레이크(brake), 브리핑(briefing), 브러시(brush), 블랙박스(black box), 블록(block), 블로킹(blocking), 블라우스(blouse), 블루스(blues), 비스킷(biscuit)[비스켓], 비즈니스(business), 비키니(bikini), 비틀스(The Beatles), 빅뱅(big bang)

ㄷ : 다이너마이트(dynamite), 다이빙(diving), 다이아몬드(diamond), 다이얼(dial), 달리아(dahlia), 데이터(data)[데이타], 데이트(date), 도넛(doughnut)[도너츠], 듀스(deuce), 드라이버(driver), 드라이브(drive), 드라이아이스(dry ice), 드라이클리닝(dry cleaning), 드럼(drum), 드레스(dress), 드릴(drill), 디스코(disco), 디스크(disk), 디스켓(diskette), 디지털(digital), 딜레마(dilemma)

ㄱ : 가이드(guide), 가십(gossip), 개그맨(gagman), 걸스카우트(Girl Scouts), 고릴라(gorilla), 굿(good), 그린란드(Greenland), 기어(gear)

영어의 어두 'b, d, g'를 경음으로 발음하는 단어

ㅂ : 바[2](bar, 스탠드바), 박스(box), 배지(badge)[뺏지], 백(bag), 백(back), 밴드[2](band, 악단), 버스[2](bus)[뻐쓰], 보너스(bonus), 복싱(boxing), 본드(bond), 빌딩(building)[삘띵]

ㄷ : 다운(down), 달러(dollar)[딸러/딸라], 댄스(dance), 댐(dam), 더블(double)[떠블/따블], 더블유(W)[떠블류]

ㄱ : 가스(gas), 가운(gown), 갱(gang), 껌(gum)[5], 게임(game), 골(goal), 골프(golf)

외래어

5. '껌(gum)'은 'ㄲ' 발음이 완전히 굳어졌다고 보고 경음 표기를 인정한 예이다.

영어의 비어두 'b, d, g'의 수용 영어의 비어두 'b, d, g'는 평음으로 발음하는데 '빌딩[삘띵]'과 같은 예외도 있다.

'p, t, k'를 경음으로 듣는 습관 프랑스어, 스페인어, 러시아어, 이탈리아어 등 많은 언어의 'p, t, k'가 한국인의 귀에는 경음처럼 들린다. 그래서 그 언어들에 익숙한 사람들은 'p, t, k'를 경음으로 발음하는 경향이 있다. 그런데 외래어표기법에서 이들을 유기음으로 적고 있으므로 그 언어들에 익숙하지 않은 많은 사람들이 유기음으로 발음하게 되어 유기음이 일반화된 것으로 보인다. '쿠데타(프coup d'État), 파리(프Paris)', '콜롬비아(에Colombia)', '모스크바(러Moskva), 톨스토이(러Tolstoi)', '아 카펠라(이a cappella), 알토(이alto)' 등이 그 예이다. 한편 '가톨릭(Catholic), 그리스도(그Christos), 베드로(그Petro)'는 19세기에 프랑스 신부들로부터 천주교를 받아들일 때의 발음 습관을 따른 예이다. 프랑스어의 어두 'k, t, p' 발음을 당시에는 'ㄱ, ㄷ, ㅂ'으로 받아들였던 것이다.

프랑스어의 'p, t, k'에 대한 인식 그러나 프랑스어의 'p, t, k'가 경음에 가깝다는 인식이 상당히 강해서 '카뮈(프Camus), 카페(프café), 코냑(프cognac), 콩트(프conte), 망토(프manteau)'의 발음은 [까뮈], [까페], [꼬냑], [꽁트], [망또] 등이 아직 우세하다.

10.2.2 마찰음

마찰음의 많고 적음 영어 마찰음은 'f, v, s, z, ʃ, ʒ, θ, ð, h'와 같이 다양하다. 이에 반해 한국어 마찰음은 'ㅅ[s, ʃ], ㅆ[s', ʃ'], ㅎ'으로 적은 편이다.

마찰음의 수용

	외래어표기법	현실발음	예
f	ㅍ	ㅍ	폼(form), 아스팔트(asphalt)
v	ㅂ	ㅂ	밸브(valve), 볼륨(volume)
s	ㅅ	ㅅ, ㅆ	스키(ski), 사인(sign)[싸인]
z	ㅈ, ㅅ	ㅈ, ㅆ	제로(zero), 뉴스(news)[뉴쓰]
ʃ	ㅅ	ㅅ, ㅆ	샴푸(shampoo), 쇼(show)[쑈]
ʒ	ㅈ	ㅈ	레저(leisure), 캐주얼(casual)
θ	ㅅ	ㅅ, ㅆ	스릴(thrill), 스리디(three-D)[쓰리디]
ð	ㄷ	ㄷ	리듬(rhythm)

'f'의 수용 'f'는 대개 'ㅍ'으로 받아들이지만 일부 단어에서 'ㅎ'으로 받아들인 경우가 있다.

'f'를 'ㅍ'으로 발음하는 단어

어두 : 파울(foul), 패션(fashion)[패쎤], 팩스(fax), 팬(fan), 페인트모션(feint motion), 포맷(format), 포크송(folk song)[포크쏭], 폴더(folder), 폼(form), 풀코스(full course)[풀코쓰], 풋볼(football), 프리킥(free kick), 플로피디스크(floppy disk), 피겨스케이팅(figure skating), 피드백(feedback), 피트(feet), 픽션(fiction), 필름(film)

비어두 : 그래프(graph), 그래픽(graphic), 머플러(muffler), 뷔페(프 buffet)[부페], 브리핑(briefing), 비프스테이크(beef-steak), 셀프(self), 스카프(scarf), 스포르찬도(이 sforzando), 아스팔트(asphalt), 아프가니스탄(Afganistan), 아프리카(Africa), 이어폰(earphone), 인플레이션(inflation), 카페(프 café)[까페], 카페인(caffeine), 킥오프(kickoff), 트로피(trophy), 퍼포먼스(performance), 하이픈(hyphen), 핸드폰(▾hand phone)[6], 헤드폰(headphone)

'f'를 'ㅎ'으로 발음하는 단어

어두 : 파이팅(fighting)[화이팅], 팬터지(fantasy)[펜터지/판타지/환타지], 포일(foil)[호일], 퓨즈(fuse)[퓨즈/휴즈], 프라이팬(frypan)[후라이펜], 플래시(flash)[플레시/후라시]

비어두 : 쿵후(중 gongfu, 功夫)

'ㅎ'형에서 'ㅍ'형으로 영어의 'f'를 'ㅎ'으로 받아들인 것은 일본어의 영향이다. 'ㅎ'형과 'ㅍ'형이 공존하는 경우에는 'ㅍ'형으로 점점 바뀌고 있다. 단적인 예로 개인용 컴퓨터가 보급되기 시작하던 1980년대 후반에 '파일(file)'의 일반적인 표기와 발음은 '화일'이었으나 이제는 거의 '파일'로 바뀌었다. 위의 '파이팅, 팬터지, 퓨즈' 등도 이제는 'ㅍ'형으로 많이 바뀌었다.

종성 'f'의 예외적인 수용 '스태프(staff)'는 대개 '스탭[스텝]'이라고 한다. 야구에서 '세이프(safe)'도 대개 [쎄입]으로 발음한다. 종성 'f'를 종성 'ㅂ'으로 받아들인 점에서 예외적이다.

'v'의 수용 'v'는 'ㅂ'으로 받아들인다.

'v'를 'ㅂ'으로 발음하는 단어

바이러스(virus), 바캉스(프 vacance), 밴(van), 밸브(valve), 베테랑(프 vétéran), 벨벳(velvet), 볼륨(volume), 비자(visa), 비타민(vitamin), 빈(독 Wien), 오븐(oven), 올리브(olive), 인터뷰(interview) 텔레비전(television), 티브이(TV)

's'의 수용 영어, 프랑스어 등 유럽 언어의 's'는 단어에 따라 'ㅅ'이나 'ㅆ'으로 받아들인다. 's' 뒤에 자음이 뒤따르면 [쓰]가 아닌 [스]로 발음하는 경향이 있고 비어두에서 'ㄹ' 뒤의 's'는 [ㅆ]으로 발음하는 경향이 있다.

's'를 'ㅅ'으로 발음하는 단어

어두 : 사이다(cider), 살사(에 salsa)[살싸], 삼손(Samson), 소다(soda), 수프(soup)[7], 슈퍼마킷(supermarket)[슈퍼마켇/수퍼마켇], 스낵(snack), 스냅(snap), 스노타이어(snow tire), 스마일(smile), 스마트(smart), 스매시(smash), 스모그(smog), 스웨덴(Sweden), 스웨터(sweater), 스

6. 원어 앞에 붙인 기호 '▾'는 원어에 그런 단어나 표현이 없음을 나타낸다.

7. 라면에 딸린 양념가루 'soup'만은 '스프'라고 적고 있다. 일본어를 통해 받아들인 결과이다.

위스(Swiss), 스위치(switch), 스카우트(scout), 스카프(scarf), 스카치위스키(Scotch whisky), 스커트(skirt), 스케이트(skate), 스케일(scale), 스케줄(schedule), 스크린(screen), 스키(ski), 스타(star), 스타킹(stocking), 스트레스(stress)[스트레쓰], 스파이(spy), 스펀지(sponge), 스포츠(sports), 스포트라이트(spotlight), 스프레이(spray), 스프링(spring), 스피드(speed), 슬럼프(slump), 슬림(slim), 시럽(syrup), 시베리아(Siberia), 시소(seesaw)

비어두 : 고스톱(▼go stop), 러시아워(rush hour), 레스토랑(프 restaurant), 레슬링(wrestling), 마스터(master), 미사일(missile), 미스터(mister/Mr.), 베스트셀러(bestseller)[베스트쎌러], 삼손(Samson), 아나운서(announcer), 오스트리아(Austria), 오스트레일리아(Australia), 이솝(그 Aesop), 인스턴트(instant), 토스트(toast), 톨스토이(러 Tolstoi), 파라솔(parasol), 패스트푸드(fastfood), 퍼센트(percent), 퍼스트(first), 포스터(poster)

's'를 'ㅆ'으로 발음하는 단어

어두 : 사우나(sauna), 사우디아라비아(Saudi Arabia), 사이렌(siren), 사이즈(size), 사이코(psycho), 사이클(cycle), 사인(sign), 샌들(sandal), 샐러드(salad), 샘플(sample), 서비스(service)[써비쓰], 서커스(circus)[써커쓰], 서클(circle), 선글라스(sunglass), 세라믹(ceramic), 세미나(seminar), 세일(sale), 세컨드(second), 섹스(sex), 센스(sense)[쎈쓰], 센터(center), 센트(cent), 센티미터(centimeter)[쎈치미터][8], 셀프서비스(self-service)[쎌프써비쓰], 소스(sauce)[쏘쓰], 소시지(sausage)[쏘세지], 소크라테스(Socrates)[쏘크라테쓰], 소파(sofa), 솔(sol, 계명), 솔로(solo), 시(C), 시디(CD), 시나리오(scenario), 시리얼(serial), 시리즈(series), 시멘트(cement), 시스템(system), 시즌(season), 시트(seat), 신(scene), 싱크대(sink臺)

비어두 : 가스(gas)[까쓰], 난센스(nonsense)[넌쎈쓰], 넬슨(Nelson), 뉘앙스(프 nuance), 댄스(dance)[땐쓰], 데생(프 dessin), 듀스(deuce), 드레스(dress), 러셀(Russell), 레슨(lesson), 로맨스(romance), 로빈슨(Robinson), 로스구이(roast구이), 루소(프 Rousseau), 르네상스(프 Renaissance)[르네쌍쓰], 린스(rinse), 마사지(massage), 마이너스(minus), 메스(mess), 메시지(message), 무스(프 mousse), 미스(Miss), 바캉스(프 vacance), 버스[2](bus)[뻐쓰], 베스트셀러(bestseller)[베스트쎌러], 살사(에 salsa), 서비스(service)[써비쓰], 서커스(circus)[써커쓰], 선글라스(sunglass)[썬글라쓰], 스트레스(stress)[스트레쓰], 에스(S), 에피소드(episode), 예스(yes), 원피스(one-piece), 윌슨(Wilson), 인센티브(incentive), 주스(juice), 찬스(chance), 칼슘(calcium), 코스(course), 코스모스(cosmos), 콘서트(concert), 콘셉트(concept)[컨쎕트/컨쎕], 크리스마스(Christmas), 키스(kiss), 토스(toss), 톰슨(Thomson), 패스(pass), 펄스(pulse), 헬싱키(Helsinki), 후설(독 Husserl)[9]

8. '센티미터[쎈치미터]'와 그 약어 '센티[쎈치]'의 발음은 일본식 발음의 영향이다.

9. '러셀, 루소, 후설'을 한때 '럿셀, 룻소, 훗설'로 적었었다.

'z'의 수용 'z'는 대체로 'b, d, g, m, n, ŋ, l'과 같은 유성자음 뒤에서 'ㅅ'으로 적고 그 밖의 경우에 'ㅈ'으로 적는다. '렌즈(lens)'와 '뉴스(news), 다스(dozen)'는 이러한 경향에서 벗어난 예들이다. 'z'를 '스'로 적는 경우에는 대개 [쓰]로 발음한다. 한편 '실로폰(xylophone)'은 영어에서 바로 들어온 것이 아니라 일본어 'シロホン(sirohon)'을 통해 들어왔기 때문에 영어 'z'를 'ㅅ'으로 받아들인 예가 아니다.

'z'를 'ㅈ'으로 발음하는 단어

어두 : 제로(zero), 줌(zoom), 지퍼(zipper)

비어두 : 네티즌(netizen), 노이로제(독 Neurose), 디자인(design), 디즈니랜드(Disneyland), 렌즈(lens), 매너리즘(mannerism), 모자이크(mosaic), 뮤즈(Muse), 뮤지컬(musical), 뮤직비디오(music video), 비틀스(The Beatles)[10], 사이즈(size)[싸이즈], 시리즈(series)[씨리즈], 시즌(season)[씨즌], 오존(ozone), 치즈(cheese), 퀴즈(quiz), 클로즈업(close-up), 파시즘(fascism)[파씨즘], 포즈(pose), 퓨즈(fuse)[퓨즈/휴즈], 프리즘(prism), 휴머니즘(humanism)

10. 예전에 '비틀즈'로 적던 습관 때문에 현행 표기와 달리 [비틀즈]로 발음하는 것이 일반적이다.

'z'를 '스'로 적고 [쓰]로 발음하는 단어

뉴스(news)[뉴쓰], 다스(dozen)[다쓰/타쓰], 디킨스(Dickens), 루스벨트(Roosevelt), 블라우스(blouse)[블라우쓰/브라우쓰], 블루스(blues)[블루쓰/브루쓰], 제임스(James), 존스(Jones), 찰스(Charles), 홈스(Holmes)[11], 홉스(Hobbes)[12]

'ʃ'의 수용 'ʃ'는 뒤따르는 모음과 함께 '샤, 셔, 쇼, 슈, 셰'로 받아들인다. 일부 단어에서 'ㅆ'으로 발음하기도 한다.

'ʃ'를 'ㅅ'으로 발음하는 단어

어두 : 샤워(shower), 샴푸(shampoo), 셔츠/샤쓰(shirt), 셔터(shutter), 쇼팽(프 Chopin), 쇼핑(shopping)[13], 쇼트패스(short pass)[숕페쓰], 슛(shoot)
비어두 : 러시아워(rush hour), 로션(lotion), 모션(motion), 밀크셰이크(milk shake), 스킨십(▼skinship), 아이섀도(eye shadow), 인플레이션(inflation), 컨디션(condition)

'ʃ'를 'ㅆ'으로 발음하는 단어

어두 : 셰익스피어(Shakespeare)[쎄익쓰피어], 쇼(show)
비어두 : 미션(mission), 쿠션(cushion), 파시즘(fascism), 패션(fashion)

독일어에서 'ʃ' 뒤에 자음이 뒤따를 때 'ʃ'를 '슈'로 받아들인다.

'ʃ'를 '슈'으로 발음하는 단어

슈미트(독 Schmidt), 슈바이처(독 Schweitzer), 슐레겔(독 Schlegel), 아인슈타인(독 Einstein)

'ʒ'의 수용 'ʒ'는 'ㅈ'으로 받아들인다. 'ʒ'와 뒤따르는 모음을 '쟈, 져, 죠, 쥬'로 적는 사람도 있으나 외래어표기법에서는 '자, 저, 조, 주'로만 적도록 하고 있다. 또 어말 'ʒ'는 영어의 경우 '지'로, 프랑스어의 경우 '주'로 적도록 되어 있다.

'ʒ'를 'ㅈ'으로 발음하는 단어

레이저(laser), 레저(leisure), 루주(프 rouge)[14], 몽타주(프 montage), 마사지(massage)[마싸지], 베이지색(beige色), 앙가주망(프 engagement), 잔 다르크(프 Jeanne d'Arc), 캐주얼(casual), 텔레비전(television), 퓨전(fusion)

'θ'의 수용 'θ'는 대개 'ㅆ'으로 받아들이는데 단어에 따라 'ㅅ'이나 'ㄷ'으로 받아들이기도 한다.

'θ'를 'ㅆ'으로 발음하는 단어

노스웨스트항공(Northwest航空), 마우스피스(mouthpiece)[마우쓰피쓰], 매카시즘(McCarthyism), 서드(third), 스리디(three-D), 스로인(throw-in)[드로인/쓰로인], 스루패스(through pass)[쓰루페쓰], 스텔스기(stealth機), 앤솔러지(anthology), 유스호스텔(youth hostel), 헬스클럽(health club)[헬쓰크럽/헬쓰클럽], MP3[엠피쓰리]

11. '홈스'를 예전에 '홈즈'로 적던 습관이 아직도 부분적으로 남아 있다.

12. '호스(hose)[호쓰]'도 영어에서 온 것이라면 'z'를 '쓰'로 발음하는 예라고 할 수 있으나 사실은 일본어 'hoosu(← 네 hoos)'에서 온 것이다.

13. '쇼핑'을 [쑈핑]으로 발음하는 사람도 있다.

14. '루주'를 많은 사람이 '루즈'로 적고 발음도 그렇게 한다.

외래어

'θ'를 'ㅅ'으로 발음하는 단어

스릴(thrill), 아서왕(Arthur王)[아더왕/아서왕], 오서독스(orthodox), 오셀로(Othello)[오델로/오셀로], 텔레파시(telepathy), 호손(Hawthorne)[호돈/호손]

'θ'를 'ㄷ'으로 발음하는 단어

대처(Margaret Thatcher), 고딕(Gothic), 매머드(mammoth), 맥아더(MacArthur)[메가더]

'θ'의 다양한 수용 'θ'를 'ㄷ'으로 받아들이는 것은 예전에는 꽤 일반적이었다. '스로인, 아서왕, 오셀로, 호손' 등을 한때 '드로인, 아더왕, 오델로, 호돈' 등으로 적고 발음도 그렇게 한 적이 있다. 그러다가 점점 'θ'를 'ㅅ'이나 'ㅆ'으로 받아들이는 쪽으로 바뀌게 된 것이다. 한편 '땡큐(thank you)'와 '마라톤(marathon)'은 예외적이다. '땡큐'는 외래어표기법에 따르면 '생큐'로 적어야 한다.

'ð'의 수용 'ð'는 'ㄷ'으로 받아들인다.

'ð'를 'ㄷ'으로 발음하는 단어

노던 주(Northern州), 러더퍼드(Ernest Rutherford), 리듬(rhythm), 스무드(smooth), 알고리듬(algorithm)[15], 위더스푼(Reese Witherspoon)

15. '알고리듬(algorithm)'과 '알고리즘(algorism)'을 복수 표준어로 인정한다.

10.2.3 파찰음

'ʧ, ʤ'의 수용 'ʧ, ʤ'는 각각 'ㅊ, ㅈ'으로 받아들이는데 'ʤ'는 일부 단어에서 'ㅉ'으로 받아들이기도 한다.

파찰음의 수용

음소	외래어표기법	현실발음	예
ʧ	ㅊ	ㅊ	차임벨(chime bell), 치즈(cheese)
ʤ	ㅈ	ㅈ, ㅉ	주스(juice)[주쓰], 잼(jam)[쨈]

'ʧ, ʤ' 뒤의 모음 표기 'ʧ, ʤ'와 뒤따르는 모음을 '챠, 쳐, 쵸, 츄, 쟈, 져, 죠, 쥬' 등으로 적는 사람도 있다. 외래어표기법에 따르면 이들은 '차, 처, 초, 추, 자, 저, 조, 주' 등으로 적는다. 예를 들어 '쵸코렛, 텔레비젼, 죤, 쥬스'로 적지 않고 각각 '초콜릿, 텔레비전, 존, 주스'로 적는다. 실제 발음에서도 이중모음 대신 단순모음이 나타난다(2.2.3 (2) 참조).

'ʧ'를 'ㅊ'으로 발음하는 단어

차임벨(chime bell), 차트(chart), 초콜릿(chocolate)[16], 치즈(cheese)

16. '초콜릿'을 '초코렛'으로 적고 발음도 그렇게 하는 사람이 많다.

'dʒ'를 'ㅈ'으로 발음하는 단어

어두 : 자이로스코프(gyroscope), 정글(jungle), 제임스(James)[제임쓰], 젤리(jelly)[17], 조크(joke), 존(John), 주니어(junior), 주스(juice)[주쓰], 줄리엣(Juliet), 지르박(jitterbug)
비어두 : 디지털(digital), 메시지(message)[메씨지], 소시지(sausage)[쏘세지], 탄젠트(tangent)

'dʒ'를 'ㅉ'으로 발음하는 단어

재즈(jazz), 잼(jam), 점프(jump), 지프차(jeep車)[찝차], 배지(badge)[뻬찌], 케임브리지(Cambridge)

'ts'의 수용 'ts'는 'ㅊ'으로 받아들인다.

'ts'를 'ㅊ'으로 발음하는 단어

나치(독 Nazi), 모차르트(독 Mozart), 왈츠(waltz), 차르(러 tsar'), 칸초네(이 canzone)[18], 캐스터네츠(castanets)

'나치, 모차르트'와 같은 독일어, '차르'와 같은 러시아어에서 온 단어는 '나찌, 모짜르트, 짜르'와 같이 'ㅉ'으로 발음하기도 한다.

10.2.4 유음

유음의 수용

음소	외래어표기법	현실발음	예
l	ㄹ, ㄹㄹ	ㄹ, ㄹㄹ	레저(leisure), 벨(bell), 첼로(cello)
r	ㄹ	ㄹ	라디오(radio), 오렌지(orange)

'l'의 수용 'l'은 어두와 종성에서 'ㄹ'로, 모음과 모음 사이에서 'ㄹㄹ'로 받아들인다. 'ㄹㄹ'로 받아들여야 할 경우에 'ㄹ'로 받아들이는 일도 있다. 이것은 일본어식 발음의 영향으로서 점점 'ㄹㄹ'로 바뀌고 있다.

어두와 종성의 'l'을 'ㄹ'로 발음하는 단어

어두 : 라스트신(last scene)[라스트씬], 레저(leisure), 레이저(laser), 로그(log), 롱슛(long shoot), 리그(league), 링컨(Lincoln)
종성 : 벨(bell), 볼(ball), 캐주얼(casual), 폴(Paul), 헬스클럽(health club)[헬쓰크럽/헬쓰클럽]

모음과 모음 사이의 'l'을 'ㄹㄹ'로 발음하는 단어

달러(dollar)[딸러/딸라], 멜로드라마(melodrama), 솔로(solo)[쏠로], 슬림(slim), 젤리(jelly), 첼로(cello), 초콜릿(chocolate), 클럽(club), 텔레비전(television), 파일럿(pilot), 필름(film)

모음과 모음 사이의 'l'을 'ㄹ'로 발음하는 단어

드라큘라(Dracula), 멜론(melon), 밀리(mili), 킬로(kilo), 핸들링(handling)

17. '젤리'를 [쩰리]로 발음하는 사람도 있다.

18. '칸초네'를 '칸쏘네'로 적고 발음도 그렇게 하는 사람이 있다.

외래어

'r'의 수용 'r'은 'ㄹ'로 받아들인다.

'r'을 'ㄹ'로 발음하는 단어

어두 : 라디오(radio), 레슬링(wrestling), 로봇(robot), 로켓(rocket), 로큰롤(rock'n'roll), 리듬(rhythm)
비어두 : 드라마(drama), 오렌지(orange), 인테리어(interior), 크리스마스트리(Christmas tree)

10.3 모음

단순모음의 수용 단순모음은 외래어표기법에 따른 표기와 현실발음이 거의 같다. 다만 'ㅔ(e, ɛ)'와 'ㅐ(æ)'를 현실어에서는 똑같이 [ㅔ]로 발음한다.

단순모음의 수용

음소	외래어표기법	현실발음	예
i, ɪ	ㅣ	ㅣ	비트(beat), 히트(hit)
e	ㅔ	ㅔ	헤드(head), 인터넷(internet)
ɛ	ㅔ	ㅔ	발레(프 ballet), 빌헬름(독 Wilhelm)
æ	ㅐ	ㅔ	햄(ham), 팬(fan)
ɑ, a	ㅏ	ㅏ	카드(card), 마담(프 madam)
u, ʊ	ㅜ	ㅜ	무드(mood), 굿(good)
o	ㅗ	ㅗ	루소(프 Rousseau), 모차르트(독 Mozart)
ɔ	ㅗ	ㅗ	폴(Paul), 스톱(stop)
ə	ㅓ	ㅓ, ㅏ	퍼센트(percent), 소파(sofa)
ʌ	ㅓ	ㅓ, ㅏ	버그(bug), 컬러(color)[칼라/컬러]
y	ㅟ	ㅟ	데뷔(프 début), 취리히(독 Zürich)
ø	ㅚ	ㅚ	쇠라(프 Seurat), 푄(독 Föhn)

모음 수용에서의 현실발음의 존중 모음을 외래어표기법의 규칙에 어긋나게 적는 경우는 다음과 같이 대체로 현실발음, 즉 관용을 존중한 경우이다. 다만 '마니아, 판다'는 지금이 아닌 과거의 현실발음을 따라 표기한 경우이다.

모음의 표기가 규칙에 어긋나는 예

원어	규칙적인 표기	현실발음	외래어표기법에 따른 표기
rocket	로킷	[로케트]	로켓
mania	메이니어	[메니아]	마니아
antenna	앤테너	[안테나]	안테나

academy	어캐더미	[아카데미]	아카데미
orange	오린지	[오렌지]	오렌지
coffee	코피	[커피]	커피
comma	코머/카머	[콤마]	콤마
ton	턴	[톤]	톤
ticket	티킷	[티켓]	티켓
paradise	패러다이스	[파라다이쓰]	파라다이스
panda	팬더	[펜더]	판다

같은 발음을 달리 표기한 예 관용을 따르느냐 규칙을 존중하느냐에 따라 같은 발음에 대한 표기가 달라진 예도 있다. 예를 들어 'et'로 끝난 단어 중 '로켓, 티켓'은 현실발음을 따르고 '캐비닛(cabinet)[케비넷], 타깃(target)[타겟]'은 규칙을 따른 점에서 차이가 있다. 또 영어의 'para-'는 단어에 따라 '패러' 또는 '파라'로 달리 적는다. '패러글라이딩, 패러다임, 패러독스, 패러프레이즈'에서는 '패러'로 적고, '파라미터, 파라볼라안테나, 파라세일'에서는 '파라'로 적는다. 한편 프랑스어에서 온 '파라솔'의 'para-'도 어원은 같지만 프랑스어 발음에 따라 '파라'로 적는다.

모음의 철자식 발음 모음의 표기가 규칙에 어긋나는 다른 한 이유로 철자식 발음을 들 수 있다. 로마자의 'a, e, i, o, u'를 원어의 발음과 관계없이 'ㅏ, ㅔ, ㅣ, ㅗ, ㅜ'로 읽는 것이다. 위의 예들 가운데 [로케트], [안테나], [아카데미], [콤마], [톤], [티켓]의 모음들이 철자식 발음에 따른 예이다.

'ə, ʌ'의 수용 'ə, ʌ'는 대개 'ㅓ'로 받아들인다. 그런데 일본식 발음의 영향으로 'ə, ʌ'를 'ㅏ'로 발음하는 단어가 있다. 일부 단어는 이러한 현실발음에 따라 아예 'ㅏ'로 표기하도록 하고 있다. 아래 예들 가운데 '골키퍼, 기어, 레이더, 보일러, 센터, 커버, 코너'의 어말 'ə'도 원래 'ㅏ' 발음이 우세했는데 외래어표기법에 따른 'ㅓ' 발음이 점점 일반화되고 있다.

'ə, ʌ'를 'ㅓ'로 발음하는 단어

어말의 'ə' : 골키퍼(goal keeper), 기어(gear), 보일러(boiler), 센터(center), 슬리퍼(slipper), 에이커(acre), 인테리어(interior), 커버(cover), 코너(corner), 타이머(timer), 토너(toner), 파워(power), 폴더(folder), 햄버거(hamburger)

기타 'ə, ʌ' : 더블유(W), 덤핑(dumping), 도넛(doughnut)[도너츠], 로션(lotion), 링컨(Lincoln), 슈퍼마켓(supermarket), 스턴트(stunt), 앨범(album), 인터넷(internet), 점프(jump), 치어걸(cheer girl), 허리케인(hurricane)

외래어

‘ə, ʌ’를 ‘ㅏ’로 발음하는 단어

어말의 ‘ə’ : 마니아(mania), 딜레마(dilemma), 비자(visa), 소파(sofa), 안테나(antenna), 오케스트라(orchestra), 카메라(camera), 칼라(collar)[칼라/카라], 컬러(color)[칼라/컬러], 콜라(cola), 포커(poker), 파마(일 パーマ ⇐ permanent wave), 판다(panda)
기타 ‘ə, ʌ’ : 메커니즘(mechanism), 아나운서(announcer), 아파트(일 アパート ⇐ apartment), 캐러멜(caramel)[캬라멜], 케첩(ketchup), 터미널(terminal)[터미날], 토털(total), 페스티벌(festival)

모음에서의 영국식 발음과 미국식 발음 영어에서 온 외래어의 경우 영국식 발음을 따르느냐 미국식 발음을 따르느냐에 따라 모음의 발음이 달라지는 경우가 있다. 그리고 영국식 ‘ɔ’를 따른 일부 단어는 미국식 발음에 따라 ‘락(rock), 워크샵(workshop), 탑(top)’처럼 바꿔 적고 발음하는 사람이 늘고 있다.

모음에서의 영국식 발음과 미국식 발음 : ɔ/ɑ

영국식 ‘ɔ’ : 노크(knock), 노트(knot), 논픽션(nonfiction), 드롭샷(drop shot), 로빈 후드(Robin Hood)[19], 로켓(rocket), 로큰롤(rock'n'roll), 로키산맥(Rocky山脈), 록(rock), 록펠러(Rockefeller)[20], 롱숏(long shot), 롱슛(long shoot), 모니터(monitor), 모델(model), 보디빌딩(bodybuilding), 복싱(boxing), 볼륨(volume), 봅슬레이(bobsleigh), 블록(block)[21], 셋톱박스(set-top box), 셔틀콕(shuttlecock), 쇼핑(shopping), 스톱워치(stopwatch), 옥스퍼드(Oxford)[22], 올리브(olive), 워크숍(workshop), 초콜릿(chocolate), 커피숍(coffee shop), 커피포트(coffeepot), 코미디(comedy)[코메디], 콘서트(concert), 콘셉트(concept), 콘크리트(concrete), 콘택트렌즈(contact lens), 콘텐츠(contents), 콤마(comma), 콤팩트디스크(compact disk), 콤플렉스(complex)[23], 톰(Tom), 톱(top)
미국식 ‘ɑ’ : 난센스(nonsense)[24], 다큐멘터리(documentary), 닥터(doctor), 드롭샷(drop shot), 셋톱박스(set-top box), 스카치위스키(Scotch whisky), 스타킹(stocking), 아이팟(iPod), 원샷(▾ one shot), 인증샷(認證shot), 카피라이터(copyright), 칵테일(cocktail), 투잡(two jobs), 팝송(pop song), 핫도그(hot dog), 핫라인(hot line)

모음에서의 영국식 발음과 미국식 발음 : wɔ/wɑ

영국식 ‘wɔ’ : 스톱워치(stopwatch), 워싱턴(Washington), 워터게이트사건(Watergate事件), 워털루(Waterloo)
미국식 ‘wɑ’ : 와셔(washer), 와트(watt), 와플(waffle), 왈츠(waltz)

모음에서의 영국식 발음과 미국식 발음 : ɑ/æ

영국식 ‘ɑ’ : 라스트신(last scene), 마스터(master), 선글라스(sunglass), 하프라인(half line)
미국식 ‘æ’ : 그래프(graph), 클래스(class), 패스트푸드(fastfood)

프랑스어 ‘ə’의 수용 프랑스어의 ‘ə’는 ‘ㅡ’로 받아들인다. ‘드가(프 Degas), 드골(프 de Gaulle), 르누아르(프 Renoir), 르몽드(프 Le Mond)’ 등이 그 예이다.

‘y, ø’의 수용 프랑스어, 독일어 등의 ‘y’와 ‘ø’는 ‘ㅟ, ㅚ’로 받아들인다. 다만 프랑스어에서 온 ‘푸조시트로앵(프 Peugeot-Citroën)’의 ‘푸’는 ‘푀’가 되어야 규칙에 맞지만 오래 전에 ‘푸’로 굳어진 경우이다.

19. ‘로빈 후드’는 예전에 ‘로빈 훗’으로 적었기 때문에 아직도 그렇게 적고 발음하는 사람이 많다.

20. 규칙에 따른 표기는 ‘로커펠러’(영국식) 또는 ‘라커펠러’(미국식)이다.

21. [블럭]이라는 발음도 흔하다.

22. ‘옥스퍼드’를 ‘옥스포드’로 적고 발음도 그렇게 하는 사람이 많다.

23. ‘콘텐츠, 콤팩트디스크, 콤플렉스’를 ‘컨텐츠, 컴팩트디스크, 컴플렉스’와 같이 적고 발음도 그렇게 하는 사람도 있다. ‘콘셉트’는 ‘컨셉트, 컨셉’으로 적고 [컨쎕]으로 발음하는 사람이 많다.

24. ‘넌센스[넌쎈쓰]’라는 형태도 흔하다.

'y, ø'의 발음

y : 뉘앙스(프 nuance), 뒤마(프 Dumas), 데뷔(프 début), 생텍쥐페리(프 Saint-Éxupery), 카뮈(프 Camus), 뮌헨(독 München), 취리히(독 Zürich)

ø : 쇠라(프 Seurat), 몽테스키외(프 Montesquieu), 괴테(독 Goethe), 뢴트겐(독 Röntgen), 뫼비우스(독 Möbius), 쇤베르크(독 Schönberg), 쾰른(독 Köln)

프랑스어 비모음의 수용 프랑스어의 비모음은 종성 'ㅇ'을 넣어 받아들인다. 'ã, õ, ɛ̃, œ̃'를 각각 '앙, 옹, 앵, 욍'으로 받아들이는 것이다.

ã, õ, ɛ̃, œ̃'의 발음

ã : 망토(프 manteau), 바캉스(프 vacance), 앙가주망(프 engagement), 앙리(프 Henry), 앙케트(프 enquête)[25], 앙코르(프 encore), 장르(프 genre), 베테랑(프 vétéran)

õ : 몽타주(프 montage), 크레용(프 crayon), 아비뇽(프 Avignon)

ɛ̃ : 베르됭(프 Verdun)

œ̃: 고갱(프 Gauguin), 데생(프 dessin), 랭보(프 Rimbaud)

25. '앙케이트'로 적고 발음도 그렇게 하는 일이 흔하다.

'oʊ'의 수용 영어의 이중모음 'oʊ'를 'ㅗ'로 받아들인다. 단어에 따라 'ㅗㅜ'로 발음하는 사람들도 있다. 외래어표기법에서 'ㅗ'로 적도록 하고 있다.

'oʊ'의 발음

ㅗ : 고스톱(▾ go stop), 골(goal), 노하우(knowhow), 노트(note), 도넛(doughnut)[도너츠], 돔(dome), 롤러(roller), 볼링(bowling), 오너드라이버(owner driver), 오존(ozone), 오케이(OK), 존스(Jones), 첼로(cello), 코트(coat), 콘(cone), 콜라(cola), 토너(toner), 톤(tone), 포크송(folk song), 핸드폰(▾ hand phone), 홈런(homerun)

ㅗㅜ : 롱펠로(Henry Wadsworth Longfellow)[롱펠로우], 솔(soul)[쏘울], 엘보(elbow)[엘보우], 윈도(Windows)[윈도우], 포(Edgar Allan Poe)[포우]

장모음의 수용 외국어의 장모음과 단모음은 구별하여 적지 않는다. 예를 들어 영어에서 들어온 '누드(nude), 마크(mark), 무드(mood), 부츠(boots), 서클(circle), 치즈(cheese), 튤립(tulip), 뉴스(news), 뉴욕(New York), 시소(seesaw), 인터뷰(interview)' 등에서 원어의 장모음은 무시된다. 요즘은 장모음과 단모음을 구별해서 발음하지 않으므로 발음에서도 이들의 모음을 특별히 길게 발음하지도 않는다. '요오드(독 Jod)'는 예외적인 표기이다. 일본어에서 들어온 '도쿄(일 とうきょう, 東京), 교토(일 きょうと, 京都), 오사카(일 おおさか, 大阪)'의 첫음절도 일본어에서 장모음이지만 한글로 적을 때 특별히 장모음 표시를 하거나 장모음으로 발음하는 일은 없다. 한편 '알코올(alcohol)'은 영어 발음과 달리 아마도 일본어 'arukooru(アルコール)'의 영향으로 두 모음 사이의 'h'를 탈락시켜 표기한 것인데 아예 두 'ㅗ'를 하나로 줄여 '알콜'로 적고 발음도 그렇게 하는 사람이 많다.

10.4 음절구조

10.4.1 어두음절의 초성

'ㄹ'로 시작하는 외래어 외래어에는 어두음절의 초성이 'ㄹ'인 단어가 많다. 고유어나 한자어로서 어두초성이 'ㄹ'인 단어는 극소수이므로 국어사전의 'ㄹ' 편을 차지하는 단어의 대부분은 외래어이다. 물론 북한에서는 두음법칙을 인정하지 않으므로 북한 국어사전의 'ㄹ' 편에는 상당수의 한자어가 실려 있다.

어두음절이 'ㄹ'로 시작하는 외래어

라 : 라디오(radio), 라틴(latin), 랄렌탄도(이 rallentando), 람다(lambda), 랍비(히 rabbi), 랑데부(프 rendez-vous)

래 : 래커(lacquer), 랜카드(LAN card), 랠리(rally), 램(RAM), 램프(lamp), 랩(rap), 랩소디(rhapsody), 랭보(프 Rimbaud), 랭커스터(Lancaster)

랴 : 랴오닝(중 遼寧 요령), 량치차오(중 梁啓超 양계초)

러 : 러닝셔츠(running shirt), 러시아(Russia), 럭비(rugby), 런던(London), 럼(rum)

레 : 레닌(Lenin), 레몬(lemon), 레이저(lazer), 렌즈(lens), 렘수면(REM睡眠), 렙토스피라(leptospira)

로 : 로그(log), 로마(이 Roma), 로봇(robot), 로켓(rocket), 로키산맥(Rocky山脈), 록(rock), 록펠러(Rockefeller), 론도(이 rondo), 롤랑(중 Rolland), 롤러(roller), 롬(ROM), 롱슛(long shoot), 롱펠로(Longfellow)

뢰 : 뢴트겐(독 Röntgen)

루 : 루비(ruby), 룩셈부르크(독 Luxemburg), 룬문자(rune文字), 룰렛(roulette), 룸살롱(▼ room+프 salon), 룻기(Ruth記), 룽먼(중 龍門 용문)

뤄 : 뤄양(중 洛陽 낙양)

뤼 : 뤼순(중 旅順 여순), 뤽상부르궁전(프 Luxembourg宮殿), 륄리(프 Lully)

류 : 류머티즘(rheumatism), 륙색(rucksack)

르 : 르네상스(프 Renaissance), 르포(일 ルポ ⇐ 프 reportage), 르루아르(프 Leloire)

리 : 리그(league), 리듬(rhythm), 리모컨(일 リモコン ⇐ remote control)[리모콘], 릭샤(rickshaw ← 일 力車), 린드버그(Lindbergh), 린스(rinse), 릴레이(relay), 릴케(독 Rilke), 림프(lymph), 립스틱(lipstick), 링(ring), 링컨(Lincoln)

'냐, 녀, 뇨, 뉴, 니, 녜'로 시작하는 외래어 어두음절의 초성이 'ㄴ'일 때 중성으로 'ㅣ, ㅑ, ㅕ, ㅛ, ㅠ, ㅖ'가 잘 쓰이지 않는 것이 고유어와 한자어의 특징이다. 외래어에는 어두음절이 '니, 뉴'로 시작하는 단어들이 조금 있다. 그러나 '냐, 뇨, 녜'로 시작하는 단어는 극소수이며, '녀'로 시작하는 단어는 찾기 어렵다. 한마디로 어두음절이 '니, 냐, 녀, 뇨, 뉴, 녜'로 시작하는 단어는 외래어에서도 드문 것이다. 'ㄹ'의 경우와 마찬가지로 북한에서는 두음법칙을 인정하지 않으므로 북한 국어사전에는 '니, 녀, 뇨'로 시작하는 한자어들이 실려 있다.

어두음절이 '니, 냐, 녀, 뇨, 뉴, 녜'로 시작하는 예

니 : 니가타(일 新潟), 니그로(Negro), 니스(프 Nice)[니쓰], 니스(일 ニス)[니쓰], 니제르(Niger), 니체(독 Nitzsche), 니카라과(Nicaragua), 니켈(nickel), 니코틴(nicotine), 니트(knit), 닉슨

(Nixon), 닌하이드린(ninhydrin, 분석 시약의 하나), 닐가이영양(nilgai羚羊), 님비(nimby), 님프(nymph), 닙코원판(Nipkow圓板), 닝보(중 寧波)

냐 : 냐짱(베 Nha Trang), 냥쯔관(중 娘子關)

녀 : (예를 찾지 못함)

뇨 : 뇨르드(Njord, 북유럽 신화에 나오는 바다의 신)

뉴 : 뉴기니(New Guinea), 뉴델리(New Delhi), 뉴딜(New Deal), 뉴런(neuron), 뉴스(news), 뉴욕(New York), 뉴질랜드(New Zealand), 뉴턴(Newton), 뉶(neume)

녜 : 녜얼(중 聶耳), 녜웨이핑(중 聶衛平)

10.4.2 종성의 폐쇄음

종성제약과 종성 'p, k'의 수용 한국어의 종성에는 자음 19개 중 7개만 놓일 수 있다는 종성제약이 있다(4.1.3 참조). 따라서 종성에 더 다양한 자음이 올 수 있는 외국어로부터 외래어를 받아들일 때 원음대로 받아들일 수 없는 경우가 있게 된다. 종성의 자음을 반드시 7자음 중의 하나로 받아들여야 하기 때문이다. 예를 들어 영어의 'p, k'는 초성에서 각각 'ㅍ, ㅋ'으로 받아들이므로 종성에서도 그렇게 받아들이는 것이 정상일 것이다. 그러나 'ㅍ, ㅋ'은 종성이 될 수 없는 자음이므로 'p, k'를 각각 'ㅂ, ㄱ'으로 받아들이게 된다. 즉 'coffee shop, snack'을 '커피숖, 스낰'이 아닌 '커피숍, 스낵'으로 받아들인다. 이들에 모음조사를 붙이면 '커피숍이[커피쇼비], 커피숍을[커피쇼블], 커피숍에[커피쇼베], 스낵이[스네기], 스낵을[스네글], 스낵에[스네게]' 등과 같이 발음되므로 말음이 각각 'ㅂ, ㄱ'임이 분명하다.

종성 't'의 수용 'p, k'의 예를 보면 영어의 't'는 초성에서 'ㅌ'으로, 종성에서 'ㄷ'으로 받아들여야 할 것이다. 그러나 't'로 끝난 말 뒤에 모음조사가 붙으면 'ㄷ'이 아닌 'ㅅ'이 된다. 예를 들어 'out'은 단독형일 때 [아욷]이라고 발음하지만 모음조사를 붙여 보면 '아웃이[아우시], 아웃을[아우슬], 아웃은[아우슨]'과 같이 발음되므로 '아웃'이 기저형임을 알 수 있다.[26]

26. 이런 점에서 체언의 말음으로 'ㄷ'이 될 만한 소리가 있으면 그것을 'ㅅ'으로 받아들이는 규칙이 있다고 볼 수도 있다.

종성 'p, t, k'의 수용

p → ㅂ : 스냅(snap), 커피숍(coffee shop), 팝송(pop song)
t → ㅅ : 슈퍼마켓(supermarket), 아웃(out), 재킷(jacket)
k → ㄱ : 록(rock), 블랙커피(black coffee), 스낵(snack)

종성형과 초성형 종성의 폐쇄음 'p, t, k, b, d, g'를 종성으로 받아들이는 경우도 있지만 그 뒤에 'ㅡ'를 붙여 다음 음절의 초성으로 받아들이는 경우도 있다. 한국어의 종성 폐쇄음이 음성학적으로 불파음인 것과 달리 영어나 프랑스어, 독일어 등의 종성 폐쇄음은 음성학적으로 외파음으로 발음될 수 있으므로 외파된 폐쇄음을 '초성+

외래어

ㅡ'처럼 느끼기 쉽다(불파음과 외파음은 3.2.1 참조). 특히 프랑스어의 종성은 폐쇄음뿐만 아니라 비음, 유음까지도 모두 외파음으로만 발음되므로 'ㅡ'를 덧붙여 받아들이는 일이 많다. 잠정적으로, 종성 폐쇄음에 'ㅡ'를 붙이지 않고 종성으로 발음하는 형태를 종성형(終聲型), 종성 폐쇄음에 'ㅡ'를 붙여 초성으로 발음하는 형태를 초성형(初聲型)으로 부르기로 한다. 현실발음을 기준으로 종성형과 초성형의 예를 보면 다음과 같다.

종성형

b : 로브스터(lobster)[랍스터], 바오바브(baobab)[바오밥], 아랍(Arab), 웹(web), 웹스터(Webster), 클럽(club)

p : 그룹(group), 냅킨(napkin), 스냅(snap), 오버랩(overlap), 월드컵(World Cup), 이솝(그 Aesop), 지프차(jeep車)[찝차], 칩(chip), 커피숍(coffee shop), 컵(cup), 타입(type), 톱(top), 팝송(pop song), 힙합(hiphop)

d : 굿(good), 로빈 후드(Robin Hood)[로빈훋], 아이팟(iPod), 할리우드(Hollywood)[헐리우드/헐리욷/할리욷]

t : 닷컴(dot com), 비스킷(biscuit), 셋톱박스(set-top box), 쇼트패스(short pass)[숃페쓰], 슈퍼마켓(supermarket), 슛(shoot), 아웃(out), 아웃사이더(outsider), 알파벳(alphabet), 인터넷(internet), 재킷(jacket), 줄리엣(Juliet), 캐비닛(cabinet), 컷(cut), 티베트(Tibet)[티벧], 팸플릿(pamphlet), 포맷(format), 플랫폼(platform), 플루트(flute)[플룯]

g : 럭비(rugby), 불도그(bulldog)[불독], 빅뱅(Big-Bang), 에어백(air bag), 지르박(jitterbug), 핸드백(handbag)

k : 그래픽(graphic), 넥타이(necktie), 레임덕(lame duck), 록(rock), 블라디보스토크(러 Vladivostok)[블라디보스톡], 블랙커피(black coffee), 스낵(snack), 올림픽(Olympic), 케이크(cake)[케익], 토픽(topic), 팀워크(teamwork)[티뭑], 피드백(feedback)

초성형

b : 베이브 루스(Babe Ruth), 튜브(tube), 허브(herb), 허브공항(hub空港)

p : 로프(rope), 루프(loop), 수프(soup), 타이프(type), 테이프(tape), 파이프(pipe), 하프(harp), 훌라후프(Hula-Hoop), 히프(hip)

d : 가이드(guide), 누드(nude), 머드팩(mud pack), 스피드(speed), 아이패드(iPad), 야드(yard), 카드(card), 패드(pad), 패스트푸드(fast food), 하드웨어(hardware)

t : 네트(net), 네트워크(network), 노트(note), 노트(knot), 니트(knit), 다이어트(diet), 도트프린터(dot printer), 디트로이트(Detroit), 로봇(robot)[로보트], 로켓(rocket)[로케트], 루트(root), 루트(route), 리트머스(litmus), 매트(mat), 바이트(bite), 보트(boat), 비트(bit), 비트(beat), 사이트(site), 세트(set), 세트플레이(set play), 소트(sort), 스커트(skirt), 아우트라인(outline), 앙케트(프 enquête), 요트(yacht), 위트(wit), 제트기(jet機), 카트(cart), 커트(cut), 커피포트(coffeepot), 콘크리트(concrete), 트로트(trot), 히트(hit), 히틀러(독 Hitler)

g : 개그(gag), 기니피그(Guinea pig), 로그(log), 리그(league), 머그컵(mug cup), 버그(bug), 지그재그(zigzag), 태그(tag), 핫도그(hot dog)

k : 네크라인(neckline), 노크(knock), 로크(Locke), 마크(mark), 비프스테이크(beef steak), 쇼크(shock), 워크숍(workshop), 포크송(folk song), 하이테크(high-tech)

종성형과 초성형의 의미가 다른 예 같은 단어가 의미나 조어환경에 따라 종성형과 초성형으로 구별되는 예도 있다. 예를 들어 '컷/커트(cut)', '타입/타이프(type)'는 의미에 따라 구별하여 사용한다.

종성형과 초성형의 의미의 차이

컷 : 사진, 필름, 만화 등에서 한 장면. 촬영 중지.
커트 : 일부를 잘라내는 일. 머리모양의 한 가지. 탁구에서 공을 비스듬히 깎아 치는 일. 농구 등에서 공을 가로채는 일.
타입 : 유형.
타이프 : 타자기('타이프라이터'의 약어)

단어에 따라 종성형과 초성형이 구별되는 예 같은 단어가 단독형으로 쓰이거나 복합어의 한 요소로 쓰일 때 종성형과 초성형을 달리 선택하기도 한다.

조어환경에 따른 종성형과 초성형의 선택

dot : 닷컴 / 도트프린터
jet : 잉크젯 / 제트기
net : 인터넷 / 네트(운동경기에서 사용하는 그물), 네트워크
out : 아웃, 아웃사이더 / 아우트라인
set : 셋톱박스 / 세트, 세트플레이
dog : 불도그[불독] / 핫도그
knock : 녹다운, 녹아웃 / 노크
neck : 넥타이 / 네크라인
work : 팀워크[티뭑] / 워크아웃

외래어

언어에 따른 종성형과 초성형 외래어표기법에서는 이런 혼란을 막기 위해 언어의 종류와 모음의 종류에 따라 종성형과 초성형을 구별해 적도록 정했다. 프랑스어와 독일어에서 온 단어는 초성형으로 적는다. 예를 들어 '발자크(프Balzac), 시라크(프Chirac), 다름슈타트(독Darmstadt), 보프(독Bopp)'와 같이 적는다.

영어에서 온 외래어의 종성형과 초성형 영어에서 온 말 중 무성음 'p, t, k'로 끝난 단어는 앞모음이 단모음일 때 종성형으로 적고 장모음이나 이중모음일 때 초성형으로 적는다. 유성음 'b, d, g'로 끝난 단어는 초성형으로 적는다. 이 경우에도 관용을 인정하여 규칙에서 벗어난 표기들이 있다.

종성형과 초성형을 구별해 적는 규칙과 예(영어)

구분	표기	규칙에 맞는 예	규칙에 어긋나는 예
단모음+p, t, k	종성형	톱(top), 재킷(jacket), 록(rock)	히프(hip)[27], 매트(mat), 노크(knock), 로크(Locke)
장모음/이중모음 +p, t, k	초성형	수프(soup), 테이프(tape), 비트(beat), 바이트(byte), 마크(mark), 케이크(cake)[28]	타입(type), 아웃(out)

27. '히프'를 '힙'으로 적고 발음도 그렇게 하는 사람도 있다.

28. '테이프'를 [테입]으로 발음하는 사람도 있다. '케이크'는 대개 [케익]으로 발음한다.

b, d, g	초성형	튜브(tube), 스피드(speed), 개그(gag)	아랍(Arab), 굿(good), 핸드백(handbag)

10.4.3 자음군

자음군에 'ㅡ'를 첨가하는 경우 한국어에서 초성이나 종성으로 자음이 하나만 쓰일 수 있다는 제약은 아주 강력한 제약이다. 그래서 영어와 같이 초성이나 종성으로 자음이 둘 이상 쓰일 수 있는 언어로부터 외래어를 받아들일 때는 이러한 음절구조 제약에 맞는 형태로 만들기 위해 모음 'ㅡ'를 첨가한다. 예를 들어 초성자음군을 포함한 'CCV'는 두 음절 'Cɯ−CV'로, 'CCCV'는 세 음절 'Cɯ−Cɯ−CV'로 받아들이고, 종성자음군을 포함한 'VCC'는 두 음절 'VC−Cɯ'로 또는 세 음절 VCɯ−Cɯ로, 'VCCC'는 대개 세 음절 'VC−Cɯ−Cɯ'로 받아들인다('−'는 음절경계).

초성자음군에 'ㅡ'를 첨가하는 예

CCV → Cɯ–CV : 그린벨트(greenbelt), 드라이클리닝(dry cleaning), 드럼(drum), 스마일(smile), 스컹크(skunk), 스펀지(sponge), 크림(cream), 크메르(Khmer), 프라이(fry)
CCCV → Cɯ–Cɯ–CV : 스크린(screen), 스트라이크(strike), 스프링(spring)

종성자음군에 'ㅡ'를 첨가하는 예

VCC → VC–Cɯ : 그린벨트(greenbelt), 밸브(valve), 스컹크(skunk), 왁스(wax), 왈츠(waltz), 잉크(ink), 장르(프 genre), 존스(Jones), 찰스(Charles), 콘셉트(concept), 팬츠(pants), 펌프(pump), 핸드백(handbag), 홉스(Hobbes), 힌트(hint)
VCC → VCɯ–Cɯ : 루브르(프 Louvre), 커프스(cuffs), 테스트(test)
VCCC → VC–Cɯ–Cɯ : 알프스(Alps), 옴스크(러 Omsk), 징크스(jinx), 텍스트(text)
VCCC → VCɯ–Cɯ–Cɯ : 마르크스(독 Marx)

'CC → CɯC'의 경우 종성자음군에 들어 있는 'CC'에서 뒷자음이 'l, m, n'이면 'C−Cɯ' 대신 'CɯC'로 받아들인다. 아래의 '가든'은 [dn]을 '든'으로 받아들인 것이고 '테이블'은 [bl]을 '블'로 받아들인 것이다.

두 자음 사이에 'ㅡ'를 첨가하는 예

VCC → V–CɯC : 가든(garden), 뉴캐슬(Newcastle), 레슨(lesson), 버튼(button), 커튼(curtain), 테이블(table), 푸들(poodle), 프리즘(prizm), 필름(film), 헬름홀츠(독 Helmholtz), 휴머니즘(humanism)
VCCC → VC–CɯC : 샘플(sample)[쌤플]
VCCC → V–CɯC–Cɯ : 비틀스(The Beatles)

10.5 음절연결

연음에 따른 유성폐쇄음 외래어에서의 연음(連音)은 고유어나 한자어와 별 차이가 없으나 연음에 따라 유성폐쇄음이 발음되면 원어의 무성폐쇄음과 달라지게 된다.[29]

29. 여기서부터는 표기와 달리 발음되는 외래어의 발음을 모두 보인다.

연음에 따른 유성폐쇄음

영어의 [k] → 한국어의 'ㄱ[**g**]'
그래픽아트(graphic art) → [그레피가트], 백업(back-up) → [뻬겁/베겁], 스톡옵션(stock option) → [스토곱쎤], 킥오프(kickoff) → [키고프], 픽업(pickup) → [피겁]

영어의 [**t**] → 한국어의 'ㄷ[**d**]'
라켓오버(racket over) → [라케도버], 컷오프(cut-off) → [커도프], 컷인(cut-in) → [커딘]

영어의 [**p**] → 한국어의 'ㅂ[**b**]'
그룹웨어(groupware) → [그루붸어], 스톱워치(stopwatch) → [스토뷖치], 팝아트(pop art) → [파바트], 팝업창(pop-up窓) → [파법창]

영어의 무성폐쇄음이 한국어의 유성폐쇄음으로 영어에서는 'k, t, p'의 연음이 일어날 때 무성음 그대로 발음된다. 모음 사이의 무성폐쇄음 [k], [t], [p]는 한국인의 귀에 마치 경음처럼 들린다. 예를 들어 'pickup[pkʌp]'은 [피껍]처럼 들린다. 한국어에서는 [k], [t], [p]가 '픽, 컷, 팝'처럼 일단 종성 'ㄱ, ㄷ, ㅂ'이 되므로 모음과 모음 사이에서 각각 유성음 [g], [d], [b]로 발음될 수밖에 없다.

연음에 따른 탄설음 한국어의 종성 'ㄹ'은 설측음 [l]로 발음되는데 연음으로 인해 초성이 되면 탄설음 [r]로 발음된다. 반면에 영어의 [l]은 결코 탄설음으로 바뀌지 않는다. '풀옵션(▾full option)[푸롭쎤], 홀인원(hole in one)[호리눤]'의 [ㄹ]은 탄설음 [r]로 발음되어 영어 [l]과 달라진다.

자음연결에서 일어나는 음운현상 자음연결에서는 고유어나 한자어에서와 마찬가지로 다양한 음운현상이 일어난다(자음연결에서 일어나는 음운현상은 4.2.2. 참조).

'ㄴ' 이외의 자음과 'ㄹ'의 연결 'ㄴ' 이외의 자음 뒤에 'ㄹ'이 이어지면 'ㄹ'의 비음화가 일어난다.

'ㄴ' 이외의 자음 — ㄹ : 'ㄹ'의 비음화

ㄱ, ㄷ, ㅂ — ㄹ : 맥루언(Mcluhan)[멩누언], 블랙리스트(black list)[블렝니스트], 업로드(upload)[엄노드], 핫라인(hot line)[한나인] / 옷로비(옷lobby)[온노비], 백러시아(白Russia)[벵너시아][30]

ㅁ, ㅇ — ㄹ : 깅리치(Gingrich)[깅니치], 다임러크라이슬러(Daimler-Chrysler)[다임너크라이슬러], 심라(Shimla)[심나], 앙리(프 Henry)[앙니], 장르(프 genre)[장느], 쿰란(Qumran)[쿰난], 크렘린(러 Kremlin)[크렘닌], 햄릿(Hamlet)[헴닏], 힘러(독 Himmler)[힘너], 홈런(homerun)[홈넌]

30. 빗금 뒤의 예는 혼종어이다.

'ㄷㄹ → ㄹㄹ'인 예 'ㄴ' 이외의 자음과 'ㄹ'이 연결되는 것 중에서 'ㄷ' 뒤에 'ㄹ'이 이어진 '아웃렛(outlet), 아웃룩 익스프레스(Outlook Express)'는 [아운녣], [아운누긱쓰프레쓰] 대신 [아울렏], [아울루긱쓰프레쓰]와 같이 발음하는 것이 일반적이다.

영어에서 'out'의 종성 't'가 약하게 발음되므로 그 발음을 생략하고 'l'을 'ㄹㄹ'로 발음한 결과이다. 그것이 영어 원어민의 발음에 가깝게 들리는 것이 사실이다.

'ㅁㄹ→믈'인 예 '오믈렛(omelet)'은 '옴렛'이라 하지 않고 'ㅁ'과 'ㄹ' 사이에 'ㅡ'를 넣은 점에서 예외이다. 'ㅁ'과 'ㄹ'을 모두 제대로 발음하기 위한 것이다. '다임러, 크렘린, 힘러'를 한때 '다이믈러, 크레믈린, 히믈러'로 적기도 했던 것 역시 'ㅁ'과 'ㄹ'을 모두 발음하기 위해서였다.

'ㄴ—ㄹ'의 연결 'ㄴ' 뒤에 'ㄹ'이 이어지면 '핀란드[필란드]'처럼 역행적 유음화가 일어나는 경우도 있고 '다운로드[다운노드]'처럼 'ㄹ'의 비음화가 일어나는 경우도 있다.

ㄴ — ㄹ : 역행적 유음화 또는 'ㄹ'의 비음화

역행적 유음화(ㄴㄹ → ㄹㄹ) : 먼로(Marilyn Monroe)[멀로], 온라인(online)[올라인], 핀란드(Finland)[필란드], 헨리(Henry)[헬리]

'ㄹ'의 비음화(ㄴㄹ → ㄴㄴ) : 그린란드(Greenland)[그린난드], 다운로드(download)[다운노드], 락앤락(Lock & Lock)[라겐낙], 로큰롤(rock'n'roll)[로큰놀], 매킨리(McKinley)[메킨니], 산레모([이]San Remo)[산네모], 선루프(sunroof)[썬누프], 스킨로션(skin lotion)[스킨노션], 스탠리(Stanley)[스텐니], 스테인리스(stainless)[스테인니스], 원룸(one-room)[원눔], 인라인스케이트(in-line skate)[인나인스케이트], 콘래드(Conrad)[콘네드], 하인리히([독]Heinrich)[하인니히] / 무선랜(無線LAN)[무선넨], 신라면(辛[일]ra麵)[신나면], 테헤란로(Teheran路)[테헤란노][31]

31. '온라인[온나인], 그린란드[그릴란드], 원룸[월룸]'과 같이 이와 다르게 발음하는 사람도 있다.

뒷자음이 'ㄹ'이 아닌 자음연결에서 일어나는 음운현상 뒷자음이 'ㄹ'이 아닌 자음연결에서도 여러 음운현상이 일어난다.

뒷자음이 'ㄹ'이 아닌 자음연결에서 일어나는 음운현상

비음화 : 닷넷(dot net)[단넫], 맥마흔(McMahon)[멩마흔], 백넘버(▾back number)[뻥넘버], 백미러(▾back mirror)[뻥미러], 슬롯머신(slot machine)[슬론머신], 톱모델(top model)[톰모델], 팝뮤직(pop music)[팜뮤직], 핫뉴스(hot news)[한뉴쓰]

유음화 : 골네트(goal net)[꼴레트], 엘니뇨([에]el Niño)[엘리뇨], 헤이즐넛(hazelnut)[헤이즐럳]

조음위치동화 : 닷컴(dot com)[닫컴/닥컴], 인플레이션(inflation)[인플레이션/임플레이션], 콘크리트(concrete)[콘크리트/콩크리트], 핫팬츠(hot pants)[핟펜츠/합펜츠]

경음화 : 빅뱅(Big-Bang)[빅뺑], 업데이트(update)[업떼이트], 핫도그(hot dog)[핟또그], 픽션(fiction)[픽쎤]

ㅎ탈락 : 노하우(knowhow)[노하우/노아우], 던힐(Dunhill, 담배 제품명)[던힐/더닐], 맥마흔(McMahon)[멩마흔/멩마은], 뮌헨([독]München)[뮌헨/뮈넨], 빌헬름([독]Wilhelm)[빌헬름/비렐름], 상하이([중]上海)[상하이/상아이], 테헤란(Teheran)[테헤란/테에란], 킬힐(▾kill heel)[킬힐/키릴], 하이힐(⇐ high-heeled shoes)[하이힐/하이일], 훌라후프(Hula-Hoop)[훌라후프/훌라우프][32]

ㄴ첨가 : 뉴욕양키스(New York Yankees)[뉴용냥키씨], 더블유(W)[떠블류], 똠얌([태]tom yum)[똠냠], 블랙야크(Black Yak)[블렝냐크]

유기음화 : 록히드마틴사(Lockheed Martin社)[로키드마틴사], 백핸드(back hand)[뻬켄드], 블랙홀(black hole)[블레콜], 셜록 홈스(Sherlock Holmes)[셜로콤즈], 스톡홀름(Stockholm)[스토콜름], 힙합(hiphop)[히팝] / 20헥타르(hectare)[이시펙타르], 16홀(hole)[심뉴콜]

32. '고흐(Gogh), 바흐(Bach), 취리히(Zürich), 쾨헬(Köchel)'과 같은 말에서는 ㅎ탈락이 잘 일어나지 않는다.

결론

11. 결론

11. 결론

11.1 언어요소로서의 음성

언어라는 기호체계 인간은 다양한 **기호체계**(sign system)를 사용하고 있다. 교통신호등은 파란불(진행), 빨간불(정지), 노란불(주의), 화살표(방향전환)와 같이 몇 개 안 되는 기호(sign)로 이루어진 아주 단순한 기호체계를 이용한다. 야구경기장에서 경기 내용을 표시하는 전광판, 1년 동안의 날짜와 요일, 명절과 기념일을 표시한 달력은 교통신호등보다 더 복잡한 기호체계를 이용하는 예이다. 여러 기호체계 중 가장 복잡하고 정교한 기호체계가 언어이다.

기호내용과 기호형식 교통신호등에서 '진행'은 기호의 **내용**(content)이고 파란불은 기호의 **형식**(form)이다. '진행'이라는 기호내용과 파란불이라는 기호형식이 결합하여 하나의 기호를 이룬다. 교통신호등의 기호체계는 이러한 기호들의 단순한 집합이다. 다른 기호체계의 기호들도 모두 내용과 형식의 결합으로 이루어져 있다.

언어기호의 구성 언어라는 기호체계를 구성하는 기호를 **언어기호**라 한다. 언어기호의 내용은 의미이고 형식은 음성과 문자이다. 다른 기호들에 비해 언어기호는 내용과 형식의 결합방식이 복잡하다. 어휘와 문법이라는 특별한 장치를 통해서만 내용과 형식이 결합할 수 있기 때문이다. 어떤 내용은 어휘라는 장치를 통해, 어떤 내용은 문법이라는 장치를 통해 형식과 결합한다.

언어요소와 언어부문 언어는 음성, 문자, 어휘, 문법, 의미라는 다섯 종류의 요소들이 얽힌 집합체이다. 언어요소들은 각각 **언어부문**(言語部門 linguistic component)이라는 큰 덩어리를 이루고 있다. 언어부문들이 모여 언어체계를 이루고 있는 모습을 다음과 같은 입체로 나타낼 수 있다. 이 그림에 말하기, 듣기, 읽기, 쓰기라는 네 가지 **언어기능**(language skill)도 함께 나타낼 수 있다.

언어부문과 언어기능의 관계 모형

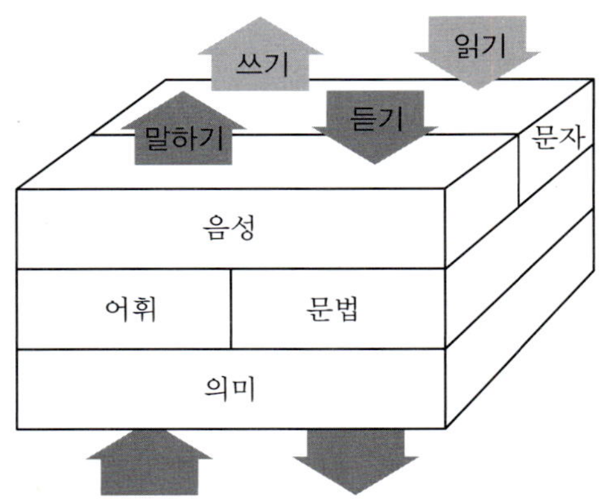

음성학과 음운론 위의 그림에서 음성부문을 연구하는 학문이 음성학과 음운론이다. 마찬가지로 문자부문은 문자론, 어휘부문은 어휘론, 문법부문은 문법론, 의미부문은 의미론이 연구한다. 이 책은 음성학과 음운론에 바탕을 두고 한국어의 음성부문을 전반적으로 기술한 것이다. 음성부문의 여러 요소와 현상들을 '발음'이라는 익숙한 용어를 내세워 상세히 풀어서 기술하고자 했다.

11.2 한국어 발음의 특징

한국어 음성부문 기술의 긴 여정 이제 긴 여정을 마무리할 때가 되었다. 한국어의 음성부문 전체를 조리 있게 기술하기 위해 꽤 험한 길을 헤쳐왔다. 발음에 관한 문제를 풀기 위해 문자와 표기를 건드리고 단어나 형태소 같은 문법요소를 거론했다가 옛말도 끌어들이는가 하면 영어 같은 외국어를 넘겨다보기도 하느라고 더 고된 여행이 되었을 것이다.

순수음운론과 형태음운론 이 책의 본문을 크게 제1편과 제2편으로 나누었다. 제1편은 분절음으로부터 음절까지 순수하게 음성만으로 이루어진 세계를 다루었다. 부분적으로 음성학적인 설명도 곁들였다. 제2편은 형태소가 단어나 문장을 이루어 나가는 과정에서 일어나는 발음의 문제를 다루었다. 특히 문법론과 어휘론의 개념들을 이용하여 단어의 발음을 설명하는 태도를 취하였다. 제1편과 제2편은 각각 음운론의 두 하위분야인 **순수음운론**과 **형태음운론**(morphonology, morphophonology)에 해당한다.

한국어 발음의 특징 한국어의 발음을 설명하는 과업은 순수음운론보다 형태음운론이 훨씬 더 많이 지고 있다. 다시 말해 한국어에서는 형태소마다 정해진 발음이 그대로 실현되지 않고 다른 발음으로 바뀌는 일이 많다. 한마디로 한국어는 음운론적 관점에서 매우 역동적인 언어이다. 이것이 한국어의 발음이 가진 가장 큰 특징이다.[1]

한국어의 형태음운론을 팽창시킨 요인 한국어 형태음운론의 부피가 큰 데는 다음 요인들이 작용하고 있다.

한국어의 형태음운론을 팽창시킨 요인

문법적 요인 : 문장의 통사구조보다 조사, 어미, 접사 등 문법형태소의 역할이 더 크다. 즉 언어 유형론적으로 교착어에 속한다.

어휘적 요인 : 둘 이상의 형태소로 이루어진 복합어와 둘 이상의 한자형태소로 이루어진 한자어가 어휘의 상당 부분을 차지하고 있다.

순수음운론적 요인 : 형태소들이 결합할 때 나타나는 음절연결 중 상당수가 원래대로 발음되지 못한다.

음성부문과 다른 언어부문들의 밀접한 관계 한국어의 발음을 더 잘 이해하려 할수록 한국어라는 언어 전체를 잘 이해해야 함을 알 수 있다. 언어라는 것이 수많은 요소가 서로 유기적으로 얽혀 있는 체계 또는 구조라고 하는 구조언어학의 명제를 한국어가 잘 증명해 주고 있는 것이다. 한마디로 한국어는 음성부문이 나머지 언어부문들과 맺는 관계가 다른 언어들보다 더 밀접하다고 말할 수 있을 것이다.

1. 중국어와 일본어는 각 형태소의 발음이 바뀌는 경우가 많지 않다. 그래서 두 언어의 형태음운론은 부피가 매우 작다. 영어는 이 둘보다 형태음운론적 교체가 더 풍부하기는 하나 한국어에 비하면 훨씬 적다.

부록

표준 발음법

표준 발음법

제1장 총 칙

제1항 표준 발음법은 표준어의 실제 발음을 따르되, 국어의 전통성과 합리성을 고려하여 정함을 원칙으로 한다.

제2장 자음과 모음

제2항 표준어의 자음은 다음 19개로 한다.

ㄱ	ㄲ	ㄴ	ㄷ	ㄸ	ㄹ	ㅁ	ㅂ	ㅃ	ㅅ
ㅆ	ㅇ	ㅈ	ㅉ	ㅊ	ㅋ	ㅌ	ㅍ	ㅎ	

제3항 표준어의 모음은 다음 21개로 한다.

ㅏ	ㅐ	ㅑ	ㅒ	ㅓ	ㅔ	ㅕ	ㅖ	ㅗ	ㅘ	ㅙ
ㅚ	ㅛ	ㅜ	ㅝ	ㅞ	ㅟ	ㅠ	ㅡ	ㅢ	ㅣ	

제4항 'ㅏ ㅐ ㅓ ㅔ ㅗ ㅚ ㅜ ㅟ ㅡ ㅣ'는 단모음(單母音)으로 발음한다.

〔붙임〕 'ㅚ, ㅟ'는 이중 모음으로 발음할 수 있다.

제5항 'ㅑ ㅒ ㅕ ㅖ ㅘ ㅙ ㅛ ㅝ ㅞ ㅠ ㅢ'는 이중 모음으로 발음한다.

다만 **1**. 용언의 활용형에 나타나는 '져, 쪄, 쳐'는 [저, 쩌, 처]로 발음한다.

가지어 → 가져[가저]　　찌어 → 쪄[찌]　　다치어 → 다쳐[다처]

다만 **2**. '예, 례' 이외의 'ㅖ'는 [ㅔ]로도 발음한다.

계집[계 : 집/게 : 집]　　계시다[계 : 시다/게 : 시다]
시계[시계/시게](時計)　　연계[연계/연게](連繫)
메별[메별/메별](袂別)　　개폐[개폐/개페](開閉)
혜택[혜 : 택/헤 : 택](惠澤)　　지혜[지혜/지헤](智慧)

다만 3. 자음을 첫소리로 가지고 있는 음절의 'ㅢ'는 [ㅣ]로 발음한다.

늴리리	닁큼	무늬	띄어쓰기	씌어	틔어
희어	희떱다	희망	유희		

다만 4. 단어의 첫 음절 이외의 '의'는 [ㅣ]로, 조사 '의'는 [ㅔ]로 발음함도 허용한다.

주의[주의/주이]	협의[혀븨/혀비]
우리의[우리의/우리에]	강의의[강:의의/강:이에]

제3장 음의 길이

제6항 모음의 장단을 구별하여 발음하되, 단어의 첫 음절에서만 긴소리가 나타나는 것을 원칙으로 한다.

(1) 눈보라[눈:보라]	말씨[말:씨]	밤나무[밤:나무]
많다[만:타]	멀리[멀:리]	벌리다[벌:리다]
(2) 첫눈[천눈]	참말[참말]	쌍동밤[쌍동밤]
수많이[수:마니]	눈멀다[눈멀다]	떠벌리다[떠벌리다]

다만, 합성어의 경우에는 둘째 음절 이하에서도 분명한 긴소리를 인정한다.

반신반의[반:신 바:늬/반:신 바:니]	재삼재사[재:삼 재:사]

〔붙임〕 용언의 단음절 어간에 어미 '–아/–어'가 결합되어 한 음절로 축약되는 경우에도 긴소리로 발음한다.

보아 → 봐[봐:]	기어 → 겨[겨:]	되어 → 돼[돼:]
두어 → 둬[둬:]	하여 → 해[해:]	

다만, '오아 → 와, 지어 → 져, 찌어 → 쪄, 치어 → 쳐' 등은 긴소리로 발음하지 않는다.

제7항 긴소리를 가진 음절이라도, 다음과 같은 경우에는 짧게 발음한다.

1. 단음절인 용언 어간에 모음으로 시작된 어미가 결합되는 경우

감다[감:따] — 감으니[가므니]	밟다[밥:따] — 밟으면[발브면]
신다[신:따] — 신어[시너]	알다[알:다] — 알아[아라]

다만, 다음과 같은 경우에는 예외적이다.

끌다[끌ː다] — 끌어[끄ː러]	떫다[떨ː따] — 떫은[떨ː븐]
벌다[벌ː다] — 벌어[버ː러]	썰다[썰ː다] — 썰어[써ː러]
없다[업ː따] — 없으니[업ː쓰니]	

2. 용언 어간에 피동, 사동의 접미사가 결합되는 경우

감다[감ː따] — 감기다[감기다]	꼬다[꼬ː다] — 꼬이다[꼬이다]
밟다[밥ː따] — 밟히다[발피다]	

다만, 다음과 같은 경우에는 예외적이다.

끌리다[끌ː리다]	벌리다[벌ː리다]	없애다[업ː쌔다]

〔붙임〕 다음과 같은 합성어에서는 본디의 길이에 관계없이 짧게 발음한다.

밀-물	썰-물	쏜-살-같이	작은-아버지

제4장 받침의 발음

제8항 받침소리로는 'ㄱ, ㄴ, ㄷ, ㄹ, ㅁ, ㅂ, ㅇ'의 7개 자음만 발음한다.

제9항 받침 'ㄲ, ㅋ', 'ㅅ, ㅆ, ㅈ, ㅊ, ㅌ', 'ㅍ'은 어말 또는 자음 앞에서 각각 대표음 [ㄱ, ㄷ, ㅂ]으로 발음한다.

닦다[닥따]	키읔[키윽]	키읔과[키윽꽈]	옷[옫]
웃다[욷ː따]	있다[읻따]	젖[젇]	빚다[빋따]
꽃[꼳]	쫓다[쫃따]	솥[솓]	뱉다[밷ː따]
앞[압]	덮다[덥따]		

제10항 겹받침 'ㄳ', 'ㄵ', 'ㄼ, ㄽ, ㄾ', 'ㅄ'은 어말 또는 자음 앞에서 각각 [ㄱ, ㄴ, ㄹ, ㅂ]으로 발음한다.

넋[넉]	넋과[넉꽈]	앉다[안따]
여덟[여덜]	넓다[널따]	외곬[외골]
핥다[할따]	값[갑]	없다[업ː따]

다만, '밟-'은 자음 앞에서 [밥]으로 발음하고, '넓-'은 다음과 같은 경우에 [넙]으로 발음한다.

표준 발음법

(1) 밟다[밥 : 따]	밟소[밥 : 쏘]	밟지[밥 : 찌]
밟는[밥 : 는 → 밤 : 는]	밟게[밥 : 께]	밟고[밥 : 꼬]
(2) 넓-죽하다[넙쭈카다]	넓-둥글다[넙뚱글다]	

제11항 겹받침 'ㄺ, ㄻ, ㄿ'은 어말 또는 자음 앞에서 각각 [ㄱ, ㅁ, ㅂ]으로 발음한다.

닭[닥]	흙과[흑꽈]	맑다[막따]	늙지[늑찌]
삶[삼 :]	젊다[점 : 따]	읊고[읍꼬]	읊다[읍따]

다만, 용언의 어간 말음 'ㄺ'은 'ㄱ' 앞에서 [ㄹ]로 발음한다.

맑게[말께]	묽고[물꼬]	얽거나[얼꺼나]

제12항 받침 'ㅎ'의 발음은 다음과 같다.

1. 'ㅎ(ㄶ, ㅀ)' 뒤에 'ㄱ, ㄷ, ㅈ'이 결합되는 경우에는, 뒤 음절 첫소리와 합쳐서 [ㅋ, ㅌ, ㅊ]으로 발음한다.

놓고[노코]	좋던[조 : 턴]	쌓지[싸치]
많고[만 : 코]	않던[안턴]	닳지[달치]

〔붙임 1〕 받침 'ㄱ(ㄺ), ㄷ, ㅂ(ㄼ), ㅈ(ㄵ)'이 뒤 음절 첫소리 'ㅎ'과 결합되는 경우에도, 역시 두 음을 합쳐서 [ㅋ, ㅌ, ㅍ, ㅊ]으로 발음한다.

각하[가카]	먹히다[머키다]	밝히다[발키다]
맏형[마텽]	좁히다[조피다]	넓히다[널피다]
꽂히다[꼬치다]	앉히다[안치다]	

〔붙임 2〕 규정에 따라 'ㄷ'으로 발음되는 'ㅅ, ㅈ, ㅊ, ㅌ'의 경우에도 이에 준한다.

옷 한 벌[오탄벌]	낮 한때[나탄때]
꽃 한 송이[꼬탄송이]	숱하다[수타다]

2. 'ㅎ(ㄶ, ㅀ)' 뒤에 'ㅅ'이 결합되는 경우에는, 'ㅅ'을 [ㅆ]으로 발음한다.

닿소[다쏘]	많소[만 : 쏘]	싫소[실쏘]

3. 'ㅎ' 뒤에 'ㄴ'이 결합되는 경우에는, [ㄴ]으로 발음한다.

놓는[논는]	쌓네[싼네]

〔붙임〕'ㄶ, ㅀ' 뒤에 'ㄴ'이 결합되는 경우에는, 'ㅎ'을 발음하지 않는다.

않네[안네]	않는[안는]	뚫네[뚤네 → 뚤레]	뚫는[뚤는 → 뚤른]

* '뚫네[뚤네 → 뚤레], 뚫는[뚤는 → 뚤른]'에 대해서는 제20항 참조.

4. 'ㅎ(ㄶ, ㅀ)' 뒤에 모음으로 시작된 어미나 접미사가 결합되는 경우에는, 'ㅎ'을 발음하지 않는다.

낳은[나은]	놓아[노아]	쌓이다[싸이다]	많아[마ː나]
않은[아는]	닳아[다라]	싫어도[시러도]	

제13항 홑받침이나 쌍받침이 모음으로 시작된 조사나 어미, 접미사와 결합되는 경우에는, 제 음가대로 뒤 음절 첫소리로 옮겨 발음한다.

깎아[까까]	옷이[오시]	있어[이써]	낮이[나지]
꽂아[꼬자]	꽃을[꼬츨]	쫓아[쪼차]	밭에[바테]
앞으로[아프로]	덮이다[더피다]		

제14항 겹받침이 모음으로 시작된 조사나 어미, 접미사와 결합되는 경우에는, 뒤엣것만을 뒤 음절 첫소리로 옮겨 발음한다.(이 경우, 'ㅅ'은 된소리로 발음함.)

넋이[넉씨]	앉아[안자]	닭을[달글]	젊어[절머]
곬이[골씨]	핥아[할타]	읊어[을퍼]	값을[갑쓸]
없어[업ː써]			

제15항 받침 뒤에 모음 'ㅏ, ㅓ, ㅗ, ㅜ, ㅟ' 들로 시작되는 실질 형태소가 연결되는 경우에는, 대표음으로 바꾸어서 뒤 음절 첫소리로 옮겨 발음한다.

밭 아래[바다래]	늪 앞[느밥]	젖어미[저더미]
맛없다[마덥따]	겉옷[거돋]	헛웃음[허두슴]
꽃 위[꼬뒤]		

다만, '맛있다, 멋있다'는 [마싣따], [머싣따]로도 발음할 수 있다.

〔붙임〕 겹받침의 경우에는, 그 중 하나만을 옮겨 발음한다.

넋 없다[너겁따]	닭 앞에[다가페]
값어치[가버치]	값있는[가빈는]

제16항 한글 자모의 이름은 그 받침소리를 연음하되, 'ㄷ, ㅈ, ㅊ, ㅋ, ㅌ, ㅍ, ㅎ'

표준 발음법

의 경우에는 특별히 다음과 같이 발음한다.

디귿이[디그시]	디귿을[디그슬]	디귿에[디그세]
지읒이[지으시]	지읒을[지으슬]	지읒에[지으세]
치읓이[치으시]	치읓을[치으슬]	치읓에[치으세]
키읔이[키으기]	키읔을[키으글]	키읔에[키으게]
티읕이[티으시]	티읕을[티으슬]	티읕에[티으세]
피읖이[피으비]	피읖을[피으블]	피읖에[피으베]
히읗이[히으시]	히읗을[히으슬]	히읗에[히으세]

제5장 음의 동화

제17항 받침 'ㄷ, ㅌ(ㄾ)'이 조사나 접미사의 모음 'ㅣ'와 결합되는 경우에는, [ㅈ, ㅊ]으로 바꾸어서 뒤 음절 첫소리로 옮겨 발음한다.

곧이듣다[고지듣따]	굳이[구지]	미닫이[미다지]
땀받이[땀바지]	밭이[바치]	벼훑이[벼훌치]

〔붙임〕 'ㄷ' 뒤에 접미사 '히'가 결합되어 '티'를 이루는 것은 [치]로 발음한다.

굳히다[구치다]	닫히다[다치다]	묻히다[무치다]

제18항 받침 'ㄱ(ㄲ, ㅋ, ㄳ, ㄺ), ㄷ(ㅅ, ㅆ, ㅈ, ㅊ, ㅌ, ㅎ), ㅂ(ㅍ, ㄼ, ㄿ, ㅄ)'은 'ㄴ, ㅁ' 앞에서 [ㅇ, ㄴ, ㅁ]으로 발음한다.

먹는[멍는]	국물[궁물]	깎는[깡는]	키읔만[키응만]
몫몫이[몽목씨]	긁는[궁는]	흙만[흥만]	닫는[단는]
짓는[진ː는]	옷맵시[온맵씨]	있는[인는]	맞는[만는]
젖멍울[전멍울]	쫓는[쫀는]	꽃망울[꼰망울]	붙는[분는]
놓는[논는]	잡는[잠는]	밥물[밤물]	앞마당[암마당]
밟는[밤ː는]	읊는[음는]	없는[엄ː는]	값 매다[감매다]

〔붙임〕 두 단어를 이어서 한 마디로 발음하는 경우에도 이와 같다.

책 넣는다[챙넌는다]	흙 말리다[흥말리다]	옷 맞추다[온마추다]
밥 먹는다[밤멍는다]	값 매기다[감매기다]	

제19항 받침 'ㅁ, ㅇ' 뒤에 연결되는 'ㄹ'은 [ㄴ]으로 발음한다.

담력[담ː녁]	침략[침냑]	강릉[강능]
항로[항ː노]	대통령[대ː통녕]	

[붙임] 받침 'ㄱ, ㅂ' 뒤에 연결되는 'ㄹ'도 [ㄴ]으로 발음한다.

막론[막논 → 망논]	백리[백니 → 뱅니]
협력[협녁 → 혐녁]	십리[십니 → 심니]

제20항 'ㄴ'은 'ㄹ'의 앞이나 뒤에서 [ㄹ]로 발음한다.

(1) 난로[날 : 로]	신라[실라]	천 리[철리]
광한루[광 : 할루]	대관령[대 : 괄령]	
(2) 칼날[칼랄]	물난리[물랄리]	줄넘기[줄럼끼]
할는지[할른지]		

[붙임] 첫소리 'ㄴ'이 'ㅀ', 'ㄾ' 뒤에 연결되는 경우에도 이에 준한다.

닳는[달른]	뚫는[뚤른]	핥네[할레]

다만, 다음과 같은 단어들은 'ㄹ'을 [ㄴ]으로 발음한다.

의견란[의 : 견난]	임진란[임 : 진난]	생산량[생산냥]
결단력[결딴녁]	공권력[공꿘녁]	동원령[동 : 원녕]
상견례[상견녜]	횡단로[횡단노]	이원론[이 : 원논]
입원료[이뷘뇨]	구근류[구근뉴]	

제21항 위에서 지적한 이외의 자음 동화는 인정하지 않는다.

감기[감 : 기](×[강 : 기])	옷감[옫깜](×[옥깜])
있고[읻꼬](×[익꼬])	꽃길[꼳낄](×[꼭낄])
젖먹이[전머기](×[점머기])	문법[문뻡](×[뭄뻡])
꽃밭[꼳빧](×[꼽빧])	

제22항 다음과 같은 용언의 어미는 [어]로 발음함을 원칙으로 하되, [여]로 발음함도 허용한다.

되어[되어/되여]	피어[피어/피여]

[붙임] '이오, 아니오'도 이에 준하여 [이요, 아니요]로 발음함을 허용한다.

제6장 경음화

제23항 받침 'ㄱ(ㄲ, ㅋ, ㄳ, ㄺ), ㄷ(ㅅ, ㅆ, ㅈ, ㅊ, ㅌ), ㅂ(ㅍ, ㄼ, ㄿ, ㅄ)' 뒤에 연결되는 'ㄱ, ㄷ, ㅂ, ㅅ, ㅈ'은 된소리로 발음한다.

국밥[국빱]	깎다[깍따]	넋받이[넉빠지]
삯돈[삭똔]	닭장[닥짱]	칡범[칙뻠]
뻗대다[뻗때다]	옷고름[옫꼬름]	있던[읻떤]
꽂고[꼳꼬]	꽃다발[꼳따발]	낯설다[낟썰다]
밭갈이[받깔리]	솥전[솓쩐]	곱돌[곱똘]
덮개[덥깨]	옆집[엽찝]	넓죽하다[넙쭈카다]
읊조리다[읍쪼리다]	값지다[갑찌다]	

제24항 어간 받침 'ㄴ(ㄵ), ㅁ(ㄻ)' 뒤에 결합되는 어미의 첫소리 'ㄱ, ㄷ, ㅅ, ㅈ'은 된소리로 발음한다.

신고[신 : 꼬]	껴안다[껴안따]	앉고[안꼬]	얹다[언따]
삼고[삼 : 꼬]	더듬지[더듬찌]	닮고[담 : 꼬]	젊지[점 : 찌]

다만, 피동, 사동의 접미사 '-기-'는 된소리로 발음하지 않는다.

안기다	감기다	굶기다	옮기다

제25항 어간 받침 'ㄼ, ㄾ' 뒤에 결합되는 어미의 첫소리 'ㄱ, ㄷ, ㅅ, ㅈ'은 된소리로 발음한다.

넓게[널께]	핥다[할따]	훑소[훌쏘]	떫지[떨 : 찌]

제26항 한자어에서, 'ㄹ' 받침 뒤에 연결되는 'ㄷ, ㅅ, ㅈ'은 된소리로 발음한다.

갈등[갈뜽]	발동[발똥]	절도[절또]	말살[말쌀]
불소[불쏘](弗素)	일시[일씨]	갈증[갈쯩]	물질[물찔]
발전[발쩐]	몰상식[몰쌍식]	불세출[불쎄출]	

다만, 같은 한자가 겹쳐진 단어의 경우에는 된소리로 발음하지 않는다.

허허실실[허허실실](虛虛實實)	절절-하다[절절하다](切切-)

제27항 관형사형 '-(으)ㄹ' 뒤에 연결되는 'ㄱ, ㄷ, ㅂ, ㅅ, ㅈ'은 된소리로 발음한다.

할 것을[할꺼슬]	갈 데가[갈떼가]	할 바를[할빠를]
할 수는[할쑤는]	할 적에[할쩌게]	갈 곳[갈꼳]
할 도리[할또리]	만날 사람[만날싸람]	

다만, 끊어서 말할 적에는 예사소리로 발음한다.

〔붙임〕 '-(으)ㄹ'로 시작되는 어미의 경우에도 이에 준한다.

할걸[할껄]	할밖에[할빠께]	할세라[할쎄라]
할수록[할쑤록]	할지라도[할찌라도]	할지언정[할찌언정]
할진대[할찐대]		

제28항 표기상으로는 사이시옷이 없더라도, 관형격 기능을 지니는 사이시옷이 있어야 할(휴지가 성립되는) 합성어의 경우에는, 뒤 단어의 첫소리 'ㄱ, ㄷ, ㅂ, ㅅ, ㅈ'을 된소리로 발음한다.

문-고리[문꼬리]	눈-동자[눈똥자]	신-바람[신빠람]
산-새[산쌔]	손-재주[손째주]	길-가[길까]
물-동이[물똥이]	발-바닥[발빠닥]	굴-속[굴:쏙]
술-잔[술짠]	바람-결[바람껼]	그믐-달[그믐딸]
아침-밥[아침빱]	잠-자리[잠짜리]	강-가[강까]
초승-달[초승딸]	등-불[등뿔]	창-살[창쌀]
강-줄기[강쭐기]		

제7장 음의 첨가

제29항 합성어 및 파생어에서, 앞 단어나 접두사의 끝이 자음이고 뒤 단어나 접미사의 첫 음절이 '이, 야, 여, 요, 유'인 경우에는, 'ㄴ' 음을 첨가하여 [니, 냐, 녀, 뇨, 뉴]로 발음한다.

솜-이불[솜:니불]	홑-이불[혼니불]	막-일[망닐]
삯-일[상닐]	맨-입[맨닙]	꽃-잎[꼰닙]
내복-약[내:봉냑]	한-여름[한녀름]	남존-여비[남존녀비]
신-여성[신녀성]	색-연필[생년필]	직행-열차[지캥녈차]
늑막-염[능망념]	콩-엿[콩녇]	담-요[담:뇨]
눈-요기[눈뇨기]	영업-용[영엄뇽]	식용-유[시공뉴]
국민-윤리[궁민뉼리]	밤-윷[밤:뉻]	

다만, 다음과 같은 말들은 'ㄴ' 음을 첨가하여 발음하되, 표기대로 발음할 수 있다.

이죽-이죽[이중니죽/이주기죽]	야금-야금[야금냐금/야그마금]
검열[검:녈/거:멸]	욜랑-욜랑[욜랑뇰랑/욜랑욜랑]
금융[금늉/그뮹]	

표준 발음법

〔붙임 1〕'ㄹ' 받침 뒤에 첨가되는 'ㄴ' 음은 [ㄹ]로 발음한다.

들-일[들:릴]	솔-잎[솔립]	설-익다[설릭따]
물-약[물략]	불-여우[불려우]	서울-역[서울력]
물-엿[물렫]	휘발-유[휘발류]	유들-유들[유들류들]

〔붙임 2〕 두 단어를 이어서 한 마디로 발음하는 경우에도 이에 준한다.

한 일[한닐]	옷 입다[온닙따]	서른여섯[서른녀섣]
3 연대[삼년대]	먹은 엿[머근녇]	
할 일[할릴]	잘 입다[잘립따]	스물여섯[스물려섣]
1 연대[일련대]	먹을 엿[머글렫]	

다만, 다음과 같은 단어에서는 'ㄴ(ㄹ)' 음을 첨가하여 발음하지 않는다.

6 · 25[유기오]	3 · 1절[사밀쩔]
송별-연[송:벼련]	등-용문[등용문]

제30항 사이시옷이 붙은 단어는 다음과 같이 발음한다.

1. 'ㄱ, ㄷ, ㅂ, ㅅ, ㅈ'으로 시작하는 단어 앞에 사이시옷이 올 때는 이들 자음만을 된소리로 발음하는 것을 원칙으로 하되, 사이시옷을 [ㄷ]으로 발음하는 것도 허용한다.

냇가[내:까/낻:까]	샛길[새:낄/샏:낄]
빨랫돌[빨래똘/빨랟똘]	콧등[코뜽/콛뜽]
깃발[기빨/긷빨]	대팻밥[대:패빱/대:팯빱]
햇살[해쌀/핻쌀]	뱃속[배쏙/밷쏙]
뱃전[배쩐/밷쩐]	고갯짓[고개찓/고갣찓]

2. 사이시옷 뒤에 'ㄴ, ㅁ'이 결합되는 경우에는 [ㄴ]으로 발음한다.

콧날[콛날 → 콘날]	아랫니[아랟니 → 아랜니]
툇마루[퇻:마루 → 퇸:마루]	뱃머리[밷머리 → 밴머리]

3. 사이시옷 뒤에 '이' 음이 결합되는 경우에는 [ㄴㄴ]으로 발음한다.

베갯잇[베갣닏 → 베갠닏]	깻잎[깯닙 → 깬닙]
나뭇잎[나묻닙 → 나문닙]	도리깻열[도리깯녈 → 도리깬녈]
뒷윷[뒫:뉻 → 뒨:뉻]	

찾아보기

참고란 찾아보기

용어 찾아보기

ㄹ

ㅁ

ㅂ

ㅈ

숫자

로마자

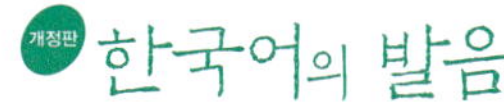

2003년 3월 15일 초판 1쇄 발행
2013년 3월 1일 2판(개정판) 1쇄 발행
2019년 3월 1일 2판(개정판) 2쇄 발행

지은이 배주채
발행인 박종성
발행처 삼경문화사
우편번호 04003
주소 서울시 마포구 잔다리로 101
전화 332-6171
팩스 332-6185
등록 1998.07.06. 제 10-1614호
ISBN 978-89-88408-36-0
값 29,000원

■ 지은이와의 합의로 인지 첩부를 생략함